VERLAG
FRITZ
MOLDEN

Herman Kahn

DIE ZUKUNFT DER WELT

(1980–2000)

VERLAG FRITZ MOLDEN
WIEN – MÜNCHEN – ZÜRICH – NEW YORK

Aus dem Englischen übertragen von
Helge Gasthuber und *Helmut Baumgartner*

Titel der amerikanischen Originalausgabe:

WORLD ECONOMIC DEVELOPMENT

erschienen im Verlag Westview Press Inc., Boulder/Colorado

1. Auflage

Verlegt vom Verlag Fritz Molden München GmbH
Schutzumschlag: Hans Schaumberger, Wien
Lektor: Johannes Eidlitz
Satz: IBV Lichtsatz KG, Berlin
Druck und Bindung: Ueberreuter, Wien

ISBN 3-217-00376-4

Inhaltsverzeichnis

Verzeichnis der Tafeln

Danksagungen

Dieses Buch prüft die Aussichten für die Entwicklung der Weltwirtschaft. Das Schwergewicht liegt dabei in erster Linie auf der Periode von der Gegenwart bis zum Jahr 2000, wobei dem ersten Teil dieses Zeitabschnittes besondere Aufmerksamkeit gewidmet wird. Da sich die Welt vor nicht allzu langer Zeit in einem chaotischen Zustand befunden hat, ist es gegenwärtig besonders schwierig, über die nächsten zehn oder zwanzig Jahre Aussagen zu treffen. Nicht nur, daß uns die unsicheren Verhältnisse den Blick verdunkeln, bewirken sie auch Ereignisse, die die Zunkunft erkennbar verändern könnten. Es besteht zudem eine große Verwirrung darüber, was gegenwärtig passiert. Hätte ich mehr Zeit für Forschung und Analyse aufgewendet, so wäre es mir möglich gewesen, viele der kursorisch oder nur oberflächlich berührten Ideen sorgfältiger auszuarbeiten und zu klären, allerdings wäre die Studie dadurch wahrscheinlich auch hinter den Ereignissen zurückgeblieben. Aber gerade während der gegenwärtigen Periode der Unsicherheit kann diese Arbeit von größtem Wert sein, obgleich wir ebenso hoffen, daß vieles von dem, was wir in dieser Studie gesagt haben, von vergleichsweise dauerhafter Bedeutung sein wird.

Meine Absicht, diese Studie eher früher als später zu veröffentlichen, wurde durch das großzügige Angebot der Internationalen Handelskammer bestärkt, eine Sonderausgabe dieses Buches zum Basisdokument ihrer Jahreskonferenz 1978 zu machen, um auf diese Weise der notwendigen Forschung sowohl eine intellektuelle als auch finanzielle Unterstützung zukommen zu lassen. Die Sonderausgabe wurde vorbereitet und auf der Tagung der Internationalen Handelskammer in Orlando, Florida, im Oktober 1978 verteilt, Kopien dieser Sonderausgabe können vom Hudson-Institut bezogen werden. Die vorliegende spätere Ausgabe ist eine weniger umfangreiche und spezialisierte, hoffentlich aber auch verständlichere und direkte Präsentation der wichtigen Ideen und Fragen, die in größerem Umfang in der Sonderausgabe dargelegt wurden. Das Wirtschafts- und Gesellschaftsprogramm des Hudson-Institutes stellte durch Zuschüsse der Ford Motor Company und der Olin and Scaife Foundations zusätzliche Hilfe zur Verfügung. Weiteres Material stammte aus dem Gemeinschaftlichen

Umweltprogramm des Hudson-Institutes, einer laufenden, von insgesamt 50 Gesellschaften unterstützten Arbeit.

Dieses Buch gibt die Beiträge vieler Mitarbeiter des Hudson-Institutes und anderer wieder. Für ihre Beiträge, ihre hilfreiche Kritik und ihre nützlichen Vorschläge sind wir Paul Bracken, Bill Brown, Jack Cassidy, Thomas Dichter, Marie-Josée Drouin, Irv Leveson, Leon Martel, Thomas Pepper, John Phelps, Garrett Scalera und Jimmy Wheeler zu Dank verpflichtet; Andrew Caranfil, Ruth Paul, Carl F. Plossl, Barbara Rovello, Lynne Salop und Mildred Schneck für die Dokumentation und viele Informationen; Marilee Martel, Carol Kahn Mathes und Ernest Schneider für die fachkundige Unterstützung der Herausgabe; Marilee Martel für die Erstellung des Index; Richard A. Lacey für den Umbruch der letzten Ausfertigung; und Daniel Raymond Stein für die Bearbeitung und die Arbeit als redaktioneller Berater sowohl der Sonder- als auch der Handelsausgabe.

Besonders zu Dank verpflichtet bin ich Paul Bracken für einen Teil des Materials über Mexiko; Marie-Josée Drouin, die hilfreiche Kommentare zum gesamten Manuskript verfaßte; Irv Leveson, der das Gesamtmanuskript las, viele nützliche Vorschläge machte und größere Beiträge zu den Abschnitten über die wohlhabenden Länder und die Malaise in den Vereinigten Staaten lieferte; Leo Martel, der viel zum Abschnitt über die Malaise in der Sowjetunion und im Ostblock beisteuerte und der die Herstellung beider Ausgaben überwachte und koordinierte; meinem alten Freund John Phelps für seine hingebungsvolle Hilfe und Beratung; Garrett Scalera, der ein Hauptbeteiligter in der frühen Phase dieses Buches war und der sehr viel zum Kapitel über Südkorea, Taiwan und Japan beitrug. Der Abschnitt über kulturelle Begegnungen und kulturelle Reaktionen in Kapitel 3 ist ein von mir und Thomas Dichter überarbeitetes Material, das ursprünglich von Edmund Stillman und William Pfaff entwickelt wurde.

Ebenso möchte ich gerne jene meiner Dankbarkeit versichern, die mir bei zahlreichen anderen Teilen des Buches halfen, insbesondere aber jenen, die ein früheres Projekt initiierten, aus dem sich dann dieses Buch entwickelte. Hideaki Kase war nahe daran, Ko-Autor dieser Arbeit zu werden, bis die Zeit und verschiedene Umstände dazwischen kamen. Am wichtigsten vielleicht ist der spezielle Dank, den ich unseren zahlreichen Freunden in Südkorea und Taiwan schulde, insbesondere Kim Mahn-Je, dem verstorbenen Mason Yeh und ihren Mitarbeitern und Kollegen, die zuallererst unser Interesse an der Durchführung des früheren Projektes und damit an diesem Buch erweckten. Sie lehrten uns sehr viel über die letzten paar Jahre aus ihrer eigenen, unmittelbaren Erfahrung mit der Wirtschaftsentwicklung.

Unsere Danksagung geht auch an Maureen Pritchard, Vivian Hildebrandt und Dorothy Worfolk für ihre unermüdlichen Anstrengungen bei der Überwachung der Niederschrift des Manuskripts, die mit der fähigen Hilfe von Kathleen Dymes, Helen Iadanza, Ilse Lehmeier, Anne Marsek, Rose Marie Martin, Betty McRobbie, Mary Mitchell, Jane Petrone, Carolann Roussel, Elaine Shelah und Annie Small geschah. Ebenso danken wir Kathryn Finch für ihre graphischen Arbeiten und Adam McDonald und John Palka für die logistische Hilfe.

Die Mitarbeiter der Westview Press waren sowohl geduldig als auch hilfreich, als wir uns beeilen mußten, die scheinbar unmöglichen Termine der Sonderausgabe der Internationalen Handelskammer einzuhalten. Besonders danken möchten wir Fred Praeger, Verleger; Lynne Rienner, Vizepräsident und Herausgeber; Rolla Rieder, Vizepräsident, Produktion; Lynn Lloyd, Mitherausgeber; und jedem, der sonst noch mithalf, dieses Wunder zu vollbringen. Sie haben uns ihre Ermutigung und Hilfe auch während der Vorbereitung der Handelsausgabe zuteil werden lassen.

Wie jedes andere Produkt, war auch dieses Buch auf das Können und die Arbeitskraft vieler Personen angewiesen. Nichtsdestoweniger trage ich aber als Autor die volle Verantwortung für seinen Inhalt, und ich werde mit Freude jeden Beifall für seine Vorzüge entgegennehmen und mit Gleichmut die unvermeidlichen „Pfeile und Schleudern“ für seine Fehler ertragen.

Herman Kahn

Einleitung

Für den 26. Kongreß der Internationalen Handelskammer (International Chamber of Commerce) im Oktober 1978 in Orlando, im amerikanischen Bundesstaat Florida, wurde eine Sonderausgabe dieses Buches vorbereitet. Es ist andererseits auch Teil einer fortlaufenden Studienserie des Hudson-Institutes über „Die Aussichten der Menschheit" (The Prospects of Mankind). Das erste Buch aus dieser Serie, *Vor uns die guten Jahre – Ein realistisches Modell der Zukunft,*[1] entstand auf Grund der Anregung durch die 200-Jahr-Feier der amerikanischen Unabhängigkeit, als es uns plausibel erschien, nicht nur 200 Jahre zurück-, sondern ebenso 200 Jahre vorauszublicken. In diesem Buch wurde behauptet, daß diese insgesamt 400jährige Periode, die sich etwa um das Jahr 1975 herum zentriert, den Übergang zu einer mehr oder minder stabilen (was zumindest für einige Zeit gelten sollte) Gesellschaft von noch nie dagewesenem Wohlstand bilden würde – eine Periode, von der sich durchaus herausstellen könnte, daß sie die dramatischste und bedeutendste in der bisherigen Geschichte der Menschheit darstellt. Andere Studien aus dieser Serie über die Aussichten der Menschheit nehmen *Vor uns die guten Jahre* als Ausgangspunkt für eine Reihe von Untersuchungen der kurz- und mittelfristigen Aussichten innerhalb dieser 400-Jahr-Periode.[2] Parallel dazu verläuft eine Serie von Studien über die wirtschaftliche, politische und soziale Entwicklung verschiedener Länder.[3]

In dem Buch *Vor uns die guten Jahre* wurde die Behauptung näher untersucht, daß es theoretisch möglich sei – auch wenn ein unbegrenztes Wachstum mit den gegenwärtigen Raten nicht möglich ist –, die Weltbevölkerung doch ohne weiteres noch um einen Faktor zehn und das Bruttoweltprodukt sogar um einen Faktor von 100 oder gar 200 wachsen zu lassen, ohne daß dabei die Tragfähigkeit der Erde überbeansprucht würde. Wir glauben jedoch, daß sich sowohl die Weltbevölkerung wie auch das Weltbruttoprodukt weit unterhalb dieser Werte stabilisieren werden – die Weltbevölkerung bei dem Zwei- oder Dreifachen des heutigen Wertes und das Weltbruttoprodukt beim Zwangzigfachen oder Dreißigfachen des heutigen Umfanges. Das Buch versuchte klarzumachen, daß natürliche soziale, politische und kulturelle Kräfte das Wachstum sowohl der Bevölkerung als auch der Produktion lange bevor die Welt vor irgendwelchen unlösbaren Problemen an Nachschub, Umweltverschmutzung oder anderen Nebeneffekten der großen 400jährigen Übergangsperiode stehen würde, entsprechend abbremsen werden.

Das vorliegende Buch untersucht die Faktoren des Wandels und der Kontinuität in den Industrienationen und den Entwicklungsländern, die diesen großen Übergang formen werden. Es beschäftigt sich mit ein paar der unmittelbareren Probleme und Fragen, die mit dem Prozeß des Wirtschaftswachstums im Zusammenhang stehen. In mancher Hinsicht stellt es eine Anwendung, Ausarbeitung und Fortsetzung des Buches *Vor uns die guten Jahre* dar. Die Grundthemen beider Bücher werden durch die Bemerkungen, mit denen das erste Buch begann, zusammengefaßt:

„Vor 200 Jahren lebten auf der Welt relativ wenige Menschen, sie waren arm und den Naturgewalten hilflos ausgeliefert; dagegen können wir erwarten, daß die Menschen in den nächsten 200 Jahren nahezu überall zahlreich, wohlhabend und Beherrscher der Naturkräfte sein werden.“[4]

Zu dieser Vorhersage stehen wir noch immer – vorausgesetzt (und das ist ein wesentlicher Vorbehalt) es kommt zu nicht allzu vielen Unglücksfällen und schlechtem Management.

Dieses Buch kommt zu dem Schluß, daß viele der weithin akzeptierten Ideen über das Wirtschaftswachstum überholt sind (wenn sie überhaupt jemals gültig waren) und daß der Großteil des Pessimismus, der bis vor kurzem die Diskussion über das Wirtschaftswachstum beherrschte, ungerechtfertigt ist. Die Menschheit sollte trotz der nicht auszuschließenden Möglichkeiten von Unglücksfällen und schlechtem Management weiter vorangehen und ihre Chancen wahrhaben, denn die Aussichten sind aufregend, weil es wahrscheinlich immer noch gescheiter ist, weiterzumachen, als den Wachstumsprozeß vorzeitig anzuhalten und weil es unpraktisch ist, irgend etwas anderes zu tun. Der Versuch, „die Welt anzuhalten“, würde die fortschrittlichen kapitalistischen Nationen zwar vielleicht etwas bremsen, könnte aber die historischen Trends kaum wesentlich verändern, solange dadurch nicht eine Katastrophe ausgelöst werden würde.[5]

Wenn eine solche Prognose im Vergleich mit dem Großteil der derzeitigen Literatur auch optimistisch erscheinen mag, so ist doch das meiste davon einfach realistisch. Unsere langfristigen Projektionen mögen einen hilfreichen Einfluß auf Moral und Hingabe ausüben, es ist aber nicht unser Geschäft, positive Haltungen zu schaffen oder zu verkaufen. Alle unsere Schlußfolgerungen – seien sie nun optimistisch oder sonstwie geartet – sind Ergebnis unserer Studien und unserer wohlüberlegten Beurteilungen und entspringen nicht Wunschdenken, politischen Ideologien oder inspirierten Botschaften. Wir haben nichts gegen solche Versuche; es ist nur nicht unser Geschäft. (Wenn es uns unsere Studien jedoch gestatten, optimistisch zu sein, so sind wir durchaus bereit, dies zur Unterstützung von Moral und Hingabe auch zu sein.)

Andererseits mögen einige der kurzfristigen Vorhersagen dieses Buches als pessimistisch angesehen werden – und das vielleicht nicht zu Unrecht. Solche Projektionen können auch zu selbsterfüllenden Prophezeiungen werden. Uns erscheint es jedoch, als würden sie zu einer realistischeren Betrachtungsweise so mancher Gegenwartsfragen führen und damit auch zu sich selbst *ad absurdum* führenden Prophezeiungen werden. Und wiederum muß gesagt werden, daß es, ausgenommen unter ganz ungewöhnlichen Umständen, nicht unsere Angelegenheit ist, uns übertrieben darum zu kümmen, ob wir mit unseren objektiven Studien selbsterfüllende oder sich selbst *ad absurdum* führende Prophezeiungen schaffen. Es ist vor allem unsere Absicht, Methoden zur Bildung von wünschenswerten Prophezeiungen zu entwickeln und vorzustellen, es dürfte dies aber nur schwer möglich sein, wenn die Bedenken, dabei unangenehmen Möglichkeiten ins Gesicht blicken zu müssen, zu sehr überhandnehmen.

Die Zukunft wird nicht ohne Probleme sein. Wir können nicht einmal die Möglichkeit einer überwältigenden Katastrophe ausschließen (wobei die hervorstechendste ein ausgedehnter Atomkrieg wäre). Die Zukunft jedoch, die wir für die wahrscheinlichste halten, wird durch ein langsam abnehmendes Wirtschaftswachstum gekennzeichnet sein, wobei dies die Folge der sogenannten „sozialen Begrenzungen“ sein wird. Das unterscheidet sich ganz deutlich von einer drastischen Reduzierung des Wachstums, um so mit den (stark übertriebenen) Problemen der Rohstoffzulieferungen und der Umweltverschmutzung fertig zu werden. Diese Art der Lösung wird häufig von den falsch informierten oder durch Ideologien und Eigeninteressen fehlgeleiteten Eliten befürwortet. Die wirklich wesentlichen langfristigen Probleme werden eher mit persönlichem Wohlstand und den sehr wohlhabenden Gesellschaften im Zusammenhang stehen als mit armen Leuten und armen Gesellschaften.

Dieses Buch tritt für ein sehr schnelles, weltweites Wirtschaftswachstum, für eine Industrialisierung der dritten Welt und für die

Anwendung einer fortschrittlichen (oder doch wenigstens einer angepaßten) Technologie ein. Es macht Vorschläge für entsprechende Strategien und Taktiken, um dieses Ziel zu erreichen. Wir entschuldigen uns für keine unserer Positionen, die wir einnehmen. Die Erwünschtheit zunehmenden wirtschaftlichen Wohlstands und technologischer Weiterentwicklung ist heute jedoch unter solch breiten und intensiven Beschuß geraten, daß ein gewisses Maß an Verteidigung notwendig erscheint. Es wurde schon so viel Rauch produziert, daß viele der Beobachter unrichtigerweise annehmen, es müßte auch ein verheerendes Feuer geben.

Dieses Buch ist in zwei Teile gegliedert. Im ersten Teil werden einige allgemeine geschichtliche Theorien, Konzepte und Zusammenhänge gebracht, von denen wir das Gefühl haben, daß sie einen brauchbaren Hintergrund für das Verständnis gegenwärtiger und zukünftiger Situationen bieten. Vieles davon ist umstritten; die Hälfte davon etwa ist original und eine weitere Hälfte etwa ist ausgeliehen. Und auch wenn wir bezüglich dieses Materials skeptisch sind, so haben doch wir und andere festgestellt, daß sich diese Theorien, Konzepte und Zusammenhänge ganz vorzüglich dazu eignen, die passende Sprache, Metaphern und Analogien zu schaffen und auch, um das, was passiert, zu erklären und „vorherzusagen“.

Teil II beschäftigt sich vielfach mit denselben Ideen, tut dies jedoch im Zusammenhang der Gegenwart und von relativ engen und konkreten Gesichtspunkten her. In diesem Teil gehen wir um vieles empirischer, detaillierter, *ad hoc* und gegenwartsbezogener vor. Die Brücke zwischen diesen beiden Teilen wird gegen Ende des Kapitels 4 des ersten Teiles mit dem Abschnitt „Was glauben wir wirklich? Zusammenfassung und Rekapitulation des ersten Teiles“ geschlagen.

I. Teil
Rahmen, Konzepte, Perspektiven

Kapitel 1
Das Gesamtbild und einige Details

Wasserscheiden der Geschichte

Ausgenommen große religiöse Ereignisse, gibt es in der Geschichte der Zivilisation zwei bedeutende Wasserscheiden. Die erste war die „landwirtschaftliche Revolution", die vor etwa zehntausend Jahren im „fruchtbaren Halbmond" des Mittleren Ostens begann und die rund achttausend Jahre benötigte, um sich über den gesamten Globus auszudehnen. Die zweite war die „industrielle Revolution". Man kann sagen, daß die erste dieser Wasserscheiden, die landwirtschaftliche Revolution, die Zivilisation schuf – die „zivile (= bürgerliche) Kultur". Durch sie wurde den Eliten ein relativ hoher Lebensstandard geboten, und sie ermöglichte das Überleben einer relativ großen Anzahl von Menschen. Der Lebensstandard der großen Mehrheit der Erdbevölkerung wurde dadurch jedoch nicht wesentlich angehoben. Das Bruttonationalprodukt keiner der auf Landwirtschaft begründeten Gesellschaften fiel jemals wesentlich unter das Äquivalent von 100 Dollar pro Kopf oder überstieg dieses für längere Zeit um sehr viel mehr als 500 Dollar pro Kopf.*

Erst als vor etwa 200 Jahren in Holland und England die industrielle Revolution einsetzte, begann das durchschnittliche Einkommensniveau stetig zu steigen. Seit diesem Zeitpunkt erhöhte

* Alle Dollarangaben dieses Buches beziehen sich auf das Jahr 1978.

sich das Durchschnittseinkommen von etwa annähernd zwei Dritteln der Menschheit um das Fünf- bis Zwanzigfache. Etwas später werden wir zu zeigen versuchen, daß am Ende des Zeitraumes, den wir den „großen Übergang" nennen, das durchschnittliche Pro-Kopf-Einkommen der Weltbevölkerung sich um das Zehnfache des heutigen Wertes erhöht haben wird. Dieser Wandel und alles, was mit ihm verbunden ist, wird den Charakter der Weltzivilisation grundlegend verändern.*

Der „große Übergang", der die industrielle Revolution mit einschließt, umfaßt etwa die vergangenen und die kommenden 200 Jahre. Viele dieser Aspekte sind nicht gleichmäßig über diese 400-Jahr-Periode verteilt, die meisten davon spielen sich in der zweiten Hälfte des 20. Jahrhunderts ab – „dem halben Jahrhundert eines schnellen und weltweiten Überganges". Diese Zeitspanne verläuft so dramatisch und überraschend, daß wir beinahe von ihr allein sagen könnten, daß sie die geschichtliche Wasserscheide, die wir den „großen Übergang" nennen, darstellt. Vorangehende und nachfolgende Perioden des „großen Überganges können entweder als Anfangs- oder Vorbereitungsstadien", beziehungsweise als Ausklangs- oder Konsolidierungsperioden angesehen werden.

Die Graphik 1.1 zeigt, wie dramatisch sich ein wichtiger Aspekt dieser Jahrhunderthälfte entwickelt. Viele Demographen sind der Meinung, daß diese Graphik die Vergangenheit, Gegenwart und Zukunft des Bevölkerungswachstums plausibel darstellt. Etwa 90 Prozent der Fläche unterhalb der Kurve und über ein Prozent des Wachstums fallen in die Periode von 1951 bis 2000. Wir behaupten daher, daß wir uns gerade inmitten eines weltweiten demographischen Übergangs befinden, in dessen Verlauf die Weltbevölkerung von etwa 2,5 Milliarden im Jahre 1950 auf rund 6 Milliarden zu Ende des Jahrhunderts anwachsen wird.

Im Laufe von fast zehn Jahrtausenden schwankte die Gesamtbevölkerung der Erde zwischen 10 und 500 Millionen, mit einem sehr langsam ansteigenden Langzeittrend (weniger als ein Prozent im Jahr). Etwa im 17. Jahrhundert n. Chr. setzte ein dramatischer

* Wir beziehen uns häufig auf die ferne Zukunft, auf die Jahrhunderte oder Jahrtausende, die vor uns liegen. Wir erheben aber nicht den Anspruch, etwas vorhersagen zu können. Im allgemeinen sollen diese Angaben über die sehr ferne Zukunft bloß aufzeigen, zu welchen Schlüssen wir bei einer sehr sorgfältigen Analyse aller gegenwärtigen Strömungen über das weitere Geschehen kommen, sollten diese Strömungen unbegrenzt anhalten.

Graphik 1.1
Wachstumsraten der Weltbevölkerung in langfristiger historischer Perspektive

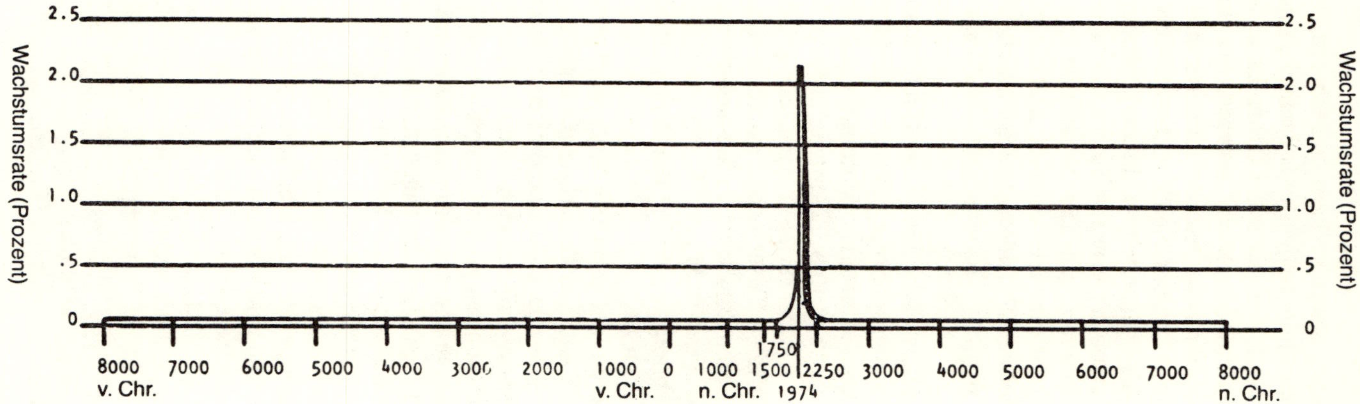

Quelle: Ronald Freeman und Bernard Berelson, *The Human Population,* Scientific American, September 1974, S. 36–37.

Anstieg in der Rate des Bevölkerungswachstums ein, der bis zur Mitte des 20. Jahrhunderts fast explosionsartig anschwoll (etwa ein Prozent). Diese Rate erreichte in den frühen 70er Jahren ihren wahrscheinlichen Höhepunkt mit einem Wert von knapp unter zwei Prozent. Für den Rest des Jahrhunderts wird sie nahezu mit Sicherheit über ein Prozent bleiben. Die meisten Demographen meinen, daß die Rate dennoch recht schnell wieder abfallen wird, schneller vielleicht noch als sie anstieg, bis sie nach einem weiteren Jahrhundert bei einem ziemlich niederen Wert angelangt sein wird (einem Bruchteil von einem Prozent). Falls bis dahin nicht irgendeine einschneidende Veränderung stattfindet, wird ab diesem Zeitpunkt die Weltbevölkerungszahl schließlich wieder relativ konstant bleiben.

Eine weitere dramatische Entwicklung im Halbjahrhundert der weltweiten Übergangsperiode war die Einführung nuklearer Waffen und anderer Massenvernichtungsmittel. Wenn es auch sicherlich noch nicht so ist, daß alles menschliche Leben durch einen einzigen großen Nuklearkrieg ausgelöscht werden könnte, so scheinen wir uns doch dieser Möglichkeit zu nähern, womit die Konsequenzen böser Zufälle oder eines schlechten Managements deutlich sichtbar werden. Mit der Entwicklung weiterer inhärent gefährlicher Technologien nimmt die Wahrscheinlichkeit solcher Möglichkeiten noch zu.

Auf der anderen, der positiven Seite, sind die wissenschaftlichen Neuerungen auf dem Gebiet der Computer, des Kommunikationswesens und anderer technologischer Gebiete mindestens ebenso wichtig, wenn nicht noch signifikanter.[1] Manche Leute stellen die spektakulären Errungenschaften auf dem Gebiet der Satelliten und Raumsonden, die das Sonnensystem erkunden – von Menschen geschaffene Instrumentensysteme, die die Oberfläche der Erde verlassen –, als die wirklich dramatisch neuartigen Ereignisse besonders in den Vordergrund. Andere wieder heben das Entstehen einer echten Weltwirtschaft und intellektuellen Ökumene sowie die weltweite Verbreitung der industriellen Revolution hervor. Eine ganz andere Auffassung von der Einmaligkeit heutiger Ereignisse lenkt die Aufmerksamkeit nicht so sehr auf den Übergang selbst als vielmehr auf die Tatsache, daß wir an physischen, aber auch an sozialen Grenzen des Wachstums angelangt sind, und weist auf den daraus folgenden Übergang zu einer „aufrechtzuerhaltenden Weltwirtschaft“ hin – wie immer dieser Begriff auch definiert sein mag.

Wir betreten hier in vielerlei Hinsicht Neuland, diskutieren einen die Dynamik der industriellen Kultur beeinflussenden Prozeß, der in vielem ohne Beispiel in der Geschichte ist. Glücklicherweise glauben wir aber, daß es dennoch mehr Kontinuität als Diskontinuität gibt. Wenn dies stimmt, verbessert es unsere Chance für das Verständnis dieser Trends. Wir stimmen jenen nicht zu, die behaupten, ein brauchbares Erfassen würde einen größeren Durchbruch auf den Gebieten der soziologischen oder anthropologischen Theorien oder in philosophischer oder in religiöser Hinsicht erfordern. Wir versuchen nicht, zu einem solchen Durchbruch zu gelangen.

Teilhard de Chardin, William Thomson, Charles Reich, Marshall McLuhan, Willis Harmon, Francoir Revel, Abraham Maslow und Jonas Salk sind mit anderen der Meinung, daß diese Jahrhunderthälfte mit einer mystischen oder spirituellen Transformation verbunden ist und diese es ist, die die Strömungen und Kräfte antreibt.[2] Wir akzeptieren das und gestehen dieser treibenden Kraft auch zu, daß etwas Aufregendes im Gange ist. Die Zeit von 1950 bis 2000 ist sicherlich nicht bloß ein weiteres halbes Jahrhundert in der langen Geschichte der Menschheit. Während dieses halben Jahrhunderts wird die Weltbevölkerung wie von etwa 2,5 Milliarden auf rund 6 Milliarden ansteigen; sie wird von einem BNP von rund 2 Billionen Dollar zu einem von 15 bis 20 Billionen Dollar gelangen; sie wird sich von einer vorwiegend landwirtschaftlichen Gesellschaft zu einer überwiegend urbanisierten, von einer hauptsächlich vorindustriellen zu einer gebildeten Gesellschaft entwikkeln; sie wird von Unterernährung, miserablen Lebensbedingungen und vorwiegender Kurzlebigkeit zu weitgehend guter Ernährung und zu Langlebigkeit gelangen.

Das Bild, das wir hier gezeichnet haben, ist das einer relativ glatt verlaufenden Entwicklung. Es stellt das Erreichen eines Zieles dar und, grob gesprochen, das Festhalten an diesem Ziel für den Rest der Geschichte. Das ist natürlich höchst unwahrscheinlich, denn Geschichte verläuft kaum für ein Jahrtausend auf diese Weise, geschweige denn für viele Jahrtausende. Geschichte ist immer vom Wandel geprägt: von Aufstieg und Untergang, von Reformation und Gegenreformation, von Zerstörung und Wiederaufbau, von Abstieg und Renaissance, von Ausdehnung und Schrumpfung, von internen und externen Widersprüchen oder von Veränderungen, die Konflikte und Wechsel, Niederlagen oder Siege verursachen. Wir werden uns nicht mit all diesen Möglichkeiten auseinandersetzen, denn für unsere drei unmittelbaren Anliegen sind sie nicht relevant: nämlich, Bilder der nächsten paar Jahrhunderte zu zeichnen, die die gegenwärtigen und aufkommenden Entwicklungstendenzen wiedergeben, des weiteren das gegenwärtige Dezennium und die nächsten ein bis zwei Jahrzehnte zu analysieren und schließlich einige Rezepte für die Gegenwart anzubieten.

Eines unserer wichtigsten Ziele ist es dabei, einige der Diskontinuitäten innerhalb des kontinuierlichen Verlaufs – und umgekehrt – zu studieren. Wir neigen dazu, die Kontinuitäten stärker als die Diskontinuitäten zu betonen, da wir der Meinung sind, daß die Geschichte relativ ungebrochen verläuft, daß diverse Institutionen und andere soziale Gebilde eher etwas Gewachsenes sind als etwas, das über Nacht geschaffen wurde, und daß fast jeder Aspekt der kommenden Gesellschaft historische Wurzeln haben wird. Indem wir den kontinuierlichen Verlauf hier ein wenig überbewerten, bieten wir einen gewissen Ausgleich zu der reichlich sprießenden Literatur, die die geschichtliche Vergangenheit ablehnt oder außer acht läßt, um für einen einschneidenden Bruch einzutreten – ein Standpunkt, den wir für völlig ungerechtfertigt halten.

Ganz ähnlich wie sich die landwirtschaftliche Revolution über die Welt ausbreitete, greift auch die industrielle Revolution mit anhaltenden Änderungen in der Wesensart und Qualität des menschlichen Lebens um sich. Anstatt jedoch dafür 8000 Jahre zu benötigen, verläuft dieser zweite Diffusionsprozeß mit unglaublicher Geschwindigkeit, und er wird wahrscheinlich gegen Ende dieses Jahrhunderts weitgehend abgeschlossen sein. In den darauffolgenden zwei Jahrhunderten sollten fast alle Länder das nachindustrielle Stadium erreicht haben oder doch zumindest auf dem Niveau der heutigen „hochentwickelten kapitalistischen Nationen" angelangt, wenn nicht sogar darüber hinausgelangt sein.

Der „große Übergang"

Bilder der langfristigen Zukunft werden nur dann richtig sein, wenn andere Gegebenheiten mehr oder minder gleichbleiben. Ändern sich jedoch grundlegende Annahmen, so müßten sich auch die Pläne entsprechend mitverändern. Aber selbst wenn sich die Bilder als nicht richtig erweisen sollten, so können sie doch immer noch realistisch sein – das heißt, ein vernünftiges Bild der Grundströmungen unserer Zeit vermitteln. Auf diese Art können derartige Entwürfe als Kontext für die kurzfristige Planung immer noch sehr nützlich sein.

Die alte Frage „Wann und wie wird dieses beschleunigte Wirtschafts- und Bevölkerungswachstum zu Ende gehen?“ beherrscht häufig die Diskussionen um langfristige Planungen. Alle Beobachter sind seit jeher darin einig, daß eine schnelle Expansion nicht unbegrenzt anhalten kann und die hohen Wachstumsraten der industriellen Revolution nur eine Übergangsperiode im Verlauf der Geschichte darstellen. Zu keiner Übereinstimmung kam man jedoch in der Frage, wann oder wie dieser Übergang enden oder wohin er führen würde.

Es hat immer wieder einige Leute gegeben, die erwarteten, daß das Ende katastrophal sein würde. Bis in die jüngste Zeit war dies stets nur die Meinung einer Minderheit und nur sporadisch in Mode. Heute jedoch sind immer mehr Menschen – vor allem unter den Gebildeten und akademischen Eliten – der Meinung, das rapide exponentielle Wachstum könnte viel eher zur größten Tragödie als zum größten Triumph der Menschheit führen; und ferner, daß sich die Menschheit am Rande einer katastrophalen Kollision mit der Realität befindet. Unsere Ansicht von der zu erwartenden Zukunft ist jedoch eine von dieser Meinung völlig verschiedene.

Um die zu erwartenden wirtschaftlichen Veränderungen näher charakterisieren zu können, unterscheiden wir zwischen primären, sekundären, tertiären und quartären wirtschaftlichen und quasiwirtschaftlichen Aktivitäten.[3]

Primäre Aktivitäten sind auf die Gewinnung von Rohstoffen ausgerichtet (extraktiv = Nutzung) – vor allem Landwirtschaft und Fischerei. Dies sind die Grundlagen vorindustrieller Gesellschaften. Im Grunde genommen ist eine solche Gesellschaft daraufhin organisiert, „Spiele mit und gegen die Natur zu spielen“.*

* Die Wendung *Spiele mit und gegen die Natur spielen* und andere Metaphern, die sich auf *Spiele* beziehen, haben ihren Ursprung in der ausführlichen Literatur über Spiele, Simulationen und Rollenspiele. Sie sollten zum Teil wörtlich, zum Teil metaphorisch aufgefaßt werden. Es soll zum Ausdruck gebracht werden, daß die Hauptrolle eines Individuums in einer primären Gesellschaft eher als „Wechselspiel mit und gegen die Natur“ verstanden werden kann denn als „Wechselspiel mit und gegen Materialien“ oder „mit und gegen Organisationen“, „mit und gegen Gemeinschaften“, wie das in anderen Fällen zutrifft. Das Wort *Spiel* soll aufzeigen, daß – ähnlich wie in einem Spiel – die wirtschaftlichen Aktivitäten der Menschen durch eine Reihe von formalen und weniger formalen Regeln und Gebräuchen gesteuert werden und daß rationale Taktiken und Strategien für die Wahrscheinlichkeit des Erreichens bestimmter Ziele sehr wesentlich sein können. Die Anregung zu dieser Terminologie und zu dem Ausdruck *nachindustriell* (postindustrial) stammt von dem amerikanischen Soziologen Daniel Bell (siehe dazu Daniell Bells *The Coming of the Post-Industrial Society*; New York: Basic Books, 1973). (Fortsetzung S. 28)

Vor der industriellen Revolution kamen auf je einen Stadtbewohner vielleicht zwanzig Menschen, die anderswo arbeiteten und durch ihre primären Tätigkeiten die Städter versorgten.

Die wesentlichen sekundären Aktivitäten liegen im Bereich des Bauwesens und der industriellen Produktion. Demgemäß ist eine sekundäre Gesellschaft vornehmlich darauf ausgerichtet, „Spiele mit und gegen Materialien“ auszutragen. Die entsprechende Kultur ist eine urbane und in unserer Zeit durch den Nationalstaat und eine relativ scharfe Trennung zwischen Stadt und Land gekennzeichnet.

Tertiäre Aktivitäten bestehen aus Dienstleistungen für primäre, sekundäre oder auch tertiäre Unternehmungen, die eine entstehende nachindustrielle Wirtschaft kennzeichnen. Es sind dies Dienstleistungen an der Gesellschaft; daher auch der Ausdruck *Dienstleistungs-Wirtschaft.* Zu solchen Dienstleistungen gehören das Transportwesen, das Kommunikationswesen, die Versicherungswirtschaft, das Finanzwesen, Management, Ingenieurwesen, der Handel, künstlerische Entwürfe, die Werbung, viele Verwaltungsaktivitäten und ein bedeutender Teil des Schul- und Ausbildungswesens. In einer sich entwickelnden nachindustriellen Gesellschaft werden jene Menschen, die nach wie vor primäre und sekundäre Beschäftigungen ausüben, sich mehr den „Angestellten-Berufen“ tertiärer Art verbunden fühlen, als dem traditionellen „Arbeiter-Image“ primärer und sekundärer Betätigungen mit seinen „Spielen mit und gegen die Natur und die Materie“. Die Gesellschaft wird darauf ausgerichtet sein, „Spiele mit und gegen Organisationen“ zu spielen. Sie wird – vor allem bei der Verteilung von Macht und Prestige – durch organistorischen und professionellen Pluralismus gekennzeichnet sein. Und sie wird

Einige Leser mögen es vielleicht ungerechtfertigt finden, einen offensichtlich so trivialen Ausdruck wie *Spiel* auf die lange Geschichte menschlichen Heldentums und Mißgeschicks angewandt zu sehen. Wie aber schon oben angemerkt, wird das Wort *Spiel* nicht mit der Absicht eingeführt, die Ernsthaftigkeit oder die Bedeutung menschlicher Aktivitäten abzuschwächen, sondern vielmehr, um diese Handlungen zu dem weitläufigen und komplexen Gebilde formalistischer Regeln, die das menschliche Verhalten steuern, in Beziehung zu setzen, um einen Zusammenhang zwischen ihnen und dem komplizierten Zusammenspiel von Absichten und Zielen menschlicher, zweckorientierter Handlungsweisen herzustellen. Als Standardwerk zur Einführung in die Bedeutung, welche die Spiele und die Rollenverteilung in den menschlichen Gesellschaften haben, sei das Buch: *„Homo Ludens: Vom Ursprung der Kultur im Spiel“* von Johan Huizinga empfohlen. Wie wir später ausführen werden, wird das Wort *Spiel* erst in der quartären Gesellschaft wörtlich aufzufassen sein.

wahrscheinlich einen mehr suburbanen als urbanen Charakter aufweisen. Ihre geschäftlichen Aktivitäten werden mehr von transnationalen Gesellschaften bestimmt werden als von rein nationalen oder bodenständigen persönlichen Eigentumsverhältnissen. Die Schwerpunkte werden bei den „Wissensindustrien" liegen und beim Wachstum der Bürokratien und intellektuellen Eliten.

Im frühen einundzwanzigsten Jahrhundert sollte zumindest in jenen Staaten, die wir die „hochentwickelten kapitalistischen Staaten" nennen, ein teilweiser Übergang zu einer anderen Art von Dienstleistungs-Wirtschaft stattfinden.[4] Die dann herrschenden Verhältnisse würden wir als quartäre oder als echte nachindustrielle Wirtschaft bezeichnen – ein verführerisches Konzept, das aber auch sehr viele Vorbehalte enthält. Das wesentliche Merkmal dieser Wirtschaft bestünde darin, daß primäre, sekundäre und tertiäre Beschäftigungen nur noch einen kleinen Teil der menschlichen Unternehmungen ausmachen würden. Die ausschließlich wirtschaftliche Aufgabe, die materiellen und kommerziellen Bedürfnisse einer Gesellschaft zu befriedigen und Serviceleistungen, die sie braucht, bereitzustellen, wird immer weniger Menschen beanspruchen.

Schließlich werden diese Aufgaben weitestgehend von hochautomatisierten Anlagen und komplexen Computern besorgt. Die kleine Gruppe von Akademikern, die benötigt wird, um diese Anlagen zu betreiben, würde wahrscheinlich trotz ihrer offensichtlich entscheidenden Bedeutung nicht die Elite jener Gesellschaft bilden; ebensowenig wie heute die Bauern, selbst dann, wenn es sich um Grundbesitzer handelt, eine besondere Elitegruppe unserer heutigen Gesellschaft darstellen. Mit der Erhöhung des Durchschnittseinkommens und der Sozialleistungen werden die niedrigen Dienstleistungsarbeiten verschwinden, zu hochbezahlten Posten und zu teilweise oder gänzlich freiwilligen Tätigkeiten werden. Ganztags-Haushaltshilfen sind zum Beispiel schon heute in den hochentwickelten kapitalistischen Staaten fast vollständig verschwunden.

Hoch eingestufte persönliche Dienstleistungen wie etwa die von Lehrern, Psychiatern, Medizinern, Autoren, Priestern und in den Unterhaltungsbranchen Tätigen werden zunehmen. Beide Seiten, sowohl die Konsumenten als auch die Produzenten solcher Dienstleistungen, werden diese Tätigkeiten um ihrer selbst willen suchen bzw. ausüben – das heißt aus relativ nichtwirtschaftlichen oder persönlichen Gründen und auch nicht, weil sie zu der Erledigung primärer oder sekundärer Aktivitäten beitragen. Auch ein großer Teil der Grundlagenforschung gehört in diesen Bereich. Sowohl die Mittel als auch die Zwecke werden mehr nach ihren weiteren sozialen, persönlichen und kulturellen Implikationen bewertet werden als nach genauen Kosten-Nutzen-Kalkulationen. Eine bestimmte Tätigkeit wird mindestens ebensosehr danach beurteilt werden, welche Art von Menschen durch sie geformt wird und welche Auswirkungen sie auf den einzelnen und auf die Gemeinschaft hat, als nach sorgfältigen Gewinn-und-Verlust-Rechnungen. Ökonomische und technische Effizienz werden zugunsten von Konzepten des Guten und des Schönen – entsprechend den kulturellen und persönlichen Kriterien – an Bedeutung verlieren.

Eine solche Gesellschaft könnte als „Spiele mit und gegen Leute, mit und gegen Gemeinschaften und vielleicht auch mit und gegen sich selbst spielend" beschrieben werden. Tatsächlich könnte hier der Gebrauch des Wortes *Spiel* einen weniger metaphorischen, sondern eher wortwörtlichen Charakter annehmen.

Dieses Bild einer nachindustriellen Gesellschaft ist nicht idiosynkratisch. Viele der großen Denker, die Spekulationen darüber anstellten, was der „große Übergang" der industriellen Revolution mit sich bringen könnte, sind zu ähnlichen Ergebnissen gekommen. Unter ihnen ist die Version von Karl Marx wahrscheinlich am bekanntesten. Marx war wie wir der Meinung, daß die industrielle Revolution die Menschheit in eine neue Ära führen werde. Obwohl Marx ursprünglich der Ansicht war, daß nur eine Revolution die Herrschaft der Kapitalisten beseitigen könne, so glaubte er dennoch, daß die Zeit danach um vieles besser als die Vergangenheit sein würde und daß der Mensch zu neuen Höhen vorstoßen würde, die jene Höhen, welche die Eliten Athens des 5. Jh. v. Chr. oder jene der Renaissance in Italien erreicht hatten, noch übertreffen würden. Marx sah für die ferne Zukunft eine Gesellschaft voraus, in der „niemand ausschließlich einer Beschäftigung nachgeht, sondern wo jeder der ihm genehmen Beschäftigung nachgehen könne. Wo die Produktion von den Bedürfnissen der Gesellschaft geregelt wird und es mir so ermöglicht, heute dieses und morgen jenes zu tun; am Morgen auf die Jagd zu gehen, am Nachmittag zu fischen, am Abend Vieh zu hüten und mich nach dem Essen als Kritiker zu betätigen – so wie es mir gerade in den Sinn kommt, ohne daß ich deswegen jemals zum Jäger, Fischer, Hirten oder Kritiker werden müßte".[5]

Ein bemerkenswert ähnliches Bild eines rasch erfolgenden

„großen Übergangs" zu einer quartären Gesellschaft entwarf J. M. Keynes in einem 1930 veröffentlichten Aufsatz. Er sah eine bessere Welt voraus, in der die Prioritäten und Werte der kapitalistischen Gesellschaft letztendlich abgelehnt werden würden und die Menschheit frei wäre, edlere Ziele zu verfolgen:

> „Ich komme zu dem Schluß, daß die wirtschaftlichen Probleme, vorausgesetzt es kommt zu keinen größeren Kriegen und keiner übermäßigen Zunahme der Weltbevölkerung, zu lösen sein werden oder doch zumindest Lösungsmöglichkeiten innerhalb der nächsten hundert Jahre in Sicht kommen werden. Das heißt, daß das wirtschaftliche Problem – betrachten wir die Zukunft – nicht das Dauerproblem der menschlichen Rasse ist.
>
> Ich sehe daher, daß wir frei genug sein werden, um zu einigen der grundlegenden und ganz sicher gültigen Grundsätze der Religion und der traditionellen Tugenden zurückzukehren – daß Habsucht ein Laster ist, Eintreibung von Wucherzinsen Unrecht und die Liebe zum Geld verabscheuungswürdig ist, daß jene am wahrhaftigsten auf den Pfaden der Tugend und des gesunden Menschenverstandes wandeln, die sich am wenigsten um das Morgen kümmern. Wir sollten die Ziele wieder über die Mittel stellen und das Gute dem Nützlichen vorziehen. Wir sollten jene ehren, die uns zeigen können, wie man den Augenblick, den Tag richtig und gut pflückt, jene so erfreulichen Menschen, die in der Lage sind, unmittelbar Freude aus den Dingen zu ziehen, die Lilien auf dem Felde, die sich nicht mühen und die nicht für ihre Kleider sorgen.
>
> Aber Vorsicht ist geboten: noch ist die Zeit für all das nicht gekommen. Wenigstens für weitere hundert Jahre noch müssen wir uns und allen anderen vormachen, daß Schönheit schlecht ist und Schlechtigkeit schön; denn Schlechtigkeit ist nützlich und Schönheit ist es nicht. Habsucht, Wucher und Mißtrauen müssen für eine Weile noch unsere Götter bleiben."[6]

Im Gegensatz zu Marx und Keynes sehen unsere Szenarien kein zukünftiges Utopia voraus. Wir sind diesbezüglich skeptisch und agnostisch. Tatsächlich mag die Welt in hundert oder zweihundert Jahren kein sehr glücklicher Ort sein – zumindest nicht gemessen an den heutigen Maßstäben. Statt von Harmonie könnte die Zukunft von Unordnung, Unrast und Reglementierung geprägt sein. Sowohl die Vision von *1984* als auch die *Schöne neue Welt* liegen im Bereich der Möglichkeiten, wenngleich sie nicht unausweichlich, ja nicht einmal wahrscheinlich scheinen.

Heute in hundert Jahren könnte noch immer viel relative Armut herrschen, und wahrscheinlich wird es sogar immer noch größere Bereiche absoluter Armut geben. Die arithmetische Kluft (wahrscheinlich aber nicht die geometrische) zwischen den zehn Prozent der Reichsten und den zehn Prozent der Ärmsten auf der Welt wird fast mit Sicherheit größer als heute sein. Andererseits wird aber fast die ganze Menschheit – vorausgesetzt es kommt nicht zu einem ausgedehnten Nuklearkrieg oder irgendeiner anderen weltweiten Katastrophe – materiell um vieles besser als heute gestellt sein. Die traditionellen Mühsale, wie absolute Armut, Hungersnöte, Seuchen, Krankheiten ebenso wie Hilflosigkeit, Unbildung und mühselige Arbeit, die in allen geschichtlichen Zeiten das Los der Menschheit waren, sollten praktisch und mit ein wenig Glück ein für allemal der Vergangenheit angehören. Was die große Mehrheit der Menschen in einer solchen Welt tun soll, bleibt allerdings eine offene Frage und könnte zu einem ernsthaften Problem werden. Die Chancen werden sowohl für das Gute als auch für das Schlechte enorm sein. Sollte aber alles gutgehen, so könnten die kommenden Jahrhunderte sehr wohl der Beginn der eigentlichen Menschheitsgeschichte werden.

Wenn sich, was eine vernünftige Annahme zu sein scheint, die Technologie weiterhin entwickelt, wenn der Reichtum weiter ansteigt und sich dabei über die ganze Welt verbreitet, so könnte die globale Gesellschaft weitgehend eine sowohl postökonomische als auch eine postindustrielle werden. Es gibt keinen prinzipiellen Grund dafür, daß Konsumgüter, wie etwa die Äquivalente des einundzwanzigsten Jahrhunderts für Autos, Häuser und TV-Geräte, nicht praktisch unendlich haltbar werden. Daher wird es sehr wahrscheinlich nicht mehr vorkommen, daß der Großteil der Produkte rasch veraltet oder kaputtgeht. Die Aufgaben der Industrie würden sich dann auf den allmählichen Ersatz beschränken. Die Welt-Gesamtproduktion könnte um ein beträchtliches abnehmen, wenn die Weltbevölkerung erst einmal mit den vorhandenen Gütern zufrieden ist. Und stellt man den sicherlich sehr hohen Grad der zu erwartenden Automation in Rechnung, so werden die Beschäftigten, die notwendig sind, um den Gütervorrat stabil zu halten, nur noch einen geringen Prozentsatz der Weltbevölkerung ausmachen. Geschäfte machen, so wie wir das heute verstehen, wird vielleicht überhaupt verschwinden. (In mancher Hinsicht ist dies genau jene Sozialordnung, von der so viele Angehörige der sogenannten „neuen Klasse“ glauben, daß sie im Kommen ist. Das wird aber erst auf einem viel höheren Technologie- und Überflußniveau der Fall sein, als sie das annehmen. Wir wir in Kapitel 3 noch näher erläutern werden, bestehen unsere hauptsächlichen Differenzen zu ihren Visionen nicht so sehr mit deren Inhalten als mit ihrer zeitlich zu früh angesetzten Verwirklichung.)

Sollten solche Vorstellungen Wirklichkeit werden, so würde die quartäre Kultur in vieler Hinsicht an die viel stabileren und reicheren vorindustriellen Kulturen erinnern, in der viele der folgenden „weltlichen“ Aktivitäten schon bestanden:

- Lesen, Schreiben, Malen, Schauspiel, Komponieren, Musizieren, Kunst und Kunsthandwerk – alle um ihrer selbst willen oder als Teil in einem größeren Zusammenhang ausgeübt.
- Tourismus, Spiele, Wettkämpfe, Rituale, Ausstellungen und Vorführungen.
- Feinschmecker-Küche und -Essen, ein aristokratischer und formeller Lebensstil, epikureische und Familienwerte (einschließlich Besuchemachen, gemeinsame Unterhaltung und „Zusammensein").
- Jagen, Fischen, Wandern, Kampieren, Laufen, Bootfahren, Schilaufen, Bergsteigen, Sporttauchen, Segeln und viele neue Aktivitäten im Zusammenhang mit neuen Technologien.
- Hinwendung zu und Bewältigung von vielen anderen nicht berufsmäßigen Fertigkeiten und Hobbies.
- Verbesserung des Eigentums (nicht aus wirtschaftlichen Gründen motiviert) durch Gartenarbeit, Instandhaltung, Innendekoration und durch die Verwendung von heimgefertigten Gegenständen und Kunsthandwerk.
- Konversation, Diskussion, Debattieren und Politisieren.
- Viele andere kulturelle und soziale Aktivitäten.
- Komplizierte Mehr-Personen-„Spiele", die mit Hilfe von Computern und hochentwickelten Kommunikationsmitteln über Tage, Wochen oder auch Monate hinweg gespielt werden. Diese Spiele könnten sowohl zeremoniellen als auch wettbewerbsmäßigen Charakter haben – sie könnten sowohl öffentlichen Spektakel als auch private Unterhaltung sein.

Ebenso wird es auch Aktivitäten geben, die normalerweise als bedeutsamer eingeschätzt werden als die oben angeführten oder die doch zumindest als weniger auf die Privatsphäre beschränkt gelten:

- Öffentliche Arbeiten und öffentliche Projekte – einige davon eher aus Publicitygründen, für die Moral, aus Interesse, zur Unterhaltung, zu zeremoniellen Zwecken oder aus rituellen Gründen betrieben denn aus wirtschaftlichen oder wissenschaftlichen Kosten-Gewinn-Überlegungen (heutige Äquivalente wären etwa einige Unternehmungen der Raumfahrt, der Unterwasserforschungen, eine Reihe von Umweltschutzprojekten und das Ausführen von monumentaler Architektur).
- Unverhüllt rituelle, zeremonielle und ästhetische Unternehmungen (häufig in eigens dafür entworfenen und sorgfältig aus-

geführten Gebäuden und Umgebungen). Ihr Zweck könnte das Hervorrufen von Bildern und Gefühlen des Glanzes, des Stolzes, der Pracht, der Ehrfurcht sowie solche von kommunaler, ethnischer, religiöser und nationaler Einheit und Identität mit einbeziehen. Dazu könnten auch das Suchen nach Einheit mit der Natur und dem Universum sowie verschiedene „Erkundungen des inneren Raumes“ oder andere Formen emotioneller oder spiritueller Selbstverwirklichungen gehören.

- Die Schaffung von Tabus, Totems, anspruchsvollen Religionen, Traditionen und Gebräuchen; willkürliche Pressionen, Beschränkungen und Forderungen; die moralischen und sozialen Äquivalente des Krieges; noch einige andere druckausübende Mittel und Risiken einschließlich solcher, die schon mehr bizarre Formen von „willkürlichem Verhalten“ und der „Prüfung“ von Fähigkeiten und Grenzen beinhalten.

Schließlich beinhaltet das Konzept einer quartären Kultur noch „mystische“ und auf den „inneren Raum“ bezogene Aktivitäten. Viele Autoren, die sich damit beschäftigen, räumen diesen Aktivitäten eine viel wesentlichere Rolle ein, als wir das tun, obwohl wir zugeben, daß sie bedeutsam und vielleicht sogar dominierend sein könnten. In vielen „hochentwickelten, kapitalistischen Staaten“ beginnt sich diese quartäre Kultur, vor allem im Bereich der neuen Klasse, schon zu entwickeln. Eine Möglichkeit, die neue Klasse zu definieren, wäre, ihre Angehörigen so zu beschreiben: Personen, die eine vorwiegend der oberen Mittelklasse zukommende Bildung besitzen und in einer mehr oder weniger quartären Kultur aufgewachsen sind und leben oder zumindest in den mehr analytischen, ästhetischen, symbolischen und intellektuellen Bereichen des tertiären Sektors. Eines unserer Hauptthemen werden die sozialen, intellektuellen und kulturellen Schwierigkeiten sein, mit denen diese Neue-Klasse-Quartärkultur sich im Umgang mit den mehr mundanen und praktischen Aspekten der Welt auseinandersetzen wird müssen.

Manche Leute könnten nun der Auffassung sein, daß diese künftige quartäre Wirtschaft in mancher Hinsicht „unwirklich“ sei – ein wenig wie eine „Spiel-Welt“ oder wie eine „gespielte Welt“. Wir stellen eine solche Ansicht nicht in Abrede und wollen betonen, daß es ziemlich schwierig werden könnte, sich manche der traditionellen Werte in einer quartären Kultur vorzustellen. Es könnte dann tatsächlich zu einem gewissen Kontaktverlust mit der traditionellen Wirklichkeit kommen, die aber trotz alledem, wenn auch nur latent, von Bedeutung bleiben dürfte.

Dieser Übergang wäre der Abschluß der industriellen Revolution, die zweite große Wasserscheide in der Geschichte der Menschheit. Noch weiter in der Zukunft lebende Gesellschaften mögen in diesen Jahrhunderten der Industrialisierung den Wendepunkt in der Wanderung der Menschheit aus einer Welt sehen, die ihren wenigen Bewohnern primär feindlich gegenüberstand, in eine Welt, die von einer großen Zahl von Menschen voll beherrscht und wahrscheinlich auch genossen wird. Tafel 1.1, die die Menschheitsgeschichte in fünf Perioden unterteilt, faßt diese Entwicklung zusammen.

Blicken wir etwa aus dem Jahr 5000 zurück, so erkennen wir drei Perioden, getrennt durch zwei kurze Übergangsperioden. Die erste dieser Perioden ist die Zeit der Jägerherden und Stammesgesellschaften vor 8000 v. Chr. Den Prozeß, den wir die *Modernisierung* oder den „großen Übergang" nennen, also die Zeit von 1800 bis 2200, könnten wir auf eine einzige Linie etwa auf das Jahr 2000 zusammenziehen. Aus dieser Perspektive würde diese 400-Jahr-Periode als fast plötzliches Ende der sogenannten zivilisierten Epoche (der zweiten Periode) und gleichzeitig als die Entstehung von etwas Neuem erscheinen. Schließlich wird heute sogar die landwirtschaftliche Revolution in einer ähnlichen Weise gesehen, obwohl sie in Wirklichkeit Tausende Jahre brauchte, bis sie sich über die ganze Erde ausgedehnt hatte. Aus der Sicht des Jahres 5000 könnte unsere Wirtschaftsgeschichte daher so wie die Darstellung auf Tafel 1.2 aussehen.

Wir besitzen keine gute Vorstellung von dem, was wir *„nachindustriell"* oder *„postindustriell"* nennen. Der Ausdruck selbst gibt eine negative Beschreibung, da er eher das bezeichnet, was nicht mehr sein wird, als das, was sein wird. Es gibt daher, wie wiederum Tafel 1.2 zeigt, eine Reihe von anderen möglichen Ausdrücken: *Nachzivilisiert* bedeutet, daß unsere Vorstellungen von Zivilisation weitgehend von der traditionellen Gesellschaft geprägt worden sind, daß sie aber weiterhin keine Gültigkeit mehr haben. *Nachökonomisch* beinhaltet, daß das Verhalten der meisten Menschen nicht mehr bloß durch Kosten-Nutzen-Überlegungen geprägt wird. So spielt bereits heute bei einem wohlhabenden Amerikaner die Entfernung seines Urlaubsortes, sei sie nun 500 oder 5000 Kilometer, in seinen Urlaubsplänen kaum eine Rolle mehr, viel weniger noch die damit verbundenen Kosten der Flugreise. In jeder praktischen Hinsicht betrachtet die Person diese objektiv so verschieden langen Strecken als gleich. Auf eine ähnliche Weise werden das Einkommen der Zukunft so hoch und

Tafel 1.1
Stadien der Wirtschaftsgeschichte

Zeit	Stadium	
	Jagen und Nahrungsammeln (vor-agrarisch und in der Regel primitiv)	
8000 v. Chr.		
	Grundlegend agrarisch (vor-industriell und in der Regel zivilisiert)	
1800 n. Chr		
	Verschiedene Stadien der Industrialisierung (oder modern und/oder technologisch)	,,Modernisierung" oder der ,,Große Übergang" (1800 n. Chr. – 2200 n. Chr.)
2000 n. Chr.		
	Verschiedene Stadien der post-industriellen Gesellschaft entstehen (anfänglich leben aber 3/4 der Weltbevölkerung in armen, im Übergang befindlichen oder industriellen Wirtschaften)	
2200 n. Chr.		
	Der Übergang zu einer weltweiten, in hohem Maße wohlhabenden Wirtschaft ist weitgehend vollzogen	

Tafel 1.2
Gesellschaftliche Evolution

	Auftreten der ersten Menschen 2 000 000 Jahre lang Jägerhorden, Nahrungssammler und Stammesgesell-schaften			
8000 v. Chr.				Übergang infolge der agrarischen Revolution
	10 000 Jahre lang traditionelle und zivilisierte Gesellschaften			
2000 n. Chr.				Der „große Übergang" (was wir „Modernisierung" nennen)
	Postindustriell Post-bürgerlich Post-wirtschaftlich Wahrhaft human	Post-human Faustisch Post-faustisch Promethisch	Postpromethisch Gottähnlich Wahrhaft religiös (d. h. neo-deistisch, neo-mystisch)	

die diversen Preise so niedrig sein, daß für die meisten Menschen die Kosten ihrer Konsumwünsche kaum eine Rolle spielen werden. Wir wissen nicht genau, was wir unter *wahrhaft human* oder *posthuman* verstehen sollen, aber wegen ihres provokanten Charakters könnten das durchaus nützliche Phrasen sein. *Faustisch* sein heißt einen Pakt mit dem Teufel schließen, um zu Macht, Reichtum und weltlichem Wissen zu gelangen. (Der Erzählung nach holt sich der Teufel Faustens Seele, aber das muß nicht geschehen, und in Goethes Version bekommt er sie auch nicht.) Prometheisch soll Wissen und Fortschritt bedeuten, ohne daß ein Pakt mit dem Teufel dabei eine Rolle spielen würde. Allerdings wurde Prometheus für seine Vermessenheit, dem Menschen das Feuer zu bringen, hart bestraft. Bekanntlich wurde er an einen Felsen geschmiedet, und ein Adler fraß alltäglich seine Leber, die immer wieder nachwuchs.

Wir erheben für uns nicht den Anspruch, über die entfernteren Zukunftsaussichten der Menschheit allzuviel zu wissen, dennoch glauben wir, daß diese Zukunft, gemessen an heutigen Maßstäben, ungeheuren Überfluß bieten und die sie begleitende Technologie dem durchschnittlichen Menschen Mittel und Möglichkeiten in die Hand geben wird, die vorher nur Göttern und Zauberern vorbehalten waren.

Warum noch mehr wirtschaftliches Wachstum?

Fast jedermann wird dem Satz zustimmen, „es ist besser reich zu sein als arm".* In Diskussionen darüber, wie Überfluß und Technologie dazu benutzt werden könnten, um das menschliche Dasein zu verbessern, gelangten wir nach und nach zu einem Konzept, das in verschiedenen Studien des Hudson-Institutes schon zitiert wurde und das wir „die Ehe zwischen Maschine und Garten" nennen. Die Idee des Gartens stammt aus einigen bekannten Werken

* Sophie Tucker sagte etwa das Folgende: „Ich war reich und ich war arm, und es ist nicht so aufregend, reich zu sein, aber ich ziehe es bei weitem vor, vorausgesetzt andere Dinge bleiben gleich, reich zu sein." Das verträgt sich sehr gut mit der allgemeinen Ansicht, daß die Reichen häufig sehr arm dran sind, daß sie aber in der Wahl ihres Unglücks eine Menge Freiheit besitzen. Vielleicht aber noch wichtiger ist, daß Reichtum häufig vor diversen Katastrophen schützt oder deren Folgen doch sehr mildert.

der amerikanischen und europäischen Literatur, die die jungfräulichen Wälder, die Wildnis und die ursprünglichen Landschaften der USA preisen, die ja einst völlig unberührt waren und von den Europäern häufig als Zufluchtsstätte oder als ein Garten Eden angesehen wurden. Zugleich aber sind die USA die technologisch am höchsten entwickelte Nation der Erde – daher die Maschine.

Einige Historiker meinen, es sei recht nützlich, die Geschichte Nordamerikas als eine permanente Auseinandersetzung zwischen den Idealen der Viehzüchter, der Ackerbauer und des Lebens in der Wildnis auf der einen Seite und der schnellen, fast rücksichtslosen Industrialisierung und Urbanisierung des Kontinents auf der anderen Seite anzusehen. Diese zwei Einstellungen lagen manchmal miteinander in Streit, manchmal verschmolzen sie zu einer Einheit, und manchmal schlossen sie einen labilen Waffenstillstand. Wir betrachten die Gartengesellschaft als eine moderne Form des ländlichen Hirtenideals, als mögliche Form einer zukünftigen Gesellschaft, deren Ideologie darauf gerichtet ist, einen möglichst hohen Stand an Lebensqualität zu halten, die aber wenig Interesse an Veränderungen und wenig Dynamik in technologischer Richtung zeigt.[6] Die Studien des Hudson-Institutes fanden, daß dies ein äußerst attraktiver Lebensstil wäre, der fast alle Möglichkeiten der Modernisierung charakterisieren könnte. Er könnte auch Lebensstil der Übergangsgesellschaft sein, die noch weit davon entfernt ist, die abschließenden Ziele der Modernisierung erreicht zu haben.

Dies ist nur eines aus der Reihe potentiell attraktiver Szenarien, die Überfluß und Technologie als Basis benutzen. Erstaunlicherweise aber werden solche Zukunftsbilder zunehmend als undurchführbar oder sogar als nicht wünschenswert zurückgewiesen. Uns zum Beispiel erscheint das Wirtschaftswachstums-Szenarium als sehr erstrebenswert. Statt der Begeisterung für weiteres Wirtschaftswachstum wächst jedoch der Widerstand dagegen. Die Neomalthusianer behaupten, die Rohstoffreserven der Welt seien nicht mehr groß genug, um ein noch weiteres Ansteigen des Welt-Brutto-Produktes und der Weltbevölkerung zu verkraften. Selbst wenn genügend Reserven vorhanden wären, meinen sie, müßten Umweltverschmutzung, ökologische Ungleichgewichte oder Verwaltungsprobleme zu katastrophalen Konsequenzen führen. Wir glauben, daß wir und auch andere diese Thesen bereits wirkungsvoll beantwortet haben. Wir werden uns daher mit diesen Argumenten nicht mehr weiter auseinandersetzen, es sei denn, um ernsthafte Probleme näher zu beleuchten, die mehr aus der

„Anti-Wirtschaftswachstums-Bewegung“ selbst als aus der endlichen Größe der Erde resultieren.*

Andere wieder sind der Meinung, daß die Gesamtproduktion für die Menschheit bereits ausreichend sei. Diese Gegner des Wachstums glauben, daß der Übergang zum „Guten und Schönen“ bereits jetzt bewerkstelligt werden kann. Tatsächlich aber wird, sollten die Entwicklungsländer einmal genügend Kapital und technologisches Wissen angesammelt haben und zu Ländern mit Massenkonsum geworden sein, das Bruttoweltprodukt gewaltig zunehmen. Zuerst wird die Weltwirtschaft also superindustriell werden, bevor sie postindustriell werden wird.** 1978 z. B. gab es in einer Welt mit 4,25 Milliarden Menschen 300 Millionen Autos. Vorausgesetzt die gegenwärtigen Trends halten an, würde es im Jahr 2000 somit etwa eine Milliarde Autos geben, gleichzeitig wird aber die Weltbevölkerung in diesem Zeitraum sicher nicht um 50 Prozent zunehmen. Ähnliche Verdopplungen oder Verdreifachungen (oder mehr) können für andere Konsumgüter wie auch für die Produktion von Energie und diversen Rohstoffen angenommen werden.***

* Es sollte nicht vergessen werden, daß z. B. selbst der Club of Rome neuerdings nicht mehr behauptet, es stünden irgendwelche spezifischen Rohstoffverknappungen bevor, oder es gäbe nicht bewältigbare Probleme als Folge der Umweltverschmutzung. Er argumentiert jetzt vielmehr, das System als Ganzes sei zu komplex geworden oder aus anderen Gründen nicht mehr im Griff zu halten, selbst wenn Teile davon noch befriedigend funktionieren. Das könnte richtig sein, noch aber fehlt es an Beweisen. Der Club of Rome kritisierte die Hudson-Studien häufig für deren Annahme, daß das gesamte System funktioniert, und die Feststellung, daß dem nichts widerspricht. Diese Kritik mag ebenfalls zu Recht bestehen. Wir wissen einfach nicht, ob das System als Ganzes funktioniert, und haben bis jetzt noch keine Modelle, an denen wir es testen könnten. Der Club of Rome dagegen behauptet, er könnte solche Tests mit Hilfe seiner großen Computermodelle durchführen. Wir aber leugnen deren Relevanz oder Gültigkeit für Fragen dieser Art und Größenordnung und sind vielmehr der Meinung, nachweisen zu können, daß sie tatsächlich nicht anwendbar sind.

** Das im folgenden als superindustrielle Wirtschaft bezeichnete Konzept werden wir detailliert in Kapitel 5 besprechen.

*** Wir haben das Beispiel Auto absichtlich gewählt. In den reichen Ländern tragen viele Angehörige der oberen Mittelklasse heute eine geradezu manische Animosität dem Auto gegenüber zur Schau. Dennoch wird das Auto auch weiterhin mit großer Wahrscheinlichkeit und auch zu Recht in den meisten Teilen der Welt das bevorzugte Massentransportmittel sein. Siehe diesbezüglich auch: *The War Against the Automobile* von B. Bruce-Biggs (New York: Dutton, 1977). Noch bedrohlicher – oder erfreulicher, je nach Standpunkt – ist die Aussicht, daß sich die Zahl der „Reisetage“ (Zahl der Tage, die von Touristen außerhalb ihres Heimatortes verbracht werden) im Jahr 2000 verzehnfacht oder noch mehr zugenommen haben wird. Das Einkommen und die für Reisen

Es sind gerade diese superindustriellen Aspekte unserer Langzeitszenarien, die heute im Hinblick auf ihre Erwünschtheit und Durchführbarkeit am heftigsten in Frage gestellt werden. Wir räumen ein, daß tragische Ereignisse, einschließlich eines Zusammenbruchs unserer Zivilisation, eintreten können. Wir behaupten aber, daß es keine prinzipiellen technologischen und wirtschaftlichen Schranken gibt, die unsere Szenarien unmöglich machen würden. Sollte es dennoch solche Schranken geben, so sind sie bis jetzt zumindest noch nicht nachgewiesen worden. (Unglücksfälle oder schlechtes Management können natürlich immer Schwierigkeiten verursachen.)

Im Gegensatz zu den Argumenten jener, die „die Erde anhalten und aussteigen" möchten, sind wir der festen Überzeugung, daß es einfach undurchführbar ist. Der Hang nach Veränderung muß nicht unbedingt ein fester Wesenszug der menschlichen Natur sein, er ist aber in den meisten der gegenwärtigen Kulturen tief verwurzelt. Fast überall sind die Menschen wißbegierig, zukunftsorientiert und mit ihrer gegenwärtigen Situation unzufrieden geworden. Sie verlangen nach mehr materiellen Gütern, nach einem höheren Lebensstandard und mehr Kontrolle über die Natur. Und trotz einer intensiven Gegenpropaganda sind sie, und das sicherlich zu Recht, der Meinung, daß es für sie technologisch und wirtschaftlich auch möglich ist, diese Ziele zu erreichen.

Wir behaupten nicht, daß die Wünsche der Menschen ohne Ende sind. Aber die Vorteile einer fortschrittlichen Technologie und eines weiteren Wirtschaftswachstums sind – wenn auch nicht ohne Fehler und mit Problemen behaftet – keine Illusion. Die sozialen Grenzen für ein weiteres Wachstum sind wenigstens für die unmittelbare Gegenwart nicht so restriktiv, wie das ein Großteil der heutigen Diskussionen vermuten lassen könnte. Mindestens 90 Prozent der Weltbevölkerung weisen die in diesen Diskussionen vertretenen Ansichten zurück. Mit dem zunehmenden Wohlstand dieser Leute und mit der Aneignung neuer Werte durch ihre Kinder mag der Widerstand gegen ein weiteres Wachs-

verfügbare Zeit werden um einen Faktor fünf oder mehr zunehmen, während die Reisekosten fallen werden und die Bequemlichkeit zugleich steigen wird. Reisen wird für den Großteil der Menschheit erschwinglich sein – nicht nur für eine kleine, reiche Minderheit. Die Qualität des Erlebens mag sinken, dafür werden sich aber viel mehr daran erfreuen. Und es wird immer noch genügend neue und esoterische Möglichkeiten geben, um einer sehr reichen Minderheit weiterhin exklusive Vergnügungen zu gewährleisten. Kapitel 5 wird darauf näher eingehen.

tum zunehmen – warum auch nicht? Mit gestiegenem Reichtum der Welt wird wahrscheinlich die Notwendigkeit, den Wohlstand anzuheben, geringer werden. Wir glauben, daß wir bei unseren Standardszenarien auf diese Tatsache so gut wie möglich Rücksicht genommen haben (Kapitel 2), indem wir das Bruttoweltprodukt mit etwa 200 Billionen Dollar limitiert haben, was etwa das Fünfundzwanzigfache des heutigen Wertes ist.

Aber selbst wenn man noch viel bessere Argumente für sozial begründete Einschränkungen des Wirtschaftswachstums vorbringen könnte, so sind doch die meisten Menschen willens, das Risiko einer gegenteiligen Handlungsweise einzugehen. Es ist sehr wahrscheinlich reine Zeitverschwendung, sich ideologisch den Kopf über einen Stopp des Fortschritts (geschweige denn der sozialen Veränderungen) zu zerbrechen, und recht dumm, die Notwendigkeit der Veränderung bestehender Institutionen und weiter Teile unserer physischen Umwelt zu bedauern. Viel kann geschützt und konserviert werden, und viele der bestehenden ästhetischen, umwelt- und naturbezogenen Werte können erhalten und sogar noch stärker betont werden. Trotzdem aber wird es zu einigen grundlegenden irreversiblen Veränderungen kommen. Es wird wahrscheinlich eine Vielzahl von allmählichen Änderungen in Richtung auf weniger „kreative Zerstörung“ und verlangsamtes Wachstum geben.[7]

Eine ernsthafte Diskussion sollte mit einigen allgemein verständlichen und weithin akzeptierten Annahmen über die Begriffe Wachstum und Veränderung beginnen, um weniger Zeit auf utopische, ideologische und praxisferne Fragen zu verschwenden. Sieben dieser vernünftigen Annahmen sind:

1. Modernisierung in der einen oder anderen Form ist heute sowohl natürlich wie auch unvermeidlich – wenn auch das Tempo von Fall zu Fall außerordentlich schwanken wird und es Kerne eines harten Widerstandes geben kann. Es besteht auch keine einheitliche Auffassung darüber, was unter Modernisierung zu verstehen ist (viele akzeptieren unsere Definition nicht, die darunter die Teilnahme am „großen Übergang“ versteht).
2. Veränderungen bedingen immer Risiken, Leid, Entfremdung und Zweifel. Das Ziel sollte sein, diese Symptome leichter erträglich zu machen, anstatt sie zu beseitigen. Besonders schlecht ist es, das Maß an Leid durch gegenproduktive Abschweifungen zu vergrößern.
3. Bis zu einem gewissen Grad hängt der Verlauf von Verände-

rungen von Interventionen ab. Diese müssen nicht immer sehr weise sein, auch werden sie nicht immer das angepeilte Ziel erreichen, trotzdem können sie nützlich sein, aber auch gegenproduktiv wirken.

4. Nichts kann weitere Veränderungen – seien sie nun zum Guten oder Schlechten – verhindern. Wahrscheinlich ist es deshalb am vernünftigsten zu versuchen, den Wandel in Richtung auf das Wünschenswerte oder doch wenigstens auf das weniger Schlechte hin zu lenken. Das setzt voraus, wenn wir uns schon nicht auf eine lange Liste der Dinge, die wir gerne hätten, einigen können, wir doch zumindest eine allgemeine Übereinstimmung über eine ebenfalls lange Liste von zu vermeidenden Dingen erzielen können.
5. Modernisierung bedeutet nicht länger mehr Amerikanisierung – oder auch nur Verwestlichung –, wenn auch noch immer viel vom Westen gelernt werden kann. Japan, Südkorea, Taiwan, Singapur, Mexiko und Brasilien könnten bessere Vorbilder abgeben als so manches der heute wohlhabenden Länder. Jedes Land wird seinen eigenen Weg finden müssen und selbst zu entscheiden haben, auf welchen Berg es steigen will und welche Straße es dazu benützen möchte. Das jeweilige Land wird selbst darüber befinden, wieviel von seinem „alten Gepäck und Besitz“ es aus sentimentalen oder anderen Gründen weiterhin mitnehmen möchte.
6. Der Weg wird um vieles leichter und sicherer zu bewältigen sein, wenn Einigkeit im Bekenntnis zu dem Weg und seinen Zielen erreicht werden kann und wenn erfahrene Führungskräfte zur Verfügung stehen, die den Reisenden Hilfe angedeihen lassen und verhindern, daß sie in die Irre gehen oder in Fallen geraten.
7. Es ist einfach nicht wahr, daß es keine Existenzmöglichkeit für eine attraktive, humane, hochqualitative, technologische Überflußgesellschaft gibt. Im speziellen wird es wahrscheinlich viele Möglichkeiten für „Ehen zwischen Maschine und Garten“ geben. Aber auch andere, mehr urban orientierte Wege sind gangbar, auf denen die Menschen Reichtum und Technologie dazu verwenden könnten, äußerst wünschenswerte Lebensziele zu entwickeln.

Der Unterschied, den der Weltraum ausmachen könnte

Wir hegen den Verdacht, daß einige unserer Leser – darunter selbst die, die nicht gegen ein weiteres Wachstum sind – mit diesem Szenario und seinem Märchen-Ende von der Hochzeit zwischen Maschine und Garten unzufrieden sind. Vielleicht erscheint es ihnen nicht sehr plausibel, daß die lange Geschichte der Menschheit, die so voll von Tragik, Irrtümern und Heldentum ist, sich so drastisch ändern sollte, auch dann nämlich, wenn das eine Änderung zum Besseren wäre. Wahrscheinlich wären sogar jene Leser mit diesen Ansichten nicht zufrieden, denen eine quartäre Gesellschaft als technologisch, politisch und kulturell verwirklichbar erscheint. Für sie alle würde die Geschichte einfach zu bald aufhören. Wünscht die Menschheit wirklich zu „stagnieren"? Wollen die Menschen wirklich ihre Spiele mit und gegen die Natur, Materialien und Organisationen aufgeben?

Nicht jedermann wird Freude an einer solchen Zukunftsgesellschaft haben. Einige Leute werden sich mehr wirtschaftliches oder auch technologisches Engagement (oder andere Formen einer dynamischen Entwicklung) wünschen, als sie ein früher Übergang zu einer weitgehend quartären Kultur wird bieten können. Viele andere werden diese postindustrielle Gesellschaft natürlich zumeist und manche werden sie wahrscheinlich völlig genießen. Dennoch glauben wir, daß die meisten Leute in einer fortgeschrittenen und reichen (aber neotraditionell orientierten) quartären Kultur einigermaßen glücklich leben können und diese Kultur auch unterstützen werden. Vielleicht aber werden die Mystiker doch recht behalten, und wir werden unseren eigenen Nabel oder auch den anderen beschauen, oder es wird irgendeine andere tiefere und bedeutsamere Form der Spiritualität oder des geistigen Lebens entstehen.

Nichtsdestoweniger wird aber in solch einer postindustriellen Gesellschaft jene Art von Aufregung, von Herausforderungen und von Möglichkeiten fehlen, die einige von uns schon so sehr zu schätzen gelernt haben. Ein Leben in Traditionalismus, Mystizismus, Spiritualität oder Intellektualismus wird dafür kein Ersatz sein. Die Aufregungen und die Dynamik des „großen Übergangs" werden dann vielleicht als Teil eines verlorenen heroischen Zeitalters angesehen werden. Zweifellos werden viele ambitionierte Menschen Ziele ansteuern, die weiter liegen, als sich ein reiches und bequemes, aber weitgehend ritualisiertes und sich nur langsam veränderndes Leben zu schaffen und es festzuhalten, mag dieses auch interessant und ausfüllend sein. Solange alle diese potentiellen Energien und diese Dynamik nicht energisch unterdrückt oder in konstruktive Tätigkeiten und Unternehmungen umgeleitet werden, könnten sie ungeheure Probleme schaffen.

Vermutlich könnten der Weltraum oder auch andere Räume, wie etwa die Tiefsee, Hauptanziehungspunkte für rastlose Menschen werden. Schon die Existenz solcher Bereiche wird eine Herausforderung an die Dynamik, die Initiative und den Unternehmungsgeist dieser Menschen darstellen. Auch für jene Personen, Familien oder Gruppen, die schneller vorankommen oder mehr erreichen wollen – die also den Wettkampf und das Wachstum lieben –, werden diese Räume ein Anreiz ein.

Die mögliche zukünftige Rolle des Weltraums kann von drei verschiedenen Blickwinkeln aus betrachtet werden:

a) er wird im kommenden Jahrhundert keinen nennenswerten oder entscheidenden Einfluß haben;
b) er wird beim Wandel der Welt von an sich neomalthusianischen zu vorwiegend postindustriellen Ansichten einen ganz entscheidenden Einfluß ausüben; oder
c) er wird zu den Möglichkeiten einer postindustriellen Gesellschaft beitragen und sie eventuell auch erweitern, wird aber für deren Entwicklung nicht wirklich wesentlich sein.

Unserer Meinung nach ist die dritte Ansicht die bei weitem wahrscheinlichste und plausibelste. So wie wir es sehen, werden Raumfahrtunternehmungen im frühen Einundzwanzigsten Jahrhundert wichtige, vielleicht sogar zentrale Rollen im psychologischen, materiellen und kulturellen Bemühen, die Erde zu einem besseren und interessanteren Ort zu machen, spielen. Anfänglich werden die Weltraummenschen voll mit den Weltraumäquivalenten der primären, sekundären und tertiären Tätigkeiten ausgefüllt sein, und wahrscheinlich werden sie die meisten quartären Beschäftigungen jenen überlassen, die sich mit der Erde zufriedengeben. Möglicherweise werden die Menschen, die sich im Raum aufhalten, außerordentliche kreative Fähigkeiten entwickeln, jedoch nur wenige von ihnen werden viel Zeit auf künstlerische, mystische, spirituelle oder rein intellektuelle Unternehmungen verwenden.

Aus unserer Sicht hat das Auftauchen einer weitgehend postindustriellen Gesellschaft nicht zwangsläufig das Verschwinden zukünftiger wirtschaftlicher und technologischer Herausforderungen an die Menschheit zur Folge. Viel eher schon könnte eine solche Gesellschaft die Grundlage für Reisen in das Sonnensystem und später möglicherweise auch in den interstellaren Raum bieten. Auf jeden Fall werden die Offenheit, die Möglichkeiten und Herausforderungen, die der Weltraum bietet, einen tiefgreifenden und nachhaltigen Einfluß auf die ansonsten außergewöhnlich statische oder introspektive Gesellschaft der Erde ausüben. Selbst in der Zeit nach dem „großen Übergang" könnte es immer noch genügend Raum für wirtschaftliches Wachstum, für technologischen Unternehmungsgeist, für Forschung und Neuerungen geben – entweder aus Freude an der Sache selbst oder, was wahrscheinlicher ist, als Dienst an einem größeren Ziel.

Der komplexe Trend und die Makrogeschichte

Der „große Übergang" kann in den umfassenderen Zusammenhang des grundlegenden, langfristigen, komplexen Trends der westlichen Kultur gebracht werden (siehe auch Tafel 1.3). Dieser Trend reicht etwa tausend Jahre zurück und stellt eine der grundlegendsten und anhaltendsten Tendenzen der westlichen Kultur dar. Der „große Übergang" kann als der Höhepunkt des komplexen Trends angesehen werden. Der Übergang selbst wird den Trend in einigen seiner wesentlichsten Eigenschaften verändern und ihn zugleich mehr oder weniger universal machen – zum Teil durch eine Semi-Europäisierung oder Semi-Verwestlichung der übrigen Welt und zum Teil durch den von außen auf den komplexen Trend selbst ausgeübten Einfluß.

Die einigermaßen wünschenswerten Aspekte des Trends liegen im Begriff des Fortschritts begründet, der die letzten zwei- bis dreihundert Jahre geprägt hat. Insgesamt gesehen, sicherlich aber in der Zeit vor der Aufklärung, also vor dem siebzehnten Jahrhundert, waren die Eliten der westlichen Welt vom komplexen Trend nicht sehr angetan. Selbst heute halten noch viele den „Fortschritt" auf Gebieten wie der Kriminalität, des Terrorismus, des Drogenkonsums, der Promiskuität und Pornographie und bei anderen Schwachstellen der traditionellen Moral und der gesetzlichen Normen für recht unerfreulich. (Bei einer Kurzzeitprognose erwarten wir, wie weiter unten noch näher ausgeführt werden wird, in einigen Ländern eine Verlangsamung oder sogar eine Umkehr dieser neuen Tendenzen.)

Den komplexen Trend kann man sich am besten als eine einfache Wesenheit vorstellen, deren einzelne Aspekte immer sowohl Ursache als auch Grund sind – Triebkraft und Konsequenz.

Tafel 1.3
Der grundlegende, langfristige komplexe Trend

Einige Aspekte dieses Trends gehen etwa tausend Jahre zurück; wenn nichts anderes angegeben wird, reichen die meisten Aspekte einige hundert Jahre zurück. Dieser Trend verläuft in folgende Richtungen:

1. *Zunehmend sensualistische Kultur* (empirisch, diesseitig, weltlich, humanistisch, pragmatisch, manipulierend, explizit, rational, utilitaristisch, auf Verträgen beruhend, epikureisch, hedonistisch, usw.) – neuerdings ein fast vollständiger Niedergang der geheiligten und „irrationalen" Tabus, Charismen und Autoritätsstrukturen.
2. *Akkumulation wissenschaftlicher und technologischer Kenntnisse* – neuerdings das Entstehen eines echten theoretischen Gerüsts für die biologischen Wissenschaften; die Sozialwissenschaften befinden sich hingegen noch immer in einem frühen, weitgehend empirischen und idealistischen Stadium.
3. *Institutionalisierung des technischen Fortschritts,* insbesondere der Forschung, Entwicklung, Innovation und Diffusion – neuerdings eine bewußte Betonung des entdeckenden und schöpferischen Zusammenspiels der Kräfte und „glücklichen Zufälle".
4. *Wachsende Rolle der bürgerlichen, bürokratischen, leistungsorientierten Eliten* – neuerdings das Entstehen intellektueller und technologischer Eliten als Klasse; in zunehmendem Maße Bildung und Ausbildung für jedermann; die „Wissensindustrie" und der „Triumph" theoretischen Wissens.
5. *Zunehmende militärische Fähigkeiten der westlichen Kulturen* – neuerdings Probleme der Massenvernichtung, des Terrorismus und der Weitergabe fortgeschrittener militärischer Technologien (sowohl atomarer als auch konventioneller Art) an nicht-westliche Kulturen.
6. *Vergrößerung jenes Gebietes der Welt, das durch die westliche Kultur beherrscht oder weitgehend beeinflußt wird* – in jüngster Zeit allerdings wird der Westen immer zurückhaltender; eine konsequente Betonung der Synthese mit bodenständigen Kulturen und verschiedene „ethnische" Wiedererweckungen.
7. *Zunehmender Reichtum* – und neuerdings eine stärkere Betonung der Gleichmacherei.
8. *Zunehmende Wachstumsrate der Weltbevölkerung* – bis vor kurzem; diese Rate hat ihren Zenit wahrscheinlich überschritten oder wird dies bald tun.
9. *Verstädterung* – und in letzter Zeit Suburbanisation und Ausbreitung der Städte; in Bälde Wachstum von Megalopolen, „Sonnengürteln" und ländlichen Gebieten mit städtischen Infrastrukturen und Annehmlichkeiten.
10. *Neuerdings eine wachsende Aufmerksamkeit für Makro-Umweltprobleme* (z.B. für die Zwänge, die durch die Endlichkeit der Erde und die begrenzte Aufnahmefähigkeit zahlreicher lokaler und globaler Sammelstellen für die Aufnahme von Rückständen und Abfall entstehen).
11. *Abnehmende Bedeutung der primären und neuerdings der sekundären Berufe* – bald ein ähnlicher Rückgang bei den tertiären Berufen und eine

wachsende Aufmerksamkeit für fortschrittliche, ehrende und wünschenswerte quartäre Berufe und Aktivitäten.

12. *Betonung von „Fortschritt" und zukunftsorientiertem Denken, Diskutieren und Planen* – neuerdings ein gewisser Rückgang in der technischen Qualität solcher Aktivitäten; bewußte und geplante Innovation und manipulative Rationalität (z.B. Sozialtechniken), die zunehmend auf gesellschaftliche, politische, kulturelle und wirtschaftliche Bereiche und ebenso auf die Gestaltung und Ausbeutung der materiellen Welt angewendet werden; wachsende Bedeutung der ritualisierten, unvollkommenen oder Pseudorationalität.
13. *Zunehmende Universalität des komplexen Trends.*
14. *Zunehmendes Tempo der Veränderung in allen obgenannten Bereichen* (das in vielen Bereichen aber bald eine Spitze erreichen könnte).

Zählt man ihre Elemente einzeln auf, so führt das zu willkürlichen Unterscheidungen und Kategorien; deshalb sollte man sie vielmehr als Aspekte oder Teile eines Ganzen betrachten. Der komplexe Trend beeinflußt jeden Teil und jeden Aspekt der Gesellschaft: Kunst, Weltanschauungen, Familienbeziehungen, Regierung, die darstellenden Künste, Architektur, Ethik, Moral, Musik, Gesetzgebung, Wirtschaft, die Beziehungen der Menschen untereinander, Literatur und Erziehung.

Der komplexe Trend geht – zumindest im Durchschnitt und über eine längere Zeit hinweg betrachtet – in eine Richtung, auch wenn manchmal einzelne Komponenten stärker und andere schwächer in Erscheinung treten. Jedoch sollte man den Trend nicht als eine Art Lokomotive ansehen, die auf einem fixen Gleis geradewegs einem ebenso fixen, letzten Zielbahnhof entgegenstrebt. Hier sollten wir Raum für einige Kurven, einiges Vor und Zurück und selbst für ein zeitweiliges Wechseln der Eisenbahnlinie gestatten.

Im wesentlichen beschreibt der komplexe Trend einen Einbahn-Prozeß, der von tiefster Religiosität zu totaler Säkularisierung führt. Viele Makro-Historiker sind der Meinung, daß ein solcher Trend mehr oder weniger irreversibel ist – oder daß eine Umkehr nur dann möglich ist, nachdem ein Szenario vom „Aufstieg und Untergang der Zivilisation" stattgefunden hat. Diese Art zu denken charakterisieren wir mit der Bezeichnung Sorokin-Spengler- oder Toynbee-Quigley-Szenarien.[8] Erstere können kurz so beschrieben werden:

1. Der komplexe Trend endet im spätsensualistischen Chaos.
2. Zunehmende Polarisation, Konflikte und Dekadenz.
3. Eine Schwächung der Fähigkeit der Gesellschaft, sich selbst zu verteidigen.
4. Krise und Kollaps (häufig durch Invasion oder Revolution).
5. Eine neue charismatische Idee oder Religion taucht auf.
6. Schwere Prüfungen und Katharsis im Gefolge der weiteren Verbreitung der Idee.
7. Die neue Idee gewinnt die Oberhand und erreicht nach etwa einem halben Jahrtausend ihren Höhepunkt.
8. Ein neuer komplexer Trend (der etwa ein Jahrtausend braucht, um seinen Lauf zu vollenden).

(Dieses Szenario entspricht mehr Spenglers Ideen als denen Sorokins, obwohl beiden viele Begriffe gemein sind.)

Einen verdreifachten Typ des Toynbee-Quigley-Szenarios könnte man kurz wie folgt charakterisieren:

1. Mischung zweier Kulturen.
2. Schaffung eines „Expansionsinstrumentes".
3. Die Expansion.
4. Zeitalter der Konflikte (kriegführende Staaten).
5. Universales Imperium und Anfänge von Verfall.
6. Ein neues „Expansionsinstrument". Wiederholung von Punkt 2. bis 6. (oder 1. bis 6.).
7. Schließlich gelingt es nicht mehr, ein weiteres „Expansionsinstrument" zu finden.
8. Zunehmende Verhärtung und Verfall.
9. Erfolgreiche Invasion oder Revolution mit Zerstörung der alten Gesellschaftsform.

Im Toynbee-Quigley-Szenario wird durch die Vermischung zweier Kulturen eine neue Kultur gezeugt, die schließlich zu einer neuen Dynamik führt. Der Mechanismus, der dorthin führt, wird *Expansionsinstrument* genannt. Die Fähigkeit zur Kriegführung z. B. wäre ein solches Instrument. Die weitere Ausdehnung einer Kultur erfolgt häufig durch die Entstehung von „kriegführenden Staaten", die, obzwar alle derselben Gesamtkultur angehören, dennoch untereinander, aber auch mit außenstehenden Ländern Krieg führen. In einer abschließenden Konflikt-Epoche gewinnt einer der Staaten, oder auch eine Staatenföderation, die Oberhand über alle anderen Nationen, absorbiert sie eventuell und bildet ein universales Imperium.

Die erobernde Zivilsation, die sich auf dem Höhepunkt ihres Glanzes, ihrer Macht und Vitalität zu befinden scheint, beginnt nach einigen Jahrhunderten die ersten Anzeichen von Verfall zu zeigen. Der Toynbee früherer Jahre war der Meinung, daß es ab diesem Zeitpunkt recht wahrscheinlich wird, daß die Kultur untergeht. Quigley aber und der spätere Toynbee behaupten, daß entweder aus den eigenen Reihen oder durch Kontakte mit anderen Kulturen ein neues „Expansionsinstrument" auftauchen könnte.[9] Die Zivilisation durchläuft dann wieder ein ähnliches Szenario, und das vielleicht sogar noch einige Male. Schließlich wird ein Punkt erreicht werden, an dem das universale Imperium zu zerfallen beginnt und gleichzeitig inneren und äußeren Angriffen ausgesetzt wird (typischerweise durch Kräfte, die Toynbee das interne oder externe Proletariat nennt; wir würden das als Revolution der unteren Klassen bezeichnen bzw. von einem Angriff durch Barbaren sprechen). Findet so ein Angriff zu einem Zeitpunkt statt, an dem das Imperium sehr schwach ist, so wird es zusammenbrechen.

In fast allen früheren Reichen zeigten die „Staatsunkosten" – wie Erhaltung der Armee, der Zentralregierung und Ausgaben der Eliten oder des Adels – die Tendenz, außer Kontrolle zu geraten. In einigen Fällen, China ist hier ein bekanntes Beispiel, wurde diese Entwicklung noch von einer gewaltigen Zunahme der Bevölkerung begleitet, was zur beschleunigten Erschöpfung der natürlichen Ressourcen beitrug. Eine Entwicklung, die, wie viele Neomalthusianer glauben, auch heute stattfindet. Die Kombination einer sehr schnell wachsenden Bevölkerung mit ebenso rapide ansteigenden Staatskosten hat sich bis jetzt fast immer noch als katastrophal herausgestellt. Das universale Imperium wird zusehends schwächer, zeigt häufig dekadente Züge und verliert die Fähigkeit, über seine inneren und äußeren Feinde die Kontrolle zu behalten. Dieser letzte Teil des Toynbee-Quigley-Szenarios beinhaltet viele Züge eines Sorokin-Spengler-Szenarios.

Heutzutage stellen die Barbaren aus der Steppe, aus den Bergen oder aus den Meeren für die modernen Gesellschaften mit ihren furchterregenden Kriegsmitteln keine Bedrohung mehr dar. (Die letzten Barbaren, die Kasaken, wurden 1890 unterworfen.) Allerdings hat in den USA, wie in Kapitel 3 noch ausgeführt wird, im selben Jahr ein landesweiter Indianeraufstand stattgefunden. Obzwar die Wahrscheinlichkeit sehr gering ist, daß die Staatsunkosten zu einem ernsthaften Problem werden, weil die moderne Gesellschaft so ungeheuer produktiv ist, hegen einige Leute dennoch die Befürchtung, daß das gegenwärtig rapide Wachstum der für den modernen Wohlfahrtsstaat so typischen Unterstützungszahlungen zu ähnlich verheerenden Folgen führen könnte (wir verweisen auch auf die Besprechung der „schleichenden Stagnation“ in Kapitel 4).

Wir glauben, daß es in den heutigen Gesellschaften westlicher Prägung zunehmend stärker werdende Kräfte gibt, die zu Anarchie, Chaos, Nihilismus und Dekadenz neigen. Einige Personen sowie auch Gruppen kämpfen darum, etwas Neues zu schaffen, das mehr oder weniger den aufgezeigten Annahmen des Sorokin-Spengler- oder Toynbee-Quigley-Szenarios entspricht. Andere hingegen scheinen nur noch an destruktiven Akten interessiert zu sein, wobei sie offensichtlich annehmen, daß dann automatisch eine neue und bessere Kultur entstehen wird. Unsere Meinung ist, daß die westliche Kultur zum gegenwärtigen Zeitpunkt trotz oder gerade wegen der ungeheuren Dynamik des Großen Übergangs nicht mehr so viel Vitalität, Glauben, Loyalität, Selbstvertrauen und Moral besitzt, wie das vom fünfzehnten bis zum neunzehnten Jahrhundert oder selbst noch in der Periode von 1886 bis 1913, die wir *La Première Belle Époque* nennen, der Fall war. Die Zeit von 1948 bis 1973, die wir *La Deuxième Belle Époque* nennen, war innerhalb der meisten kapitalistischen Überflußstaaten für ihre relativ geringe Vitalität und niedrige politische Moral vielleicht ebenso charakteristisch, wie für ihre ungeheure wirtschaftliche und technologische Dynamik.*

Allgemein neigen wir zu der Ansicht, der Erste Weltkrieg sei die große Trennlinie, obwohl ein Großteil der spezifischen Schwächen und Exzesse, die heute mit dem Wohlfahrtsstaat assoziiert werden, Nachkriegsphänomene des Zweiten Weltkrieges sind. Wir behaupten damit nicht, daß eine freizügige Wohlfahrtsgesellschaft notwendigerweise zu abnehmender Willensstärke, Moral, Patriotismus und so weiter führt, wenn es auch häufig Verbindungen in dieser Richtung gibt. Wohlfahrt und Freizügigkeit neigen jedoch im modernen Umfeld dazu, zu weit zu gehen. Die Meinung der kapitalistischen Überflußdemokratien, weit über ihre Verhältnisse zu leben, schafft ernsthafte Probleme. In einem zunehmenden Maße tendieren sie auch dazu – zumindest gilt dies für einen Großteil der Oberschichten und des oberen Mittelstandes –, ihre Kinder mit einigermaßen schlecht entwickelten Über-Ichs,

* Unsere Vorstellungen über diese Subperioden des zwanzigsten Jahrhunderts werden wir in Kapitel 4 darstellen.

mit wenig Sinn für Reife und häufig ohne jede Sinngebung und jedes Ziel für ein konventionelles Leben aufwachsen lassen.[10] Wahrscheinlich könnte das alles durch mehr Disziplin, erhöhtes Verantwortungsbewußtsein und einige rein technische Veränderungen bei der Erziehung und Ausbildung korrigiert werden. Einfacher ausgedrückt: Man könnte diese Tendenzen durch eine ideologische oder religiöse Wiederbelebung oder Erneuerung korrigieren. Tatsächlich scheinen, wenn auch in relativ schwacher Form, in einigen westlichen Ländern und in stärkerer Form in den USA solche Bewegungen in Gang zu kommen.

Etwa ein Dutzend fähiger Makrohistoriker beschäftigen sich mit dem umfassenden Fragenkomplex des Aufstiegs und Untergangs von Zivilisationen. Sie alle konnten drei grundlegende Phasen in jeder Kultur feststellen, allerdings haben nicht alle diesen drei Phasen jeweils dieselben Szenarien zugeordnet. Die Ähnlichkeiten werden in Tafel 1.4 aufgezeigt. Übereinstimmend weisen die Historiker darauf hin, daß sich bei näherer Betrachtung aller Aspekte des komplexen Trends zeigt, daß die Entwicklung der Kunst fast immer einer der besten Indikatoren für Veränderungen ist. (In einer neuen Studie versuchten wir nachzuweisen, daß das zum gegenwärtigen Zeitpunkt für die USA nicht ganz zutreffend ist.)[11] Tafel 1.5 zählt die grundlegenden Merkmale der jeweiligen Kunst-Richtung auf, die mit den drei Phasen einer Kultur korrespondieren. (Wir verwenden dabei die Terminologie von Sorokin, da sie relativ neutral ist. Bei den anderen klingen häufig Nebenbedeutungen mit, die wir nicht immer teilen, da wir vielen Theorien der Makrohistoriker skeptisch oder agnostisch gegenüberstehen.) Wir selbst fügten der Aufzählung eine „spätsensualistische" Phase hinzu.

In der westlichen Kultur dauerte die ideenbildende Phase vom sechsten bis zum elften Jahrhundert. Während dieser Zeit gab es keine perspektivische Malerei, da „Gottes Auge überall ist". Die Gesichtszüge der gemalten Figuren sind im allgemeinen nicht zu erkennen, denn „Gott kennt die Seinen". Das erste Gemälde eines ernst zu nehmenden Künstlers, bei dem man auch einen Teil einer Landschaft sieht, stammt von einem flämischen Künstler des zwölften Jahrhunderts – und selbst hier sieht man nur einen Landschaftsausschnitt durch das Fenster einer Klosterzelle.

Man kann die vier Phasen der Kunst folgendermaßen beschreiben: Am Beginn einer Zivilisation ist es Absicht und Aufgabe der Kunst, eine bestimmte Idee zu verstärken – Kunst im Dienste Gottes oder im Dienste der jeweiligen Idee. Die zweite, die idea-

Tafel 1.4
Kulturphasen der Makro-Geschichte[a]

Sorokin	*Spengler, Toynbee, u.a.*	*Sombart*	*Berdjajew*
Ideationell	Wachstum, Frühling, Kindheit	Asketisch-messianisch	barbarisch-religiös
Idealistisch	Reife, Sommer	Harmonisch	Mittelalter-Renaissance
Sensualistisch	Herbst, Winter, Zivilisation, Abstieg	Heroisch-proemthisch	Humanistisch-weltlich

Natürlich gibt es daneben auch andere, weniger ausgeprägte Gruppen: widerstrebende oder nur nominelle Konformisten, Mitglieder von Untergrundgruppen, ,,ewig Gestrige'', ,,Dropouts'', Dissidenten, Schismatiker, Häretiker, Ungläubige und andere Abweichler oder Ausnahmeerscheinungen (sie können durchaus eine Mehrheit der Bevölkerung ausmachen, ohne aber stark in Erscheinung zu treten).

[a] Pitrim Sorokin, *Social and Cultural Dynamics,* (New York, 1962); für weitere Details siehe Oswald Spengler, *Der Untergang des Abendlandes,* (München, 1923); Werner Sombart, *Der Burgeois. Zur Geistesgeschichte des modernen Wirtschaftsmenschen,* (München und Leipzig, 1913); und Nikolai Berdjajew, *Der Sinn der Geschichte,* (1925).

Tafel 1.5
Die vier Phasen der schönen Künste

Ideationell	*Idealistisch oder integriert*	*Sensualistisch*	*Spät-sensualistisch*
Transzendent	Gemischter Stil	Weltlich Naturalistisch	Unterweltlich Protest
Übersinnlich	Heroisch	Realistisch Visuell	Revolte Überreif
Religiös	Edel	Illusionistisch Alltäglich	Extrem Sensationslüstern
Symbolisch	Erbaulich	Unterhaltend Interessant	Erregend
Allegorisch	Erhaben	Erotisch Satirisch	Lasterhaft Schrullig
Statisch	Patriotisch	Neuartig Eklektisch	Gewaltsam neuartig Exhibitionistisch
Anbetend	Moralistisch	Synkretistisch Modisch	Heruntergekommen Vulgär
Anonym	Verschönt	Technisch vollkommen	Häßlich Entlarvend
Traditionell	Schmeichelnd	Impressionistisch Materialistisch	Nihilistisch Pornographisch
Immanent	Erzieherisch	Professionell	Sadistisch

listische oder integrierte Phase, sollte die Menschen verbessern, sie edler machen, heroischer, patriotischer, sollte sie stärker motivieren, moralisch emporheben, besser informieren usw. Im dritten Stadium gibt es die Kunst um der Kunst willen (l'art pour l'art). In der letzten Phase ist Kunst Protest, Happening, Revolution oder Kunst ohne jede Begründung – reines Chaos. Sehr gut wurde, was passierte, von Daniel Bell beschrieben:

„Die letzten hundert Jahre waren von dem Bemühen einer anti-bourgeoisen Kulturbewegung geprägt, Unabhängigkeit von den sozialen Strukturen zu erlangen. Zuerst durch eine Verneinung der bürgerlichen Werte im Bereich der Kunst und dann, indem Enklaven gebildet wurden, in denen die Bohemiens und die Avantgarde einen gegensätzlichen Lebensstil führen konnten. Um die Jahrhundertwende hatte sich die Avantgarde erfolgreich ihren eigenen ‚Lebensraum' gesichert, und zwischen 1910 und 1930 stand sie bereits voll in der Offensive gegen die traditionelle Kultur.

Heute hat die Anti-Bourgeoisie sowohl weltanschaulich als auch vom Lebensstil her gewonnen. Dieser Triumph bedeutet, daß in der heutigen Kultur Anti-Nominalismus und Anti-Institutionalismus herrschen. Im Bereich der Kunst, auf der Ebene der Ästhetik, stellt sich niemand mehr gegen die Ideen von unbegrenzten Experimenten, von zügelloser Freiheit, von unbeschränkter Sensibilität, dagegen, daß Impulsivität vor Ordnung kommt und daß die Imagination unempfindlich gegen bloß rationale Kritik sein soll. Es gibt keine Avantgarde mehr, denn in unserer postmodernen Kultur steht niemand mehr auf der Seite von Ordnung oder Tradition. Es besteht nur noch die Sucht nach Neuem.

Der traditionell bürgerliche Lebensstil – sein Rationalismus und seine Nüchternheit – besitzt in der heutigen Kultur keine Anhänger mehr, und es gibt auch keinerlei anerkanntes System kultureller Richtlinien oder formaler Stile, die sich auch nur eines geringen intellektuellen oder kulturellen Respektes erfreuen könnten. Anzunehmen, wie das einige Sozialkritiker tun, daß unsere kulturelle Ordnung von einer technokratischen Mentalität bestimmt würde, heißt den Tatsachen auf allen Gebieten hohnlachen. Was wir heute beobachten, ist die radikale Trennung von Kultur und Sozialstruktur, und es sind diese Risse, die geschichtlich den Weg für direktere Sozialrevolutionen bereitet haben."[12]

Nimmt man diese Betrachtungen ernst (wir sind der Meinung, daß der Sachverhalt etwas komplexer ist), so müßte man über die Lage der USA, oder zumindest über deren Hochkultur, besorgt sein (d. h. über den Zustand der sichtbaren Kultur, innerhalb deren der Großteil der „ernsten" Kunst produziert wird). Soweit wir auf Grund von Aussagen professioneller Kunstkritiker, Kunsthistoriker und Kunsthändler feststellen konnten, wurde das letzte heroische Bild eines amerikanischen Künstlers im Jahre 1945 gemalt. Fast die gesamte Kunst, die heute in den USA und Westeuropa produziert wird, ist sensualistisch oder spätsensualistisch. Dies steht im scharfen Gegensatz zum sozialistischen Realismus aller kommunistischen Staaten oder zur radikal heroischen Kunst im Großteil Lateinamerikas.

Zusätzlich sind mit den einzelnen Phasen auch bestimmte Weltanschauungen verbunden. Sie werden in Tafel 1.6 aufgezählt. Die idealistische Weltanschauung ist eine Mischung aus der ideenbildenden und der sensualistischen Auffassung. Erreicht eine Gesellschaft einmal jene Phase, in der die spätsensualistische Weltanschauung vorherrscht, so befindet sie sich in ernsthaften

Tafel 1.6
Drei Wahrheitssysteme

Ideationell	*Sensualistisch*	*Spätsensualistisch*
Geoffenbart	Empirisch	Zynisch
Charismatisch	Pragmatisch	Desillusioniert
Gewiß	Hypothetisch	Nihilistisch
Dogmatisch	Praktisch	Orwellisch
Mystisch	Weltlich	Blasiert
Intuitiv	Wissenschaftlich	Vergänglich
Unfehlbar	Skeptisch	Oberflächlich
Religiös	Versuchend	Überdrüssig
Übersinnlich	Fehlbar	Sophistisch
Weltabgekehrt	Sinnlich	Formalistisch
Erlösend	Materialistisch	Atheistisch
Geistig	Mechanistisch	Trivial
Absolut	Relativistisch	Veränderlich
Übernatürlich	Agnostisch	Sinnlos
Moralisch	Zweckbetont	Entfremdet
Gefühlsbetont	Empirisch oder	Bequem
Mythisch	Logisch beweisbar	Absolut

Schwierigkeiten. (Dieses Buch ist im wesentlichen sensualistisch, allerdings frühsensualistisch – fast idealistisch.) Folgen Europa oder die USA in ihren Weltanschauungen dem Weg der Kunst, so werden wir in eine Situation geraten, in welcher der Durchschnittsbürger, oder vielleicht auch nur der Durchschnittskonsument von Hochkultur, einer spätsensualistischen Weltanschauung anhängen wird, und es wird äußerst schwierig werden, das System weiterhin aufrechtzuerhalten. Es wird dann wirklich dekadent werden und unfähig sein, mit seinen Problemen fertig zu werden.

Politische Zyklen

In einer faszinierenden Studie über kulturelle „Zyklen“ analysierte Aristoteles die Verfassungen und Geschichte verschiedener griechischer Stadtstaaten und legte seine Ergebnisse in einem geschichtlichen Schema nieder, das große Ähnlichkeit mit den Systemen hatte, die damals jedem gebildeten Griechen einschließlich Plato bekannt waren. Auf den ersten Blick gleicht das Schema Aristoteles’ weitgehend den Szenarien unserer Makrohistoriker, es basiert jedoch auf einer ganz anderen Geschichtsauffassung und ist von sehr unterschiedlicher Größenordnung. Seine Zyklen werden nicht nach Generationen und nicht nach Jahrtausenden gerechnet. (Wir haben seine Argumente leicht verändert, um sie unseren Bedürfnissen anpassen zu können – siehe Graphik 1.2.)

Aristoteles ließ einen Zyklus mit einem „Gottkönig" beginnen, der von Göttern eingesetzt oder in seinen Entscheidungen geleitet wurde. Später begannen die Mitglieder der königlichen Familie oder die Priesterschaft eine erbliche Aristokratie zu bilden, die dem System nicht mehr mit jenem absoluten Glauben wie das einfache Volk gegenüberstand. In die Regierungsgeschäfte aber griffen sie so lange noch nicht ein, solange sie nicht schon ein hohes

Graphik 1.2
Eine modifiziert „populäre" griechische Theorie der politischen Zyklen und einige entsprechende Geisteshaltungen

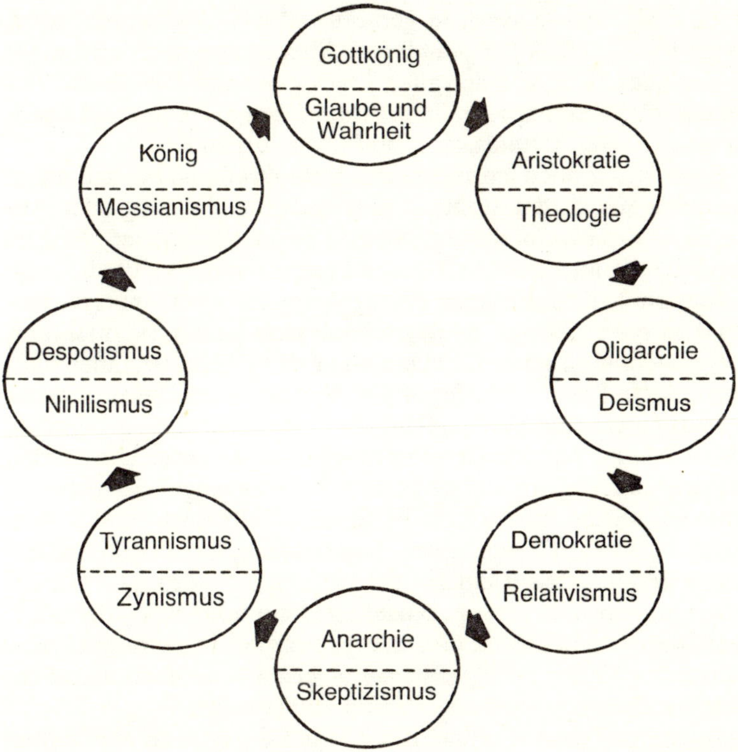

Maß an Kontrolle darüber hatten. Ab diesem Punkt wird eine zumindest theologieähnliche Ideologie notwendig werden – der systematische Versuch also, ein System, das einen Teil seines ursprünglichen Charismas und göttlichen Charakters verloren hat, zu rationalisieren.

Bald darauf wird dann eine Oligarchie der Reichen, der Talentierten oder militärisch Fähigen die Macht von der Aristokratie übernehmen. Eine Oligarchie braucht größere Freiheiten, mehr Möglichkeiten und einen ausgeprägten Pluralismus. Sie besitzt im Volk nicht die gleiche Unterstützung wie ein Gottkönig oder eine erbliche Priesterschaft. Das für sie geeignetste Glaubenskonzept ist daher irgendeine Art von Deismus. Noch ist das System autoritär, und seine Rechte lassen sich immer noch auf geheiligte Grundsätze zurückführen, dennoch ist es schon sehr weltlich.

Die nächste Phase setzt ein, wenn sich das Volk zu fragen beginnt: „Warum sollen nicht wir die Herrschaft übernehmen?“ Von da an wird ein Relativismus das geeignetste Anschauungssystem sein. Die Weltanschauung, die Glaubensinhalte und das Urteil des einen sind, solange sie nicht geprüft und widerlegt worden sind, so gut wie die eines jeden anderen. Aber immer noch wird mehr als ein bloßer Rest von den alten Traditionen und Gebräuchen lebendig sein. Respekt gegenüber Autoritäten, Glaube und Loyalität zu den alten Grundsätzen sind noch vorhanden.

Eines der großen Probleme der Demokratie ist es, daß sie in Anarchie auszuarten droht; in vollständige Ablehnung aller Autorität, in das Blockieren jeglicher Aktivität, weil es eine Vielzahl von Interessengemeinschaften und Pressure-groups gibt, die nicht willens sind, Kompromisse einzugehen oder zusammenzuarbeiten. Das dazugehörige ideologische System ist der Skeptizismus. Mehr und mehr Leute, vor allem unter den Eliten, beginnen alles und jedes in Frage zu stellen. Es gibt keine natürlichen Autoritäten mehr und keine Quelle rechtlicher Grundsätze, ausgenommen Plebiszite und Wahlen – und selbst die werden unter Umständen angefochten. Es wird viel diskutiert, die Anstrengungen gehen in unterschiedliche Richtungen, es herrscht Selbstsucht und Selbstsuche. Ordnung, Gerechtigkeit, Durchsetzungsvermögen und Erfolg befinden sich auf einem sehr niedrigen Niveau. Die Gesellschaft ist – unserer vorangegangenen Definition nach – dekadent geworden. Das heißt, auf Grund psychologischer, politischer oder kultureller Veränderungen ist sie nicht mehr in der Lage, Probleme zu bewältigen, die sie früher gelöst hätte.

Solch eine Gesellschaft wird sich vom Skeptizismus dem Zynismus zuwenden. Alles entwickelt sich unausweichlich zur Tyrannei. (In der politischen Theorie der Griechen wurde der Tyrann als Repräsentant der Massen gegenüber der Oligarchie angesehen.) Die Menschen müssen gezwungen werden, die richtigen Dinge zu tun. Ernsthafte öffentliche Diskussionen schwinden. Der jeweilige Führer mag sich in seinen Entscheidungen zwar auf den Rat und die Informationen anderer stützen, aber niemand hat ein Recht, seine Handlungen anzuzweifeln. Er besitzt das alleinige Monopol zur Macht. Der Staat repräsentiert nun tatsächlich nichts anderes als Gewalt. Eine fundierte Rechtsordnung, Stabilität und allgemein anerkannte Regeln werden dringendst benötigt. Wie Napoleon angeblich gesagt haben soll: „Wir können mit Bajonetten alles tun, nur nicht darauf sitzen."

Diese Situation führt zum Despotismus. Ein neuer Führer wird auftauchen, der vielleicht wieder eine messianische Botschaft oder eine ideologische Erneuerung mit sich bringt. Man kehrt entweder wieder zu den alten Tagen zurück, oder es beginnt etwas völlig Neues. In jedem Fall beginnt der Zyklus von vorne.

Aristoteles schloß aus diesem Ablauf, daß es keine beste Staatsform gibt und daß es auch die Demokratie nicht sei. Man müsse sich damit abfinden, daß in vielen Ländern ein Schritt in Richtung auf eine Demokratie auch ein Schritt zur Anarchie, zu Tyrannei oder Despotismus ist – oder zumindest zu Revolutionen oder zu revolutionären Coups. Demokratie um der Demokratie willen ist eine Ideologie und keine freie Beurteilung der Lage. Nur zu häufig wird auch bei uns angenommen, daß die Demokratie immer und unter allen Umständen die beste Staatsform sei, und ebenso häufig üben demokratische Regierungen Druck aus, um dieses zweifelhafte Axiom auch durchzusetzen. Aber innerhalb der letzten zweihundert Jahre funktionierte und überlebte die Demokratie mehr oder weniger kontinuierlich nur in einer Handvoll von Staaten: in Skandinavien, Holland, Großbritannien, den USA, in Kanada, Australien, Neuseeland und der Schweiz.

Aristoteles' Schema und die begleitenden Argumente zeigen, daß jede automatische Unterstützung von kurzfristigen Schritten in Richtung auf eine Demokratie einfach unverantwortlich ist. Ob eine Vermehrung der bürgerlichen Freiheiten, die Einführung von allgemeinen Wahlen oder die Zulassung von politischen Parteien in einer bestimmten Situation ein Beitrag zu einer stabilen Demokratie sind, kann nicht von Leuten beurteilt werden, die mit den lokalen Verhältnissen nicht vertraut sind. Demokratien werden nicht geschaffen, sie wachsen.

Makrohistorische Möglichkeiten

Tafel 1.7 listet sechs sehr verschiedene makrohistorische Möglichkeiten auf. Die pelagianischen bzw. augustinischen Ansichten beziehen ihre Namen von zwei christlichen Kirchenmännern, die im Römischen Reich des vierten Jahrhunderts lebten. Pelagius war überzeugt, daß die Menschen von Natur aus gut sind, ähnlich wie einige Kinderpsychologen der Meinung sind, daß es keine schlechten Kinder, sondern nur schlechte Eltern gibt. Augustinus dagegen glaubte, daß die Menschen in Sünde gezeugt werden und auch schon mit dem Keim des Bösen geboren werden, das entweder überwunden oder unterdrückt werden muß. Obwohl wir selbst einer postindustriellen augustinischen Auffassung zuneigen, sind wir doch im Prinzip agnostisch. Wir werden jedoch Aspekte des augustinischen Standpunktes auf eine Art und Weise behandeln, die sowohl für Anhänger seiner Thesen als auch für agnostisch Eingestellte brauchbar und anregend sein wird.

Sigmund Freud, der häufig als Pelagianer angesehen wird, ist in Wirklichkeit aber der vielleicht hervorragendste Augustiner des zwanzigsten Jahrhunderts. Unter anderem wies er darauf hin, daß Zivilisation Repression ist und das Kind um jeden Preis sozialisiert werden muß, wenn er auch hinzufügte, ein weniger hoher Preis dafür wäre wünschenswert. Die Amerikaner, die zum pelagianischen Standpunkt tendieren, scheinen immer nur diese letzte Anmerkung zu hören und konvertieren so den größten Augustiner unseres Jahrhunderts zu einem Pelagianer.[13]

Die agnostische Verwendung von Informationen und Begriffen

Eines unserer bedeutendsten „methodologischen" Werkzeuge besteht in der agnostischen Verwendung von Informationen und Begriffen. Um das besser verständlich zu machen, beginnen wir mit einer Gegenüberstellung der akademischen und praxisbezogenen Arbeitsweise, wobei wir die Unterschiede ein wenig überbetonen, um die Kontraste stärker hervorzuheben. Man stelle sich einmal das Professor-Student-Verhältnis vor; in der Regel behandeln die Professoren bestimmte Themen, die sie selbst gut verstehen, wobei sie nach Möglichkeit alle zu diesem Thema relevanten Fragen behandeln. Dann prüfen sie die Studenten, ob diese die Begriffe verstanden haben und in der Lage sind, sie richtig anzuwenden. Sie formulieren eindeutige Fragestellungen, die verifi-

Tafel 1.7 Grundsätzlich unterschiedliche Betrachtungsweisen von sozio-ökonomischen Zukunftsbildern[a]

Betrachtung des Menschen	*Post-industriell*	*Neo-malthusianisch*	*Typisch makro-historisch (d.h. ein grundsätzlicher Wandel der Kultur)*
Pelagianisch	Unbegrenzter materieller Fortschritt für alle mit zunehmender Gleichheit und Gerechtigkeit auf Basis des „wie bisher gehabt" (z.B. utopische Sicht der Aufklärung und der industriellen Revolution), vielleicht eine Art marxistisches Utopia oder ein freundlich gesinntes „1984" oder eine „Schöne neue Welt" (z.B. Skinners „Walden Two")	„Gleichgewicht" mit wirtschaftlicher Gleichheit sowie sozialer Gerechtigkeit und Stabilität bei einem niedrigen materiellen Lebensstandard (z.B. freiwillige Einfachheit oder ein Club-of-Rome-Utopia – oder „Dystopia").	Konzepte von Chardin, Harmon, Marcuse, Reich, Revel, Thompson und zahlreicher westlicher mystischer und buddhistischer Sekten in Richtung auf eine neue soziale und geistige Weltordnung.
Augustinisch	Ein gewisser Fortschritt aber wachsende Lücken; viel wirtschaftlich-technologisches Wachstum; stabilisierte, zentral regierte Klassengesellschaften; Ordnung geht vor Gerechtigkeit; die „technologische Krise von 1985 und faustische Wahlmöglichkeiten" könnten ein weniger wohlwollendes „1984" oder eine weniger „Schöne neue Welt" forcieren.	Dem Prometheus verpflichtet; Menschheit für immer gefesselt durch Habgier, Mangel und verhängnisvolle natürliche Grenzen; totalitäre Ordnung oder Hobbes'scher Naturstaat kombiniert mit einem verzweifelten Kampf um begrenzte Ressourcen; vielleicht ein katastrophaler Zusammenbruch und Niedergang der Weltgesellschaft.	Typisch makro-historisches Szenarium der Eroberung und/oder des spätsensualistischen Zusammenbruchs, d.h. Polarisation, Krise, Heimsuchung, Katharsis, und dann eine neue Religiösität oder Ideologie (siehe die Diskussion der Sorokin-Spengler oder Toynbee-Quigley-Szenarien).

[a] Ich bin A. J. Wiener für einfallsreiche Vorschläge zu dieser Übersicht verpflichtet. Die Übersicht wurde hier aufgenommen, weil sie die Bandbreite der Standpunkte und Möglichkeiten auf eine sehr brauchbare Weise aufzeigt. Ich werde sie nicht systematisch durchdiskutieren, sondern berühre im nächsten Abschnitt und später einige der oben angeführten Möglichkeiten. Ich selbst neige, wie der Leser wahrscheinlich bereits erraten haben wird, mehr der Augustinischen als der Pelagianischen Ansicht zu.

zierbare Antworten ermöglichen. Es wurde genügend Information zur Verfügung gestellt bzw. ist es möglich, diese im Rahmen der Hochschule zu erwerben, so daß die Fragen von den Studenten zufriedenstellend beantwortet werden können. In dem Maße, in dem zur Beantwortung der Fragen theoretische Begriffe herangezogen werden müssen, stehen die entsprechenden Theorien ebenfalls zur Verfügung, und man weiß, daß sie für den entsprechenden Fall relevant, gültig und in sich geschlossen sind. Schließlich wird den Studenten noch genügend Zeit eingeräumt, um die entsprechenden Informationen aufzufinden und in Anwendung zu bringen. Man beachte, daß:

1. das entsprechende Basiswissen im vorhinein geliefert wurde;
2. die Fragen klar formuliert sind;
3. entsprechend qualifizierte Information erreichbar ist;
4. entsprechend hochqualifizierte Theorien zur Verfügung stehen;
5. zwischen falschen und richtigen Antworten eindeutig unterschieden werden kann;
6. die entsprechende Zeit zur Verfügung steht.

Für die meisten Situationen, die vom Hudson-Institut untersucht werden, trifft keine dieser Bedingungen zu (das gilt auch für viele reale Lebenssituationen). Die Entscheidungsträger müssen mit dem auskommen, was sie vorfinden. Das heißt, daß die Fragen nicht eindeutig formuliert, die Antworten nicht verifizierbar sind, hochwertige Daten, adäquate Theorien und genügend Zeit in der Regel nicht zur Verfügung stehen. Tatsächlich lauten die schwierigsten Probleme häufig: „Was ist die Frage?“ „Wieviel Zeit steht zur Verfügung?“ „Welche Informationen und Theorien, zu denen man Zugang hat, sind zutreffend?“ „Wenn diese widersprüchlich und inkonsistent sind, wie soll man sie verwenden?“

Eine ähnliche Situation findet man vor, wenn man die Unterschiede zwischen den wissenschaftlichen Arbeiten des Professors und einem Großteil der realen Probleme betrachtet. Im Falle einer wissenschaftlichen Arbeit, z. B. einer Dissertation, wird das Problem immer sorgfältig definiert und möglichst eng abgesteckt, damit der originale Charakter der Arbeit gewährleistet ist. Genügend Zeit wird einkalkuliert, um die Arbeit druckreif machen zu können, und Umfang und Reichweite werden so gehalten, daß sie innerhalb des eigenen Interessengebietes und der eigenen Fähigkeiten bleiben. In der realen Welt hingegen werden der Umfang der Probleme und die Qualität der Lösungen durch die Realitätszusammenhänge bestimmt, und Terminprobleme können nur unter großem Risiko ignoriert werden.

Es ist hoffnungslos, wenn nicht gar irrational, anzunehmen, daß geschäftliche oder politische Situationen der realen Welt so fein säuberlich und geordnet formuliert werden könnten, wie das im akademischen Bereich möglich ist. Und fast noch hoffnungsloser ist es, qualitativ hochwertige Theoreme und Modelle finden zu wollen, die realistisch anwendbar sind. Nur selten ist es möglich, alle verfügbaren und relevanten Informationen zusammenzutragen. Die Entscheidungsträger im Geschäftsleben und in der Politik müssen aber sinnvolle Lösungen in Situationen treffen, in denen schon die Fragestellung ungenau bzw. unzutreffend ist, in denen die verfügbaren Informationen und Theorien von geringer Qualität sind und wo niemand schon von vornherein weiß, ob die Lösungsvorschläge richtig oder falsch sind, ob die Politik, zu der man sich durchgerungen hat, auch funktionieren wird. Und selbst nachdem alles vorbei ist, wird es immer noch Kontroversen geben, weil es verschiedene Interpretationen dessen, was geschehen ist und warum es geschehen ist, geben wird.

Wie soll man aber dann vorgehen? Am besten wahrscheinlich so, wie man das schon immer getan hat: Man beurteilt die Dinge so gut als möglich und verläßt sich auf seine Intuition und Annahmen. Häufig werden zwar die grundlegenden Schlußfolgerungen und auch die Methode unzutreffend sein, wenn sie zu allgemein und ungekonnt angewandt werden. Dennoch gelangen die Entscheidungsträger oft zu recht guten Lösungen der spezifischen Probleme, mit denen sie sich auseinandersetzen müssen.

Den Entscheidungsträgern steht unter Umständen kaum sehr viel mehr zur Verfügung als ihre eigene Erfahrung auf diversen und nicht immer relevanten Gebieten, dazu vielleicht noch einige fragwürdige Theorien, die häufig aber nur eine Mischung aus verschiedenen Anekdoten, Metaphern und Analogien sind, und manchmal ihr Einfühlungsvermögen in verschiedene, wichtige Gruppierungen. Dennoch waren viele der kompetenten und pragmatischen Entscheidungsträger sehr erfolgreich.

Bis vor kurzem gab es in diesem Bereich weder wissenschaftlich geordnetes Beobachtungsmaterial noch irgendein nennenswertes theoretisches Gebäude. In der überwiegenden Zahl der Fälle sind die „Modelle“ der Wirtschaftstheoretiker und Soziologen nicht von ihnen selbst gebildet worden. Viel eher sind das Beschreibungen von Ereignissen, die schon stattgefunden hatten, bevor die

Theorien entwickelt wurden. Der Beitrag der Theoretiker bestand und besteht weniger in selbständigen Modellvorstellungen als in einer mehr oder weniger rationalen und verständlichen Beschreibung dessen, was die Leute der Praxis getan hatten. Konstruktionen und Institutionen entstehen oder werden von praxisbezogenen Leuten entwickelt und zu einem oft sehr hohen Stand gebracht, bevor sie die Theoretiker überhaupt erst bemerken. In den letzten Jahren geschah dies etwa bei den multinationalen Unternehmungen als weltweit gegenwärtigen Kräften, beim Eurodollar, bei der rapiden Wirtschaftsentwicklung Japans sowie der „neuen Industriestaaten" und im großen und ganzen auch im Falle der gegenwärtigen Stagflation.

Unsere mehr oder weniger agnostische Verwendung von Informationen und Begriffen beabsichtigt eine Ähnlichkeit mit der traditionellen, vorwissenschaftlichen Vorgangsweise, ist aber mit ihr nicht identisch. Zuerst einmal sind wir tatsächlich agnostisch bezüglich vieler von uns verwendeten Themen; wir wissen einfach nicht, ob sie richtig sind oder nicht, und falls sie stimmen, sind wir uns über das Ausmaß ihrer Gültigkeit nicht im klaren. Es ist daher wichtig, daß wir uns gegen die Richtigkeit dieser Theorien absichern, ohne uns dabei aber auf ihre Richtigkeit zu verlassen. Zweitens sind wir des öfteren gewillt, diese Konzepte als eindrucksvolle und pädagogisch wertvolle Beispiele anzuwenden, um so bestimmte Prinzipien oder Tatsachen besser zu illustrieren. In vielen Fällen mag es im Prinzip sogar möglich sein, elaborierte empirische oder auch theoretische Erklärungen zu liefern, um zu zeigen, daß die Konzepte anwendbar sind, allerdings sind die Erklärungen dann eher dazu angetan, Verwirrung zu stiften, und sie erweisen sich vielfach auch als zu komplex. Manchmal sind deshalb relativ einfache Argumente überzeugender und einsichtiger und für den Leser daher viel brauchbarer. Außerdem gelangt man damit eventuell zu interessanten Szenarien, grundlegenden Zusammenhängen, treffenden Metaphern, signifikanten Hypothesen und zu einer Sprache, die sowohl genau als auch farbig ist. (Kapitel 2 liefert einige solcher Szenarien, Zusammenhänge, Metaphern, Hypothesen und sprachlichen Formulierungen.)

Das Konzept der sechs Arten von Überzeugungen

Da wir es hier mit ungesicherten und umstrittenen Themen zu tun haben, ist es sehr wichtig, daß wir uns intellektuell und bewußt vor Augen halten, wo wir und andere bei vielen dieser Fragen und Ansichten stehen. Es ist uns praktisch unmöglich, mit einer einfachen Zweiteilung in „wahr“ und „falsch“ oder auch nur mit einer Dreiteilung in „wahr“, „falsch“ und „unsicher“ auszukommen. In gewissem Sinn versuchen wir in dieser Situation daher, unseren eigenen subjektiven Standpunkt und den anderer zu präsentieren oder die Wahrscheinlichkeit, daß eine bestimmte Vorstellung richtig ist oder daß eine bestimmte Politik erfolgreich sein wird – und dazu auch unser Vertrauen in unsere eigenen Annahmen oder die Standpunkte anderer zu diesen Annahmen. Diese subjektiven Wahrscheinlichkeiten und unseren Grad von Vertrauen zahlenmäßig abschätzen zu wollen oder irgendwelche anderen genauen Rangordnungen und Schätzungen anzugeben, würde nur eine nicht vorhandene Präzision und analytische Genauigkeit vortäuschen.

Unser Problem ähnelt dem einer Person, die die Farben des Regenbogens studiert und diese Farben mit Farben aus ihrer Umgebung in Zusammenhang bringen möchte. In unserer Kultur hat man sich entschieden, den Regenbogen in sechs Farben aufzuteilen: in Rot, Orange, Gelb, Blau, Violett und Indigo. Jedermann kann natürlich erkennen, daß es im Regenbogen keine scharfen Trennungslinien zwischen den einzelnen Farben gibt. Aber nicht nur, daß es keine genauen Grenzen gibt, man kann auch noch andere Farbtöne als die sechs hier angeführten erkennen. Im Regenbogen existiert ja jede Wellenlänge des sichtbaren Spektrums zwischen 4000 und 7600 Angström. Nichts aber wäre unsinniger, als von einer Farbe, etwa Orange, zu sagen, sie entspräche genau 6400 Angström. Selbst wenn wir Orange zwischen 6300 und 6500 Angström einreihen, wäre das noch unpassend. Unsere Art zu denken entspricht dem einfach nicht; wir können nicht genau definieren, was wir unter Orange oder auch jeder anderen Farbe meinen. Wir könnten sagen, Orange liegt im Bereich um 6400 Angström, aber das ist nicht notwendig, da es ja den Ausdruck „Orange“ gibt und er für das, was wir ausdrücken wollen, genau genug ist. Außerdem überdeckt der Begriff „Orange“ auch noch Farbmischungen, wie zum Beispiel Gelb und Rot, die dem menschlichen Auge als Orange erscheinen und die ja mit eingeschlossen werden sollen. Ebenso wollen wir mit unserer Terminologie nicht nur unsere Ungewißheit bezüglich Reinheit und genauer Wellenlänge zum Ausdruck bringen, sondern mit der Begriffsbezeichnung auch ein wenig Begriffsinhalt vermitteln – d. h. ein wenig Sinn und Gefühl dafür.

Wir wünschen uns eine solche Betrachtungsweise auch für die verschiedenen Arten von Überzeugungen. Unserer Meinung nach ist es sinnvoll, bezüglich einer Theorie, eines Entwurfes oder einer Politik zumindest sechs verschiedene Arten von Überzeugungen zu unterscheiden: den Atheismus, den Agnostizismus, den Skeptizismus, den Deismus, das „Schottische Urteil“ und die Anerkennung. Im allgemeinen wird uns in diesen sechs Arten und einigen dazugehörigen Nuancen ein genügend reichhaltiges und genaues Vokabular zur Verfügung stehen. Wir werden diese Begriffe in einer leicht idiosynkratischen Weise anwenden, d. h. in einem spezifischen Sinn, werden aber dennoch immer so nahe an ihrer normalen literarischen Bedeutung bleiben, daß auch Leser, die die nachfolgenden Definitionen nicht kennen, verstehen werden, was mit ihrer Anwendung gemeint ist.

Die meisten Leser werden wahrscheinlich all diese Ausdrücke kennen, ausgenommen das „Schottische Urteil“. In Schottland hatte ein Gericht in Strafprozessen bei seinem Urteil nicht nur zwischen „schuldig“ und „unschuldig“ zu entscheiden (in den meisten westlichen Staaten die einzigen Alternativen), sondern es gab noch einen dritten Urteilsspruch, nämlich „nicht bewiesen“. Dieser Spruch bedeutet, daß die Umstände sehr gegen den Angeklagten sprechen, die Beweise aber nicht ausreichen, um einen „zweifelsfreien“ Schuldspruch zu fällen. (Es ist also der „Freispruch mangels an Beweisen“. A. d. Ü.)

Es sollte beachtet werden, daß wir uns hier auf eine Ausdrucksweise festgelegt haben, die weitgehend den Bereichen der Religion, Metaphysik und Jurisdiktion entnommen ist. Das kommt insofern nicht überraschend, als das genau jene Gebiete sind, in denen die Fragen von Gültigkeit und Art der Überzeugung am sorgfältigsten erforscht und durchdiskutiert wurden, und zwar in einer Art und Weise, wie sie auch uns interessiert.

Atheismus bedeutet mehr oder weniger völligen Unglauben oder Ablehnung. Der *agnostische* Standpunkt deutet an, daß man nicht weiß, ob man glauben soll oder nicht. Hat jemand einen agnostischen Standpunkt bezüglich einer bestimmten Frage oder Information, so fände er es unter Umständen wünschenswert, über eine entsprechend ausgearbeitete Vorgangsweise zu verfügen, die auch zu Ergebnissen führt, wenn die entsprechenden Fakten oder Theorien gültig sind; allerdings wird es sich auf deren Richtigkeit nicht verlassen. Unter *skeptisch* möchten wir die neutrale Begriffsbezeichnung verstanden wissen und nicht so sehr den Begriffsinhalt – d. h., wir meinen damit nicht einen Hang zum Unglauben oder gar zur Feindseligkeit. Wir verwenden das Wort eher in dem Sinn, daß jemand bereit ist, an eine Sache zu glauben, dennoch aber einige Zweifel hat und deswegen noch zusätzliche Informationen, Argumente oder andere Gültigkeitsbeweise in Händen haben möchte. Die *deistische* Position gibt zu, „daß etwas an der Sache dran ist", sie ist sich aber über Einzelheiten und den Grad der Gültigkeit nicht sicher. Es besteht eine gewisse Übereinstimmung mit den in Frage stehenden Ansichten, aber man ist noch nicht bereit, jedem Detail voll zuzustimmen.

Das *Schottische Urteil* bezeichnet häufig einen Sachverhalt, den man als „fast bewiesen" oder als „für mich ausreichend" (oder als „ausreichend für unsere Zwecke") ansehen könnte. Es ist dies die für uns wahrscheinlich wichtigste Kategorie, da wir bei unseren Überlegungen oft Informationen zur Verfügung haben, die wir für eine öffentliche Vorgangsweise oder für Entscheidungen von Privatpersonen als ausreichend ansehen würden, die aber in rigorosen Gültigkeitsansprüchen einer akademischen oder mathematischen Beweisführung noch nicht genügen. Wie immer man sich aber auf Grund dieses „nicht bewiesenen" Urteils auch zu handeln entscheidet, die Gegenseite wird sich, da der Sachverhalt einfach zu plausibel ist, nicht darauf berufen können, die Sache sei als „falsch" oder auch nur als „höchst unwahrscheinlich" erkannt worden. Dies stellt einen wichtigen Aspekt des Konzepts des „nicht bewiesen" dar. Keine Seite wird in der Lage sein, die andere dazu zu zwingen – sei es nun moralisch oder intellektuell –, den eigenen Standpunkt anzuerkennen oder gegenteilige Ansichten von der Hand zu weisen. Die intellektuelle Unterstützung, die hinter den meisten der komplexeren umstritteneren Entscheidungen politischer bzw. geschäftlicher Natur steht, gehört der Kategorie „nicht bewiesen" an – ausreichend für die unterstützende Gruppe, von den meisten Leuten auch als Gegner ernst genommen, dennoch nicht voll beweisbar.*

* Das Konzept des „Schottischen Urteils" ist mit einem anderen, das wir am Hudson-Institut als äußerst erfolgreich schätzengelernt haben, eng verwandt, nämlich mit dem von uns als „überraschungsfrei" bezeichneten Konzept. Wir nehmen an, daß ein Szenario oder eine Vorhersage für eine Gruppe „überraschungsfrei" sein kann, für eine andere hingegen nicht. Das Konzept bezieht sich daher auf jene, die sich dazu bekennen. Wir verstehen unter „überraschungsfrei" *nicht* „sehr wahrscheinlich", „aller Voraussicht nach" oder „höchst wichtig" (wenn diese Annahmen auch oft zutreffen). Wir wollen damit nur zum Ausdruck bringen, daß wir nicht überrascht wären, würde eine bestimmte Vorhersage eintreffen oder richtig sein. Es können daher zwei „überraschungsfreie" Aussagen untereinander durchaus inkonsistent sein, da wir weder beim Zutreffen der einen noch der anderen überrascht wären. Es soll darauf hin-

Für den Fall, daß Entscheidungen auf Grund einer Position, die von einer kleinen Gruppe von Fachleuten, Akademikern, einer öffentlichen Gruppierung oder auch von einem breiten akademischen Gremium eingenommen wird, getroffen werden, kann man auch eine vom „Schottischen Urteil" abweichende, unterstützende Haltung einnehmen. Das kann sowohl „bewiesen jenseits jeden vernünftigen Zweifels" sein, kann aber auch aus einer ideologischen oder religiösen Haltung der unterstützenden Gruppe resultieren. Es kann sogar auf einer Ad-hoc-Entscheidung oder auf idiosynkratischen Gründen beruhen.

Anerkennung bedeutet im allgemeinen nicht, daß die zur Diskussion stehende Anschauung unbedingt richtig ist, sondern nur, daß die entsprechenden Leute sie nicht in Zweifel ziehen. Häufig heißt es nur, daß Übereinstimmung mit den Werten, der Ideologie oder auch den Vorurteilen der jeweiligen Gruppe herrscht. Das kann sowohl für eine akademische als auch für eine breite öffentliche Anerkennung irgendwelcher Konzepte, Theorien, Fakten oder anderer Informationen zutreffen. Solch eine Anerkennung ist häufig so selbstverständlich, unmittelbar und allgemein, daß sie fast nicht in das Bewußtsein der Betroffenen dringt. Anerkennung wird daher des öfteren zu zwangsläufig vor sich gehen, als daß sie ernsthafte Diskussionen oder Fragestellungen auslösen könnte. Einer der Gründe dafür, daß wir eine Vielzahl von Konzepten explizit diskutieren, ist daher auch darin zu sehen, daß wir einige der weitverbreiteten und zwangsläufig akzeptierten Annahmen etwas in Frage stellen wollen. Sehr viele öffentliche und private Unternehmungen basieren auf dem, was manchmal als „gesunder Menschenverstand" bezeichnet wird. Natürlich kann auch der „gesunde Menschenverstand" – das sind weithin anerkannte Behauptungen – gültig sein oder zumindest mehr Gültigkeit besitzen als die Standpunkte, die von den Gegnern verfochten werden.

Eine wichtige Absicht dieses Buches ist es, dem Leser die intellektuellen und ideologischen Abstützungen anerkannter Sachver-

gewiesen werden, daß in der internationalen Geschäftswelt größtenteils aufgrund von „überraschungsfreien" Vorhersagen gearbeitet wird. Das kann, muß aber nicht, einen Gültigkeitsgrad, der dem „Schottischen Urteil" entspricht, mit einschließen. Der große Vorteil dieser Terminologie besteht darin, daß sie deutlich macht, was jemand bezüglich einer Vorhersage annimmt und daß es die systematische Diskussion und das Vorankommen einer Sache auf akademischer oder praktischer Grundlage sehr vereinfacht. Das Ganze ist, ausgenommen, daß es so explizit dargelegt wird, nicht neu; allerdings kann diese explizite Darstellungsweise sehr wichtig sein.

halte bewußter zu machen. Es ist dies nicht unbedingt ein konstruktives Unterfangen, denn wenn wir den Glauben mancher Leute in diverse Annahmen oder Konzepte erschüttern, so untergraben wir damit eventuell auch ihr Vertrauen und ihre Hingabe. Vertrauen und Hingabe sind aber wichtige Ingredienzen des Erfolgs. Dies ist jedoch ein Risiko, das zu tragen wir bereit sind.

Jeder Versuch, Politik aufgrund von strengen Studien und Dokumentationen zu betreiben, ist bloß ein wirksames Rezept zur Blockierung von Aktivität, trägt aber nichts zu einer verbesserten Politik bei. Versuche, diese Tatsache zu ignorieren, können zu endlosen Verzögerungen führen, während man versucht, zu weiteren Informationen zu gelangen, die die „unzureichende Informationslage" oder die Abhängigkeit von ungenauen Angaben oder das persönliche Urteil verbessern und ausgleichen sollen. Der Versuch, den „Anschein" von Strenge und Objektivität entwickeln zu wollen, ist ein typisches Motiv (bewußt oder unbewußt), um sich eines großangelegten Computermodells zu bedienen. Solch ein Modell kann (zumindest manchmal) die Illusion von Allgemeingültigkeit und Richtigkeit vermitteln. In den meisten Fällen aber, wo wir mit solchen Modellen und ihren Anwendungsmöglichkeiten vertraut sind, waren sie eine weitaus geringere Hilfe als die intuitiven Abschätzungen und Beurteilungen von einigermaßen erfahrenen und mit der Sachlage vertrauten Personen. Noch schlechter kann es ausgehen, wenn man versucht, Politik, die ein spezielles Gebiet betrifft, mittels einer nur auf sorgfältige, akademische Beweisführung gestützten Methode zu betreiben, und dabei aber all die Informationen vernachlässigt, die man durch den aufmerksamen Gebrauch seiner Augen, Ohren, seiner Intuition und Hingabe erwerben kann.

Wir würden vereinfachend handeln, wollten wir behaupten, die verschiedenen Arten von Überzeugungen könnten auf eine so einfache Weise geordnet und beschrieben werden, wie wir das weiter unten andeuten. Normalerweise verwenden wir diese einfache Ordnung jedoch deswegen, weil dies in den meisten der behandelten Fälle sinnvoller ist, als es nicht zu tun. Wir wollen aber auch in der Lage sein, die einfache Zuordnung zu einer Art von Überzeugung so weit modifizieren zu können, daß man zeigen kann, daß auch innerhalb der großen Kategorie verschiedene Abstufungen der Ansichten möglich sind. Wir möchten daher vorschlagen, daß der Leser die folgende Liste sorgfältig durchgeht und kommentiert.

1. *Atheismus (Unglaube)*
   a) *Feindselige Ablehnung:* man hat absolut kein Interesse an der Ansicht, will nicht darüber diskutieren, will die dazugehörigen Ausdrücke nicht verwenden und ist verärgert, wenn die Sprache darauf kommt.
   b) *Tolerante Ablehnung:* man glaubt zwar selbst nicht daran, es macht einem aber nichts aus, wenn andere daran glauben.
   c) *Neutrale Ablehnung:* häufig eine *technische* oder *analytische Ablehnung,* die man ohne Emotion oder gar Leidenschaft vertritt.
   d) *Freundliche Ablehnung:* man ist durchaus gewillt (manchmal sogar davon angetan), die anderen bei ihrem Glauben zu belassen; im allgemeinen ist man bereit, die relevanten Standpunkte ernsthaft und mit Anteilnahme zu diskutieren.
   e) *Metaphorische Anerkennung:* man ist nicht nur bereit, die relevanten Fragen zu diskutieren, sondern auch gewillt, die entsprechenden Metaphern und Bilder zu verwenden.

Um Beispiele dafür anzuführen, was wir unter der obigen Aufzählung verstehen, könnte man sich leicht vorstellen, die fünf angeführten Haltungen selbst jemandem gegenüber zu vertreten, der a) sich zu Zauberei und Astrologie bekennt, b) an Glückstage, Talismane und Glückszahlen glaubt, c) der Meinung ist, daß man in den nächsten drei Jahrzehnten noch (oder auch nicht mehr) drei Billionen Barrel abbaubares Erdöl finden wird, d) an eine Religion glaubt, die man zwar selbst nicht akzeptiert, aber respektiert oder die man zumindest nicht bekämpfen will, und der e) bereit ist, über Gott, Erlösung und Himmel in ganz ähnlichen Wendungen und Ausdrücken zu sprechen wie die, die daran glauben, ohne dabei ständig auf seine eigene, atheistische Position hinzuweisen.

2. *Agnostizismus (man weiß es nicht)*
   a) *Unterinteressierte Unwissenheit:* man könnte sich darüber Gedanken machen und Überlegungen anstellen; es könnte sich um eine Frage handeln, die vorher einfach noch nie aufgetaucht ist – oder über die man zumindest noch nie ernsthaft nachgedacht hat und der gegenüber man daher keine Meinung hat (und vielleicht auch gar keine haben will).
   b) *Man kann nichts darüber wissen:* sehr oft ist jemand der

Meinung, daß man über einen bestimmten Sachverhalt prinzipiell nichts wissen kann, zumindest nicht ohne göttliche Offenbarung oder einen ganz entscheidenden Durchbruch bei den entsprechenden Theorien und Informationen; man wäre durchaus bereit, den Sachverhalt anzuerkennen, wenn man wüßte, wie man sein Wissen darüber vergrößern könnte, ist aber eventuell der Meinung, daß man dazu nicht in der Lage ist, zumindest nicht in der einem zur Verfügung stehenden Zeit und mit den erreichbaren Mitteln.

c) *Aufgeschlossenheit:* man kann auch einen davon ganz verschiedenen Standpunkt haben. Man will etwas darüber wissen, glaubt auch, daß dies möglich ist, hat sich aber bis jetzt noch nicht den Kopf darüber zerbrochen.

3. *Skeptizismus:* (offen gegenüber Argumenten, aber man hat Zweifel – wünscht zusätzliche Beweise)
   a) *Freundlich:* dieser Standpunkt kommt dem „aufgeschlossenen Agnostizismus“ sehr nahe, tendiert aber viel stärker noch zur Anerkennung.
   b) *Neutral:* braucht nicht weiter erklärt zu werden.
   c) *Feindseliger Skeptizismus:* man ist zwar grundsätzlich ablehnend eingestellt, nimmt aber die Möglichkeit, daran zu glauben, ernst – vielleicht aus offiziellen Gründen oder wegen seiner Stellung; es kann sein, daß man eine Position einnehmen muß, die vorgibt, man sei aufgeschlossen und bereit, sich überreden zu lassen, tatsächlich aber nimmt man einen mehr agnostischen oder atheistischen Standpunkt ein, als man zugeben darf.

4. *Deismus:* man ist überzeugt davon, daß an dem Konzept etwas dran ist, ist sich aber nicht im klaren darüber, was. Im Falle einer Religion kann sich das vom Glauben an ein einzigartiges, höchstes, aber unbekanntes Wesen, das an den Menschen sehr interessiert ist, bis zu einem klaren Konzept über die Existenz eines solchen höchsten Wesens (oder einer Kraft), von dessen Absicht und Zielen wir aber nichts verstehen – wenn solche anthropomorphen Vorstellungen überhaupt zutreffen –, erstrecken. Der deistische Standpunkt kann ein weites Gebiet überdecken, ohne dabei jedoch auf Offenbarungen angewiesen zu sein. Die Deisten akzeptieren nur wenig Doktrinen und

Dogmen. Wir selbst werden bei verschiedenen historischen Theorien, die wir schon vorgebracht haben oder noch vorbringen werden, sehr häufig eine deistische Position einnehmen.

5. *Das „Schottische Urteil":* (nicht bewiesen, aber die meisten vernünftigen Leute werden den Sachverhalt anerkennen)
   a) *Juristische oder moralische Ablehnung:* da die Person nicht schuldig gesprochen wurde, muß man sie so behandeln, als wäre sie unschuldig, wenn auch sehr wahrscheinlich ist, daß sie schuldig ist.
   b) *Gründe für Absicherung oder große Vorsicht:* die entsprechende Information kann nicht unberücksichtigt bleiben, selbst wenn es zuwenig ist, um „überzeugt zu sein". Gewisse Vorsichtsmaßnahmen oder einschränkende Aktionen sollten getroffen werden.
   c) *Praktisch anerkannt:* man handelt weitgehend so, als wäre der Fall entschieden.

In praktisch allen Fällen, wo für uns das „Schottische Urteil" zutrifft, werden wir die Haltung c) einnehmen. Wir wissen zwar, daß wir den Fall nicht vollständig beweisen können und daher vorsichtig und aufgeschlossen sein müssen, werden aber dennoch so vorgehen, als gäbe es einen Beweis.

6. *Anerkennung:*
   a) *Jenseits aller vernünftigen Zweifel bewiesen:* das ist selbstverständlich ein juristisches Konzept.
   b) *Professionell oder akademisch annehmbar:* genügt den technischen Ansprüchen der Fachrichtung. Das muß nicht universell gelten, wird aber innerhalb der betroffenen Gruppe als ausreichend angesehen. Was für einen Physiker als bewiesen gilt, muß deswegen noch lange nicht auch für einen Mathematiker als bewiesen gelten.*
   c) *Es ist eine Frage der Ideologie oder der Religion:* Man glaubt

* Ein heuristisches Argument ist ein Beweis, der zwar recht überzeugend ist, aber nicht die strengen Gültigkeitsmaßstäbe des Auditoriums erfüllt. Der Begriff hat in der Physik, der Mathematik und einigen Zweigen der Soziologie Bedeutung. Diese Unterscheidung wird aber fast niemals in der Literatur, in den humanistischen Fächern, der Linguistik und in ähnlichen Bereichen getroffen. Wenn das Argument dort einleuchtend ist, so ist es normalerweise auch gut genug.

daran, weil es in die eigene Weltanschauung paßt, in die gesamte Überzeugungsstruktur. Für denjenigen oder für die in Frage stehende Gruppe ist es leicht, daran zu glauben. Vielleicht daß der oder die Offenbarungen hatten.

d) *Allgemeine Anerkennung durch die Gemeinschaft:* In diesem Falle ist die Anerkennung normalerweise so vollständig und zwangsläufig, daß sie unkritisch wird. Es ist dies ein wenig so wie mit dem Fisch im Wasser: der Fisch mag gar nicht wissen, daß er sich im Wasser befindet, bis er einmal herausgenommen wird und dabei an die Luft kommt. Die allgemeine Anerkennung durch eine Gemeinschaft muß daher nicht sehr viel Beweiskraft haben, auch wenn die entsprechende Behauptung als „richtig und über jeden Zweifel erhaben" angesehen wird. „Die Erde ist eine Scheibe" oder „die Sonne dreht sich um die Erde" sind zwei gute Beispiele für eine Meinung, die als „über jeden Zweifel erhaben" in manchen früheren Intellektuellenmilieus galt.

Kapitel 2
Wirtschaftswachstum: Zusammenhänge, Szenarien, Bilder

Wachstum aus der Sicht der Milieuzusammenhänge

Die gegenwärtige Feindschaft gegenüber dem Wirtschaftswachstum

Heute haben die Befürworter der Überflußwirtschaft und des technologischen Fortschritts Bedenken, dafür den bisher üblichen Maßstab anzuwenden: nämlich das BNP (Bruttonationalprodukt) pro Kopf. In einigen akademischen und intellektuellen Kreisen fiel praktisch jede *explizite* Verwendung dieser Kennzahl in Mißkredit. *Explizit* wird deswegen betont, weil trotz seiner vielen theoretischen und praktischen Nachteile praktisch jedermann bei einer ernsthaften Beurteilung des Reichtums eines Landes, seines Technologiestandards und seiner Fähigkeit, kulturell wertvolle Produkte herzustellen, das BNP pro Kopf in diese Beurteilung mit einschließt. Außerdem versucht jede Regierung, es anzuheben. Selbst die Verfechter eines „Nullwachstums" verwenden es, wenn auch nur im negativen Sinne.

Nach einer exzessiv optimistischen Phase, die dem Zweiten Weltkrieg folgte, tendierte das intellektuelle Klima rund um den Begriff der Modernisierung durch Wirtschaftswachstum und technologischen Fortschritt bis in die allerjüngste Vergangenheit zu einem ebenso exzessiven Pessimismus.[1]

Dieses Buch beschäftigt sich mit drei Untergruppen dieser Opposition, die wir zusammenfassend die „Antiwachstumstriade" nennen wollen.[2] In der Reihenfolge zunehmender Bedeutung für unsere Belange sind das: 1. wohlhabende Radikale und Reformer; 2. Thorstein Veblens „müßige Klasse"; und 3. eine Untergruppe der oberen Mittelstandsintellektuellen, die wir als Neoliberale der „neuen Klasse" bezeichnen.[3]

Bezeichnenderweise erfreuen sich die Angehörigen der Antiwachstumtriade seit ihrer Kindheit der Vorteile des Wirtschaftswachstums und der Modernisierung. Nun, als Erwachsene, aber sind sie von einem weiteren Wachstum enttäuscht und desillusioniert. Sie versuchen anderen den Mut zu nehmen, ebenfalls zu erreichen, was sie selbst schon genossen haben, nun aber verabscheuen. Einige ihrer Argumente, wie etwa jenes von einem eventuellen Mißbrauch des Überflusses und hochentwickelter Technologie, treffen zu; andere sind ungerechtfertigt oder einfach falsch. Was die Antiwachstumtriade vor allem zu bewirken scheint, sind Umwege, die die Kosten und Schwierigkeiten für die nach oben Strebenden zwar stark erhöhen, sicherlich aber den weltweiten Basistrend nicht ändern werden.

Man kann die verschiedenen philosophischen Standpunkte, die Überfluß oder Technologie als für den menschlichen Geist schädlich abtun, durchaus respektieren, ohne aber deswegen anzuerkennen, daß sie universelle Gültigkeit hätten. Man kann ohne weiteres die in vielen östlichen Religionen vertretene Vorstellung, daß „viele Berge zum Himmel emporragen" und „viele Straßen auf jeden Berg führen" aus ganzem Herzen bejahen („Himmel" soll hier als Metapher für eine mögliche postindustrielle Gesellschaft der einen oder der anderen Art gelten), muß deswegen aber noch lange nicht der Meinung sein, jeder Maulwurfshügel wäre ein Berg und alle Straßen führten auf den Gipfel. Wir glauben, daß die meisten wirklichen Berge und Wege in Richtung Modernisierung führen. Die grundlegenden Ziele und Strategien für einen Großteil der dritten Welt und auch für einige der entwickelten Länder sind daher mehr oder weniger eindeutig.

Angesichts der Tatsache, daß die Verfechter einer frühzeitigen oder erzwungenen Wachstumsbeschränkung ebenso wie wir an Grenzen glauben, vertreten viele Beobachter die Ansicht, unser Streit wäre eine rein technische Angelegenheit, und unsere unterschiedlichen Standpunkte seien daher für die öffentliche Meinung von geringem Interesse. Tatsächlich aber sind die Differenzen grundlegender Art.

Allgemeine Bedenken, daß aus einem raschen Wachstum gefährliche Fehler resultieren können, sind durchaus berechtigt. (Tafel 2.1 faßt einige Gründe für und wider das wirtschaftliche und technologische Wachstum zusammen.) In dem Maße, in dem sich Wirtschaftswachstum und technologischer Fortschritt beschleunigten, wird auch die Wahrscheinlichkeit größer, ernsthafte Gefahrenquellen könnten sich so schnell entwickeln, daß ein rechtzeitiges Reagieren darauf nicht mehr möglich wäre, um Katastrophen zu verhindern (z. B. die Contergan-Tragödie). Ein schnelles Wachstum kann zwar die Möglichkeiten von ernsthaften Ungleichgewichten vergrößern (etwa die derzeitigen Überkapazitäten bei der Stahlerzeugung oder eine weltweite Energiekrise in den nächsten ein oder zwei Jahrzehnten), aber ebenso kann es die Bedingungen schaffen, solche Ungleichgewichte wieder leichter in den Griff zu bekommen. Die industriell bedingte Umweltverschmutzung zum Beispiel erreichte in einigen hochentwickelten Industrienationen beängstigende Werte. Eben diese Länder waren aber auch in der Lage, ihre Ressourcen und technologischen Fähigkeiten so einzusetzen, daß Katastrophen vermieden werden konnten, indem sie das Ausmaß der Umweltverschmutzung rechtzeitig abzubauen vermochten. In den kommenden Jahren werden wahrscheinlich alle hochindustrialisierten Länder wesentlich weniger Umweltprobleme als jetzt haben, obwohl allgemein der Eindruck herrscht, daß sich die Situation verschlechtert. Es ist gut, wenn die Forderungen nach hohen Standards auf diesem Gebiet aufrechtbleiben, obwohl hier wie auch anderswo Übereifrige manchmal mehr Schaden als Nutzen angerichtet haben. Hier handelt es sich um einen Lernprozeß, in dessen Natur es liegt, überflüssige Aktivitäten und Fehlwirkungen – manchmal leider in einem extremen Ausmaß – mit sich zu bringen. Einer der Gründe für Übertreibungen bei der Bekämpfung von Umweltschäden liegt darin, daß sich die Leute über Gefahren aufregen, die entweder stark übertrieben werden oder die man sowieso schon zufriedenstellend in den Griff bekommen hat.

Die Bedrohung ist aber immerhin groß genug, um wirksamere Studien, Planungen und Forschungen sowie auch größere Anstrengungen zum Ausbau von Schutzmaßnahmen zu rechtfertigen. Wir glauben aber nicht, daß die Gefahr gänzlich vermieden oder auch nur wesentlich verringert werden könnte, indem man mit fehlgeleiteten Versuchen für ein pauschal verringertes Wachstum eintritt.

Die bedachtsameren Gegner eines weiteren Wachstums mahnen zur Vorsicht. Sie sagen: „Warum ein Risiko eingehen?“ oder „Warum stoppen wir das Wachstum nicht wenigstens in den hochentwickelten Ländern, bis wir mehr über seine Konsequenzen wissen?“ Diese Ansichten wirken zwar recht vernünftig, sie sind aber meistens von der Abneigung gegen eine immer reicher werdende Welt motiviert. Viele Menschen aus der Oberschicht und der oberen Mittelschicht erkennen ganz richtig, daß ihnen zwar seinerzeit das Wirtschaftswachstum geholfen hat, daß es jedoch jetzt ihren persönlichen und auch Klasseninteressen entgegensteht.

Tafel 2.1 Einige Gründe für und wider das wirtschaftliche und technologische Wachstum

Die grundlegenden Argumente
1. Reichtum und Technologie sind gute Dinge, sowohl als Ziele als auch als Mittel
2. Es ist nicht gut, arm und einfach zu sein.
3. Auf jeden Fall garantieren wirtschaftlicher Reichtum und technisches Können Sicherheit und Absicherung[a] – und sie können somit für das Überleben von ausschlaggebender Bedeutung sein.
4. Schafft eine Grundlage für Macht und Einfluß.
5. Lücken helfen, die Armen reich zu machen.
6. Schnelles Wachstum ermöglicht den Großen Übergang und damit ein frühes Erreichen des Wohlstandes.
7. Wachstum ermöglicht Anpassung an den Wandel und Erfüllung wirtschaftlicher Wünsche.
8. Ebenso erlaubt es die Bereitstellung einer entsprechenden Infrastruktur und Wohlfahrt

[a] Unter „Absicherung" verstehen wir hier das Vorhandensein einer wirtschaftlichen und technologischen Flexibilität, auf Probleme zu reagieren, gleichgültig ob diese vom Menschen oder von der Natur verursacht wurden (z. B. Ölschock

In den entwickelten Ländern werden die materiellen Grundbedürfnisse der niedrigen Einkommensklassen zum allergrößten Teil befriedigt (häufig durch Wohlfahrtseinrichtungen), während viele Angehörige der oberen Einkommensschichten durch eine ungeheure Vielzahl von Gütern übersättigt sind. Dies hat zur

Die grundlegenden Vorbehalte

1. Aber nicht immer und nicht überall – viele negative Aspekte (so fördert es z.B. oft in übermäßiger Weise materialistische Werte).
2. Viele bedeutsame Werte sind mit stoischen, epikureischen, asketischen oder vor-industriellen und traditionellen Lebensstilen verbunden.
3. Sie können ebenso eine übermäßige Abhängigkeit von Reichtum und Technologie hervorrufen – sie können das Leben zu leicht und zu wenig herausfordernd machen, d.h. auf jeden Fall nicht wirklich wichtig, falls nicht in materieller Hinsicht eine Konkurrenzsituation zu einer „fortschrittlichen" Kultur besteht (entweder militärisch oder kommerziell).
4. Um damit Schlechtes ebenso wie Gutes zu tun – und wie in Punkt drei dargestellt, schafft es ebenso ein Bedürfnis nach mehr Macht und Einfluß und kann auch zu Arroganz, Sorglosigkeit und Gefühllosigkeit führen.
5. Aber nicht alle diese Lücken werden ihrer Selbstachtung und ihrer gesellschaftlichen Stellung einen Schaden zufügen, werden sie dazu verleiten, mehr aufzugeben als zu gewinnen und Gefühle von Ungerechtigkeit, Neid, Schuld und Geringschätzung entstehen lassen.
6. Es kann sich aber auch außerordentlich destruktiv auf existierende Wertvorstellungen und Vermögenswerte auswirken und ebenso dazu beitragen, jene Art von Unheil schnell herbeizuführen, gegen das man sich abzusichern versucht.
7. Aber es verursacht eine zu rasche Veränderung und erweckt übermäßige wirtschaftliche und andere Wünsche.
8. Dieselbe Erwiderung wie vorher (z.B.: erzeugt ein übermäßiges Bedürfnis danach).

oder Klimaveränderungen), des weiteren die Standfestigkeit des Systems und die Fähigkeit, die Wirkung schädlicher Ereignisse auf einen selbst oder auf andere zu verhindern, zu beeinflussen oder zu mildern.

Folge, daß sich unter den Wohlhabenden ein Gefühlsanspruch auf ein einfacheres und weniger materialistisch orientiertes Leben breitmacht, während die Mittelschicht zunehmend die Motivation für weitere wirtschaftliche Verbesserungen verliert. Nur wenige Angehörige der unteren Einkommensbereiche teilen diesen

Standpunkt, ebenso wie ihm die meisten der relativ Reichen noch nicht – zumindest bis jetzt noch nicht – zustimmen.

Wäre die Opposition gegenüber einem weiteren Wachstum von einem echten Anliegen zur Vorsicht getragen, so könnte sie bei der Verminderung der Umweltverschmutzung und der Verschwendung unserer Ressourcen eine große Hilfe sein und dazu anregen, größere Vorsicht bei Innovation und Expansion walten zu lassen. Unglücklicherweise aber sind die meisten Gegner des Wachstums, falls sie nicht gerade irgendwelche persönlichen oder engstirnigen Klasseninteressen verfolgen, ganz außergewöhnlich stark daran interessiert, entweder den Status quo aufrechtzuerhalten oder das gesamte Wirtschaftssystem als wertloses Zeug abzutun – oder paradoxerweise beides. Die typischen Verfechter einer Wachstumsbegrenzung verfügen über keine tragfähige Mitteloppsition. Falls es tatsächlich endliche Grenzen des Wachstums gibt (auf Grund ungenügender Rohstoffreserven oder übermäßiger Umweltverschmutzung), so wäre es für die Weltwirtschaft am angebrachtesten, man würde sich auf ein Abbremsen des Wachstums konzentrieren, um so bald wie möglich zu einer aufrechterhaltbaren stabilen Wirtschaft zu kommen. Eine solche Welt müßte einen einigermaßen annehmbaren Lebensstandard für eine mehr oder weniger unbegrenzte Zeit beibehalten. Dies würde in der hochentwickelten Welt aller Voraussicht nach eine kräftige Einschränkung der Produktion und des Konsums erforderlich machen. Es würde auch zu einer um vieles geringeren Bereitschaft führen, wirtschaftlich nicht nutzbare, gefährdete Tierarten, Ökosysteme oder Landschaften zu schützen. Selbst die modifizierten Versionen der meisten Standpunkte, die für einen begrenzten Rohstoffverbrauch eintreten, würden einschneidende und sofortige Veränderungen notwendig machen, die nur noch wenig Rücksicht auf die „Umwelt" und „Ökologie" nehmen könnten, keine wirklich arme Gesellschaft würde es auch nur in Erwägung ziehen, fünfzig Millionen Hektar Boden in Form eines Reservats ungenutzt zu lassen, wie dies in Alaska geschah, oder ansonsten sich den Kopf darüber zu zerbrechen, wie eine Fläche, fast so groß wie Frankreich, für immer in ihrer ursprünglichen Unberührtheit zu konservieren wäre – ein Vorschlag, der 1978 im US-Kongreß eingebracht wurde und der immer noch hoch aktuell ist.

Bis vor kurzem galt es als fundamentales Bekenntnis der modernen westlichen Kultur, daß der säkulare Trend des technologischen und industriellen Fortschritts für immer mehr Menschen zu einem höheren Lebensstandard und auch zu einer größeren Lebensqualität führen würde. Die Antiwachstumsbewegungen bestreiten diesen Standpunkt. Die Fortschrittsidee besteht erst seit etwa zwei bis drei Jahrhunderten und ist somit in der Menschheitsgeschichte relativ neu. Es gibt a priori keinen Grund für die Annahme, daß diese Idee richtig ist. Dennoch wurde der Fortschrittsbegriff im Laufe der Zeit in der westlichen Kultur so tief verankert, daß Historiker und Soziologen noch Mitte der sechziger Jahre der Meinung waren, das Bekenntnis zum wirtschaftlichen und technologischen Fortschritt wäre praktisch unanfechtbar. Nach dem Zweiten Weltkrieg wurde dieses Bekenntnis als „Revolution der steigenden Erwartungen" weltweit zur Kenntnis genommen. Nur ganz wenige Länder der Erde verschlossen sich bewußt dem wirtschaftlichen und technologischen Fortschritt, weil sie ihn als zu zerstörerisch für die alten geachteten Institutionen und Traditionen hielten.*

Der Glaube, daß der Fortschritt unvermeidlich und ganz allgemein vorteilhaft wäre, wurde zu einer „selbstverständlichen" Weltansicht. Er wird kaum als eine künstliche oder konstruierte Philosophie bzw. Ideologie angesehen, ausgenommen von der Bewegung zur Begrenzung des Wachstums. Wir stimmen dem Historiker Sidney Pollard zu, der sagte:

> „Die Idee des Fortschritts stellt in der heutigen modernen Zeit eine der wichtigsten Einstellungen, nach denen der Mensch lebt, dar. Nicht zuletzt deswegen, weil sie die meisten Menschen unbewußt und daher unanfechtbar mit sich tragen. Sie wurde auch die moderne Religion genannt, und das nicht ganz zu Unrecht. Ihr Charakter und ihre Annahmen haben sich mit der Zeit verändert, ebenso wie der Einfluß, der durch sie ausgeübt wurde. Heute aber steht sie in hohem Ansehen und hat tiefgreifenden Einfluß auf die sozialen Einstellungen und Verhaltensmuster von uns allen."[4]

Das Wesen der Herausforderung

Infragestellungen des Fortschrittskonzeptes sind nicht neu. Was neu ist, ist die Wirksamkeit der Herausforderung und die breite Unterstützung, die sie bei der gehobenen Mittelklasse und den

* Burma und Nepal sind zwei dieser Ausnahmen. Das maoistische China stellte zwar die Ideologie in Praxis und Theorie vor die Wirtschaftsentwicklung, aber der materielle Fortschritt stand dennoch an der hochbewerteten zweiten Stelle. In fast allen übrigen Ländern wurde zumindest ein Lippenbekenntnis für die Wirtschaftsentwicklung abgelegt. In Kapitel 7 werden wir die Entwicklungen im nachmaoistischen China kurz diskutieren.

Berufseliten findet. Diese Gruppen haben im wesentlichen moderne Ansichten, haben am meisten von der Technologie und der Industrialisierung profitiert und verstehen die moderne Industriewelt recht gut. In der Vergangenheit kam die Gegnerschaft aus dem Lager der Romantiker, der Reaktionäre, der Aristokraten, der Ästheten und diverser religiöser und ideologischer Gruppierungen. Viele von diesen sind heute in das Gefolge des „Club of Rome“ übergewechselt.[5] Immer noch jedoch kommt der wesentliche Impetus für das Kesseltreiben gegen ein weiteres Wirtschaftswachstum von „modernen“, „progressiven“ und „aufgeklärten“ Leuten und Gruppierungen. Von Menschen also, deren Bildung und Wohlstand über dem Durchschnitt liegt.

Die verschiedenen Angriffe gegen die negativen Prognosen für die heutigen kapitalistischen Industriekulturen umfassen viele alte und neue Themen, von denen die meisten eine gewisse Gültigkeit besitzen. Die nachstehende Liste will einen Eindruck von der Vielfalt der Perspektiven geben, auf die sich die Antiwachstumsbewegung bezieht, um ihre Botschaft weiterzugeben.

I. Jene die behaupten, die kapitalistischen Industriekulturen seien geschichtlich überholt und seien schon oder würden demnächst für den Abfalleimer der Geschichte reif:
   A. Der ältere Marx, Lenin, und allgemein die alte Linke.
   B. Der jüngere Marx, Marcuse, Reich, Revel, allgemein die neue Linke oder die linken Humanisten.
   C. Keynes (die Wirkung des Überflusses über Zinseszinsen).
   D. Schumpeter (das Ausbleiben des Erfolges).
   E. moderne postindustrielle Formulierungen:
      1. Einige der Ansichten der Dienstleistungsgesellschaft und der Bildungsgesellschaft;
      2. Maslow/Reich: die sich selbstverwirklichende Gesellschaft;
      3. unsere Ansicht über mögliche Quartärkulturen.
   F. Viele der Prognosen von Makro-Historikern (Spengler, Toynbee, Sorokin und andere).

II. Andere, mehr moderne Kritiken:
   A. Antibürgerlich/weltlich humanistische Kritiken.
   B. Reformistische Wohlfahrts-/humanistisch/naturschützerische Gruppierungen.
   C. Heroisch/religiöse Kritik.
   D. Technokratische/sozialistische/zentralistische Planungskritik

III. Andere, moderne Kritiken:
  A. Die Galbraithsche Analyse der Institutionisierung.
  B. Argumente und Perspektiven, die in der Krise der Liberalen begründet sind.
  C. Möglichkeit des Niedergangs der Moral.
  D. Die These vom „Zukunftsschock".
  E. Nullwachstum/„Antifortschritt"/Umweltverschmutzung/Ökologieperspektive.

Die Argumente der Antiwachstumsbewegung sind für viele Leute der Beweis für die Schlechtigkeit oder den bevorstehenden Zusammenbruch des kapitalistischen und privatwirtschaftlichen Lebensstils. Auch Leute, die aus anderen Gründen sowieso schon der Meinung sind, daß das gegenwärtige System falsch ist, begrüßen Beweise dieser neuen Perspektiven. Die meisten der verschiedenen Argumente für die Grenzen des Wachstums verwenden vorgeblich „wissenschaftliche Beweise", um uns zu einer Reform unserer Lebensweise und zu einer Trendumkehr zu bewegen, und die Kombination der vielen disparaten Blickpunkte stärkt nur noch die Opposition gegen ein weiteres Wachstum. Als Folge davon wurde das Antiwachstumssyndrom während des letzten Jahrzehnts unter den Intellektuellen und gebildeten Eliten in der ganzen Welt, vor allem aber in den reichen Ländern zur beherrschenden Ansicht.

Es ist noch zu früh, um die endgültigen Auswirkungen dieser Bewegung zu beurteilen. Wenn sie jedoch das Niveau, auf dem die Diskussionen um diese Fragen bisher geführt wurden, nicht verbessert, ist die Gefahr eines schlechten Endes groß. Die jüngste Rezession machte eine Neuabschätzung der zukünftigen Wirtschaftsentwicklung notwendig. Diese Neubewertung war jedoch erstaunlich unvollständig. Eine der expliziten Absichten dieses Buches ist es, den Pro-Wachstums-Standpunkt verständlich darzulegen und ihn zu fördern. Wir werden jedoch auch Informationen über alle Aspekte dieses Fragenkomplexes geben, über die wir glauben, etwas Sinnvolles sagen zu können.

Die Kluft zwischen Reichen und Armen

Auf den folgenden Seiten werden wir die unserer Meinung nach gültigen Zusammenhänge für ein weltweites Wirtschaftswachstum darlegen. Zum Unterschied von anderen, die das so populäre

Konzept der „sich erweiternden Kluft" zwischen Arm und Reich behandeln, konzentrieren wir uns mehr auf die positiven Aspekte dieser Kluft. Die zunehmende Ungleichheit bei den Durchschnittseinkommen zwischen den ärmsten und den reichsten Ländern wird häufig als das ärgste Übel angesehen, das durch eine aufklärende Politik der hochentwickelten Nationen und internationalen Organisationen so schnell als möglich überwunden werden muß. Wäre dem so, weil die Armen immer ärmer werden, so würden wir zustimmen. Falls aber überhaupt eine solche Entwicklung stattfindet, so fast immer nur deswegen, weil die Reichen reicher werden. Das muß nicht unbedingt schlecht für die Armen sein, zumindest dann nicht, wenn sie sich selbst mit ihrer eigenen Vergangenheit oder ihrer eigenen Gegenwart statt mit einer mythischen, theoretischen Kluft vergleichen.

Im Gegensatz dazu betrachten wir diese Kluft als einen wesentlichen „Motor" des Wachstums. Sie erzeugt und unterstützt die meisten der grundlegenden Prozesse, durch die die Armen reicher oder doch zumindest weniger arm werden.[6] Der ungeheure Überfluß an Ressourcen in der hochentwickelten Welt – an Kapital, Management, Technologie und großen, aufnahmefähigen Märkten – ermöglichte erst den unglaublich schnellen Aufschwung der meisten Entwicklungsländer. Viele dieser ärmeren Länder entwickeln auch in zunehmendem Maße relativ autonome Fähigkeiten.

Recht gut wird die heutige Einstellung gegenüber der Kluft zwischen Reich und Arm durch die Weltanschauung vieler moderner Liberaler illustriert. In vergangenen Geschichtsperioden wäre die dramatische Vergrößerung des Unterschieds im Pro-Kopf-Einkommen zwischen den reichsten und den ärmsten Ländern ein Grund für die glücklicheren, reichen Nationen gewesen, sich zu beglückwünschen – ob das nun die Römer, die Griechen, die Chinesen oder die Inder gewesen wären. Und als die Kolonialmächte ihre Herrschaftsbereiche vergrößerten, wurde ihr Reichtum von allen Beteiligten als Zeichen ihrer natürlichen Überlegenheit angesehen. Heute freilich sind die Taten dieser höchst moralischen Kolonialisten für ihre Nachkommen eher ein Grund zu Schuldgefühlen als zu Stolz. Solche Schuldgefühle sind aber heute vielleicht noch weniger angebracht als noch vor hundert Jahren.

Man hat weitgehend noch immer nicht zur Kenntnis genommen, daß die Kolonialherrschaft im Hinblick auf eine letztendliche Modernisierung wahrscheinlich mehr Vor- als Nachteile mit sich gebracht hat. Außerdem verlief die koloniale Expansion der europäischen Länder in den meisten (jedoch nicht allen) Ländern der dritten Welt um vieles gerechter und humaner als die meisten Eroberungen der vorangegangenen Kulturen. Ohne die Übel des Kolonialismus entschuldigen zu wollen, kann man doch sagen, daß Eroberungen keineswegs ein von den Europäern erfundenes, internationales Verbrechen sind. Weder wurde die Armut der dritten Welt durch die Kolonialisierung bewirkt, noch können die Probleme der armen Nationen dadurch gelöst werden, daß die reichen Länder Schuldgefühle entwickeln. Die im Überfluß lebende Minderheit der Menschheit hat eine echte Verpflichtung, den Armen hilfreich beizustehen. Großzügigkeit aber, die aus Schuldgefühlen resultiert, kann leicht zu antiproduktiven und selbstgerechten Erwartungen und Einstellungen bei den Entwicklungsländern führen.

Die modernen, liberalen Ansichten gehen in die Richtung, daß ein internationales System, das Ungleichheiten zwischen den einzelnen Staaten aufrechterhält, moralisch unannehmbar ist. Diese Einstellung ist ihrem Ursprung nach zweifellos „westlich" und vor allem unter den Bürgern jener Länder vorherrschend, die dem „atlantisch-protestantischen Kulturbreich"* angehören.

Als aufgeklärter moderner Amerikaner bringt der Autor dieser Ansicht zwar einige Sympathie entgegen, seinen Erwartungen nach wird aber eine Welt, in der eine einigermaßen gleiche Verteilung der Güter herrscht, in naher Zukunft weder durch Gewalt noch durch einen Strom an Großzügigkeit der hochentwickelten Länder erreicht werden.

Es ist eine Sache, sich zu wünschen, die Welt möge ein erfreulicher Ort sein, und eine ganz andere, sie innerhalb der nächsten Zukunft dazu machen zu wollen. Die Politiker, die die Schließung der Kluft zwischen den armen und den reichen Ländern als die vordringlichste Aufgabe unserer Zeit verkünden, sollten sich zuerst selbst die Frage stellen, wie das zu bewerkstelligen ist. Man kann diesem verlockenden Ziel in den nächsten hundert Jahren einfach nicht viel näher kommen, geschweige denn, es innerhalb dieser Zeit erreichen. Für die sich am schnellsten entwickelnden Staaten mag sich die Kluft vielleicht schließen, realistisch betrachtet aber wird sich der arithmetische Abstand für den Großteil der Menschheit vergrößern. Jeder, der sich mit diesem Problem auch

* Skandinavien, Holland, Großbritannien, die USA, Kanada, Australien und Neuseeland.

nur halbwegs ernsthaft auseinandersetzt, wird fast unausweichlich zum selben Schluß kommen.

Tatsächlich geht es der Welt heute ja viel besser, als das den meisten Leuten bewußt ist. Tafel 2.2 zeigt die gegenwärtig auf der Erde herrschenden Verhältnisse, wobei die Staaten grob in drei Gruppen unterteilt sind. Zwei dieser Gruppen, nämlich das kommunistische Asien und die Länder mit mittleren Einkommen, sind entweder gleich reich oder reicher als irgendeine Gesellschaft vor der industriellen Revolution. Aus einem historischen Blickwinkel betrachtet, müssen wir sie daher als wohlhabend bezeichnen. Trotzdem scheinen sie, gemessen an den heutigen Standards oder zumindest jenem der heute reichen Länder, keineswegs reich zu sein, sondern liegen eher im unteren Einkommensbereich. Ist ein Land nach dem Maßstab der armen Staaten reich, nach dem der reichen aber arm, so wird man fast zwangsläufig die Bezeichnung „Mitteleinkommen“ wählen, weshalb wir uns auch zu dieser Bezeichnung entschlossen haben. Von den kommunistischen Ländern Asiens nehmen wir an, daß sie sich an der Grenze zwischen den armen Staaten und den Staaten mit Mitteleinkommen befinden, wir werden sie aber in der Regel den Staaten mit mittleren Einkommen zuordnen. Jedenfalls aber lebt heute fast die Hälfte der gesamten Bevölkerung in Ländern, die enorme Fortschritte bei der Erlangung von materiellen Gütern gemacht haben und denen das fast ausschließlich in der Zeit nach dem Zweiten Weltkrieg gelungen ist. In der Tat war die Entwicklung seit dem Zweiten Weltkrieg sehr erfreulich. Wäre dieses Buch im Jahre 1950 geschrieben worden, so hätten wir keine ernst zu nehmenden Anzeichen dafür konstatieren können, daß sich der Wohlstand des Westens auch auf andere Länder ausdehnen werde – ausgenommen vielleicht Japan und die Sowjetunion. Aber selbst in diesen Ländern war der Lebensstandard niedrig (gleichzusetzen etwa dem Durchschnitt der heutigen Mitteleinkommen-Staaten). 1950 fragte man sich außerdem noch ernsthaft, ob sich Japan jemals von den Folgen des Zweiten Weltkriegs erholen werde. Die übliche Prognose nahm an, daß Japan zum Elendsgebiet Asiens werde. Soweit wir das feststellen können, gab es niemanden, der die tatsächliche Entwicklung auch nur annähernd richtig voraussagte. Auf Grund der ungeheuren Fortschritte während der Periode, die wir später *La Deuxième Belle Époque* (1948–1973) nennen werden, kommen wir heute zu dem Schluß, daß einfache Wirtschaftsentwicklung keineswegs nur Produkt des Westens ist. Nicht nur das, in späteren Kapiteln werden wir zu beweisen versuchen, daß

Tafel 2.2
Bevölkerungsverteilung nach Ländergruppen

	Einwohner (in Milliarden)		*Einwohner (in Milliarden)*	*Pro-Kopf-Einkommen (in US-Dollar)*
Arme *Länder*	1,25 (29% der Welt)	Sehr arm	1/4	130
		Aufstrebend arm	1.0	300
Mittel-einkommen-Länder	2,0 (47% der Welt)	Das kommunistische Asien	1.0	500
		Im Übergang befindlich	1/2	500
		Fast entwickelt	1/2	1,500
Wohlhabende Länder	1,0 (24% der Welt)	Wohlhabend kommunistisch	1/3	4,000
		Wohlhabend marktwirtschaftlich (einschließlich der reichen Ölstaaten)	2/3	8,000

Anmerkung: Alle Summen sind in US-Dollar, Wert 1978, ausgewiesen (das entspricht 2/3 eines Dollars von 1972 oder 4/9 eines Dollars von 1958). Die Prozentsätze von 29, 47 und 24 sind zwar außerordentlich genau angegeben, sie sind aber angemessene Schätzwerte; das hier gezeichnete Bild ist jedenfalls nicht irreführend. Man sollte aber bedenken, daß es viele arme Leute gibt, die in Mitteleinkommen-Länder und sogar in den wohlhabenden Ländern leben – ebenso wie Leute mit mittleren Einkommen und reiche Leute in armen Ländern leben.

die Länder der „neokonfuzianischen Kultur" Asiens in Sachen Wirtschaftsentwicklung besser abschneiden als die traditionellen westlichen Kulturen.

Die Mitteleinkommen-Länder allgemein und die neokonfuzianischen Länder im besonderen sind vielfach im Begriffe, die Lücke zu den reichen Staaten zu schließen – diese Tatsache wird aber in den meisten Diskussionen übergangen. Wenn man über die „Kluft" spricht, meint man damit heute üblicherweise die Lücke zwischen den 25 Prozent Reichen der Welt und den 30 Prozent Armen. Innerhalb der nächsten Zukunft könnte diese Lücke aber nur durch eine massive Reduktion des Wohlstands der reichen Länder und vielleicht auch der Staaten mit mittlerem Einkommen geschlossen werden. In den nächsten Dezennien müßten die Kapitalinvestitionen in die ärmsten der armen Länder übertragen werden. Die Masse des Kapitals und der Konsumgüter – produziert in den Industrieländern, ausgenommen das für die nackte Existenz Notwendige – müßte von den entwickelten in die unterentwickelten Länder exportiert werden. Sollten einige dieser Schlußfolgerungen richtig sein, so kann etwas Ähnliches bis zu einem gewissen Grad als Folge „natürlicher" Kräfte auch tatsächlich passieren. Kein politisches System ist jedoch derzeit genügend totalitär, um solch ein Programm mit Nachdruck auf weltweiter Basis durchsetzen zu können, noch würde das irgendein halbwegs vernünftiges Volk wirklich wünschen.

Sollte es dennoch zur Durchführung eines derartigen Programms kommen, so würden wir trotzdem zweifeln, ob es beispielsweise in Bangladesch im Zeitraum einer Generation etwa zur Erreichung des Wohnstandards des Westens und zu einem entsprechenden Schulwesen kommen könnte, selbst wenn man die dann drastisch reduzierten Verhältnisse im Westen als Maßstab heranzieht. Kurz gesagt, das allgemein propagierte Wirtschaftsziel – „Schließung der Kluft zwischen Arm und Reich" – ist für das restliche 20. Jahrhundert als realistisches Ziel absurd. Außerdem hat die Verminderung oder die völlige Beseitigung der absoluten Armut eindeutig Vorrang vor der Verringerung der relativen Armut. Durch das Aufrechterhalten der „Kluft" oder dadurch, daß man sie sogar noch vergrößert, wird dieses Ziel vielleicht noch am ehesten erreicht. Präsident Kennedy sagte einmal: „Die steigende Flut macht alle Schiffe flott."

Wir glauben nicht, daß irgend etwas Ähnliches, das vergleichbar wäre, mit dem heutigen Zustand der großen Kluft der Endzustand des heutigen Weltsystems sein wird; und dies trotz des gegenwärtig noch größer werdenden Abstandes. Im Gegenteil, wir erwarten, daß sich die Unterschiede im Pro-Kopf-Einkommen in der historisch kurzen Zeit von etwa 100 bis 200 Jahren stark verringern werden. Und das wird deswegen so relativ schnell gehen, weil eben die Kluft heute so groß ist und immer noch größer wird. Je größer der Unterschied der relativen Einkommen zwischen den reichen und den armen Ländern ist, um so besser sind die „Start"-Chancen der unterentwickelten Staaten, und um so größer werden ihre zu erwartenden Wachstumsraten sein. Die sich erweiternde Kluft ist nicht so sehr ein Maß für die grundlegenden Probleme der Welt als vielmehr eine Kraft, die die Vorteile einer Wirtschaftsentwicklung auch den Armen zugute kommen läßt. Wenn die Wirtschaftsentwicklung erst einmal begonnen hat, so sorgt die Kluft auch für ihre Aufrechterhaltung. Viele Länder, die knapp über dem untersten Niveau lagen, haben aus genau diesen Gründen schon ein sehr schnelles Wirtschaftswachstum erlebt; für sie nahm die relative Größe der Kluft ab.

Das höchste, was in den nächsten ein oder zwei Jahrzehnten erreicht werden könnte, wäre eine Verringerung der *Rate,* mit der sich die Kluft *erweitert* – allerdings ist das kaum ein sehr verlockendes Ziel. Sollten wir uns wirklich daranmachen, es zu erreichen, so wäre das Resultat mit großer Wahrscheinlichkeit nur ein weiteres Hinausschieben des Zeitpunktes, zu dem die armen Nationen endlich voll entwickelt wären – und, was vielleicht noch bedeutsamer ist, es würde auf diese Weise verhindert werden, daß die absolute Armut eindrucksvoll absinken könnte, wie das ansonsten innerhalb der nächsten 50 Jahre zu erwarten wäre.

Unsere Behauptungen werden in den Tafeln 2.3 und 2.4 zusammengefaßt. Tafel 2.3 zählt die Grundthemen auf, und Tafel 2.4 zeigt uns zwei Gruppen von Fragen, mit denen die Menschheit heute konfrontiert wird, und gibt eine Beschreibung dessen, was wir darüber wissen. Neun der angeführten Probleme – die erste Fragengruppe – sind relativ klar und gut verständlich. Sie sind daher, wenigstens potentiell, zu überwinden und zu lösen, selbst wenn wir nicht alles wissen, was wir über sie gerne wissen möchten. Die Situation ähnelt jener, in der Präsident Kennedy die USA aufforderte und motivierte, alle Anstrengungen zu unternehmen, um innerhalb der nächsten zehn Jahre eine Landung auf dem Mond zu ermöglichen. In den Grundzügen war man sich darüber klar, wie das zu bewerkstelligen wäre, dann mußten aber immerhin noch zehn Milliarden Dollar für Forschung, Entwicklung, Tests und Untersuchungen aufgebracht werden, um die „Details"

Tafel 2.3
Der große Übergang

Ein positives und realistisches Bild der Erdenwanderung der Menschheit

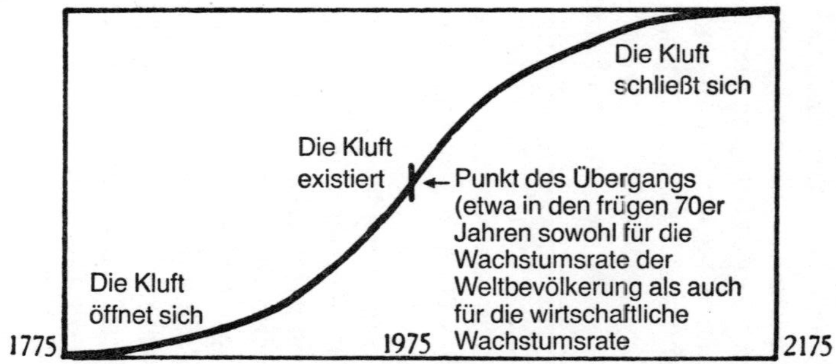

1775	1975	2175
~750 Millionen Menschen	4 Milliarden Menschen	~10 Milliarden Menschen
~150 Milliarden Dollar – BWP	7 Billionen Dollar – BWP	~200 Billionen Dollar – BWP
~200 Dollar pro Kopf	1700 Dollar pro Kopf	~20.000 Dollar pro Kopf

Anmerkung: Der Kurvenverlauf ist logarithmisch, BWP = Bruttoweltprodukt; alle Summen in Dollarwerten 1978

Die Kluft öffnet sich (100 Jahre)	Vor 1775	Alle Gesellschaften sind vorindustriell; das Einkommensverhältnis (das Verhältnis der reichsten 10 Prozent zu den ärmsten 10 Prozent) beträgt 5:1.
	1775-1875	100 Jahre für die ersten Schritte einer Industrialisierung von Nordwesteuropa, Japan und Amerika; das Einkommensverhältnis steigt auf 20 : 1.

Tafel 2.3 (Fortsetzung)

Die Kluft existiert (150 Jahre)	1875-1950	Entstehen der Massenkonsum-Gesellschaften in Europa, Japan und Nordamerika und Beginn einer weltweiten Industrialisierung.
	1950-1975	Das schnellste Wirtschafts- und Bevölkerungswachstum in der Geschichte; erstes Entstehen der super-industriellen Wirtschaften[a], technologische Krisen und viele historische Übergänge, so z.B. Wendepunkte bei den Kurven der Weltbevölkerung und vielleicht auch das Bruttoweltproduktes (ebenfalls erste Schritte in den Weltraum).
	1975-2000	Fortgesetzt schnelles Wachstum in den Mitteleinkommen-Ländern, aber geringes Wachstum in den reichen Ländern; Verringerung der Kluft zwischen den reichen und den Mitteleinkommen-Ländern.
	2000-2025	Entstehen postindustrieller Wirtschaftsformen in den meisten westlichen Kulturen, in Japan und vielleicht in der Sowjetunion. Vollentwicklung der superindustriellen Kulturen und Gesellschaften in den fortschrittlichen Ländern. Erste Anzeichen einer weltweit vollentwickelten Wirtschaft. Erste ernsthafte Schritte zur Kolonisation des Weltraumes. Das Einkommensverhältnis beträgt 200:1.
Die Kluft schließt sich (150 Jahre?)	2025-2175	Weltweite Verringerung der Raten des Bevölkerungs- und Wirtschaftswachstums (nicht nur in Prozentzahlen, sondern auch in absoluten Zahlen). Als Folge davon dauert es annähernd 150 Jahre, bis fast überall postindustrielle Wirtschaftsformen entstanden sind (vielleicht auch die Entstehung einer unabhängigen Sonnensystem-Gesellschaft). Das Einkommensverhältnis beträgt (auf der Erde) 40 : 1 oder weniger – vielleicht auch sehr viel weniger.
	Nach 2175	Die postindustrielle Gesellschaft stabilisiert sich, erstarrt, oder die nächste Entwicklungsphase der Menschheit beginnt.

[a] Wir unterscheiden die Begriffe Wirtschaft, Institution, Kultur und Gesellschaft wie folgt: Wirtschaft – wirtschaftliche und technologische Aktivität; Institution – Gesetze und Organisationen; Kultur – Stil, Werke, Nationalcharakter und Verhaltensweisen; Gesellschaft – das Ganze. Der Begriff der superindustriellen Wirtschaft bezieht sich auf die Größe und den Produktionsumfang des modernen Unternehmens und die Bedeutung seines Einflusses auf die externe gesellschaftliche und physische Umwelt. Der Begriff der postindustriellen Gesellschaft bezeichnet eine zukünftige, sehr wohlhabende Wirtschaftsform, die ihre materiellen Bedürfnisse mit einem nur geringen Prozentsatz der ihr zur Verfügung stehenden Arbeitskräfte und wirtschaftlichen Kraft befriedigt. Es ist anzunehmen, daß sich zuerst die Wirtschaft herausbildet, dann die Institution, die Kultur und schließlich eine harmonische Gesellschaft.

Tafel 2.4
Zwei Arten von Problemen, denen sich die Menschheit gegenübersieht

1. *Neun zum größten Teil verständliche (und wahrscheinlich überwindbare) Probleme*
(Diese Probleme stehen im Mittelpunkt der derzeitigen Auseinandersetzung und sind daher für die Gegenwart und nächste Zukunft sehr unangenehm. Unserer Meinung nach besteht aber über ihren Charakter und über mögliche Lösungen eine überraschend große Übereinstimmung. Solcherart ist auch die laufende Diskussion eher irreführend und vergeudet nur intellektuelle Energien, die besser den unten genannten Problemen gewidmet werden sollten. Gleichzeitig verhindert die gegenwärtige Debatte praktische Maßnahmen vielfach schon durch die Annahme, diese wären ohnehin unzulänglich. Es sollten daher alle Anstrengungen gemacht werden, diese Übereinstimmung zu artikulieren und die mögliche Realisierbarkeit der Lösungen aufzuzeigen, so daß die genannten Probleme mit höherer Rechtfertigung und Kompetenz ausgestattet werden könnten und gleichzeitig mehr Aufmerksamkeit den wirklich schweren Fragen der Zukunft gewidmet würde.)

   1. Die Wahrscheinlichkeit, daß der Höhepunkt in der prozentuellen Wachstumsrate der Weltbevölkerung und des Bruttoweltproduktes erreicht wird und daß die Abnahme der Wachstumsrate mehr durch eine „natürliche" Begrenzung der Nachfrage als durch eine Verknappung der Vorräte und des Raumes oder durch Verschmutzung verursacht wird.
   2. Verschiedene Probleme der Bevölkerungszahl, der Bodennutzung und des Einkommens, die während des Übergangs auftreten.
   3. Sicherstellung einer ausreichenden Nahrungsmittelversorgung.
   4. Übergang von fossilen Brennstoffen zu „ewigen" Energiequellen.
   5. Eine sich erneuernde Grundlage oder Leistungsfähigkeit für andere Ressourcen.
   6. Die Verschmutzung und die Umwelt betreffende sowie ökologische Programme, um reine Luft, reines Wasser und eine unberührte Landschaft sicherzustellen.
   7. Eine wichtige und aufregende Rolle für den Weltraum und die fortschrittliche Technologie.
   8. „Überraschungsfreie" Teilbilder der Zukunft, einschließlich des wahrscheinlichen Entstehens zuerst der superindustriellen und dann der postindustriellen Wirtschaftsformen.
   9. Die außerordentliche Fähigkeit und Flexibilität, die mit dem kommenden Niveau des Wohlstandes und der fortgeschrittenen Technologie verbunden sind.

Tafel 2.4 (Fortsetzung)

2. *Zehn unzureichend erfaßbare (und möglicherweise unheilvolle) Probleme*
   (Dies sind die großen Probleme der Zukunft. Was sie in allgemeiner Hinsicht sein werden, ist manchmal klar, manchmal nicht, auf jeden Fall sind die exakte Erscheinungsform, die sie annehmen werden, das Ausmaß der Gefahr und die weiteren Probleme, die in ihnen enthalten sind, die Möglichkeiten, die sie anbieten und die erforderlichen Lösungen, in erschreckender Weise unklar.)

   1. Die tatsächliche Rolle von Wissenschaft und Technologie für das Gute und das Böse.
   2. Auswirkungen von Unglück und von schlechtem Management.
   3. Auswirkungen der superindustriellen Wirtschaft der USA auf die Umwelt, Gesellschaft und Kultur der USA und der Welt.
   4. Auswirkungen der postindustriellen Wirtschaft der USA auf Umwelt, Gesellschaft und Kultur der USA und der Welt.
   5. Parallele Entwicklung in anderen Ländern – einschließlich der wahrscheinlichen Dynamik der wirtschaftlichen und technologischen Entwicklung innerhalb und zwischen verschiedenen Nationen. Wir können die Nationen vorerst in sieben Kategorien einteilen (die Zahlen in Klammern bedeuten Millionen Einwohner): a. Verzweifelt arm (215); b. Aufstrebend arm (950); c. Das kommunistische Asien (925); d. Im Übergang befindliche Gesellschaften (500); e. Weitgehend entwickelt (350); f. Das kommunistische Europa (385); g. ,,Kapitalistisch wohlhabend" (675).
   6. Populäre und elitäre Vorstellungen über die Gegenwart und Zukunft dieser Gruppen (ihre eigenen oder die von anderen) und die wahrscheinlichen Probleme und Möglichkeiten, die durch diese Vorstellungen verursacht werden.
   7. Andere Probleme, die im Zusammenhang mit der Lebensqualität, mit Verhaltensweisen, Wertvorstellungen, ethischen Werten, Moral und dem kulturellen Wandel der obgenannten Gruppen stehen.
   8. Interne und externe politische, institutionelle, strategische und die Waffenkontrolle betreffende Probleme sowie Kontrolle der Gewalt im allgemeinen.
   9. Komplizierte, komplexe und heimtückische ökologische und die Umwelt betreffende Probleme.
   10. Stabilisierung oder Umkehrung des langfristigen komplexen Trends der westlichen Kultur in Richtung einer sensualistischen Gesellschaft – oder sein Ersatz durch neue Quellen für den Sinn und Zweck des Lebens.

zu klären. Die Probleme, vor die uns das Wirtschaftswachstum stellt, sind um vieles ernsthafter, und auch die Unsicherheiten sind größer. Viele Überraschungen und viele Schwierigkeiten werden auftauchen. Wahrscheinlich werden aber keine darunter sein, mit denen man nicht fertig werden könnte – zumindest gilt dies für die Probleme, die unter die ersten neun Punkte fallen.

Die zweite Gruppe umfaßt zehn Fragen, die grundlegende Ungewißheiten und daher das Potential zu Katastrophen beinhalten, selbst unter der Voraussetzung, daß ein gutes Management vorhanden ist und das Glück uns zur Seite steht. Diese zehn Probleme sind die wichtigsten, mit denen die Menschheit konfrontiert ist. Wenn sie nicht erfolgreich gelöst werden, ist es ein geringer Trost, daß die ersten neun Fragen lösbar sind. In jüngster Zeit hat allerdings weit eher die erste Gruppe öffentliche Auseinandersetzungen, Diskussionen und Agitation in der entwickelten Welt hervorgerufen. Unserer Überzeugung nach sollten diese neun Fragen aber nicht als Vehikel für Kreuzzüge und rhetorische Auseinandersetzungen benützt werden, vielmehr sollte man sie als kulturelle und technische Probleme ansehen, die am besten in professioneller Manier, gleichsam handwerksmäßig zu behandeln sind. Die Emotionen, die für diese Probleme aufgebracht werden, sind für den größten Teil der Fälle verschwendet oder antiproduktiv. Der vorliegende Band beschäftigt sich daher vorwiegend mit einigen der zehn weniger gut verstandenen Fragen.

Asymptotisches (oder S-förmiges) gegen exponentielles Wachstum

In unserem Buch *Vor uns die guten Jahre*[7] nahmen wir eine etwas schwierigere Situation an, als wir glaubten, daß sie dann tatsächlich eintreten würde. Wir gingen von einer Weltbevölkerung im 22. Jahrhundert von fast 15 Milliarden und von einem dazugehörigen Bruttoweltprodukt von fast 400 Billionen Dollar aus (Äquivalent von 1978). Nunmehr schlagen wir für die kommenden 100 bis 200 Jahre eine etwas realistischere Projektion von etwa zehn Milliarden Menschen und ein Bruttoweltprodukt von etwa 200 Milliarden Dollar vor. Mit der Präsentation dieser beiden Vorhersagen verfolgten wir nicht so sehr die Absicht, Bilder einer tatsächlichen Zukunft zu entwerfen, als vielmehr eine Vorstellung davon zu vermitteln, in welche Richtung die heutigen Trends zeigen.

Mit den Neomalthusianern sind wir darin einer Meinung, daß das Wachstum Grenzen hat. Zwischen unseren und ihren Ansichten bestehen jedoch sowohl fundamentale als auch technische Differenzen. Die Grundannahme der Neomalthusianer ist so einleuchtend und einfach, daß sie fast selbstverständlich scheint: die Rohstoffreserven der Erde müssen einmal zur Neige gehen; die einzige Frage ist nur, wie bald das geschehen wird. Ihr Modell geht von einem fest vorgegebenen Kuchen endlicher Größe aus, dem ein exponentiell ansteigender Bedarf gegenübersteht. Vom Wachstum wird angenommen, daß es in etwa mit den derzeitigen Raten weiter ansteigt, bis es in katastrophalen Mangelerscheinungen endet.

Stimmt man dieser Ansicht zu, so sind die Gefahren, die ein anhaltendes Wachstum mit sich bringt, tatsächlich groß. Wie groß auch immer der Kuchen ursprünglich gewesen sein mag, er wird aufgegessen. Selbst wenn der Zeitpunkt, an dem es soweit sein wird, nicht genau festzulegen ist, so ist das Ende dennoch unausweichlich. Wie die Studien des „Club of Rome" außerdem zeigen, kann bei exponentiell verlaufenden Prozessen die Zeit erschrekkend schnell davonlaufen. Die Rohstoffe jetzt zu verbrauchen heißt, daß sie den Armen heute schon und morgen allen fehlen. Selbst wenn man von der Unrichtigkeit des neomalthusianischen Standpunktes überzeugt ist, so sollte man ihn jedoch nicht als unsinnig abtun und aus der ernsthaften Diskussion ausklammern. Umfragen haben ergeben, daß zwei Drittel der Amerikaner vom neomalthusischen Standpunkt sehr beeinflußt sind und vielen seiner Grundsätze beipflichten.[8]

Wir lehnen den Vergleich mit dem fest vorgegebenen Kuchen ab und meinen dagegen, daß es wesentlich sinnvoller ist, sich das Vorhandensein der Weltvorräte als einen Prozeß vorzustellen, der diverse Guthaben schafft und sie dann auf verschiedene Weise nützt. Solch ein Prozeß ist mit einem Muskel zu vergleichen: je mehr man ihn trainiert, um so kräftiger wird er und um so mehr Arbeit kann man mit ihm verrichten. Der Muskel ist zwar begrenzt und hält, wenn er mißbraucht wird, nicht ewig – man kann ihn sogar zerstören –, aber es ist um vieles besser, ihn umsichtig zu gebrauchen, als ihn untätig atrophieren zu lassen.

Ein ähnlicher Prozeß fand auf der Erde statt. Im Laufe der Jahre wurden nicht nur ständig neue Rohstoffvorkommen entdeckt, sondern es wurden auch ganz neue Arten von Gewinnungstechniken und Verwendungsmöglichkeiten gefunden. Mit Hilfe solcher neuen Technologien konnten zum Beispiel Öllagerstätten im Meer oder in der Arktis angezapft werden. Sekundäre und tertiäre Extraktionsmethoden bei schon bestehenden Quellen und die Ölgewinnung aus Ölschiefern und Ölsanden sind heute bereits technisch möglich und wahrscheinlich auch bald kommerziell durchführbar. Diese Lager werden aber vielleicht nie genutzt werden müssen, weil sich die Welt zu anderen Formen der Energie hinwendet, genauso, wie sie einst vom Holz zur Kohle und von der Kohle zum Öl wechselte. Für das 21. Jahrhundert kann man sogar mit einiger Sicherheit den Übergang zu „ewigen" und erneuerbaren Energiequellen vorhersagen, obwohl genügend fossile Brennstoffe vorhanden sind, um mit ihnen zumindest noch zwei Jahrhunderte auszukommen. Jedenfalls werden neue Quellen und neue Ressourcen auf Grund eines erhöhten Bedarfs und nicht durch Stillstand entdeckt und entwickelt.

Die grundlegende Frage ist nur, wie weit man diesen Prozeß treiben kann und wie stark man den „Ressourcenmuskel" belasten darf, ohne ihn dabei zu mißbrauchen. Zum Teil hängt die Antwort auf diese Frage von den Wachstumsraten und der Entwicklung neuer Technologien ab. Es dürfte heute feststehen, daß die uns bekannten Ressourcen, würde man allein die *gegenwärtigen* (oder in allernächster Zukunft entwickelten) Technologien einsetzen, ausreichen, selbst den von uns sehr hoch angesetzten Bedarf für viele weitere Jahrhunderte zu decken. Innerhalb der nächsten zwei bis drei Jahrzehnte wird man Technologien entwikkelt haben, die auch eine Welt mit zehn Milliarden Menschen und einem BWP von 200 Billionen Dollar (siehe Welt-A-Szenario) für unbegrenzte Zeit zu einem lebenswerten Ort machen können. Außerdem gibt es *für alle zur Zeit bekannten und erfaßten* Probleme der Umweltverschmutzung Lösungsmöglichkeiten, vorausgesetzt ein vernünftiges Management der Weltwirtschaft.

Nur weil wir imstande sind, vertrauensvoll so entschiedene Feststellungen abzugeben – viel überzeugter übrigens, als wir erwarteten, als wir das Buch zu schreiben begannen –, sind wir in der Lage, beruhigt den Schluß zu ziehen, daß die Fragen der Ressourcen und der Umweltverschmutzung für sich allein keine ernsthaften Hindernisse für ein fortgesetzt schnelles Wachstum sind. Statt dessen wird das Wachstum infolge des geringeren Bedarfes, der veränderten Werte und Weltansichten nachlassen. Der zuletzt angeführte Grund wird heute von uns und auch von unseren Kritikern als *die soziale Grenze des Wachstums* bezeichnet, wenn wir auch etwas ganz anderes darunter verstehen als die meisten Leute, die diesen Begriff sonst noch verwenden.

Es ist eine bekannte Tatsache, daß in der Natur nur wenige Wachstumskurven für längere Zeit exponentiell oder „geometrisch“ verlaufen können. Statt dessen neigen die meisten natürlichen Vorgänge dazu, einer sogenannten asymptotischen oder S-förmigen Kurve zu folgen, wie das mit den zwei ausgezogenen Linien in Figur 2.1 gezeigt wird.

Gäbe es keine sozialen Grenzen des Wachstums, so hätte die Menschheit vielleicht noch für viele Jahrzehnte, möglicherweise sogar noch für ein weiteres Jahrhundert lang, mit einer jährlichen Wachstumsrate von zwei Prozent zugenommen, und das BNP wäre weiterhin um jährlich fünf Prozent gewachsen. Wie Tafel 2.5 zeigt, werden die entsprechenden Zahlen dann wirklich beängstigend.

Figur 2.1 und Tafel 2.5 illustrieren den Kernpunkt unserer ablehnenden Haltung gegenüber vielen gegenwärtigen Analysen. Es ist klar, daß das naive Bild einer exponentiellen Wachstumskurve, das uns Tafel 2.5 zeigt, leicht zu der Annahme verleitet, die Welt könnte sehr schnell in ernsthafte Schwierigkeiten geraten. Das könnte vor allem dann zutreffen, wenn man bis zum Jahre 2200 ein konstantes Wachstum annimmt. Niemand wird aber ernstlich glauben wollen, daß die Weltbevölkerung zu diesem Zeitpunkt auf 340 Milliarden angewachsen sein wird, daß das BWP bei 500 Trillionen Dollar hält und das Pro-Kopf-Einkommen 1,5 Millionen Dollar beträgt. (Nebenbei bemerkt, wir wollen natürlich in keiner Weise behaupten, diese Zahlen wären ganz und gar unmöglich.

Graphik 2.1
Alternative Zukunftsentwicklungen

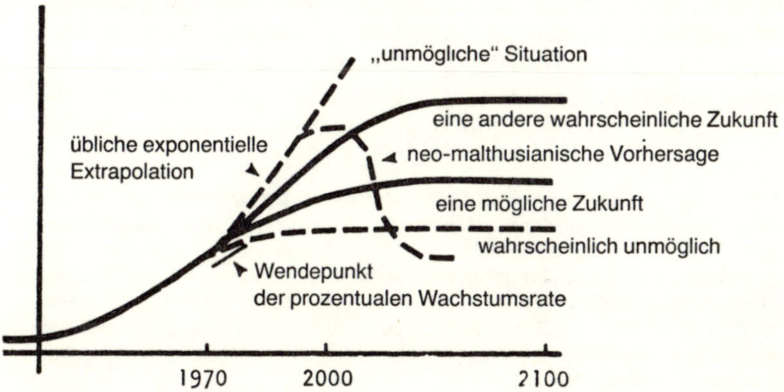

Tafel 2.5
Was geschieht, wenn das „exponentielle" Wachstum der Weltbevölkerung weiterhin zwei Prozent pro Jahr und das Wachstum des Bruttoweltproduktes fünf Prozent pro Jahr beträgt?

	Einfache Extrapolation						*Nach unserer Annahme wird der Scheitelpunkt erreicht bei*
	1975	*2000*	*2025*	*2050*	*2100*	*2200*	
Weltbevölkerung (in Milliarden Menschen)	4,0	6,5	11	18	48	340	10
Bruttoweltprodukt (in Billionen US-Dollar, Wert 1978)	7,5	25	85	290	3.400	500.000	200
BWP/Kopf (in 1000 US-Dollar, Wert 1978)	1,9	4	8	16	70	1.500	20

Die Entwicklung der Technologie zeigt einen Verlauf, bei dem es uns nicht wundern würde, wäre auch eine solche im Bereich des möglichen. Es kümmert uns nur einfach nicht. Wir und wahrscheinlich auch jeder andere wäre nur maßlos erschrocken, wären das tatsächlich ernst zu nehmende Aussichten.)*

Als Alternative zu den aufgezeigten Möglichkeiten sehen die Leute in der Regel den neomalthusianischen Kollaps an. Was sie empfehlen läuft auf eine Entwicklung hinaus, die der gestrichelten Kurve in Figur 1 entspricht, die wir mit „wahrscheinlich unmöglich" bezeichnet haben und die bedeutet: „Versucht die Entwicklung gleich jetzt und vollständig anzuhalten oder, besser noch, die heutige Situation zu reduzieren." Vermutlich wurden nur wenige Analysen über eine Welt mit zehn Milliarden Menschen, 20000

* Dieser ganze Fragenkomplex gibt ein erstes von vielen Beispielen für die von uns so bezeichnete „gelehrte Unfähigkeit". „Ernsthafte" Studien wurden ausgearbeitet, die implizit oder explizit von einem Wachstum von fünf Prozent in den nächsten 200 Jahren ausgehen und die dann aus den Ergebnissen schließen, die Aufnahmefähigkeit der Erde wäre damit überfordert. Diese Studien kommen zuerst zu dem Schluß, daß die Welt eine Zehn- oder Zwanzigtausendfache Zunahme der Rohstoffverwendung nicht aushält, und schlagen dann wegen des *heutigen* Verbrauchs Alarm.

Dollar Pro-Kopf-Einkommen und einem Bruttoweltprodukt von 200 Billionen Dollar ausgearbeitet – über eine Welt also, von der wir annehmen, daß sie „vielleicht die wahrscheinlichste Situation" darstellt. Und sicherlich ist auch keine allzu große Vorstellungskraft notwendig, um in Kürze darzulegen, daß eine solche Welt, soweit wir das heute wissen, kaum vor ungewöhnlich schwierigen technologischen oder wirtschaftlichen Problemen stehen wird, sofern man nur ein halbwegs vernünftiges Management voraussetzt. Ja, wir würden sogar den vorsichtigen Schluß wagen, daß wir selbst bei einem nicht so guten, aber auch nicht wirklich schlechten Management wahrscheinlich immer noch dorthin gelangen werden. Dabei mag nicht immer unbedingt alles glatt verlaufen, und unter Umständen werden viele Tragödien auf dem Weg dorthin passieren, jedenfalls wird die Wahrscheinlichkeit dafür nicht dadurch verringert, daß man versucht, das Wachstum zu schnell oder mit Gewalt voranzutreiben. Man könnte fast annehmen, der sicherste, normalste und vernünftigste Weg, der sich weit und breit anbietet, wäre der „natürliche" Weg, nämlich jener, auf dem die natürlichen Kräfte und nicht Regierungsprogramme die Abbremsung herbeiführen. In einigen Gebieten der Welt – so etwa in Lateinamerika, in Indien und China und wahrscheinlich noch in weiteren – scheinen Regierungsprogramme zur Geburtenkontrolle eine gute Sache zu sein. Aber der entscheidende methodologische Punkt ist doch der, daß man aufhören sollte, in den Kategorien der Exponentialkurven zu denken, und diese besser durch die sogenannten S-förmigen Kurven ersetzen sollte.

Das heißt natürlich *nicht,* daß wir unsere Ressourcen verschwenden sollen (wenn es auch verschiedene Auffassungen über Verschwendung gibt) oder daß das Wirtschafts- und Bevölkerungswachstum mit den gegenwärtigen Zuwachsraten unvermindert anhalten dürfte. Der „Club of Rome" hat richtig erkannt, daß man angesichts der vor uns liegenden Probleme große Vorsicht walten lassen sollte. Einige dieser Probleme erfordern unter Umständen eine weltweite Kooperation – oder doch zumindest eine Abstimmung der internationalen Politik. Sollte aber ein hoher Grad an echter Zusammenarbeit notwendig sein, so könnten sich die Probleme als unlösbar herausstellen. Unsere grundlegenden Meinungsverschiedenheiten mit dem „Club of Rome" resultieren aus der unterschiedlichen Auffassung über das Wesen der zugrundeliegenden Probleme, über ihre Dringlichkeit und zeitliche Einordnung, über die Art ihrer Behandlung und über die sich daraus ergebenden Prognosen. Während verschiedene erzwungene und induzierte Begrenzungen menschlicher Aktivitäten eine wichtige und vielleicht auch ausschlaggebende Rolle spielen können, so werden sie dennoch relativ begrenzt bleiben und werden mehr die Fragen einer erhöhten Lebensqualität als reine Überlebensprobleme betreffen. (In dem Maße, in dem wir reicher werden, wünschen wir uns reinere Luft, reineres Wasser und ästhetische Landschaften und können uns all das auch leisten.)

Unsere in dem Buch *Vor uns die guten Jahre* entwickelte Ansicht, auf lange Zeit gesehen wäre in den USA und auch in der übrigen Welt ein Absinken der Wirtschaftswachstumsraten zu erwarten, resultiert nicht aus der Furcht, daß die Energie oder andere Ressourcen zu knapp oder wir mit der Umweltverschmutzung nicht mehr fertig werden könnten. Diese Faktoren mögen eine Verlangsamung bewirken, aber damals wie heute sind wir der Meinung, daß mit sehr hoher Wahrscheinlichkeit soziale und kulturelle Faktoren wirksam werden, lange noch bevor diese physischen Begrenzungen ernsthafte Einschränkungen beim Bevölkerungs- oder Wirtschaftswachstum notwendig machen würden. Die physischen Faktoren werden in der Praxis fast keine Rolle spielen, denn das System kommt diesen Grenzen einfach nicht zu nahe. Wir glauben auch, daß diese sozialen und kulturellen Faktoren im großen und ganzen gesehen mehr oder weniger „natürlich" und wahrscheinlich unvermeidlich sind. Aus taktischen Gründen sollte man allerdings die meisten dieser Faktoren zumindest ein wenig vermindern, um so den Zeitpunkt abnehmender Wachstumsraten hinauszuzögern und auch um die Rate der Schrumpfung klein zu halten. Insbesondere ist unserer Meinung nach jeder Versuch als fast lachhaft dumm anzusehen, irgendwelche der nichterneuerbaren Ressourcen aufzusparen, um unsere Enkelkinder vor jedwedem Mangel zu schützen – viel eher ist das ein Beispiel für gelehrte Unfähigkeit als eine Manifestation echter und vernünftiger Sorge um das Wohl der Urenkel. (Das trifft nicht für Dinge wie Landschaftsschutz und gefährdete Tierarten zu, obwohl unserer Meinung nach auch hier einige Übertreibungen vorkommen.)

Der springende Punkt ist darin zu sehen, daß durch eine Vermehrung des Wohlstandes in der Welt und mit weiter verbesserten technologischen Fähigkeiten die Chancen, die Probleme der Zukunft in den Griff zu bekommen, viel eher gefördert als behindert werden. Eine Weiterentwicklung auf diesen beiden Gebieten wird mehr Flexibilität und eine erhöhte Wirksamkeit ermöglichen. Eine wohlhabende Gesellschaft kann sich kostspielige Unternehmungen eher leisten. Sie wird die meisten ihrer Probleme im Griff haben und dennoch in der Lage sein, Überschüsse aufzubauen, die als Versicherung gegen vorhersehbare und auch unvorhersehbare Zufälligkeiten dienen können. Vielen Leuten erscheint es paradox, daß die durch Reichtum und Technologie entstandenen Probleme damit auch gelöst werden sollen. Es ist dies aber kein echtes Paradoxon. Wenn man Wohlstand und Technologie zur Verfügung hat, ohne sich den Kopf darüber zu zerbrechen, wie sie am besten zu verwenden sind, so entstehen daraus Probleme. In dem Moment aber, wo man sich ernsthaft Gedanken über ihren tatsächlichen und möglichen Gebrauch macht, werden die Probleme in der Regel auch geringer oder sich vielleicht gar nicht stellen.

Technische Lösungen sind meist wirkungsvoller als strenge Einschränkungen. Die neuen Autos zum Beispiel, die heutzutage vom Band laufen, produzieren mit ihren Auspuffgasen nur ein Zehntel der Schadstoffe, die sie noch vor zehn Jahren hinausbliesen. Es wäre schwierig, eine ähnliche Leistung allein dadurch zu erreichen, daß man Einschränkungen verlangt. Es wird natürlich noch etwa weitere zehn Jahre dauern, um die derzeit in Betrieb befindliche Autogeneration vollständig durch die neuen Modelle zu ersetzen, aber das ist eben jenes Tempo, das die Realität zuläßt. Und die Zukunft wird uns noch bessere Modelle bescheren, die wahrscheinlich nicht mehr die heute üblichen Verbrennungsmotoren aufweisen werden. Die Einführung von weitgehend schadstoffreien Transportsystemen erwarten wir für das Ende dieses Jahrhunderts.

Viele Menschen, die sich über die Zukunft Gedanken machen, betrachten das rapide Bevölkerungswachstum als das drückendste Problem. Die Bevölkerung wächst aber derzeit noch deswegen so stark an, weil das Absinken der Geburtenrate mit zunehmender Industrialisierung und Urbanisierung einige Jahrzehnte hinter der ebenfalls abnehmenden Moralität nachhinkt. Es herrscht nun weitgehend Übereinstimmung darin, daß es gegen Ende des Jahrhunderts etwa sechs Milliarden Menschen auf der Erde geben wird, und man ist sich fast ebenso allgemein darüber einig, daß es wünschenswert wäre, würden die Wachstumsraten bei der Weltbevölkerung nun recht bald abflachen. Wenig Übereinstimmung besteht jedoch in der Frage, wie viele Menschen die Erde maximal beherbergen kann. Verschiedene Methoden bei der Geburtenkontrolle zeigen zwar zunehmende Wirkung, werden aber für die nächste Zukunft wahrscheinlich doch nicht ausreichend sein. Bis jetzt jedoch sanken in jedem Land, in dem sich Industrialisierung und Urbanisierung entwickelten, auch die Geburtenraten. Es scheint jedoch ein vernünftiger Schluß zu sein, anzunehmen, daß mit einer schnelleren Wirtschaftsentwicklung auch die Wachstumsraten der Bevölkerung entsprechend schneller sinken werden. Von vielen Blickwinkeln aus sind die Raten in den hochentwickelten Staaten vielleicht sogar schon zu stark gesunken. Es sollte nicht vergessen werden, daß die verschiedenen Gebiete der Erde auch mit unterschiedlichen Problemen zu kämpfen haben und daß die Länder, die am unmittelbarsten davon betroffen sind, auch um Lösungen bemüht sein sollten.*

Wir glauben zum Beispiel, daß es durchaus möglich ist, in ein bis zwei Jahrhunderten mit einer Weltbevölkerung von zehn Milliarden Menschen einen Grad von Urbanisierung zu erreichen, der auch nach heutigen Maßstäben ohne weiteres zu tolerieren wäre und immer noch mehr als genug Raum für alle restlichen Aktivitäten ließe. Wir haben zwar keine Vorstellung darüber, wie die Technologie, der Wohlstand, die Werte und die Geschichte verschiedener Gebiete der Erde im einzelnen verlaufen werden, trotzdem aber glauben wir, daß es in keinem der reichen und technologisch hochentwickelten Länder bei der Rohstoffversorgung und der Bevölkerungszahl zu Problemen auf Leben und Tod kommen wird.

Aus dieser Sicht sind die in diesem Zusammenhang oft zitierten Versuche mit Ratten in Käfigen völlig irrelevant. Es stimmt, daß Neurosen, Krankheiten und Aggressionen unter Nagern sehr schnell aufgebaut werden, wenn sich ihre Populationsdichte über ein bestimmtes Maß erhöht. Das Streßproblem zwischen Menschen ist aber mehr mit der jedem Individuum zustehenden

* Auch das ist eine der zentralen Fragen. Nimmt man an, daß schon bei einer Gesamtbevölkerung von sechs Milliarden Menschen ein Krisenstadium erreicht ist, so haben wir unzweifelhaft nicht mehr genug Zeit, um uns auf ein weiteres Wirtschaftswachstum als Problemlösung zu verlassen. Es gibt jedoch nur wenige Beweise dafür, daß diese Annahme auch richtig ist. Dennoch befürworten auch wir in China, in Süd- und Südwestasien und in weiten Teilen Afrikas und Lateinamerikas Regierungsprogramme zur Geburtenkontrolle. Solange sie allerdings nicht sehr viel wirkungsvoller sind, werden sie für sich allein keine Lösung des Problems bringen. Eine vernünftige Annahme scheint zu sein, den Schlüssel zur Lösung dieses Problems im erhöhten Wohlstand und in der Urbanisierung zu sehen. Es fällt auch schwer, überzeugende Argumente dafür zu finden, daß die hochentwickelten Staaten, insgesamt gesehen, den Weg einer verschärften Geburtenkontrolle einschlagen sollten. Wir sind an sich Anhänger einer *Laissez-faire*-Politik, aber wenn wir schon einer Politik das Wort reden wollten, so würden wir vielen hochentwickelten Ländern raten, ihre gegenwärtigen Geburtenraten beizubehalten oder zu erhöhen.

Wohnraumfläche verknüpft und mit der Zahl der Räume pro Familie als mit dem mathematischen Begriff der Zahl der Einwohner pro Quadratkilometer. Da die Wohnfläche und die Zahl der Wohnräume durch eine Mehretagenbauweise praktisch so groß gemacht werden kann, wie man wünscht, kann dem Problem der Populationsdichte leicht entgegengetreten werden.

Falls die gegenwärtigen Trends überhaupt etwas aussagen, so erscheint es auch unwahrscheinlich, daß die Städte der Zukunft die gleichen Bevölkerungsdichten wie die alten, von Stadtmauern umgebenen Städte aufweisen werden. Das klassische Rom zum Beispiel beherbergte mehr als zwanzigtausend Menschen pro Quadratkilometer; dasselbe gilt vom modernen Paris; und vor etwa fünfzig Jahren lebten in der East Side von Manhattan mehr als vierzigtausend Leute auf einem Quadratkilometer. Solange es die in Betracht kommenden Kulturen aus bestimmten Gründen nicht vorziehen, sehr dicht besiedelte Städte zu bauen, erwarten wir nicht, daß irgendeine Stadt im Jahre 2000 eine solche Bevölkerungsdichte aufweisen wird.

Spricht man von Städteballungen oder Megapolen, so meint man damit im allgemeinen die Tendenz, dichtbesiedelte Gebiete im Umkreis größerer Städte zu einer einzigen, riesigen Stadt zu verschmelzen. Weite Teile einer solchen Superstadt besitzen aber trotz der hohen Besiedlungsdichte eher einen ländlich-vorstädtischen Charakter, als daß sie den Steinwüsten klassischer Stadtkerne glichen.

Andererseits werden vielleicht einige ausgedehnte Gebiete in Ländern wie Indien oder China sehr hohe Bevölkerungsdichten aufweisen, wenn auch kaum so hohe wie das antike Rom, wie Paris oder die East Side von Manhattan. Falls die Architekten der Zukunft einfallsreich und kreativ genug sind, so könnten diese riesigen Zusammenballungen menschlicher Behausungen genausoviele Vor- wie Nachteile aufweisen. Die Schwierigkeiten liegen auf der Hand – zum Beispiel werden die meisten inter- und innerurbanen Verkehrsmittel Massentransportmittel sein müssen, und der Verkehr mit Privatfahrzeugen wird drastischen Beschränkungen unterworfen sein. Auf der anderen Seite aber ermöglicht eine solch riesige Ansammlung von Menschen erst die Bereitstellung wirklich befriedigender Massentransportmittel aller Arten (z. B. mit dicht gestaffelten Fahrplänen rund um die Uhr) sowie alle möglichen anderen speziellen Einrichtungen aus einem einfachen Grund: die Dienstleistungsbetriebe werden sehr viele Kunden anziehen, weil auch der Lebensstandard um vieles höher sein wird.

Allerdings wird es andere Schwierigkeiten geben. Alle frei zugänglichen Grünflächen werden geplant werden müssen. Die weniger besuchten Erholungsräume werden relativ weit entfernt sein. Es wird wahrscheinlich Menschen geben, die nicht mit der Masse der Leute leben wollen – andere werden sich wieder wie die Japaner verhalten, die sich unter vielen Menschen wohl zu fühlen scheinen. Tatsächlich aber werden diese Kulturen kaum Menschen hervorbringen, die unter dem Bedürfnis leiden, andere Menschen meiden zu wollen. Diese Leute werden nicht mit den früher in den chinesischen oder heute in den indischen Städten dicht gedrängt lebenden Armen zu vergleichen sein. Vielmehr werden sie einen Lebensstandard haben, der dem europäischen von heute entsprechen wird, obgleich er geringer sein wird als der ihrer Zeitgenossen in Europa oder „Übersee". Eine Zukunft, wie wir sie hier projizieren, wird gegenüber der heutigen Situation sicherlich für alle eine große Verbesserung darstellen – mit Ausnahme vielleicht für einige Angehörige der gegenwärtigen Eliten und anderer Gruppen, denen es jetzt besonders gutgeht. Selbst wenn heutzutage viele Bürger der hochentwickelten kapitalistischen Staaten diese Superstädte Asiens ablehnten, so ist die Hauptfrage doch die, wie sich die davon betroffenen Menschen dort fühlen werden.

In der zweiten Hälfte dieses Kapitels werden wir uns mehr der systematischen und detaillierten Präsentation einiger der am Hudson-Institut ausgearbeiteten Szenarien und Zukunftsbilder zuwenden. Sie werden über so spezielle Fragen wie Einkommenshöhe und Bevölkerungsdichte, wie sie oben diskutiert wurden, hinausgehen und sich mit den alternativen Möglichkeiten eines weiteren Wachstums in bezug auf Lebensstil, politische Systeme und Muster internationaler Konstellationen unter verschiedenen Bedingungen beschäftigen.

Die Zukunft: Bilder und Szenarien

In Kapitel 1 wurden bestimmte Aspekte der Vergangenheit und verschiedene Geschichtstheorien behandelt, um daraus Rückschlüsse auf die zukünftige Entwicklung der Welt zu ziehen. Eine umfangreiche Literatur über unsere Zukunftsaussichten informiert derzeit ein breites Publikum weltweit über die Zukunft und was sie uns an Gutem und Bösem bringen kann. Mit einigen wesentlichen Ausnahmen jedoch gehen alle diese Publikationen nicht auf die unserer Meinung nach wichtigsten soziopolitischen und wirtschaftlichen Fragen ein. Wir werden daher fortfahren, „Konzepte und Informationen mehr oder weniger agnostisch zu verwenden" und „künstliche Geschichte" in Form von Szenarien und mehr oder weniger beliebigen Zusammenhängen zu behandeln. Im besonderen wollen wir diskutieren, wie man Bilder und Szenarien der kurz-, mittel- und langfristigen Zukunft der Wirtschaftsentwicklung formulieren könnte. Wir hoffen damit nicht nur unsere eigenen Diskussionsbeiträge aufzuwerten, sondern auch eine allgemeinere und zutreffendere Anwendung von Szenarien und speziellen Zusammenhängen anzuregen. (In Kapitel 8 werden wir uns damit beschäftigen, wie diese Begriffe von privaten und öffentlichen Institutionen verwendet werden könnten, und außerdem werden wir einige ihrer Anwendungsmöglichkeiten bei Planungen und öffentlichen Informationsprogrammen aufzeigen.)

Viele Gruppen wenden diese Techniken schon an, und der Begriff „Szenario" wurde während der letzten zwei Jahrzehnte allgemein gebräuchlich. Die bewußte Formulierung von langfristigen Szenarien und anderen Zukunftsbildern wurde in der Regel jedoch Gruppen mit politischen, ideologischen oder kommerziellen Interessen überlassen – oder Leuten, die nur auf der Suche nach Unterhaltung waren. Ihre Resultate werden daher für viele unserer Absichten irreführend oder zumindest nicht zutreffend sein.

Außerdem weist eine erkleckliche Anzahl von Szenarien eine Menge von „religiöser Kunst", ideologischem Nonsens und von „Zukunftsramsch", wie es Daniel Bell einmal nannte, auf. Trotzdem können sozioökonomische Szenarien und Szenarienzusammenhänge sehr nützlich sein. Deshalb würden wir gerne den Entwicklungsprozeß von Szenarien dadurch fördern, daß wir zum einen die Verwendung spezifischer Szenarien unterstützen und zum anderen das Schreiben von Szenarien vereinfachen, vereinheitlichen, stärker systematisieren und dort, wo es angebracht ist, zu erhöhter Kreativität und Phantasie anregen. Ein Teil des mangelnden Interesses für die heutige Wirtschaftsentwicklung und der Gleichgültigkeit bzw. Feindseligkeit, die den eindrucksvollen Ergebnissen dieser Wirtschaftsentwicklung in den von uns und vom *Economist* so genannten „neuen Industriestaaten" entgegengebracht wird, reflektiert ja nur die Unwissenheit und das Unverständnis dafür, wie aufregend und vorteilhaft diese Erfolge für die Bürger dieser und auch anderer Länder sind und auch noch sein werden.* Und das wird auch dann noch stimmen, sollten sich diese „Wirtschaftswunder" auf diese oder jene Weise als brüchig erweisen.

Eine ähnliche Situation entstand neuerdings bezüglich der Möglichkeiten einer fortschrittlichen Technologie. Es ist Mode geworden, die negativen Aspekte und Aussichten sowie die möglichen Unglücksfälle besonders hervorzuheben. Dennoch sollten die vielen, gegenwärtig beunruhigenden Fragen und Bedenken nicht die Versprechen, die die Technologie zu unser aller Besten halten kann, völlig verdecken.

Die Geschichte zeigt, daß phantasievolle mittel- und langfristige Zukunftsbilder oft sehr viel zur Entstehung solcher Modeerscheinungen beigetragen haben – oder auch zum Gegenteil.** Allerdings ist es mit ihrer Hilfe auch möglich, die gegenwärtigen Prioritäten, Probleme, Fragen und Kontroversen in eine ausgewogenere und klarere Perspektive zu setzen und auf diese Weise

* Der *Economist* führt elf Länder als „neue Industriestaaten", („New Industrial Countries", abgekürzt NIC) an, zu denen auch Brasilien, Südkorea, Taiwan, Spanien, Portugal und Griechenland gehören. Der Leser sollte nicht vergessen, daß jedes dieser sechs Länder in der Zeit, da es sein Wirtschaftswunder entwikkelte, weitverbreiteten Angriffen und politischer Kritik ausgesetzt war. Die drei erstgenannten werden auch heute noch mehr oder weniger kritisiert. Gemessen an amerikanischen oder europäischen Standards herrschten in allen sechs Ländern relativ autoritäre Regime. Das galt aber gleichermaßen auch für die meisten übrigen Staaten der Welt, einschließlich vieler, die in etwa den NIC vergleichbar waren. Mit gutem Recht kann man daher sagen, daß diese sechs Staaten, da sie für den Großteil ihrer Bürger Großartiges für die Zukunft und auch die Gegenwart leisten und dabei im großen und ganzen kaum ablehnenswerter als die meisten anderen Staaten der Welt sind (wenn auch kaum sehr viel besser), mehr Anerkennung und Lob verdient hätten oder daß man wenigstens die von ihnen erbrachten guten Leistungen gegen die schlechten hätten abwägen können. Während der späten sechziger und frühen siebziger Jahre war von einem solchen Abwägen aber kaum etwas zu bemerken. Für eine weitere Diskussion dieser Fragen verweisen wir auf die Kapitel 6 und 8.
Die anderen fünf NIC sind Mexiko, die Türkei, Jugoslawien, Singapur und Hongkong. Diese fünf Länder werden zwar viel veniger kritisiert, mit Ausnahme von Hongkong besitzt jedoch keines von ihnen jene verfassungsmäßigen Garantien und parlamentarischen Einrichtungen, die in den westlichen Staaten für selbstverständlich und allgemein anwendbar gelten.

**Es wird kaum erkannt, daß Rachel Carsons *Der stumme Frühling* (deutsch: Biederstein, München 1962) „nur ein Szenarium" darstellt und in keiner Weise eine ernst zu nehmende Analyse oder Vorschau dessen war, was 1962 passierte. Die Studien sowohl der Forrester- als auch der Meadow-Gruppe des „Club of Rome" hätten ebenfalls eher als einfallsreiche Katastrophenszenarien bezeichnet werden sollen denn als ernsthafte Vorhersagen.

anregende und brauchbare Zusammenhänge für deren nähere Untersuchung zu liefern. Gemeinsame Zukunftsbilder werden auch viel zu einem Gefühl für Gemeinschaft und nationale Zusammengehörigkeit beitragen, und sie können helfen, einen Sinn für die Bedeutung und den Zweck institutioneller Einrichtungen zu vermitteln. Insgesamt gesehen, können sie Einheit, Hingabe, hohe Moral und vielleicht sogar einen Sinn für eine klare Bestimmung oder eine religiöse Missionen schaffen.

Solche Zielsetzungen sollten jedoch vorsichtig angegangen werden. Das Auftauchen oder die Existenz von Fanatismus, modischen Trends, „Luftschlösser-Hoffnungen" oder anderen illusionären Konzepten kann antiproduktiv wirken. Andererseits können zutreffende Leitbilder brauchbar und anregend sein. Vernünftige und erstrebenswerte – oder auch nur realistische – Zukunftsprojektionen auf zehn bis fünfzig Jahre hinaus können wünschenswerte Auswirkungen auf die täglichen Planungsaufgaben oder kurzfristigen Programme vieler Entwicklungsstaaten haben. Dasselbe gilt für wirklichkeitsnahe „Katastrophenszenarien" – Entwicklungen, die jedermann zu vermeiden sucht.

Das quantitative Basis-Szenario (Welt A)

Wir wollen uns gleich zu Beginn auf die, wie wir sie nennen, „überraschungsfreien Szenarien" beschränken. Das heißt, wir wären nicht überrascht, würde eine ähnliche Entwicklung, wie dieses Szenario sie darstellt, in den nächsten zehn bis zwanzig Jahren und vielleicht sogar noch länger nicht eintreten. Wir wären allerdings auch überrascht, würde die Welt einige Jahrhunderte lang auf dem angenommenen Weg bleiben.

Wenn wir unser Szenario als überraschungsfrei beurteilen, so heißt das jedoch nicht, daß es auch wahrscheinlich ist. Wir könnten mit Leichtigkeit zehn bis zwanzig überraschungsfreie Szenarien entwerfen, deren Wahrscheinlichkeit jeweils geringer als 0,1 oder 0,2 ist. Die zukünftige Welt ist so reich an Möglichkeiten, das viel passieren könnte, was uns nicht überraschen würde. Dies ist auch einer der Hauptgründe dafür, daß wir weder sehr unwahrscheinliche noch sehr überraschende Ereignisse systematisch untersuchen werden, solange sie nicht von ganz besonderem Interesse sind. Es gibt dafür einfach zu viele solcher möglichen Vorkommnisse. Wenn wir überraschungsfreie Szenarien behandeln, so weisen wir immer darauf hin, daß „das Überraschendste, was passieren könnte, wäre, wenn keine Überraschungen passieren". Die übliche Kritik an Institutionen wie dem Hudson-Institut, sie konzentrierten sich immer nur auf überraschungsfreie Szenarien (auch wenn sie zugeben, daß Überraschungen unvermeidlich sind), ist daher berechtigt und zeigt eine diesen Studien inhärente Schwäche auf, sie kann aber keine ernst zu nehmende Kritik an einer speziellen Studie sein.

Wir beginnen mit einem grundlegenden und quantitativ genauen Szenario, das wir unsere „Welt A" oder auch unsere „vorsichtig optimistische Welt" nennen und das die Grundlage für den Großteil der kommenden Besprechungen darstellt. Es ist nicht unsere Absicht, die Zukunft genau vorherzusagen, sondern eine genaue Vorstellung eines Bildes oder eines Konzeptes zu vermitteln, auch wenn das Bild oder das Konzept nicht ganz so exakt gemeint ist, wie das die angeführten Zahlen vielleicht vermuten ließen. Dieses Szenario liefert auch einen guten Rahmen, der als Referenzsituation für viele Fragen dienen kann oder auch als Grundlage, um darauf aufbauend Konzepte und Möglichkeiten auszuarbeiten.

Uns liegt natürlich viel daran, den Ausgangspunkt unseres Szenarios so weit als möglich in Übereinstimmung mit der realen Weltsituation von 1978 zu bringen, da es ja zu diesem Zeitpunkt beginnen soll. Die politische Welt setzt sich aus vielen Ländern zusammen, wobei jedes einzelne Land seine Bevölkerung und sein Bruttonationalprodukt zum Gesamtbild beiträgt. Wir betrachten daher unser Weltszenario als die Summe der einzelnen Länderszenarien. Um das Wachstum jedes einzelnen Landes zu verstehen, zu beschreiben und in den Rahmen unseres Weltszenarios zu projizieren, fanden wir es besonders vorteilhaft und praktisch, jedes dieser Länder in eine der nachstehend angeführten sechs Wirtschaftskategorien einzureihen. Die in Klammern angeführten Zahlen geben den Umfang der entsprechenden Pro-Kopf-Einkommen (PKE) in Dollar an. Die Kategorien überlappen sich teilweise, um Raum für eine gewisse Flexibilität bei der Zuordnung zu belassen.

1. sehr arm (0–250),
2. aufstrebend arm (200–600),
3. das kommunistische Asien (◁500)*,
4. Mitteleinkommen (400–4000)**
5. wohlhabend kommunistisch (◁4000),
6. wohlhabend marktwirtschaftlich orientiert (3500–10000)***

Die hier getroffenen Klassifikationen werden durch den gegenwärtigen Stand der Wohlhabenheit des jeweiligen Landes und auch von seinen unmittelbaren Zukunftsaussichten bestimmt.* Diese sechs Kategorien werden im Folgenden näher beschrieben.

1. sehr arm

Diese Kategorie bedeutet niedrige Einkommen und keine besonderen Aussichten für ein schnelles Wirtschaftswachstum (wenn auch in unserer „vorsichtig optimistischen Welt" die meisten dieser Länder halbwegs gut vorankommen). In den entsprechenden Ländern leben derzeit etwa 250 Millionen Menschen; sie müssen vorläufig als die wirklich Armen oder zumindest als Länder angesehen werden, die schwerwiegende Entwicklungsprobleme haben. Viele von ihnen hatten in den letzten Jahren ein abnehmendes Pro-Kopf-Einkommen. Etwa ein Drittel (83 Millionen) der zu der Kategorie „sehr arm" zählenden Bevölkerung lebt in einem einzigen Land, in Bangladesch. Insgesamt umfaßt diese Gruppe jedoch zwanzig Länder.

Die meisten Experten geben sich heute in ihren Prognosen für diese sehr armen Länder relativ pessimistisch. Jeder hat erkannt, daß die übrige Welt nur sehr begrenzt etwas für sie tun kann. Im Grund müssen sie sich selbst beim Schopf packen, obwohl Hilfe von außen sehr nützlich sein kann. Das Problem gleicht dem einer Familie, die rehabilitiert werden sollte, die sich dieser Rehabilitation bis jetzt aber immer widersetzte – die Aussichten sind sehr schlecht.

Unserer Ansicht nach ist aber die Situation in einigen dieser Länder nicht ganz so schlecht. Ein paar hatten während der letzten Jahre spezielle Probleme (z. B. Bangladesch und Sri Lanka), die sich inzwischen stark gebessert haben. In anderen wurde die Ver-

* Bei der Einteilung der einzelnen Staaten in geographische Zusammenhänge innerhalb der sechs Kategorien, werden wir Mexiko, Mittelamerika und den karibischen Raum zu Lateinamerika zählen.

---

* Das Zeichen ◁ bedeutet „ungefähr"

** Wir unterteilen diese Kategorie manchmal noch in zwei Untergruppen: Übergangsgruppe (400–1200) und „weitgehend entwickelt" (1000–4000). Manchmal werden wir auch das kommunistische Asien in eine erweiterte Mitteleinkommen-Gruppe einbeziehen.

*** Wir hätten diese Gruppe auch „wohlhabend kapitalistisch", oder „kapitalistisch wohlhabend" nennen können, aber wir glauben, daß „marktwirtschaftlich orientiert" für die meisten der in Frage kommenden Länder zutreffender ist.

waltung um vieles besser oder ist im Begriffe besser zu werden. Fast alle Länder haben sogenannte Fünfjahrespläne, wobei die meisten allerdings nur Pläne ohne ein realistisches Programm sind. Manche dieser Pläne sind tatsächlich nur eine Ansammlung von Platitüden und keine wirklichskeitsnahen Absichten. In unserer „vorsichtig optimistischen Welt“ nehmen wir an, daß die Gruppe der „sehr Armen“ ein Wachstum des BNP von vier Prozent jährlich aufweisen, sich aber das Bevölkerungswachstum nicht wesentlich verlangsamen wird (die Bevölkerung wächst in diesen Ländern im Durchschnitt um 2,3 Prozent pro Jahr). Das bedeutet daher ein Ansteigen des Pro-Kopf-Einkommens um durchschnittlich 1,3 Prozent jährlich. Das ist zwar nicht viel, aber immer noch optimistischer – wenn auch nicht gerade überschwenglich. Keine große Überraschung wäre es, würde die Entwicklung diesen Zahlen entsprechen, noch weniger überraschend freilich, würden die Länder schlechter abschneiden. Diese 250 Millionen Menschen stellen sechs Prozent der Weltbevölkerung dar und bedeuten ein über diesen Prozentsatz weit hinausgehendes schwieriges Problem, das vielleicht noch stärker zu spüren ist als die ebenso schwerwiegenden und größeren Armutsgebiete in den reicheren Ländern. Die „sehr armen“ Länder sind: in Afrika: Benin, Burundi, Tschad, Äthiopien, Guinea, Lesotho, Mali, Niger, Ruanda, Somalia, Obervolta, Zaire; in Asien: Afghanistan, Bangladesch, Bhutan, Burma, die Malediven und Nepal; in Lateinamerika: Haiti.

Nach unserer Schätzung haben die obengenannten Länder ein Gesamt-Bruttonationalprodukt von etwa 40 Milliarden Dollar, zwar eine etwas optimistischere Annahme als die der Weltbank, dennoch aber sehr gering, wenn man diese Zahl auf ihre tatsächliche Kaufkraft korrigiert.

2. aufstrebend arm

Wenn auch immer noch sehr arm und mit vielen Problemen behaftet, so sind die „aufstrebend armen“ Länder doch nicht ganz ohne Aktivposten und eben wirklich aufstrebend. Ihre Aussichten für die mittlere und langfristige Zukunft sind daher recht gut. Sie sollten auf etwa fünf Prozent Wachstum kommen (drei Prozent pro Kopf). Das ist zwar viel mehr als das Wachstum der jüngsten Vergangenheit, es ist aber bei ein wenig Glück und kleinen Verbesserungen in der Verwaltung alles andere als unmöglich. Indien ist ein gutes Beispiel für eine solche Nation. Rund zwei Drittel der Menschen der Kategorie „aufstrebend arm“, sind in Indien beheimatet. Es gibt jedoch noch weitere vierzehn Länder in dieser Kategorie.

Indien ist in vieler Hinsicht ein Industriestaat. Es besitzt eines der ausgedehntesten Eisenbahnnetze der Welt, und fast alle Ersatz- und Zubehörteile, die es benötigt, werden in Indien selbst hergestellt. Es verfügt über eine große Stahlindustrie und ist auf so fortschrittlichen technologischen Gebieten, wie der Computerindustrie, der Kernenergie und der Herstellung von Kernwaffen engagiert. Man kann Indien daher kaum als vorindustrielles Land ansehen. Auf der anderen Seite ist Indien ein armes Land – ein Zustand, der wahrscheinlich noch für lange Zeit anhalten wird. Nach dem *World Bank Atlas,* der seinen Berechnungen den durchschnittlichen Wechselkurs der letzten drei Jahre zugrunde legt, beträgt das Pro-Kopf-Produkt Indiens 160 Dollar. Andere Berechnungen, die auch interne Verrechnungspreise und nicht auf den Markt gelangende Produktion sowie Transaktionen berücksichtigen, schätzen das Pro-Kopf-Produkt auf etwa 300 Dollar.

Die Länder dieser Gruppe sind in Afrika: die Komoren, Gambia, Kenia, Madagaskar, Mauretanien, der Sudan, Tansania und Uganda; im Mittleren Osten: die Arabische Republik Jemen, die Demokratische Volksrepublik Jemen; in Asien: Indien, Indonesien, Pakistan und Sri Lanka.

3. das kommunistische Asien

Das kommunistische Asien besteht vor allem aus der Volksrepublik China, obwohl wir auch die Mongolei, Nordkorea und die ehemaligen Staaten Indochinas, Vietnam, Laos und Kambodscha (deren Pro-Kopf-Einkommen sehr viel weniger als 500 Dollar beträgt), mit einschließen. Unsere Schätzung, daß in diesen Staaten mehr als eine Milliarde Menschen lebt, bewegt sich innerhalb der konventionellen Grenzen. (Taiwan ist hier nicht als Teil der Volksrepublik China eingerechnet, sondern scheint in der nächsten Gruppe als Republik China auf.)

4. Mitteleinkommen (oder kapitalistisch mit Mitteleinkommen)

Die Kategorie „Mitteleinkommen“ umfaßt eine große Zahl von Staaten mit einer Gesamtbevölkerung von einer Milliarde Menschen. Gemessen an historischen Maßstäben sind alle diese Länder sehr wohlhabend, gemessen am Standard der von uns als marktwirtschaftlich orientiert bezeichneten Nationen nehmen sie allerdings keine so übermäßig gute Position ein. Daher eben auch die Bezeichnung „Mitteleinkommen“. Ziehen wir wieder den

World Bank Atlas als Unterlage für unsere Schätzungen heran, so bewegt sich ihr jährliches Durchschnittseinkommen nahe bei 1000 Dollar pro Kopf. Die Wirtschaftswachstumsraten der einzelnen Länder differieren enorm, sie liegen im allgemeinen zwischen fünf und zehn Prozent. Für die nahe Zukunft rechnen wir mit einem wahrscheinlichen Mittel von sieben Prozent, erwarten aber, daß diese Rate mittel- und langfristig abnimmt. Die Anfangsannahme von sieben Prozent ist leicht optimistisch, während die Erwartung, sie werde sich in Zukunft verringern, in Zusammenhang mit unserer „vorsichtig optimistischen Welt" eher pessimistisch ist.

Etwa mehr als ein Drittel der Bevölkerung der Kategorie „Mitteleinkommen" lebt in den neuen Industriestaaten – die manchmal auch „die anderen Japaner" genannt werden. Das Pro-Kopf-Einkommen dieser neuen Industriestaaten beträgt rund 1500 Dollar. Nach unseren Erwartungen wird das Wirtschaftswachstum dieser Gruppe auf ungefähr neun Prozent pro Jahr ansteigen. Die restlichen zwei Drittel der Mitteleinkommen-Bevölkerung haben etwa die Hälfte des Pro-Kopf-Einkommens der neuen Industriestaaten und etwa die Hälfte ihrer Wachstumsrate.

Statt einer Teilung der Mitteleinkommen-Kategorie in die neuen Industriestaaten und die restlichen Mitteleinkommen-Staaten, fanden wir es manchmal recht nützlich, in dieser Kategorie zwei Untergruppen zu bilden, die wir als die „Übergangsgruppe" und die „weitgehend entwickelte" Gruppe bezeichnen. Die weitgehend entwickelte Gruppe umfaßt die meisten der neuen Industriestaaten. Die Übergangsstaaten – diese Bezeichnung läßt vielleicht schon einen gewissen Optimismus erkennen – weisen ein beträchtlich geringeres Pro-Kopf-Einkommen auf, und ihre Aussichten sind auch nicht so gut wie die der weitgehend entwickelten Staaten. Die Länder der Mitteleinkommen-Kategorie sind in Afrika: Südafrika, Dschibuti und Gabun; in Europa: Spanien, Griechenland, Portugal, Zypern, Malta, die Insel Man, Gibraltar, Irland, Albanien, Bulgarien, Rumänien und Jugoslawien; in Asien und im Mittleren Osten: Iran, Irak, Hongkong, der Libanon, das Scheichtum Oman, Brunei und Singapur; in Lateinamerika: Mexiko, Jamaika, Panama, Brasilien, Argentinien, Venezuela, Uruguay, Surinam und die Niederländischen Antillen; in Ozeanien: Amerikanisch-Samoa.

Die Übergangsstaaten der Mitteleinkommen-Gruppe sind in Afrika: Nigeria, Ägypten, Marokko, Algerien, Ghana, Mosambique, Kamerun, Rhodesien, die Elfenbeinküste, Angola, Tunesien, Sambia, der Senegal, Liberia, die Volksrepublik Botswanaland, Guinea-Bissau, Swasiland, Äquatorial-Guinea, die Kapverdischen Inseln und Sao Tome; in Asien: Mauritius, die Seychellen, die Philippinen, Thailand, Südkorea, Malaysia, Syrien, die Republik China (Taiwan), Jordanien, Makao und die Türkei; in Lateinamerika: Kuba, Guatemala, die Dominikanische Republik, El Salvador, Honduras, Nikaragua, Costa Rica, Belize, Saint Lucia, Grenada, Antigua, Saint Kitts, Nevis, Saint-Anguilla, Kolumbien, Peru, Chile, Ekuador, Paraguay, Guyana, Saint Vincente und Bolivien; in Ozeanien: Papua-Neuguinea, die Fidschiinseln, die Britischen Salomonen, Westsamoa, die Treuhandgebiete des Pazifik, Tonga und die Neuen Hebriden.

5. wohlhabend kommunistisch

In diese Kategorie fallen fünf Länder: die Sowjetunion, Ostdeutschland, die Tschechoslowakei, Polen und Ungarn. (Die übrigen kommunistischen Länder Europas sind – ein wenig irreführend – in die Kategorie „Mitteleinkommen" gereiht worden, obwohl wir diese Gruppe manchmal auch als „kapitalistisch mit Mitteleinkommen" klassifizieren.) 1979 lebten in diesen Ländern an die 340 Millionen Menschen (wir runden diese Zahl auf eine Drittel Milliarde ab). Jede der oben angeführten Nationen sollte etwa im Bereich von ±25 Prozent des angenommenen Pro-Kopf-Einkommens von 4000 Dollar zu liegen kommen. Ungeachtet dessen besteht ziemliche Unklarheit darüber, wie die genauen Zahlen lauten könnten, was vor allem für die Sowjetunion gilt (die Weltbank z. B. nimmt an, daß das Pro-Kopf-Einkommen in der Sowjetunion näher bei 3000 Dollar als bei 4000 Dollar liegt). Wir richten uns hier mehr oder weniger nach verschiedenen Analysen des CIA und akademischer Institutionen, die diesen Ostländern die Hälfte des Pro-Kopf-Einkommens der wohlhabenden, marktorientierten Länder zuschreiben. Wie wir in Kapitel 7 noch ausführen werden, erwarten wir, daß die Wachstumsraten in diesen Ländern weiterhin relativ niedrig bleiben (etwa vier Prozent) und nicht zu den hohen Wachstumsraten der Nachkriegsjahre aufsteigen.

6. wohlhabend marktorientiert

Hierher gehören alle reichen Mitgliedsstaaten der OECD und der OPEC; das sind in Europa: die Bundesrepublik Deutschland, Großbritannien, Italien, Frankreich, Holland, Belgien, Schweden, Österreich, die Schweiz, Dänemark, Finnland, Norwegen, Luxemburg und Island; in Nordamerika: die USA und Kanada; in

Asien: Japan, die Vereinigten Emirate, Israel, Kuwait und Saudi-Arabien; in Ozeanien: Australien, Neuseeland und Neukaledonien; in Lateinamerika und Karibik: die Kanalzone, die Bermudas und die Virgin Islands (Jungferninseln).

In diesen Ländern wohnen etwa 750 Millionen Menschen mit einem durchschnittlichen Pro-Kopf-Einkommen von 8000 Dollar. In unserer Welt A schreiben wir ihnen aber ab 1978 ein nur relativ geringfügiges Wachstum von rund vier Prozent zu, was etwa 80 Prozent des Durchschnittswachstums von 1948 bis 1973 sind. Sollte sich diese Schätzung als richtig erweisen, so werden die meisten dieser Länder die niedrigen Wachstumsraten der jüngsten Rezession und der folgenden Zeit nicht voll kompensieren können. Tafel 2.6 faßt die grundlegend demographischen und wirtschaftlichen Daten für die sechs Gruppen und für die Welt als Ganzes zusammen. Diese Daten gelten für das Jahr 1978, den Beginn unseres Welt-A-Szenarios, das hier diskutiert wird, sowie auch für die Jahre 1985, 2000 und für den Endzustand, der als stabil angenommen wird und dem sich das System asymptotisch annähert. Die Szenarien der Welten B und C, die im nächsten Abschnitt besprochen werden, haben denselben Startzeitpunkt 1978.

Wir haben in Tafel 2.6 die Zahlen der Anfangspunkte und die der asymptotischen Endwerte absichtlich als runde, ganze Zahlen bzw. einfache Bruchteile gewählt, um damit anzudeuten, daß die Daten nur grobe Werte darstellen. Mit Ausnahme der Korrekturen für die „aufstrebend Armen", die ja schon erwähnt wurden, entsprachen die Daten im wesentlichen den Angaben des *World Bank Atlas,* den Schätzungen des Internationalen Währungsfonds (IMF-International Monetary Fund) und verschiedener Dokumente des US-Kongresses. Mit Ausnahme der relativ hohen Bruttonationalprodukte und Pro-Kopf-Einkommen der „aufstrebend Armen" kann der Leser daher diese Daten als repräsentativ für die Ausgangssituation gegenwärtiger Diskussionen ansehen.

In diesem Buch wird die Erwartung ausgesprochen, daß die gegenwärtigen Trends auf abnehmende relative Raten des Wirtschaftswachstums der zukünftigen Welt hinweisen, daß auch der Anstieg der Gesamtbevölkerung und der Bruttonationalprodukte allmählich flacher wird, wenn wir uns auch diese zukünftige Welt um vieles volkreicher und wohlhabender vorzustellen haben als die heutige.* In den speziellen Szenarien-Zusammenhängen neh-

* Eine wichtige Ausnahme von unserer Gesamtannahme fallender Wachstumsraten bildet die Entwicklung der „sehr armen" und der „aufstrebend Armen" im Szenario der Welt B, die im nächsten Abschnitt behandelt wird.

Tafel 2.6
Welt A: Vorsichtig optimistischer Szenarienzusammenhang[a]

	Sehr arm	*Aufstrebend arm*	*Kommunistisches Asien*	*Mitteleinkommen*	*Wohlhabend kommunistisch*	*Wohlhabend marktwirtschaftl.*	*Welt*
Einwohner (in Milliarden)							
1978	.250	1.000	1.000	1.000	.333	.667	4.250
1985	.296	1.143	1.104	1.217	.352	.701	4.807
2000	.402	1.455	1.303	1.694	.387	.769	5.9845
asymptotisch	1.000	2.750	1.750	3.000	.500	1.000	10.000
Bruttoprodukt/Kopf (in US-Dollar, Wert 1978)							
1978	160.0	300.0	500.0	1.000	4.000	8.000	2.000.0
1985	196.4	369.0	780.0	1.318	4.945	9.622	2.394.5
2000	295.1	561.0	1.240.0	2.309	7.275	13.555	3.256.0
asymptotisch	4.000.0	8.000.0	16.000.0	32.000	20.000	40.000	20.000.0
Bruttoprodukt (in Billionen US-Dollar, Wert 1978)							
1978	.0400	.300	.500	1.000	1.333	5.333	8.5
1985	.0581	.421	.750	1.604	1.740	6.745	11.294
2000	.1186	.816	1.616	3.911	2.818	10.418	19.488
asymptotisch	4.0	22.0	28.0	96.0	10.0	40.0	200.0

[a] Aus Gründen der mathematischen Handhabbarkeit haben wir einen sehr viel höheren Genauigkeitsgrad angewendet und dargestellt, als ihn die Daten rechtfertigen würden.

men wir an, daß die gegenwärtigen Trends begrenzt fortdauern. In der quantitativen Ausarbeitung der Szenarien berücksichtigen wir dieses Phänomen des Abflachens durch „asymptotische Werte" des Bevölkerungszuwachses und des Bruttoweltproduktes. Für unsere Absichten genügt es, die Asymptote als Gerade anzunehmen, der eine Quantität oder Variable (in diesem Fall die Gesamtbevölkerung bzw. das Gesamt-Bruttonationalprodukt) im Laufe der Zeit unendlich nahe kommt. Das heißt, wir stellen uns die ferne Zukunft zwar mit hohen, aber konstanten Bevölkerungszahlen und Werten für das Bruttonationalprodukt vor. In Tafel 2.7 werden diese Werte zusammengefaßt. Es ist das daher nicht unbedingt eine Vorhersage, sondern mehr eine praktische Möglichkeit, die gegenwärtigen Trends zu verarbeiten und zu fragen, was passiert, wenn sie unendlich lange anhalten.

Wir versehen *asymptotische Werte* mit Ausführungszeichen, weil sie keine echten Schätzwerte für die langfristige Zukunft der betroffenen Länder sind. Es sind eher Zahlen, die wir für unsere Gleichungen benötigen, wo sie nur als asymptotische Werte eine Rolle spielen. Solche Annahmen müssen getroffen werden, um zu den für jede Kategorie charakteristischen S-förmigen Kurven zu gelangen. Diese Kurven zeigen erst eine leichte Zunahme bei den absoluten Wachstumsraten, gefolgt von einem allmählichen Abflachen. *Das bedingt aber in keiner Weise, ausgenommen in dem Sinne, daß es überraschungsfrei ist, daß wir versuchen würden, die*

Tafel 2.7
Angenommene „asymptotische Werte" für die drei Basisvariablen

Kategorie	*Einwohner (in Milliarden)*	*Brutto-Produkt/ Kopf (in 1000 US-$)*	*Bruttoprodukt (in Billionen* US-Dollar)
Sehr arm	1	4	4
Aufstrebend arm	2-3/4	8	22
Kommunistisches Asien	1-3/4	16	28
Mitteleinkommen	3	32	96
Wohlhabend kommunistisch	1/2	20	10
Wohlhabend marktorientiert	1	40	40
Welt	10	20	200

ferne Zukunft so vorherzusagen, wie sie wirklich passieren wird. Wir wollen damit vielmehr zum Ausdruck bringen, daß die asymptotischen Werte einige unserer derzeitigen Annahmen über die grundlegende Langzeitdynamik jeder einzelnen Kategorie reflektieren.

Wir wären nicht überrascht, würden sich die Projektionen für die nächsten zwei bis drei Jahrzehnte, berechnet nach den Annahmen der Tafeln 2.6 und 2.7, als vernünftig herausstellen, erwarten das aber nicht für einen sehr viel längeren Zeitraum. Erstaunt wären wir hingegen, würde die Einteilung der Welt in diese Kategorien unbegrenzt bestehenbleiben oder würden sich alle angegebenen Zahlen auch nur als grob richtig herausstellen. Freilich wären wir auch nicht geschockt, träfen manche von ihnen zu. Verschiedene Staaten werden mit Sicherheit ihre Kategorien wechseln, da die einen schneller, die anderen langsamer als der Durchschnitt wachsen werden. Wir werden jedoch auf diese und auf andere Komplikationen in den von uns präsentierten Basis-Szenarien keine Rücksicht nehmen; daher unsere Annahme, daß sich jede Kategorie als Ganzes verändert.

Um das zu betonen, werden wir unsere Terminologie gelegentlich von „sehr arm" zu „anfänglich sehr arm", von „aufstrebend arm" zu „anfänglich aufstrebend arm", usw. modifzieren. Dies trifft außerdem noch aus einem anderen Grund zu: die Länder jeder Kategorie werden im Laufe der Zeit reicher. Keine Kategorie bleibt in unserer Welt so arm, daß man sie noch „sehr arm" oder auch nur „aufstrebend arm" nennen könnte. Auf Grund der Voraussetzungen bleiben sie jedoch relativ arm gegenüber den anderen.

Im realen Bereich erwarten wir, daß viele dieser „armen Länder" irgendwann einmal die Technik des Wirtschaftswachstums übernehmen werden. Wir glauben außerdem, daß sowohl Technologie als auch Gelegenheiten für ein rasches Wirtschaftswachstum so günstig und relativ leicht erreichbar sein werden, daß es vielen der Gesellschaftssysteme, denen die Anpassung heute noch sehr schwer fällt, dann gelingen wird.

Zu den Annahmen die den asymptotischen Werten zugrunde liegen, gelangten wir, indem wir von der Voraussetzung ausgingen, daß sich das Pro-Kopf-Einkommen der „wohlhabend marktorientierten" Staaten bei einem unbegrenzten Anhalten der gegenwärtigen Trends schließlich zum Fünffachen des heutigen Wertes stabilisieren wird. Dieser Wert ist dabei so gut wie irgendein anderer – so gibt es viele Szenarien, in denen sich das Pro-

Kopf-Einkommen bei mehr, und ebenso viele, in denen es sich bei weniger einpendeln könnte. Die asymptotischen Werte für die Armen sind im wesentlichen durch die Bedingung bestimmt, daß das asymptotische Verhältnis der Ärmsten zu den Reichsten 1 : 10 betragen soll. Gegenüber dem heutigen Verhältnis von 1 : 60 stellt dies eine gewaltige Verringerung dar. Dabei wird immer noch auf die Tatsache Rücksicht genommen, daß die gegenwärtigen Kulturen der „sehr armen" Länder, selbst wenn sie sehr große Veränderungen durchmachen sollten, nicht zu Gesellschaften führen werden, die einen sehr hohen Stand an Wohlhabenheit aufrechterhalten könnten. Das heißt nicht, daß dies in der Realität nicht doch geschehen könnte, es ist aber nicht Teil unserer Annahmen über die Welt A. Hier wird dies während der nächsten paar Jahrzehnte jedenfalls nicht passieren. Des weiteren gibt es keinen speziellen Grund für die Annahme, das Ungleichgewicht beim Einkommensverhältnis werde sich auf sechs reduzieren; aber auch für irgendeinen anderen Verhältniswert können wir keinen zutreffenden Grund finden. Es läßt sich nur sagen, daß er kleiner als sechzig und größer als zwei oder drei sein sollte.

Unserer Meinung nach werden die „Aufstrebend Armen" ungefähr doppelt so gut abschneiden wie die „sehr Armen". Unsere Annahme geht dann so weiter, daß das „kommunistische Asien" zweimal besser sein wird als die „aufstrebend Armen", und konsequenterweise verbessern sich auch die Mitteleinkommen-Staaten um den Faktor zwei, gegenüber dem „kommunistischen Asien". Diese Annahme treffen wir nicht, weil wir der Meinung sind, die kommunistischen Staaten Asiens wären nicht zu besseren Leistungen fähig (grundsätzlich sind sie sehr leistungsfähige Gesellschaften, wenn sie auch im Hinblick auf das Wirtschaftswachstum viele ideologische, logistische und administrative Schwierigkeiten zu überwinden haben), aber im Szenarium der Welt A entschließen sie sich nicht dazu. Was die „wohlhabend kommunistischen" Länder betrifft, so scheinen ihnen ebenso wie den „wohlhabend marktorientierten" Staaten ernsthafte Schwierigkeiten ins Haus zu stehen. Wir entschlossen uns, das asymptotische Verhältnis der Pro-Kopf-Einkommen der „wohlhabend kommunistischen" zu den „wohlhabend marktorientierten" Ländern – das 1 : 2 beträgt – konstant zu halten, obwohl wir, kurzfristig gesehen, den ersteren höhere Wachstumsraten zubilligen.

Wir könnten noch viel wichtigere, nicht so offensichtliche und vielleicht auch überzeugendere Gründe für die obenstehenden Zahlen angeben. Damit würden wir aber unsere Fähigkeit, die

Graphik 2.2
Welt A (Kurven für die gesamte Welt)

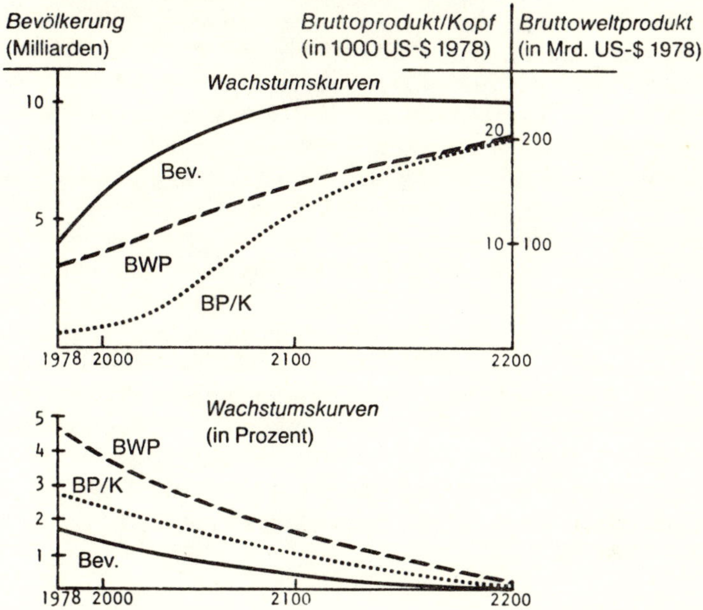

Zukunft zu erfühlen und zu beurteilen, über Gebühr beanspruchen, so daß wir die angegebenen Werte – die unserer Beurteilung nach am ehesten überraschungsfreie Prognose – nur benutzen, um zu zeigen, was wir unter einer „vorsichtigen optimistischen Welt" verstehen.

In Graphik 2.2 geben wir im oberen Teil die für unsere „vorsichtig optimistische Welt" oder „Welt A" gültigen Wachstumskurven für die Bevölkerungszahlen, das Pro-Kopf-Produkt und das Bruttonationalprodukt bis zum Jahr 2200 wider. Darunter zeigen wir, wie die relativen (Prozent) Wachstumsraten abnehmen. Tafel 2.6 gibt die Werte derselben Variablen für 1978, 1985 und 2000 sowie die asymptotischen Werte an, so daß der Leser eine Vorstellung von dem Grundszenario bekommen kann.

Diese Art eines mathematischen Modells von Wachstumsszenarien ist zur Erzielung von Einsichten in bestimmte Erwartungsmuster und Verhältnisse oft geeigneter als exakte Vorhersagen. Wir wollen uns zum Beispiel ansehen, wie sich die relativen Pro-Kopf-Einkommen in Zukunft verhalten werden. Unser Modell ist mit einer gewissen Dynamik behaftet. Ohne vorerst einmal Rücksicht darauf zu nehmen, ob diese Art der Dynamik für die reale Welt im nächsten Jahrhundert auch zutreffen wird, stellen wir die Frage, was passiert, wenn die Dynamik gilt. Auf diese Art und Weise gelangen wir zu den drei Kurven in Graphik 2.3.

Die oberste Kurve zeigt das Verhältnis der „wohlhabend marktorientierten" Gruppe zur Gruppe der „sehr Armen" (eben dieses Verhältnis wird häufig als „die Kluft" zwischen Arm und Reich bezeichnet). Manchmal wird damit aber auch die zweite Kurve gemeint, die das Verhältnis zwischen allen Reichen (einschließlich der „wohlhabend Kommunistischen") und allen Armen (einschließlich der „aufstrebend Armen") verdeutlicht. Wir weisen darauf hin, daß die Wohlhabendmarktorientiert/Sehrarm-Lücke bis in das nächste Jahrhundert hinein *zunimmt* und dann erst abzunehmen beginnt. Unserer Meinung nach ist das eine recht vernünftige Annahme über die zukünftige Welt, obwohl wir den Zahlen im einzelnen nicht zuviel Gewicht beimessen möchten, mit Ausnahme vielleicht für die nächsten ein, zwei Jahrzehnte. Sicherlich wären wir aber nicht überrascht, würde die Kurve ihren

Graphik 2.3
Trends einiger relativer Klüfte im Pro-Kopf-Einkommen – Welt A (vorsichtig optimistisches Szenarium)

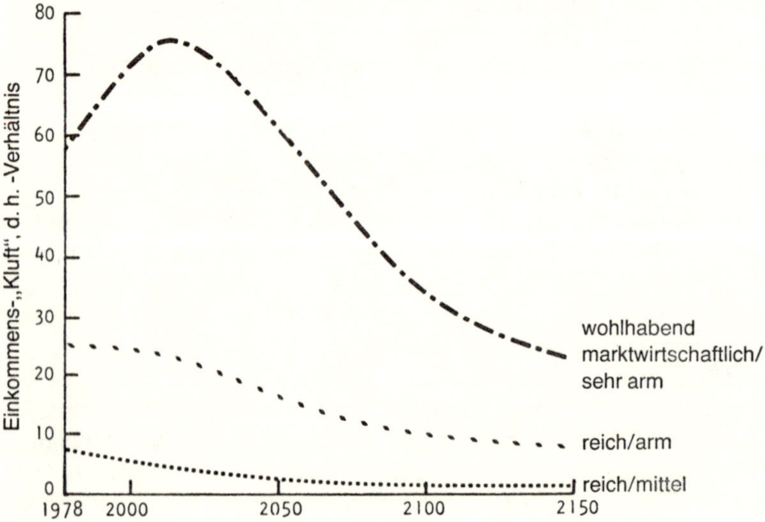

Höhepunkt ein Jahrzehnt später oder auch früher erreichen. Je weiter sie in die Zukunft hineinreicht, um so weniger ernst nehmen wir natürlich die Vorschau. Soweit die „Kluft“ die Rolle eines Antriebsmotors für die Wirtschaftsentwicklung spielt, wird dieser Motor, was die Armen anbelangt, immer stärker. Eines der Themen, das wir diskutieren möchten, ist die Möglichkeit, daß die Mitteleinkommen-Staaten und die armen Staaten in eine neue Art von Wechselbeziehung eintreten, die demnächst schon beginnen könnte und die im Laufe der Zeit intensiver werden wird.

Eine andere Möglichkeit, ein solches Szenario zu verwenden, besteht darin, es als einfachen, genauen und klaren Hintergrund zu benützen, auf dem man alle möglichen Details „aufbauen“ oder „malen“ kann. (Aus diesem Grund nennen wir es auch einen Szenarien-„Zusammenhang“.) Es kann oder kann auch nicht Vorhersagen enthalten, es sollte aber wenigstens interessant und frei von inneren Widersprüchen sein, so daß man es bequem benützen kann. Weiter unten werden wir einige weitere Szenarien-Zusammenhänge anbieten, betrachten diese aber als unser Grundszenario, von dem wir annehmen, daß es sowohl einige unserer Argumente illustriert, als auch erkennen läßt, daß es sich – sollten wir von diesem Grundfall abweichen – um alternative Möglichkeiten handelt.

Szenarien für hohes und niedriges Wachstum (Welten B und C)

Dieser Abschnitt präsentiert unsere Annahmen und Ergebnisse von zwei Varianten des Grundszenario-Zusammenhangs, der im vorhergehenden beschrieben wurde. Alle drei bringen grundsätzlich „das Übliche“ und „die schon bekannten“ Ansichten von Weltbildern, in denen die Dynamik der meisten betroffenen Länder ihren Höhepunkt in der Mitte der zweiten Hälfte unseres Jahrhunderts erreicht. Wenn sie von da an auch noch immer gut vorankommen, so werden ihre Wachstumsraten doch allmählich abzunehmen beginnen. In zwei der Welten werden die „sehr Armen“ besser abschneiden als je zuvor, es wird aber immer noch nicht exzellent sein. Die „sehr Armen“ kommen in der Welt A gut voran, in der Welt B noch besser, in der Welt C jedoch recht schlecht. Die „aufstrebend Armen“ werden in allen drei Welten mäßig gut abschneiden.

Die Welt B ist unser Beispiel für ein kräftiges Wachstum und spiegelt in dieser Hinsicht mehr Optimismus wider als die Welt A. Zwei Änderungen unterscheiden sie von der Welt A: Erstens, wir erlauben den relativen Wachstumsraten des Bruttonationalproduktes der „sehr Armen“ und der „aufstrebend Armen“ in Zukunft bis auf sieben Prozent zu steigen und verlangen nicht, daß *alle* relativen Wachstumsraten wie in Welt A und C abfallen müssen. Zweitens, wir nehmen ein asymptotisches Bruttoweltprodukt von 400 Billionen Dollar anstatt nur 200 Billionen Dollar an, und alle Pro-Kopf-Produkte werden gegenüber der Welt A verdoppelt.

Welt C ist unser pessimistischer Fall mit nur geringen Wachstumsraten. Am meisten davon betroffen sind die Kategorien der „sehr Armen“ und der „Mitteleinkommen“ (einschließlich des kommunistischen Asien), deren asymptotische Pro-Kopf-Einkommen nur den halben Wert von denen in Welt A betragen. Das spiegelt die Annahme wider, daß in diesem pessimistischen Fall

Graphik 2.4
Trends einiger relativer Klüfte im Pro-Kopf-Einkommen – Welt B (gemäßigt optimistisches Szenarium)

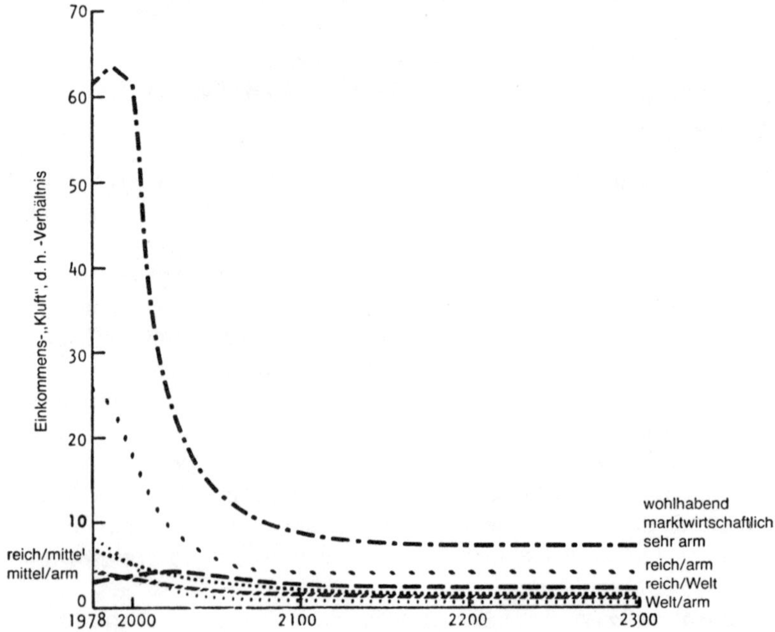

Graphik 2.5
Trends einiger relativer Klüfte im Pro-Kopf-Einkommen – Welt C (gemäßigt pessimistisches Szenarium)

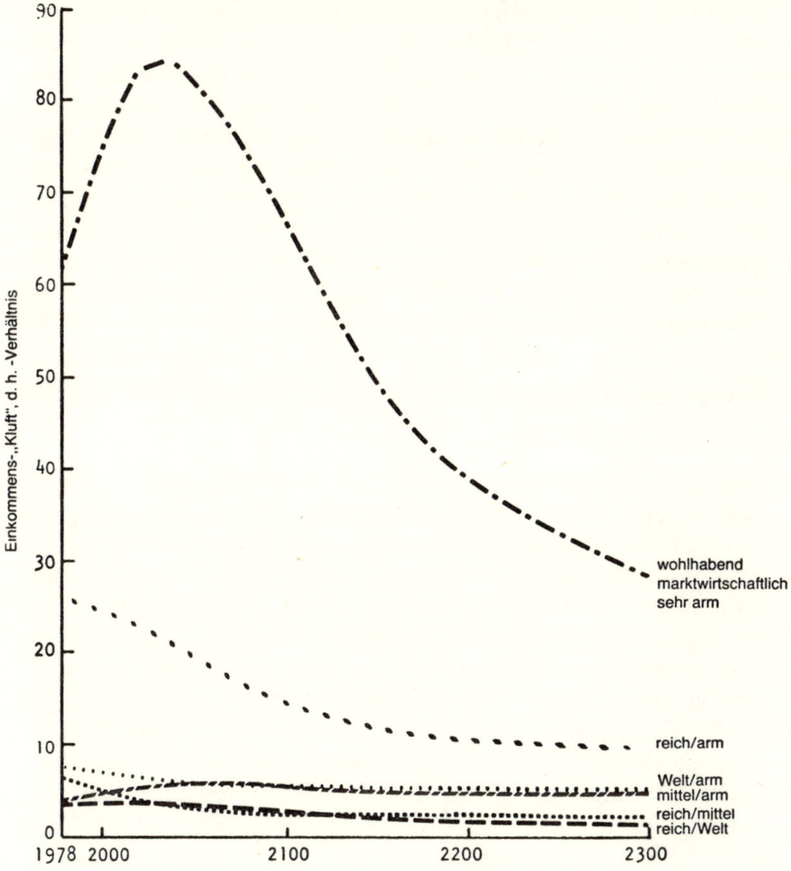

die „Armen" nur sehr langsam wachsen werden und die Gruppe der „Mitteleinkommen" nicht in der Lage sein wird, jenes Potential zu entwickeln, das wir ihnen in Welt A zugesprochen haben. Das asymptotische Bruttoweltprodukt der Welt C beträgt 125 Billionen Dollar.

Mit unseren Annahmen bezüglich des Weltbevölkerungswachstums weichen wir in den Welten B und C nicht von der Welt A ab, obwohl uns bewußt ist, daß die meisten Demographen heute argumentieren würden, die schnelle Urbanisierung und das relativ schnelle Anwachsen des Pro-Kopf-Einkommens werde wahrscheinlich zu einem ziemlich rapiden Abfall der Geburtenraten führen. In dem Ausmaß jedoch, in dem die „armen" Länder sehr arm bleiben, werden die hohen Geburtenraten in Welt C wahrscheinlich sehr viel länger als in den anderen beiden Welten bestehenbleiben, jedenfalls aber so lange, bis es nicht zu ernsten Hungersnöten oder anderen, durch die Armut bedingten Erhöhungen der Sterberaten kommt. Dies würde aber die Unterschiede zwischen den einzelnen Welten in einer Weise beeinflussen, die für unsere Überlegungen nicht von Bedeutung ist. Wir möchten diese zusätzliche Komplikation nicht auch noch berücksichtigen müssen. Die Graphiken 2.4 und 2.5 zeigen die relativen Lücken im Pro-Kopf-Einkommen für die Welten B und C.

Einige grundlegende politische, kulturelle und soziale Zusammenhänge

Das grundlegende Interesse, das wir in diesem Buch vertreten, liegt auf dem Gebiet der Modernisierung. Bei der Verfolgung der veschiedenen Möglichkeiten – und in der Beschreibung einiger unwahrscheinlicher Entwicklungen – finden wir es nützlich, einige suggestive, wenn auch vereinfachte soziale Milieuschilderungen, in denen die Modernisierung stattfinden könnte, vorzustellen. Jedes dieser sozialen Milieus könnte mit einem der oben geschilderten „grundlegenden, quantitativen Szenarien-Zusammenhänge" in Verbindung gebracht werden. Wir werden uns jedoch, wenn nicht ausdrücklich anders angegeben, wenigstens für den Rest dieses Jahrhunderts auf das Welt-A-Szenario beschränken.

Der Umfang und die Komplexität möglicher zukünftiger Sozialmilieus sind so groß, daß es den Futurologen schwerfällt, sie in den Griff zu bekommen – trotz allem, was auf diesem Gebiet schon veröffentlicht wurde. Aus diesem Grund versuchen wir zuerst einmal eine Reihe politischer, kultureller, sozialer und technologischer Themen vorzustellen, die verschiedene Ideen und Elemente für Szenarien-Zusammenhänge liefern könnten. Anschließend haben wir diese Themen dann so gereiht, daß sie Aufmerksamkeit erregen und damit Investitionen in die Wirtschaftsentwicklung und den technologischen Fortschritt fördern könnten. (Diese Ordnung ist nicht unbedingt streng. Auch können sich einige der Themen im Laufe der Zeit ändern und zu einer Neuordnung der Liste führen.)

Fünf grundlegende sozioökonomische Themen

Wir werden nachstehend fünf sozioökonomische Themen (und etliche Variationen davon) vorstellen, die unter Umständen die ganze oder auch nur Teile der Welt von morgen für einige Zeit charakterisieren könnten. Natürlich wird die reale Welt zu jedem konkreten Augenblick eine Mischung aus diesen und anderen Themen sein. Eine der Absichten, die wir mit dieser Liste verfolgen, soll es ja sein, die reale Welt als eine solche sich im Laufe der Zeit wahrscheinlich verändernde Mischung zu beschreiben.

Es gibt zumindest sechs verschiedene Arten, ein solches Thema zu nützen: normativ, deskriptiv, als Perspektive, als Maßstab oder Bewertung, als Metapher oder Analogie und als Teil eines Szenarios. Die wichtigste Funktion dieser Themen mag dabei die der normativen Hilfe in der Politik sein, wobei die entsprechende Version von verschiedenen Gruppen, die ihre Politik, ihre Vorstellungen und Absichten verwirklichen wollen, verwendet wird. Themen können auch als Standards zur Beurteilung oder Klassifizierung der Welt benutzt werden. Und sie können schließlich als Unterlagen für diverse Szenarien dienen. Man kann z. B. fragen, was passiert, wenn dieses oder jenes mehr betont oder der Versuch unternommen würde, die Evolution der Welt so zu verändern, daß sie dem einen oder anderen Thema mehr entspricht. Sie können als Bilder der Zukunft angesehen werden oder als Elemente einer gegenwärtigen Ideologie. Wir werden uns daher mit den unten angeführten Kategorien beschäftigen, um zu zeigen, was wir mit alldem meinen.

Wir bezeichnen unsere fünf grundlegenden Themen wie folgt:

1. *Blühende Weltgemeinschaften*[13]
   a) Intensiver Wettstreit nach darwinschem Muster.
   b) Relativ kooperativ und wohlmeinend.
2. *Technologie- und wachstumsorientierte Welten*
   a) „Normales menschliches Verhalten", vorsichtig optimistisch (unsere Welt A – d. h. Welt A und dieser Punkt 2a sind identisch).
   b) Mäßig optimistisch (unsere Welt B).
   c) Vorsichtig pessimistisch (unsere Welt C).
   d) Die Katastrophenversion.
   e) Die Erfolgsversion (Ehe zwischen Maschine und Garten).
   f) Ein Skinnersches Utopia.[14]
3. *Relativ wettbewerbsorientierte, nationalistische und aggressive Welten*

a) Leistungsfähig und vom Glück begünstigt.
b) Eher destruktiv und weniger leistungsfähig – oder auch nur nicht vom Glück begünstigt.
c) Verschiedene Katastrophenszenarien.

4. *Verschiedene Welten mit geringem Wachstum*
   a) Wirtschaftliche und soziale Malaise (eine verstärkte Form unserer Welt C).
   b) „Klein-ist-schön"-Weltgemeinschaft (falls zutreffend).
   c) A eine (leistungsfähige) Welt, in der der Garten über die Maschine triumphiert:
      (i) OECD-weit.
      (ii) Weltweit.
   d) Eine von Sorgen erfüllte und rückschrittliche Welt.
   e) Strikte Betonung von Stabilität, Chauvinismus und jede Vermeidung von Risiko:
      (i) OECD-weit.
      (ii) Weltweit.
   f) Eine antitechnologie- und antiwachstumsorientierte Welt:
      (i) OECD-weit.
      (ii) Weltweit.
5. *Besonders sorgengeplagte Rückzugs- oder Katastrophenwelten*

Diese Aufzählung enthält mehr Fälle, als wir in diesem Buch ernsthaft behandeln können, obwohl die Auswahl immer noch relativ willkürlich ist und viele ebenfalls interessante Zukunftsthemen nicht erwähnt worden sind. Uns erscheinen solche Listen auch deswegen interessant, weil man entscheiden kann, welche Themen in nachfolgenden Szenarien verwendet oder betont werden sollen. Auf diese Weise können Möglichkeiten, die nicht verfolgt wurden, explizit und deutlich hervorgehoben werden, und man kann diejenigen, die diskutiert wurden, jenen gegenüberstellen, die man nicht behandelt hat.

Wir sind nicht einmal in der Lage, auf alle in einem einzigen Szenarien-Zusammenhang auftretenden politischen, kulturellen und sozialen Fragen einzugehen. Dennoch aber können wir uns gedanklich in die verschiedenen Systeme versetzen und dann Rückschlüsse über die weitere Entwicklung und Lösbarkeit diverser Fragen ziehen und Überlegungen bezüglich der Wirtschaftsentwicklung und des technologischen Fortschritts anstellen.

Die fünf grundlegenden Themenzusammenhänge und ihre Variationen

1. Eine extrem blühende Gesellschaft

Die Menschheit nimmt das Bibelwort „seid fruchtbar und mehret euch“ ernst. Dieses Ziel wird mit großer Entschlossenheit verfolgt, und zwar unter fast völliger Mißachtung der Antiwachstumswerte oder anderer „Begrenzung des Wachstums“-Positionen.[15] Solange die Tendenz zur Fruchtbarkeit anhält, werden ungeheure Investitionen in die Wirtschafts- und Technologieentwicklung vorgenommen werden. Die Gesellschaft ist bereit, immer mehr für biologische Forschung und auch für harte Technologien auszugeben. Eine Folge davon ist, daß die Fähigkeit des Menschen, Pflanzen und Tiere lokalen Gegebenheiten und Bedürfnissen anzupassen, enorm zunimmt. Gleichzeitig gibt es aktive und erfolgreiche Bemühungen, jene sozialen Sitten, Regeln, Gebräuche und Werte zu eliminieren oder zu modifizieren, deren Zweckmäßigkeit sich insofern überlebt hat, als sie die Gesellschaft in einen Zustand geringerer Wettbewerbsfähigkeit, Dynamik und Anpassung erhalten.

In einer extrem blühenden Gesellschaft könnte es tatsächlich zu einigen ungewöhnlichen Entwicklungen kommen. So könnte z. B. ein hohes Maß an künstlicher Intelligenz geschaffen werden, und somit wäre die Entscheidung zu treffen, ob die Aufforderung, „fruchtbar zu sein und sich zu vermehren“, auch auf intelligente Computer und Roboter auszudehnen ist. Die Ablösung des Menschen durch Maschinen kann nicht gänzlich ausgeschlossen werden (vorausgesetzt es gelingt, eine genügend kreative Intelligenz für sich selbst reproduzierende Maschinen zu schaffen). Ob nun gerade dieser Fall eintritt oder nicht, ziemlich sicher werden aber viele andere Arten von „Cyborgs“ und Mensch-Maschine-Kombinationen von außergewöhnlicher Komplexität und Fähigkeit verwendet werden.

Hauptsächlich erwähnen wir diesen Zusammenhang und seine zwei Variationen deshalb, weil wir zeigen wollen, daß es auch zu extremen Fällen kommen könnte, die sich von den von uns näher untersuchten recht deutlich abheben. Dieses Szenario ist auch als nützliches Beispiel einer Parodie auf das gedacht, was viele „Antiwachstumsbewegungen“ als die logische (wenn nicht sogar eigentliche) Folge der heutigen Gesellschaft ansehen. Ungeachtet dessen aber, daß es eine Parodie ist, gleicht es doch in vielen seiner Züge mancher vergangenen Gesellschaft mit hoher Moral. In gewisser Hinsicht spiegelt dieses Szenario sogar die Ausdehnung der USA über Nordamerika während des 18. und 19. Jahrhunderts wider. Zieht man einige der zu erwartenden neuen technologischen Entwicklungen in Betracht, so könnten Teilaspekte dieses Themas wieder auftauchen. Wir wollen dazu kurz die zwei folgenden Varianten behandeln:

1a) Intensiver Wettstreit nach darwinschem Muster
Dies wäre wohl die extremste Version einer blühenden Gemeinschaft. Die Gesellschaft würde das Ziel „seid fruchtbar und mehret euch" absolut rücksichtslos und mit fast manischer Entschlossenheit verfolgen. Für alle jene, die in einer solchen Gesellschaft leben und in der Lage sind, ihre Errungenschaften zu teilen, mag das vielleicht gar kein so unangenehmes Leben sein, doch für die meisten Menschen von heute (oder zumindest für die in halbwegs erfolgreichen und erfreulichen Gesellschaften Lebenden) wäre dieses Leben abschreckend, wenn nicht sogar entsetzlich. Viele heute in der dritten Welt lebenden Menschen würden eine solche Gesellschaft aber als Verbesserung gegenüber ihrer jetzigen Lage ansehen.

1b) Relativ kooperativ und wohlmeinend
Wiederum entscheidet sich die Menschheit dafür, fruchtbar zu sein und sich zu vermehren – jede bewohnbare Nische des Universums mit Leben der einen oder anderen Art zu füllen, vor allem aber mit menschlichem Leben. Diese Kultur versucht aber rücksichtsvoll zu sein und zeigt großes Interesse an solchen Werten wie Kunst, Familie, Sicherheit, Menschenrechten, Glück und kultureller Kontinuität. Es kann durchaus die Bereitschaft bestehen, hohe Risiken einzugehen, aber man ist nicht bereit, exorbitant hohe Preise dafür zu zahlen. Auch besteht nicht jene absolute Bereitschaft, so viele alte Bräuche und Werte aufzugeben oder so skrupellos mit den weniger auf Konkurrenz ausgerichteten Personen oder Institutionen umzugehen wie in der darwinschen Version. Zwar gibt es immer noch ein gewisses Maß an darwinscher Selektion und Konkurrenz, dies wird aber durch starke Betonung von Zusammenarbeit und Entgegenkommen in Grenzen gehalten; die Gesellschaft kümmert sich um ihre Nachkommenschaft und schützt sie. Auf richtige Anpassung wird aber immer noch viel Wert gelegt. Aus diesem Grunde wird es auch noch viel gesellschaftliche (und vielleicht auch biologische) Manipulation geben, um diese Anpassung zu gewährleisten.

Dieses Thema ist nach wie vor weit von dem entfernt, was wir in diesem Buch als wahrscheinlich hinstellen möchten, allerdings ist es nur mehr eine gemäßigt extreme Version davon. Die Unterschiede sind aber wichtig, und wir betrachten dieses Szenario daher – nach 1a) – als ein weiteres Beispiel dafür, was uns *nicht* vorschwebt.

2. Technologie- und wachstumsorientierte Welten
Trotz des Ausmaßes möglicher Folgen verändert sich in diesen wachstumsorientierten Welten nicht allzuviel. Der Nationalstaat behält in den internationalen Beziehungen eine führende, wenn auch abnehmend wichtige Rolle, und es besteht weiterhin ein hohes Maß an Loyalität und Dynamik auf nationaler Ebene – zum Teil auch, weil sich kein augenfälliger Ersatz dafür anbietet. Eine Reihe internationaler Organisationen bilden sich *ad hoc* und erfüllen wichtige Funktionen, es gibt aber keine Verschmelzung in Richtung einer echten Weltregierung. Große Katastrophen, Kriege oder Depressionen bleiben aus.

In unserer Liste führen wir sechs Versionen dieses Themas an:

a) „Normales menschliches Verhalten“, vorsichtig optimistisch (unsere Welt A).
b) Mäßig optimistisch (unsere Welt B).
c) Vorsichtig pessimistisch (unsere Welt C).
d) Die Katastrophenversion.
e) Die Erfolgsversion (Ehe zwischen Maschine und Garten).
f) Ein Skinnersches Utopia.

Dieses Buch befaßt sich vor allem mit den oben angegebenen Welten A, B und C. Im Vergleich zu den vielen dramatischen Ereignissen der letzten 200 Jahre passiert in keinem dieser drei wachstumsorientierten Themen viel – zumindest nicht, solange die Welt größtenteils innerhalb dieser Themen bleibt. Das Aussehen der Welt im Jahr 2000 und danach verändert sich gegenüber dem Heute nicht viel. Wenn es auch bei den Themen untereinander viele Variationen gibt, so bleibt insgesamt doch alles beim alten.

Die wachstumsorientierten Welten d) und e) sollen den Bereich von der Katastrophe bis zum Erfolg überspannen. In diesem Buch werden wir den Versionen d) und c) vielleicht etwas zu wenig Raum einräumen. Wären wir bei dem Standpunkt, den wir noch vor wenigen Jahren eingenommen hatten, geblieben, so hätten wir diesen Katastrophenszenarien wahrscheinlich wesentlich mehr Aufmerksamkeit geschenkt. In den letzten beiden Jahren jedoch geschah sehr viel, das die Wahrscheinlichkeit einer wirtschaftlichen Katastrophe stark vermindert hat – dennoch bleibt uns ein Rest von Sorge. Viele unserer Katastrophenszenarien beruhen auf dem Unvermögen, die Inflation unter Kontrolle zu bringen, wobei unserer Meinung nach die Inflation zwar noch immer ein sehr störender Faktor ist, das damit verbundene Katastrophenpotential jedoch abgenommen hat.

Offensichtlich wird es zu vielen Spannungen und Widersprüchen kommen, die leicht zu anderen Weltordnungen führen können. Manche dieser Veränderungen können durchaus beabsichtigt sein, weil dieser oder jener Politiker oder verschiedene Gruppen versuchen, die neue Richtung einzuschlagen. Unter den heutigen Bedingungen allerdings halten wir es für recht unwahrscheinlich, daß einer der führenden Politiker oder irgendeine größere Gruppe bewußt aus dem relativ engen Spielraum ausbrechen will. Ein Wechsel kann natürlich trotzdem stattfinden – aus unbeabsichtigten Handlungen, aus zunehmend inneren Widersprüchen, wegen übermäßiger Spannungen, einfach evolutionär und so weiter.

In Teil II werden alle diese Fragen ausführlich behandelt. Die sechs technologie- und wachstumsorientierten Versionen besprechen wir deswegen, weil viele der technokratischen, wissenschaftlichen oder sonstwie hochgestochenen Liberalen sie in der einen oder anderen Form ernst nehmen.

Ad (2f) Ein Skinnersches Utopia. Viele grundlegende Theorien der Verhaltensforschung, die Ähnlichkeiten mit B. F. Skinners *Futurum Zwei („Walden Two"), Jenseits von Freiheit und Würde* (Rowohlt, rororo) aufweisen, könnten sich ausgezeichnet als Grundlage für hochtechnisierte und sehr wohlhabende Gesellschaften eignen. Die Mitglieder einer solchen Sozietät wären seelisch recht ausgeglichen, stark motiviert, von Haus aus kooperativ und gesetzestreu. Zur gleichen Zeit würde auch ein hoher Grad an Initiative, Courage, Wagemut und Dynamik zusammen mit dem nötigen Maß an Aggression und Wettbewerbsgeist bewahrt werden. Sollten die beiden letztgenannten Eigenschaften aber so stark werden, daß sie dem glatten Funktionieren der Gesellschaft hinderlich wären, so würde man sie wirkungsvoll abbauen.

Viele Enthusiasten eines technologischen Wachstums würden sicherlich eine solche Gesellschaftsform wählen. Ob sie allerdings auch funktionsfähig wäre, ist bestenfalls eine offene Frage. Zumindest im westlichen Kulturkreis könnte sie sich als völlig undurchführbar erweisen. Oder sie wäre dort nur in einer Gesellschaft möglich, wie sie in George Orwells *1984* oder in Aldous

Huxleys *Schöner neuer Welt* beschrieben wird, nicht jedoch in jener demokratischen, individualistischen und pluralistischen Gesellschaft, wie sie die meisten westlichen Leser dieses Buches und die potentiellen Mitglieder einer solchen Gesellschaft vorziehen würden. Zum Teil wäre eine solche Ordnung vielen traditionellen, konfuzianischen Vorstellungen näher als den meisten westlichen Werten der letzten beiden Jahrhunderte. Wir könnten uns aber auch viel eher vorstellen, daß sich einige der neokonfuzianischen Gesellschaften solch einer Welt zuwenden. (In mancher Hinsicht strebte das maoistische China eine solche Alternative an.)

Eine der extremeren Formen eines Skinnerschen Utopia würde die wissenschaftliche Verhaltenskontrolle und -modifikation nicht nur akzeptieren, sondern würde auch intensiv genetische Manipulation, Chemie, Chirurgie und andere Formen von Erbmassenbeeinflussung betreiben, sollten diese entwickelt werden. Ein ausgeprägtes Programm zur Überwachung von Einwanderern, ja selbst ganzen Nationen, wäre in solch einem (oder vielleich auch in jedem) Skinnerschen Utopia zur Verfolgung positiver Zwecke denkbar.

Die Gesellschaft könnte leicht mehr als bloß eine Ahnung von Themen einer „blühenden Welt" haben, würde sie aber wahrscheinlich nicht so ernst nehmen, wie das die wirklich blühenden Welten tun. Sie könnte auch viele Haltungen der humanistischeren Gesellschaften, die unter den Welten mit geringem Wachstum beschrieben werden, einnehmen, vor allem, da sie patriarchalisch eingestellt ist. Ein schnelles Wirtschaftswachstum wäre nicht ein Ziel um seiner selbst willen, sondern bloß ein Mittel, um einen hohen Lebensstandard und eine hohe Lebensqualität zu erzielen, wie auch immer diese beiden Begriffe definiert wären.

Diese Skinnersche Gesellschaft würde wahrscheinlich großen Wert auf Wissen legen – vor allem auf Wissenschaft und Technologie –, nicht aber unbedingt auf eine breite Streuung dieses Wissens. Bevölkerungswachstum wäre nur ein Mittel zur Verwirklichung anderer Werte erstrebenswert. Einem weiteren Wachstum würde diese Kultur nicht von Haus aus feindlich gegenüberstehen, da sie sich in der Lage fühlen würde, mit jedem weiteren Bevölkerungswachstum wirtschaftlich und technologisch und auch sonst von jedem Gesichtspunkt her fertig zu werden. Die heute überall wahrnehmbare Drohung, die Welt könnte in einem exzessiven Bevölkerungswachstum untergehen, würde diesen Leuten ziemlich dumm vorkommen, ausgenommen vielleicht ganz spezielle Situationen, wo das zu einem ernsthaften Problem werden könnte.

Eine geordnete, gut funktionierende Gesellschaft ist die oberste Forderung eines Skinnerschen Utopia. Ist dieser erwünschte Zustand einmal erreicht, kann es zu einer gewissen Beschränkung des Bevölkerungswachstums kommen, denn Stabilität hätte dann Vorrang. Ein solches Niveau wäre wahrscheinlich recht schnell erreicht, und zwar auf Wegen, die jenen unserer Projektionen gleichen, wo wir annehmen, daß es durch ineffiziente Verwaltungsbürokratien und Reglementierungen, durch verschiedene andere Unzukömmlichkeiten und durch ein geringes Verlangen nach übermäßigem Reichtum, der über die Absicherung von Unglücksfällen und Katastrophen hinausgeht, die Stabilität bedroht und mehr Probleme schafft, als es Vorteile bringt. Unserer Ansicht nach würde man unsere Welt A jedoch höchstwahrscheinlich als gerade richtig betrachten.

3. Relativ wettbewerbsorientierte, nationalistische und aggressive Welten

Bis hierher haben wir einen ziemlich glatten Verlauf der internationalen Beziehungen unterstellt: politische Schwierigkeiten und Unruhen beeinflussen die wirtschaftliche Entwicklung nicht ernsthaft. Beispielsweise erwähnten wir bereits, daß sich die politische Landkarte der Erde während der nächsten zwei, drei Jahrzehnte aller Wahrscheinlichkeit nach nicht wesentlich verändern wird. Ausnahmen werden möglicherweise der Mittlere Osten, die geteilten Staaten und anhaltende Probleme in den Ländern des ehemaligen Indochina bilden. Aber selbst das ist heute nicht mehr so wahrscheinlich, wie es einmal war. Es ist nicht leicht, im 18. oder 19. Jahrhundert eine Periode von 20 oder 30 Jahren zu finden, in der die politische Landschaft ähnlich stabil war.

Es wäre nun durchaus vorstellbar, daß sich die internationalen Beziehungen so sehr verschlechtern, daß viele der Probleme des 18. und 19. Jahrhunderts wieder auftauchen. Aber selbst wenn es zu ähnlichen Schwierigkeiten innen- und außenpolitischer Art wie damals zur Zeit der sich bildenden oder auch schon bestehenden Nationalstaaten käme, müßte das deswegen noch nicht unbedingt zum selben hohen Maß an kriegerischen Auseinandersetzungen führen wie zu jener Zeit. Das atomare Gleichgewicht etwa läßt die Menschen heute um vieles vorsichtiger sein. Auch scheint eine erfolgreiche innenpolitische Entwicklung nach wie vor eine der wirkungsvollsten Methoden zu sein, die Macht und das Ansehen einer Nation zu stärken – nicht unbedingt ein aggressives Verhalten. Außerdem dürfte es inzwischen zu echten Veränderungen in der

Haltung der Menschen gegenüber Eroberungen, Unterdrückung, Aggression und ähnlichen Aktivitäten gekommen sein.

Wir nehmen daher an, daß es zwei Wege gibt, wie sich diese Welten verschlechtern könnten. Einmal könnte die Welt äußerst krisenanfällig werden, was aber die Wirtschaftsentwicklung während der uns am meisten interessierenden nächsten zwei, drei Jahrzehnte nicht wesentlich beeinflussen wird. Beim zweiten Weg hingegen käme es zu wesentlich intensiveren und gefährlicheren Wettbewerbssituationen, was einen entscheidenden Unterschied bedeuten würde. Man könnte dieses Thema nun, beginnend mit den verschiedenen Stadien nuklearer Proliferation, über ein hohes Maß an Terroraktivitäten bis hin zu heftigen nationalen und internationalen Krisen spinnen. Im speziellen dürften zehn Staaten der dritten Welt über offene oder verschleierte Nuklearprogramme verfügen, die Optionen auf die Beschaffung von Kernwaffen darstellen oder die zur Grundlage einer solchen Option werden könnten.

Die erste Version dieses Themas nimmt an, daß nur wenige dieser Länder der dritten Welt von einer solchen Option vor den späten achtziger und frühen neunziger Jahren auch Gebrauch machen werden; bis zum Ende des Jahrhunderts könnte es allerdings dazu kommen. In der zweiten Version setzen sich die meisten oder alle diese Länder in den Besitz von Kernwaffen. Eine Vielzahl von Ländern mit Nuklearwaffen würde die Charakteristik jeder Art von Krise sowie auch der durch verschiedene Arten terroristischer Aktivitäten hervorgerufenen Probleme offensichlich entscheidend verändern.

3a) Leistungsfähig und vom Glück begünstigt

In dieser Version gibt es konventionelle Kriege, Revolutionen und weit mehr destruktives Verhalten, Neurosen, Gewaltverbrechen, Terrorismus und andere illegale Aktivitäten als in den technologie- und wachstumsorientierten Welten. Nichts davon ist jedoch so ausgeprägt oder häufig, daß dadurch die grundlegenden wirtschaftlichen und technologischen Trends zerstört würden. Die Wirtschaftsentwicklung und der technologische Fortschritt halten an, auch wenn sie von viel mehr Unruhe und Gewalttätigkeit begleitet werden als heute. Und *de facto* besteht in der Welt ein hoher Grad von Ordnung und internationalem Handel.

Nicht nur, daß die einzelnen Staaten mit ihren Angelegenheiten gut zurechtkommen, sie werden auch vom Glück begünstigt. Es passieren keine größeren Zwischenfälle, die eine wirklich wesentliche Rolle spielen könnten. Hätte man z. B. irgend jemandem in früheren Zeiten gesagt, die USA und die Sowjetunion würden beide im Besitz Tausender atomarer Raketen sein, die innerhalb weniger Minuten, wenn nicht sogar Sekunden gezündet werden können, daß sich aber nur ganz wenige Menschen deswegen und darüber, daß es zu einer unbeabsichtigten oder unerlaubten Anwendung dieses riesigen Todespotentials kommen könnte, Sorgen machen, so wäre der Betreffende sicherlich sehr erstaunt gewesen. Für rund zweitausend Jahre bezeichnete die Metapher vom Damoklesschwert eine äußerst bedrohliche Situation; heute leben wir alle in dieser Situation. Die meisten Menschen aber nehmen an, daß der Faden, an dem das Schwert hängt, tatsächlich recht fest ist. Jedenfalls geht jeder seiner täglichen Beschäftigung nach, ohne dauernd an diese recht beunruhigende Tatsache zu denken.

In dieser Version spielt der Nationalstaat eine um vieles aggressivere Rolle, die aber nicht so weit geht, daß dadurch die weitere Entwicklung des Weltmarkts und der internationalen Arbeitsteilung gefährdet wäre. Der Welthandel nimmt, jedenfalls anfänglich, immer noch mit jährlich mehr als 5 Prozent zu. Das Wirtschaftswachstum und die politische Stabilität gleichen mehr der Situation in den USA während des 19. Jahrhunderts (allerdings ohne den Bürgerkrieg) und nicht sosehr den gewalttätigen Ereignissen, die im Laufe des Aufstiegs und Untergangs der spanischen und portugiesischen Reiche stattfanden, wenn Vorkommnisse dieser Art auch nicht ganz auszuschließen sind.

Dieses Thema nimmt an, daß sich die Welt gegenüber dem heutigen Zustand nicht wesentlich verbessert. Im Gegenteil, sie wird sich etwas verschlechtern. Zum Teil deswegen, weil einige der aufstrebenden Nationalstaaten (z. B. Brasilien und China) oder vielleicht auch einige europäische Nationen aggressiver werden. Auch werden Terrorkommandos eng mit sympathisierenden Regierungen zusammenarbeiten. Diese Art der Kooperation wird toleriert, was eine der Hauptursachen diverser Probleme ist. Willkürliches Verhalten wird akzeptiert – vor allem deswegen, weil die Welt der Meinung ist, daß man es sich leisten kann, es in Kauf zu nehmen. Die Gesellschaft fühlt sich dadurch jedenfalls nicht so bedroht, daß sie dem ein Ende machen würde. Später ist sie dann dazu nicht mehr in der Lage.

Innerhalb der Staaten sind wirtschaftliche Entwicklung und technologischer Fortschritt auf eine ähnliche Weise mit Unruhen und Auseinandersetzungen verbunden. Aber auch das spielt sich nicht in dem Umfang und auf jene Art und Weise ab, wie wir das noch vor zehn Jahren oder zwanzig Jahren erwartet hätten, da sich viele Staaten inzwischen den dauernd ändernden Bedingungen angepaßt haben und nun in der Lage sind, den Übergang zu bewältigen. Unter den herrschenden Zuständen hat der wirtschaftliche Fortschritt trotz all seiner störenden und zerstörenden Eigenschaften doch auch die Fähigkeit, zur Stabilität beizutragen. Wirtschaftliche Stagnation hingegen besitzt ein großes Potential, Unordnung auszubrüten. In dieser Welt gibt es genausoviel Ordnung wie Unordnung.

3b) In vieler Hinsicht wie 3a), aber destruktiver und weniger leistungsfähig – oder auch nur weniger vom Glück begünstigt
In dieser Welt neigt die internationale Konkurrenz noch mehr dazu, außer Kontrolle zu geraten, explodiert aber noch nicht in einem interkontinentalen Thermonuklearkrieg oder auch nur in mehrere kleine. (Passiert dies trotzdem, dann gilt Kategorie 3b) nicht mehr, und wir gehen zu einem anderen Thema über.) Es gibt die Kriegsdrohung jedoch, und vielleicht kommt es sogar zu einem begrenzten Einsatz von Atomwaffen. Fast sicher kommt es aber zu einer schnellen, beinahe explosionsartigen Proliferation von Kernwaffen.

In diesem Fall machen nicht nur die zehn vorhin erwähnten Staaten der dritten Welt Ende der achtziger Jahre, Anfang der neunziger Jahre vor ihren Optionen auf Atomwaffen Gebrauch, sondern einige der großen Mächte unterstützen sie dabei noch; entweder aus Gründen politischer Konkurrenz oder wirtschaftlicher Natur. Unter den Mächten herrscht intensiver Wettbewerb, und die Ansicht „wenn wir es nicht tun, wird ein anderer es tun“ gewinnt starken Einfluß. Man kann sich Länder vorstellen, die erst für sich selbst Kernwaffen herstellen und später dann ihre Produkte exportieren, um die Entwicklungskosten dafür hereinzubekommen. Ist die Schwelle zu einem solchen Prozeß einmal öffentlich überschritten worden, so könnte man sich vorstellen, daß selbst Länder wie die Schweiz oder Schweden diesen Weg einschlagen werden.

Obwohl dieses Thema in einigen anderen Studien des Hudson-Institutes eine zentrale Rolle spielt, werden wir es hier nicht in aller Ausführlichkeit diskutieren. Sein Grundzug weist darauf hin, daß Unruhen nicht nur latent oder abstrakt bleiben, sondern als destruktive Aktionen auch ausgeführt werden oder doch zu intensiven Androhungen von Zerstörung werden. Jede Nation muß auf diese Möglichkeit Rücksicht nehmen. Ein Atomkrieg ist nicht länger mehr „undenkbar". Viele Länder legen sich eine relativ einfache, aktive Verteidigung gegen ebenso einfache Raketen- oder Luftangriffe zu. Keine Verteidigung dieser Art wäre in der Lage, gegen technisch hochstehende oder sehr massive Angriffe etwas auszurichten, aber das ist auch gar nicht beabsichtigt.

In mancher Hinsicht mag die Wirtschaftsentwicklung in so einer Welt schneller vonstatten gehen, weil die Notwendigkeiten der nationalen Sicherheit für jedes Land so unabdingbar und offensichtlich sind. Der traditionelle Antrieb der Wirtschaftsentwicklung wird sehr relevant und stark. Die Länder und ihre Bürger sind willens, für Wohlstand zu sorgen, um die nationale Sicherheit finanzieren zu können. Der hohe Grad an Unruhen ist zwar zerstörerisch und teuer, schafft aber auch einen zusätzlichen Antrieb, zu arbeiten und die Technologie voranzutreiben.

Eine solche Welt kann natürlich sehr gefährlich sein. Die moderne Technologie schafft alle denkbaren Arten von Wahlmöglichkeiten für zerstörerische Mittel und Methoden. Wenn Unruhen auf einer entsprechend hohen Ebene zum Ausbruch kommen, so würde das die Wirtschaftsentwicklung und auch den technologischen Fortschritt schwer beeinflussen. Wenn es zu einem großen, weithin vernichtenden Krieg kommt, so könnten die überlebenden Menschen zu dem Entschluß gelangen, nicht länger mehr mit moderner Physik und Technologie leben zu wollen; es könnte zu einer Umkehr in eine stark antitechnologie- und antiwachstumsorientierte Welt kommen. So etwas könnte entweder auf sehr intensive und weitverbreitete Weise geschehen oder zeitlich und räumlich begrenzt sein. Sollten sich nur einige wenige Länder entschließen, keine moderne Wissenschaft und Technologie mehr zu betreiben, so könnten andere Staaten daraus einen Vorteil gewinnen, den sie vielleicht auch ausnützen wollen. Insbesondere könnten sie sich dann zu so einem Schritt entschließen, solange noch die Möglichkeit besteht, künftige Probleme am Entstehen zu hindern – d. h. einer Wiederaufrüstung jener Staaten vorzubeugen, die auf moderne Waffen verzichtet hatten.

4. Verschiedene Welten mit geringem Wachstum

Alle bisher besprochenen Welten haben, gemessen am Standard der meisten gegenwärtigen Diskussionen, ein sehr hohes Wirtschaftswachstum, ausgenommen in einigen Fällen, wie z. B. Welt C, in denen wir der Meinung sind, daß es relativ niedrig liegt. So sind viele Leute der Ansicht, daß unsere übliche Vorhersage für das Ende dieses Jahrhunderts – etwa sechs Milliarden Menschen und ein Bruttoweltprodukt von 15–20 Billionen Dollar – für die Kapazität der Erde jenseits der Grenzen der Wünschbarkeit oder Durchführbarkeit liegt. Wir stimmen dem zwar in keiner Weise zu, glauben aber dennoch, daß es nützlich ist, Welten zu beschreiben, deren Bruttoweltprodukt im Jahr 2000 unter 15 Billionen Dollar liegt und die ab der Jahrtausendwende vielleicht nur noch sehr langsam weiterwachsen. Einer der Gründe dafür, daß wir diese Fälle durchspielen, ist darin zu suchen, daß wir explizit auf die Differenzen zwischen den in diesem Buch diskutierten Fällen und jenen hinweisen wollen, die andere Autoren und Gruppen vertreten.

4a) Wirtschaftliche und soziale Malaise

In vielen OECD-Ländern scheint sich eine hartnäckige und anhaltende Malaise eingenistet zu haben. Im Hudson-Institut behaupteten wir längere Zeit hindurch, daß die USA in der Periode von 1965 bis 1975 durch eine depressive Phase gegangen wären, daß sie aber ab 1976/77 begonnen hätten, sich wieder zu erholen. Heute sind wir nicht mehr so sicher, daß es tatsächlich zu einem Aufstieg gekommen oder er noch im Gange ist. In diesem hier diskutierten Weltzusammenhang gelangt man auch gar nicht zu einer vollen Erholung, statt dessen kommt es zu einem ernsthaften Rückfall. Das Geschäft bleibt weiterhin relativ unrentabel oder ist in den USA, in Europa und Japan mit zuviel Risiko verbunden, wenn auch nicht unbedingt aus denselben Gründen. In naher Zukunft kommt es zwar zu einer schwerwiegenden Depression, nicht aber zu einem wirtschaftlichen Kollaps; der Erholungsprozeß erfolgt langsam und unsicher – zumindest in den hochentwickelten kapitalistischen Staaten.

In ganz ähnlicher Weise, wie auf *La Première Belle Époque* (1886–1913) die von uns so genannte *La Mauvaise Époque* (1914–1947) folgte, gibt es eine zweite gute Ära (1948–1973), gefolgt von einer schlechten Zeit (1974–etwa 2000). Im ersten Zyklus fielen die Wachstumsraten der hochentwickelten kapitalistischen Staaten von 3,3 Prozent auf 1,8 Prozent. Und *La Mauvaise Époque* war tatsächlich schlecht: zwei Weltkriege, die große Depression, Revolutionen, der Bolschewismus, der Aufstieg des Faschismus und eine Reihe weiterer unerfreulicher Ereignisse. Möglicherweise könnte sich ein solcher Zyklus noch einmal wiederholen. Viele Leute halten daher eine solche Welt auch für recht realistisch. Manche würden sogar einen wirtschaftlichen Kollaps ähnlich dem großen Börsenkrach einbeziehen.

4b) „Klein-ist-schön"-Weltgemeinschaft

Diese Entwicklung ist durch das ernsthafte und systematische Bemühen gekennzeichnet, weltweit die Ausbeutung der Erde und ihrer Bodenschätze zu beschränken. Zwar wird eine derartige Nutzung immer noch von jenen befürwortet, die ein professionelles oder geschäftliches Interesse daran haben, jedoch werden ihre Anstrengungen stark eingeschänkt. In der Gesellschaft gibt es für ihre Bemühungen wenig Unterstützung. Von der Hochkultur wird den Leuten, die die Ausbeutung weiterhin in aggressiver Weise betreiben wollen, eine negative oder indifferente (aber nicht unbedingt feindselige) Haltung entgegengebracht. Es werden zwar viele Projekte verfolgt, die Last der Rechtfertigung für solche Nutzungsabsichten aber liegt bei Anwälten, die nicht automatisch eine große Anhängerschaft hinter sich haben. Die Grundeinstellung der Gesellschaft dazu lautet: „Solange nicht eine zufriedenstellende Erklärung für das Gegenteil abgegeben werden kann, ist weniger mehr." Die Umwelt, den Arbeitsplatz und Finanzangelegenheiten betreffende Reglementierungen werden allesamt als lästig angesehen.

Innerhalb dieses Zusammenhangs könnte es immer noch einen hohen Grad an technologischem Fortschritt geben, der z. B. darin zum Ausdruck käme, daß Raumfahrtunternehmungen ermutigt werden, um umweltverschmutzende Aktivitäten von der Erde fernzuhalten (z. B. Kernenergie). Um die Umweltbelastungen auf der Erde zu verringern, wären Satelliten zur Erzeugung von Sonnenenergie als wünschenswerte Einrichtungen vorstellbar. Wir glauben allerdings, daß beide Möglichkeiten innerhalb der nächsten zwei oder drei Jahrzehnte nicht spruchreif werden, und zwar vor allem, weil die Energieprobleme der Erde nicht so groß werden, um solche Projekte zu rechtfertigen. Die genannten Probleme könnten aber vielen Leuten doch wieder ernsthaft genug erscheinen, so daß der Raumfahrt und dem Weltall als Ort für verschmutzende oder störende Aktivitäten eine relativ hohe Priorität eingeräumt werden könnte. Ansonsten wird es in der Zwischenzeit nicht allzu viele allgemeine Forschungs- und Entwicklungsbemühungen für ausgefallene Technologien geben. Die Betonung wird hauptsächlich bei den „weichen" Technologien und solchen liegen, die dazu beitragen, die Umwelt zu verbessern und zu schützen.

Die Hauptquelle für die Probleme dieser Welt werden die verschiedenen Konflikte sein, die sich zwischen unterschiedlichen Gruppen von Menschen, die entweder „in" oder „out" sind, entwickeln. Hier wären zumindest drei „out"-Gruppen anzuführen. Die erste umfaßt jene Leute, die relativ arm sind oder noch nicht so wohlhabend, wie sie es gerne sein möchten, und die sich Möglichkeiten zur Verbesserung ihrer Situation, d. h. eine größere Dynamik wünschen, als ihnen geboten wird. Die zweite Gruppe umfaßt jene, die positive Werte in mehr Dynamik, in besseren technologischen Fähigkeiten und in mehr Abenteuergeist sehen. Zur dritten Gruppe zählen jene, die gern mehr Macht über andere Gruppen hätten. Alle Gruppen aber könnten zu aggressiven Mitteln greifen, wenn ihnen das genügend aussichtsreich erschiene.

Diese Welt könnte unter Umständen zu wenig Ressourcen oder hochentwickelte Technologien besitzen, um mit den auftauchenden Schwierigkeiten fertig zu werden. Was aber vor allem eine solche Welt recht wenig plausibel erscheinen läßt, ist die Tatsache, daß es trotz allem Einfluß, den die „Klein-ist-schön"-Bewegung ausübt, kaum vorstellbar ist, daß sich mehr als nur einige hochentwickelte, kapitalistische Länder ernsthaft dazu bekennen würden. Die Länder des „atlantisch-protestantischen Kulturbereiches" und Frankreich ließen sich vielleicht bis zu einem gewissen Grad beeinflussen, was aber nur bedeuten würde, daß einige der Mitteleinkommen-Staaten die Gelegenheit nützen und ihre Anstrengungen erhöhen würden, um die hochentwickelten kapitalistischen Staaten zu überflügeln. Dazu käme, daß der Wettbewerb zwischen den entwickelten kapitalistischen und den Mitteleinkommen-Staaten zwar zurückgehen würde, daß die Mitteleinkommen-Staaten aber alles, was sie dadurch auf dem Markt und durch andere die „Kluft" bestimmende Faktoren verloren haben, über die nunmehr verminderte Konkurrenz wieder zurückgewinnen würden.

4c(i) Geringes Wachstum: ein funktionierender, OECD-weiter Triumph des Gartens über die Maschine

In den Industrieländern sind die Angehörigen der oberen Mittelklasse der Meinung, ein weiteres Wirtschaftswachstum werde mit ihrem Lebensstandard und ihrer Lebensqualität zunehmend unvereinbarer. Gemeinsam mit den Mitgliedern der Antiwachstumstriade sind sie von dieser Ansicht zutiefst überzeugt und versuchen, das Wachstum entweder überhaupt zu stoppen oder zumindest sehr zu verlangsamen. Sie verfügen dazu noch über unverhältnismäßig starken Einfluß, weil sie die Kontrolle über diverse Medien ausüben und im Schulwesen, in der Politik und bei einigen religiösen Gruppen sehr viel mitzureden haben.

Man könnte annehmen, daß das Ergebnis in vielem dem der Kategorie 4b) gliche, außer daß die Chancen für einen „Backlash“, für ein extremes Rückschwingen des Pendels, viel größer wären. Das heißt mit anderen Worten, daß die nicht der neuen Klasse angehörenden Menschen eine ausgeprägte Animosität gegenüber jenen entwickeln könnten, die ihnen aus Klasseninteressen ein niedriges Wirtschaftswachstum aufgezwungen haben. Es käme im weiteren zu einer Verbitterung zwischen den Klassen, zu internen Zwistigkeiten und vielleicht zu einer „gegenreformatorischen“ Bewegung, um die Auswüchse der Neuen-Klasse-Leute und ihrer Mithelfer zu korrigieren. Auch ein nationales Sicherheitsproblem könnte entstehen, sollte der Rest der Welt nicht folgen.

4c(ii) Geringes Wachstum: ein funktionierender, weltweiter Triumph des Gartens über die Maschine

Die nicht der OECD angehörenden Staaten übernehmen bald die Ideologie der OECD-Länder. Auf diese Art und Weise hält die Malaise bei der Wirtschaftsentwicklung oder zumindest der Mangel an Dynamik weltweit sehr viel länger an, als das der Fall gewesen wäre, hätte sich diese Einstellung nur in den OECD-Ländern allein durchgesetzt. (Eine Zeitlang sah dieses Szenario recht plausibel aus. Wenn nun aber auch schon in der dritten Welt viele Leute zumindest Lippenbekenntnisse für die Grenzen-des-Wachstums-Ideen ablegen und damit eine Reihe psychologischer und politischer Probleme verursachen könnten, so scheint es ziemlich unwahrscheinlich, daß sie eine ausreichende Unterstützung finden werden.)

Schließlich wird der Wettbewerbsgeist wieder zurückkehren, und es wird eine zunehmend dynamischere Haltung gegenüber der Wirtschaftsentwicklung entstehen. Den Zeitpunkt, zu dem dieser Wandel in Richtung auf einen intensiven Wettbewerb – vor allem in den Nicht-OECD-Ländern – stattfindet, wird die Natur der optimistischeren unter diesen pessimistischen Varianten bestimmen.

Für eine extremere Version dieses Szenarios könnte man die historische Analogie des spanischen und des portugiesischen Weltreichs als Grundlage heranziehen, die sich ursprünglich auch mit großer Schnelligkeit ausdehnten, dann aber bald in ihrer Dynamik zurückfielen und stagnierten. In einer weniger dramatischen Version hält die gegenwärtige Malaise in den OECD-Ländern für einige Jahrzehnte an. Dieser Zustand nimmt einen Großteil der Ressourcen und Möglichkeiten in Anspruch, die ansonsten einer weltweiten Wirtschaftsentwicklung zur Verfügung gestanden hätten. In einer nicht unvernünftigen Annahme könnte diese Angelegenheit jedoch zu einem positiven Ende gebracht werden, wenn nämlich die mehr oder weniger autonome Entwicklung der dritten Welt selbst dazu beitragen könnte, die übrige Welt aus ihrer Stagnation zu befreien – unter Umständen auch auf eine sehr heftige Art und Weise.

4d) Geringes Wachstum: eine von Sorgen erfüllte und rückschrittliche Welt.

Nichts funktioniert mehr richtig. Die einzelnen Staaten beginnen mit einem eskalierenden und schließlich selbstzerstörerischen Protektionismus und „exportieren die Arbeitslosigkeit" durch immer höhere Zölle und andere Importsperren, während sie selbst die Exporte rücksichtslos verbilligen und damit versuchen, ihre Waren in anderen Ländern loszuwerden. Sie hoffen so, letztlich doch noch einen Gewinn machen zu können, obwohl sie im Durchschnitt nicht auf ihre Kosten kommen. Das Hauptziel dabei ist, die Arbeitslosigkeit zu reduzieren. Eine weitere Möglichkeit ist, daß diese Welt ähnlich wie im wirtschaftlichen Malaise-Szenario beginnt, es aber dann zum Zusammenbruch kommt. Das könnte z. B. durch eine Unterbrechung der Zahlungskette eintreten. Italien, Brasilien oder Mexiko etwa können ihren Zahlungsverpflichtungen nicht mehr nachkommen, und niemand bürgt für sie, oder durch die Übernahme einer Bürgschaft für das säumige Land wird eine wilde Inflation ausgelöst, die ihrerseits wieder zu einem wenn auch andersartigen Zusammenbruch führt.

Andererseits könnte auch der Nationalökonom Kondratieff mit seiner Vorhersage recht behalten, und wir erreichen im Preiszyklus einen fünften Höhepunkt. (Vorangegangene Höhepunkte waren 1790, 1820, 1870, 1920 und wahrscheinlich in den siebziger Jahren. Für eine weitere Diskussion verweisen wir auf Kapitel 4.) Die ungeheure Expansion, die zwischen 1950 und 1975 stattfand, ist beendet, und es folgt nun die Zeit der Konsolidierung und Neuordnung. Da der Investitionsgüterbereich übermäßig aufgebläht ist, kann es zu keiner weiteren gleichmäßigen Entwicklung kommen, solange nicht die anderen Sektoren aufgeholt haben. Selbst wenn die hochentwickelten, kapitalistischen Länder ihre Kapitalstrukturen überentwickelt hätten, so könnte man argumentieren, bestünde in den Mitteleinkommen-Ländern immer noch ein ungeheurer Nachholbedarf. Diese sind inzwischen stark genug geworden, um einen wesentlichen Teil der Kapitalexporte der hochentwickelten, kapitalistischen Staaten aufnehmen zu können – häufig geschieht dies in Form von schlüsselfertigen Anlagen, d. h. von kompletten Fabriken, die ihre Kosten durch die von ihnen produzierten Produkte wieder hereinbringen. Dieses Konzept könnte dann funktionieren, wenn die Exporte finanziert werden können. Einer der Gründe dafür, daß die Rezession von 1974/75 in den USA und in Japan so relativ mild ausfiel, ist darin zu sehen, daß die Anteile der Exporte dieser beiden Staaten in die Nicht-OPEC-Länder der dritten Welt ein Viertel bzw. ein Drittel ihrer Gesamtexporte ausmachten. Das war zur Aufrechterhaltung ihrer wirtschaftlichen Schwungkraft und für den Erholungprozeß sehr wichtig. In einer Version des Szenarios mit geringem Wachstum kann die Finanzierung solcher Exporte nicht mehr arrangiert werden.

Eine andere Möglichkeit für dieses Szenario besteht darin, daß all die strukturellen Schwächen, Symptome und Gründe der gegenwärtigen Malaise tatsächlich viel schwerwiegender sind, als man erwartet hat. In der kumulativen Auswirkung bringt schließlich ein Tropfen das Faß zum Überlaufen. Die Gesellschaften könnten sicherlich mit einer kleineren Anzahl dieser zusätzlichen Kosten und Risiken zurechtkommen, nicht aber mit allen zusammen.

4e) Strikte Betonung von Stabilität, Chauvinismus und jede Vermeidung von Risiko

Die Presse und populäre Magazine verbreiten tendenziell den Eindruck, als ob die Antiwachstumswerte der neuen Klasse (näher in Kapitel 3 beschrieben) demnächst den Sieg davontragen werden. Obzwar innerhalb des nächsten Jahrzehnts recht unwahrscheinlich, könnte das unserer Meinung nach aber bis zum Ende des Jahrhunderts durchaus passieren. Sollten sich diese Ansichten für länger halten, so könnte es wie in vergangenen Zeiten zu einer von Aristokraten oder anderen gebildeten Eliten geführten Gesellschaft kommen – ähnlich etwa wie die spätkonfuzianische Periode in Korea oder China. Extremer, hartnäckiger Widerstand gegen jede Art von Veränderung kennzeichnet diese Gesellschaftsform und ihr Brauchtum. Vor dem 20. Jahrhundert z. B. gab es in China – einem Land mit einem mehr als tausendjährigen Ahnenkult – große Schwierigkeiten, weil der Bau von Eisenbahnlinien oder Straßen häufig Friedhöfe und Gräber in Mitleidenschaft zog. Um den Bau zu ermöglichen, mußten Truppen eingesetzt werden, um den Widerstand der Bevölkerung zu brechen.

In diesem Zusammenhang stellen wir uns vor, daß die OECD-Länder viele „Friedhöfe" haben, die nicht gestört werden dürfen – d. h. eine Grundeinstellung, die jeder Neuerung feindlich gesinnt ist. Als Folge davon kommt es zu einem starken Rückgang bei Forschung und Entwicklung, bei neuen Technologien und bei größeren Wirtschaftsprojekten.

Wie immer, gibt es aber auch hier zumindest zwei verschiedene Fälle. Im einen ist vor allem das Gebiet der OECD-Länder betroffen, und die kommunistischen Staaten und die Länder der dritten Welt werden überwältigend stark. Im zweiten Fall wird die ganze Welt von dieser Hinwendung zu Stabilität, Chauvinismus und Vermeidung von Risiko ergriffen und kehrt zu einer stagnierenden und wahrscheinlich abnehmenden Wirtschaft zurück. Das muß aber nicht sehr dramatisch verlaufen, vielmehr könnte es sogar zu ganz geringen Verbesserungen des Lebensstandards kommen, so wie das im 18. und 19. Jahrhundert der Fall war. An sich würde aber für den Großteil der Welt der Status quo beibehalten werden, ausgenommen davon wären nur jene Länder, die ihr Bevölkerungswachstum nicht unter Kontrolle bringen können. Diese Staaten würden sich dann allerdings wirklich in einer äußerst schwierigen Situation befinden.

4f) Eine antitechnologie- und antiwachstumsorientierte Welt

Es gibt noch viele andere Varianten, in denen große Teile der Welt entweder der Technologie allein oder auch dem Wirtschaftswachstum feindlich gegenüberstehen. So könnten z. B. bestimmte Religionen mit einer solchen Einstellung entstehen, oder es könnte zu absichtlich oder unabsichtlich herbeigeführten katastrophalen Ereignissen kommen, die bewirken, daß zunehmend größere Teile der Welt eine solche Position beziehen. Allerdings kann man sich nur schwer vorstellen, daß dies ein Ausmaß annimmt, das auf das Weltgeschehen einen wirklich tiefgreifenden Einfluß ausübt. Dieser hier diskutierte Zusammenhang nimmt jedoch an, daß die Verlangsamung auf dem Sektor technologischer Entwicklungen überzeugend und dramatisch verläuft. Die Menschen verhalten sich nicht länger nur passiv, wenn irgendwelche Gruppen ihre Absichten durchdrücken wollen, sondern nehmen eine aktiv opponierende Haltung ein. Einige extremere Stellungnahmen beziehen sich auf wissenschaftliche Projekte. Allem, das einfach in sich das Potential zur Zerstörung durch Vermehrung des menschlichen Wissens birgt, wird blanke Ablehnung entgegengebracht. Man fürchtet den möglichen Verlust von Werten und eine weitere Zerstörung der Umwelt durch ein fortgesetztes Wirtschaftswachstum, mögliche Auswirkungen auf die Lebensqualität oder überhaupt auf die Bewohnbarkeit der Erde in der nächsten Zeit. In anderen Worten, die hochentwickelten kapitalistischen Staaten (OECD) stehen allem feindlich gegenüber, das neue Probleme schaffen *könnte,* und stemmen sich gegen alle *unbekannten* Risiken, die eine unvermeidliche Begleiterscheinung jeder größeren Neuerung und neuer Aktivitäten sind.

Es ist jedoch nicht wahrscheinlich, daß die Verlangsamung lange anhält, da Staaten wie die Sowjetunion oder die neu auftauchenden Wirtschaftsmächte wie Brasilien weiterhin ein aktives Interesse am „Fortschritt" zeigen und trotz der passiven Haltung der OECD in dieser Richtung auch weitermachen wollen. Die Ebene, auf der sich diese von der Sowjetunion oder den neuen Wirtschaftsmächten geförderten Aktivitäten abspielen würden, läge sicherlich weit unter jener, die erreicht würde, hätten sich die OECD-Länder entschlossen, diese Ziele weiter zu verfolgen. Dadurch könnte die OECD aber letztlich dazu bewegt werden, ihre Langzeitentwicklung neu zu überdenken. Würde sich z. B. Japan zur Rückkehr zu einer Wachstumspolitik entschließen, würde das einen sofortigen und gewaltigen wirtschaftlichen Unterschied ausmachen – und einen politischen vielleicht noch dazu.

Konkurrenz irgendwo anders in der Welt würde die passive Grundeinstellung der OECD schließlich unhaltbar machen – der Wandel käme dann aber wahrscheinlich „zu spät und ungenügend". Oder es käme zu einem fast fatalen Muster von anfänglich langsamer Aushöhlung, allmählichem Rückzug, untragbaren Verlusten und schließlich einer heftigen, gewaltsamen Umkehr.

In diesem Szenario wird die ganze Welt von der neuen Haltung erfaßt. In dem Maße, wie die armen Länder reicher werden, tendieren sie auch zum Kulturmodell der OECD-Länder und schließen sich dem für sie neuen Lebensstil dieser Länder an, in denen er schon zur Tradition geworden ist. Das langsame Wachstum ist psychologisch, politisch und wirtschaftlich ansteckend, und den Menschen wird eingeredet, daß es auch unvermeidlich ist. Das Fehlen des wirtschaftlichen und technologischen Fortschritts bedeutet nur für eine immer kleiner werdende Zahl von Leuten mit einer „reaktionären" *Laissez-faire-* und wachstumsorientierten Einstellung einen Fluch der herrschenden Kultur. Die meisten Menschen heißen die „Stagnation" als Erholung von den stürmischen Jahren dauernden Wechsels und den Aufregungen des komplexen Trends willkommen. Sie meinen sogar, daß das die einzige Möglichkeit ist, einer Welt wie dem Sorokin-Spengler- oder dem Toynbee-Quigley-Szenario aus dem Wege zu gehen. Die letztgenannte Art eines Szenarios wäre höchstwahrscheinlich die Folge einer weltweiten Katastrophenerfahrung, wie etwa nach einem großen Krieg, einem riesigen, atomaren Unfall, einem ausgedehnten, ökologischen oder umweltbezogenen Unglücksfall oder irgendwelchen anderen katastrophalen Ereignissen.

5. Besonders sorgengeplagte Rückzugs- oder Katastrophenwelten
In diese Kategorie ordnen wir alle die Katastrophen ein, die die Leute von Zeit zu Zeit an die Wand malen: drastische Klimaveränderungen in weiten Teilen der Erde; eine schwerwiegende Erwärmung oder auch Abkühlung der Erde; eventuell das Abschmelzen der Polkappen; Zerstörung der Ozonschicht; eine tiefgreifende ökologische Veränderung mit weltweiten und anhaltenden Folgeerscheinungen; neue Krankheiten, die zu einer drastischen Verminderung der Getreideproduktion und in weiterer Folge zu überregionalen Hungersnöten und chaotischen Zuständen führen. Alle Ereignisse, die wir als weltweite Katastrophen bezeichnen, gehören in diese Kategorie.

Wir glauben nicht, daß eine der oben aufgezählten Prophezeiungen eintreffen wird. Da es aber so viele Möglichkeiten gibt, wie Dinge schiefgehen können, wissen wir nicht und können wir auch gar nichts über die Gesamtwahrscheinlichkeit wissen, mit der etwas schlechtgehen kann. Wir ordnen auch alle jene Welten dieser Gruppe zu, die wir als „sehr unwahrscheinliche Situationen" definiert haben und bei denen es viel zu weit führen würde, wollten wir sie alle systematisch behandeln. Diese unwahrscheinlichen oder weithergeholten Fragen werden von vielen Wissenschaftlern und Laien in zunehmendem Maße ernstgenommen. Eine der Befürchtungen im Gefolge der Entwicklung einer – wie wir sie nennen – superindustriellen Wirtschaft besteht darin, daß eine der obenerwähnten Möglichkeiten immer weniger unwahrscheinlich wird. Wir möchten aber die Diskussion all dieser Fragen in Kapitel 5 abhandeln, in dem wir uns mit der Entwicklung der superindustriellen Wirtschaft befassen. Je größer der Umfang der wirtschaftlichen und technologischen Aktivitäten des Menschen wird, um so größer wird auch die Wahrscheinlichkeit, daß sie Ursache solcher Katastrophen werden.

Der Rest dieses Buches beschränkt sich größtenteils auf die Diskussion wachstums- und technologieorientierter Welten, in denen es auch relativ friedlich zugeht. Wir betrachten sie als die wahrscheinlichsten Welten. Allerdings sind sie wieder nicht so ausschließend wahrscheinlich, daß die anderen Möglichkeiten deswegen so weit heruntergespielt werden sollten, wie dies in dieser Publikation geschieht. Wir tun das hier aber trotzdem, weil es in der Richtung unserer Interessen liegt und der Umfang des Buches nichts anderes zuläßt. In einer vollständigeren Behandlung all dieser Fragen müßten zumindest die relativ wettbewerbsorientierten und aggressiven Welten ebenfalls eingehend behandelt werden.

Den größten Teil dieses Buches werden wir der Entwicklung unserer „vorsichtig optimistischen Welt" (Welt A) widmen und nur das eine oder andere Mal zu anderen hier vorgestellten Szenarien und Zusammenhängen abschweifen. Der Hauptgrund, daß wir diese überhaupt erwähnen, ist darin zu sehen, daß wir den Leser einmal auf die ungeheure Anzahl von Möglichkeiten aufmerksam machen wollten. Unsere Liste ist natürlich sehr vereinfachend, weil sie die vielen Kombinationsmöglichkeiten, Widersprüchlichkeiten und Veränderungen, die eintreten könnten, nicht wirklich beschreibt. Die Welt ist im Begriffe, zu einem an Ereignissen reichen Ort zu werden, und keine einfache Beschreibung, die von einigen wenigen Themen, Ideen und Konzepten lebt, wird in der Lage sein, dem gerecht zu werden. Auf der anderen Seite gibt es normalerweise immer einige dominante Themen oder Konzepte, die viel von dem, das passiert oder passieren kann, zum Ausdruck bringen können. In diesem Sinne möchten wir auch die Themen, Zusammenhänge, Szenarien und Bilder im weiteren Teil des Buches angewendet wissen.

Kapitel 3
Kulturelle Veränderungen und Wirtschaftswachstum: Das Entstehen der Vierzehn Neuen Schwerpunkte

Modernisierung und Bürgertum

Um einen gewissen Einblick in das gegenwärtige und das zukünftige Geschehen zu gewinnen, beginnen wir wie immer mit der Vergangenheit. Von ihr ausgehend werden wir zu erschließen versuchen, was passieren könnte. Viele Anthropologen kamen zu der Erkenntnis, daß Kontakte zwischen verschiedenen Gesellschaftsformen der vielleicht wirkungsvollste, sicherlich aber der häufigste Grund für kulturelle Veränderungen sind. Zu solchen Kontakten gehören kleine Militäraktionen, Handelsbeziehungen und die Ankunft bzw. Rückkehr von Reisenden (gleichgültig, ob das Marco Polo war oder ob es nur einfache Touristen sind). Wir konzentrieren uns hier auf die geschichtlichen Auswirkungen, die das Entstehen des Bürgertums und die Industrialisierung des Westens auf andere Gesellschaften hatte. War die Industrialisierung halbwegs erfolgreich, so sprechen wir häufig von Modernisierung oder Fortschritt. In der Vergangenheit waren die Begriffe Industrialisierung, Modernisierung und Fortschritt in ihrer Anwendung auf die meisten Gesellschaftsformen beliebig untereinander austauschbar. Ein anderes gebräuchliches Synonym war „Verwestlichung". Dies trifft aber heute nicht mehr zu.

Eine Kultur kann auch einen großen Einfluß ausüben, ohne dabei modern zu sein. Die Kultur der Chinesen, der Römer und der Byzantiner hatte z. B. eine außerordentliche Wirkung auf die weniger hochentwickelten Kulturen, mit denen sie in Berührung kam. Dieser Einfluß war nicht so sehr auf ihre „Modernität" zurückzuführen, als vielmehr eine Folge ihrer allgemeinen Fähigkeiten, ihrer kulturellen Verfeinerung und ihrer Größe. Als die Jesuiten im 16. Jahrhundert nach China kamen, fühlten sie, daß die chinesische Kultur jener des Abendlandes in vieler Hinsicht überlegen war, obwohl sie weniger modern war. (Allerdings waren die Jesuiten auch der Meinung, daß das Fehlen militärischer Macht in China ein ernsthafter Mangel sei; noch schwerwiegender aber fanden sie das Nichtvorhandensein des Christentums.)

Heute wird viel darüber diskutiert, was der Begriff Modernisierung alles umfassen sollte. Manche sind der Meinung, er müsse Garantien für Bürgerrechte, eine Neuverteilung der Einkommen, politische Rechte, die Emanzipation der Frau, parlamentarische Institutionen und viele andere Einrichtungen und Eigenschaften mit einschließen. Wir wollen gerne zugeben, daß viele oder auch alle diese Dinge wünschenswert sind, daß sie aber auffassungsmäßig und empirisch nicht zum Begriff Modernisierung gehören. Den Grad dieser zu messen oder anzugeben ist schwierig. Verwendet man jedoch unser Konzept des Großen Übergangs als die grundlegende Metapher, so kann der Grad der Modernisierung an der Wegstrecke abgelesen werden, die eine Gesellschaft seit ihrer vorindustriellen Zeit bereits in diese Richtung zurückgelegt hat oder die sie noch zu gehen hat, um das postindustrielle Stadium zu erreichen.[1]

Viele Leute beklagen die Art von Veränderungen, die stattfinden, wenn eine traditionelle Gesellschaft den Weg der Modernisierung einschlägt. Sie reden vom Zusammenbruch der Kultur, konzentrieren sich auf die Verluste und jammern, daß die Dinge nie mehr so sein werden, wie sie einmal waren. Von diesem Bild gibt es jedoch auch noch eine andere Ansicht. Normalerweise wird jeder Verlust auf der einen Seite durch einen Gewinn auf der anderen Seite aufgewogen. Außerdem ist Wandel als solcher nicht zu vermeiden. Jede Veränderung bedingt das Auseinanderbrechen älterer kultureller Strukturen und im allgemeinen die Annahme neuer Muster. Dieser Prozeß ist von Natur aus in unterschiedlichem Ausmaß schmerzlich, da durch die Modernisierung sowohl die Menschen als auch ihre Artefakte, ihre Hilfsmittel und ihre Führung verändert werden.

Kulturen werden weder durch einzelne Ereignisse oder Ursachen verändert, noch sind die Reaktionen auf einen Wandel überall die gleichen. Ob diese Reaktionen nun heftig oder nur milde sind, hängt von vielen Faktoren ab. Einer der wichtigsten davon war und ist vielleicht das Ausmaß, bis zu dem eine neu eindringende Kultur als Bedrohung der persönlichen, nationalen, religiösen oder auch Klasseninteressen angesehen wird. Allein das Gefühl einer solchen Bedrohung hat meist schon ausgereicht, um die meisten Kulturen den Status quo wählen zu lassen. Heutige Gesellschaftsformen suchen jedoch häufig den zwischenkulturellen Austausch. Bis vor kurzem wurde dieses Verlangen noch durch die fast universelle Anerkennung und Erwünschtheit des Fortschritts und vieler organisatorischer, wirtschaftlicher und technischer

Neuerungen verstärkt. Als Folge davon wurde die Modernisierung immer weniger schwierig, wenn auch nicht immer weniger schmerzhaft. Diese allgemeine Übereinstimmung über den Sinn und die Erwünschtheit von Neuerungen, Fortschritt und Industrialisierung beginnt jedoch langsam abzubröckeln.

Heute schaut es vielmehr so aus, als ob aufgrund der Popularität der Anti-Wachstums-Bewegung die Anerkennung der Idee vom Fortschritt auch nur – wie so viele andere Ideen und Werte – ein vorübergehendes Phänomen wäre. Wenn dem so ist, so könnte der Prozeß der Modernisierung zunehmend schwieriger werden oder sogar vorzeitig zum Stillstand kommen. Wir glauben aber nicht, daß das wünschenswert wäre. Ließe sich hier ein neuer Konsens herstellen – und gelänge es, die menschliche Dualität, die von extremer Widerspenstigkeit und Starrheit gekennzeichnet ist, gekoppelt mit einer erstaunlichen Anpassungsfähigkeit, besser zu verstehen, so könnten mehr Wege gefunden werden, um kulturelle Veränderungen erfolgreich über die Bühne gehen zu lassen. Dazu wäre es vielleicht notwendig, die Modernisierung selbst noch einmal attraktiv und anregend zu machen.

Die Ambivalenz, die der Westen gegenüber so einer Umgestaltung zeigt, auch wenn er ihre Ziele anerkennt, ist schon bei Karl Marx ganz deutlich sichtbar. Marx verabscheute das Bürgertum und viele Aspekte der Modernisierung, er anerkannte aber beide als notwendige Schritte in Richtung zur postindustriellen Gesellschaft, wie wir sie nennen. Marxens Ansichten, Argumente, seine Klarsichtigkeit, sein Engagement und seine dramatische Ader sind immer noch eindrucksvoll.

Ebenso wie auch viele kapitalistische Ökonomen scheint Marx der Meinung zu sein, die Annahme oder Übertragung einer Kultur sei ein relativ einfacher Prozeß, der zu allen Zeiten und bei allen Kulturen fast gleiche Auswirkungen zeigt. Wir wissen heute, daß dem nicht so ist; verschiedene Kulturen, ja sogar verschiedene Nationen oder Gruppierungen innerhalb ein und derselben Kultur werden häufig ganz unterschiedlich vom Aufstieg des Bürgertums und von einer begleitenden Industrialisierung beeinflußt. Außerdem gibt es in den Gesellschaften, die der Industrialisierung unterworfen sind, mindestens ebensoviel Kontinuität wie Wandel. Eine „kreative Zerstörung" findet zwar statt, aber es gibt auch Evolution und bloße Neuschaffung.

Das *Kommunistische Manifest* wurde 1848 verfaßt. Seit dieser Zeit haben die Bourgeoisie und der Kapitalismus *massenhaftere und kolossalere Produktionskräfte* geschaffen, als das selbst Marx geahnt hat. Heute sind ihre Auswirkungen fast so umfassend allgegenwärtig, wie das Marx vorausgesehen hat. Allerdings begann sich die Industrialisierung erst nach dem Ersten Weltkrieg wirklich weltweit durchzusetzen. Sie ist auch nicht länger mehr nur westlich oder kapitalistisch. Verschiedene sozialistische Wirtschaftssysteme wetteifern miteinander, alternative Industrialisierungsmuster selbst für nur kurzfristige Zeiträume zu schaffen. Weiter scheinen die neokonfuzianischen Kulturen die Industrialisierung besser zu beherrschen als der Westen,* was vielleicht auch für die Modernisierung gilt. Es gibt wahrhaftig viele Straßen auf jeden Gipfel und viele Berge, die in den Himmel ragen. Immer mehr scheint sich herauszustellen, daß die Modernisierung in verschiedenen Gesellschaften auch verschiedene Wege geht.

Zur Zeit der frühen wirtschaftlichen Entwicklung von Rußland und Japan und auch in der kurz nach dem Zweiten Weltkrieg erschienenen Literatur über Modernisierung war die Ansicht vorherrschend, man könne den Fortschritt am besten dadurch erreichen, daß man die alten Gesellschaftsformen zerstört und von einem Zustand der *tabula rasa* aus ganz neu beginnt. Die Sowjetunion und Rotchina repräsentieren zweifellos die erfolgreichsten Versuche dieser Art einer gewaltsamen Synthese – zumindest stimmt das dann, wenn man nur den Erfolg und nicht die Kosten dafür berücksichtigt. Einige Wissenschaftler weisen allerdings darauf hin, daß die Modernisierung schon unter der Zarenherrschaft im Gange war und daß bei einem weiteren ungestörten Verlauf dieses Prozesses vielleicht noch mehr erreicht worden wäre als unter den Sowjets – und das mit viel geringeren Opfern an Menschen und wirtschaftlichen Kosten. Das Resultat wäre außerdem eine wünschenswertere und attraktivere Gesellschaftsform als die jetzige gewesen. Rotchina begann denn auch 1978 einige der Uhren wieder zurückzustellen.

Der Weg einer gewaltsamen Synthese funktionierte auch in anderen Ländern, dort aber nur zum Teil, unzureichend und ohne andauernde Kraft zur Selbsterhaltung. Einst war die Behauptung üblich, Kemal Atatürk habe die Türkei nach dem Ersten Weltkrieg modernisiert. Nun erreichten Atatürk und seine Nachfolger sicherlich sehr viel, die Türkei aber sieht heute, 50 Jahre später, immer noch nicht sehr modern aus. Und in dem Maße, in dem man die Türkei ein modernes Land nennen kann, vollzog sich dieser

* Wir werden diese Behauptungen an einigen Stellen dieses Buches noch weiter entwickeln. Siehe auch die Kapitel 6 und 7.

Wandel erst in jener Periode, die wir *La Deuxième Belle Epoque* (1948–1973) nennen, und das, ohne daß man dazu allzuviel Nachdruck hätte aufwenden müssen.* Atatürk schuf dafür allerdings einige wesentliche Voraussetzungen.

Die *tabula rasa* oder der Weg einer gewaltsamen Synthese wird heute nicht mehr ganz so uneingeschränkt als Voraussetzung für die erfolgreiche Industrialisierung eines Mittel-Einkommen-Landes angesehen. Diese Gesellschaften haben nämlich inzwischen gelernt, ihre starken Seiten richtig einzusetzen, ihre Schwächen weniger zur Wirkung kommen zu lassen und sich selbst auf den Weg der Industrialisierung zu begeben. Nach unserer Meinung weisen die neokonfuzianischen Kulturen *unter den gegenwärtigen Umständen* sogar viele starke Seiten auf und nur wenige schwache. Japan, Südkorea, Taiwan, Hongkong, Singapur und die chinesischen Minoritäten in Malaysia und Thailand scheinen für die Industrialisierung mehr Voraussetzungen mitzubringen als der Westen. Ähnlich dürfte es mit Rotchina und vielleicht Vietnam oder Nordkorea sein.

Mißt man die Industrialisierung mit dem Bruttosozialprodukt pro Kopf, (BSP/Kopf) so wird Japan die USA innerhalb eines Jahrzehnts oder noch schneller überflügelt haben. Südkorea hat gute Chancen, das zu Anfang des nächsten Jahrhunderts fertigzubringen. Auf lange Sicht gesehen werden diesen beiden Ländern sicherlich viele andere folgen. Die Volksrepublik China, Rotchina, wird dieses Beispiel möglicherweise so lange nicht nachahmen können, als sie ihr erklärtes Ziel, nämlich einen „neuen Menschen“ zu schaffen, höher als ihr BSP/Kopf bewertet. Das neue, „revisionistische“ Regime Hua Kuofengs und Teng Hsiaopings ist eindeutig willens, Veränderungen vorzunehmen, um die Produktion anzukurbeln. Nach wie vor aber wird jede hart und tiefgreifende Konfrontation zwischen der sozialistischen Ideologie und den Produktionszielen in Schwierigkeiten geraten, solange sie vom Slogan „Ideologie und Produktion, aber Ideologie geht vor Produktion“ geleitet wird – und wenn nicht jetzt, so doch in der Zukunft.

In der Vergangenheit wurden die konfuzianischen Kulturen im Hinblick auf die Modernisierung ganz unterschiedlich bewertet. Für mehr als 100 Jahre, vom frühen 19. bis in das 20. Jahrhundert hinein, wurde die Industrialisierung Chinas durch seine starre an-

* Wir verweisen auf Kapitel 4, wo wir eine detaillierte Besprechung der vier Unterperioden des 20. Jahrhunderts bringen.

timoderne Kultur verhindert. Auch noch nach der Revolution von 1911 wurde eine erfolgreiche Entwicklung durch dieses kulturelle Erbe, durch politische und soziale Wirren, den Ersten Weltkrieg, die Weltwirtschaftskrise in den dreißiger Jahren und durch die japanische Invasion unmöglich gemacht. Schließlich begannen die alten, erstarrten Strukturen und Blöcke doch abzubröckeln, und nun zeigte sich die positive Seite des kulturellen Erbes. Seit 1945 stellte fast jede neokonfuzianische Kultur ihre eigene, bemerkenswerte Fähigkeit zur Industrialisierung unter Beweis. Die am Ende des vorigen und am Anfang dieses Jahrhunderts gängige Meinung, die Chinesen würden es einfach nie lernen, eine Industrie aufzubauen, hat sich heute in ihr Gegenteil verkehrt: „Die Chinesen sind unter allen und jeden Umständen in der Lage zu industrialisieren."

Wenn es gelingt, die alten Formen der verschiedenen Subkulturen des chinesischen Kulturraumes genügend zu modifizieren (ohne sie jedoch dabei zu zerstören), so könnte jede dieser Subkulturen ihren eigenen Weg zur Industrialisierung finden. Die Gebiete, die unter konfuzianischem Einfluß standen, setzen sich deutlich von der indischen Einflußsphäre ab, die in mancher Hinsicht eine ebenso lange und glänzende Geschichte aufzuweisen hat wie die Chinesen. Für die Europäer war Indien seit jeher das Land der großen Reichtümer. Fast 2000 Jahre lang wurden Gold und Silber aus Europa für Juwelen, Seide und Gewürze aus Indien eingehandelt, da die Europäer den Indern sonst wenig zu bieten hatten. Bis vor kurzem jedoch schlug jeder Versuch, die indische Subkultur zu industrialisieren, recht eindeutig fehl; innerhalb der indischen Kultursphäre gibt es kein Land, dessen Pro-Kopf-Einkommen wesentlich über 300 US-Dollar pro Jahr liegt.[2]

Zwei Drittel der Armen dieser Welt leben im indischen Kulturraum. Der Rest ist in Teilen Lateinamerikas (im allgemeinen in den sogenannten „amerindischen" Kulturräumen), in Schwarzafrika oder in den rohstoffarmen Ländern Nordafrikas und des Mittleren Ostens beheimatet. Wir werden später zu beweisen versuchen, daß alle diese Gebiete auf lange Sicht gesehen recht erfolgreich sein werden, daß wir für die nächste Zukunft aber keine ähnliche Trendumkehr wie im konfuzianischen Kulturkreis erwarten. Einige Teile Lateinamerikas und Afrikas werden sich unter Umständen recht gut entwickeln, was wahrscheinlich auf den Einfluß jener Länder zurückzuführen sein wird, die das Niveau der Mittel Einkommen-Staaten bereits erreicht haben.

In der Vergangenheit wurde meist angenommen, die Industrialisierung werde dort am besten gelingen, wo es parlamentarische Institutionen und eine freie Marktwirtschaft gibt. Dies schien der folgerichtige Schluß aus den Erfahrungen der Engländer, Holländer und Amerikaner zu sein. Als aber die Deutschen, bald gefolgt von Rußland, ebenfalls mit großem Erfolg und Können industrialisierten, begannen erste Zweifel aufzutauchen. Das zaristische Rußland zum Beispiel wies während der von uns *La Première Belle Epoque* (1886–1913) genannten Periode eine jährliche Wachstumsrate von fünf Prozent auf. Bei der Modernisierung Japans wieder wurde deutlich, daß auf diesem Gebiet auch Staaten mit autoritären Regimen und einer relativ uneinheitlichen Wirtschaftsstruktur erfolgreich sein konnten. Als dann schließlich der Erfolg der Sowjetunion und der Volksrepublik China nicht mehr zu übersehen war, gewann bald die Meinung stark an Boden, nur totalitäre Regime könnten wirkungsvoll und schnell modernisieren.

Diese Argumentation ignoriert allerdings sowohl die frühen als auch die vielleicht noch eindrucksvolleren späteren Erfolge verschiedener demokratischer und auch autoritärer Regime. Auch übertreibt sie die zugegebenermaßen eindrucksvollen Errungenschaften der Sowjetunion und Rotchinas. Die Sowjetunion hatte vermutlich kaum eine andere Wahl, als sich auf eine streng autoritäre und totalitäre Art und Weise zu entwickeln. Jeder Versuch, einen demokratischen Parlamentarismus durchzusetzen, wäre wahrscheinlich ähnlich kurzlebig gewesen wie die Regierung Kerenski.

Für die Entwicklung der meisten dieser Länder dürfte mit ziemlicher Sicherheit eine Staatsform am angebrachtesten sein, die sich irgendwo zwischen dem totalitären Modell und der Demokratie bewegt. Jede Nuance zwischen diesen beiden Extremen kann für verschiedene Länder unter verschiedenen Umständen zutreffen. Uns selbst ist die Demokratie lieber, genauso wie wir im Falle der armen Länder der freien Marktwirtschaft und dem Privatunternehmertum den Vorzug gegenüber dem Sozialismus und dem Wohlfahrtsstaat geben. Wir beharren jedoch nicht auf diesem Standpunkt. Hongkong ist eines der besten Beispiele für eine ausgezeichnet geführte freie Marktwirtschaft, während Singapur ein ebenfalls sehr gut funktionierender Wohlfahrtsstaat mit sehr viel sozialistischem Dirigismus ist. Beide Staaten haben Außergewöhnliches geleistet. Trotz unserer ideologischen Präferenz muß jedoch gesagt werden, daß Singapur der Bessere von beiden ist. Und auch Taiwan und Südkorea, die irgendwo zwischen den beiden liegen, scheinen in der Lage zu sein, staatliche Intervention, Planung und Führung auf sehr geschickte Weise einzusetzen.

Die Idee, daß „viele Berge zum Himmel und viele Straßen jeden Berg hinaufführen", ist auch ein für die Modernisierung gültiges Konzept. Die „Klein-ist-schön"-Anhängerschaft und die Vertreter einer Ideologie der „freiwilligen Beschränkung" können natürlich fragen: „Warum sollten wir überhaupt auf die Berge steigen, wo wir doch mit den Hügeln zufrieden sind?" An sich hätten wir gegen eine solche Meinung nichts einzuwenden, wäre sie ernst gemeint und nicht die Ansicht einer kleinen, elitären Minderheit, die ihren Willen allen anderen aufzwingen möchte. Viele Menschen haben schon auf den Hügeln und dort sehr gut gelebt.* Man kann sich nur schwer eine noch eindrucksvollere Gesellschaftsform vorstellen als die, die im Athen des fünften Jahrhunderts v. Chr. herrschte. Diese Kultur war freilich auf Sklaverei begründet, sie hätte aber genausogut auch ohne Sklaven und mit nur einem Minimum an Technologie funktionieren können. Gemäß unserer Definition aber ist keine Kultur als modern zu bezeichnen, die die Technologie zumindest nicht als Zwischenstation benützt, gleichgültig wie hervorragend sie auch sonst sein mag. Und die Modernisierung ihrerseits ist untrennbar mit der industriellen Revolution, mit zunehmendem Wohlstand und mit einer fortschrittlichen Technologie verknüpft.

Die meisten Leser dieses Buches kennen wahrscheinlich die Behauptung Max Webers, daß die protestantische Ethik dem Aufstieg und der Verbreitung der Modernisierung außergewöhnlich förderlich war.[3] Aber wenige werden mit der erst in den letzten zwei Jahrzehnten offensichtlich gewordenen Tatsache vertraut sein, daß die auf der konfuzianischen Ethik aufgebauten Gesellschaftsformen in der Verfolgung von Industrialisierung, Wohlstand und Modernisierung dem Westen in vieler Hinsicht überle-

* Unter dem Ausdruck „Auf den Hügeln leben" fassen wir Phänomene zusammen, die manchmal auch als das Beherrschen des „inneren Raumes" bezeichnet werden und wozu auch die extremeren antitechnologischen, spirituellen und ästhetischen Kommunenbewegungen gehören – d. h., es sind dies fast alle jene Themenzusammenhänge, die in Kapitel 2 unter der Rubrik der Welten mit geringem Wachstum zu finden sind. Alle von ihnen haben Ziele, die man auch als Modernisierung bezeichnen könnte – aber in diesem Fall hat das Ziel so wenig mit dem traditionellen Begriff „Modernisierung" zu tun, daß man sich auf eine andere Bezeichnung einigen sollte, selbst wenn sich herausstellen sollte, daß eine dieser Bewegungen zukunftsbestimmend sein wird.

gen sind. Wir wollen nun einige Stärken dieser konfuzianischen Ethik in der heutigen, modernen Welt näher betrachten.

Die konfuzianische Ethik

Die konfuzianische Ethik umfaßt zwei ganz verschiedene, aber doch zusammenhängende Fragenkomplexe. An erster und vielleicht auch an wichtigster Stelle stehen in der konfuzianischen Gesellschaft der Ernst und die Schlichtheit der Person und der Familie, die hohe Wertschätzung einer entsprechenden Erziehung und Bildung, der Wunsch nach Beherrschung verschiedener Fähigkeiten (speziell von akademischen und kulturbezogenen) und das Pflichtbewußtsein gegenüber den Aufgaben, dem Beruf, der Familie und den Verpflichtungen. Ein in diesem Geist erzogener Mensch wird ein guter Arbeiter sein, er wird verantwortungsbewußt, geschickt und (innerhalb der vorgegebenen oder verstandenen Grenzen) ehrgeizig und kreativ in seinen Bemühungen sein, der Gruppe (der erweiterten Familie, Gemeinschaft oder Firma) zu helfen. Die Verfolgung individueller (eigennütziger) Interessen hingegen wird um vieles weniger betont.

In der modernen Welt ist ja gerade die Fähigkeit, gezielte, gewollte und wirkungsvolle Aktionen für die Gemeinschaft und für Organisationen zu setzen, in mancher Hinsicht wichtiger als persönliche Qualitäten, obwohl beides nicht unwichtig ist. Auf glatt verlaufende, harmonische Beziehungen zwischen den Menschen und innerhalb einer Organisation wird in den meisten neokonfuzianischen Gesellschaften sehr viel Wert gelegt. Zum Teil resultiert das aus einem stark hierarchischen Bewußtsein, zum größten Teil aber aus dem Wissen um die Gegenseitigkeit von Beziehungen, ein Gefühl, das in den konfuzianischen Gesellschaften viel stärker ausgeprägt ist als in den westlichen.

Der Anthropologe Chie Nakane hat darauf hingewiesen, daß unter den Mitgliedern westlicher Gesellschaften eine starke Neigung besteht, daß sich „Gleiche mit Gleichen" zusammentun. Das zeigt sich z. B. bei Studentenverbindungen, Frauengruppen, Gewerkschaften, Männerklubs, Jugendklubs, Jugendbewegungen, Wirtschaftsverbänden und so weiter.[4] Dies fördert aber die Tendenz der einzelnen Gruppen, innerhalb der Gesellschaft zueinander in Gegensatz zu geraten: die Studenten gegen die Lehrer, die Arbeitnehmer gegen die Arbeitgeber, die Jugend gegen die Eltern usw. In der hierarchischen Gesellschaftsform konfuzianischer Kulturen hingegen liegt die Betonung auf der Zusammenarbeit mit den komplementären Elementen, ganz ähnlich, wie dies schon in der Familie geschieht (die ja in der konfuzianischen Kultur als Modell oder Grundbeispiel gilt). Gatte und Gattin arbeiten bei der Erziehung der Kinder zusammen; jeder hat seine eigenen und fest umrissenen Aufgaben und Pflichten, ebenso wie die jüngeren und älteren Kinder, aber auch die Großeltern. Auf Rücksicht, Fairneß und Gleichheit wird großer Wert gelegt – dies allerdings im institutionellen Zusammenhang und nicht für den einzelnen um dessen Person willen. Synergismus, d. h. das Zusammenwirken zwischen komplementären Teilen eines Ganzen, wird betont und nicht Gleichheit und Austauschbarkeit. Die wesentliche Identifikation erfolgt mit der Funktion, die jemand in einer Organisation oder einer anderen institutionellen Struktur ausübt, ob das nun die Familie, die Firma, das Geschäft oder die Regierung bzw. Verwaltung ist.

Da diese Fragen der Gleichheit, der Gleichberechtigung innerhalb der modernen Gesellschaftsformen und gut funktionierender Organisationen eine immer wichtigere Rolle spielen, haben die neokonfuzianischen Kulturen auf diesem Gebiet große Vorteile. Im Gegensatz zu der früheren protestantischen Ethik ist die moderne konfuzianische Ethik besonders geeignet, Loyalität, Hingabe, Verantwortlichkeit und Engagement zu entwickeln und zu festigen sowie auch die Identifikation mit der jeweiligen Organisation und der Rolle, die man darin spielt, zu intensivieren. All das läßt die Wirtschaft und Gesellschaft als Ganzes um vieles reibungsloser arbeiten, als wenn die anerkannten Prinzipien für Identifikation und Zugehörigkeit mehr zu Gleichmacherei, zu Uneinigkeit, zu Konfrontationen und zu exzessiven Kompensations- und Repressionserscheinungen tendieren.

Eine Gesellschaft, die eine Identifikation nach dem Slogan „Gleich und gleich gesellt sich gern“ bevorzugt, wird nur so lange halbwegs gut funktionieren, solange es entsprechend festgefügte hierarchische Strukturen, genügend Disziplin, Kontrolle und Motivation innerhalb der Gesellschaft gibt, um übermäßig egalitäre, anarchistische und selbstsüchtige Tendenzen im Zaum zu halten. Je wohlhabender und weltlicher aber die Gesellschaft wird, um so weniger Motivation und Hingabe wird es geben, dafür aber werden mehr Eigeninteressen und eine zunehmend unpersönlicher werdende, automatische Wohlfahrt gefördert. Es wird Gruppenpolitik betrieben werden, Gruppen- und individueller Egoismus, Zwistigkeiten zwischen den Gruppen und vielleicht sogar bewaffnete Auseinandersetzungen werden entstehen und sich tendenziell verstärken. Es steht alt gegen jung, Insider gegen Outsider, Männer gegen Frauen, Studenten gegen Lehrer und – am bedeutendsten – Arbeitnehmer gegen Arbeitgeber. Der Hang zur Anarchie, zu Rivalitäten und zur Machtausbeutung durch Politiker oder gar militante Organisationen wird maßlos und gerät außer Kontrolle.

Aus all diesen Gründen glauben wir, daß beide Aspekte der konfuzianischen Ethik – das Hervorbringen hingebungsvoller, motivierter, verantwortungsbewußter und gebildeter Menschen sowie ein verstärkter Sinn für Engagement, für Loyalität gegenüber verschiedenen Institutionen und ein auf die jeweilige Organisation ausgerichtetes Identitätsbewußtsein – in allen neokonfuzianischen Gesellschaften dazu führen werden, daß sie, zumindest potentiell, höhere Wachstumsraten erzielen werden als andere Kulturen. In Kapitel 6 werden wir besprechen, warum drei neokonfuzianische Kulturen, nämlich Japan, Südkorea und Taiwan, heute, allerdings aus ganz verschiedenen Gründen, Beachtliches leisten. Japan ist dabei in vieler Hinsicht immer noch die formellste und die am stärksten hierarchisch gegliederte Gesellschaft moderner Prägung, die viele ihrer alten Traditionen beibehalten hat. Südkorea war traditionell konfuzianischer als das konfuzianische China. Es verlor diese Charakteristik nicht einmal unter der japanischen Herrschaft und während der Wirren der Nachkriegsjahre. Taiwan versucht, das kulturelle und politische Erbe des traditionellen, konfuzianischen China hochzuhalten, und streicht seine konfuzianische Tradition bewußt heraus. Unter den konfuzianischen Gesellschaftsformen ist Taiwan aber eine der am meisten individualistischen und wettbewerbsorientierten.

Das Problem des Kulturismus und Neokulturismus

In der Welt herrscht große Beunruhigung über Rassismus, Faschismus, exzessiven Nationalismus und über andere „Ismen“, von denen man glaubt, daß sie wenig wünschenswerte, wenn nicht gar unmoralische Verhaltensweisen fördern. Wir definieren *Kulturismus* als die Überzeugung, daß Kultur etwas ziemlich Starres ist, etwas, das in seinen Grundzügen nur sehr schwierig zu ändern ist, auch wenn es häufig modifiziert werden kann. Der Kulturismus nimmt an, daß sich verschiedene kulturelle Epochen nicht nur in ihrem ästhetischen Geschmack, in ihren Sitten, Wertanschauungen und Traditionen unterscheiden, sondern auch in ihrer Fähigkeit, mit verschiedenen Problemen und Situationen fertig zu werden. Besonders in ihrer Aufnahmefähigkeit für die Modernisierung unterscheiden sich die einzelnen Kulturen entweder durch ihre angestammte Umgebung oder durch verschiedene fremde Milieus. Wir glauben, daß die Fähigkeit, zu modernisieren, häufig nur von Ort und Zeit abhängt. Manchmal können Veränderungen, die, von der betroffenen Gesellschaft und ihrer Grundstruktur aus betrachtet, nur ganz gering sind, ungeheure Unterschiede ausmachen. (Es waren solche kleinen Veränderungen, die die neokonfuzianischen Kulturen der Modernisierung heute wahrscheinlich zugänglicher machen als den Westen.)

Wir selbst halten uns für Kulturisten oder vielleicht für Neokulturisten. Das Präfix *Neo* ist deswegen angebracht, weil wir an die prinzipielle Anpassungsfähigkeit von Kulturen glauben, aber auch von ihrer Tendenz überzeugt sind, tiefgreifenden Änderungen Widerstand zu leisten. Wir sind auch der Meinung, daß es unter den modernen Bedingungen für fast jede Kultur immer leichter wird zu modernisieren.

Kulturen sind für uns nicht etwas genetisch Vorherbestimmtes, und wir wären sehr überrascht, sollte sich die Existenz irgendeines signifikanten genetischen Elements herausstellen, das die Unterschiede zwischen den meisten oder auch allen Kulturen bestimmt. Allerdings wollen wir auch nicht die theoretische Möglichkeit dafür leugnen, denn prinzipiell gibt es keinen Grund dafür, daß nicht auch psychologische Konstellationen erblich bedingt sein sollten. Es gibt aber keinerlei eindeutige Beweise für die Existenz genetisch bestimmter Unterschiede zwischen den Kulturen.

Unser Standpunkt ist einfach. Verschiedene Kulturen sozialisieren ihre Kinder auf verschiedene Art und Weise. Selbst innerhalb einer relativ einheitlichen Kultur variieren die Methoden der Kindererziehung mit Zeit, Ort und Klassenzugehörigkeit. Diese diversen Arten der Erziehung und auch andere bestehende Institutionen beeinflussen das Verhalten einer Kulturgemeinschaft auf das stärkste. Da es ganz leicht ist, sich den politischen und ideologischen Mißbrauch einer Meinung wie die des Neokulturismus vorzustellen, neigt man dazu, wichtige kulturelle Unterschiede, die das Verhalten einzelner und ganzer Nationen deutlich beeinflussen, zu leugnen oder zu ignorieren. Wir geben gerne zu, daß es schwierig, wenn nicht gar unmöglich ist, die Art der Fragen, die wir hier diskutieren, zu verstehen, wenn man kein Neokulturist ist. Wir sind keine Kultur-Deterministen, aber wir glauben an den starken Einfluß der Kultur.

Wir sind auch keine Kultur-Relativisten. Zumindest beim

Großteil der Kulturen ist es unserer Meinung nach sinnlos, die eine höher als die andere einzustufen, solange man das nicht von einer ganz spezifischen Perspektive aus und nach besonderen Kriterien tut, die aber häufig ebensosehr von Zeit und Ort abhängen wie die zu vergleichenden Kulturen. Wir behaupten nicht, daß alle gleich gut wären, sondern nur, daß jede Kultur ihre guten und ihre schlechten Seiten hat, vor allem, wenn man sie nach ihren eigenen Gesichtspunkten beurteilt. Dasselbe mag aber auch gelten, wenn man fremde Maßstäbe anlegt.

Diese Doktrin kann gefährlich werden. Viele Menschen meinen, sie ließe sich allzu leicht in Rassismus, exzessiven Nationalismus oder andere ungute Haltungen transponieren. Wir hingegen glauben, daß die meisten dieser Bedenken unter den heutigen Umständen stark übertrieben sind. Solche Meinungen werden nicht durch eine Entstellung der neokulturistischen Doktrin erzeugt, sondern *vice versa*. Nationalismus, Rassismus und all das existiert schon; erst im nachhinein werden „Beobachtungen", die man an verschiedenen Kulturen gemacht hat, dazu benützt, diese Ansichten zu rationalisieren.

Ob man nun unsere Analyse, *warum* die neokonfuzianischen Kulturen so hervorragend bei der Industrialisierung abschneiden, akzeptiert oder nicht, die Daten, die unsere abschließende These stützen, sind überwältigend. Die Erfolge Rotchinas, Nord- und Südkoreas, von Japan, Taiwan, Hongkong, Singapur und verschiedener chinesischer ethnischer Minderheiten in Malaysia, Thailand, Indonesien und auf den Philippinen zeugen von einem außergewöhnlichen Talent für die Entwicklung der Wirtschaft sowie für das Erlernen und den Gebrauch der modernen Technologie (wenigstens gilt dies für die letzten 25 Jahre). Die Nordvietnamesen z. B. handhabten eines der kompliziertesten Luftabwehrsysteme, das je in Anwendung kam, mehr oder weniger allein (nachdem sie einmal von den Sowjets instruiert worden waren), und die Amerikaner mußten feststellen, daß die Südvietnamesen, wenn man sie richtig motivierte, die Ausbildung in etwa der halben Zeit absolvierten wie ihre eigenen Landsleute. Wir werden uns nicht bei den enormen Unterschieden innerhalb dieser neokonfuzianischen Kulturen aufhalten. Sie variieren fast so stark wie die einzelnen europäischen Kulturen. Unter den gegenwärtigen Umständen scheinen jedoch alle einer Modernisierung zugänglich zu sein.

Wir sind uns durchaus bewußt, daß eine übermäßige Betonung dieser Art von Doktrin auch dann zu Problemen führen kann, wenn sie nicht gleich in Rassismus oder Nationalismus ausartet. Dies kann, muß aber nicht und wird normalerweise auch nicht zu einem Gefühl der Unterlegenheit bei anderen Kulturen führen. Die meisten Menschen besitzen die bemerkenswerte Fähigkeit, mit dem Bewußtsein solcher Unterschiede zu leben und ihre Aufgaben gut zu erfüllen, solange man ihnen diese Unterschiede nicht in einer Neid erregenden oder sonstwie unguten Art und Weise demonstriert, was aber nicht recht wahrscheinlich erscheint.

Von der anderen Seite her gesehen, ist dasselbe Problem leider ernsthafter. So wäre es z. B. durchaus denkbar, daß die Mitglieder der neokonfuzianischen Kulturen ein Gefühl der kulturellen, rassistischen oder nationalistischen Überlegenheit entwickeln, das sich als unangenehm, wenn nicht sogar als gefährlich erweisen könnte. Einige konfuzianische Gesellschaften blicken bereits auf eine lange Tradition in kultureller Arroganz, kulturellem Selbstbewußtsein und Selbstrespekt zurück. Werden diese Eigenschaften in Grenzen gehalten, so sind sie ganz außergewöhnlich konstruktiv und förderlich. Sehr leicht aber können sie auch in Übertreibungen ausarten, die dann bis zur Verachtung anderer Kulturen oder Gebräuche führen, etwa auch des Westens, im speziellen Amerikas. (Überlegenheitsgefühle können ihre Wurzeln auch in der Ideologie, in der Religion oder in ähnlichen Weltanschauungen haben. So neigen etwa die Sowjetunion und die DDR dazu, den Westen als materialistisch, hedonistisch und dekadent hinzustellen.)

Die westlichen Kulturen wirken heute in vieler Hinsicht dekadent – zumindest von einer traditionalistischen Perspektive aus gesehen. Die jungen Leute scheinen – oberflächlich betrachtet – weniger patriotisch als ihre Eltern oder Großeltern und auch deutlich weniger willens zu sein, Opfer für die Allgemeinheit – etwa Militärdienst – oder auch nur für ihre eigene Karriere bringen zu wollen (ausgenommen als Teil einer „In“-Bewegung, wie z. B. für den Umweltschutz). Extremer Hedonismus, Selbstsucht, Dekadenz und Untugenden sind zu bemerken. In allen neokonfuzianischen Gesellschaften, in der Sowjetunion und in der DDR ist man besorgt und bemüht, diese „Krankheit des Westens“ von den eigenen Leuten fernzuhalten. So betrachtet, kann die derzeitige Kampagne des Westens für die Menschenrechte arg ins Auge gehen, denn für viele konfuzianische Gesellschaften sieht es so aus, als wäre das eine Kampagne für Selbstsucht, Eigenliebe sowie für rücksichtslosen Individualismus und Egoismus.

Begegnungen zwischen Kulturen und schnelle kulturelle Veränderungen

Eines der Ziele, die wir mit diesem Buch verfolgen, ist der Versuch, ein Verständnis für die Auswirkungen der verschiedenen Formen und Aspekte der Modernisierung auf die mehr als 150 Nationen, die es heute gibt, zu erreichen. Viele dieser Nationen sind ihrerseits komplexe Gesellschaften aus zahllosen und mannigfaltigen Subkulturen, Untergruppen und sozialen Klassen, die ebenfalls unterschiedlich auf die diversen Anreize und Impulse reagieren. Wir möchten die Ansichten unserer Leser von der Verschiedenartigkeit der möglichen kulturellen Begegnungen sowie über die unterschiedlichen Reaktionsmuster auf diese Begegnungen erweitern.

Unser Interesse gilt vor allem solchen Kontakten zwischen zwei unterschiedlichen Gruppen, Gesellschaften oder Kulturen, bei denen eine Gruppe der anderen auf irgendeinem für den Wettbewerb wichtigen Gebiet, wie etwa der Landwirtschaft, der Industrie, der Technologie, der militärischen Stärke oder der organisatorischen Fähigkeiten, eindeutig überlegen ist. Selbst wenn diese Überlegenheit von beiden Seiten anerkannt wird, so gibt es doch häufig unterschiedliche Meinungen über den Grund hierfür. Ein Teil der Mißverständnisse, die solche Begegnungen oft begleiten, resultieren aus diesen divergierenden Ansichten. Ebenso oft besteht auch keine Übereinstimmung über den Wert dieser Überlegenheit und somit über die Bereitschaft verschiedener Gruppen, sich Veränderungen zu unterwerfen, um zu ähnlichen Vorteilen zu gelangen.

Um dieses Verständnis und eine Vergrößerung unseres Horizonts zu erreichen, werden wir kurz eine größere Zahl von Beispielen aus der Welt der Antike und auch aus der jüngeren Vergangenheit besprechen. Dabei werden wir viele brauchbare Analogien für den Einfluß der westlichen auf die nichtwestlichen Kulturen finden, ebenso für die Gesamtauswirkungen der Modernisierung und dafür, wie eine Kultur durch die Einführung neuer Werte beeinflußt wird. Diese Analogien sind vor allem auch deshalb wertvoll, weil viele von ihnen wenigstens schon teilweise bekannt sind. Da unsere Beschreibungen skizzenhaft sind, mögen viele Beispiele für das, was heutzutage passiert, vielleicht bizarr und irrelevant erscheinen. Wir glauben jedoch, daß jedes dieser Beispiele sein modernes Gegenstück hat und vor allem dort für das

Verständnis der heutigen Welt dienlich sein kann, wo die Reaktionen irrational erscheinen oder magische und symbolhafte Elemente mit ins Spiel kommen, die auf Grund ihrer eigenen Gesetzmäßigkeit verstanden werden müssen. Von zwei Kollegen haben wir uns ein Musterbeispiel und eine Menge unterstützendes Material geborgt, um die Diskussion dieser relativ subtilen und ungewöhnlichen Fragen ordentlich durchführen zu können.[5] Das erwähnte Musterbeispiel nimmt vier Grundtypen von Reaktionsmustern an: Anerkennung oder Ablehnung, jeweils entweder in Verbindung mit oder ohne Gewalt (siehe Tafel 3.1). Ablehnung beurteilen wir entweder als rational oder als nichtrational, verwenden aber für Anerkennung drei Unterkategorien: talismanisch, semitalismanisch oder rational.

Gewaltlose Ablehnung der eindringenden Kultur

Rational

Die *Pharisäer*, die „Separatisten", verdanken ihren Namen ihrer heftigen Ablehnung hellenistischer Sitten und Gebräuche. Heute sind sich die Gelehrten im allgemeinen darüber einig, daß ihr Bild im Neuen Testament als arrogant und tendenziös irreführend ist. Indem sie nämlich die griechisch-römische Kultur ablehnten, gaben sie auch jede Chance auf, durch den Einstieg in das System zu politischen Ehren zu gelangen. Die Pharisäer waren nicht ungewöhnlich gewalttätig oder verstockt. Sie versuchten nur, ihre Kontakte mit der griechisch-römischen Kultur auf ein Minimum zu beschränken, da sie der Meinung waren, sie hätten bei solchen Kontakten mehr zu verlieren als zu gewinnen. Sie zogen ihren eigenen Lebensstil einem anderen vor. Wie der Historiker Ralph Marcus bemerkte, lief ihre messianische Hoffnung trotz einer Fremdherrschaft auf ein „klares und ursprüngliches Programm" zur Förderung der von ihnen geschätzten Werte und Sitten hinaus.[6]

Die *Slawophilen* waren eine ziemlich homogene Gruppe wohlhabender Intellektueller in der russischen Gesellschaft der vierziger und fünfziger Jahre des 19. Jahrhunderts. Sie fühlten sich dazu berufen, die historische Rolle Rußlands und seinen Platz in der Welt, vor allem in seinem Verhältnis zum Westen, neu zu definieren. Die Theorien der Slawophilen strichen „das organische Zusammensein" als den idealen Zustand des Menschen heraus und wiesen darauf hin, daß die alten slawischen Gesellschaftsformen („Mir" = Dorfgemeinschaft) und Kulturen das Paradebeispiel

Tafel 3.1
Reaktion auf den kulturellen Wandel

I. *Gewaltlose Ablehnung der eindringenden Kultur*
- A. *Rational*
  - Pharisäer
  - Slawophile (Tolstojaner)
  - Gandhi
  - Latein-Amerika-Indianer
  - Négritude
  - Buschneger in Niederländisch Guyana
- B. *„Apocalyptisch"*
  - Essener
  - Südafrikanische „Zionisten"

II. *Gewaltsame Ablehnung der eindringenden Kultur*
- A. *„Streng" und weitgehend rational*
  - Makkabäer
  - Bar Kochba
  - Wahhabiten
  - Sepoy-Aufstand
- B. *„Manisch"*
  - Zeloten
  - Einige Aufstände der nordamerikanischen Indianer
  - Boxer-Aufstand
  - Mau-Mau-Bewegung

III. *Gewaltlose Synthese mit der eindringenden Kultur*
- A. *„Talismanisch" (oder Magisch)*
  - *„Reischristen"*
- B. *Semi-Talismanisch*
  - Urchristen (Gnostiker)
  - „Afro-asiatischer Sozialismus" (Friedfertig, wie in Burma, Ceylon, Indien, usw.)
- C. *Rational*
  - Sadduzäer
  - Brahmasamadsch
  - Meiji-Japan (1880-1900)

IV. *Gewaltsame Synthese mit der eindringenden Kultur*
- A. *„Talismanisch" (oder Magisch)*
  - Taiping-Rebellion
  - Lumpa-Kirche
- B. *Semi-Talismanisch*
  - Bolschewiken
  - Maoisten
  - Indien
- C. *Rational*
  - Black Muslims

dafür gewesen wären. Ihre Reaktion auf den Westen war eine Mischung aus Furcht, Unsicherheit und Arroganz, die sich auf die Überzeugung stützte, daß Rußland besser als der Westen wäre, wozu noch die Befürchtung kam, der Westen werde die russische Seele zerstören. Tolstoi teilte diese Ansichten. Die Slawophilen waren der Meinung, daß Rußland aus seinem einzigartigen historischen Reservoir für alles, was der Westen anbieten könnte, ein adäquates Gegenstück finden würde. Heute noch hat Solschenizyn vieles mit den Slawophilen gemeinsam.

Gandhis Ablehnung des Westens gründete sich auf die Hauptlehren seiner Religion, des Hinduismus. Er war der festen Überzeugung, daß das Leben nur von jenen Bedürfnissen abhängig gemacht und geregelt werden sollte, die der einzelne mittels seiner körperlichen Arbeit befriedigen könnte. In dieser extremeren Form ist der Glaube an Selbstgenügsamkeit ebenso psychologisch wie religiös motiviert. Gandhi reagierte vor allem auf die mechanische Technik und die Geldwirtschaft des Westens negativ. Er war der Meinung, daß diese Dinge mehr Unzufriedenheit, Vertrauensverlust und Leid unter seinen Landsleuten hervorrufen würden als die Armut, unter der sie sowieso schon litten. Er war kein Modernisierer, wenn das auch viele seiner Nachfolger waren.

Gandhis Einstellung war rational. Er lehnte das Eindringen des Westens weder blindlings ab, noch befürwortete er einen reaktionären Konservativismus. Er glaubte fest daran, daß die menschliche Existenz „ein Wachstum ohne Ende" sei, aber für ihn war es mehr ein geistiges denn ein materielles Wachstum, mehr ein Vorwärtsschreiten von Gewalttätigkeit und Selbstsucht hin zu Gewaltlosigkeit und Einfachheit. Wie die Slawophilen versuchte auch Gandhi, seine Kultur und seine Traditionen vor dem Eindringen des Westens zu schützen. Viele Anhänger der sogenannten buddhistischen Wirtschaft (z. B. Schumacher) sind in ihrem Bemühen, alternative Formen eines Wirtschaftswachstums zu finden, „gandhistisch".

Bei der Diskussion um die Indianer Lateinamerikas muß streng zwischen den Indianern und den Mestizen unterschieden werden. Der Mestize spricht spanisch und ist arm, aber an sich Mitglied der dominierenden, modernisierenden Kultur des Westens. Fragt man einen Mestizen, warum er Sandalen trägt, so wird er wahrscheinlich antworten, „weil ich arm bin". Ein Indianer hingegen würde sagen, daß er Sandalen trägt, weil er seine Füße nahe bei Mutter Erde haben möchte. Diese unterschiedlichen Antworten symbolisieren auch unterschiedliche Beziehungen zur westlichen Kultur.

Die Reaktion des Indianers betont seine kulturelle Überzeugung, daß Armut ihren eigenen, ihr innewohnenden Wert hat. Es ist eine Bestätigung seines Lebensstils und seiner Lebensanschauung. Der Indianer scheint daher potentiell nicht sehr geeignet, sich zu Veränderungen oder einem Wirtschaftswachstum nach dem slawophilen Modell bewegen zu lassen.

Der Begriff *Négritude* wurde 1935 von Aimé Césaire, einem Neger aus Martinique geprägt. Négritude war eine Bewegung auf den damals französisch dominierten Westindischen Inseln und in Westafrika, die die „Black-Power"- und die „Black-is-Beautiful"-Welle in den USA vorwegnahm. Die Ähnlichkeiten sind nicht zu übersehen: Die amerikanischen Bewegungen betonen die Integrität und die Bedeutung des Negertums, Négritude war eine Reaktion der Intellektuellen auf die französische Politik der Assimilation. Césaire wählte ganz bewußt den Ausdruck *Négritude* mit seinem abwertenden Beigeschmack, um eine Neueinschätzung der Dunkelhäutigkeit und der Farbigen nicht so sehr durch die Weißen, sondern unter den Farbigen selbst in Gang zu bringen. 1959 gab er folgende Neudefinition von *Négritude:*

> „...das Bewußtsein, schwarz zu sein, die einfache Anerkennung... seines Schicksals als schwarzer Mensch, seiner Geschichte und seiner Kultur."

Zu einer früheren Zeit drückte Césaire den Geist der Reaktion auf die Politik der Franzosen in einem treffenden Gedicht so aus:

„Gnade! Gnade für unsere allwissenden Eroberer,
Hurra für die, die niemals etwas erfanden,
Hurra für die, die niemals etwas erforschten,
Hurra für die, die niemals etwas eroberten,
Hurra der Freude,
Hurra der Liebe,
Hurra dem Schmerz der fleischgewordenen Tränen."[7]

Die bewußte Übertreibung in diesem Gedicht sollte den Leser aus der, wie Césaire annahm, blinden Hinnahme der französischen Politik der Assimilierung wachrütteln. Seine Haltung war weniger gegen jene gerichtet, die erfanden, erforschten und eroberten, als vielmehr ein Aufruf zur Wiedereinsetzung des „Schwarz-Seins" als einer Form der Identität mit ureigensten Werten. Daher „Hurra der Liebe, Hurra dem Schmerz und Hurra den Tränen."

Die *Buschneger von Niederländisch-Guayana (Surinam)* sind

Abkömmlinge afrikanischer Sklaven, die im 17. Jahrhundert nach Surinam gebracht wurden. Während des 19. Jahrhunderts rebellierten sie gegen ihre Herren und entkamen in den Dschungel. Bis jetzt erhielten sich die heute etwa 40000 Menschen eine relativ große Unabhängigkeit. Sie sprechen Abarten afrikanischer Dialekte und führen weiterhin ein sowohl physisch wie auch kulturell abgesondertes Leben. Sie sind sich der Unterschiede zwischen ihrer Lebensform und der modernen, städtischen Existenz sehr wohl bewußt, schätzen aber das, was sie haben, höher. Sie scheinen sich dabei recht wohl zu fühlen und ziehen ihr Dschungelleben dem sogenannten „zivilisierten" Dasein eindeutig vor. Diese Präferenz scheint wohl begründet zu sein und resultiert nicht etwa aus Unkenntnis oder mangelnder Erfahrung mit alternativen Lebensformen. Surinam hat eine 200jährige Geschichte wechselnder Herrschaft von Engländern, Franzosen und Holländern hinter sich. Diese wechselhaften Verhältnisse unter verschiedenen westlichen Mächten mögen vielleicht mitgeholfen haben, die antiwestliche, protraditionelle Einstellung der Buschneger zu verstärken.

Während der *Deuxième Belle Epoque* (1948–1973) war diese Form einer rationellen Ablehnung der Modernisierung und der westlichen Kultur selten. „Rationale" Ablehnung findet in der westlichen Kultur fast ausschließlich innerhalb der Eliten der oberen Mittelschicht statt. Die Anführungszeichen sollen darauf hinweisen, daß wir uns dabei mehr auf den kühlen und sachlichen Ton der Argumentation beziehen als auf den Inhalt dieser Diskussionen. Viele Anhänger dieser Überzeugung, die heute in Kommunen leben oder ein „Leben in freiwilliger Einfachheit" gewählt haben, können daher richtigerweise als Menschen eingestuft werden, die den Großteil der westlichen Kultur – zumindest eine Zeitlang – rational ablehnen.*

Apokalyptisch

Diese Art der gewaltlosen Ablehnung der eindringenden Kultur ist durch eine ausschließlich religiöse Offenbarung gekennzeichnet. Ein ähnliches Verhalten einer einzelnen Person würde als pathologisch eingestuft werden; wird es von einer größeren Gemeinschaft praktiziert, so ist es häufig einfach nur antiproduktiv (zumindest vom Standpunkt jener aus gesehen, die die „göttliche Offenbarung" nicht erhalten haben).

* Diese Leute rekrutieren sich überwiegend aus Familien der oberen Mittelschichten und würden normalerweise der Neuen Klasse angehören.

Die Essener trennten sich vom Hauptstamm der jüdischen Gemeinschaft, weil sie mit der Politik und den Praktiken der Makkabäer in Widerspruch gerieten. Sie zogen sich in die Abgeschiedenheit zurück, lebten dort ein halbmönchisches Dasein und waren überzeugt, daß ihre Gruppe bei Anbruch des „messianischen Zeitalters" als das wahre Israel ausgerufen würde. Dieser fast vollständige Rückzug aus der profanen Welt (viele pflegten völlige Keuschheit) und die ebenso totale Hinwendung zur Ankunft des Messias stellte eine ganz extreme Reaktion auf das Eindringen der griechisch-römischen Kultur dar.

Die Anfänge der *Südafrikanischen Zionisten* oder „Geist"-Kirchen gleichen jenen der Baptisten, die als Negerkirchen im Süden der USA im 19. Jahrhundert entstanden sind. Beide benützten die Kirche als ein Hilfsmittel zur Assimilierung und zugleich als eine Möglichkeit, ihre eigenen kulturellen Güter im Angesicht der weißen Herrschaft zu schützen und zu erhalten. Die Südafrikanischen Zionisten sind im hohen Maße „apokalyptisch", wobei sie sich auf Botschaften stützen, die ein Prophet in Träumen, Visionen oder Auferstehungserfahrungen erhielt. Sie halten sich an eine strenge, ein einfaches Leben betonende Ethik, die Alkohol, Tabak und die meisten westlichen Medikamente mit Tabus belegt. Vor allem in den frühen Tagen dieser „Geist"-Kirchen (von 1908 bis in die zwanziger Jahre) erklärte sich die wachsende Zahl ihrer Anhängerschaft aus dem Wunsch nach religiöser und politischer Autonomie. Es ist bezeichnend, daß sich diese Sekte in den zwanziger Jahren nach Rhodesien ausbreitete, wohin sie von „Wanderarbeitern" gebracht wurden, die von Arbeitsplätzen in den von Weißen beherrschten Industrien Südafrikas zurückkehrten.

Wir selbst neigen zu der Annahme, daß ein Großteil der Hippie- und Drogenkultur der späten sechziger Jahre, die sich im atlantisch-protestantischen Kulturbereich ausbreitete, einer apokalyptischen Rückzugsbewegung zuzuordnen ist. Für die Zukunft erwarten wir noch mehrere solche apokalyptische Bewegungen, allerdings mit weniger zerstörerischen Auswirkungen auf ihre Anhänger.*

* Die skandinavischen Länder, Holland, England, die USA und Australien waren die Ursprungsländer fast aller Hippies der späten sechziger Jahre.

Gewaltsame Ablehnung der eindringenden Kultur

„Streng" und weitgehend rational

Die *Makkabäer* waren eine Gruppe von Juden, die, angeführt von zwei Brüdern, im zweiten Jahrhundert v. Chr. gegen die Herrschaft des Syrers Antiochus IV. rebellierten. Es war dies die Zeit, als den Juden bewußt wurde, daß ihre Identität als Kulturvolk weit mehr in ihrer Religion begründet war als in politischen und sozialen Einrichtungen. Die Revolte der Makkabäer, die die Form eines sehr erfolgreichen Guerillakrieges annahm, stand in einem unmittelbaren Zusammenhang mit den Vorschriften und zentralen Aspekten der jüdischen Religion, vor allem mit dem Recht zur Beschneidung. Für die Griechen und Römer war die Beschneidung eine absolut undenkbare Deformation des menschlichen Körpers, ähnlich wie wir eine Verstümmelung des Gesichtes betrachten würden. Da sie Nacktheit bewunderten und betonten, erschien ihnen die Beschneidung als lächerlich und barbarisch. Für die Juden hingegen bedeutet die Beschneidung die Wiederholung des Vertrages, den Gott mit Abraham geschlossen hatte, und sie ist wahrscheinlich das wichtigste Ritual in der gesamten jüdischen Religion. Daher war es nur natürlich, daß sie sich gegen die „humanistischen und humanitären" Gesetze Roms, die die Beschneidung ausschlossen, zur Wehr setzten. Die Makkabäer waren sehr fähige Leute; sie waren wahrscheinlich die ersten Nichtgriechen, die eine Phalanx regelmäßig besiegen konnten.

Die *Wahabiten von Nedsch (Saudi-Arabien)* waren eine puritanische Moslemsekte, die im frühen 18. Jahrhundert im Innern Arabiens auftauchte. Zwischen 1803 und 1813 kämpften die Wahabiten sehr aktiv für die Verteidigung der Orthodoxie ihrer Religion gegen jeden fremdländischen, nichtislamischen Einfluß. Die heutige Dynastie Saudi-Arabiens stammt in direkter Linie von den Wahabiten-Königen ab.

Die Religion des Islams lehnt die Europäisierung auf vielerlei Weise ab. Ein Teil der Feinseligkeiten der Moslems gegenüber den Israelis kann als Reaktion auf das Eindringen Europas in ihren Raum aufgefaßt werden. So bezeichneten islamische Repräsentanten Israel vor der UNO als „westliche Eindringlinge". Die meisten mohammedanischen Gemeinschaften sind immer noch sehr religiös. Kein islamisches Land mit Ausnahme der Türkei, die seit den Tagen Atatürks einen geradezu aggressiv weltlichen Staat forciert, wird von einem Mann regiert, der sich offen agnostisch oder atheistisch gibt.

Wir erwarten nicht, diese Art von heftiger, rationaler Ablehnung in der modernen Welt allzuoft zu sehen, obzwar viele Leute auch der Ansicht sein mögen, daß etliche der diversen Terroristenorganisationen oder einige der gewalttätigen Demonstrationsbewegungen noch am ehesten von diesem Blickwinkel her gesehen werden sollten. Erstere sind aber sicherlich in der Nähe der „manischen" Richtung anzusiedeln, die wir gleich besprechen werden, und die letzteren stehen unserer Meinung nach näher zur nichtgewalttätigen, aber leicht magischen Ablehnung, wobei sie auch viele Elemente einer semimagischen Synthese besitzen. Es gibt aber auch sehr viele vernunftbetonte Elemente einer rationalen Reform und eines rationalen Protests, die in ihren Auswirkungen tatsächlich eine Synthese darstellen.

Manisch

Die *Zeloten* waren eine jüdisch-palästinensische Sekte im ersten Jahrhundert n. Chr. und in ihrer Ablehnung der römischen Herrschaft kompromißlos. Als sie zum Mittel des Terrors und der Morde griffen, wurden sie als die „Sicarii" (die Dolch-Männer) bekannt, da sie versteckt gehaltene Dolche benutzten, um jene zu töten, die sie für römerfreundlich hielten. Es war für die Zeloten selbstverständlich, bis zum letzten Mann, ja bis zur letzten Frau und zum letzten Kind zu kämpfen, um ihre Festungen zu verteidigen, wie das in Masada der Fall war. Sie pflegten auch Lose zu ziehen, wenn sie sahen, daß sie ihre Festung aufgeben mußten. Derjenige, der dabei verlor, hatte alle übrigen zu töten und dann Selbstmord zu begehen.

Viele „manische" Gruppen dieser Art (nicht jedoch die Zeloten) glaubten, daß sie immun gegen die Waffen ihrer Feinde wären. So die „Boxer" in China, die Mau-Mau in Kenia und einige Indianerstämme, die überzeugt waren, daß ihnen feindliche Kugeln nichts anhaben konnten. In gewisser Hinsicht wurden diese Gruppen durch ihren Extremismus wahnsinnig.

Der letzte ernst zu nehmende *Indianeraufstand* wurde 1890 geplant. Viele verschiedene Stämme nahmen an einem großen Treffen in einem der Reservate teil. Sie benutzten ein „sprechendes" Kreuz, eine Praktik, die sich des Zaubers ihrer Feinde bediente, der damit für ihre Sache eingesetzt werden sollte. Sie waren überzeugt, daß ihr Aufstand die Eisenbahnen zum Verschwinden und die Bisons zurückbringen werde. Eine der interessantesten Erhebungen der Indianer war der sogenannte Kastenkrieg in Yucatan, wo die örtliche Bevölkerung rund 20 Jahre lang gegen die Spanier kämpfte. (Auch sie benutzten ein „sprechendes Kreuz".) Ein Wissenschaftler besuchte Yucatan um vieles später, um diese Gruppe zu studieren. Als er versuchte, Informationen über Indianeraufstände zu erhalten, konnte ihm niemand etwas darüber sagen. Er drang schließlich tief in den Dschungel vor, wo er eine Gruppe von Indianern fand, die auf ihn gewartet hatte. Sie fragten ihn: „Wo sind die Gewehre?" Er antwortete: „Was meint ihr damit?" Es stellte sich heraus, daß ihnen 100 Jahre vorher prophezeit worden war, ein Engländer würde ihnen in einem Jahrhundert Waffen bringen. „Hundert Jahre sind vergangen. Du bist ein Engländer. Wo sind die Gewehre?" Daß diese Leute immer noch warteten, ist bezeichnend. Sie selbst waren nicht mehr militant eingestellt, aber eine neue Rebellion wäre möglich gewesen.

Kulturen, Gebräuche oder Ansichten können unter widrigen Umständen und im Laufe der Zeit mißverstanden werden. Ganze Nationen, Gruppen und Gemeinschaften reagierten schon auf kulturelle Fremdeinflüsse in einer Art und Weise, die pathologisch oder „manisch" wirkt. Diese Reaktionen können sehr unterschiedlich sein. Manchmal sind sie weit entfernt davon, rational zu sein; manchmal wieder sind sie zwar rational, aber sehr weit entfernt von dem, was man erwarten würde. Jede Kultur wird auf ihre Art und Weise reagieren und dabei verschiedene Aspekte ihrer speziellen geschichtlichen Erfahrungen reflektieren: einen Komplex auf Erinnerungen, Legenden, Leidensgeschichten der jüngeren und älteren Vergangenheit, aus Umweltbedingungen, örtlicher Literatur und den Leben der einzelnen Männer und Frauen.

Boxer war der Name, den die Weißen jenen von offizieller chinesischer Seite unterstützten aufständischen Bauern gaben, deren erklärte Absicht es 1900 war, alle Fremden aus China zu vertreiben. Ihr chinesischer Name bedeutete „Fäuste der Gerechtigkeit und Harmonie". Die Boxer waren der Meinung, daß sie durch ihre Rituale in den Besitz übernatürlicher Kräfte gelangten, zu denen auch die Unverwundbarkeit durch Kugeln gehörte. Sie reagierten gegen jeden westlichen Einfluß auf das aggressivste, töteten chinesische Christen auf bloße Vermutung hin und brannten die Kirchen und Wohnsitze der Ausländer nieder. Sie waren überzeugt, daß die Armut der Chinesen und alle ihre anderen Probleme eine direkte Folge des Kontakts mit dem Westen seien. Die Boxer weihten sich ausdrücklich der völligen Zerstörung jeder westlichen Präsenz in China. (Tatsächlich resultierten die Schwierigkeiten Chinas allerdings aus malthusianischen Zwängen und der Dekadenz der Mandschu-Herrschaft.)

Die *Mau-Mau* waren eine Bewegung des Kikuyu-Stammes in Kenia. Ihre Beweggründe waren ein komplexes Gemisch aus religiösen und antikolonalistischen Sentiments sowie aus Stammesrivalitäten während der späten vierziger oder frühen fünfziger Jahre. Die Anfänge der Bewegung können jedoch bis zum Beginn dieses Jarhunderts zurückverfolgt werden, und zwar auf das lang unterdrückte Ressentiment der Kikuyu gegen die weißen Siedler, die weite Landstriche ehemaliger Stammesgebiete für sich beanspruchten. Zu der extremen Vorgangsweise der Mau-Mau gehörte auch das öffentliche Zurschaustellen der Leichen von Feinden, um so die unbeugsamen Absichten und den Ernst der Gruppe zu demonstrieren. Jeder, der der Bewegung beitreten wollte, wurde gezwungen, einige der heiligsten Tabus des Stammes zu brechen. Nachdem er das getan hatte, war er symbolisch ein toter Mann – abgeschnitten von der Vergangenheit – und somit auferstanden, um sich vollständig der Sache der Mau-Mau widmen zu können.

Gewaltlose Synthese mit der eindringenden Kultur

„Talismanisch" (oder magisch)
Die *Reis-Christen* Asiens wurden und werden häufig für Bettler gehalten, die sich in oder nahe bei den christlichen Missionen aufhielten, um eine Handvoll Reis zu bekommen. Tatsächlich aber hielten sie sich dort auf, weil sie den Triumph des Westens sahen. Für sie waren die christlichen Kirchen das Herz des Westens. Sie argwöhnten, daß diese Überlegenheit auf irgendwelche magischen Qualitäten, die im Christentum verborgen waren, zurückzuführen wären. Sie waren mehr an dieser Magie als am Reis interessiert.

Semitalismanisch
Die Urchristen (die *Gnostiker*) stellten eine theologische Bewegung dar, die ihren Höhepunkt während des ersten und zweiten Jahrhunderts nach Christi erreichte. Sie waren der Meinung, daß das Tor zum Himmel nur mittels einer speziellen Art von Wissen, eben der *Gnosis,* das wir als semimagisch bezeichnen, zu durchschreiten war. Sie lehnten das traditionelle, christliche Konzept ab, daß der Glaube allein die Erlösung bringen könne – man hatte anstatt dessen zu *wissen.* In mancher Hinsicht waren die Gnostiker frühe Beispiele für das, was Eric Hoffer die „wahren Gläubigen" nennt. Sie waren überzeugt, das Christentum besser als die Christen zu verstehen.

Das semimagische, etwas simplifizierende Vorgehen bei dem Versuch, zu neuen kulturellen Formen zu gelangen, hat in der jüngeren Vergangenheit viele Parallelen, vor allem im *afro-asiatischen Sozialismus* nach dem Zweiten Weltkrieg. Afro-asiatische Besucher der USA gaben sich häufig etwas herablassend über das „primitive kapitalistische System", das sie dort vorfanden. In ihren Augen hatten die Vereinigten Staaten eine verrückte marktwirtschaftliche Anarchie, während ihre Heimatländer den Segen einer modernen, rationalen und sozialistischen Planwirtschaft genossen.

In dem amerikanischen Stück *Raisin in the Sun* gibt es ein bündiges Beispiel dafür. In diesem Stück ist ein Chauffeur der Meinung, daß es das Wesen eines Geschäftsmannes ist, im Fond des Autos zu sitzen, während der Chauffeur vorne das Lenkrad führt. Er weiß sozusagen nicht, daß die eigentliche Tätigkeit des Geschäftsmannes erst beginnt, wenn dieser aus dem Auto aussteigt, sein Büro betritt und hier seine diversen Fähigkeiten zum Einsatz bringt. In der dritten Welt resultiert ein Großteil der Begeisterung für das Moderne aus dem fast magischen Glauben, daß man durch das bloße Annehmen irgendeiner äußerlich sichtbaren Form des Modernen (ähnlich, wie das die Reis-Christen in den Missionen taten) schon automatisch modern wird. Auf eine ähnliche Weise beziehen sich viele Enthusiasten der Sonnenenergie auf magische Elemente, wenn sie in den USA bei ihren periodischen Demonstrationen Beschwörungsformeln verwenden (z. B. am „Sonnentag", im Juni 1978). Wir betrachten das mehr als ein Spiel denn als Ernst, vielleicht ist es das aber nicht.

Rational

Die Sadduzäer (ca. 130 v. Chr. – 70 n. Chr.) waren eine vorwiegend aristokratische Sekte wohlhabender Juden. Sie legten großen Wert darauf, gut mit den heidnischen römischen Machthabern auszukommen, und es war leicht für sie, die hellenistischen Werte und Haltungen zu assimilieren. Sie unterzogen sich sogar schmerzhaften Operationen, um die Merkmale der Beschneidung zu vertuschen (dies war notwendig, wollten sie an den griechisch-römischen Spielen teilnehmen). Trotzdem waren die Sadduzäer sehr religiös, und ihr Leben war mit dem Tempel auf das engste verbunden. Einige von ihnen waren der Auffassung, daß eine Änderung des Äußeren keinen Einfluß auf das Innere eines Menschen hat, während andere dachten, daß ein Wechsel in der Erscheinung das Wesen der Assimilation ausmacht.

Die Brahmasamadsch ist eine 1828 Ram Mohan Roy in Kalkutta gestiftete Reformsekte. Die Gruppe setzte sich aus mehreren unerschrockenen bengalischen Hindugelehrten zusammen, die mithalfen, in Indien die ersten höheren Bildungsanstalten nach modernem Muster zu gründen. Sie schwärmten von der christlichen Ethik und den westlichen Bildungsmethoden, lehnten aber für sich alle Formen der christlichen Theorie ab. Sie vertraten die Rückkehr zu einem streng monotheistischen, an den Upanischaden ausgerichteten Hinduismus, der von jedem traditionellen Götzendienst, den sie als rückschrittlich und korrupt betrachteten, gereinigt werden sollte. Die Brahmasamadsch versuchte, wie so viele andere Gruppen von Intellektuellen in den nichtwestlichen Ländern, die guten Seiten der beiden Welten miteinander zu verbinden.

Das Meiji-Japan (1868–1912) begann mit einer Periode des „sich Borgens" vom Westen, wie das die Japaner auf ähnliche Weise schon einmal getan haben, nur daß es damals China war. Reste der Militär- und Feudalherrschaft wurden abgeschafft, und unter der fähigen Führung der Meiji-Herrscher wurde eine streng nach westlichem Muster ausgerichtete, zentralistische und bürokratische Regierung eingerichtet. Während dieser Zeit wurde Japan eine moderne Weltmacht. Es kam zu einer sehr schnellen Industrialisierung, und in Wissenschaft, Philosophie, Kunst und Literatur trat ein völliger Wandel ein. Trotzdem behielt Japan seine unverwechselbare Identität. Anstatt des alten Spruchs „chinesisches Wissen, japanischer Geist" hieß es nun „westliche Wissenschaft, japanischer Geist".

Gewaltsame Synthese mit der eindringenden Kultur

„Talismanisch" (oder magisch)

Die Taiping-Rebellion, die zwischen 1850 und 1864 in China ausbrach, war vor allem eine Reaktion auf fremdländische Einflüsse. Geführt wurde die Rebellion von einem gewissen Hung Hsiu Ch'uan, der seine Bewegung „Das Himmlische Königreich des Großen Friedens" nannte. Hung hatte die Prüfung für den Zivildienst nicht bestanden, was ihn sehr entmutigte und krank werden ließ. Während seiner Genesung erhielt er eine göttliche Offenbarung, in der ihm mitgeteilt wurde, daß er der jüngere Bruder Christi sei. Er verwendete Elemente der christlichen Doktrin (zusammen mit chinesischem Gedankengut aus der Vor-Mandschuzeit), um damit die ideologische Basis der Rebellion zu formen, in der dann zwischen 20 und 40 Millionen Menschen umkamen.

Die Cao-Dai sind eine eklektische, streng nationalistische moderne Sekte in Vietnam, deren Anhänger sie als die vollkommenste Religion der Erde betrachten. Sie besteht aus taoistischen, buddhistischen, konfuzianischen und katholischen Elementen, und zu ihren Heiligen gehören unter anderen auch Buddha, Konfuzius, Jesus, Jeanne d'Arc, Victor Hugo und Sun Yat Sen. Die Sekte wurde 1926 von einem vietnamesischen Zivilbeamten, der für die französische Verwaltung arbeitete, gegründet. Auch er behauptete, während einer Séance eine göttliche Offenbarung empfangen zu haben. In den späten sechziger Jahren soll die Sekte über eine Mitgliedschaft von mehr als 100000 verfügt haben.

Die Lumpa-Kirche ist eine religiöse Stammesbewegung in Sambia und Zentralafrika. Sie wurde 1935 von einer Afrikanerin namens Alice Lenshina eingesetzt, die, nach der Doktrin der Sekte, starb und auf Gottes Geheiß wieder in das Leben zurückkehrte, um die Afrikaner von Zauberei, Hexenkunst und Krankheiten zu befreien. Sie wurde weithin anerkannt und konnte 1960 auf eine Anhängerschaft von mehr als 50000 verweisen. Die Ethik dieser Kirche verbietet Magie, Zauberei, Scheidungen, Polygamie, das Biertrinken und viele traditionelle Stammesbräuche. Statt dessen gründete die Kirche gut organisierte, saubere Dörfer, die von der Regierung Sambias allerdings als illegal angesehen werden. 1971 wurde Alice Lenshina verhaftet und eingesperrt, und seit diesem Zeitpunkt ging der Einfluß der Kirche zurück. Alice Lenshina behauptete von sich auch, sie sei eine Reinkarnation der jüngeren Schwester der derzeitigen Königin von England – daher ihr Name, eine Verballhornung von *Elisabeth Regina.*

Semitalismanisch (semimagisch)

Wir halten den Bolschewismus, den Maoismus, den nach 1930 in Japan gepflegten Staats-Schintoismus und den militanten afroasiatischen Sozialismus für semimagisch, denn sie alle bilden ein zwar selten wahrgenommenes, aber doch starkes magisches Element. In verschiedenem Ausmaß unternahmen diese Bewegungen in einer relativ kurzen Zeit und gegen enorme kulturelle und physische Widerstände gigantische Schritte in Richtung Modernisierung. Dabei stellen einige Praktiken dieser Bewegung, auch wenn sie normalerweise als aktive Formen der Schulung und rationalen Indoktrination eingestuft werden, stark ritualistische und religiöse Propagandamethoden dar.

Wir wollen dazu ein Beispiel aus den frühen Tagen des Maoismus in China zitieren. Wenn die kommunistischen Revolutionstruppen in ein Dorf oder eine kleine Stadt eindrangen, so beschuldigten sie den jeweils ältesten und geachtetsten Führer oder Bürgermeister dieser Gemeinde der ärgsten Verbrechen. Sodann zwangen sie die Bürger des Ortes über Schuld oder Unschuld des Angeklagten abzustimmen, was sehr häufig mit dessen Hinrichtung endete. Dies entspricht – zumindest teilweise – genau den rituellen Opfern der Vergangenheit; ein magisches Element, das sich sehr gut eignet, die Richtung einer Kultur zu verändern. (Es macht zugleich die Bürger der betroffenen Gemeinde zu aktiven Komplizen der Revolution.) Die Geschichte über Mao selbst, der über den Yang Tse schwimmt, und die fast unglaubliche Allgegenwärtigkeit des *Kleinen Roten Buches* (der „Mao-Bibel") stellten eine bewußte Anerkennung jenes magischen Elementes dar, das man im wesentlichen als die Vergöttlichung Maos bezeichnen kann. Diese Vergöttlichung brachte einen mythischen Helden (oder Gott-König) hervor, der die Aufgabe hatte, die Masse der Menschen in Bewegung zu setzen, ihnen einen Anhaltspunkt zu geben – einen Fixpunkt für ihr Vertrauen, etwas, in das sie ihren Glauben setzen konnten. Das alles erleichtert den schmerzvollen Bruch mit der Vergangenheit ganz ungemein.

In einigen Gebieten der Erde mag es sich als notwendig erweisen, Zuflucht zu magischen Praktiken zu nehmen, um ein Land zum Aufbruch zu bewegen und um die für die Beseitigung der im Wege stehenden Hindernisse notwendigen Energien freizusetzen. Solche Methoden können, müssen aber nicht hilfreich und konstruktiv bei der Schaffung nützlicher und dauerhafter Einrichtungen sein. Das Ausmaß, in dem sich die Menschen auf eine solche Magie beziehen, ja geradezu nach einer Mixtur dieser magischen Kraft verlangen, ist aber bemerkenswert. Ein interessantes Beispiel dafür sind auch die heiligen Kühe Indiens. Sie sind keineswegs eine so ernsthafte wirtschaftliche Belastung für Indien, wie das viele Leute glauben. Sie sind wahrscheinlich ein rückschrittliches Element, allerdings auch kein sehr ernsthaftes. Aber selbst wenn die heiligen Kühe ein ernsthaftes Hindernis für den Fortschritt darstellten, so ist doch klar, daß kein rationales Argument dieses Hindernis beseitigen könnte. Die starke politische, kulturelle und religiöse Opposition gegen eine Änderung solcher Einrichtungen kann nur durch eine Bewegung, die magische, charismatische und andere irrationale Elemente in sich vereinigt, überwunden werden.

Rational

Zuletzt besprechen wir noch die relativ gewaltsamen Versuche, die Formalismen und Ideen einer fremden Kultur einer bodenständigen Zivilisation anzupassen. Diese Versuche sind von Natur aus eher rational denn magisch, aber diese Rationalität geht von der Annahme aus, daß größere Gruppen von Menschen andere Kulturelemente nur dann annehmen, wenn sie dazu gezwungen werden. Vielleicht können bestimmte Gebiete unserer Erde nur mittels charismatischer Konzepte modernisiert werden. Das allein wird aber zuwenig sein; die politischen Führer müssen hart sein. Allerdings glauben wir nicht, daß ein stärkerer Zwang für längere Zeit aufrechterhalten werden muß. Unter den gegenwärtigen Umständen schaut es überhaupt so aus, als bestünde nur wenig Grund, in irgendeinem Land über eine gemäßigte autoritäre und Zwang ausübende Gesellschaft hinauszugehen. Hat eine Entwicklung einmal eingesetzt, so verhält sie sich unserer Meinung nach wie die Zinseszinsen, die man durch gekonnte Investitionen in die Technologie und den Kapitalgüterbereich wieder hereinbekommt. In den meisten Fällen kann dies, vor allem unter den heutigen Umständen, ohne viel Gewaltanwendung erreicht werden.

Ein Beispiel ist die *Black-Muslim*-Bewegung in den USA, die bei der Modernisierung der untersten Schichten der schwarzen Bevölkerung Amerikas ganz ungewöhnlich erfolgreich war. Die meisten Mitglieder der Black Muslims rekrutierten sich aus entlassenen Strafgefangenen; viele kamen aus dem Süden der USA in den Norden, wo sie, ohne Erfolg geblieben, auf die unterste Stufe der Gesellschaft absanken. Ein junger Farbiger, der drogenabhängig war und sich der Black-Muslim-Sekte anschloß, hatte dort viel mehr Chancen, von seiner Abhängigkeit loszukommen, als durch die orthodoxen Methoden der weißen Gesellschaft. Wie Muhammad Ali auf seinen Vorträgen in den Universitäten von Yale und Harvard immer wieder betonte, ist es für jemanden, der nicht den Black Muslims angehört, so lange nicht möglich, die Ziele der Bewegung zu verstehen, solange er der Meinung ist, diese Ziele seien politischer Natur; die Black Muslims sind eine religiöse Bewegung. Gegenwärtig haben die Black Muslims ihren Rassenhaß und die mehr irrationalen Elemente ihrer Bewegung abgelegt, weil, wie es ihr neuer Führer ausdrückt, „es nicht mehr länger notwendig ist, diese Techniken anzuwenden, um unsere Leute aufzurichten".

Wir schließen mit den Black Muslims, denn es ist unsere Absicht zu zeigen, daß der Geist und die Herzen der Menschen ergriffen werden müssen. In mancher Hinsicht muß die Entwicklungspolitik heute in vielen Ländern eine „religiöse" Angelegenheit werden – vor allem in jenen, die wir als „sehr arm" klassifiziert haben. Wir wollen damit nicht behaupten, daß wirtschaftliche Infrastruktur, politische Aktivitäten und die Planung konkreter Projekte vernachlässigt werden sollen. Wir glauben nur, daß die Entwicklung dort am erfolgreichsten sein wird, wo es gelingt, diese Dinge den Menschen auf der Ebene ihrer Psyche näherzubringen, wo damit Fragen der Identität und einer existentiellen Sinngebung verschmolzen werden können. Die großen Weltreligionen kannten diesen Sachverhalt – zumindest in ihrem Anfangsstadium. Das muß in diesem sehr weiten Sinne verstanden werden, wenn wir den Ausdruck „religiös" im Zusammenhang mit wirtschaftlicher Entwicklung verwenden.

Das Entstehen neuer Werte ist eine ganz allgemeine kulturelle Reaktion auf den Einfluß, den die Modernisierung ausübt. Dies gilt sowohl für traditionelle oder „analphabetische" Kulturen als auch für komplexere „gebildete" und technologisch fortgeschrittenere Gesellschaften. Wir wenden uns nun einer detaillierten Untersuchung der Veränderungen von Werten in den fortgeschrittenen, hochentwickelten kapitalistischen Ländern zu, die sich aus dem Großen Übergang vom vorindustriellen in den postindustriellen Zustand ergeben. Wir nennen diese Veränderungen der Werte-Strukturen und der Verhaltensmuster die Entstehung der „Neuen Schwerpunkte". Wir können vierzehn solcher Neuen Schwerpunkte feststellen. Am deutlichsten treten sie in den Überzeugungen, in Verhalten und Lebensstil jener zutage, die wir als die neoliberale Neue Klasse bezeichnen.

Einige der gegenwärtigen kulturellen Widersprüche des Wirtschaftswachstums: Die Neuen Schwerpunkte

Die Welt ist bei der Entwicklung des Wirtschaftswachstums und bei ihrer Modernisierung an einem kritischen Punkt der Geschichte angelangt. In den hochentwickelten kapitalistischen Nationen kam die Orientierung am Wirtschaftswachstum, die während der vergangenen 200 Jahre mehr oder weniger fraglos akzeptiert wurde, unter den direkten Beschuß der Anwälte einer Wachstumsbegrenzung und anderer Gruppen. Zur gleichen Zeit befinden sich die Mittel-Einkommen-Staaten und einige arme Nationen in der Aufbruchsphase zu einer modernen Entwicklung.

So werden heute viele Werte, die direkt mit dem Wachstum zusammenhängen, von den Reichen in Frage gestellt – wahrscheinlich mit entscheidenden Auswirkungen für diese. Noch ist es für eine zuverlässige Vorhersage zu früh, wieviel Verwirrung das unter den Entwicklungsländern verursachen wird. Zwar glauben wir, daß es die möglichen Wachstumsraten fast aller Länder drücken und in einigen speziellen Fällen zu echten Problemen führen wird, der Gesamttrend wird dadurch aber nicht wesentlich verändert werden. In einigen Fällen wird diese Entwicklung den Anreiz zum Wirtschaftswachstum sogar noch erhöhen, weil dadurch die Aussichten, mit den reichen Nationen gleichzuziehen, verbessert werden und zugleich der Wettbewerb reizvoller wird.

Immer schon konnten Wirtschaftshistoriker eine deutliche Korrelation zwischen dem Wirtschaftswachstum und ihm zugrundeliegenden Kulturelementen, wie z. B. den in Tafel 3.4 angeführten „Dreizehn Traditionellen Wertmaßstäben“ (siehe Seite 210), nachweisen. Die traditionellen Werte, umfaßt durch diese Angel- und Verbindungspunkte der Gesellschaft, werden immer noch von der Mehrheit der Amerikaner – und vielleicht auch von der Mehrzahl der Arbeiter und des Mittelstandes in Westeuropa und in Japan – anerkannt. Das Auftauchen einer relativ „neuen“ Gruppe von Schwerpunkten gewinnt jedoch immer mehr an Einfluß und droht das Wirtschaftswachstum in den wohlhabenden, marktorientierten Ländern stark zu verlangsamen oder gar zum Stillstand zu bringen. In Tafel 3.2 werden diese Neuen Schwerpunkte aufgezählt. Und obwohl die Wertanschauungen und Präferenzen, die hier herausgestellt werden, schon seit langer Zeit bestehen, beginnen sie erst jetzt eine intensive, überzeugende und überwältigende Rolle zu spielen.

Eine kurze und oberflächliche Betrachtung allein wird nicht aufzeigen können, in welch kritischem Verhältnis diese Schwerpunkte zum Wirtschaftswachstum stehen, dazu ist sicherlich eine nähere Untersuchung notwendig. Es stellt nämlich einen Unterschied dar, ob man diese „Vierzehn Neuen Schwerpunkte“ für eine „willkürliche Wahl“ hält (verursacht durch veränderte Einkommensverhältnisse, Bewußtseinslagen oder andere Umstellungen in der Umwelt des einzelnen) oder ob sie Ausdruck veränderter Wertanschauungen und moralischer Imperative sind. Was aber auch immer ihre Ursachen sein mögen und mit welcher Intensität sie auch auftreten, diese neuen Schwerpunkte sind in der Lage, die

Tafel 3.2
Vierzehn „neue“ Schwerpunkte und Trends bei den Wertvorstellungen in den USA

---

1. *Selektives Vermeiden von Risiken* (Innovatoren, Geschäftsleute und „Macher“ müssen im allgemeinen alle Risiken und die Beweislast tragen, als ob nur sie allein und nicht ebenso auch die Gesellschaft aus ihren Gewinnen und Anstrengungen Nutzen gezogen hätten).
2. *Lokalismus* („Insider“ gegen „Outsider“, keine lokalen Störungen oder Risiken wegen Bedürfnissen der Außenwelt).
3. *Komfort, Sicherheit, Muße und die Gesundheit betreffende Vorschriften* (oft behördlich vorgeschrieben – manchmal einem „autoritären Gesundheits- und Sicherheitssystem“ nahekommend).
4. *Schutz der Umwelt und der Ökologie* (zu fast jeden Kosten für die Wirtschaft und andere Programme).
5. *Verlust von Nerven, Willen, Optimismus, Vertrauen und Moral* (zumindest im Hinblick auf den wirtschaftlichen und technischen Fortschritt).
6. *Öffentliche Wohlfahrt und soziale Gerechtigkeit* (das Leben muß „fair“ gestaltet werden – Gleichheit der Ergebnisse, nicht der Möglichkeiten – die Gerechtigkeit sollte nicht blind sein).
7. *Glück und Hedonismus* (als ausdrückliche und direkte Lebensziele).
8. *Allgemeine Anti-Technologie-, Anti-Wirtschaftswachstums- und Anti-Mittelklasse-Einstellungen* („Klein-ist-besser“ – und „Grenzen-des-Wachstums“-Bewegungen, aber gewaltige Mittel werden bereitgestellt oder hohe Kosten genehmigt, um die obengenannten Punkte 1 bis 7 zu fördern).
9. *Zunehmende soziale Kontrolle und „Gesamtplanung“ der Wirtschaft* (hauptsächlich aber mit Werten und Einstellungen der Neuen Klasse und durch „Input-Output“-Theoretiker).
10. *Reglementierende Einstellungen, die dem Wohlergehen der Geschäftswelt gegensätzlich oder indifferent gegenüberstehen* (die Produktivität und Rentabilität der Geschäftswelt werden als selbstverständlich angenommen).
11. *„Moderne“ Familien- und Gesellschaftswerte und eine abnehmende Bedeutung vieler traditioneller (überlebter und altmodischer) Werte.*
12. *Bedachtnahme auf das Selbst* (oft begleitet von einer Betonung mystischer oder transzendentaler Verhaltensweisen und Werte oder einem Ausdruck der „Ich-Generation“).
13. *Neue Riten, Zeremonien und Feiern* (sowohl gegen als auch anstatt der modernen Riten, Zeremonien und Feiern).
14. *Neue Quellen für den Sinn und Zweck des Lebens; für Status und Prestige.*

„kulturellen Widersprüche", auf die in der Überschrift dieses Abschnittes Bezug genommen wird, auszulösen.[8] Tatsächlich hätte ein Wachstum, so wie wir es verstehen und aus der Geschichte des Westens kennen, niemals begonnen oder sich fortgesetzt, hätten diese Neuen Schwerpunkte schon früher als einflußreiche und allgemein akzeptierte Wertmaßstäbe bestanden.

Natürlich behaupten wir nicht, daß wir über alle diese vierzehn Punkte klagen. Die meisten sind zumindest in gemäßigter Form sicherlich erstrebenswert. Viele Berichtigungen und Neuanpassungen sind unzweifelhaft notwendig, wenn sich das Wachstum weiterhin gesund entwickeln soll. Irgendwann wird auch das Wirtschaftswachstum sicher zu einem Ende kommen, was aber wahrscheinlich erst dann der Fall sein wird, wenn die Wirtschaftstätigkeit ein sehr hohes Niveau erreicht hat oder wenn unsere Kultur in ein neues geschichtliches Stadium eintritt. Die Frage, ob die Neuen Schwerpunkte wünschenswert sind, ist daher nicht klar und eindeutig zu beantworten. Es ist das vielmehr eine Frage des Timings, der Intensität, der Vorgangsweise und anderer subtiler Unterscheidungen.

Je mehr Länder den Wendepunkt der S-förmigen Kurve des Bevölkerungs- und Bruttoproduktwachstums erreichen und überschreiten, um so mehr wird nach unseren Erwartungen auch der Konflikt an Intensität und Umfang zunehmen, der sich aus der „neuen" Kultur, dargestellt durch die Vierzehn Neuen Schwerpunkte, und den traditionellen Gesellschaftsformen ergibt. (Wie immer wird das Ursache und Wirkung zugleich sein. Die Neuen Schwerpunkte fördern oder erzwingen das Zurückgehen der Wachstumsraten und der allgemeinen Dynamik; dies wiederum stärkt die Neuen Schwerpunkte.) Wir wenden uns daher nun einer Diskussion der wichtigen Frage der sozialen Grenzen des Wachstums zu. Diese Diskussion wird uns den für die nachfolgende detaillierte Beschreibung jedes einzelnen der Vierzehn Neuen Schwerpunkte notwendigen Zusammenhang liefern.

Die sozialen Grenzen des Wachstums

Eine wachsende Literatur, die sich den sogenannten sozialen Grenzen des Wachstums widmet, vertritt den, wie wir glauben, richtigen Standpunkt, daß die wesentlichen Beschränkungen des Wirtschaftswachstums vom abnehmenden Grenznutzen einer weiteren Steigerung der Pro-Kopf-Produktion und von vermehrten Schwierigkeiten verursacht werden, die sich aus den Vierzehn

Neuen Schwerpunkten ergeben. Beide Gründe sollten zu einer allmählichen Verminderung des Nachdrucks führen, den man auf die Güterproduktion legt – oder auch zu einer bewußt negativen Betonung, einschließlich feindlicher Haltungen gegen Innovationen, echter Antipathie gegenüber dem Geschäftsleben, extremer Opposition gegenüber Schumpeters „kreativer Zerstörung", Angst vor der Technologie usw. Wenngleich wir mit einigen Ideen der Neuen Schwerpunkte übereinstimmen, werden wir, falls sie unserer Meinung nach zum Exzeß getrieben werden, von „Sand ins Getriebe schütten" reden.

Über all das wurde und wird schon seit langer Zeit diskutiert, aber bis vor kurzem wurde nicht zur Kenntnis genommen, daß die abnehmende Begeisterung für das Wirtschaftswachstum die zunehmende Betonung anderer Werte und die erhöhte Bereitschaft, Sand im Getriebe zu dulden, durch eine Art Kreuzzug gegen jedes weitere Wachstum verursacht wird, der von bestimmten Elitegruppen und weniger von der breiten Öffentlichkeit getragen wird. Tatsächlich werden solche Kreuzzüge häufig *gegen* die Wünsche und tief verwurzelten Interessen des breiten Publikums geführt. Zwar haben wir noch nicht festgestellt, bis zu welchem Ausmaß und mit welcher Geschwindigkeit diese neuen Einstellungen an Einfluß gewinnen konnten, aber wir erwarten nunmehr, daß relativ wenige, aber einflußreiche Gegner des Wachstums einen zunehmenden Druck ausüben werden, der die Wirtschaftstätigkeit in unserer Gesellschaft immer mehr behindern wird.[9]

Für den heute so oft zitierten Mangel an Vertrauen im Geschäftsleben gibt es eine sehr verständliche Grundlage. Daraus folgt, daß die Gesellschaft an diesem kritischen Knotenpunkt nicht mehr Sand in das Getriebe streuen sollte, als unbedingt erforderlich ist. In fast allen hochentwickelten Staaten scheinen besonders die Vierzehn Neuen Schwerpunkte einen außergewöhnlich tiefgreifenden Einfluß auf die Kosten und Risiken der Geschäftstätigkeit auszuüben. Wir verwenden dabei die USA (und nachfolgend Japan) als die wichtigsten Referenzbeispiele für die Diskussion dieser Trends, denn in diesen beiden Fällen sind wir über die neuesten Entwicklungen am besten informiert. Nach unserer Überzeugung stellen diese Neuen Schwerpunkte aber auch in allen anderen OECD-Staaten wichtige soziale Grenzen für ein weiteres Wachstum dar. Es kann sich sehr wohl herausstellen, daß Phänomene wie die Vierzehn Neuen Schwerpunkte einen grundlegenden inneren Widerspruch des kapitalistischen Systems konstituieren. Wenn die kapitalistischen Länder reich werden, treten diese Schwerpunkte vielleicht erst so richtig als machtvolle Kräfte hervor, die, gewährt man ihnen genügend Priorität, ein weiteres Wirtschaftswachstum – und vielleicht auch den technologischen Fortschritt – schließlich stark abbremsen oder ganz zum Stillstand bringen.

Man kann diesen Schwerpunkten gegenüber sehr unterschiedliche Einstellungen haben, die über ein breites Spektrum reichen können. Wenigstens sechs verschiedene Einstellungen können unterschieden werden. (Bei der nachfolgenden Diskussion werden wir die Einstellungen in Fragen der Ökologie und der Umwelt als typische Beispiele herausgreifen.)

Traditionelle Einstellungen

1. *Indifferent:* Die traditionellen Einstellungen der westlichen Kultur sowie der jüdischen, islamischen und christlichen Religionen besagen, daß die Natur existiert, um genützt oder erobert zu werden. In rauhen Klimata oder Umweltbedingungen wird sie eher als Feind denn als Freund betrachtet. Wann immer ökologische Werte mit anderen wichtigen Werten kollidierten, wurde letzteren normalerweise der Vorzug gegeben. Im *Alten Testament* wird dem Menschen die „Herrschaft über die Fische des Meeres, über die Vögel des Himmels und über alles Vieh und über die gesamte Erde und über alles, das da über die Erde kreucht" gegeben. Weder der Koran noch das *Neue Testament* betonen ökologische Werte um ihrer selbst willen.[10]
2. *Willkürliche Wahl:* Dies ist eine „mehr oder weniger" starke Veränderung der Prioritäten, verursacht durch den gestiegenen Wohlstand, durch ein verändertes Bewußtsein und neue Informationen, durch technologische und soziale Neuerungen sowie durch andere Umstände und Möglichkeiten. Relativ eng gesetzte Kosten-Nutzen-Kriterien können diese Wahlmöglichkeiten sehr beeinflussen. Die Leute sind heute nur noch selten ihrer Umwelt gegenüber wirklich indifferent, sie fühlen sich vielmehr – bisher – wohlhabend genug, um viel für ihre Erhaltung auszugeben. Gemessen an historischen Standards sind die hochentwickelten kapitalistischen Nationen inzwischen so gut gestellt, daß reiner Luft, reinem Wasser und einer ästhetischen Landschaft heute eine wesentlich höhere Priorität eingeräumt werden kann als zu früheren Zeiten. Für die meisten Menschen in den verschiedensten Gebieten der Erde rangieren jedoch diese Fragen immer noch hinter jenen nach

der Erhöhung des eigenen Wohlstands und der eigenen Sicherheit.

3. *Bevorzugte Werte:* Dazu gehören grundlegend Veränderungen bei Wünschen, Abneigungen, Einstellungen, Werten und Gebräuchen. Die Franzosen haben z. B. traditionell einen sehr viel größeren Wert darauf gelegt, jährlich einmal Urlaub außer Haus zu machen, als das die Amerikaner taten. Heute aber stehen die jungen Amerikaner in dieser Beziehung den französischen Ansichten näher als den Ansichten ihrer Eltern. Beide Gruppen würden für den Urlaub Opfer auf sich nehmen, die den älteren Amerikanern als absurd vorkämen.

Neu auftauchende Einstellungen

4. *Gutes oder verdienstvolles Benehmen:* Mehr als ein bevorzugtes Verhalten, aber weniger als ein moralischer Imperativ. Ein treffendes Beispiel für gutes Benehmen ist die gesellschaftliche Erwartung, daß man in der Öffentlichkeit nicht in der Nase bohrt oder nach dem Essen rülpst. (Letzteres zählt allerdings nicht in allen Kulturen; in China z. B. gilt rülpsen nach dem Essen als gutes Benehmen.) Es ist offensichtlich nicht unmoralisch, zu rülpsen oder in der Nase zu bohren, es ist aber ein Zeichen für schlechte Erziehung, tut man es trotzdem; sich so zu benehmen ist „falsch". Gutes oder verdienstvolles Benehmen ist auch keine moralische Frage. Viele Religionen verlangen z. B., daß man zehn Prozent seines Einkommens für wohltätige Zwecke spendet. Es besteht keinerlei Zwang, mehr zu geben, es ist aber verdienstvoll, wenn man es tut. Es gehört zum guten Benehmen, und es wird anerkannt. Wir glauben, daß die Einstellung, die die meisten Amerikaner gegenüber den Vierzehn Neuen Schwerpunkten einnehmen werden, in diese Kategorie des guten bzw. verdienstvollen Benehmens fallen wird. Sie werden mehr als eine bevorzugte Wahl, aber weniger als moralische Imperative oder Angelegenheiten von zentraler Bedeutung sein.

5. *Eine Angelegenheit von zentraler Bedeutung (z. B. eine Frage des physischen Überlebens, schwere Bedrohung der Gesundheit, der wirtschaftlichen, kulturellen oder anderer wichtiger Werte; oder eine Frage des psychischen Überlebens; ästhetische Imperative):* Viele Leute sagen, daß die Neuen Schwerpunkte zwar keine moralischen Imperative sein mögen, daß sie aber aus anderen Gründen sehr wichtig sind, und zwar so sehr, daß sie einfach nicht in einer Welt leben wollen (oder können), in

der den Neuen Schwerpunkten nicht die nötigen Prioritäten eingeräumt werden. Ihre Gründe dafür sind manchmal romantischer Natur, manchmal eine Frage des Stils und manchmal halb religiöse Ansichten. Ein großer Teil der „Klein-ist-schön"-Bewegung oder der Begeisterung für die Sonnenenergie hat an dieser Perspektive genauso Anteil wie jene, die bei der gegenwärtigen Revolte gegen den „exzessiven Materialismus" unserer Kultur mitmachen.

Manchmal wird der eine oder andere Neue Schwerpunkt buchstäblich für eine Frage des Überlebens gehalten (ein solcher ist gegenwärtig der Schutz der Umwelt). Häufig wissen die Leute, die die anschließend besprochene „moralische Einstellung" vertreten, ganz genau, daß andere ihre moralischen Wertanschauungen nicht teilen, und sie wechseln daher zur Frage des Überlebens über, da dies überzeugender ist. Wieder andere stellen sich auf den Standpunkt, daß die Gesellschaft so unerfreulich geworden ist, daß ein Überleben gar nicht mehr erstrebenswert ist. Selbst wenn man aber keine so extreme Haltung einnimmt, so kann doch der eine oder andere von der äußersten Wichtigkeit einer Überprüfung oder Änderung der heutigen Entwicklungstendenzen überzeugt sein, um den Neuen Schwerpunkten den Vorzug zu geben. Viele Leute, die sich so sehr für eine Erhaltung der Umwelt einsetzen, sind auch überzeugt, daß sie in einem Zeitalter begrenzter Reserven leben. Erstaunlicherweise bemerken aber die meisten von ihnen nicht, daß in vielen Fällen, wo nur ein intaktes Bild der Umwelt erhalten wird (wie zum Beispiel beim Tagbau), keine Fragen des Überlebens betroffen sind, sondern daß man sich dabei einen Luxus leistet, den sich nur eine Gesellschaft mit Ressourcen in Überfluß leisten kann. Ob sie diesen Fehler nun machen oder nicht, bezeichnenderweise behaupten sie, daß alle Ökosysteme erhalten werden müssen, entweder weil sie einzigartig sind oder weil sie Teil eines größeren Ganzen sind, dessen Zusammenspiel niemals vollständig verstanden werden wird. Sie stellen sich ein Ökosystem ähnlich wie eine Uhr vor, wo auch jedes Eingreifen in das Innere mit großer Wahrscheinlichkeit ruinös ist.

6. *Ein moralischer, ideologischer oder religiöser Imperativ:* Diese Haltung erlaubt keinerlei Tauschgeschäft, keine leichten Kompromisse oder keine gewohnt sorgfältige Kosten-Nutzen-Analyse. Häufig wird angenommen, daß die Probleme eindeutig sind, und Kontroversen werden oft nur als Konflikt

zwischen moralisch abgesicherten, auf höheren Werten gegründeten Positionen und solchen Positionen angesehen, die moralisch indifferent sind oder auf minderwertigen oder vulgären Werten beruhen.

Die Haltung der willkürlichen Wahl ist grundlegend. Hat jemand einmal genügend materielle Werte angesammelt, so nimmt der Grenznutzen, noch mehr davon zu haben, normalerweise ab, und die entsprechende Person wird nicht mehr so hart arbeiten, um noch mehr zu erhalten. Auch sollte bedacht werden, was passiert, wenn sich der Wohlfahrtsstaat noch weiter ausdehnt. Die Leute sorgen sich zwar nach wie vor um ihre Grundbedürfnisse, sie verlassen sich dabei aber nicht mehr so sehr auf ihre eigenen Anstrengungen, da sie wissen, daß der Staat schon für sie sorgen wird. Auf diese Weise können sie es sich leisten, weniger Wert auf den eigenen Existenzkampf, auf Sparen und Versicherung zu legen. Arme Leute kümmern sich meist nicht sehr um die Umweltverschmutzung, wenn diese auf der anderen Seite mehr Arbeitsplätze für sie bedeutet. Die Reicheren sind der Meinung, sich reines Wasser und reine Luft auch dann leisten zu können, wenn sie dafür bezahlen müssen. Keine dieser neuen Einstellungen bedingt notwendigerweise eine Veränderung bei der verfügbaren Information (z. B. bei der Einstellung gegenüber einigen Nahrungsmittelzusätzen). Für die meisten älteren Erwachsenen in den USA sind diese sich verändernden Bedingungen viel wichtiger als jede Veränderung der Wertvorstellungen selbst.

Für viele Leute – vor allem für die jüngeren – ist die Veränderung der Werte *per se* eine wichtige Sache. Je wohlhabender die Eltern werden, um so eher neigen sie dazu, die Erziehung und die Ausbildung ihrer Kinder von den Werten des Wirtschaftswachstums weg und zu Ansichten hin zu lenken, die vielfach dem Wachstum entweder indifferent oder feindlich gegenüberstehen. Diese Kinder wachsen dann mit nur wenig direkten Erfahrungen auf, die die arbeits-, aufstiegs- und überlebensorientierten Werte der Eltern betonen und verstärken könnten. Manchmal werden diese neuen Werte wie moralische Imperative betrachtet und nicht wie stark empfundene Präferenzen, die ja keinen Anlaß zu der Frage nach wahr oder falsch geben. Der Unterschied zwischen Vorzugswerten und moralischen Imperativen ist von entscheidender Bedeutung.

Nehmen wir an, jemand informiert die offiziellen Stellen, daß er jährlich zwei Menschen umzubringen beabsichtige, daß er aber als Gegenleistung dem Staat jährlich so viel Geld zur Verfügung stellen werde, daß damit mindestens zwölf andere Menschenleben pro Jahr gerettet werden können (indem man damit vielleicht andere Morde verhindert oder bessere Gesundheitsbedingungen und Sicherheitsmaßnahmen schafft). Im Effekt würden solcherart also zehn Leben pro Jahr gerettet. Der selbsternannte Mörder argumentiert daher überzeugend (aber unzutreffend), daß die offiziellen Stellen, sollten sie tatsächlich um das Leben der Bürger besorgt sein, auf dieses Angebot eingehen müßten. Das Verbot zu morden ist jedoch ein absoluter moralischer Imperativ und nicht lediglich eine Präferenz. Der Staat wird auf so einen Handel einfach nicht eingehen, denn er ist an einer derartigen Kosten-Nutzen-Rechnung absolut nicht interessiert. Im Gegenteil, er wird klarstellen, daß Mord ein verabscheuungswürdiges Verbrechen ist, das er nicht tolerieren kann und will.

Nun wollen wir annehmen, daß wieder jemand zu den offiziellen Stellen geht und sagt, er würde gerne eine bestimmte Menge an Schadstoffen in einen Fluß schütten, weil das bei einem seiner Unternehmen von großem Vorteil wäre. Er bietet dafür dem Staat wieder so viel Geld an, daß damit an anderer Stelle verhindert werden kann, daß doppelt soviel Giftstoffe in den Fluß gelangen. Das heißt, je mehr diese Person Gift in den Fluß schüttet, um so reiner wird er. Praktisch wird jeder, der an der Sauberkeit des Flusses interessiert ist, auf dieses Angebot eingehen. Die Personen, die sich an traditionelle Werte halten, werden sagen, wenn wir reich genug sind, uns reines Wasser leisten zu können, so sollten wir es auch haben. Auch jene, die reines Wasser dem Wirtschaftswachstum vorziehen, werden auf dieses Angebot eingehen, selbst wenn sie relativ arm sind. Nur diejenigen, die der Meinung sind, sie seien zu arm, um sich reines Wasser leisten zu können, und das Geld lieber für „dringlichere Aufgaben" verwendet sähen, und jene, die das Verhindern der Umweltverschmutzung als moralischen Imperativ ansehen, werden den Vorschlag nicht akzeptabel finden. Es wird jedoch auch unter den anderen viele geben, die etwa auf den Vorschlag, zehn Flüsse sauberzuhalten und dafür einen ganz zu verschmutzen, nicht eingehen werden. Auch sie würden das mehr für eine Frage der Moral als für eine Frage des Kosten-Leistungs-Verhältnisses ansehen.

Die Anti-Wachstum-Triade

Die stärkste Unterstützung erhalten die Neuen Schwerpunkte von den Ober- und den oberen Mittelschichten der Bevölkerung. Innerhalb dieser Gruppe lassen sich drei Untergruppen unterscheiden, die die Neuen Schwerpunkte mit einer ganz besonderen, in manchen Fällen geradezu manischen Intensität verfolgen. In Kapitel 2 haben wir diese Untergruppen als die Anti-Wachstum-Triade bezeichnet. Wir werden die extremeren Mitglieder der Triade manchmal auch als *„Kreuzritter für die neuen Werte“ oder als die „weltlichen Evangelisten“* bezeichnen. Um unsere frühere Diskussion weiter fortzuführen, wollen wir die Anti-Wachstum-Triade einteilen in:

1. *Die wohlhabenden Reformatoren (oder Radikalen).* Es ist ein bekanntes Paradoxon, daß gerade die Mitglieder der oberen Klassen und die Aristokraten häufig reformistische oder gar revolutionäre Gruppen anführen oder mit ihnen eng zusammenarbeiten und dabei die Gesellschaft angreifen, die ihnen bis jetzt – wenigstens was materielle Dinge und Ansehen betrifft – nur Gutes erwiesen hat. Diese Leute werden manchmal auch etwas geringschätzig aber zutreffend als „Salon-Linke“, „Limousinen-Liberale“ oder als Anhänger eines schicken „Radikalismus“ bezeichnet. Einige widmen sich diesen Bewegungen aber aufrichtig, fähig und recht wirkungsvoll. (Friedrich Engels und Franklin D. Roosevelt sind dafür zwei gute Beispiele.)
2. *Thostein Veblens „müßige Klasse“.*
   Wir zitieren Veblen:

   > „Die müßige Klasse ist weitgehend von jenen wirtschaftlichen Forderungen geschützt, die in jeder modernen hochindustrialisierten Gesellschaft vorherrschen. Der Kampf ums Dasein gestaltet sich für sie weniger erschöpfend als für die übrigen. Wir dürfen deshalb erwarten, daß sich diese Klasse als Folge ihrer privilegierten Stellung am wenigsten empfänglich für die Ansprüche zeigt, welche die Gesamtsituation zugunsten einer Weiterentwicklung der Institutionen und einer Anpassung an die veränderte industrielle Lage stellt.“[11]

   Die müßige Klasse muß im allgemeinen keine „lähmenden Kompromisse“ wegen wirtschaftlicher oder berufsbedingter Zwänge eingehen oder sich eng mit der Mittelschicht oder der Arbeiterklasse verbünden. Dies gilt heute mehr noch als zum Ende des vorigen Jahrhunderts, und es gilt gleichermaßen für die beiden anderen Mitglieder der Triade.
3. *Die neoliberalen Mitglieder der Neuen Klasse.* Dazu wollen wir die Neue Klasse zuerst besprechen. Vor allem aus den oberen Bereichen des Mittelstandes stammend, bezieht die Neue

Klasse ihren Status und ihre Beschäftigung aus dem Besitz einer ansehnlichen Bildung. Ihre Mitglieder verdienen ihren Lebensunterhalt aufgrund ihrer sprachlichen, symbolischen, analytischen, ästhetischen und akademischen fachlichen Fähigkeiten. Sie sind alle mehr oder weniger intellektuell oder künstlerisch tätig – oder sie sind „Drop-outs" eines solchen Lebens und jetzt Anhänger eines bohemienhaften oder auf freiwillige Einfachheit beschränkten Lebensstils. In der Neuen Klasse treffen sich große Teile des Akademikerstandes, Leute aus den diversen Nachrichtenmedien, aus Gruppen, die „im öffentlichen Interesse" agieren, und viele aus philanthropischen, öffentlichen und sozialen Organisationen – von denen nicht nur alle an Umfang sehr zugenommen, sondern die auch in allen westlichen Industrieländern und in Japan stark an Einfluß gewonnen haben. Die Neue Klasse definieren ist nicht leicht, aber einst war es ähnlich schwierig, die Aristokratie, die Bürgerlichen und das Proletariat genau abzugrenzen. Jede dieser Klassen enthält auch wichtige Untergruppen, Neuankömmlinge und Drop-outs. Eine erste Analyse läßt erwarten, daß die Neue Klasse nach folgenden Gesichtspunkten definiert werden kann:

- Hohe oder potentiell hohe (d. h. Studenten) formale Bildung.
- Ein professioneller Berufsstand mit Betonung auf den „weichen" Wissenschaften und Künsten.
- Ein hohes (aber nicht das höchste) Einkommen, häufig verdient durch eine freiberufliche Tätigkeit oder in nichtmarktorientierten Berufen (öffentliche Verwaltung oder nichtprofitorientierten Institutionen, Stipendien und Zuschüssen) und
- relativ jung.

Das letzte dieser Kriterien ist wichtig. Da die Neue Klasse eine „im Entstehen begriffene" Erscheinung ist, treten ihre Charakteristika unter den Jungen am deutlichsten auf. In diesem Zusammenhang ist die Einsicht von Karl Marx lehrreich, daß eine Klasse erst dann existent ist, wenn sie Selbstbewußtsein erworben hat. Dieses Bewußtsein entstand unter den Mitgliedern der Neuen Klasse erst in jüngster Zeit. Einige Intellektuelle und Bürokraten haben sich immer schon so wie heute die Neue Klasse verhalten, aber erst im Laufe des letzten Jahrzehnts wurden ihre Mitglieder zahlreich genug, um jenen kritischen Umfang zu erreichen, der notwendig ist, um zu einer selbständigen Gruppe zu werden.[12]

Wer gehört zur Neuen Klasse, und was sind ihre Absichten?
Die Neue Klasse ist eher ein kultureller, sozialer und wirtschaftlicher als ein politischer, ideologischer oder ethnischer Begriff. Trotzdem kann man sie in den USA recht gut in fünf politische Gruppen unterteilen. Eine relativ große Untergruppe, vielleicht etwa ein Drittel, hat eine traditionell liberale Einstellung. Sie folgt weitgehend oder stimmt sogar mit den Ansichten von Roosevelt, Truman, Stevenson, Jackson, Meany und Humphrey überein (man sollte sie aber nicht mit den Liberalen des 19. Jahrhunderts verwechseln, die Anhänger der *Laissez-faire*-Politik Adam Smith' waren).

Eine zweite Gruppe, die wahrscheinlich nicht so groß ist, die im Moment aber sehr viel selbstbewußter und aktiver ist, wird heute häufig als neoliberal bezeichnet. Ihre Anhänger sind stark von der Gegenkultur der späten sechziger Jahre beeinflußt.

Das restliche Drittel kann in drei ziemlich gleich große Gruppen unterteilt werden: die traditionellen Konservativen, die Neokonservativen und die mehr oder weniger humanistische Linke. Dabei tendieren die traditionellen Konservativen dazu, den Neokonservativen nicht ganz zu trauen, da sie deren Reaktionen oder Standpunkte bezüglich bestimmter Fragen nicht immer vorhersehen können. Wichtige Differenzen bei Wertanschauungen und Standpunkten unterscheiden diese beiden Gruppen.

Die humanistische Linke neigt mehr auf die Seite der traditionellen Liberalen als zu den Neoliberalen, ist aber in ihren politischen Anschauungen um vieles radikaler und engagiert sich mehr bei „humanen" Fragen als bei materiellen Problemen – das heißt, sie sind z. B. an der Erhaltung menschlicher Spontaneität, Kreativität und Eigeninitiative viel mehr interessiert als an Fragen der Gewerkschaft, der sozialen Sicherheit, der gerechten Einkommensverteilung oder der Börsenordnung.

Einige Zeit lang waren wir der Meinung, es würde aufgrund von Schwerpunktverlagerungen und sich ändernder Wertvorstellungen zu Kompromissen und schließlich zu einem allmählichen Abflachen oder einem Zustand der Stabilität des Wirtschaftswachstums kommen – bis sich in der Zwischenzeit vielleicht irgend etwas Neues ereignet –, lange jedenfalls bevor die Welt an ihre physischen Grenzen stößt (Versiegen der Rohstoffquellen und Umweltverschmutzung), die ein weiteres Wachstum erzwungenermaßen verhindern. Wir haben aber das Ausmaß an Feindschaft gegenüber einem weiteren Wachstum unterschätzt, das von den Führungsspitzen der Opposition vorgetragen wird. Anstatt eine allmähliche Verlagerung der Werte zu den dem Wachstum feindlich oder auch nur indifferent gegenüberstehenden Haltungen hin bloß zu ermutigen oder zu tolerieren, übernahm die Neue Klasse, oder gewisse Teile von ihr, eine wesentlich aktivere und politischere Rolle. Niedriges Wachstum wurde als Wert *per se* propagiert (und manchmal auch als moralischer Imperativ) oder als eine dringliche Notwendigkeit hingestellt. Zugleich wird dabei jede Menge Sand in das Getriebe des gesamten Systems geschüttet und auf jeden Fall – so glauben wir – zu plötzlich und zu heftig bedroht. Um eine marxistische Ausdrucksweise zu gebrauchen, wir greifen nicht die historische Rolle der Neuen Klasse an, sondern wir fürchten nur, daß sie zu schnell zu weit geht.

Warum tut sie das? Am besten kann man das dann verstehen, wenn man bedenkt, daß sich ihre Position aus einem äußerst intensiven Wandel der Werte heraus bildet – einer Veränderung, die so stark ist, daß man sie sich besser als die Schaffung „moralischer Imperative" vorstellt. Die Mitglieder der neoliberalen Neuen Klasse betrachten auch tatsächlich viele von den Vierzehn Neuen Schwerpunkten als moralische Imperative. In der Anti-Wachstum-Triade stehen viele Leute auf dem Standpunkt, daß die Neuen Schwerpunkte als eine Form der Modernisierung mit der heutigen Realität besser übereinstimmen als die traditionellen Konzepte der Modernisierung wie Wirtschaftsentwicklung und technologischer Fortschritt. Auf sehr lange Sicht gesehen (50 Jahre oder mehr von heute an) mögen sie recht haben, wir glauben aber, um es sehr vorsichtig auszudrücken, daß man heute dazu noch keine Aussagen machen kann.

Viele Angehörige der Neuen Klasse, vor allem unter den Neoliberalen, spüren, daß ein weiteres Wirtschaftswachstum gegen ihre Interessen laufen würde. In dem Ausmaß z. B., in dem sich der obere Mittelstand vergrößert, verdünnen sich auch die Vorteile, die aus der Zugehörigkeit zu dieser Gesellschaftsklasse erwachsen, ebenso wie dies auch durch den erhöhten Wettbewerb um diese Vergünstigungen bewirkt wird. Außerdem vermindert ein allgemein höherer Wohlstand die Verfügbarkeit diverser günstiger Dienstleistungen (wie z. B. Dienstmädchen). Die Leute aus den oberen Mittelschichten fühlen sich daher bedroht, wenn mit zunehmender Modernisierung und zunehmendem Wohlstand eine große Zahl von Menschen Zugang zu ihrer Klasse erhält. Allerdings wird diese Bedrohung normalerweise stark übertrieben. Was in Wirklichkeit vielleicht ein gewisses Ärgernis ist, rechtfertigt kaum das „Volkswirtschaftliche Theorem“ von E. J. Mishan, der darüber sagte: „Je stärker die Wissenschaften, die Technologie und das Bruttosozialprodukt wachsen, um so häßlicher, brutaler, gemeiner und bedenklicher wird die menschliche Existenz.“[13]

Die meisten Analytiker, die sich mit der Zukunft der hochentwickelten Nationen beschäftigen, sind der Meinung, daß die „Kopfarbeiter“ der Neuen Klasse aller politischen Schattierungen im nächsten Jahrhundert bei der Beeinflussung der Entwicklung der Gesellschaft, in der sie leben, eine zentrale Rolle spielen werden. Wenn dem so sein sollte, so wird diese Beeinflussung hauptsächlich in Richtung der Vierzehn Neuen Schwerpunkte gehen. Eine zusätzliche Unterstützung der Standpunkte der Neoliberalen wird von den Reichen und der „müßigen Klasse“ kommen, wie auch von der oberen Mittelklasse im allgemeinen – ja wahrscheinlich sogar von allen Gruppen, die glauben, an der Erhaltung des Status quo und einem verminderten Wachstum zu profitieren. Sie wird auch von jenen kommen, die über spezifische Fragen ernsthaft besorgt sind. (Die letzten beiden Gruppen überlappen sich häufig.) Eine Unterstützung für irgendeinen der Neuen Schwerpunkte mag daher unter verschiedenen Umständen auch aus anderen Kreisen als nur aus dem der Anti-Wachstum-Triade kommen. Wir wollen uns daher jetzt einer eingehenden Diskussion jedes einzelnen der Neuen Schwerpunkte zuwenden.

Die Vierzehn Neuen Schwerpunkte im Detail

1. Selektives Vermeiden von Risiko

Dies ist vielleicht der bedeutendste Schwerpunkt, und bis zu einem gewissen Grad stimmt ihm jeder zu. Viele neue Projekte und Unternehmungen sind potentiell einfach zu groß oder zu gefährlich, als daß man ihnen mit Gleichmut begegnen könnte. Nur wenige vernünftige Leute würden etwa einen weiteren Durchbruch bei der Entwicklung neuer Waffen begrüßen, wenn z. B. die Multimegatonnen-Bomben bald jedem technologisch hochentwickelten Land zur Verfügung stünden (vor allem, da die Zahl dieser Länder rapide zunimmt). Ähnlich herrschte wahrscheinlich wenig Freude darüber, gelänge es, Kinder genetisch zu manipulieren (d. h. noch bevor sie zur Welt kommen).

Niemand bezweifelt die Notwendigkeit besonderer Anstrengungen zur Vermeidung oder Verminderung neuer und nicht abschätzbarer Risiken. Diese Einstellung wird auch dann aufrechterhalten, wenn die möglichen Neuerungen mit relativ geringfügigen Schwierigkeiten verbunden sind, ansonsten aber viele Vorteile mit sich brächten. Zumindest innerhalb der Anti-Wachstum-Triade besteht eine fast unüberwindliche Tendenz zur Unterlassung irgendwelcher Unternehmungen, weil dadurch der Status quo nicht verändert wird. Auch bei positiven und kreativen Neuerungen kann das Risiko niemals ganz abgeschätzt werden. Entscheidungen müssen aber in vielen Aspekten unseres Lebens getroffen werden, angefangen von medizinischen Fragen über neue Ölbohrungen bis hin zur Errichtung von Kernkraftwerken. Der Neue Schwerpunkt, Risiken zu vermeiden, resultiert wahrscheinlich ebensosehr aus dem Unwillen der Anti-Wachstum-Triade, Risiken oder Kosten im Dienst nationaler wirtschaftlicher oder auch politischer Ziele zu tolerieren, wie auch aus der Sorge von vermehrten Gefahren. Tatsächlich verschleiern Opposition und Gegnerschaft gegenüber solchen „Risiken der Tat" häufig die ideologischen und politischen Klasseninteressen. Mitglieder der Triade bezweifeln und negieren die Erwünschtheit vieler der traditionellen gesellschaftlichen Ziele. Sie fühlen sich beleidigt, wenn man sie ersucht, Risiken für Ziele einzugehen, die sie für unklug, für verwerflich, für antiproduktiv oder unzeitgemäß halten.

Unter die potentiell besonders schwerwiegenden Bedenken seitens der Öffentlichkeit fallen verschiedene Risiken, die mit der Umwelt verbunden sind, Arbeitslosigkeit, Gesundheit, Sicherheit, schlechter Geschäftsgang, Preise und Qualität von Konsumgütern, große finanzielle Investitionen, Alter und Krankheit. Zweifellos verdienen all diese Probleme eine gewisse Aufmerksamkeit, wir glauben aber, daß viele Programme derzeit bis zu einem Punkt vorangetrieben werden, an dem nur noch sehr geringe oder sogar negative Erfolge zu verzeichnen sind und daß die meisten der gegenwärtigen Vorschläge die Dinge nur noch schlechter machen würden.

In einigen Fällen sind die Risiken tatsächlich so hoch, daß berechtigter Grund für größte Vorsicht gegeben ist. Dazu gehören z. B. die Manipulation von genetischem Erbgut bei Bakterien und Viren, die Errichtung bestimmter Arten von Kernreaktoren oder das Anlegen von nuklearen Waffendepots. Diese Art der Technologie erhöht die Möglichkeiten unvorhergesehener oder noch unbekannter Gefahren auf sehr bedenkliche Weise – selbst wenn bis jetzt noch kaum nachweisliche Schäden entstanden sind. Tatsächlich können solche Risiken, deren mögliche Gefahren man bis jetzt nur aus theoretischen Überlegungen, in die diverse Unsicherheitsfaktoren eingehen, abgeleitet hat, viel gefährlicher sein als bekannte. Die Unsicherheit selbst ist beängstigend, und die Vorstellung, daß die Regierung oder die Geschäftswelt damit „spielt" oder sich ihnen gegenüber gleichgültig indifferent verhält, kann einem die Gänsehaut über den Rücken treiben.

Dieses Problem kann nun nicht einfach dadurch gelöst werden, daß man sagt, Sicherheit ist besser als späte Reue. Genau diesen Punkt wollen wir mit dem Ausdruck *selektives Vermeiden von Risiko* herausstreichen. Die Mitglieder der Neuen Klasse sind nämlich des öfteren durchaus bereit, Dinge wie die Wirtschaft, die Außenpolitik, das Wirtschaftswachstum, eine hohe Produktion, Arbeitsplätze und dergleichen mehr aufs Spiel zu setzen. Sie legen auch kaum viel Wert auf das beachtliche Sicherheitspolster, das durch einen großen Wirtschaftsüberschuß oder mittels fortschrittlicher Technologien erreicht werden würde und mit dem man vielen zukünftigen Problemen gegenübertreten könnte, seien sie nun durch den Menschen oder die Natur, durch unsere eigene Schuld oder die anderer verursacht. Nur dadurch, daß sie bestimmte Risiken hervorheben, andere aber mehr oder weniger unter den Tisch fallen lassen, sind sie in der Lage zu behaupten, daß Sicherheit besser als Reue sei. Eine bessere Prüfmethode wäre es freilich, zu fragen, was denn mit der Gesellschaft als Ganzes passierte, wendete man die Standards, die sie propagieren, universell an – in der Form von Prämisse und Überprüfung nach dem Vorbild des „kategorischen Imperativs" von Kant.

Vorsicht kann leicht bis zu selbstzerstörerischen Ausmaßen getrieben werden, und sie kann auch zu sturer Indifferenz gegenüber hilfreichen Möglichkeiten und dringenden Bedürfnissen führen. Viele medizinischen Experten sind z. B. der Meinung, daß der Zeitaufwand und andere Schwierigkeiten, die mit der Zulassung neuer Medikamente für den allgemeinen Verbrauch verbunden sind, prohibitiv geworden sind, so daß die betroffenen Firmen viele potentiell sehr nützliche Medikamente schon von vornherein nicht produzieren. Es wird oft darauf hingewiesen, daß Aspirin, eines der am meisten verwendeten Medikamente, heute wahrscheinlich wegen seiner vielen Nebeneffekte nicht zugelassen werden würde.[14] Ähnlich unsinnig ist die Folge der Prozesse wegen ärztlicher „Kunstfehler" – die doch die Patienten gesundheitlich und finanziell schützen sollten –, sie führten dazu, daß eine sogenannte „defensive Medizin" praktiziert wird, die die Qualität der Behandlung mindert, die Kosten aber erhöht. Die von den Gerichten zuerkannten Entschädigungen haben eine solche Höhe erreicht, daß die Beiträge für die Haftpflichtversicherung der Ärzte ein ernsthaftes Hindernis für eine verbesserte Gesundheitsfürsorge wurden. Ähnliche Überlegungen stehen hinter einem der wichtigsten Einwände der Kraftfahrzeugindustrie gegen solche Sicherheitseinrichtungen wie den Air-Bag; die Risiken der Produkthaftung geraten in abschreckende Bereiche.

In dem Maße, in dem sich die Gesellschaft als Ganzes von Risiken zurückzieht, kompensieren die einzelnen aber diesen Ausfall durch die Schaffung persönlicher Risiken, eines besonderen Nervenkitzels, Herausforderungen und Tests in Form von Taten extremen Wagemuts etwa auf sportlichem Gebiet (die Zahl der Toten durch Aktivitäten mit Nervenkitzel hat in den letzten Jahren dramatisch zugenommen). Diese Notwendigkeit, sich selbst zu testen, soll nicht als Rechtfertigung für öffentliche Stellen aufgefaßt werden, rücksichtslos sein zu dürfen, weist aber darauf hin, daß einige der kompromißlosen und unsinnig schützenden Haltungen und Maßnahmen kritisch überdacht werden sollten.

2. Lokalismus

In den wohlhabenden, kapitalistischen Staaten zeigen lokale Gemeinschaften zunehmend erstaunliche Vorbehalte, ja sogar Widerstand gegenüber der wirtschaftlichen Entwicklung oder gegenüber jenen Projekten, die zu irgendwelchen lokalen Störungen führen könnten, selbst wenn die Region oder die Nation als Ganzes großen Nutzen daraus ziehen würde. Fast jedermann profitiert z. B. von Autobahnen, von billigen Wohngelegenheiten, Fabriken und Kraftwerken, die sich alle irgendwo innerhalb seiner Region befinden, aber ebenso muß praktisch jedermann Einbußen an Lebensqualität in Kauf nehmen, wenn er sie in seiner unmittelbaren Nachbarschaft hat.

Diese Art von Lokalismus war ein wichtiges Charakteristikum der unterentwickelten Staaten. Nun ist er in zunehmendem Maße auch in den hochentwickelten Ländern zu finden, oder zumindest in jenen Gemeinschaften, in denen die Mehrheit (oder eine einflußreiche Minderheit) bereits genügend materiellen Wohlstand erreicht hat und mit den Dingen, so wie sie sind, zufrieden ist. Einer weiteren Förderung des Wirtschaftswachstums wird vor allem dann eine steigende Feindschaft entgegengebracht, wenn man dadurch selbst gestört wird – insbesondere dann, wenn dieses Wachstum anderen zugute kommen soll. Dazu kommt noch, daß die Menschen es im allgemeinen nicht lieben, wenn sie in eine Gemeinde ihrer Wahl ziehen und später dann dort etwas geändert wird – selbst wenn diese Änderungen unvermeidliche Begleiterscheinungen eines ansonsten wünschenswerten Wachstums sind.

Bis vor einem Jahrzehnt war dieser Konflikt in den Industriestaaten noch nicht so schwerwiegend, daß die benötigten regionalen Einrichtungen nicht hätten errichtet werden können oder Außenseiter daran gehindert worden wären, dorthin zu ziehen, wohin sie wollten. In jüngster Zeit aber stärkte eine ganze Serie von Ereignissen und Haltungen Vertretern eines lokalen Widerstandes den Rücken und erschwerte so die Ausführung wichtiger Projekte oder die Errichtung entsprechender Infrastrukturen und Einrichtungen, die für einen raschen wirtschaftlichen Aufschwung dringend nötig wären. In den USA, aber auch anderswo, verminderten Maßnahmen wie Steuerausgleich, Einnahmenteilung und ähnliche legislative oder juridische Maßnahmen, die das lokale Steueraufkommen von der lokalen Wirtschaftstätigkeit trennen, den Anreiz für Bürger der betroffenen Gebiete, weiterhin ihr Geld in die wirtschaftliche Entwicklung dieser Gebiete zu investieren. Wichtiger aber ist wahrscheinlich die moralische Unterstützung, die die lokale Opposition gegen bestimmte Projekte von der allgemeinen und weltweiten Attacke gegen die Moral und Erwünschtheit eines weiteren Wirtschaftswachstums erhält. Diese Unterstützung lassen die nachfolgend angeführten Haltungen und Verhaltensweisen erkennen:

- *Enttäuschung über den Fortschritt:* „Man kann den Fortschritt nicht aufhalten", ist nicht länger mehr ein Argument, auf das man nichts erwidern könnte.
- *Bewegung zur Begrenzung des Wachstums:* Es ist Pflicht, den Fortschritt zu bekämpfen; es ist auch nicht selbstsüchtig, wenn man das tut.
- *Umweltschutzbewegung:* Da alles in irgendeiner Form umweltverschmutzend ist, warum sollten da gerade wir wegen der Privat- oder Gemeinschaftsinteressen anderer leiden? Viele der Umweltschutzenthusiasten würden ihr Land am liebsten wie ein großes Museum in einem riesigen Landschaftsreservat behandelt sehen.
- *Antiauto-, Antilärm-, Antiverkehrsagitation:* Heute besonders akut, da so viele Leute aus den oberen Mittelklassen auf irrationale Weise dem Auto und technischen Neuerungen wie z. B. dem Überschallverkehrsflugzeug feindlich gegenüberstehen.

- *Selbstverwaltung der Gemeinden:* In den USA, wo ein Großteil der Motivation zur Einführung einer von den Gemeinschaften selbst ausgeübten Kontrolle dem Programm gegen die Armut entstammt, tat dieses Konzept nur wenig für die Armen, statt dessen bemächtigten sich Gemeinschaften der Mittelklasse dieser Idee und nützten sie weidlich zu ihrem Vorteil aus.
- *Weitverbreitete Enttäuschung über die Führungspersönlichkeiten in Wirtschaft und Politik:* Zunehmend ist man der Meinung, daß diese hochqualifizierten Leute entweder nicht wissen, was sie tun, oder den öffentlichen Interessen zu wenig Aufmerksamkeit schenken.
- *Erhöhte Anerkennung von „willkürlichem Verhalten":** „Man kann das Rathaus bekämpfen" oder auch andere traditionelle Institutionen und trotzdem relativ ungeschoren davonkommen.**
- *Nachgiebige und manchmal geradezu dumme Führungskräfte des Establishments:* Nicht nur, daß man gegen das Rathaus ankämpfen kann und damit davonkommt, kann man damit auch oft durchdringen, selbst wenn die Aussichten an sich schlecht sind – man muß nur hartnäckig genug sein oder genügend Wirbel machen. Grund dafür ist vor allem, daß Kommunalpolitiker keinerlei Erfahrung mit dieser Art von Auseinandersetzung haben.
- *Zunehmender Überfluß:* Wirtschaftswachstum und eine breite Besteuerungsbasis werden nicht mehr so dringend wie ehedem benötigt, um die nötigen Kommunaleinnahmen und Arbeitsplätze zu beschaffen – wenigstens nicht für die Mittelschicht und die Reichen (d. h. nicht für die Anti-Wachstum-Triade).

* Der Ausdruck „willkürliches Verhalten" sollte analog zum Begriff des „willkürlich" oder „frei" verfügbaren Einkommens verstanden werden. Es ist das jener Teil des Einkommens, den die Familie in praktisch jeder von ihr gewünschten Weise ausgeben kann, ohne dabei ihre Existenz aufs Spiel zu setzen. Ähnlich ist die heutige Gesellschaft bereit, ein ziemlich breites Band an verschiedenen Verhaltensformen zu tolerieren, das, stünde die Gesellschaft unter dem Druck einer schweren Krise, als völlig unakzeptabel eingestuft werden würde. Die weitestgehende Toleranz von „willkürlichen Verhaltensweisen" sind die Kennzeichen der letzten Stadien einer *Belle Epoque*. In Kapitel 4 wird dieser Punkt näher abgehandelt.

** Dies ist ein in vielen Städten der USA sehr bekannter Slogan. Er kommt dem „mit dem Kopf gegen die Wand rennen" gleich. Wir verwenden hier „Rathaus" als Metapher für jene Teile des Establishments, die einst als zu mächtig oder gefährlich angesehen wurden, um sie zu provozieren oder zu verärgern, die aber heute nicht mehr so furchterregend oder mächtig – oder auch zuständig – erscheinen.

- *Zunehmender Egoismus:* Die Menschen sind heute um vieles eher bereit, ihre Klassen- oder Eigeninteressen offen zu verfolgen oder sie doch mit dem nur sehr dünnen Vorwand zu kaschieren, sie würden damit die Interessen der Allgemeinheit fördern. Man kann ihnen auch viel leichter einreden, sie handelten im größeren öffentlichen Interesse und für höhere Werte und nicht für enge Klasseninteressen oder private Zwecke. Bezüglich vieler Fragen des Wachstums scheinen sie heuchlerischer geworden zu sein bzw. mehr zum Selbstbetrug zu neigen.

Wie wir noch in Kapitel 6 zeigen werden, wurde der Lokalismus in Japan inzwischen zu einem fast unüberwindlichen Problem, nicht zuletzt wegen der Unterstützung, die er von seiten der Anti-Wachstums-Bewegung erfährt.

3. Komfort, Sicherheit, Muße, Gesundheit und berufliche „Selbstverwirklichung"

Arme oder ambitionierte Leute sind oft glücklich, wenn sie viele Stunden mit relativ gefährlichen, schmutzigen, langweiligen oder sonstwie beschwerlichen Aufgaben zu tun haben, weil sie eben für ihren Lebensunterhalt aufkommen müssen. Eines der hervorstechenden Merkmale der Neuen Klasse (und nicht nur ihrer Neoliberalen) ist dagegen die Meinung, daß solche Opfer nicht notwendig sind, nur um den Lebensunterhalt zu verdienen. Sie unterscheiden sich in dieser Hinsicht so sehr von der Mehrzahl der Arbeiterschaft und vom Mittelstand, daß man als eines ihrer hervorstechendsten Merkmale ihren Glauben anführen könnte, jedes menschliche Wesen habe ein Recht auf „sinnvolle" und attraktive Arbeit nach seiner eigenen Wahl, die überdies in einer angenehmen, sicheren und auch sonst vorteilhaften Umgebung ausgeführt werden könne.

Als Folge des Einflusses von Gewerkschaften, erhöhtem Wohlstand und der Neuen Klasse haben viele wohlhabende kapitalistische Staaten bereits so hohe Standards, daß es für den einzelnen unvernünftig oder auch illegal wäre, für seinen Lebensunterhalt, auch wenn er das unbedingt wollte, Komfort, Sicherheit oder Gesundheit aufs Spiel zu setzen. Die „Arbeitsbereicherung" wird möglicherweise auch vielen Leuten aufgezwungen, die nichts anderes als ein vernünftiges Gehalt, ordentliche Behandlung, physisch akzeptable Arbeitsbedindungen und solche traditionellen Nebenbegünstigungen wie Pension und Arbeitsplatzsicherung wollen. Außerdem werden sowohl das mittlere und das Top-Management als auch die Armen weniger ehrgeizig werden und mehr

Freizeit fordern, als das bisher üblich war. Top-Manager, die Drei-Tage-Wochenenden verbringen (früh am Freitag weggehen, spät am Montag kommen) – oder im Sommer zwei Monate Urlaub machen –, werden sich wahrscheinlich weniger für riskantere Projekte einsetzen, die ihre Aufmerksamkeit fast täglich voll beanspruchen würden. In einigen europäischen Ländern ist das schon zu einem Problem geworden, in den USA ist es im Begriffe, eines zu werden.

Gewerkschaften oder Durchführungsbehörden verlangen oft Sicherheits- und Gesundheitsmaßnahmen, die gar nicht wirklich benötigt werden oder wirkungsvoll sind, sondern nur teuer. In den USA hat diese jüngste Entwicklung dazu geführt, daß nur noch wenig in neue Anlagen investiert wird, statt dessen verbessert oder vergrößert man bestehende Werke mittels neuer Ausrüstungen. Zieht man dazu die ja noch immer vorhandenen Unsicherheiten in Betracht, so wird es unter Umständen recht schwierig sein, das Vertrauen, wenn es einmal zerstört ist, wiederherzustellen. Das wird vor allem dann gelten, wenn die Steuergesetzgebung auch noch gegen die Risikoübernahme abgewogen wird.

4. Schutz der Umwelt und der Ökologie

Ein Großteil der jüngsten Bedenken wegen der Umwelt und der Ökologie ist durchaus gerechtfertigt und liegt im Interesse der Öffentlichkeit. Oft aber wird die egoistische Sorge um die eigene Lebensqualität, zusammen mit dem Fehlen jeglicher Rücksichtnahme auf andere, als altruistische Anteilnahme an der Umwelt, der Ökologie oder anderen „höheren Werten" hingestellt.[15] Eine solche Einstellung kann ein unabhängiges Eigenleben entwickeln und vollkommen außer Kontrolle geraten. Vor allem kann es dann geschehen, wenn das Bewußtsein unterdrückt wurde, daß man im persönlichen Interesse oder in Klasseninteressen handelt. Bewußte Heuchelei oder die übliche politische Rhetorik sind weniger destruktiv, da sie in der Regel ihre Praktikanten nicht zu dem Glauben verführen: „Gott ist mit uns" oder „Unsere Seite verteidigt die höheren Werte".

Bis vor kurzem zeigten die meisten Führer der Umweltschutzbewegungen nur ein minimales Interesse an den Kosten, die mit ihren Forderungen verbunden waren. Als Folge davon gehen sie manchmal mit ansonsten berechtigten Forderungen zu weit. Dieser Mangel an Verantwortungsbewußtsein geht in den USA und in Japan schon etwas, in Europa aber viel weniger zurück. So ist das erste Jahr der Verzögerung, die beim Bau der Alaska-Pipeline eintrat und die üblicherweise dem Einspruch des Sierra-Clubs und seiner Anhänger zugeschrieben wird, wahrscheinlich gerechtfertigt. Die Pipeline war sehr unzureichend geplant und hätte wahrscheinlich Umweltschäden in großem Ausmaß verursacht, die mit einem relativ geringen Kostenaufwand zu vermeiden waren (ausgenommen die Kosten der Verzögerung selbst). Einige Kritiker der Verzögerung wiesen jedoch darauf hin, daß bei den 250000 km^2 Tundra, die es in Alaska gibt, die Pipeline noch so große Schäden hätte anrichten können, es wäre immer noch genügend unzerstörte Tundra übriggeblieben. Wie immer man jedoch zu dieser Sache steht, es ist klar, daß es nicht unvernünftig war, die Pipeline neu zu planen, was ja auch geschah. Allerdings kosteten anschließende unnötige Verzögerungen die Vereinigten Staaten wenigstens 20 Milliarden Dollar an Devisen, viele unnötige Milliarden an Baukosten und vielleicht noch einmal soviel, wenn nicht mehr, an nicht genau bestimmbaren Ausgaben. Das ist für eine unnötige Ausgabe einfach zuviel.

Ein Staat kann nicht agieren, ohne nicht irgendwo Schäden anzurichten. Es kann nicht alles überall und für alle Zeiten geschützt werden. Eine Lösung, zumindest für die USA, wäre es, verschiedene Gebiete den sieben Kategorien, die in Tafel 3.3 angegeben werden, zuzuordnen. Es ist dazu nicht notwendig, daß man jeden Teil des Landes in allernächster Zukunft in diesem Sinne klassifiziert, es wäre aber vernünftig, würde man mit diesem Prozeß an beiden Enden beginnen – ursprüngliche Landschaften zu schützen und zugleich auch „nationale Mülldeponien" vorzusehen. Geht man dabei entsprechend bedeutsam vor, so wird man solcherart die Umwelt wirkungsvoller schützen und mit weniger Störungen und unnötigen Ausgaben für wirtschaftliche Projekte, für öffentliche Erholungsgebiete und für viele wichtige kulturelle Werte auskommen als ohne einen solchen Plan.[16]

5. Verlust von Nerven, von Willen, Optimismus und Vertrauen im Hinblick auf den „Fortschritt"

Daß man die Nerven verliert, ist ein weitverbreitetes Phänomen. Selbst die treuesten Anhänger eines weiteren Wirtschaftswachstums und technologischen Fortschritts fragen sich manchmal, wohin wir gehen und was dabei falsch gemacht werden könnte. Sie und andere sind über solche Erscheinungen besorgt, wie etwa psychedelische Drogen, elektronische Vergnügungsmaschinen, krebserregende Substanzen in der Umwelt, künstliche Klimaveränderungen und die moderne Waffentechnologie. Selbst die Be-

Tafel 3.3
Vorschlag von Kategorien der Landnutzung

Besonders geschützte Gebiete	A:	Nur eine minimale Beeinträchtigung der Umwelt und ein minimales Schadensrisiko werden toleriert.
	B:	Eine fast vollständige Wiederherstellung oder ein gleichwertiger Ersatz ist möglich, mittel- und langfristig gibt es eine geringfügige oder nicht wahrnehmbare Verschlechterung, eine vorübergehende Störung ist zulässig.
Normale Gebiete	C:	Fast jede „Verbesserung" und die meisten vernünftigen Veränderungen sind erlaubt, die von der jeweiligen Gemeindeverwaltung gestattet werden.
	D:	Eine angemessene aber nicht notwendigerweise vollständige Wiederherstellung oder Ersatz, aber keine Veränderungen, die weitgehend als unschön betrachtet werden.
	E:	Geförderte oder auch subventionierte wirtschaftliche Wiederherstellung oder Ersatz – eine gewisse Verschlechterung wird toleriert, aber keine dramatische Zerstörung.
Vollbenutzbare Gebiete	F:	Dasselbe wie unter ,,E", aber einige unschöne Stellen und ein gewisser Verzicht auf Normen wird bei besonders wertvollen und benötigten Projekten toleriert.
	G:	,,Nationale Mülldeponien"[a] verschiedenster Art (vielleicht) als Teil eines kontrollierten Abfallwirtschafts- und Wirtschaftsentwicklungsprogramms.

[a] Wir verwenden den Begriff ,,Nationaler Park für industrielle Hilfsquellen" (,,National Industrial Resource Park") oft als eine ziemlich harmlose Bezeichnung für G-Gebiete. Viele Umweltschützer sehen das aber als eine absichtlich beschönigende Ausdrucksweise an, um damit die ,,legalisierte Vergewaltigung der Umwelt" zu verschleiern. Diese Metapher von der legalisierten Vergewaltigung ist trotz ihrer Popularität eine sehr böse Bezeichnung. Alle Menschen mögen im Angesichte Gottes gleich sein, aber wenn wir uns die riesige Vielfalt der ,,Umwelten" ansehen, die uns die Natur bietet – Wälder,

Wüsten, Berge, See, stark, verwundbar, nicht unterzukriegend und außerordentlich beeindruckend, um nur einige gröbere Unterscheidungsmöglichkeiten zu nennen –, so kann man sich nur schwer vorstellen, daß es notwendig sein sollte, alle Spielarten der Umwelt auf die „gleiche Weise" zu schützen, ohne zuerst ihre Unterschiede im einzelnen festzustellen. Den Menschen macht seine bloße Existenz wertvoll; dasselbe gilt allerdings nicht auch für jeden Quadratmeter dieser Welt.

---

fürworter einer Abschreckungstaktik, der sogenannten „gegenseitigen sicheren Vernichtung", haben Bedenken bezüglich der Möglichkeiten eines zufälligen oder unbeabsichtigten Krieges. Und fast alle Leute, die davon etwas verstehen, sind wegen einiger der möglichen Produkte, die irgendeine „Hybridwissenschaft" mit der Vorsilbe „Bio" in ihrer Bezeichnung hervorbringen könnte, zutiefst besorgt. Und nicht wenige sind der Meinung, daß das „Management der komplexen und wechselhaften Zustände" selbst nicht mehr in den Griff zu bekommen ist.*

Diese Angst vor gegenwärtigen und zukünftigen Entwicklungen erzeugt unweigerlich und durchaus verständlich eine gewisse Unterhöhlung von Willen, Optimismus und Vertrauen in ein fortgesetztes Wirtschaftswachstum, selbst wenn man mit einem erhöht zur Vorsicht mahnenden Bewußtsein an die Dinge herangeht. Das führt konsequenterweise zu einem verlangsamten Wirtschaftswachstum und zu einem weniger schnellen Entwicklungsprozeß der Technologie. Obwohl wir viele dieser Bedenken teilen, behaupten wir doch, daß dieser Verlust an Willen manchmal pathologischen Formen bedenklich nahe kommt, die fast sicher antiproduktiv sind. Öffentliche und private Entscheidungsträger müssen unzweifelhaft behutsam vorgehen, sie sollten aber auch ihren gesunden Menschenverstand nicht ganz außer acht lassen. Eine „selektive Risikoübernahme" ist immer noch Risikoübernahme. Die Vorsicht sollte nicht über einen Punkt hinausgetrieben werden, wo das Kosten-Nutzen-Verhältnis zu hoch wird.

Einige der wesentlichsten negativen Auswirkungen der Anti-Wachstums-Propaganda und der düsteren Zukunftsmalerei manifestieren sich in subtilerer Form in Dingen wie etwa der Wahl der beruflichen Karriere, in den Einstellungen von Bürokraten und Wählern und in der Bereitschaft, bei persönlichen oder fami-

* Für nähere Details siehe Kapitel 5 „Wachsende Schwierigkeiten", speziell die entstehende problemanfällige superindustrielle Wirtschaft.

liären Belangen Kompromisse einzugehen. Auch Richter lesen Zeitungen, sehen fern und bleiben in ihren Entscheidungen daher nicht unbeeinflußt von den in diesen Medien wiedergegebenen Ansichten und Trends – dies alles gilt vor allem für jene unter ihnen, die selbst einer neoliberalen Position zuneigen. Die vielleicht ärgsten Probleme aber ergeben sich an den Schulen. Ein ganz beträchtlicher Teil des Bildungsestablishments der USA strapaziert die Anti-Wachstums-Einstellung bis zu einem Punkt, wo sie auch dann noch von dominierendem Einfluß auf die spätere Ausbildung von jungen Menschen sein kann, wenn die extremistischen Anti-Wachstums-Positionen längst ihre Glaubwürdigkeit unter den gebildeten Leuten verloren haben werden. Unnötige Feindschaft gegen den Fortschritt oder auch nur ein übermäßiger „Verlust an Nerven, Willen, Optimismus, Vertrauen und Moral" unter so vielen Angehörigen der jüngeren Generation könnten unsere Gesellschaft sowohl kurz- wie auch langfristig teuer zu stehen kommen.

6. Öffentliche Wohlfahrt und soziale Gerechtigkeit (einschließlich Gleichheit der Ergebnisse – oder selbst nomineller Egalitarismus)

Die unmittelbar für Wohlfahrt und soziale Gerechtigkeit budgetierten Kosten sind ein wichtiges Problem. Sie allein schon könnten das Wirtschaftswachstum und den technologischen Fortschritt verlangsamen. Zwischen 1965 und 1975 kam es in den USA fast zu einer Verdoppelung der Personalkosten und zu einer Verdreifachung der Kosten vieler städtischer Programme, während die nützliche Leistung dieser ganz deutlich nachließ – vor allem gilt dies für Studien zur Förderung der öffentlichen Wohlfahrt und sozialen Gerechtigkeit. Zweifelsohne waren diese Ergebnisse für jene Leute eine arge Enttäuschung, die diese Programme entwikkelten. Wir wollen unsere Aufmerksamkeit hier aber einigen der subtileren psychologischen und kulturellen Überlegungen zuwenden.

Psychologischer Art sind die Überlegungen, wenn „jedermann der Meinung ist, der Staat schulde ihm den Lebensunterhalt" (oder doch weiß, daß er letztlich dafür aufkommen wird), oder wenn Unterstützung und Wohlfahrt mit der Privatindustrie bei wirtschaftlichen Leistungsanreizen miteinander konkurrieren. Dies betrifft dann eben nicht nur jene, die von der Unterstützung und der Wohlfahrt leben, sondern vermindert gleichzeitig bei andern das Verlangen, selbst für die finanzielle und berufliche Sicherheit zu sorgen. Auf diese Weise verliert auch ein Versagen seine Schrecken. All das hat viele gute Seiten, es vermindert aber auch die Motivation und die Absicht, zu arbeiten und erfolgreich zu sein.

In den USA gelang es erst in jüngster Zeit, einen hohen Grad an gesetzlich gesicherter Gleichheit der Möglichkeiten durchzusetzen, mit dem viele unerwünschte diskriminierende Praktiken unter ein vernünftiges Maß an Kontrolle gebracht wurden. Und von den Praktiken, die noch immer existieren, geht nur eine geringfügige Wirkung aus, weil für die von der Diskriminierung betroffenen Gruppen genügend viele gleich attraktive Möglichkeiten offenstehen. Nun versuchen aber etliche Programme, die eine Diskriminierung in der Gegenrichtung ausüben und daher bestehende Standards herabmindern, die sogenannten historischen Ungerechtigkeiten zu korrigieren. Ein numerisches Ungleichgewicht etwa in der Repräsentation ethnischer Gruppen ist *a priori* noch kein Beweis dafür, daß überhaupt ein Problem existiert, geschweige denn, daß seitens des Staates korrigierend eingegriffen werden müßte oder auch nur die Gründe für ein solches Ungleichgewicht unerwünscht wären. Es kann außerdem äußerst schwierig und kostspielig werden, ein historisches Erbe durch eine umgekehrte Diskriminierung berichtigen zu wollen. Das heißt aber nicht, daß nicht ein geringes Maß an umgekehrter Diskriminierung auf vielen Gebieten und ein hohes Maß auf einigen wenigen besonderen Gebieten vernünftig und akzeptabel sein kann. Ein Beispiel dafür wäre die sichtbare und vorteilhafte Präsentation von Minderheiten im Fernsehen, wodurch der Eindruck, den die gesamte Gemeinschaft von ihnen gewinnt, durch das, was sie sieht, stark beeinflußt wird.

7. Glück und Hedonismus

In einem Ausmaß, das in der Geschichte irgendeiner vergangenen Kultur ohne Vorbild ist, wird den jungen Leuten in den USA und immer mehr auch in Japan gesagt, daß ihr Lebensziel persönliches Glück sein soll, auf das direkt hingearbeitet werden muß. Die gesamte Geschichte hindurch kümmerten sich die Menschen entweder nicht sehr um das, oder es wurde ihnen beigebracht, daß es sich als ein wahrscheinliches Nebenprodukt irgendeiner anderen Absicht ergeben würde – ein dankbarer Beruf, eine gutbezahlte Arbeit, ein harmonisches Familienleben, Vollendung einer schwierigen Aufgabe, beachtenswerte Erfolge usw. In vielen Gesellschaftsformen wurde persönliches Glück als wichtiger Wert nicht einmal zur Kenntnis genommen. Pitirim Sorokin bemerkte z. B., daß die Suche nach irdischem Glück zwischen dem sechsten und zehnten Jahrhundert in keiner Aufzeichnung irgendeines europäischen Schriftstellers vorkommt.[17] Wir würden behaupten, daß die gegenwärtige Einstellung, die das Recht, die Notwendigkeit, ja die Verpflichtung, nach Glück zu suchen, so sehr betont, nicht nur sehr viel Unglück erzeugt, sondern bei den betreffenden Personen auch zu einer geringeren wirtschaftlichen Leistung und wahrscheinlich zu mehr Konsum und weniger Sparen führt. Dadurch kann es aber auch zu Situationen kommen, in denen, mit Ausnahme der Werte der extrem weltlichen Humanisten, alle anderen Werte herabgemindert oder ignoriert werden.

Eine Überbetonung der Suche nach Glück kann leicht zu Hedonismus führen, der nicht dasselbe wie Glück ist. Hedonistische Kulturen sind für exzessive Promiskuität, für Drogen, Trunksucht und andere Laster anfällig. All diese Dinge könnten als Nachteile im Gefolge von Glück auftreten und tun das auch sicherlich in der einen oder anderen Weise, wenn vielleicht auch nur vorübergehend. Vermutlich werden aber die meisten Leser mit dem Autor darin übereinstimmen, daß es sowohl vom Standpunkt des einzelnen als auch der Gesellschaft unbefriedigend ist, dem Laster größere Aufmerksamkeit zu schenken.

8. Allgemeine „Antieinstellungen“ gegenüber der Technologie, dem Wirtschaftswachstum, materiellen Dingen und dem Bürgertum

Für die Diskussion dieses Sachverhaltes ist es nützlich, sich das folgende Argument vor Augen zu halten. Geben wir einmal für den Augenblick zu, daß der moderne Nationalstaat vieles schafft und beinhaltet, das destruktiv und verabscheuungswürdig ist. Wir wollen aber auch eingestehen, daß er eine der wirkungsvollsten Institutionen ist, folgende Aufgaben zu bewältigen: Angriff und Verteidigung; Wirtschaftswachstum; Gewinn von Einfluß über andere, und zwar sowohl innen- als auch außenpolitisch; Ausführung großer Projekte und schließlich die Schaffung eines ausgeprägten Charismas besonderer Art (Nationalismus). Ist man an diesen Zielen überhaupt nicht interessiert oder hält sie für nicht wünschenswert, dann wird man die Entwicklung der großen und modernen Nationalstaaten wahrscheinlich für einen Fehler halten und statt dessen die „Klein-ist-schön“-Haltung vertreten. Schätzt man hingegen diese Dinge entweder als Mittel oder als Ziele, so wird die letztgenannte Haltung antiproduktiv sein.

Einige der Argumente, die für Technologie, Wirtschaftsentwicklung, große zentralistische Projekte, Materialismus und bürgerliche Einstellungen sprechen, hängen davon ab, wieviel sie entweder direkt oder über die Gesellschaft als Ganzes zu denselben Zielen beitragen wie die des Nationalstaates. Zu diesen gehören auch Sicherheit und Geborgenheit. Historisch gesehen war das Hauptargument für all diese Ziele nicht der Lebensstandard oder die Lebensqualität, sondern die Notwendigkeit, einen wirtschaftlichen Überschuß und technologisch organisatorische Fähigkeiten zur Verfügung zu haben, um mit bekannten und unbekannten Gefahren und Feinden fertig werden zu können. Diese Notwendigkeit besteht aber auch dann, wenn der wirtschaftliche Fortschritt zur Schaffung dieser Probleme beiträgt. Die oben angeführte Zusammenstellung von Argumenten ist jedoch übertrieben defensiv, auch wenn dadurch die Unterstützung für ein weiteres Wachstum, für mehr Technologie und auch für eine gewisse Beibehaltung oder Verstärkung materialistischer Einstellungen gerechtfertigt erscheint. All diese Ziele besitzen wesentliche positive Werte, die vielen Leuten wichtig sind.

9. Zunehmende soziale Kontrolle und Gesamtplanung der Wirtschaft durch die Neue Klasse

Die Ansicht, daß „jene Regierung am besten regiert, die am wenigsten regiert“ *(laissez-faire),* und „überlaßt der Regierung die Dinge, die nur sie erledigen kann oder die sie eindeutig am besten löst“, wird zumindest unter den Neoliberalen der Neuen Klasse in verstärktem Maße durch die Ansicht ersetzt, daß der Staat gegenüber fast jedem gesellschaftlichen Aspekt eine aktive und positive Rolle einnehmen sollte. Man erwartet heute von den Regierungen, daß sie Resultate erzielen sollen, von denen die meisten kapitalistischen Demokratien des 20. Jahrhunderts in der Regel nicht angenommen haben, daß sie ihre Angelegenheiten wären. Manchmal wird verlangt, die Regierung solle die meisten der Vierzehn Neuen Schwerpunkte entweder durch direkte Sanktionen fördern, oder dies durch Internalisierung von Kosten und Nutzen verschiedener Aktivitäten tun, so daß die Unternehmen und andere sie in Rechnung stellen müssen.

Übereinstimmung dürfte darüber bestehen, daß die Regierung den Schutz der Umwelt objektiv, realistisch, effizient und mit begrenzten und praktischen Zielsetzungen betreibt. Das erste Problem dabei ist, daß die meisten Planer keine Ahnung davon haben, wie schwierig es ist, realistisch vollständig und wirkungsvoll zu planen. Die Daten sind überholt und unvollständig, die Ideen irreführend vereinfachend und umstritten, die grundlegenden Modelle oberflächlich und naiv. Und schließlich sind viele Zielvorstellungen und Anliegen umstritten.

Die vordringlichste Frage lautet selten: „Soll es eine Planung geben oder nicht?“, sondern: „Auf welcher Ebene soll die Planung stattfinden und wer soll planen?“ So können z. B. für die Aufschließung und die Entwicklung eines Gebietes gewisse Richtlinien und allgemeine Regeln festgelegt werden; die tatsächliche detaillierte Planung wird aber vorteilhafterweise viel besser von den Bauherren, den Vertragspartnern, den Baumeistern und Architekten durchgeführt werden. Die Zahl der für die Planung aufgewendeten Stunden ist solcherart wahrscheinlich viel größer, als würde diese Arbeit ein zentrales Planungsbüro machen. Und dadurch, daß die Planung von Leuten durchgeführt wird, die ein persönliches Interesse an guten Lösungen haben, für die also etwas auf dem Spiel steht, wird die Qualität und Intensität der Planung wahrscheinlich um vieles besser sein.

Die hochentwickelteren sozialistischen Wirtschaftssysteme wenden sich daher auch mehr und mehr der Nutzung marktwirtschaftlicher Kräfte zu. Der Trend der zentralen Autoritäten geht dahin, die Kontrolle über die allgemeinen strategischen Entscheidungen zu behalten, während man einen guten Teil der Details, der Taktik und selbst einige wichtige Entscheidungen der Gestaltung – oder der Führung – dem Preismechanismus überläßt.

Die sogenannte indikative Planung dürfte in Ländern wie den USA oder Kanada nicht gut funktionieren. Wenn man auch behauptet, daß diese Methode in Japan und in Frankreich zufriedenstellend angewendet wird, so planen diese Länder lange nicht so viel, wie man oft annimmt, und die Planung, die tatsächlich existiert, ist mehr Fassade als kraftvolle Aktivität. Und außerdem, und das ist vielleicht am wichtigsten daran, wird diese Planungsarbeit von Leuten ausgeführt, die eine besondere Gruppe bilden und das Vertrauen der Geschäftsleute und weiter Teile der Bevölkerung erworben haben. Es ist fast unvorstellbar, daß eine ähnliche Gruppierung in den USA eine solche Funktion übernehmen könnte – vor allem nicht eine Gruppe, die aus den „besten Universitäten“ des Landes hervorgegangen ist.

Die für eine nationale Planung eintretenden neoliberalen Mitglieder der Neuen Klasse bekunden nur ihre Naivität, wenn sie sich selbst nicht eingestehen wollen, daß sie darunter eine Planung verstehen, die von ihnen und für sie formuliert wird. Würden sie annehmen, daß die Planung nicht von ihnen, sondern von einer Oppositionsgruppe kommt, so wären sie sicherlich dagegen. Unter den gegenwärtigen Umständen sind sie jedoch sicher, die Planungsstellen stark beeinflussen und dominieren zu können.

Sie könnten damit auch recht haben. Berücksichtigt man ihre „gelehrte Unfähigkeit" in praktischen Dingen und ihre ganz offensichtlich ideologisch, sozial und politisch gefärbte Grundeinstellung, so würden wir einer Zunahme ihres Einflusses, der bei einer Institutionalisierung der nationalen bürokratischen Planung erfolgen müßte, entschieden entgegentreten. Vor allem würden wir dann gegen sie opponieren, wenn sich ihr vermehrter Einfluß als ein völlig „natürlicher" und akzeptabler Vorgang abspielt, da die Leute der neoliberalen Neuen Klasse überproportional in jenen Gruppen vertreten sind, die umfangreiche mathematische oder sonstwie elaborierte Wirtschaftsmodelle entwerfen. Die überproportionale Repräsentation wäre ja an sich noch nicht so schlimm, würde sie nicht die Substanz und den Inhalt der vordringlichen Programme sehr stark beeinflussen.

10. Reglementierende Einstellungen, die dem Wohlergehen der Geschäftswelt gegensätzlich oder indifferent gegenüberstehen
Richter höherer Gerichtshöfe und Beamte von Behörden in den Ländern des atlantisch-protestantischen Kulturgebietes sind häufig überzeugte Anhänger vieler der Neuen Schwerpunkte. Die Regierung könnte die Durchführung ihrer neuen Programme auf eine Art und Weise betreiben, die dem bestehenden System konziliant und kooperativ entgegenkommt und die das Vertrauen in die Verläßlichkeit der Regeln und die Aufrichtigkeit der Entscheidungen erhält. Die Bürokratie könnte Einfallsreichtum, Kreativität und Wirklichkeitsnähe beweisen, wenn es zu Unstimmigkeiten kommen sollte – wobei sie dann zu einer echten Synthese und zu guten Kompromissen gelangen kann, wenn sie nur solchen Fragen Aufmerksamkeit schenkt, wie wirtschaftliche und technologische Effizienz, praktische Durchführbarkeit, die Notwendigkeit für Geschäftsleute, in einem relativ vorhersehbaren Klima arbeiten zu können, und die Existenz anderer wachstumsorientierter Einstellungen, Ziele und Wertvorstellungen.

In vielen wohlhabenden kapitalistischen Ländern stehen jedoch die betreffenden Stellen ebenso wie die Gesetzgeber sowie Wähler und Politiker dem existierenden System und vielen traditionellen Wertvorstellungen aggressiv gegenüber. Als Folge dieser Einstellung führen sie die Neuen Schwerpunkte auf eine Art und Weise in die Gesellschaft ein, daß der zerstörerische Einfluß ihrer Regeln, Verhaltensweisen und anderer dazugehöriger Neuerungen fast absichtlich und bewußt verstärkt wird. Leute, die sich intensiv mit den Neuen Schwerpunkten identifizieren, neigen dazu, sich dem bestehenden System gegenüber zu verschließen und ihm eine feindliche Haltung entgegenzubringen. Selbst die weniger ideologisch beeinflußten Exponenten einer Lenkung neigen dazu, Klagen oder Vorschläge, die von der Wirtschaft oder von Technologen kommen als „meckern" oder als ungerechtfertigtes „Heulen des Wolfes" abzutun.

Die vielleicht größte Schwierigkeit, mit der man sich heute auseinanderzusetzen hat, entstammt der Unsicherheit, die durch die sich dauernd verändernde, regulative Atmosphäre bzw. Umwelt verursacht wird. Solch eine Unsicherheit kann für neue Projekte oder selbst für die Aufrechterhaltung bestehender Unternehmungen abträglicher sein als schlechte Neuigkeiten. Wenn etwas, das nicht vorhersehbar war, passiert, so kann man den Vertretern des Projektes oder seinen Managern keinen Vorwurf machen. Besteht aber schon eine gewisse Voreingenommenheit dafür, daß etwas passieren könnte und es passiert dann auch wirklich etwas, dann wird sich der ganze Zorn an jenen auslassen, die trotz allem weitermachten. Wenn z. B. eine Kraftwerksgesellschaft ein Milliardenprojekt plant und für zwei oder drei Jahre von einer Umweltschutzgruppe an der Ausführung gehindert wird (bei jährlichen Mehrkosten von zehn bis 100 Millionen Dollar), so wird die Anlage aufgrund dieser zusätzlichen Kosten eventuell gar nicht mehr rentabel sein oder, schlimmer noch, die Durchführungsbehörde gestattet es nicht, diese Ausgaben in die Kalkulationsgrundlagen mit einzubeziehen. Sowohl von persönlichen wie auch geschäftlichen Gesichtspunkten her werden die Vertreter eines solchen Projektes oder seine Manager der Meinung sein, daß diese Art von Verlusten abschreckender ist als eine vielleicht noch größere Kostensteigerung, die aber vorhersehbar ist und in die Planung mit einbezogen und genehmigt werden kann. Diese letztgenannten Kosten gefährden das Geschäft nicht durch die Möglichkeit, daß man sie nicht kompensieren könnte. Sie erhöhen auch nicht die Aussicht, schlechten Managements oder der Unfähigkeit beschuldigt zu werden.

11. „Moderne" Familien- und Gesellschaftswerte und eine abnehmende Bedeutung vieler traditioneller Werte

Dieses Bündel von Anschauungen wird durch Ausdrücke wie *Gemeinsamkeit, Toleranz, Eltern und Kinder (oder Lehrer und Schüler) sind Freunde und Kameraden* und durch die Notwendigkeit einer *ernsthaften, ständigen und systematischen wechselseitigen Kommunikation über die grundlegenden Hoffnungen und Ängste jeder Seite* geprägt. Eines der Probleme, die diese Anschauungen mit sich bringen, ist, daß sie dazu tendieren, die Autorität von Eltern, Lehrern und anderen Personen, die respektiert werden sollten, zu untergraben. Freundschaft und Verbrüderung mögen zwar etwas recht Wünschenswertes sein, die Erfahrung hat aber gezeigt, daß, solange das „Offizierskorps" nicht ganz außergewöhnlich fähig ist, Disziplin und die Möglichkeit zur Führung (d. h. Autorität) eine gewisse Trennung vom „Fußvolk" voraussetzen.

Es wäre wünschenswerter, wenn Autoritätspersonen und Offiziere nicht zu solchen Mitteln greifen müßten; die Erfahrung lehrt aber, daß es für die meisten Organisationen und Institutionen recht riskant ist, ohne sie auskommen zu wollen. Wenn man das heute jungen Leuten erkären will, so muß man zuerst einmal klarstellen, was Autorität bedeutet. Es ist nicht dasselbe wie Zwang – das heißt die Anwendung von Gewalt statt Autorität; es ist auch keine Angelegenheit der Überredungskunst, die davon abhängig wäre, daß man vernünftige Argumente rhetorisch gut vorbringen kann. Autorität bedeutet nicht einmal, daß man Führungsqualitäten hat und ausübt, was eine Frage von Persönlichkeit, Fähigkeit und Charisma ist. Sie ist auch nicht die Macht, über Anerkennung und Strafe zu verfügen. Alle diese Eigenschaften und Möglichkeiten können bei der Ausübung von Autorität behilflich sein. Diese selbst ist allerdings mehr das Recht, angehört und ernst genommen zu werden, und zwar nur aufgrund dessen, *wer* man ist: ein Elternteil, ein Lehrer, ein Sporttrainer, ein Offizier oder wer sonst auch immer.

Das Wesen der Autorität kann am Beispiel zweier Sportteams deutlich gemacht werden. Sie sind so weit in ihren Fähigkeiten gleich gut, nur folgt das eine Team den Anweisungen eines Spielers, der ein rotes Armband trägt. Die andere Mannschaft hat eine weitaus flexiblere Regel: derjenige, der im Moment am besten dazu qualifiziert ist (d. h. wer immer glaubt, in der Lage zu sein, die beste Entscheidung zu treffen), gibt die Anweisungen. Das erste Team wird eine Einheit bilden und zu disziplinierter Anstrengung neigen, während im zweiten Team mit Ausnahme einiger weniger, ganz besonderer Situationen endloses Gezänk, Streit und Anarchie herrschen werden. Unter normalen Umständen wird das erste Team mit hoher Wahrscheinlichkeit um vieles besser abschneiden als das zweite.

Beim Aufbau von Institutionen ist es wichtig, daß jedermann

Tafel 3.4
Die dreizehn traditionellen Wertmaßstäbe

---

1. Religion, Tradition oder Autorität. Ein automatischer und vielleicht gedankenloser Respekt vor dem Vermächtnis der Vergangenheit, vor der Kontinuität, vor dem bestehenden „Sozialkontrakt" und vor Personen, die Autorität besitzen (z.B. Eltern und Lehrer).
2. Biologische und physikalische Gegebenheiten (z.B. Respektierung und Akzeptierung der Belastungen und Gefahren der physischen Umwelt als mehr oder weniger normal und bis zu einem gewissen Grad unvermeidlich, der Zerbrechlichkeit von Leben und Gesundheit, der mehr tragischen Aspekte der menschlichen Natur und der grundlegenden und natürlichen „Unfairneß" einer jeden machbaren gesellschaftlichen Ordnung oder des Lebens selbst, usw.).
3. Verteidigung der Grenzen (der Territorialität).
4. Verdienen des Lebensunterhaltes – die fünf Garantien, welche die chinesischen Kommunen ihren Mitgliedern oft versprechen: a) angemessene Nahrung, b) angemessene Bekleidung, c) angemessene Unterkunft, d) angemessene medizinische Versorgung und e) angemessene Bestattungskosten. Manchmal wird hinzugefügt: f) angemessene Ausbildung und g) angemessener Schwangerschaftsurlaub und angemessene Kosten.
5. Verteidigung vitaler strategischer und wirtschaftlicher Interessen (durch die Nation, die Wirtschaft oder die Familie).
6. Verteidigung vitaler politischer, ethischer und moralischer Interessen (wieder durch die Nation, die Wirtschaft oder die Familie).[a]
7. Andere Appelle an die wirtschaftliche oder technologische Rationalität und Effizienz.
8. „Männliche" Akzentuierung – in der Jugend: Team-Sport, Heldengestalten, aggressive und konkurrenzierende Tätigkeiten, Rebellion gegen „weibliche Rollen"; im Mannesalter: Betonung erwachsener männlicher Rollen (gleichermaßen auch eine weibliche Akzentuierung).
9. Die „puritanische Ethik" (aufgeschobene Belohnung, Ausrichtung auf die Arbeit, den Erfolg und die Karriere, Sublimierung sexueller Wünsche, Nüchternheit, gute Arbeitsgewohnheiten, usw.).
10. Ein hohes (vielleicht fast totales) Maß an Loyalität, Bindung oder Identifikation gegenüber der Nation, dem Staat, der Stadt, der Sippe, dem Dorf, der Großfamilie oder der geheimen Gesellschaft.
11. Die „kriegerischen" Tugenden – Pflichtbewußtsein, Patriotismus, Ehre, Heldentum, Ruhm, Mut, Treue und Stolz.
12. Andere Arten der Sublimierung oder Unterdrückung sexueller, ästhetischer oder „anderer Instinkte".
13. Andere „irrationale" oder einschränkende Tabus, Riten, Totems, Mythen, Bräuche und Charismen.

---

a Viele Menschen, die die dreizehn traditionellen Wertmaßstäbe ablehnen, würden mit fast allen Überschreitungen bei der Verteidigung der vitalen politischen, ethischen und moralischen Interessen einer Minderheiten- oder Dissidentengruppe einverstanden sein, zumindest soweit sie mit den Ansichten dieser Gruppe über ihre vitalen Interessen sympathisieren. Allerdings billigen sie dieses Privileg weder der einzelnen Nation, dem einzelnen Unternehmen, der „WASP"-Familie (WASP = Weiß, Angelsächsisch, Protestantisch), noch dem einzelnen Bürger zu.

---

weiß, an wen er sich in bezug auf Anweisungen und Führung wenden kann. Dieses Äquivalent des roten Armbandes (d. h. die besondere Stellung seines Trägers) muß ernst genommen werden. Zuviel „Verbrüderung" sollte vermieden werden. Es ist natürlich vorteilhaft, wenn die betreffende Person sowohl in ihrer Erscheinung als auch in ihren tatsächlichen Eigenschaften die entsprechenden Qualifikationen mitbringt, von der Sache etwas versteht und ein gutes Urteilsvermögen besitzt. Hat derjenige diese Eigenschaften nicht, so wird die betreffende Institution versagen, oder er wird seine Autorität schwinden sehen (oder ausgetauscht werden). In der Realität besitzen Eltern, Lehrer und Offiziere im allgemeinen ein gewisses Maß an entsprechender Erfahrung und wissen in der Regel einige wesentliche Dinge. Soll das System funktionieren, so sollte es für jeden dieser Personenkreise nicht notwendig sein, jedesmal wenn sich die Notwendigkeit für Ratschläge oder Entscheidungen ergibt, einen Befähigungsnachweis erbringen zu müssen.

Die Dreizehn Traditionellen Wertmaßstäbe, die in Tabelle 3.4 aufgezählt sind, waren in den USA immer schon die Grundlage der Wertvorstellungen der amerikanischen Mittelschichten, und sie entsprechen auch weitgehend den traditionellen Maßstäben der übrigen wohlhabenden Länder. Heute sind viele von ihnen die genaue Antithese zu den oben erwähnten modernen Familienwerten. Sie alle aber werden heftig kritisiert, vor allem von liberalen Gruppen der oberen Mittelklassen.

Viele Menschen erkennen nicht, daß man im Prinzip die beiden Systeme miteinander versöhnen kann, indem man sowohl den Dreizehn Traditionellen Wertmaßstäben als auch den meisten der Vierzehn Neuen Schwerpunkte eine hohe Priorität zuordnet. Dabei handelt es sich nicht so sehr um einen wirklichen Konflikt als vielmehr darum, daß die Leute, die die Neuen Schwerpunkte mit Begeisterung und intensiv akzeptieren, meist auch zu Wertvorstellungen und Zielen neigen, die nicht mit den Dreizehn Traditionellen Wertmaßstäben übereinstimmen. Manchmal stehen sie fast allen von ihnen aggressiv gegenüber, anstatt sie einfach indifferent zu betrachten, selbst wenn diese Werte nicht in Widerspruch zu den Vierzehn Neuen Schwerpunkten stehen.

12. Bedachtnahme auf das Selbst (häufig in Begleitung mit mystischen oder transzendentalen Einstellungen und Werten oder ein Ausdruck der „Ich-Generation")

Die jungen Leute in den westlichen Ländern und in Japan sind immer mehr mit Fragen beschäftigt wie: „Was sagen meine Gefühle dazu?" „Höre ich dabei auf meine innere Stimme?" „Entwickle ich mich?" „Wie habe ich mich verändert?" usw. In extremeren Fällen kann diese Art von Vokabular Ausdruck eines Bewußtseins von einem „inneren Raum" sein; es kann aber auch den bewußten Versuch, die Kultur Indiens zu imitieren, widerspiegeln – eine Kultur, die, unbeschadet ihrer Errungenschaften auf anderen Gebieten, bis jetzt den Beweis schuldig geblieben ist, daß sie auch auf dem Gebiet der wirtschaftlichen Entwicklung Talente vorzuweisen hätte.*

Dieser Neue Schwerpunkt ist nicht unbedingt abzulehen, im Gegenteil, er könnte sogar animierend sein. Allerdings wird diese Art von Kontemplation und intensiver Beschäftigung mit dem eigenen Ich nur schwer mit den traditionellen, innenorientierten Verhaltensweisen in Einklang zu bringen sein, die im Zusammenhang mit Pflichtauffassung, Arbeitsmoral und Erfolg stehen und die alle außerdem durch die Ausrichtung auf den Wettbewerb und das berufliche Fortkommen noch verstärkt werden. Die Beschäftigung mit dem Ich wird auch mit den außenorientierten Verhaltensweisen konkurrieren, die der bedeutende Soziologe David Riesman in seinem Buch *Die einsame Masse* beschreibt, Verhaltensweisen, die ebenfalls zu gesellschaftlicher Kooperation und Disziplin bei der Erledigung von Aufgaben führen.[18] Diese Konzentration des Interesses auf den inneren Raum und auf das eigene Bewußtsein – oder auch nur auf die eigenen Gefühle als das zen-

* Die mystischen Religionen und Kulte Indiens sind zur Zeit sehr in Mode. Während vieles davon Ausdruck einer gewissen Übersättigung einer Variation des Themas der „Ich-Generation" zu sein scheint, die bloß Aufmerksamkeit auf sich lenken will, dürfte einiges davon doch einen ernst zu nehmenden Trend reflektieren, der einen deutlichen Einfluß auf die westliche Kultur haben könnte – und schließlich auch auf Fragen des Wirtschaftswachstums, der wissenschaftlichen Forschung und der fortschrittlichen Technologie.

trale Problem – kann die althergebrachten Werte sehr schwächen und zu einem unerwünschten Maß an Selbstsucht, Illusionismus und Eigenliebe führen.

13. Neue Riten, Zeremonien und Feiern

Alle Menschen haben zu allen Zeiten Rituale und Feste benötigt. Neu ist, daß die Gesellschaft dieses Bedürfnis für die Mitglieder der Neuen Klasse nicht mehr befriedigen kann. Die heutige Gesellschaft hat diesen Weg vor allem für die Neoliberalen der Neuen Klasse verlassen und die Bedeutung von Ritualen und Zeremonien weitgehend entwertet. Ein Beispiel für die Entmythologisierung von Ritualen und Festen ist die in Amerika immer häufiger geübte Praxis, die Feiertage auf Montage oder Freitage zu verlegen, um damit das Wochenende zu verlängern. Das ist sicher angenehm und nicht unpraktisch, beeinträchtigt aber den geheiligten, dramatischen oder patriotischen Charakter des Feiertages. (Wenn er natürlich diese Eigenschaft schon vorher verloren hat, so ist das ein Symptom für die Veränderung, nicht aber ihr Grund. Es ist bloß die Erkenntnis, daß der Feiertag entmythologisiert wurde.) In allen Religionen und allen Kulturen faßte man die Bedeutung eines Feiertages auf als „dieser Tag ist anders als die anderen... an diesem Tag machen wir...“, und dann kommt irgend etwas von Wichtigkeit, irgend etwas, das sich vom Alltag unterscheidet, wie etwa ein Opfer, eine Feier, Fasten, in die Kirche gehen. Der fast vollständige Verlust des Sinnes für Geheiligtes oder für Religion bei jenen Konfessionen, die wir als die „transzendentalen Konfessionen“ bezeichnen und deren Mitglieder weitgehend der oberen Mittelklasse und zu einem noch größeren Teil der neuen Klasse angehören, ist kennzeichnend für diesen Neuen Schwerpunkt.

14. Neue Quellen für den Sinn und Zweck des Lebens; von Status und Ansehen

Stolz und Ansehen sind in allen Kulturen und zu allen Zeiten ebenfalls wichtige Bedürfnisse gewesen. Neu ist die Tatsache, daß die modernen Überflußländer diesen Bedarf für viele junge Leute aus den oberen Mittelschichten nicht mehr befriedigen können. Manchmal ermutigt auch der Weg, der zur Erreichung dieser beiden Werte offensteht, nur einen neoliberalen Extremismus. Viele Lehrer und Eltern bewundern heutzutage den Jugendlichen, der die Courage hat, sich nicht auf eine alltägliche Karriere zu konzentrieren, sondern der hinausgeht und sich in den Dienst irgendeiner wichtigen, öffentlichen Aufgabe stellt (dazu gehören z. B. die vielen jungen Leute, die einen direkten Weg zu Ansehen und Wohlstand oder zu beidem durch diverse Bewegungen fanden, die sich auf einen oder mehrere der Neuen Schwerpunkte stützen). Dies gilt allerdings in einem viel stärkeren Maße für die Länder der atlantisch-protestantischen Kultur, speziell für die USA, als für die übrigen wohlhabenden, kapitalistischen Länder. In der Vergangenheit hoben sich die Angehörigen der oberen Mittelschicht und der Mittelklasse durch charakteristische Kleidung und Benehmen von der übrigen Gesellschaft deutlich ab. Jedermann konnte sie sofort von einem Arbeiter oder einem Adeligen unterscheiden. Heute sind es die Arbeiter oder ehemaligen Arbeiter, die, um ihre neugewonnene Respektabilität zu zeigen, dazu neigen, sich wie ein normaler Geschäftsmann zu kleiden, während die obere Mittelklasse immer mehr die Kleidung der ärmsten Arbeiter nachäfft und dabei vollkommen sicher ist, nicht mit armen Arbeiter verwechselt zu werden. Das Tragen zerschlissener Bluejeans (in denen man einen Arbeiter niemals anträfe) wurde zum Zeichen dafür, daß man nicht der Arbeiterklasse angehört.

B. Bruce Biggs stellte eine Liste der Unterschiede in den Lebensgewohnheiten der Neuen Klasse und der Mittelschichten zusammen, während er bei uns am Hudson-Institut war. Wir bringen nachstehend eine leicht abgeänderte Version dieser Liste.

Traditionell	*Progressiv*
Jagen	Vögelbeobachten
Zelten	Rucksackwandern
Inländische Autos	Ausländische Autos
Große Autos	Kleine Autos
Zeitgenössisches Wohnen	Avantgarde-Wohnungen
Neue Wohnungen	Restaurierte Wohnungen
Auffälliger Schmuck	Künstlerischer Schmuck
Pelze	Leder
Publikumssport	Kulturelle Veranstaltungen
Motorboote	Segelboote
Motorradfahren	Fahrradfahren
Tischlern	Kunsthandwerk
Blasmusik	Kammermusik
Klassische Gesellschaften	Diskussionsrunden
Landesverteidigung	Reformpolitik
Farb-TV	Hi-Fi-Stereo

Sicherlich wird es von dieser Liste viele Ausnahmen geben, aber im großen und ganzen glauben wir doch, daß sie stimmt. Mitglieder der Neuen Klasse, die sich diese Liste ansehen, werden wahrscheinlich sofort das so oft zitierte Gefühl der Verachtung verspüren, das sie selbst oder ihre Kollegen gegenüber den Aktivitäten der Mittelklasse zeigen. Diese Verachtung wird heute nicht mehr erwidert, obwohl das vor dem Zweiten Weltkrieg noch der Fall war, wie es in fast jedem Film der Marx Brothers gezeigt wird. Die Mittelklasse hat gelernt, die Musebeschäftigungen der oberen Mittelklasse und der Neuen Klasse zu tolerieren, ja zu respektieren. Leider wird diese Toleranz aber nicht erwidert.

Wir haben in unserer Diskussion den Vierzehn Neuen Schwerpunkten gegenüber einen weitgehend unfreundlichen Standpunkt bezogen, oder sind zumindest mit nicht gerade übermäßigem Eifer für sie eingetreten. Wenn sich die Gesellschaft ändert, so ist das Auftauchen neuer Wertsysteme und Schwerpunkte etwas, mit dem zu rechnen ist. Und jemand, der die Ansichten der meisten der Neuen Schwerpunkte nicht teilt oder auch völlig ablehnt, wird uns vielleicht immer noch in der Meinung zustimmen, daß die Gesellschaft als Ganzes unter Umständen doch davon profitiert, daß es Leute gibt, die diese Ansichten teilen und Druck ausüben, um sie durchzusetzen. Im allgemeinen ist es schon richtig, daß sich um Dinge, die jeden angehen, niemand kümmert – es ist daher möglich, daß ganz kleine Interessengruppen sich ihrer bemächtigen. Um bei Fragen dieser Art zu ausgeglichenen Ergebnissen zu kommen, kann es für Vertreter der Neuen Schwerpunkte von Vorteil sein, starken Druck auszuüben. Treibt man ihn bis zum Exzeß, so kann dieser Druck antiproduktiv werden. Er kann aber auch, wie gesagt, als Gegengewicht zu dem eventuell übermäßigen Einfluß entgegengesetzter Interessengruppen sehr nützlich sein. Neigen beide Gruppen dazu, sich engstirnig und extrem (und im allgemeinen von Eigeninteressen motiviert) zu gebärden, so sollte sich daraus eine etwas ausgewogenere Synthese ergeben.

Aber auch unter der Annahme, eine solche Synthese wäre wünschenswert, und mit der Zustimmung, Änderungen in unseren Wertsystemen wären sowohl unvermeidlich als auch richtig, glauben wir, daß die Vierzehn Neuen Schwerpunkte gegenwärtig im großen und ganzen einen mehr negativen als positiven Einfluß ausüben. Zum Teil ist das so, weil sie mit einer solch fanatischen Intensität von den Neoliberalen der Neuen Klasse verfochten werden. Im Gegensatz zur oberen Mittelschicht (die sich häufig ebenfalls zu den Neuen Schwerpunkten bekennt) erkennen diese

Leute im allgemeinen nicht, daß sie damit mindestens ebensosehr eng begrenzte Klasseninteressen und persönliche Vorteile verfolgen wie im Interesse der Allgemeinheit liegende. Wir sind der Meinung, daß dieser Mangel an Selbsterkenntnis beim Entstehen und bei der Einführung der Neuen Schwerpunkte zu ziemlich destruktiven Resultaten führt.

Dieser Mangel an Selbsterkenntnis ist auch eine der Haupttriebkräfte für die Umwandlung dieser Neuen Schwerpunkte in ein vorzeitiges Erreichen der Grenzen des Wachstums. Grenzen, die wir deswegen „sozial“ nennen, weil sie auf Wertansichten und Einstellungen gründen und nicht auf tatsächlichen physischen Begrenzungen. Die Neuen Schwerpunkte beinhalten in sich selbst und sind aus sich selbst heraus kein zwingendes Hindernis für ein weiteres Wachstum, denn die meisten von ihnen können mit den Dreizehn Traditionellen Wertmaßstäben in Übereinstimmung gebracht werden. Die restlichen Werte können zufriedenstellend untergebracht werden, solange es Gegensätze nur mit jenen Leuten gibt, die die Neuen Schwerpunkte lediglich wegen der „Äußerlichkeiten“ oder der „Vorzugswerte“ wegen angenommen haben. Nur wenn sie von Leuten als moralische Imperative betrachtet werden, von Menschen die nicht merken, daß sie damit ihre Privatinteressen fördern, wird ihre Betreibung für den Rest der Gesellschaft wirklich gefährlich.

Ein Teil der Macht, die die „wahren Gläubigen“ ausüben, resultiert daher, daß sie eine Bewegung anführen, die viel mehr als nur eine kleine Minorität der oberen Mittelklasse repräsentiert, denn in dem Maße, in dem diese Leute wohlhabender werden und sich sicherer fühlen, verlagern sie auch ihre Interessen von den bloßen Notwendigkeiten des politischen Überlebens und eines weiteren Wirtschaftswachstums zu anderen Wertansichten. Auf lange Sicht gesehen mag das wahrscheinlich von Vorteil sein, wenn wir nämlich erkennen, daß wir durchaus in der Lage sind, unser Leben zu ändern. Veränderungen der Äußerlichkeiten machen einen sofortigen Unterschied aus, und es ist nicht unwahrscheinlich, daß irgendwann auch neue Vorzugswerte auftauchen werden. An beides haben wir uns anzupassen, auch wenn wir es nicht für moralische Imperative halten. In den Fällen, wo verläßliches Verhalten und völlige Hingabe dringend notwendig und sehr nützlich sind, ist es nicht unbedingt schlecht, wenn diese Eigenschaften als Konsequenz tief empfundener, moralischer Imperative in Erscheinung treten. In der Zwischenzeit aber, solange Konfusion und Irrationalität herrschen, müssen wir mit einem gewissen Sinn für Ausgleich vorgehen und vorzeitige utopische oder apokalyptische Visionen vermeiden. Wir sollten uns so viel Würde bewahren, um zuzugestehen, daß in den alten Traditionen genügend dauerhafte Werte begründet liegen. Wirtschaftswachstum und technologischer Fortschritt sind nicht logischerweise synonym mit Zerstörung; beide sind notwendig für unser Wohlbefinden und selbst für unser Überleben. Man sollte mit einem gesunden Maß von Vorsicht an sie herangehen, zugleich aber mit Hoffnung und Enthusiasmus. Beherrscht uns aber statt dessen Furcht, so kann das zu einer Art Paralyse führen, mit der niemandem gedient ist.

Kapitel 4
Ein spekulativer Überblick über die gegenwärtige Situation

Während der beiden großen Wasserscheiden in der Geschichte der Weltwirtschaftsentwicklung – der landwirtschaftlichen Revolution und dem Großen Übergang – wechselte die Welt zuerst von den Sammler- und Jägergemeinschaften zu den traditionellen bürgerlichen Gesellschaften, die von in Städten lebenden Eliten regiert wurden. In der heute noch andauernden Periode machen fast alle traditionellen Gesellschaften den Wandel vom vorindustriellen zum postindustriellen Stadium durch. Beide Transformationen sind wahrscheinlich gleich tief und einschneidend; unserer Erwartung nach läuft aber die zweite zwanzigmal schneller ab als die erste. Die landwirtschaftliche Revolution begann vor etwa 10000 Jahren und benötigte fast 8000 Jahre, um sich rund um die ganze Welt auszudehnen. Der Große Übergang begann vor rund 200 Jahren mit der industriellen Revolution und sollte innerhalb von 400 Jahren vollendet sein. Irgendwann im Laufe des 22. Jahrhunderts müßten sich also die meisten Gesellschaften vollständig, oder fast vollständig, im postindustriellen Stadium befinden.

Viele der quantitativ erfaßbaren Phänomene im Zusammenhang mit dem Großen Übergang werden am besten mittels S-förmiger Kurven beschrieben, die ihren stärksten Anstieg (Mittelteil) meist in der letzten Hälfte dieses Jahrhunderts erreichen. Während dieser Periode wird der Durchbruch geschafft, aber noch nicht vollendet werden. Selbst eine teilweise Vollendung wird noch rund ein Jahrhundert benötigen, obwohl viele Leute (vor allem Mitglieder der neoliberalen Neuen Klasse und einige aus der „Klein-ist-schön"-Bewegung) der Meinung sind, daß die Aufgaben der Wirtschaftsentwicklung, soweit es ihre eigenen persönlichen und familiären Angelegenheiten betrifft, erfüllt sind und es an der Zeit wäre, sich anderen Fragen zuzuwenden. Wir glauben aber auch, daß viele der alten Fragen noch nicht endgültig beantwortet wurden.

Die vier Subperioden des 20. Jahrhunderts

Teils auf Grund empirischer Tatsachen und teils aus theoretischen Überlegungen unterteilen wir das 20. Jahrhundert in vier Subperioden, die alle auf dem steilen Teil der S-förmigen Kurve liegen, von denen aber auch jede ihre ganz speziellen Eigenschaften aufweist. In Tafel 4.1 werden für jede Untergruppe einige dieser speziellen Eigenschaften zusammengefaßt.

Unsere Auffassung von dem, was passiert, wurde schon vor beinahe 500 Jahren von Niccolo Machiavelli in seiner *Geschichte von Florenz* beschrieben:

> Man kann beobachten, daß die Provinzen inmitten des vielfältigen Wandels, den sie durchmachen, von der Ordnung zur Verwirrung gehen und anschließend wieder zu einem Zustand der Ordnung zurückkehren; denn die Natur des Laufs der Welt gestattet ihnen keinen gleichmäßigen Kurs, und wenn sie auf dem Gipfel der Perfektion angelangt sind, erfolgt alsbald wieder der Abstieg. Auf die gleiche Weise beginnen sie sich notwendigerweise wieder zu erheben, nachdem sie durch Unordnung in ihren tiefsten Zustand der Depression gefallen sind, unfähig noch tiefer hinunterzufallen; und so steigen sie vom Guten allmählich zum Bösen hinab, Tapferkeit erzeugt Frieden, Frieden Ruhe, Ruhe Unordnung, Unordnung Zerstörung, und so entspringt Ordnung aus Unordnung, aus der Ordnung Tapferkeit und aus dieser Herrlichkeit und Glück.[1]

Um zu erfahren, wie dieser hier beschriebene Prozeß im 20. Jahrhundert funktionierte, wenden wir unsere Aufmerksamkeit den sechzehn Ländern zu, die Angus Maddison die „Fortschrittlichen Kapitalistischen Nationen“ (FKN) genannt hat: die USA, Großbritannien, Deutschland, Italien, Japan, Belgien, Frankreich, Holland, Kanada, Australien, Schweiz, Österreich, Schweden, Dänemark, Norwegen und Finnland.[2]

Während der ersten drei Viertel des 20. Jahrhunderts durchliefen die FKN drei deutlich zu unterscheidende alternierende Phasen größeren und geringeren Wachstums. Derzeit scheinen sie in eine weitere Periode langsameren Wachstums einzutreten. Einige FKN dürften diese Periode schon im Laufe der sechziger Jahre erreicht haben, andere erst Mitte der siebziger Jahre. Die gegenwärtige Periode langsameren Wachstums könnte viele Jahre anhalten und wird wahrscheinlich signifikante Auswirkungen auf die sozialen Veränderungen haben. Als Arbeitshypothese nehmen wir von dieser vierten Periode an, sie sei real, und setzen ihr Ende vorläufig mit dem Jahr 2000 fest. Dieses Datum wurde sowohl aus ästhetischen als auch aus analytischen Überlegungen gewählt. (Eine Version der Kondratieff-Theorie, die weiter unten in diesem

Kapitel behandelt wird, geht von einer 35-Jahre-Periode aus, womit sich der Wendepunkt auf 2010 verschieben würde.)

Die Gesamtsumme aller Bruttoinlandsprodukte der FKN wuchs zwischen 1870 und 1886 um durchschnittlich 2,8 Prozent, wobei sie innerhalb dieser Zeit stark schwankte. Die Produktion nahm in diesem Zeitraum um durchschnittlich 2,5 Prozent pro Jahr zu, ein Wert, der noch niemals vorher erreicht worden war, der aber immer noch um ein weniges unter dem Gesamtdurchschnitt von 1870-1976 liegt. Der Motor für diese Wachstumsraten waren diverse technologische Neuerungen, relativ große Kapitalbewegungen und die landwirtschaftliche Aufschließung des amerikanischen Mittelwestens, der „Great Plains".

Während der Periode, die wir *La Première Belle Epoque* (1886-1914) nennen, nahmen die Wachstumsraten noch mehr zu und erreichten einen Durchschnitt von 3,3 Prozent pro Jahr. Innerhalb dieser 28 Jahre konnten die FKN ihr heimisches Bruttoinlandsprodukt mehr als verdoppeln. Nichts Vergleichbares war je vorher passiert. Es ist nicht überraschend, daß diese Zeit unter der Bezeichnung *La Belle Epoque* bekannt wurde. (Wir fügen diesem bekannten Ausdruck ein *Première* hinzu, um sie deutlich von der *Deuxième Belle Epoque* zu unterscheiden).

Die Industrienationen traten daraufhin in ein Stadium ein, in dem für längere Zeit (von 1914 bis 1947) ein deutlich vermindertes Wirtschaftswachstum herrschte, eine Zeit, die von zwei Weltkriegen, der großen Wirtschaftskrise, von zwei großen kommunistischen Revolutionen und dem Aufstieg und Untergang des Faschismus geprägt wurde. Während dieser 35 Jahre stieg die Produktion der FKN durchschnittlich um nur 1,8 Prozent an, was gerade etwas mehr ist, als die Hälfte der Wachstumsrate während der *Première Belle Epoque*. Der Welthandel nahm in dieser Zeit um nur 0,5 Prozent pro Jahr zu. Verglichen mit den durchschnittlichen Wachstumsraten des 18. Jahrhunderts und selbst jenen der ersten Hälfte des 19. Jahrhunderts, sind diese Werte nicht so schlecht, aber sie stellen einen deutlichen Abfall gegenüber den Raten der *Première Belle Epoque* dar. Diese verminderten Wachstumsraten und die vielen wirtschaftlichen wie auch anderen Krisen verschaffen diesen Jahren von 1914-1947 mit nur allzuviel Recht die Bezeichnung *La Mauvaise Epoque*, zumindest dann, wenn man sie am Standard der beiden *Belles Epoques* mißt.

Die späten vierziger Jahre unseres Jahrhunderts leiteten dann einen noch nie dagewesenen Boom ein, der ein Vierteljahrhundert dauern sollte. Von 1948 bis 1973 stieg die Produktion der FKN

Tafel 4.1
Die vier Unterperioden des 20. Jahrhunderts

	Dauer[a)]	*Durchschnittliche wirtschaftliche Wachstumsrate der FKN*[b)]	*Wirtschaftswachstum anderer Staaten*	*Einige herausragende Merkmale der Periode*
1. *La Belle Epoque* (Die gute Ära)	1886 bis 1913 (28 Jahre)	3,3 %	Rußland beginnt ebenfalls mit der Entwicklung, die übrige Welt stagniert.	Bildung einer ,,spektakulären Kluft" zwischen den FKN und der übrigen Welt.
2. *La Mauvaise Epoque* (Die schlechte Ära) oder die Ära der Instabilität	1914 bis 1947 (34 Jahre)	1,8 %	Sowjetunion 5-10 %, übrige Welt stagniert noch	Zwei Weltkriege, die Weltwirtschaftskrise, Aufstieg und Untergang des Faschismus, zwei große kommunistische Revolutionen, Entstehen der zwei Supermächte.

3. *La Deuxième Belle Epoque* (Die zweite guta Ära)	1948 bis 1973 (26 Jahre)	4,9 %	Die Mittel-Einkommen-Nationen beginnen mit dem Wachstum und wachsen 5-10 %	Kalter Krieg, Entkolonialisierung, Entstehen der Mittel-Einkommen-Staaten, Hervortreten Japans als zweit- oder drittgrößte Wirtschaftsmacht, Aufkommen der Grenzen-des-Wachstums-Ideen und -Ideologien der Neuen Klasse. Viele S-förmige Kurven erreichen ihre maximale prozentuale Wachstumsrate.
4. *L'époque de Malaise?* (Die Ära der Malaise?)	1974 bis 2000 (27 Jahre)	3,5 %	Der COMECON[c] hält bei etwa 4 % (vielleicht weniger), die Mittel-Einkommen-Staaten setzen aber ihr Wachstum fort	Weiteres Entstehen von Mittel-Einkommen-Staaten, ein großes Potential für Gewalt und Unordnung, verwundbare nationale und weltweite Wirtschaftssysteme – aber weniger als 30 % der Weltbevölkerung lebt in „armen" Nationen.

a) Diese Datierung unterscheidet sich etwas von der von Angus Maddison, der 1870–1913, 1914-1949, 1950–1970 und 1974- benützt. Wir ließen den Zeitraum 1870-1913 außer Betracht (der zwar nur eine durchschnittliche Wachstumsrate von 2,3 Prozent hatte, in der es aber viele wichtige technische Innovationen in Europa und in Nordamerika und ebenso einen weltweiten Kapitalstrom gab) und verschoben die anderen Daten etwas, um sowohl die Längen der beiden *Belle Epoques* als auch die Unterschiede in den Wachstumsraten zwischen ihnen und den anderen Perioden so groß wie möglich zu machen. Diese Periodisierung ist für uns brauchbarer und stimmt auch mit vielen unserer späteren Argumente besser überein.

b) FKN = Fortschrittlich wohlhabende kapitalistische Nationen.

c) COMECON (= Council for Mutual Economic Aid, deutsch: RGW = Rat für gegenseitige Wirtschaftshilfe): die Sowjetunion und die sechs osteuropäischen kommunistischen Staaten.

mit einer unverändert hohen Rate von 4,9 Prozent. Am Ende dieser Periode hatte sich der Produktionsausstoß der FKN (mit einer Gesamtbevölkerung von fast 700 Millionen) auf das Vierfache erhöht. Die Staaten des COMECON (die Sowjetunion und die sechs kommunistischen Länder Osteuropas mit einer Bevölkerung von 0,4 Milliarden) schnitten noch besser ab. Dies gilt auch für jene Staaten, die insgesamt zwei Drittel der Armen der Welt beherbergen. Als Folge davon lebt heute fast die Hälfte aller Menschen in Mittel-Einkommen-Ländern. In dieser Periode des Booms erreichte das Wachstum des durchschnittlichen Weltbruttoinlandsproduktes eine Steigerungsrate von jährlich fünf Prozent, und der Welthandel nahm sogar um phantastische fünf Prozent pro Jahr zu. Während der letzten Hälfte dieses Zeitraums wuchsen die großen multinationalen Konzerne um schwindelerregende zehn Prozent pro Jahr. Kurz, die Welt erlebte die *Deuxième Belle Epoque*.

In der Zeit von 1974 bis 1978 kämpften die FKN mit drastisch erhöhten Energiekosten, mit einer hohen Inflationsrate, mit internationalen wirtschaftlichen Ungleichgewichten und mit Überproduktionskapazitäten, was sich alles innerhalb eines relativ gegensätzlichen psychologischen, sozialen, kulturellen und politischen Klimas abspielte. Das durchschnittliche Wachstum der FKN fiel unter zwei Prozent. Wir erwarten aber, daß es sich schon bald wieder erholen wird. Der durchschnittliche Wert für die nächsten zwei bis drei Jahrzehnte sollte bei zwei Dritteln der Steigerungsraten der *Deuxiéme Belle Epoque* liegen. Diese Jahrzehnte werden, wie wir glauben, am besten wieder durch den Ausdruck *L'époque de Malaise* gekennzeichnet werden – wobei *malaise* nicht wirklich krank bedeutet, aber auch nicht richtig gesund. Wir erwarten allerdings nicht, daß diese Bezeichnung für die Mittel-Einkommen-Länder Gültigkeit haben wird; wir nehmen im Gegenteil an, daß die meisten dieser Länder sehr gut vorankommen werden. Von den COMECON-Ländern erwarten wir allerdings, daß sie nur wenig besser als die FKN abschneiden werden. Graphik 4.1 zeigt die Entwicklung der Bruttoinlandsprodukte der sechzehn Fortschrittlichen Kapitalistischen Nationen während der vier größeren Subperioden des 20. Jahrhunderts. (Detailliertere Aufschlüsselungen und Besprechungen der einzelnen FKN folgen in Kapitel 7.)

La Première Belle Epoque (1886-1913)

Während dieser Periode entstand ein Großteil der modernen Industriewelt. Peter Drucker hat darauf hingewiesen, daß alle Indu-

Graphik 4.1
Aggregierte Brutto-Inlandsprodukte der sechzehn fortschrittlichen kapitalistischen Nationen (1978 = 100)

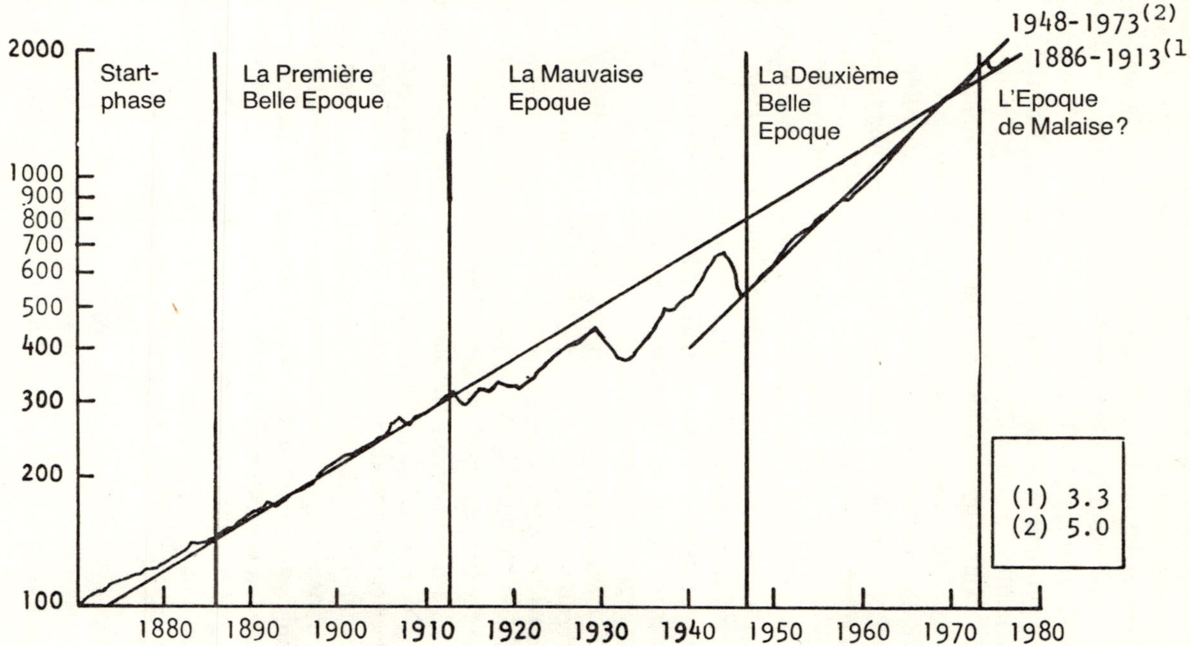

Quelle: A. Maddison, *Phases of Capitalist Development*, Banca Nazionale del Lavoro Quarterly Review (Juni 1977).

striezweige, die in den ersten beiden Dritteln unseres Jahrhunderts dominierten, um 1914 schon vorhanden waren. In mancher Hinsicht waren das die goldenen Jahre der FKN. Alle waren schon relativ weit in der Modernisierung vorangekommen, zugleich besaßen sie aber noch Halt in tief verwurzelten, traditionellen Überzeugungen und Ansichten und waren von der Richtigkeit ihrer wirtschaftlichen und sozialen Systeme überzeugt. Wahrscheinlich werden wir kaum jemals wieder eine Zeit mit einem solch hohen Selbstvertrauen und so ungebrochener Energie erleben, sicherlich jedenfalls nicht das Bürgertum in den FKN. Allerdings läßt sich ähnliches in Südkorea und in einem etwas geringeren Maß auch auf Taiwan feststellen.

Die *Première Belle Epoque* war voll von Widersprüchlichkeiten. In Frankreich zum Beispiel kam es zu einem Ausbruch von Verhaltensweisen, die die meisten Leute für extrem dekadent hielten: offene Homosexualität, Drogenkonsum, wilde Ehen und andere flagrante Verletzungen der Verhaltensnormen des Mittelstandes waren an der Tagesordnung – mit einem Wort, ein Aufstand gegen die Bourgeoisie. Diese Bewegung wurde vor allem von der Avantgarde getragen, die nach dem Motto *„Épater les bourgeoises"* – „Brüskiert die Bürgerlichen" – handelte. Daraus entstand das, was wir *willkürliches Verhalten* genannt haben: Terrorismus, Nihilismus, Anarchismus, gewalttätige oder extreme politische Bewegungen und eine Menge idiosynkratisches persönliches Verhalten. Später werden wir dann zu beweisen versuchen, daß solch ein Verhalten wahrscheinlich typisch für jede lang dauernde, prosperierende und Sicherheit bietende Periode ist, in der die guten Dinge für selbstverständlich hingenommen und Probleme sowie Ungleichheiten zunehmend als anormal und unhaltbar angesehen werden. Die Wahrscheinlichkeit, daß es zu solchen Zuständen kommt, nimmt auch zu, wenn eine rasche Unterhöhlung traditioneller Werte auf Grund veränderter Erziehungsmethoden und wirkungsvoller negativer Propaganda von entfremdeten Gruppen und aus Kreisen der Gegenkultur erfolgt.*

La Mauvaise Epoque (1914-1947)

Sie begann mit dem Ersten Weltkrieg, der so viele weitreichende Veränderungen einleitete, daß man ihn als die große Wende der

* Wir werden einige dieser Probleme in Kapitel 8 bei den persönlichen Anmerkungen 1 und 2 noch besprechen.

westlichen Kultur bezeichnen muß. Mit der hohen Moral, dem simplen Glauben und dem naiven Vertrauen in das kapitalistische System, die so vielen Menschen während der *Première Belle Epoque* zu eigen waren, war es nun vorbei. Es war kein Zufall, daß Soldaten gleichermaßen wie Zivilisten während des Ersten Weltkrieges solche Energien, solch eine Hingabe, Patriotismus, Vertrauen und Heldentum bewiesen. Es waren Qualitäten, die leider von den jeweiligen Regierungen schamlos ausgenützt wurden. Es besteht kaum ein Zweifel, daß jede Seite von einem Verhandlungsfrieden zu praktisch jeder Zeit während des Krieges um vieles mehr profitiert hätte als durch das Jahr um Jahr fortgesetzte Ringen um den Sieg. Daß das Blutvergießen der Klugheit und Vernunft vorgezogen wurde, ist ebenso eindrucksvoll wie deprimierend.

Der Erste Weltkrieg ist im weiten Umkreis das extremste Beispiel für einen „Gipfel-Krieg", wie Kondratieff diese Art von Kriegen nannte.[4] Von Anfang bis zum Ende wurde er nicht so sehr von rationalen Zielen als vielmehr von einer inneren Dynamik, einem ihm innewohnenden Impuls vorangetrieben. Es war in dem Sinne ein „unnötiger Krieg", weil seine Ziele entweder durch andere Mittel viel besser hätten erreicht werden können, oder in keinem Verhältnis zum eingegangenen Risiko und angerichteten Schaden standen. Dasselbe gilt nicht für den Zweiten Weltkrieg. Es war unbedingt notwendig, sich dem Naziregime entgegenzustellen und es zu vernichten. Dies war aber wahrscheinlich nur durch Krieg möglich.

Während der *Mauvaise Epoque* wurden die internationale Wirtschaft und das internationale Kräftesystem sehr schlecht gemanagt. Der Erste Weltkrieg hatte den Menschen alle Illusionen über die früher als so verläßlich geltenden Maße nationaler Macht und nationalen Prestiges total zerstört. Danach weigerten sie sich, auch nur solche Vorsichtsmaßnahmen – militärisch und politisch – zu treffen, die selbst heute als elementar angesehen werden. Man verließ sich, wenigstens rhetorisch, viel zu sehr auf den Völkerbund und solch ineffektive Gesten wie den Kellogg-Briand-Pakt zur „Ächtung des Krieges". Auch heute sind viele Aspekte der NATO-Planung mit schwerwiegenden Mängeln behaftet und auch illusionär (die Mitglieder der NATO decken sich grob mit den FKN), trotzdem war der Großteil der Verteidigungsplanung nach dem Zweiten Weltkrieg um vieles besser als die stümperhaften, antiproduktiven und utopischen Bemühungen der Zwischenkriegszeit. Außerdem werden die Vereinten Nationen heute nicht in einer Art und Weise idealisiert, als wären sie eine funktionierende Weltregierung, obwohl sie einer solchen Rolle immer noch näher kommen, als es der Völkerbund je war.

Auch das Management der Wirtschaft während dieser Jahre – hier vor allem durch die USA, England und Frankreich – war außergewöhnlich mangelhaft. Es gibt kaum ein heutiges Parallelbeispiel zu den fruchtlosen und unzureichenden Versuchen Frankreichs und Großbritanniens in den zwanziger Jahren, den Goldstandard zu erhalten und den Franc und das Pfund zu „schützen". Auch Washington unterlief in den vergangenen Jahren kein ähnlich katastrophaler Fehler mehr, wie es der Smoot-Hawley-Zolltarif von 1930 war. Nicht nur, daß diese Zollerhöhung eine Lawine der Politik der Schutzzölle einerseits und der Dumpingversuche andererseits unter den Staaten der Welt lostrat, sie führten auch die amerikanischen Versuche zur Eintreibung der Kriegsschulden ad absurdum, da sie damit die Europäer hinderten, ihre Erzeugnisse in die USA zu exportieren – was für sie die einzige Möglichkeit war, ihre Verpflichtungen zu erfüllen. Praktisch alle bedeutenderen Wirtschaftswissenschaftler unterzeichneten damals einen öffentlichen Aufruf, der den Smoot-Hawley-Zolltarif verurteilte.*

Die Wirtschaft der USA wies damals Schwächen auf, die heute nicht mehr existieren. Heute ist sowohl das internationale als auch das amerikanische Wirtschaftssystem wesentlich straffer organisiert und viel weniger anfällig für Mißbräuche bestimmter Art. Wir behaupten jedoch, daß mit genügend Unglück oder schlechtem Management ein verhängnisvoller Zusammenbruch der Wirtschaft immer noch möglich ist.

La Deuxième Belle Epoque (1948-1973)

Das ist jene Periode, die, wie wir glauben, soeben zu Ende gegangen ist. In unserem Buch *Ihr werdet es erleben* behaupteten wir,

* Eine fast vollständige Übereinstimmung unter Wirtschaftsfachleuten heißt zwar noch nicht, daß sie auch recht haben, aber doch, daß man sie ernst nehmen sollte. Eine ähnliche Übereinstimmung scheint die Vorhersagen amerikanischer Experten über die Wirtschaftsentwicklung unmittelbar nach dem Zweiten Weltkrieg gekennzeichnet zu haben. Sie waren alle der Meinung, daß sie durch eine mehr oder minder katastrophale Depression charakterisiert sein werde. Man kann annehmen, daß eine solche Wirtschaftskrise durchaus im Bereich des Möglichen gelegen wäre, hätte Präsident Truman damals ihren Empfehlungen gefolgt. Und fast niemand scheint damit gerechnet zu haben, daß so etwas Ähnliches wie die *Deuxième Belle Epoque* eintreten würde, vielmehr nahm fast jedermann an, daß sich die *Mauvaise Epoque* fortsetzen würde.

sie habe 1952 begonnen (was ein sehr auf die USA beschränkter Standpunkt war, der sich an dem Ende des Korea-Krieges orientierte).[5] In *Angriff auf die Zukunft* schrieben wir, daß die *Deuxième Belle Epoque* zwar im Jahre 1965 in den USA zu einem temporären Stillstand gekommen sei, daß sich aber die hohen Wachstumsraten Amerikas und auch der übrigen Welt bis in die frühen oder mittleren achtziger Jahre hinein fortsetzen würden, wäre der Vietnamkrieg einmal beendet.[6] Das war nicht richtig, jedoch mit einem entsprechend guten Management hätte sich die *Deuxième Belle Epoque* sicherlich so lange hinausziehen lassen (wie wir das auch in *Vor uns die guten Jahre* andeuteten). Jetzt scheint aber deutlich zu sein, daß die *Deuxième Belle Epoque* in den frühen siebziger Jahren ihr Ende fand. Sie wird nicht wieder aufleben, solange man nicht geeignete Maßnahmen ergreift, wie wir sie im Teil II dieses Buches beschreiben, die sich überdies als noch erfolgreicher herausstellen müßten, als wir das erwarten. Aber selbst wenn sie erfolgreich wären, so könnten auch diese Hilfsmaßnahmen sehr wahrscheinlich die wirtschaftliche Dynamik der *Deuxième Belle Epoque* nicht noch einmal – wenigstens nicht für die FKN – herbeiführen. Man wird aber vielleicht nahe daran herankommen.

Trotz der vorhandenen beachtlichen Mißerfolge und Makel war diese Periode äußerst erfolgreich. Zum ersten Mal nahm die dritte Welt an der rapiden Wirtschaftsentwicklung teil; fast zwei Drittel der Länder der dritten Welt profitieren davon. Die Früchte der industriellen Revolution in den fortschrittlichen kapitalistischen Nationen und in der Sowjetunion „wurden weitergereicht".

Die meisten Leser wird wahrscheinlich unsere in Kapitel 2 aufgestellte Behauptung überrascht haben, daß weniger als 30 Prozent der Weltbevölkerung in armen Ländern und etwa 47 Prozent in Staaten mit Mittel-Einkommen leben. Diese Kategorisierung dürfte recht vernünftig sein. Gemessen an herkömmlichen Standards, erscheint das Durchschnittseinkommen pro Kopf in den Mittel-Einkommen-Staaten (400-3500 US-Dollar) als ausreichend, auch wenn es den heute Wohlhabenden ärmlich vorkommen mag. Die Definition für das Mittel-Einkommen ist daher durchaus berechtigt. Mehr darüber in Kapitel 7 und 8.

Jedes einzelne Jahr der *Deuxième Belle Epoque* war für die FKN als Gruppe ein Jahr des Wachstums. Selbst in schlechten Jahren fiel ihr durchschnittliches Gesamtwachstum des Bruttoinlandsproduktes niemals unter ein Prozent. Im Gegensatz dazu waren die jährlichen Wachstumsraten während der *Mauvaise Epo-*

que in neun Jahren negativ. Und in den ersten beiden Jahren der *Epoque de Malaise* betrugen die Wachstumsraten 0,01 Prozent und ein Prozent. Ein Vierteljahrhundert gleichmäßig guter (oder im schlechtesten Falle mittelmäßiger) Jahre erzeugte in den wirtschaftlichen und sozialen Bereichen der meisten FKN starke Spannungen und Ungleichgewichte. Es entstand ein unrealistisches Maß an Vertrauen. Einige dieser Aspekte werden durch die Phrase „Revolution der steigenden Erwartungen" zusammengefaßt – heute oft korrigiert zu „Revolution der *vermindert* steigenden Erwartungen".*

Während der *Deuxième Belle Epoque* traten in den FKN keine übermäßigen Mißbräuche staatlicher Gewalt wie unter Hitler oder Stalin auf (vielleicht ist Mao Tse-tung dieser Vorstellung noch nahegekommen; China gehört aber nicht zu den FKN), des weiteren sind keine Weltkriege, keine wirtschaftlichen Zusammenbrüche oder irgendwelche andere Katastrophen von historischen Ausmaßen wie Seuchen oder blutige Revolutionen zu verzeichnen. Es ist daher nicht überraschend, daß sich in den FKN das Gefühl breitmachte, man hätte die vier apokalyptischen Reiter nicht mehr zu fürchten (die da sind: Krieg, Hungersnot, Seuchen und Aufruhr). Aber noch unrealistischere und zerstörerischere Auswirkungen hatte die Tatsache, daß all die Institutionen und Infrastrukturen, die mit so viel Kosten geschaffen und erhalten wurden, als etwas völlig Natürliches und Selbstverständliches betrachtet wurden. Gleichzeitig begannen viele junge Leute aus den oberen Mittelschichten die Fehler und Kosten der Gesellschaft als nicht tolerierbare Übel zu betrachten, die man nicht hinnehmen dürfe, wobei sie aber nicht begriffen, daß alle Institutionen fehlerhaft sind und ihre Grenzen haben. Psychologische, politische, kulturelle und soziale Fragen solcher Art können starke Einflüsse auf die langfristige Leistungsfähigkeit der Wirtschaft haben.

Die *Deuxième Belle Epoque* zeigt vielleicht noch extremere Formen willkürlichen Verhaltens als die *Première Belle Epoque*, was vor allem für den atlantisch-protestantischen Kulturbereich gilt. Diesmal wird es sicherlich noch schwieriger sein, das System

* In vielen Ländern weisen die Ergebnisse von Umfragen darauf hin, daß heute allgemein ein Rückgang sowohl des Lebensstandards als auch der Lebensqualität erwartet wird. Beide Erwartungen sind wahrscheinlich falsch. Die Ausdrücke „vermindert steigende Erwartungen" (aber immer noch *steigende* Erwartungen) im Falle der gegenwärtig wohlhabenden Länder und „schnell zunehmend steigende Erwartungen" für die Mittel-Einkommen-Länder beschreiben daher eine einigermaßen wahrscheinliche Zukunft.

von diesen Verhaltensweisen und den sie begleitenden Umständen zu befreien, als das beim erstenmal der Fall war. So schrecklich auch der Erste Weltkrieg und die große Wirtschaftskrise waren, so bewirkten sie nachträglich doch einen gewissen Genesungs- und Reinigungseffekt, der dazu beitrug, daß gewisse antiproduktive Einstellungen und Wertvorstellungem, die sich gebildet hatten, zum Verschwinden gebracht wurden. Wahrscheinlich wird irgend etwas Ähnliches in den vor uns liegenden Jahren nicht passieren. Auch wenn *L'époque de Malaise* tatsächlich stattfindet, so ist damit noch nicht gesagt, daß viele Angehörige der Neuen Klasse oder ihrer Verbündeten und Sympathisanten dadurch gezwungen würden, sich mit der Realität zu messen. Die Malaise der USA begann schon Mitte der sechziger Jahre, und daher liefen viele ihrer Aspekte Mitte der siebziger Jahre auch schon wieder aus. Die USA könnte daher der allgemeinen Malaise um ein Jahrzehnt voraus sein und Teile ihrer Krisenstadien bereits hinter sich haben. Wir werden das in den Kapiteln 5 und 8 noch eingehender behandeln.

L'époque de Malaise (1974-2000?)

Wir wissen nicht genau, ob die *Deuxième Belle Epoque* wirklich schon zu Ende ist und wenn, wann das genau war. Auch sind wir uns nicht klar darüber, ob überhaupt eine erkennbare neue Periode mit relativ klaren und eindeutigen Merkmalen im Entstehen begriffen ist. In die Beschreibung dieser vierten Periode geht daher eine recht kühne Vorhersage ein; es ist immer ein wenig gefährlich, ausgehend von nur drei oder vier Jahren weiter hinaus zu extrapolieren, auch wenn die Vorhersage von einer Theorie gestützt wird.

Sollte es zur *Epoque de Malaise* kommen, so wird sie wahrscheinlich einige sehr gegensätzliche und komplexe Züge aufweisen. Eine Reihe gut ausgearbeiteter Programme könnte zwar einen Großteil der sozialen, politischen und psychologischen Schwierigkeiten, die wir vorhersehen, beträchtlich erleichtern, nur erwarten wir nicht, daß diese Programme rechtzeitig oder wirkungsvoll genug zur Verfügung stehen werden. (Die Verbesserungsprogramme sind außerdem im wirtschaftlichen Bereich wahrscheinlicher als anderswo.)

Die *Epoque de Malaise* wird sich in den meisten der Fortschrittlichen Kapitalistischen Nationen, in der Sowjetunion und vielleicht in den meisten übrigen COMECON-Ländern bemerkbar machen. In vielen Entwicklungsstaaten setzte sich ziemlich unerwartet und trotz des seit 1973 langsameren Wachstums der Industrienationen ein kräftiges Wirtschaftswachstum fort. Auch die Mittel-Einkommen-Staaten zeigten von 1973 bis 1976 trotz Ölpreiserhöhung, Rezession und diversen Malaise-Erscheinungen in den FKN ein anhaltend kräftiges Wachstum.

Falls sich Geschichte wiederholt, so sollte die *Epoque de Malaise* bis zum Ende dieses Jahrhunderts und vielleicht auch noch darüber hinaus andauern. Ein neuer Faktor jedoch, nämlich das schnelle Wirtschaftswachstum der Entwicklungsstaaten, könnte den Industrienationen helfen, diesmal relativ schnell aus der Flaute herauszukommen. Außerdem könnte es auch Japan gelingen, erneut zu sehr hohen Wachstumsraten zurückzukehren, und das wäre schon sehr viel wert.[8] Schließlich könnte allein schon die Tatsache sehr viel ausmachen, daß die *Epoque de Malaise* bei weitem nicht so dramatische Veränderungen erwarten läßt, wie das bei der *Mauvaise Epoque* der Fall war.

Die Verlangsamung der Produktivität in den USA scheint zum Teil durch erhöhte Umwelt-, Sicherheits- und andere reglementierende Maßnahmen verursacht worden zu sein. Viele dieser und auch andere Praktiken und Trends, die die Kosten und Risiken der Wirtschaft erhöhen, stehen mit den Vierzehn Neuen Schwerpunkten in Zusammenhang. Andere wieder sind mit so spezifisch technischen Faktoren wie den nachteiligen Auswirkungen der Steuergesetzgebung oder Scheingewinnen auf Grund der Inflation verbunden.

In den frühen siebziger Jahren unternahmen die Amerikaner den ernsthaften Versuch, die Inflation unter Kontrolle zu bekommen. Einige europäische Staaten hingegen waren bereit, hohe Inflationsraten in Kauf zu nehmen, da sie sich mehr Sorgen wegen der Vollbeschäftigung machten. Wenn dieser wirtschaftliche Stimulus auch die Expansion der westeuropäischen Länder förderte, so bescherte er ihnen 1976 bis 1978 ernsthafte Probleme, zu einer Zeit, als sich die USA bereits wieder auf dem Weg der Erholung von der Rezession im Jahre 1975 befanden.

Da das starke Wirtschaftswachstum Westeuropas auch während des Jahres 1973 anhielt, spielten die Nachteile eines verlangsamten Einkommenswachstums so lange keine große Rolle, bis 1974 der Petro-Dollar entstand. Allerdings mehrten sich damals die Zeichen dafür, daß auch in Europa die Malaise schon begonnen hatte. Diese Entwicklungen schienen den Beginn einer neuen Ära einzuleiten, die zum Teil das Resultat des vorangegangenen übermäßigen Wachstums und zum Teil auch den unmittelbar folgenden Versuchen zuzuschreiben war, mit dem verlangsamten Wachstum zu leben und zurechtzukommen. Das Wachstum wurde allerdings durch die Malaise selbst gebremst. Wie dem auch sei, die *Epoque de Malaise* scheint seit einiger Zeit schon begonnen zu haben.

Bevor wir zu einer ausführlicheren Diskussion dieser Periode und der ihr innewohnenden Möglichkeiten übergehen, möchten wir vorerst einige allgemeine Anmerkungen zum „längeren Aufschwung", wie ihn etwa eine *Belle Epoque* darstellt, machen, vor allem, wenn dieser während einer relativ säkularen Zeit stattfindet, wie sie z. B. am Ende des langfristigen komplexen Trends vorkommt.

Ein verallgemeinerter langer Aufschwung (Eine typische *Belle Epoque* vom Anfang bis zum Ende).

Nachfolgend soll ziemlich verallgemeinernd beschrieben werden, wie eine *Belle Epoque* langfristig zu vielen inneren Widersprüchen und Spannungen führen kann. Obwohl sich unsere Diskussion an den beiden historischen *Belles Epoques* orientiert, wird sie absichtlich in einer abstrakten und verallgemeinerten Form gehalten. Trotzdem wird dieses abstrakte Muster immer noch nahe genug bei den tatsächlichen Ereignissen liegen (vor allem bei den Ereignissen der *Deuxième Belle Epoque),* um es teilweise als Beispiel für das tatsächliche Geschehen verwenden zu können. Betrachten wir sie als archetypische Periode, so können wir ihre wesentlichen Züge auf viele Länder übertragen, wollen wir hingegen den tatsächlichen geschichtlichen Ablauf zusammenfassen, so würden wir für jede besondere Situation eine eigene Geschichte benötigen. (Wir ignorieren daher vorläufig den Zweiten Weltkrieg.) Die 15 nachfolgenden Punkte sind eine phasenweise Beschreibung der Evolution unseres archetypischen langen Aufschwungs.

1. Ein ernüchternder Zusammenhang

Die Wirtschaft hat soeben eine lange, zehn bis dreißig Jahre dauernde Periode der Stagnation oder eines langsamen und unsicheren Wachstums hinter sich gebracht. Es war dies jene Art von Wirtschaftswachstum, das einer schweren und ausgedehnten Depression folgt oder das in einer Gesellschaft vorkommt, die mit ernsthaften institutionellen oder strukturellen Problemen zu kämpfen hat, welche eine gesunde wirtschaftliche Dynamik verhindern. Solange diese Probleme nicht gelöst sind, bleiben Unschlüssigkeit und politische Instabilität sehr wahrscheinlich.

Arbeitsplätze und das Gefühl der Sicherheit und Stabilität waren rar und sehr gefragt. Wenn überhaupt irgendwelche Bedingungen akzeptabel waren, so war es Konservativmus in Politik und im Geschäftsleben. Trotzdem ist man sich weithin klar darüber, daß das System schwere Mängel aufweist. Viele Leute fühlen sich vernachlässigt, entfremdet oder ungerecht behandelt. Andere wieder sympathisieren mit den vom Glück vernachlässigten Gruppen der Gesellschaft. Radikalismus und Forderungen nach einer Neuverteilung der Einkommen, nach mehr Wohlfahrt und anderen Reformen machen sich sehr deutlich bemerkbar.

Überkapazitäten in der Produktion bestehen noch immer und nehmen eine Zeitlang sogar noch zu. Trotz zunehmender Überalterung eines Großteils des vorhandenen Materials werden nur geringe Neu- oder Ersatzinvestitionen getätigt, auch nur wenige oder keine neuen Technologien angewandt. Wirtschaftlich herrscht eine angespannte Wettbewerbssituation. Löhne und andere Kosten sind allgemein tief, wobei die Löhne wahrscheinlich noch tiefer liegen als die übrigen Kosten. Wo es daher notwendig ist, die Produktion zu erhöhen, greift man lieber auf mehr Arbeitskräfte zurück, beläßt es bei der schon bestehenden Ausrüstung und den alten Fabriken, als daß man es riskiert, größere Investitionen zu tätigen, die sich vielleicht als Fehlschlag erweisen. (Das könnte die grundlegende Erklärung für die in jüngster Zeit stark verminderte Arbeitslosenrate in den USA sein, wobei gleichzeitig das Bruttosozialprodukt nur geringfügig anstieg.)

Der Anreiz zum Sparen steigt wegen der begleitenden Preisdeflation (oder abnehmenden Inflation) und weil die Leute das Gefühl haben, sie benötigten ein Polster oder eine Absicherung. Ungenutzte neue Technologien und nicht optimal verwendete Sparguthaben mehren sich.

Vorsichtiges, diszipliniertes und umsichtiges Verhalten des einzelnen werden als wünschenswerte Eigenschaften angesehen. Sie werden von Schule, Familie, Kirche, der Nachbarschaft und anderen gefördert und verstärkt. Öffentliche und private Begeisterung und Unterstützung für Arbeitsfreude, Vorankommen, Erfolg, persönliche und organisatorische Disziplin sowie andere geschäftsorientierte Werte und Haltungen steigen. Viele soziale Einrichtungen sind bemüht, die Investitionstätigkeit und Expansion zu fördern. Die Toleranz für ideologische und bürokratische Schwierigkeiten, die heute so weitverbreitet ist, wird abnehmen. Leute, die freiwillig aus der Gesellschaft „aussteigen" – „Dropouts" –, werden mehr als Versager denn als romantische und bewundernswerte Revolutionäre und Bahnbrecher angesehen.

Der Rückschwung zu „gutbürgerlichen Werten" und zu „gutbürgerlichem Verhalten" ist jedoch unvollständig und ungleichmäßig. Diese Reaktion benötigt viel Zeit, um das Ausmaß und die Intensität, die sie einmal besaß, noch einmal zu erreichen, falls ihr das überhaupt je gelingt.

2. Eine langsame Wiederbelebung

Der anhaltende Verfall und die zunehmende Überalterung der bestehenden Produktionsanlagen bringt die Überkapazitäten langsam zum Verschwinden. Einige neue Technologien und etliche Bedürfnisse sind zu verlockend, um noch länger ignoriert zu werden, und man beginnt mit Investitionen. Schließlich reift eine neue Generation heran, deren Erwartungen stark vermindert sind, die sich nicht so sehr wie ihre Vorgängergeneration „ins Schneckenhaus zurückzieht" und die williger ist, unter den herrschenden Bedingungen zu arbeiten, persönliche Opfer zu bringen, berufliche Verpflichtungen einzugehen, Risiken auf sich zu nehmen und sich bietende Gelegenheiten zu nützen.

3. Ein Wendepunkt

Möglichkeiten für neue Investitionen eröffnen sich in dem Maße, in dem die veralteten und gebrauchten Betriebseinrichtungen und Anlagen durch neue ersetzt und neue Unternehmungen in Angriff genommen werden. Es mag zu einem kurzen „profitablen" Krieg oder ähnlichen Stimuli für die Wirtschaft kommen. Solche „Kriege im Wellental der Konjunktur" sind in der Regel relativ wenig entzweiend und recht populär. Wäre dem nicht so, so würde man sie angesichts der herrschenden Vor- und Umsicht erst gar nicht beginnen lassen oder sie sehr bald durch irgendeinen Kompromiß beenden.

So wie die Aktivität stimuliert wird und die Nachfrage steigt, bauen sich auch neuer Schwung und neues Vertrauen auf. Im Produktionsgüterbereich nimmt der Bedarf an Ersatzbeschaffung und Expansion stark zu und führt zu einem größeren Auftragsüberhang. Man beginnt, alle erfahrenen und tüchtigen Arbeitskräfte einzustellen. Löhne und Gehälter steigen. Dieser Zyklus stimuliert weiterhin den Ersatz von unwirtschaftlichen und veralteten

Ausrüstungen und Fabrikanlagen und schafft so eine zusätzliche Basis für eine kräftige Wiederbelebung der Nachfrage sowohl auf dem Produktions- als auch auf dem Konsumgütersektor.

All das spielt sich vorläufig noch auf einem relativ niedrigen und überschaubaren Niveau ab. Vorsichtiger Optimismus macht sich breit, es besteht aber immer noch eine nur geringe Bereitschaft, größere Risiken auf sich zu nehmen; die Spekulation ist stark eingeschränkt. Die Wirtschaft reagiert nach wie vor auf steuerliche und währungspolitische Maßnahmen, so daß das Zutrauen der Wirtschaftsfachleute und anderer in die Fähigkeit der Regierung, das System erfolgreich zu managen, zunimmt. (Ein Teil – vielleicht sogar der größere – des Erfolges der Keynesschen Wirtschaftstheorie nach dem Zweiten Weltkrieg ist sicherlich auf diesen Effekt zurückzuführen.)

4. Viele meinen, daß ein deutlicher und anhaltender Aufschwung beginnt

Einkommen und Gewinne steigen, die Sparguthaben wachsen an, die Kredite expandieren und die Vermögenswerte nehmen zu. Durch all das wird nur noch mehr Kapital für eine weitere Expansion frei. Wenn auch viele Leute der Meinung sind, daß es zu keiner weiteren Expansion mehr kommen oder sie wieder gänzlich verschwinden wird, so wird sie selbst davon nicht berührt. Zum einen Teil ist das darauf zurückzuführen, daß man über relativ erfahrene und disziplinierte Arbeitskräfte verfügt, zum anderen Teil erweisen sich sowohl die Geschäftswelt als auch die Regierung als hilfreich. Es tauchen viele, noch vorsichtige Anleger auf, und ein großer Teil der inzwischen angesammelten Technologie kommt nun zum Einsatz. Neue Erfindungen und Neuerungen werden ermutigt. Die Nachfrage nach neuen (und alten) Projekten und Produkten nimmt sehr stark zu. Viele neue Unternehmungen und Praktiken werden geplant, angenommen, begonnen, finanziert, ausgeführt, und viele sind erfolgreich. Trotz guter Aussichten und genügend Kapital bleiben die meisten Unternehmer bei ihrer konservativen Haltung und verfolgen nur die vertretbaren Projekte.

5. Eine Psychologie der Expansion beginnt sich zu entwickeln

Expansion führt zu weiterer Expansion (d. h. Stahlwerke werden gebaut, um den Stahl für den Bau weiterer Stahlwerke zu produzieren). Doppel- und Dreifachaufträge kommen zustande; die Auftragsüberhänge erreichen ungewöhnliche Höhen. Es mag zu temporären Engpässen und zu einigen wenigen, kurzen und flachen Rezessionen kommen, die Erholung erfolgt aber im allgemeinen schnell, und die Wirtschaft zeigt sich elastisch.

Wegen der allgemeinen Prosperität entstehen verstärkt Forderungen nach mehr Regierungsprogrammen, die auf nur geringen Widerstand stoßen. Die Prosperität trägt auch dazu bei, daß die Regierung nicht mehr so sehr darauf achtet, den Geldumlauf knapp zu halten oder andere Maßnahmen zu treffen, um den Geldüberfluß zu dämpfen. Als Folge davon beginnen die Kosten zu steigen, und die Inflation wird zu einem ernsthaften Problem, wird jedoch allgemein nicht erwartet. Das heißt, daß große Einkommensumschichtungen zur Wirtschaft, zur Regierung und ganz allgemein zu den Kreditgebern hin stattfinden. Dazu kommt noch, daß ein großer Teil der Wirtschaft praktisch oder formell nicht indexgebunden ist und deshalb die Wirkung jeder kurzfristigen Inflationsbeschleunigung sofort absorbiert und kaum bemerkt wird. Diejenigen, die dabei reich werden oder Geld verdienen, freut das natürlich sehr, während jene, die dabei verlieren, es vorläufig noch kaum bemerken. Die monetäre Illusion wird aufrechterhalten, und so wirkt die Inflation allgemein noch als ein zusätzlicher Anreiz auf die Expansion. Einer der Gründe für die hohe Erfolgsquote liegt darin, daß Vorsicht und Skeptizismus noch nicht ihre Macht verloren haben; es gibt nur wenig oder gar kein Spekulationsfieber.

6. Das volle Vertrauen ist wiederhergestellt

Das System befindet sich jetzt eindeutig in einer Expansionsphase, und fast jeder glaubt das auch. Die Arbeitskosten und andere Kosten steigen, die Inflation wird fühlbarer, bleibt aber immer noch gemäßigt. Zu diesem Zeitpunkt ist sich jedermann auch des Ansteigens der Inflation bewußt, aber man hat sich noch nicht an sie gewöhnt. Arbeitgeber und Abnehmer stemmen sich weiteren Erhöhungen entgegen. Trotz ihres Vertrauens sind aber weder Arbeiter noch Käufer militant eingestellt. Außerdem wirken auch geringe Inflationsraten schon abschreckend. Die Währungs- und Finanzbehörden reagieren sehr sensibel darauf. (Später werden sie in ihrer Einschätzung dessen, was eine „akzeptable Inflationsrate" darstellt, höhere Maßstäbe ansetzen.)

Es beginnt eine intensive Suche nach neuen Technologien und neuen Möglichkeiten. Die Firmen nützen jede Gelegenheit, um veraltete Ausrüstungen zu erneuern, um mehr mit Kapital statt mit der teurer werdenden Arbeitskraft arbeiten zu können.

7. Eine Belle-Epoque-Geisteshaltung entsteht

Nach ein oder zwei Jahrzehnten einer guten Zeit, eines guten Willens, großen Optimismus und Vertrauens beginnt eine Geisteshaltung zu entstehen, die unzweifelhaft Züge einer *Belle Epoque* zeigt. Diese Geisteshaltung setzt ungeheure Energien und sehr viel Dynamik frei, führt aber auch zu einer starken Zunahme des „willkürlichen Verhaltens" und zu verschiedenen anderen gegensätzlichen Kräften und Trends, die bald den Wachstumsschwung vermindern werden. Im Moment aber haben diese entgegenwirkenden Kräfte eher auffallende politische und soziale als wirtschaftliche Auswirkungen.

Trotz dieser negativen Trends bleibt ein hohes Vertrauen in die Zukunft. Tatsächlich ersetzen Vertrauen und Optimismus vorsichtige Kalkulation und skeptische Analyse und beginnen, eine wichtige Rolle bei der Inspiration der Geschäftswelt und anderer Quellen des Wirtschaftswachstums und der Investitionen zu spielen. Die Zahl der Konkurse, die durch zuviel Vertrauensseligkeit, durch zu starke Expansion oder schlechtes Management verursacht werden, nimmt zu, hat aber wenig Einfluß auf das positive Gesamtklima. Im Gegenteil, für etwa ein Jahrzehnt verdoppelt oder verdreifacht sich das typische Preis-Ertrags-Verhältnis vieler Aktien. Zur gleichen Zeit aber verschlechtert sich das Klima für langfristige Geschäfte durch höhere Steuern, verstärkte staatliche Einkommensumschichtungen, durch eine wachsende Bürokratie und vermehrte staatliche Regulative. Diese Entwicklungen werden aber auf die leichte Schulter genommen. Schließlich beginnt die Inflation wirklich davonzulaufen. In vielen Fällen erleichtert diese Entwicklung den Schuldnern, die Last ihrer angehäuften Schulden und etliche schlecht geplante Projekte sind dennoch erfolgreich. Die solcherart eintretende Unterhöhlung grundlegender Institutionen spornt – wenigstens für eine Weile – Spekulationen und risikofreudige Unternehmungen an.

8. Das Entstehen „willkürlichen Verhaltens" als Norm

Eine allgemein laxe Haltung gegenüber vielen traditionellen Werten beginnt sich zu entwickeln. Vor allem gilt dies für das Klima in den Familien und religiösen Gemeinschaften der oberen Mittelklasse. Die Menschen sehen Wohlstand und Prosperität als etwas Selbstverständliches an. Das „willkürliche Verhalten" nimmt extreme und destruktive Formen an. Es wird auch noch durch antibürgerliche, antigeschäftliche, antispießbürgerliche und antimaterialistische Einstellungen und Sozialbewegungen verstärkt. Die extremsten Formen des Protestes beschränken sich jedoch auf leicht verletzliche oder sich am Rande der Gesellschaft bewegende Menschen.

9. Elastizität der Wirtschaft (bzw. ein offensichtlich gutes Management seitens des Staates)

Innerhalb der zwei oder drei Jahrzehnte, die auf die konjunkturelle Talsohle folgen, finden drei bis fünf „Konjunktur-Zyklen" statt und vielleicht ein bis zwei Kuznets-Zyklen.[9] Alle vorkommenden Rezessionen sind flach, und die Erholung erfolgt schnell und vollständig. Graphik 4.2 illustriert das.

Gegen Ende der Periode jedoch kommt es zu gewissen Erosionserscheinungen. Die „Phillips-Kurve" beginnt zu fallen, die Rezessionen werden intensiver, und die Erholungsprozesse verlaufen langsamer und weniger vollständig. Das Vertrauen in den Staat, daß er die Wirtschaft schon gut regeln werde, ist jedoch ungebrochen. Man erkennt nicht, daß während eines langen Aufschwunges die normalen Rezessions-Zyklen abnormal flache Täler und steile Expansionen aufweisen, während in der Regel das Gegenteil der Fall ist, wenn es sich um eine Basisperiode mit einer sich verlangsamenden Expansionsrate handelt.

10. Vertrauenshöhepunkte trotz sehr starker Spannungen und Exzesse

Ein „Gipfel-Krieg" oder andere schwerwiegende Ereignisse oder Serien von Schwierigkeiten beginnen in Erscheinung zu treten und werden mit ungewöhnlichem Eifer verfolgt. Dies liegt zum Teil daran, daß es genügend Überschußenergien gibt und daß der Geist der Vorsicht oder Vernunft zu schwach ist, um eine allzu große Bereitschaft für Kompromisse oder Verminderung der Verluste aufkommen zu lassen. Tatsächlich hat sich in der Zwischenzeit ein gehöriges Maß an Unfähigkeit und übermäßigem Vertrauen angesammelt, und ein Großteil der gesellschaftlichen Vorstellungen beruht auf Illusionen und einem gewissen Realitätsverlust.

Die Inflation wird zu einem ernsthaften politischen und sozialen Problem und die Kapitalstruktur immer stärker von der Verschuldung und von Spekulationswerten abhängig. Als Folge der langen Erfolgsperiode und Prosperität tauchen zur gleichen Zeit auch noch andere gesellschaftliche Spannungen auf. Pelagianische Einstellungen sind fast überall vorherrschend.

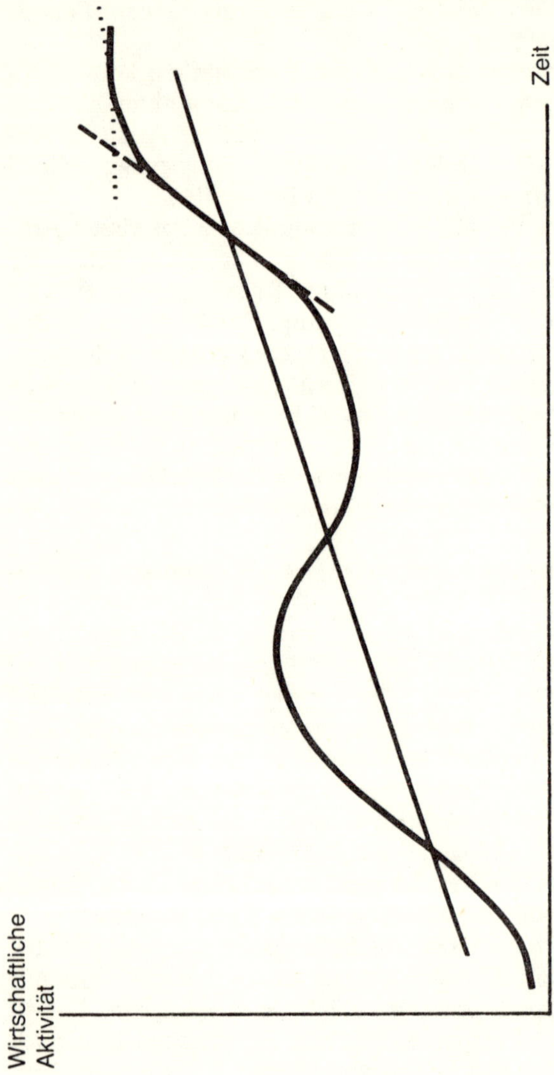

Anmerkung: Die strichlierte Linie veranschaulicht, wie schwach die Aufwärtsbewegung ist, wenn der Konjunkturzyklus einem ansteigenden säkularen Trend überlagert wird. Natürlich passiert genau das Gegenteil, wenn der säkulare Trend abwärts geneigt ist. Die punktierte Linie zeigt, daß der Abstieg vom Gipfel zur Talsohle nicht viel ausmacht, der Anstieg von der Talsohle zum Gipfel hingegen sehr groß ist.

Graphik 4.2
Konjunkturzyklen während eines Aufschwungs

11. Extrem „willkürliches Verhalten“ und Polarisierung der Gesellschaft

Viele übertriebene Erwartungen wurden geschaffen und konnten nicht erfüllt werden. Es kommt zu einer Reihe von störenden Ereignissen und irritierenden politischen Entscheidungen. Die Toleranz für Ungerechtigkeit und Ungleichheit nimmt ab, und die Leute aus den Oberschichten und aus den oberen Mittelschichten beginnen nach Gründen dafür zu suchen. Es gibt viele gegensätzliche Meinungen, es kommt zu Polarisierungen, zu gegenseitigen Anschuldigungen und zu einer Desillusionierung. Ein allgemeiner Ausbruch extremen „willkürlichen Verhaltens“, der gegen das System gerichtet ist, wird von den redegewandten Leuten aus den oberen Mittelschichten getragen. Dieser Ausbruch wird aber toleriert, da man immer noch der Meinung ist, daß die Gesellschaft auf Grund der sozialen Gebräuche, Werte und Einstellungen im Grunde genommen sicher, stabil und fest verankert ist. Dieser Glaube beginnt allerdings unter dem Einfluß der Ereignisse langsam hohl zu werden. Es kommt zu einer deutlich merkbaren Verschiebung von pelagianischen zu augustinischen Einstellungen und Ansichten. Veränderungen werden in allen Bereichen der Kultur sichtbar und beginnen den allgemeinen Lebensstil zu beeinflussen. Verschiedene Subkulturen entstehen, von denen sich einige explizit bohemienhaft oder experimentell geben. Die Gegensätze (bzw. die Gegenkulturen) florieren.

Finanzspekulationen sind weitverbreitet und werden zunehmend auf Launen, selbsterfüllende Prophezeiungen, auf das „Diskontieren der Zukunft“ und auf „Ponzi“-Chemata, „Dividenden“, die nicht aus realen Gewinnen stammen, sondern aus dem Kapital bzw. aus versteckten oder auch offenen Einkommenstransfers resultieren, gegründet. Das Preisniveau schnellt in die Höhe. Hohe Kosten und kostspielige Unnachgiebigkeit werden zu Bestandteilen vieler öffentlicher und privater Institutionen.

Die jungen Leute aus der oberen Mittelklasse, die in einer behüteten und von Überfluß gekennzeichneten Umgebung und in einer mehr oder weniger von Idealismus geprägten Atmosphäre aufwuchsen (und die daher ihre Vorrechte und den Komfort als gegeben hinnehmen), lehnen den grassierenden Materialismus mehr und mehr ab. Sie neigen zu extrem unrealistischen Erwartungen und übersehen dabei, daß jedes System seine schwachen Seiten und Ungerechtigkeiten hat. Ihre frühe „Pfadfinder“-, „Weihnachtsmann“- oder „Sonntagsschulen“-Sozialisierung wird nicht auf natürliche und allmähliche Art und Weise, d. h. durch die üblichen Fallstricke und Nöte des Erwachsenwerdens, abgebaut. Sie hält entweder weiter an, oder wird abrupt und katastrophenartig durch extrem desillusionierende Erfahrungen in Frage gestellt. Unter den Angehörigen der Subkulturen und Experimentalgruppen beginnt eine neue Suche nach dem „Sinn und Zweck“ des Lebens. Jene Art von grundlegenden Konzepten, wie sie in den frühen zwanziger und späten sechziger Jahren von der sogenannten *Avantgarde* vertreten wurde, werden populär. Diese Ansichten, so wie sie Malcolm Cowley zusammenfaßte, schließen ein: die Idee von der Rettung durch das Kind, die Idee der Selbstverwirklichung, die Idee der Gottlosigkeit, die Idee des Lebens für den Augenblick, die Idee der Freiheit, die Idee von der Gleichheit der Frau, die Idee von der psychologischen Anpassung und die Idee, den Platz zu wechseln.[10]

12. Es kommt ein „Tag der Abrechnung“

Schließlich kommt es zu einer relativ ernsten wirtschaftlichen Depression, zu einer militärischen Niederlage oder zu irgendeinem anderen Debakel. Die Erholung geht nur langsam und ungleichmäßig vor sich. Weltweit gibt es viel mehr Überkapazitäten als Aufträge für weitere Expansionsbestrebungen. Die Minimalaufträge für neue Ausrüstungen, die noch erteilt werden, werden mit großer Vorsicht und vor allem nur für die nächste Zukunft und nicht auf längere Sicht geplant. Gesellschaftliche Aspekte wie Achtung für das System, eine gewisse persönliche Verpflichtung zu guter Arbeit usw. werden auch nur langsam wieder aufgebaut. Die grundsätzlich antigeschäftsorientierten, antibürgerlichen und antispießbürgerlichen Einstellungen halten sich erstaunlich lange. Sie stellen für eine ordentliche Geschäftsentwicklung entweder auf direkte Weise oder durch die Schaffung oder die Tolerierung vieler spezifischer reglementierender und steuerlicher Probleme ein ziemliches Handikap dar und untergraben das Vertrauen des Konsumenten. Die Jugend aus den oberen Mittelschichten beginnt wieder bürgerliche Ziele, wenn nicht bürgerliche Werte zu schätzen. Der schnelle kulturelle Wechsel aus der letzten Zeit des Aufschwungs behält noch seinen Impuls, verlangsamt sich aber.

13. Die Erholung schreitet fort, jedoch unregelmäßig

Im Wirtschaftsleben besteht eine Neigung zu übermäßiger Stimulierung, zu exzessiven Reformen („exzessiv“ gemessen am traurigen Zustand des Patienten) und zu anderen Fehlern. Das kann zu einer neuen und noch tieferen Depression führen. Politische

Bündnisse verändern sich; es kommt zu ideologischen „Neuverteilungen“. Reaktionäre, revisionistische, extreme und gemäßigte Formationen tauchen innerhalb der Blöcke früherer Verbündeter auf.

14. Eine schwierige Übergangsperiode und „Ernüchterung“

Es kommt entweder zu einer *Epoque de Malaise*, oder das System bricht völlig zusammen – je nachdem, wie viele Fehler und Exzesse vorher passiert sind. Intensität und Dauer der Malaise oder des Zusammenbruchs hängen bis zu einem gewissen Grad von den Fehlern, die nachher gemacht werden, ab.

Schließlich greift auf alle eine Stimmung des Ernstes, des Pessimismus und Skeptizismus über. Es entstehen radikale, politisch gemäßigte oder reaktionäre Bewegungen, vielleicht auch alle drei zusammen. Politischen und kulturellen Fragen wird wiederum mehr Aufmerksamkeit geschenkt. Es werden sowohl alte als auch neue Institutionen, Ziele und Wertvorstellungen attackiert – oft mit großer Heftigkeit, mit Intensität, großer Beredsamkeit und sehr gekonnt. Die alten Werte jedoch, die vordem von Leuten expliziert und in Schutz genommen wurden, die nicht gewohnt waren, so etwas zu tun, werden nun um vieles besser von jenen verteidigt, die gezwungen wurden, die Grundlagen wieder neu zu lernen.

Einige Zeit hindurch bildet sich auch eine Gegenreformation heraus, die sehr bürgerliche Werte betont oder auf eine Synthese aus ist. Was noch zutage kommt, ist ein besseres Gefühl für die von innen herausgewachsenen sozialen, kulturellen und wirtschaftlichen Probleme, die während des vergangenen Zyklus auftraten. Dies trägt zu einer Synthese zwischen der Reformation und der Gegenreformation bei. Die „Ernüchterung“ ist – jedenfalls vorläufig – noch oberflächlich; viele Gruppen versuchen weiterhin ihre zunehmend unzutreffender werdenden Programme und Trends durchzudrücken.

1.. Neue Synthese zwischen Reformation und Gegenreformation

Für einige Zeit gewinnt eine länger dauernde Gegenreformation die Oberhand, ihr Einfluß bleibt aber unvollständig, und für eine Weile besteht sie neben der Reformation. Nach einer unbewußten Annahme der „neuen“ kulturellen Sinngebungen, die eine neue „traditionelle Kultur“ formen, kommt es schließlich zu einer gewissen Synthese zwischen Alt und Neu. Da die Energien der Menschen nun wieder dem „normalen Geschäftsgang“ zur Verfügung stehen, ist somit der Boden für den nächsten langen Aufschwung bereitet, diesmal allerdings auf der nächsten Ebene der Spirale (oder der Rutsche).

Das Konzept der schleichenden Stagnation

Zivilisationen existieren schon seit mehr als 10000 Jahren, aber erst seit dem Ende des 18. Jahrhunderts gelang es einer Gesellschaftsform, ein anhaltendes wirtschaftliches und technologisches Wachstum aufrechtzuerhalten. Noch immer können wir es uns nicht ganz erklären, warum keiner anderen Zivilisation je der „Durchbruch“ zu dieser Entwicklung gelang. Einer der wahrscheinlichen Gründe ist darin zu suchen, daß in allen Gesellschaften viele soziale Hemmnisse gegenüber dem wirtschaftlichen Wachstum und dem technologischen Fortschritt bestanden, die vielversprechende Entwicklungen in diese Richtung wirkungsvoll unterdrückten. Tatsächlich könnte es ja auch in unserer Gesellschaft wegen der früher beschriebenen sozialen Begrenzungen des Wirtschaftswachstums und wegen der Vierzehn Neuen Schwerpunkte zu einer Verlangsamung des Wirtschaftswachstums und vielleicht auch des technologischen Fortschritts kommen.

Die schleichende Stagnation ist eine Zwischenstation dieser Verlangsamung. Unserer Meinung nach befinden sich viele europäische Länder in diesem Zustand, einiges davon trifft auch für Australien und Kanada zu, für die USA gilt es zwar weniger, dafür sind dort aber die Auswirkungen auf Grund der Vormachtstellung der Anti-Wachstums-Triade und ihrer Aktivitäten viel dramatischer.

Eine Gesellschaft mag sich ostentativ zum Wirtschaftswachstum als einem der von ihr angestrebten Ziele bekennen und zur gleichen Zeit Maßnahmen ergreifen oder Trends zulassen, die ein wirtschaftliches Wachstum weitgehend lähmen. Das Adjektiv *schleichend* deutet an, daß diese Lähmung in kleinen Schritten und sehr allmählich erfolgen kann, daß sich die Gesellschaft niemals absichtlich und bewußt zu einer Einschränkung des Wachstums entschlossen hat. Es ist eher so, daß sich diese Gesellschaft zu einer Reihe von Maßnahmen entschlossen hat, die letztlich zu einer einschneidenden Verlangsamung des Wachstums führen, obwohl man zu keinem Zeitpunkt vor der entscheidenden Wahl stand, explizit und anerkanntermaßen für oder gegen eine solche Veränderung zu sein. Im Gegenteil, wäre man jemals vor eine solche Wahl gestellt worden, so wäre sie sicherlich abgelehnt worden.

Das Konzept der schleichenden Stagnation schließt auch verstärkte Möglichkeiten wirtschaftlicher Unsicherheiten, Krisen oder anderer Instabilitäten ein, die das Vorankommen einer Gesellschaft nicht nur verlangsamen können, sondern auch ihren Zusammenbruch bewirken mögen. Wiederum trifft dies nur für den Fall zu, daß die Maßnahmen nicht bewußt mit Ausblick auf diese Risiken getroffen wurden. Die schleichende Stagnation schließt solche Schritte nicht ein, von denen jedermann sieht, daß sie ungeheure Probleme heraufbeschwören werden. Solche Maßnahmen werden normalerweise korrigiert oder zurückgenommen, bevor sie ihre möglichen verheerenden Folgen zur Wirkung bringen können.

Die bedeutendsten Ursachen für den gegenwärtigen Stand der schleichenden Stagnation entwickelten sich während der letzten Hälfte der *Deuxième Belle Epoque*. Wir glauben, daß die meisten Fortschrittlichen Kapitalistischen Nationen (FKN) Anzeichen einer eindeutigen Aushöhlung der Klugheit, Effizienz, Disziplin, der Verhaltensnormen, der Arbeitsmoral, des Erfolgsstrebens und ähnlicher Eigenschaften zeigen. Sollte sich außerdem der „lange Aufschwung" gegen Ende des tausendjährigen komplexen Trends abspielen (zu einer Zeit also, in der der Wohlstand in den FKN schon sehr groß ist und in der sensualistische Werte die älteren, ideationellen und idealistischen Anschauungen ersetzt haben), so glauben wir des weiteren, daß die Auswirkungen des Aufschwunges viel stärker zum Tragen kommen werden, als wenn sich dieser Aufschwung zu einem früheren Zeitpunkt ereignet hätte. (Das ist auch einer der Gründe, warum die Auswirkungen in der *Deuxième Belle Epoque* viel intensiver waren als in der *Première Belle Epoque*.)

Es gibt da noch einen weiteren wichtigen Effekt, den wir die „Armut des Überflusses" nennen. Dazu gehören die Anpassungsschwierigkeiten der „Neureichen" – gleichgültig ob das nun ganze Nationen oder nur einzelne Personen sind – mit ihrem frisch erworbenen Wohlstand oder solche, die das Leben mit seinen so sehr vermehrten Mitteln mit sich bringt. Was die FKN verzweifelt nötig haben, ist eine „Revolution der vermindert steigenden Erwartungen" – die Bewußtmachung also, daß die Erwartungen noch immer steigen dürfen, nur nicht mehr so sehr wie ehedem. Von gleicher Wichtigkeit ist ein Verständnis der Bedeutung der Neuen Schwerpunkte. Je reicher wir werden, um so mehr richten wir – was ganz natürlich ist – unsere Aufmerksamkeit auch auf andere Dinge als auf das bloße Geldverdienen und die wirksame Nutzung unserer Ressourcen. Je reicher wir sind, um so reinere Luft wollen wir atmen, um so reineres Wasser wollen wir trinken und um so mehr verlangen wir nach verbesserten Arbeitsbedingungen und vermehrten Freizeitmöglichkeiten. Wir tun das alles nicht, weil es eine Frage auf Leben und Tod wäre, sondern weil es schön ist, diese Dinge zu haben, und weil wir sie schätzen...

Schließlich sind da noch all die in Kapitel 3 beschriebenen Probleme der kulturellen Veränderung und Verwirrung sowie der „sonderbaren" Reaktionen, die schnelle kulturelle Wandlungen begleiten. All das passiert heute, während wir die turbulentesten Strecken des Großen Überganges passieren. Das Entstehen sowohl superindustrieller wie auch postindustrieller Wirtschaftsgefüge und die sie begleitenden Vierzehn Neuen Schwerpunkte wirken wie die Einführung einer neuen Kultur.

All die oben aufgezählten Dinge beeinflussen die schleichende Stagnation, aber die Neuen Schwerpunkte und die kulturellen Veränderungen verursachen die stärksten Auswirkungen. Unter den gegenwärtigen Bedingungen führen wir diese neuen Werte und Konzepte ungekonnt, manchmal sogar auf unzulängliche Weise ein, oder wir beziehen ihnen gegenüber eine extreme, fast magische und semirationale Haltung.

Laffer und seine Kurven

Wie Arthur Laffer festgestellt hat, „gibt es immer zwei Steuersätze, die den gleichen Betrag an staatlichen Steuereinkünften erbringen", wie das in Graphik 4.3 gezeigt wird.[11] Sie zeigt das Ausmaß des besteuerbaren Einkommens, das sich um so mehr erhöht, als der Staat mehr Steuern einhebt. Es ist dies eine rein theoretische Kurve, da ihr Verlauf sehr von den spezifischen Maßnahmen abhängen wird, die der Staat zur Steuereinhebung trifft, sowie von den historischen Ereignissen, die diesen Maßnahmen vorausgegangen sind, und von vielen anderen Faktoren.

Die Laffer-Kurve zeigt, vielleicht ein wenig simplifizierend, aber doch überzeugend und korrekt, daß bei einem staatlichen Steuersatz von Null (unter der theoretischen Annahme, der Staat wäre dann immer noch funktionsfähig) im Prinzip keine Staatseinnahmen zustande kommen. Mit zunehmend höheren Steuersätzen wachsen auch die Staatseinkünfte, bis sie schließlich ein Maximum erreichen. Ab diesem Punkt beginnt die Steuereinhebung die legale Geldwirtschaft so stark zu beeinflussen, daß bei einer weiteren Erhöhung des Steuersatzes die tatsächlichen Einkünfte zu fallen beginnen. Obwohl dann zwar die Steuersätze sehr hoch sind, geht doch der Umfang der angemeldeten besteuerbaren

Graphik 4.3
Die Laffer-Kurve

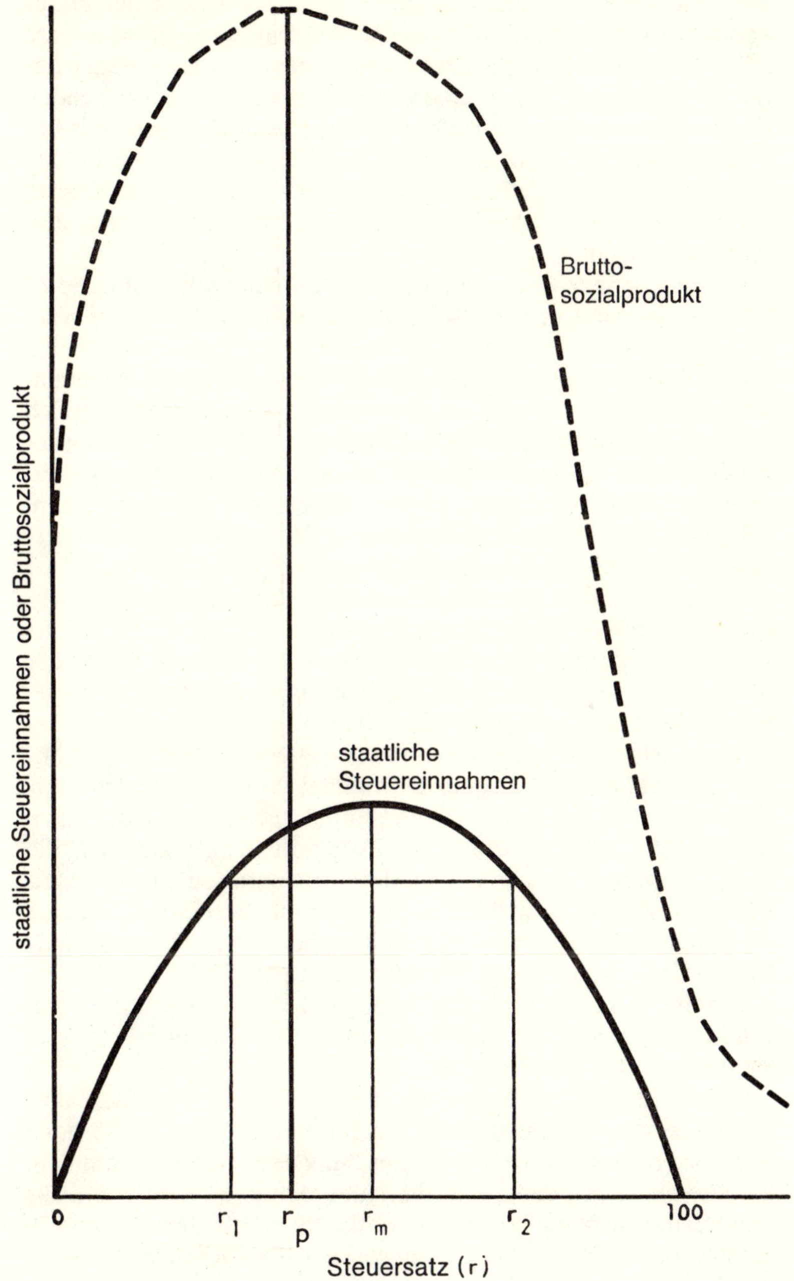

Aktivitäten immer mehr zurück. Die besteuerbaren Geschäftsaktivitäten gehen in den „Untergrund" (d. h. sie werden illegal), es kommt zu Tauschhandel, die Geschäftsaktivitäten nehmen andere Züge einer Versorgungswirtschaft an, oder sie kommen wegen der hohen Kosten und des durch die hohe Besteuerung entstehenden Risikos verringerter Einnahmen gänzlich zum Erliegen. Wir bezeichnen diesen Maximalpunkt auf der Kurve mit r_m. Die Punkte r_1 und r_2 sollen verdeutlichen, daß sowohl ein bestimmter höherer als auch niedriger Steuersatz dieselben staatlichen Steuereinkünfte bedingen.

Die gestrichelte Kurve ist eine Illustration der sehr wahrscheinlichen Hypothese, daß das BSP auch dann über Null liegen würde, wenn keine Steuern eingehoben werden (und daher auch keine formale Regierung bestünde), daß es weiter zu einem Maximum ansteigt (das für die meisten Wirtschaftssysteme wahrscheinlich weit vor dem Punkt r_m zu liegen käme) und daß es dann mit weiter zunehmender Steuerbelastung allmählich abfallen würde. An seinem Endpunkt, wenn also wieder keine Steuern hereinkämen, gäbe es trotzdem noch immer eine Art Wirtschaft, die sich allerdings auf einem sehr niedrigen Niveau abspielen würde. In der Regel unterstützen die Unternehmungen des Staates die Wirksamkeit der Wirtschaft, da der Staat wesentliche wirtschaftliche Funktionen erfüllt. Wenn aber ab einem bestimmten Punkt der Staat bereits sehr große Teile des Bruttosozialproduktes für sich beansprucht, dann beginnt diese Abzweigung vom BSP dieses selbst zu schwächen, selbst wenn es noch für eine Zeit lang erhöhtere Steuereinnahmen produzieren sollte. Während man vernünftigerweise über den quantitativen Einfluß irgendeines spezifischen Steuersatzes oder über die Nützlichkeit von Staatseinnahmen, die durch Regierungskanäle laufen, durchaus unterschiedlicher Meinung sein könnte, so werden doch alle darin übereinstimmen, daß die durch die Hände einer Regierung gehenden Gelder zur Schaffung neuer Anreize für ein Wirtschaftswachstum oder im Sinne einer effektiven Investierung wahrscheinlich ab einem bestimmten Punkt weniger wirkungsvoll verwendet werden, als überließe man sie der Privatinitiative.

Laffer ist nun der Meinung, daß die Regierungen fast aller wohlhabenden kapitalistischen Staaten ihre Steuersätze so hoch angesetzt haben, daß sie jenseits des Punktes r_m zu liegen kommen, geschweige denn, daß sie in die Nähe von r_n kämen. Für diese Staaten bestünde die einfachste Methode, ihre Steuereinkünfte – zumindest mittel- und langfristig gesehen – zu vermehren, darin, die Steuersätze herabzusetzen. Wir haben den Verdacht, daß er recht oder doch fast recht hat. Die Größenordnungen hängen offensichtlich von spezifischen Aspekten des vergangenen und gegenwärtigen Verhaltens der Regierung ab, das im allgemeinen zu immer höheren Sätzen hin tendiert. Allerdings würde eine Rückkehr zu einem höheren BSP wahrscheinlich alles andere denn plötzlich stattfinden.

Unsere Grundannahme geht nun dahin, daß, mit Ausnahme Japans, die Regierungen aller FKN diesen Prozeß so weit als nur irgend möglich getrieben haben. Die Zwänge, die dazu führten, sind vor allem in einer Periode des langen Aufschwunges (d. h. in der *Deuxième Belle Epoque*) sehr stark. Erst in jüngster Zeit wurden auch Gegenkräfte oder Gegenzwänge wachgerufen und zu politisch wirksamen Institutionen geformt.

Diese ganze Diskussion ist ein wenig theoretisch. Steuerfragen sind äußerst komplizierte Angelegenheiten; Wirkungen von Maßnahmen kommen immer erst im Laufe der Zeit zum Tragen, und es gibt noch so viele weitere Fragen, die in die Diskussion eingehen, daß wir nicht einmal theoretisch glauben, daß die oben durchgeführte Diskussion zu einem strengen Beweis geformt werden könnte. Das Prinzip ist jedoch richtig und muß in Rechnung gestellt werden.

Es gibt außerdem noch viele andere Kosten in Verbindung mit überhöhten Steuern. Zu den vielleicht wichtigsten gehört eine allgemeine Senkung der Standards. Ein extremes Beispiel ist England, wo die Steuersätze für die höheren Einkommensklassen 98 Prozent für Einkünfte aus Kapitalbesitz und 83 Prozent für das Erwerbseinkommen betragen. Für Friedenszeiten und für ein wenigstens nominell kapitalistisches Land sind das absurde Zahlen. Sie zwingen ganz einfach jeden, der in diese Steuerklassen fällt, viel Zeit, Energie und Gedankenarbeit dafür aufzuwenden, wie er auf legale und illegale Weise diesen Steuern entkommt. Praktisch niemand wird – zumindest unter normalen Umständen – gewillt sein, diese eindeutig bestrafenden Steuerbelastungen als vernünftige Forderung des Staates zu akzeptieren. Moralisch und politisch ähnelt das dem Vorgehen gegen eine Minderheit, die von einer feindlich eingestellten Regierung aufs Korn genommen wird. Leute, die diese Steuern ehrlich entrichten, werden dabei sicher nicht stolz darauf sein, Bürger dieses Staates zu sein.

Tafel 4.2
Einige Gründe für die jüngsten Steigerungen bei den Kosten und Risiken der Geschäftstätigkeit in den USA

I. *Inflation*
  A. „Bewertungs"-Probleme, die die Bilanz verzerren (d.h., das sogenannte Niederstwertprinzip ist eine unverläßliche Richtschnur für eine echte Rentabilität).
  B. Unangemessene Steuern und Scheingewinne (Inflationsgewinne).
  C. Probleme der Voraussagbarkeit und Antizipation der Inflationsrate.
  D. Fragen der Gleichheit und Gerechtigkeit.
  E. Psychologische Wirkungen.
  F. Schwäche des Bankensystems.
  G. Unausgewogenheiten im Bausektor.
  H. Furcht vor Lohn- und Preiskontrollen.

II. *Vorschriften seitens der Regierung*
  A. Umwelt.
  B. Gesundheit und Sicherheit.
  C. Bezahlung: Pensionen, Mindestlöhne, Zahlung von Tariflöhnen.
  D. Konsumerismus: Produkthaftpflicht, Qualität, usw.
  E. Exportkontrolle und „-Beschränkungen".
  F. Schwierigkeiten im Umgang mit der Regierung als Kunde.
  G. Übermäßiges Einschalten von Gerichtshöfen oder Willkürakte der Verwaltung, um Rechtsstreitigkeiten zu lösen.
  H. Wachsende legislative Rolle des Gerichtswesens, zunehmend praxisferne Entscheidungen, zunehmendes Unvermögen, die Sprüche der Gerichte vorauszusagen.
  I. Berichtsauflagen.
  J. Tarifverhandlungen.

III. *„Nationalcharakter"*
  A. Aushöhlung bürgerlicher Werte.
  B. Neo-liberale Neue Klasse und humanistische Linke.
  C. Vierzehn neue Schwerpunkte.
  D. Andere „Anti-System"-Bewegungen: Gegenkultur, Grenzen-des-Wachstums, Klein-ist-schön, verschiedene Terroristengruppen, usw.
  E. Verminderte Effizienz.
  F. Aufschwungsmentalität und Spannungen.
  G. Nachgiebigkeit als Resultat des Überflusses.
  H. Wachsende Unnachgiebigkeit gegenüber Veränderungen.

IV. *Staatliche Steuer- und Währungspolitik*
   A. Sozialversicherung und Energiesteuern
   B. Steuerreform
   C. Ölpachtverträge
   D. Andere Steuerfragen
   E. Verlockung zur „exzessiven" Ankurbelung dieser Politik, Wohlfahrt, Einkommensumverteilung
   F. Strukturelle Verschlechterung
      1. Phillips-Kurve
      2. Konjunkturzyklus
   G. Fehlen eines klaren und vorhersagefähigen Systems für Investitionsentscheidungen
   H. Furcht vor Kursänderungen in der Politik der Bundesnotenbank und vor einer möglichen Politisierung.
   I. Tendenz, die Politik dazu zu benutzen, mehr die wirkliche Anpassung an sich verändernde Bedingungen als die Anpassung an Hilfsmaßnahmen durchzusetzen.

V. *Inlandsfragen:* Ausbildung, Recht und Ordnung, kommunale Dienstleistungen und Kosten, Minderheitenprobleme, Bevölkerungsverschiebungen und andere städtische Probleme. Irrationale Verpflichtungen gegenüber zahlreichen Fragen der Gleichbehandlung ohne Bezugnahme auf die Kosten.

VI. *Fragen des internationalen Handels und der internationalen Finanzwirtschaft*
   A. Möglichkeit einer Leistungsbilanzüberschußpolitik
   B. Auslandsschulden
   C. Anfälligkeit der US-amerikanischen und europäischen Banken
   D. Europäische Malaise
   E. Kanadische und japanische Malaise
   F. Zunehmende Stärke der Sowjetunion
   G. Probleme im Zusammenhang mit der OPEC und dem Nahen Osten.
   H. Allgemeines Wachstum der wirtschaftlichen Unabhängigkeit
   I. Flexible Wechselkurse.
   J. Beziehungen zwischen den entwickelten und den weniger entwickelten Ländern.

Neue Kosten und Risiken für die Wirtschaft der USA

Tafel 4.2 gibt wieder, was wir als die „neuen Kosten und Risiken" für die Wirtschaft der USA bezeichnen. Sie führt viele Gründe an (von denen die meisten relativ neu in bezug auf die Betonung oder

Eigenart sind), warum es in den USA wahrscheinlich weiterhin eine schleichende Stagnation geben wird – zumindest in Hinblick auf größere Investitionen für neue Produktionsanlagen und für andere Innovationen, die größere finanzielle Verpflichtungen verlangen.

Die Kondratieff-Theorie

An einer früheren Stelle dieses Kapitels behandelten wir eine langfristig zyklische Theorie des sozioökonomischen Verhaltens, die mindestens ebensosehr auf psychologischen und kulturellen Faktoren beruht wie auf materiellen. Es gibt etliche Theorien über lange Wirtschaftszyklen. Zwei der wichtigsten sind wahrscheinlich die von Simon Kuznets und jene von Richard Easterlin über die Auswirkungen von Bevölkerungsfluktuationen auf das Verhalten der Wirtschaft.[12] Die Arbeit dieser beiden Theoretiker wird weithin anerkannt. Viel weniger anerkannt, für unsere Abhandlung aber in mancher Hinsicht relevanter ist die Arbeit des russischen Wirtschaftswissenschaftlers Nikolai D. Kondratieff.[13] Er fertigte eine Studie über eine Reihe von Preisbewegungen in westlichen Wirtschaftssystemen an, die bis etwa 1790 zurückgeht. Die Preisbewegungen der Vereinigten Staaten werden in Graphik 4.4 wiedergegeben. Kondratieff stellte für die Zeit zwischen den späten achtziger Jahren des vorigen Jahrhunderts bis zur Mitte der zwanziger Jahre unseres Jahrhunderts zweieinhalb lange Wellen fest und sagte voraus, daß die dritte Welle ihren Höhepunkt gegen Ende der zwanziger Jahre erreichen würde, dem dann eine Depression folgen wird. Teilweise auf Grund dieser Vorhersage wurde er von Joseph Schumpeter und anderen bekannten Wirtschaftswissenschaftlern sehr ernst genommen.

Nachdem seine Ideen eine Zeitlang sehr en vogue waren, begann man sie aber anzugreifen, und seine Theorien gerieten mehr und mehr in Mißkredit. Erst in letzter Zeit erfuhr Kondratieffs Theorie der langen Wellen eine Wiederbelebung, wobei sie manchmal durch neue Überlegungen modifiziert wurde. Vor allem Jay Forrester vom M.I.T. (Massachusetts Institute of Technology) und Walter Rostow von der University of Texas gründen ihre gegenwärtigen Forschungsprogramme auf ihre Versionen der Kondratieff-Theorie.[14] Forrester richtet seine Aufmerksamkeit auf die wechselnden Führungspositionen, die sich aus dem Zusammenspiel zwischen der Produktionsgüterindustrie und Konsumgüterindustrie ergeben, während Rostow dasselbe Problem in

Graphik 4.4
Großhandelspreisindex in den USA 1750–1976

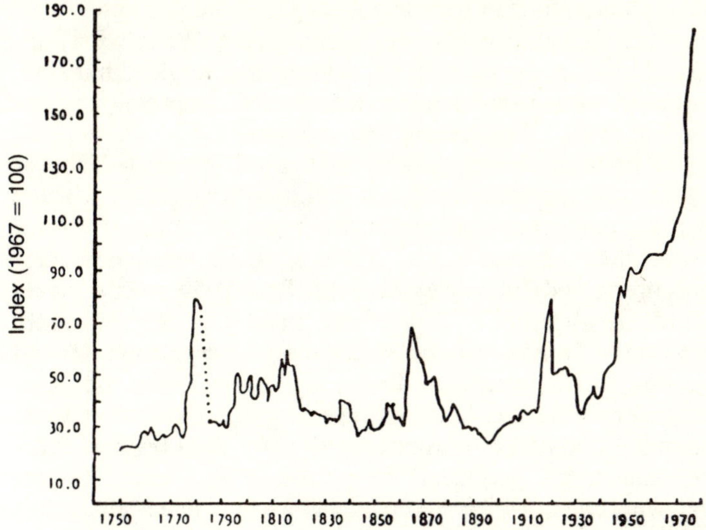

Anmerkung: Der Leser sei auf das offensichtliche Vorhandensein von vier „Talsohlen“ in den Jahren 1790, 1845, 1895 und 1939 (d. h. jeweils 45 bis 55 Jahre auseinander) und von vier Gipfelpunkten um 1815, 1865, 1920 und 1975 (d. h. jeweils 50 bis 55 Jahre auseinander) aufmerksam gemacht. Es ist gerade die augenfällige Regelmäßigkeit dieser Gipfel und Talsohlen, die die Grundlage für zahlreiche Theorien eines langen Zyklus von etwa 50 Jahren Dauer abgibt.
Quelle: U. S. Department of Commerce: *Historical Statistics of the United States* (Kolonialzeit bis 1790) und *Economic Report of the President,* 1977.

bezug auf Gebrauchsgüter und Industrieprodukte behandelt. Beide stellen keine sehr erfreulichen Zukunftsprognosen, allerdings jeweils aus verschiedenen Gründen. Forrester behauptet, daß auf dem Sektor der Produktionsgüterindustrie weltweit Überkapazitäten vorhanden sind, und sieht daher eine lange Periode eines übermäßigen Kapazitäts- und Deflationsdruckes auf uns zukommen – was im Effekt der vierten Kondratieffschen Depressionsperiode entspräche. Es steht unserer Meinung nach fast völlig außer Frage, daß z. B. für die heutige Weltstahlindustrie eine Analyse nach dem Forresterschen Vorbild sicherlich zutreffend ist. Viele Industrien haben weltweit riesige Überkapazitäten in genau jener Weise aufgebaut, wie er sie beschreibt, und sie werden diese Überkapazitäten vielleicht auf genau die Art und Weise, die er vorschlägt, auch wieder abbauen müssen. Wenn wir Situationen diskutieren, die jener der Stahlindustrie vergleichbar sind, dann werden wir sie als Forrester-Kondratieff-Depressionen bezeichnen oder als „Abschwung" Situationen.

Rostow ist der Meinung, daß die heutigen Kondratieff-Theoretiker durch die alles überdeckende Inflation irregeführt wurden und daß der demgemäß zu beachtende Index nicht der Preis der Gebrauchsgüter, sondern das Preisverhältnis zwischen Gebrauchsgütern und Industriegütern ist. Seit 1950 wurde dieses Verhältnis herabgedrückt. Tatsächlich behauptet Rostow auch, daß der fünfte Kondratieffsche Abschwung schon erfolgt ist; daß infolge der relativ niedrigen Preise auf dem Sektor der Gebrauchsgüterproduktion keine genügend große Expansion stattgefunden hat und daß es normalerweise etwa zwei bis drei Jahrzehnte dauert, bis genügend Investitionen in diesem Sektor getätigt wurden, um dieses Ungleichgewicht wieder auszugleichen. Rostow erwartete daher, daß diese Verzögerung der Investitionen in der Gebrauchsgüterproduktion zu verschiedenen Verknappungen bei diversen Ressourcen führen wird (und wahrscheinlich zu hohen Warenpreisen und Inflationsdrücken). Wir stimmen zu, daß etwas Ähnliches in der Energieindustrie tatsächlich passiert ist. Wir werden daher ähnlich gelagerte Fälle als Rostow-Kondratieff-Probleme bezeichnen, die ebenfalls etwa zwei bis drei Jahrzehnte benötigen, um geklärt werden zu können.

Hält man Kondratieffs Theorie für ein Modell der gesamten Wirtschaft, so widersprechen sich die beiden gerade angeführten Versionen. Man könnte jedoch behaupten, daß verschiedene Teile der Weltwirtschaft gerade durch verschiedene Phasen oder Zustände des Zyklus laufen. Ob man sich nun dieser Ansicht anschließen will oder nicht, in jedem Fall bestehen zwischen den beiden Versionen gewisse Spannungen. Auf der einen Seite Forresters vierter Abschwung und auf der anderen Rostows fünfter Aufschwung. Wir würden dafür plädieren, daß man zumindest in der gegenwärtigen Situation einen psychosozialen oder einen institutionellen Standpunkt mit einschließt, so wie wir ihn im Abschnitt über einen langen Aufschwung dargestellt haben. Von einem solchen Standpunkt aus betrachtet, haben wir soeben einen langen Aufschwung vollendet und sind im Begriff, den fallenden Ast zu beschreiten, aber wir folgern daraus nicht eine lange Serie von Auf- und Abschwüngen, obwohl wir dies auch nicht ausschließen wollen. (Wir sollten in diesem Zusammenhang auch noch eine weitere Version der Kondratieff-Theorie ganz kurz erwähnen – nämlich die Version von Schumpeter. Er ist der Meinung, daß die einzelnen Zyklen durch Perioden intensiver technologischer Neuerungen, gefolgt von langen Konsolidierungszeiten, unterbrochen bzw. neu ausgelöst und unterstützt werden.)[15]

Kondratieff versuchte gar nicht, die Preisbewegungen, die er beschrieb, zu interpretieren, sondern war der Meinung, daß die empirische Tatsache ihrer Existenz genügend beweiskräftig für das Vorhandensein solcher Wellenbewegungen ist. Er stellte auch fest, daß es zwischen den Tälern und Gipfeln dieser Wellen und verschiedenen europäischen Kriegen einen Zusammenhang gab. Im besonderen fielen die Wellentäler mehr oder weniger mit relativ kleinen und profitablen Kriegen zusammen, die dazu beitrugen, daß die Dinge wieder neu beginnen konnten, währen die Wellengipfel durch „Gipfel-Kriege“ gekennzeichnet waren. Diese waren extrem zerstörerisch und entzweiend, als besäße die Gesellschaft gleichsam ein Übermaß an Energie, Dynamik und Brutalität, das auf andere Weise nicht mehr zu bewältigen war.

Die „Tal-Kriege“ hingegen trugen zu neuem Beginn bei. Auf sie folgten zwei bis drei Jahrzehnte steigender Preise, und in diesem Zeitraum verlief alles bestens. Das System war leistungsfähig, elastisch, enthusiastisch, flexibel, und es kam wieder zu Kräften. Im Laufe der Zeit bauten sich aber Zwänge und Spannungen auf, so wie wir das in der Schilderung des langen Aufschwungs beschrieben haben, das System, seiner selbst zu sicher, wurde rücksichtslos, und schließlich kam es zu einem „Gipfel-Krieg“. In der Theorie wird das System durch die extreme Heftigkeit des Krieges mehr oder weniger zerstört; gleichzeitig werden die Preise zu extremen Höhen getrieben. Der darauf folgende Kollaps und die Deflation führen zu einer Periode abnehmender oder niedriger (stabiler) Preise für die nächsten 15 bis 20 Jahre.

In Graphik 4.5 zeigen wir, wie die USA in dieses Schema der Gipfel- und Tal-Kriege passen könnten, indem wir den Preisindex der Vereinigten Staaten von 1750 bis 1976 graphisch darstellen und die Gipfel und Täler Kondratieffs sowie die (theoretisch) dazugehörigen Wellen markieren. Der Zweite Weltkrieg paßt nicht in dieses Schema. Aus der Wirtschaftsperspektive Kondratieffs sollte man sich den Zweiten Weltkrieg am besten als „Hitlers Krieg“ vorstellen, der fast zur Gänze durch rein politische Fragen verursacht wurde, die dann durch ein teuflisches Genie ausgenützt

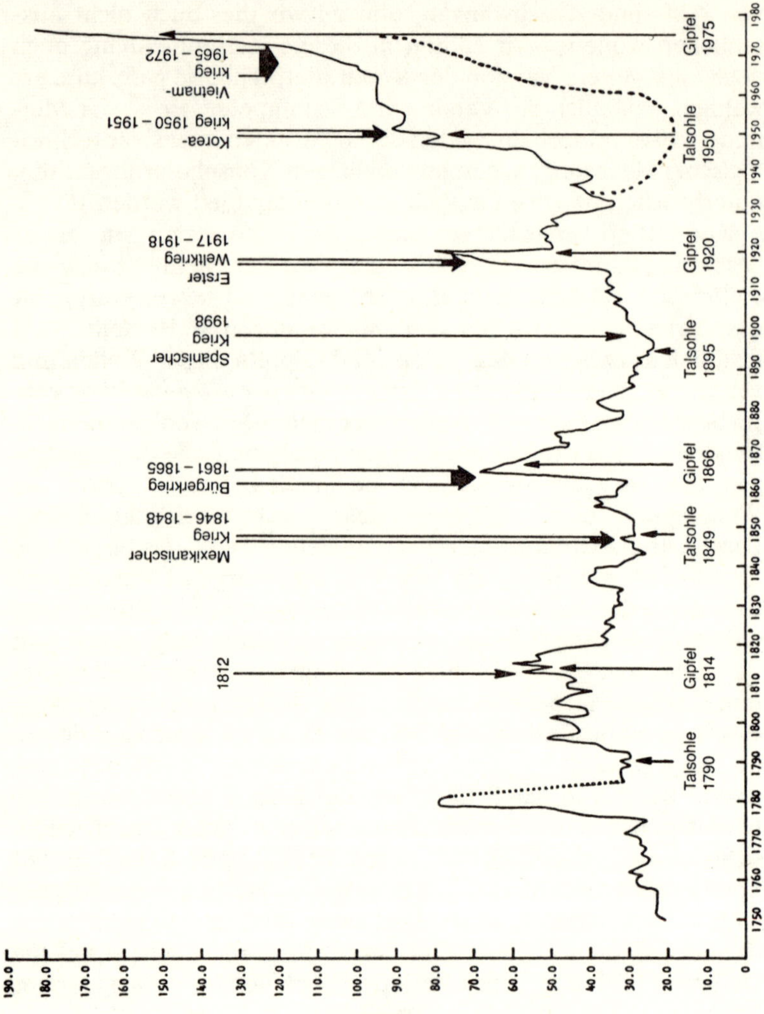

Graphik 4.5
Großhandelspreisindex 1750 – 1976 (1967 = 100)

wurden. Man kann sich die Wirkung des Zweiten Weltkrieges als Analogie zu einem Schlag auf ein Pendel vorstellen. Dieser Schlag kann zum vorzeitigen Ende eines Zyklus führen (im groben das Schema Rostows), er kann eine verstärkte Amplitude verursachen (in etwa Forresters Fall), oder es ergibt sich eine Mischung aus beiden. Graphik 4.5 läßt vermuten (man beachte die Pfeile!), daß der Zweite Weltkrieg die Amplitude des Zyklus, nicht aber seine Länge veränderte. Die untere Kurve gibt an, wie die Preisentwicklung vielleicht ohne den Zweiten Weltkrieg verlaufen wäre. Diese Interpretation kommt Forresters Perspektive näher als jener von Rostow.

Unser langer Aufschwung ähnelt tatsächlich den Modellen von Forrester und Rostow. Wir fügen jedoch eine wichtige psychologische und kulturelle Komponente hinzu, die zumindest im angenommenen vierten Kondratieffschen Aufschwung zu beachten ist. In den ersten beiden Kondratieffschen Aufschwungsperioden war diese Komponente vielleicht nicht so stark ausgeprägt, wurde aber diesmal wesentlich einflußreicher, da sich der Aufschwung erst gegen Ende des langfristigen komplexen Trends ergab.*

Nach unserer Erwartung halten die beschriebenen Probleme einige Jahrzente an, bis dann etwas sehr Dramatisches passiert. Im zweiten Teil werden wir darauf hinweisen, daß solche dramatischen Ereignisse von Japan oder von den Staaten mit Mittel-Einkommen ausgehen könnten. Tatsächlich sind wir der Meinung, daß eine selektive Anwendung von Mechanismen, die man Kondratieff-Versionen nennen könnte, zumindest eine Einschätzung im Sinne eines „Schottischen Urteils“, d. h. von nicht bewiesen, aber sehr wahrscheinlich, verdienen – um hier die Terminologie

* Einigen Lesern könnten vielleicht Bedenken kommen, wir wären Kondratieff-Verehrer. Wenn auch das Interesse an seinen Theorien in jüngster Zeit stark zugenommen hat, so teilen wir doch den üblichen akademischen Standpunkt soweit, als wir gegenüber der allgemeinen Theorie zumindest agnostisch sind. In keiner Weise agnostisch stehen wir jedoch der Tatsache gegenüber, daß das gegenwärtige Problem einer weltweiten Überkapazität in der Stahlproduktion dem Forrester-Modell ganz außergewöhnlich gut entspricht und daß die Schwierigkeiten der Energieindustrie nahe an die von Rostow gegebene Version der Kondratieff-Theorie herankommen; daß aber bei näherem Hinsehen die allgemeine Malaise der hochentwickelten kapitalistischen Nationen eng mit der, wie wir es soeben bezeichneten, psychosozialen Version des langen Aufschwungs verknüpft ist, auch daß die Mittel-Einkommen-Staaten in eine lange Aufschwungsperiode eintreten und die Gründe dafür sehr gut durch Schumpeters Begriff der Nutzung bestehender technologischer Möglichkeiten beschrieben werden.

von Kapitel 1 zu verwenden. Unser Schema der amerikanischen Kriege oder Kondratieffs Behandlung der europäischen Kriege verdient zumindest eine tolerant atheistische Einstellung. Man sollte sich nicht über Bezeichnungen wie „Tal-Kriege“ oder „Gipfel-Kriege“ aufregen, selbst wenn man der Meinung ist, es gäbe keinerlei Verbindung zwischen diesen Kriegen und den langen Zyklen. Wir selbst neigen in diesem Fall zu einer fast deistischen Anschauung; es ist da etwas an dieser ganzen Sache dran, aber wir wissen nicht genau, was.

Die westlichen Kulturströmungen der Gegenwart

Dieses ganze Buch spiegelt unsere Ansicht wider, daß der atlantisch-protestantische Kulturbereich für „gelehrte Unfähigkeit“, wie wir sie nennen, sehr anfällig ist, wozu noch eine Mischung von Wunschdenken und Illusionismus kommt. Wir haben darauf hingewiesen, daß viele Bürger dieser Länder zu übermäßig zuversichtlichen, wenn nicht gar naiven Annahmen über die praktischen Möglichkeiten neigen, gute oder sogar fähige Verwaltungen in vielen Gebieten der Welt zu installieren. Europäer, die nicht aus diesem Kulturkreis stammen, geben sich weniger optimistisch und auch weniger „pelagianisch“ (in diesem Fall gehen die beiden Eigenschaften Hand in Hand) als die meisten Bürger des atlantisch-protestantischen Kulturgebietes. Aber auch sie sind weniger realistisch (und weniger „augustinisch“), als sie es einst waren. Wir haben auch auf die in den westlichen Kulturen herrschenden Tendenzen zu Anarchie, Terrorismus und Nihilismus hingewiesen – Tendenzen, die letztendlich auf einen Zusammenbruch der Gesellschaft hinzielen.

Das Problem selbst entstammt nicht der Erfahrung eines tatsächlichen wirtschaftlichen, technologischen oder sicherheitsbezogenen Versagens unserer Gesellschaft (obwohl es zu vielen Diskussionen über die Möglichkeiten solcher Versager kommt), sondern es resultiert aus dem tiefsitzenden Gefühl eines kulturellen Fehlverhaltens. Kann dagegen irgend etwas unternommen werden? Wir glauben schon.

Der vielleicht wichtigste Einzelbeitrag, den man leisten könnte, wäre ein Austausch der deprimierenden Zukunftsbilder, die derzeit vor allem in den hochentwickelten kapitalistischen Staaten vorherrschen, gegen vernünftig zutreffende, positive Vorstellungen. Es ist schwer, in diesen Ländern auch nur eine führende Schule oder Universität zu finden, die nicht dann und wann eine

Wachstumsbeschränkung favorisiert hätte; fast alle predigen noch immer die Vierzehn Neuen Schwerpunkte, als wären sie eine Offenbarung. Wenn auch einige dieser Schwerpunkte wünschenswert sein mögen, so werden sie in den wohlhabenden Ländern von den Eliten der oberen Mittelklasse doch mit geradezu irrationaler Intensität verfolgt. Um an diese Probleme heranzukommen, sind unserer Meinung nach andere Wege viel konstruktiver, und für die Zukunft unserer Gesellschaft würde gerade das einen ungeheuren Unterschied bedeuten. Wir werden diese Dinge in den Kapiteln 5 und 8 nochmals näher behandeln. Einige der dort gemachten Vorschläge sind praktisch anwendbar, andere wiederum sind unverhüllt polemisch und nur dazu gedacht, die Vorstellungskraft anzuregen.

Die vielerorts zunehmenden Terrorbewegungen sind kein Zufall. Diese Entwicklung ist vielmehr ein fast unvermeidliches Resultat exzessiver pelagianischer Einstellungen in Verbindung mit spezifischen geschichtlichen Ereignissen. Von unserem Standpunkt her gesehen ist besonders bemerkenswert, daß die Terroristenbewegungen in fast jedem westlichen Staat ihre Mitglieder aus Kreisen von Jugendlichen der oberen Mittelklasse oder aus Universitätsstudenten rekrutieren. Der Terrorismus ist eine Bewegung, die im Zusammenhang mit übermäßigen und naiven Erwartungen steht. In Westdeutschland wurde sie auch noch durch die Unterhöhlung oder Zerstörung des Vater-Image als Autoritätsfigur und eine allgemeine Ablehnung der Politik und der Ideologie aus der Zeit vor dem Zweiten Weltkrieg stimuliert. In Italien trug die Frustration über die dramatische und gleichsam systematische Unfähigkeit der einzelnen Regierungen viel dazu bei. In den USA stammen die Mitglieder der „Weathermen“, später modisch umbenannt in „Weatherpeople“ (A. d. Ü.), vorwiegend aus Familien mit einem wesentlich höheren Einkommen als die Familien, aus denen die Durchschnittsstudenten der berühmten Universitäten kommen. Wir halten diese jugenlichen Terroristen eher für verzogene Bälge denn für Idealisten, die in ihren Erwartungen enttäuscht wurden – obwohl beide Ansichten eine gewisse Gültigkeit haben. Wie dem auch sei, ihr Über-Ich ist nicht entsprechend ausgebildet; diese Kinder wurden nicht richtig sozialisiert, und es bestand ein Mangel an Führungskraft seitens verantwortlicher, reifer Eltern. Wenn dieses Phänomen auch durchaus mit dem tausendjährigen komplexen Trend übereinstimmt, so kann man es unmittelbarer noch der *Deuxième Belle Epoque* zuschieben. Nach sechsundzwanzig Jahren werden die relativ guten Zeiten für selbstverständlich hingenommen; schlechte Dinge wurden unerträglich.

Die Auswirkungen von fast zwei Jahrzehnten dieser weitverbreiteten, systematischen und effektiven Angriffe auf unsere Kultur sollten nicht unterschätzt werden. Die Gegenkultur hat ihren Preis gefordert, die Folgen der Anti-Wachstums-Bewegung aber können noch schlimmer sein. Die Kinder aus unseren privilegierten Klassen werden im dem Glauben erzogen, daß in unserer Gesellschaft die Reichen reicher und die Armem ärmer werden und daß dieses Verbrechen durch die Ausbeutung der Hilflosen, durch die Plünderung der kostbaren Ressourcen des Planeten, durch die Vergiftung der Umwelt und manchmal durch das Vergiften der Nahrungsmittel mit gefährlichen Additiven erfolgt. Das Ganze vermengt sich angeblich mit einem Geschäftemachen, das mit der größten Selbstverständlichkeit raubgierig, unethisch, ja selbst illegal ist. Sie werden auch darin bestärkt, daß dieser Prozeß unausweichlich zur Katastrophe führt. Von diesem Gesichtspunkt aus betrachtet, erscheint das Bemühen vieler amerikanischer Geschäftsleute, ihren Mitbürgern beizubringen, daß „Profit kein unanständiges Wort ist", geradezu lachhaft. Sie werden des Mordes, der Vergiftung, der Verführung der Öffentlichkeit, Zerstörung der Umwelt und der Beraubung der Armen und unserer Enkelkinder beschuldigt.

Was glauben wir wirklich? Rekapitulation und Zusammenfassung von Teil I

Wir begannen damit, daß wir die Gültigkeit der simplen „Grenzen-des-Wachstums"-Position in Zweifel zogen, die behauptet, viele kritische Ressourcen würden zu Ende gehen oder wir könnten die gegenwärtigen Umweltprobleme nicht zufriedenstellend lösen. Wendungen wie „energiearme Welt", „erneuerbare Ressourcen" oder die Meinung, die Konsumgesellschaft verhalte sich unmoralisch, weil sie die Mittel, die die Enkel einmal benötigen werden, verbraucht, all diese Auffassungen können vergessen und außer acht gelassen werden – zumindest als weltweite Probleme, wenn schon nicht immer in örtlich begrenzten Fällen. Wir sind weiterhin bereit, alle Beweise, die annehmen lassen, diese Konzepte seien richtig, näher zu untersuchen; bis jetzt allerdings haben wir keine gefunden. Aber selbst wenn es solche Wachstumsbegrenzungen gäbe, wären noch viele unserer Argumente zutreffend. Die Feststellung jedoch, daß auch auf lange Sicht genügend Ressourcen zur Verfügung stehen (zumindest für eine moderne, technologisch orientierte Gesellschaft, die auch halbwegs gut geführt wird), ist für die meisten unserer Überlegungen von grundlegender Bedeutung.

Wir beschrieben kurz eine Reihe historischer Zusammenhänge und Konzepte, einige davon rein deskriptiv, andere unter Zuhilfenahme von viel Theorie und Forschung. Alle diese Zusammenhänge und Konzepte standen stets im Zusammenhang mit dem „großen Bild" entweder in seiner großzügigsten oder auch in seiner unheilvollsten Bedeutung. Es ist dies der Versuch, eine Lücke zu füllen, denn den meisten der gegenwärtigen Diskussionen fehlt eine genügend breite „Leinwand" zur Darstellung detaillierter Argumente. Wir erwarten von unseren Lesern nicht, daß sie unsere verschiedenen Bilder notwendigerweise als genau und richtig anerkennen. Wir glauben nur, daß sie darüber informiert sein sollten, daß solche Zusammenhänge existieren, daß einige zuständige Leute sie für richtig halten und daß sie nützliche, häufig auch interessante Perspektiven zur Ansicht der heutigen Ereignisse bieten. Wir definierten und arbeiteten den Begriff des „mehr oder weniger agnostischen Gebrauchs" von Informationen und Konzepten aus, ebenso die sechs Grade von Überzeugungen. Mit Ausnahme des komplexen Trends verhalten wir uns gegenüber dem Großteil des in Kapitel 1 gebrachten Materials agnostisch bis deistisch. Der komplexe Trend scheint während der letzten tausend Jahre ein Charakteristikum der meisten westlichen Kulturen gewesen zu sein und dürfte heute für fast alle Kulturen der Welt zutreffen.

In Kapitel 2 formulierten und diskutierten wir verschiedene Szenarien und Zusammenhänge für die zukünftige Entwicklung der Weltwirtschaft. Einige davon sind sehr wahrscheinlich, oder zumindest „überraschungsfrei", andere geben unwahrscheinlichere Möglichkeiten an, die aber dennoch aufschlußreich oder von theoretischem Interesse sind. Wir zeigten eine Vielzahl von möglichen Varianten auf, es ist aber ganz offensichtlich unmöglich, all diese alternativen Zukunftsbilder systematisch zu untersuchen. Man kann nur einige interessante Beispiele daraus auswählen und diskutieren. Dieses Kapitel liefert uns Material für weitere detaillierte Diskussionen und für eine Art künstlicher Geschichte. Wir glauben, daß unsere Welt A, oder wie wir sie auch nennen: unsere „vorsichtig optimistische Welt", einen sehr brauchbaren Szenarienzusammenhang zur Diskussion vieler Detailfragen liefert. Die fünf Themen und ihre Untervariationen, die ebenfalls in diesem Kapitel behandelt werden, geben uns eine Reihe von Ausblicken zu möglichen zukünftigen Ereignissen und darüber, was in der Welt momentan vor sich geht. Wichtiger vielleicht noch ist, daß diese Themen viele Dinge mit einbeziehen, die wir nicht empfehlen möchten und von denen wir auch nicht annehmen, daß sie passieren werden. Hört man sich jedoch die gegenwärtigen Diskussionen an, so könnte man fast zu der Überzeugung gelangen, daß all das entweder empfohlen oder gewünscht wird, oder daß diese Dinge schon im Gange sind. Dadurch, daß wir diese Themen erkannt und zugänglich gemacht haben, glauben wir eine äußert brauchbare Methode in der Hand zu haben, unsere Diskussion trotz einiger artifizieller und willkürlicher Begleiterscheinungen präziser und verbindlicher gestalten zu können.

Kapitel 3 untersuchte jene Belange näher, die in vieler Hinsicht das Hauptthema dieses Buches bilden: schnelle kulturelle Veränderungen und verschiedene Reaktionen auf Begegnungen von Kulturen. Als das Hudson-Institut seinerzeit regelmäßig Seminare über den Vietnam-Krieg veranstaltete, begannen diese mit einem etwa zweistündigen Bibelstudium. Unsere Absicht dabei war, die Teilnehmer mit den Essenern, den Zeloten, Makkabäern, Pharisäern und anderen biblischen Gruppen bekannt zu machen, da jede von ihnen interessante Analogien im Zusammenhang mit dem Vietnam-Krieg liefern konnte. Solange man nicht erkennt, welch ungeheure Vielfalt an Verhaltensweisen die Subkulturen in ihren Reaktionen auf verschiedene Situationen ausspielen können, wird man nicht richtig verstehen, was in der Welt geschah und noch geschehen kann.

Was der erste Teil diese Buches erreichen möchte, ist, dem gebildeten Leser einen Ausgleich für eine hypothetisch zwar allgemein bekannte, aber fast nicht existente Literatur auf diesem Gebiet anzubieten. In der Vergangenheit war es beinahe jeder Kultur möglich, unter Bezugnahme auf eine Literatur zu operieren, die der größte Teil ihrer Mitglieder auch las, verstand und mit der er vertraut war. Es war dann leicht, vor diesem allgemeinen Hintergrund detaillierte Hinweise auszuspielen. Bis zu einem gewissen Grad soll Teil I dieses Buches unsere Leser mit solch einem allgemeinen Bezugsrahmen versorgen. Dies mag zur Aufklärung von Mißverständnissen vielleicht genausoviel beitragen wie für eine gemeinsame Vorgangsweise.

Kapitel 3 führte uns auch in ein zentrales Thema dieses Buches ein: unter den gegenwärtigen Bedingungen entstehen in allen wohlhabenden kapitalistischen Wirtschaftssystemen ganz ungewöhnlich bedeutsame, soziale Bestrebungen zu einer Wachstumsbegrenzung, zu denen auch die Vierzehn Neuen Schwerpunkte zu zählen sind und die sich, bekommt man sie nicht vernünftig in den Griff, wahrscheinlich schnell weiter entwickeln werden, zu schnell vielleicht. Ohne behaupten zu wollen, daß solche Begrenzungen auf lange Sicht nicht wünschenswert wären, meinen wir doch, daß ihr zu frühes Auftauchen antiproduktiv ist. Wir halten sie für kulturelle Widersprüche im Hinblick auf ein Wirtschaftswachstum. Die Bewegung zur sozialen Wachstumsbeschränkung wurde auch in den Entwicklungsgebieten zu einem Problem. Sie verursacht, daß verwirrende Informationen den Eliten der dritten Welt, Teilnehmern an internationalen Konferenzen, den Studenten aus den Entwicklungsländern an den Universitäten der hochentwickelten Staaten und diversen progressiven und liberalen Gruppen zugehen. Als Folge davon sind die Eliten dieser Länder dann häufig verunsichert, ob sie den wirtschaftlichen Fortschritt nun als wünschenswertes und anzustrebendes Ziel ansehen sollen, als ein zu vermeidendes Übel oder als eine Schwachstelle, mit der man zu leben hat, die man aber unter Kontrolle halten kann.

Ein weiteres Hauptthema des ersten Teiles war der Begriff „Modernisierung", der als der Übergang von dem Zustand, den wir „vorindustriell" nannten, zu dem Zustand, den wir als „postindustriell" bezeichnen, definiert wurde. Obwohl wir Modernisierung und Industrialisierung nicht für identisch halten, so sind wir doch der Meinung, daß sie sich in den meisten Ländern, zumindest für einige Zeit, überlappen. Wahrscheinlich ist es schwierig, den Übergang zum postindustriellen Stadium ohne eine Idustrialisierungsperiode zu schaffen, aber einigen rohstoffreichen Ländern mag dies unter Umständen gelingen.

Der Teil I endet mit Kapitel 4, das mit der Definition unseres Konzeptes der vier grundlegenden sozioökonomischen Perioden des 20. Jahrhunderts begann: *La Première Belle Epoque, La Mauvaise Epoque, La Deuxième Belle Epoque* und *L'Epoque de Malaise*. Wir glauben, daß die *Deuxième Belle Epoque* soeben zu Ende gegangen ist und die *Epoque de Malaise* gerade begonnen hat. Dies ist wahrscheinlich der günstigste Zusammenhang, von dem aus man das heutige Weltgeschehen betrachten kann. Wir rechtfertigten diese Annahme dadurch, daß wir herausstrichen, daß die „Mitteleinkommen-Staaten" und die „aufstrebend armen Nationen" durch die Malaise wahrscheinlich viel weniger betroffen sein werden als die „wohlhabend kapitalistischen Staaten" und die „wohlhabend kommunistischen Nationen". „Malaise" definierten wir als „sich nicht wohl fühlen" – d. h. man ist nicht wirklich krank, aber auch nicht wirklich gesund. (Allerdings wird jemand mit einer Malaise für eine wirklich ernsthafte Krankheit viel anfälliger sein.)

Sehr ernst nehmen wir das Konzept des „langen Aufschwunges" und (was etwas paradox ist) den allgemein unterminierenden Charakter, den solch eine Periode auf die Moral, die Hingabe, die Ernsthaftigkeit und die Disziplin in den hochentwickelten kapitalistischen Nationen ausübt. Auch in den kommunistischen, den Mittel-Einkommen- und den armen Staaten sind die Auswirkungen dieses Aufschwunges vorhanden, allerdings viel weniger ausgeprägt. Sollte sich das zu erwartende starke Wachstum der Mittel-Einkommen-Staaten bewahrheiten, so wird es die wohlhabend kapitalistischen Nationen sowohl mit Märkten als auch mit Konkurrenten versorgen. Speziell wenn wir das Forrester-Kondratieff- oder das Schumpeter-Kondratieff-Konzept akzeptieren, könnten die Mittel-Einkommen-Staaten Märkte von überragender Bedeutung für die Überkapazitäten (Forrester-Kondratieff-Diagnose) oder zur Anwendung neuer Technologien (Schumpeter-Kondratieff-Diagnose) bereitstellen. Wie wir dann noch im folgenden besprechen werden, könnte auch die japanische Wirtschaft dazu beitragen, daß die Langzeiteffekte der oben erwähnten Unterminierung nicht zu schlimm ausfallen.

Wir nehmen auch die Vorstellung ernst, daß wir in eine Epoche der Malaise einzutreten scheinen, eine Epoche, die nur zu leicht in die *Deuxième Mauvaise Epoque* umschlagen könnte; daß es eine Neue Klasse in allen wohlhabenden Nationen gibt (allerdings in unterschiedlicher Form in den kommunistischen und den kapitalistischen Ländern); und daß die Vierzehn Neuen Schwerpunkte Teil einer neu entstehenden Ideologie sind und bis zu einem gewissen Grad sogar eine neue Kultur repräsentieren, die sehr schnell die althergebrachte, industrielle Kultur und Wirtschaft und die traditionellen Institutionen beeinflußt. Durch diesen Einfluß werden viele Fragen der Art aufgeworfen, wie sie in Kapitel 3 im Zusammenhang mit dem kulturellen Wandel und dem Wirtschaftswachstum behandelt wurden.

Teil II des Buches ist weitgehend in sich selbst abgeschlossen, obwohl wir darin etliches der Terminologie und viele der Konzepte und Theorien von Teil I verwenden. Teil I kann als Beitrag zur Bereicherung, zur Formulierung, Ausarbeitung und zur Vorstellung verschiedener Ansichten für den zweiten Teil aufgefaßt werden. Er geht dem zweiten Teil mehr aus pädagogischen und literarischen Gründen denn aus logischen voran. Sprache und Konzepte des ersten Teiles sollen die Behandlung und das Verständnis der Themen des zweiten Teiles erleichtern.

Unsere Erwartung einer kommenden Periode der Malaise ist bloß eine Hypothese, die sowohl zu optimistisch als auch zu pessimistisch sein kann. So könnten wir z. B. mit den Kräften, die zur Malaise führen, recht haben, ihre Stärke aber gleichzeitig unterschätzen. Wenn dem so sein sollte, so könnte sich die *Epoque de Malaise* leicht zur *Deuxième Mauvaise Epoque* wandeln, zu einer Epoche mit ähnlich traumatischen Ereignissen und Katastrophen, wie sie in der Periode von 1914 bis 1947 stattfanden. Von diesem Blickwinkel her betrachtet, können den potentiell schrecklichen Konsequenzen der modernen Technologie, speziell den Massenvernichtungsmitteln und ihrer wahrscheinlichen, schnellen Proliferation, nur die allergrößten Bedenken entgegengebracht werden.

Viele Leser, die gegenüber den weitherzigen Generalisierungen oder künstlichen Typologien des ersten Teiles skeptisch gewesen sein mögen, werden den relativ spezifischen Hinweisen im zweiten Teil weniger zurückhaltend gegenüberstehen. Sie werden daher die Diskussionen über die Probleme der heutigen Weltwirtschaft wie etwa Stagflation, gegenseitige Abhängigkeit, Energie, Geldwirtschaft, Schulden, Vertrauen, Moral und die durch Südkorea, Taiwan und Japan gegebenen Beispiele als den eigentlich interessanten Teil dieses Buches ansehen. Wir allerdings glauben, daß die umstrittenen und mehr philosophischen Themen des ersten Teiles mindestens ebenso, wahrscheinlich aber sogar wichtiger sind.

II. Teil
Die reale Welt

Kapitel 5
Wachsende Schwierigkeiten: Das Entstehen einer superindustriellen Wirtschaft – Malaise und Inflation

Die entstehende superindustrielle Wirtschaft

In diesem Kapitel behandeln wir die größeren Strömungen und Probleme der gegenwärtigen Weltwirtschaft. Die Theorien, Konzepte, Metaphern und Analogien, die wir im ersten Teil entwickelt haben, benützen wir hier mehr zur Bereicherung als zur Unterstützung der Abhandlung. Wir beginnen mit einem unserer wesentlichsten Konzepte, nämlich dem unmittelbar bevorstehenden Entstehen einer weltweiten superindustriellen Wirtschaft, in der die Projekte so riesig geworden sind, daß die externen oder unbeabsichtigten Effekte (die Wirtschaftsfachleute nennen sie „Externalitäten") wichtiger werden können als die primären (oder beabsichtigten) Produkte. Wird der Einfluß der superindustriellen Wirtschaft auf die soziale und physische Umwelt nicht unter Kontrolle gehalten, so wird er alles durchdringen und vielleicht zerstören.

Es gibt zwei Arten einer superindustriellen Wirtschaft: die *problemanfällige* und die *problemkontrollierte*. Zu einer problemanfälligen Wirtschaft kommt es, wenn die superindustrielle Wirtschaft zum ersten Mal in Erscheinung tritt (wie dies gerade jetzt in weiten Teilen der Welt passiert) und die externen Effekte noch neu, unklar und schwierig zu kontrollieren sind. Ihre Ergebnisse sind eine unzureichende und nicht angepaßte Technologie, schlechte Ausführung und mangelhafte Funktion. Wurden diese äußeren Einflüsse einmal unter Kontrolle gebracht oder doch sehr abgeschwächt, so haben wir es mit einer problemkontrollierten superindustriellen Wirtschaft zu tun.

Superindustriell muß nicht immer auch einen großen Aufwand bedeuten. So produzieren z. B. nicht mehr als drei Prozent der gesamten Arbeitskräfte der USA (d. h. Leute, die tatsächlich auf Farmen arbeiten) mehr als 95 Prozent der Nahrung und der Fasern (tierische und pflanzliche), die Amerika benötigt. (Jene Arbeitskräfte, die die Landwirtschaft durch Zulieferung diverser Produkte und Güter unterstützen, gehören dem Industrie- oder Dienstleistungssektor an.) Die USA sind daher eines jener Länder, die eine postindustrielle Landwirtschaft haben. Bedenkt man jedoch den riesigen Umfang und Einfluß, den die Landwirtschaft Amerikas auf die soziale, politische, wirtschaftliche und physische Umwelt hat, so erscheinen die USA sowohl postlandwirtschaftlich als auch superlandwirtschaftlich. Es sollte festgehalten werden, daß eine Wirtschaft im Prinzip eine jede der folgenden Kombinationen aufweisen kann: weder – noch, entweder – oder, beides. Soll jedoch letzteres auch wirklich zutreffen, so muß der superindustrielle Aspekt problemkontrolliert sein, andernfalls wäre die Wirtschaft nicht wahrhaft postindustriell.

Wir glauben, daß derzeit auf der ganzen Welt problemanfällige superindustrielle Wirtschaften sehr schnell im Entstehen begriffen sind – sicherlich aber entwickeln sie sich schneller als postindustrielle. Es ist dies einer der Gründe für die weitverbreiteten Bedenken hinsichtlich Energieversorgung, Rohstoffe und Umweltschutz. Ferner hat sich die postindustrielle Wirtschaft schon so weit entwickelt, daß sich eine ausreichend große Gruppe von Personen bilden konnte, nämlich die obere Mittelklasse im allgemeinen und die neoliberale Neue Klasse im besonderen, die bereits ein mehr oder weniger postindustrielles Lebensgefühl aufweist und sich gegenüber den Schwierigkeiten der Industrialisierung überempfindlich zeigt. Viele dieser Schwierigkeiten sind aber Pseudoprobleme – Probleme, die entweder überhaupt nicht existieren oder die nur für diese Gruppe bestehen.

Die Zahl der Leute, die in den FKN einer Beschäftigung in den sekundären Wirtschaftsbereichen nachgehen, ist heute konstant oder nimmt sogar ab; sonst allerdings nirgends. Dies ist jedoch nicht das Problem. Es ist vielmehr der Produktionsausstoß und es sind die möglichen Nebeneffekte, die ein Unternehmen zum Teil einer superindustriellen Wirtschaft machen, und nicht der Einsatz an menschlicher Arbeitskraft und anderen Ressourcen.

Wegen des schnellen Aufstiegs der Staaten mit Mittel-Einkommen – und zu einem geringeren Teil der armen Nationen – wächst der sekundäre Sektor im Hinblick auf Beschäftigte sehr schnell und was den Ausstoß betrifft vielleicht noch schneller. Während die Wachstumsrate des Bruttoweltproduktes ihren Höhepunkt mit etwa fünf Prozent schon erreicht hat (die Spitzenrate des auslaufenden Kurvenastes), so hat doch die absolute Wachstumsrate des Sekundärsektors weltweit ihren Höhepunkt noch nicht erreicht und wird ihn wahrscheinlich vor Ende dieses Jahrhunderts auch nicht erreichen. (Zu dieser Annahme gehört auch, daß die *Epoque de Malaise* anhält, ohne in die *Deuxième Mauvaise Epoque* abzufallen.)

Tafel 5.1 faßt einige Aspekte dieser beginnenden superindustriellen Wirtschaft zusammen. Viele Leser werden wegen dieser Tafel vielleicht heftige Bedenken haben, weil sie der Meinung sind, daß wir kaum mit den gegenwärtigen Problemen fertig werden, ganz zu schweigen von den Problemen, die auf uns zukommen. Ursprünglich wollten wir dieses Kapitel ja mit der Überschrift „Gegenwärtige Aktiva und positive Strömungen“ versehen, weil wir die Ansicht vertreten, daß fast jeder Punkt von Tafel 5.1 ein Aktivposten ist. Wir kamen aber bald dahinter, daß die Mitglieder der Anti-Wachstums-Triade praktisch jeden dieser Punkte als ein fürchterliches Problem ansehen würden. Unsere Meinung ist daher, daß zwar alle angeführten Punkte Probleme schaffen werden, es aber die meisten davon wert sind, gefördert zu werden.

Wir sind wegen der beginnenden problemanfälligen superindustriellen Wirtschaft besorgt, glauben aber auch, daß viele der Umweltschutz-, der Ökologie- und der Anti-Verschmutzung-Bewegungen zu früh kommen, wenn auch zum Teil nützlich verfrüht. Gegenwärtig wird durch Industrieaktivitäten entgegen der aufgebrachten öffentlichen Meinung weltweit relativ wenig Schaden angerichtet. Ausgenommen die Schwermetallindustrie und ähnliche Unternehmungen sowie gewisse spezielle Gebiete und Probleme, kann man berechtigterweise nur ganz wenig industrielle und verwandte Aktivitäten als die Ursache einer gegenwärtigen Krise ansehen. Jetzt allerdings sind die Möglichkeiten, größeren Schaden anzurichten, groß und werden während der nächsten ein oder zwei Jahrzehnte noch beträchtlich zunehmen.

Glücklicherweise sind die Institutionen, Techniken und Einstellungen, die für eine wirksame Kontrolle benötigt werden, schon seit einiger Zeit im Entstehen begriffen, und ihre Wirksam-

Tafel 5.1 Die wahrscheinlich entstehende „problemanfällige" superindustrielle Wirtschaft (1980–2000?)

1. *Ausmaß:* mehr oder weniger weltweit.
2. *Jährliche Produktion:* ein Bruttoweltprodukt von 10 bis 20 Billionen US-Dollar, 25 bis 40 Milliarden Barrel flüssige Brennstoffe (1 Barrel = ca. 159 Liter), 1,5 bis 3 Milliarden Tonnen Getreide, usw.
3. *Wachstumsrate des Bruttoweltproduktes:* 4 Prozent oder weniger pro Jahr (von den 5 Prozent der Deuxième Belle Epoque ausgehend).
4. *Weltbevölkerung:* 4,5 bis 6 Milliarden.
5. *Wachstumsrate der Weltbevölkerung:* 1,5 bis 3 Prozent pro Jahr (von den fast 2 Prozent der frühen siebziger Jahre ausgehend).
6. *Welthandelsvolumen:* Exportvolumen 1 bis 3 Billionen US-Dollar (Werte 1978).
7. *Externalitäten:* Umwelt- und Standortfragen können nicht mehr länger ignoriert werden – die externen Kosten müssen in der Regel internalisiert, d.h. in die betriebliche Kostenrechnung einbezogen werden und sie können andere Probleme stark beeinflussen.
8. *Größe von Unternehmensorganisationen:* Die größten werden Bruttoumsätze in der Größenordnung von 10 bis 100 Milliarden US-Dollar und/oder 500.000 bis 1 Million Beschäftigte haben – viele weltweite Organisationen mit 5 bis 10 Milliarden US-Dollar Umsatz und mehr als 100.000 Beschäftigten.
9. *Größe von Projekten:* Super-Häfen, Super-Industrieanlagen; eine Industrie für synthetische Brennstoffe in der Größenordnung von 20 bis 2000 Milliarden US-Dollar; weitere Aufschließung der Nordsee; James-Bay-Projekt (Kanada), Alcan-Projekt (Alaska-Kanada), andere arktische Pipeline-Projekte, usw.
10. *Größe von Einrichtungen:* 500.000-Tonnen-Flugzeuge, 5-Millionen-Tonnen-Raumplattformen; 1.500-Kilometer-Übertragungsleitungen; Antennengebilde in Erdumlaufbahnen mit einer Ausdehnung bis zu 5 Kilometern; Elektrische Kraftwerke mit einer Leistung von 2.000 Megawatt; vielleicht 1-Million-Tonnen-Tanker; Anlagen für die Erzeugung synthetischer Brennstoffe mit einer Tagesleistung von 50 bis 200.000 Dry Barrel (1 Dry Barrel – bbl. – = 115,6 l).
11. *Weltenergieverbrauch: $90 \cdot 10^{12}$ bis $300 \cdot 10^{12}$ kWh/Jahr.*
12. *Wahrscheinlicher Wendepunkt:* (in Prozent-Wachstumsraten) wird sowohl für die Weltbevölkerung als auch für das Bruttoweltprodukt in den frühen 70er Jahren durchlaufen werden.
13. *Typische Probleme:* (siehe die technologische Krise von 1985, die vierzehn neuen Schwerpunkte und den weltweit unausgeglichenen Arbeitsmarkt).
14. *Typische Möglichkeiten für „Gott, Gold und Glorie"* (oder Ehre, Reichtümer und Ruhm)[a] Siehe dazu den Rest dieses Kapitels und die Diskussion über die Ideologien der Futurologie und das Paneqole-Programm in Kapitel 8.

keit vergrößert sich ebenso wie ihre Fähigkeit, mit den Problemen zu Rande zu kommen. Es ist nicht unwahrscheinlich, daß wir in unserer Kultur bald deutliche Veränderungen bemerken werden, die im Zusammenhang mit diesen neuen Institutionen stehen. (Einige davon werden wahrscheinlich mit Versionen der Vierzehn Neuen Schwerpunkte oder der „Heirat zwischen Garten und Maschine" korrespondieren.) So gesehen wird die Reihenfolge, die wir in den Kapiteln 1 und 2 angegeben haben – zuerst die superindustrielle Wirtschaft, dann die Institutionen und dann die Kultur, bevor wir zu einer harmonischen Gesellschaft gelangen – teilweise umgedreht. Die Institutionen tauchen schon auf, und die Kultur wandelt sich etwa zu dieser Zeit oder sogar noch früher, als sich die neue Wirtschaft voll entwickelt hat.

Die Beteuerung, daß die gegenwärtigen industriellen Aktivitäten relativ wenig Schaden anrichten, werden viele Leute als bemerkenswert gefühllos, wenn nicht gar als schlicht und einfach dumm empfinden. Es gibt allerdings einige ganz einfache Prüfmethoden, um zu verläßlichen Ansichten in solchen Fragen zu gelangen. Eine dieser Methoden besteht darin, zu prüfen, ob Lebens- oder Krankenversicherungen im Falle solcher Aktivitäten höhere Beiträge einplanen. Man wird sicherlich zustimmen, daß eine Versicherungsanstalt im Durchschnitt an solche Fragen mindestens ebenso interessiert und sorgfältig herangehen wird wie die davon Betroffenen. Bei diesem Test könnte man nun z. B. feststellen, daß mit Ausnahme der Schwermetallindustrie, von starken Rauchern und abgesehen von einigen speziellen Industrieproblemen die Kranken- oder Lebensversicherungsbeiträge in den FKN im großen und ganzen kaum nach geographischen Gebieten oder nach Berufen, die mit Technologie und Industrialisierung zu tun haben, schwanken.

Eine deutliche Ausnahme ist hier das Auto. In den USA sterben jährlich etwa 50 000 Personen bei Verkehrsunfällen, und etwa eine Million oder noch mehr werden dabei verletzt. Die externen Wirkungen des Autos sind sehr stark. Nicht nur Leben und Gesundheit, sondern die gesamte physische Struktur der Gesellschaft sind davon betroffen. Die meisten Amerikaner aber sind der Mei-

---

[a] Hier handelt es sich um die moderne Form von „Gott, Gold und Ruhm", einem Ausdruck, den Napoleon („Dieu, d'Or, Gloire") in einer bekannten Rede an die Armee vor der Invasion Italiens verwendete. Natürlich bezieht sich dieses „Gott, Gold und Ruhm" auf die Beweggründe der Entdecker und Abenteurer des siebzehnten und achtzehnten Jahrhunderts.

nung, daß dies immer noch ein gerechtfertigter Preis für dieses äußerst praktische und nützliche Transportmittel ist. Allerdings entwickelt sich unter den Eliten der oberen Mittelklasse fast aller wohlhabenden Länder ein geradezu manischer Haß gegen das Auto. Nichtsdestoweniger glauben wir, daß das Zeitalter des Automobils noch in seiner Jugendphase steckt. Heute gibt es rund 300 Millionen Autos auf der Welt; unserer Erwartung nach wird sich diese Zahl bis zum Ende des Jahrhunderts verdoppeln bis verdreifachen. Autobesitzer sind nach wie vor Mitglieder eines exklusiven Klubs, der allerdings in nächster Zukunft viel von seiner Exklusivität einbüßen wird. Je mehr Leute dann aus der Arbeiter- und der Mittelklasse zu Autobesitzern werden, um so stärker werden auch die Mitglieder der oberen Mittelklasse ihre Abneigung gegen das Auto und ihre Verachtung gegenüber der angenommenen Leidenschaft des „Spießers" für ein persönliches Fahrzeug zeigen. Zum Teil wird diese Feindschaft auch durch eine Reihe von offensichtlichen Ärgernissen wie Verkehrsstockungen und Luftverschmutzung verursacht, die zwar in vielen Ländern schon unter Kontrolle sind, aber heute weit weniger toleriert werden als in der Vergangenheit. Die Hauptprobleme dabei sind jedoch nach wie vor klassenbezogen – wozu nicht nur Geschmacks- und Wertfragen gehören, sondern auch Sozialprestige und Klassenidentifikation.

Wir sind nicht sicher, ob das Auto so gut unter Kontrolle gehalten wird wie die meisten anderen Ergebnisse der Wirtschaftsentwicklung und des technologischen Fortschritts. Ziemlich sicher werden die Motoren der meisten gegen Ende des Jahrhunderts hergestellten Autos keine giftigen Abgase erzeugen – zumindest jene, die in den FKN zum Einsatz kommen, also in Ländern, die heute mit Luftverschmutzungsproblemen zu kämpfen haben. Außerdem ist anzunehmen, daß sich in diesen Staaten die meisten, wenn auch nicht alle Probleme im Zusammenhang mit Unfällen und ausgedehnten Verkehrsstauungen um vieles bessern werden. Technologische oder institutionelle Maßnahmen könnten sich entwickeln, die die Zahl der Verkehrsopfer deutlich reduzieren. Ähnliches gilt auch für andere Gebiete, auf denen Gefahren – vor allem für Kinder – entstehen.

Eine übermäßige Absicherung, eine umfassende Vor- und Fürsorge, eine Welt, die alle Fehler verzeiht, kann allerdings verheerende Folgen haben. Zumindest in den wohlhabenden Ländern wird es in Zukunft eher das Problem des übermäßigen Verwöhnens geben als jenes einer heute so häufig von der Anti-Wachstumstriade gezeichneten, grausamen, verhärteten und destruktiven Gesellschaft. Einer Gesellschaft aus habgierigen, nur Profite um jeden Preis anstrebenden Geschäftsleuten.

Aller Wahrscheinlichkeit nach werden die physischen Probleme einer superindustriellen Wirtschaft in den FKN in nur zwei bis drei Jahrzehnten größtenteils überwunden sein, während sie in den Entwicklungsländern entweder vermieden werden können oder zumindest um vieles leichter lösbar sein werden. Dieser Prozeß wird jedoch andere soziale und psychologische Anforderungen mit sich bringen.

Es gibt drei wichtige Gründe, die vermuten lassen, daß man Probleme dieser Art relativ gut in den Griff bekommen wird. Der erste und wichtigste Grund ist, daß wir die notwendigen und entsprechend anspruchsvollen Technologien schon entwickeln.

Zweitens, und das wird durch den ersten Grund bestätigt, widmen wir diesen Problemen bereits sehr viel Aufmerksamkeit, unserer Meinung nach gegenwärtig sogar zuviel, indem wir die nötigen Mittel für ihre Lösung aufwenden und Einschränkungen vornehmen. Obzwar die Behandlung dieser Probleme also nicht gerade nach Kosten-Nutzen-Gesichtspunkten erfolgt, ist sie aber wahrscheinlich ein gutes Training und eine gute Erziehung für das, was auf uns zukommt. Entsprechende Forschungen und Planungen werden dadurch initiiert, was vielleicht ebensosehr zur Vorbeugung wie zur Heilung beitragen wird.

Drittens schließlich haben die wohlhabenden Länder der Erde den alles entscheidenden Wendepunkt bei ihren Wachstumsraten bereits überschritten. Das Wirtschaftswachstum wird zwar weiterhin mit hohen Raten voranschreiten und mag in absoluten Zahlen sogar noch zunehmen, prozentuell aber wird es zurückgehen. Das erleichtert schon jetzt vieles und sollte *letztlich* helfen, alle Probleme abzubauen. Wir glauben, daß sie Mitte der achtziger Jahre ihren Höhepunkt überschritten haben werden. Die Verwirrung und Besorgnis darüber gehören zu den Verursachern der gegenwärtigen Malaise.

Kommt es 1985 zu einer technologischen Krise?

Das Konzept einer 1985 eintretenden technologischen Krise dürfte als erstes von einem der intelligentesten und weisesten Menschen, die je gelebt haben, vorgelegt worden sein – von dem verstorbenen großen Mathematiker John von Neumann. Er sagte schon 1955:

„Die Welt selbst befindet sich in einer schnell heranreifenden Krise – einer Krise, die der Tatsache zuzuschreiben ist, daß die Umwelt, in der der technologische Fortschritt vor sich gehen muß, sowohl unterdimensioniert als auch unterorganisiert ist...

In der ersten Hälfte dieses Jahrhunderts... war diese Sicherheit... im wesentlichen eine Frage des geographischen und politischen *Lebensraumes*: ein sich immer stärker ausweitendes geographisches Feld zur Abwicklung technologischer Aktivitäten im Zusammenhang mit einer vielleicht noch stärkeren politischen Integration der Welt. Innerhalb dieses sich ständig as sdehnenden Rahmens war es möglich, die durch den technologischen Fortschritt verursachten Spannungen rechtzeitig aufzufangen.

Dieser Sicherheitsmechanismus wird nun stark eingeschränkt; wortwörtlich wie im übertragenen Sinn geht uns der Raum aus. Schlußendlich bekommen wir nun doch die Auswirkungen der begrenzten und tatsächlichen Größen der Erde auf eine kritische Weise zu spüren.

Die Krise entstammt daher nicht zufälligen Ereignissen oder menschlichen Irrtümern. Sie liegt in der Beziehung der Technologie zur Geographie einerseits und zur politischen Organisation andererseits begründet... in den Jahren zwischen heute und 1980 wird sich die Krise wahrscheinlich weit über alle bisher dagewesenen Formen hinausentwickeln. Wann oder wie sie enden wird – oder zu welchen Ergebnissen sie führen mag –, das kann niemand sagen.“[1]

Viele Analytiker der RAND-Corporation waren damals von diesen Ansichten sehr beeindruckt. Nachdrucke des vollständigen Artikels wurden in den sechziger Jahren bei etwa der Hälfte aller am Hudson-Institut abgehaltenen Seminare verteilt. Dies führte schließlich zu einer Liste von rund 70 Problemen (zusammengefaßt als „Die technologische Krise von 1985“), die, wie wir annahmen, einige der wahrscheinlichen zukünftigen Sorgen verdeutlichen würden.[2]

Betrachtet man die Auswirkungen eines Großteils der modernen Aktivitäten auf die Umwelt nicht vom Standpunkt vitaler Gesundheitsfragen oder als Ursache ernsthafter Einschränkungen der Lebenserwartung, sondern von einem ästhetischen Standpunkt aus, so leben wir schon seit sehr langer Zeit mit der „Krise“, – nämlich seit dem Bestehen der frühesten Städte. Praktisch jede realistische Beschreibung der antiken, mauerumgebenen Städte oder auch der Städte des 18. und 19. Jahrhunderts läßt erkennen, welch ein ästhetischer Horror sie sowohl für den einfachen Mann (d. h. für Sklaven oder Arbeiter) als auch häufig genug für die Oberschichten waren. Um das Jahr 2000 herum, oder doch bald danach, werden die Länder Nordwesteuropas und Nordamerikas sowie Japan wahrscheinlich in einem vernünftigen Maß mit reiner Luft, reinem Wasser und einer ästhetischen Landschaft leben können, während sie gleichzeitig zwei- bis dreimal soviel produzieren wie heute. Diese phantastische Leistung wird weniger auf

Grund von Beschränkungen erreicht werden (obwohl diese eine wichtige Rolle spielen) als vielmehr durch Wohlstand, hochentwickelte Technologien und entsprechende Planung.

Man könnte behaupten, die gegenwärtigen Anstrengungen kämen in vieler Hinsicht um fünf bis zehn Jahre zu früh, zumindest was ihre ungeheuren Kosten und die verursachte Zerrüttung betrifft. Die USA etwa nehmen hier ökonomische und soziale Kosten auf sich, die einfach zu groß sind. Bei der Bewältigung ihrer Energieprobleme beispielsweise wird die Energienutzung übermäßig durch laufende Versuche zur Reinhaltung der Umwelt behindert und die Energieerzeugung aus demselben Grund vielleicht noch mehr. Der Erfolg ist, daß die Wirtschaftsentwicklung stärker gebremst wird, als es zu einer Zeit gut ist, in der es besser wäre, sie zu beschleunigen. Es wäre jedoch ein Fehler, wollte man versuchen, eine soeben im Entstehen begriffene „problemanfällige, superindustrielle Wirtschaft" mittels Feinabstimmung und eines genauen Zeitplans in den Griff zu bekommen. Im großen und ganzen dürften daher die Dinge zeitlich doch recht vernünftig aufeinander abgestimmt worden sein. Wir beladen uns mit unmäßigen Kosten und anderen Fehlern, weil die Bewegung zu früh kommt und häufig übertriebene sowie allein emotionell bedingte Prioritäten setzt. Dennoch sind diese Kosten wahrscheinlich noch gering, verglichen mit jenen, die wir damit vermeiden. Würde man diese Anstrengungen sehr viel stärker zurückhalten, so würden die entsprechenden Lernprozesse, Erziehungsanstrengungen, Institutionen, das nötige Personal und eine getestete und verläßliche Technologie erst ein oder zwei Jahrzehnte später entstehen und wir durch echte anstatt bloß fiktive Desaster zur Handlung gezwungen werden.[3]

Wir sind nicht sicher, ob sich unsere optimistische Sicht einer weitgehenden Lösbarkeit dieser Probleme für die FKN auch auf die Welt als Ganzes ausdehnen läßt. Viele Gebiete werden diesen Fragen gegenüber eine ganz andere Einstellung haben. Wenn wir auch nicht glauben, daß die ganze Welt unter der mangelnden Kooperationsbereitschaft irgendeines ihrer größeren Teile leiden wird, so könnten bestimmte Gebiete dennoch schwerwiegende, lokale Schwierigkeiten bereiten. Und natürlich wird vieles, gegen das die Anti-Wachstum-Triade am heftigsten opponiert, schlimmer werden als je zuvor (wie z. B. die „Touristen-Verschmutzung", d. h. die Mittelklasse, die in ihre Spielgründe eindringt und nicht mehr länger als verläßliches und billiges Dienstpersonal für sie arbeiten will).

Die entstehende superindustrielle Gesellschaft – aufregend und doch auch bedrohlich – ist der Schlüssel zu einem unserer Hauptthemen. Alle Menschen, die durch das Auftauchen der problemanfälligen superindustriellen Wirtschaft verängstigt, verschreckt, abgestoßen, eingeschüchtert, verärgert oder zornig werden, müssen es hinnehmen, daß man ihnen eine geringe moralische Kraft unterstellt. Wie sehr sie die Veränderungen auch bekämpfen mögen, so können sie doch nur wenig tun, um die weltweite Bewegung aufzuhalten. Sie mögen für ihre unmittelbare Umgebung, ja sogar vielleicht für ihr Heimatland ernsthafte Kosten und andere Probleme verursachen, sie werden aber die Entwicklung weder in den Mittel-Einkommen-Staaten noch in den armen Ländern aufhalten – und wahrscheinlich auch nicht in den meisten der wohlhabenden Länder. Daher sind die Menschen, die da meinen, die kommende Gesellschaft werde die Erde über ihre Tragfähigkeit hinaus beanspruchen, auch besonders deprimiert.

Die jungen Leute aber, die an der Protestbewegung nur deswegen teilnehmen, weil sie ihre Freizeit ausfüllen und mit anderen gleichgesinnten Jugendlichen zusammen sein wollen – d. h. für die diese Bewegung ein Teil des „Erwachsenwerdens" ist –, werden sich dabei amüsieren, auch wenn sie den Krieg nicht gewinnen, sondern nur eine Schlacht hier und ein Geplänkel dort. Und jene, die den schwierigen Prozeß ganz einfach leichter machen wollen, die wahren „Umwelt-Schützer", werden in Japan, in Nordwesteuropa und in Nordamerika die meisten ihrer Ziele erreichen.

Die überwiegende Mehrheit der Menschen auf der Erde teilt unsere Ansicht über eine komplizierte, komplexe und wahrscheinlich ein wenig gefährliche Übergangsperiode, die insgesamt gesehen und immer vorausgesetzt, es kommt nicht zu allzu vielen, bösen Unglücksfällen oder sehr schlechtem Management, durch steigenden Lebensstandard und eher weniger durch mehr Opfer gekennzeichnet sein wird. Schließlich und endlich wird man mit fast allen Problemen auf eine – zumindest an Mittelklassestandards gemessene – zufriedenstellende Weise fertig werden, und es wird zu einer echten postindustriellen Gesellschaft kommen. Haben wir einmal gelernt, mit den verschiedenen Auswirkungen der superindustriellen Gesellschaft fertig zu werden, und sind wir in der Lage, sie zu kontrollieren, so daß die unbeabsichtigten Einflüsse auf die soziale und physische Umwelt geringer sind als die beabsichtigten, dann wird diese Gesellschaft auch nicht länger mehr problemanfällig sein. Sie wird dann mehr einem modernen Wasserversorgungs- oder Abwasseraufbereitungssystem gleichen, das auch nur noch einer professionellen Überwachung bedarf, um einen hohen Wirkungsgrad zu erreichen und ihn auch aufrechtzuerhalten.

Die Möglichkeiten einer befriedigenden Lösung solcher wichtiger Fragen wie Energieversorgung, Umweltverschmutzung, Sicherheit und Gesundheit durch die Technologie sollten nicht unterschätzt werden, obwohl das häufig der Fall ist. Die erstaunliche Geschichte der Wissenschaft und Technologie im 19. und 20. Jahrhundert bezeugt, daß Lösungen für die physischen Nöte der Gesellschaft normalerweise immer sehr schnell zur Hand waren, wenn man einmal erkannt hatte, daß diese Nöte dringend und lösbar waren. Ob das nun für die Rüstung, den Handel, für Expeditionen, für das Reisen oder die Erholung galt, Technologie und Wohlstand konnten bemerkenswerte Lösungen innerhalb annehmbarer Zeiträume anbieten. (Wir geben zu, daß diese Schlußfolgerungen für eine wirkungsvolle Rüstungskontrolle oder für Probleme der Genmanipulation nicht zutreffen müssen.)

Bei näherer Betrachtung der Anstrengungen, die derzeit unternommen werden, zeigt sich, daß für Fragen der Umweltverschmutzung, des Verkehrs, der Rohstoffe, der Ökologie und ähnlicher Probleme oft eine oder auch mehrere technologische Lösungen erreicht werden können. In der Regel wird man allerdings Zeit und Geld benötigen, um sie zu entwickeln und zu installieren. So besteht z. B. nur wenig Zweifel daran, daß man den Schadstoffausstoß bei kohlebefeuerten Kraftwerken um einen Faktor zehn oder mehr drücken kann. Die schon bestehenden Kraftwerke aber daraufhin umzurüsten ist kostspielig, umständlich und manchmal auch gar nicht durchführbar. Selbst bei Neukonstruktionen können die Kosten bei Einhaltung dieses Standards und bei den gegenwärtig geltenden Sicherheitsvorschriften exorbitant hoch werden. Es ist jedoch zu erwarten, daß eine Reihe von vielversprechenden Technologien (wie z. B. die Verbrennung der Kohle nach dem Wirbelschichtverfahren oder der Einsatz von Kohle, die durch Solventextraktion veredelt wurde) innerhalb eines Jahrzehnts kommerziell anwendbar ist. Ist es einmal soweit, so wird das Problem eines übermäßigen Schadstoffausstoßes bei neuen Kraftwerken größtenteils nicht mehr existieren. Die älteren Werke werden entweder toleriert, umgerüstet oder stillgelegt werden. Unglücklicherweise muß die Zeit, die man für die Entwicklung praktikabler technologischer Lösungen benötigt, häufig in Jahrzehnten gemessen werden.

Oft hört man die Klage, neue Technologien würden nur neue

Probleme schaffen, die ihrerseits wieder neuer Lösungen bedürfen. Obwohl dieses Argument in seiner reinsten Form vermuten läßt, zuallererst hätte einmal die Technologie gar nicht eingeführt werden sollen, so sind wir der Meinung, daß man dabei nur zu leicht den Nettogewinn übersieht. Tatsächlich werden die Gewinne in zunehmendem Maße für selbstverständlich hingenommen und nur die Verluste bedacht. In einigen Fällen haben diese Klagen jedoch auch ihre Vorteile. In der Vergangenheit, als es für die Umweltverschmutzung noch keine Beschränkungen gab, verlangte man von den Ingenieuren, daß sie Stahlwerke und Autos bauen sollten. Sind nun die Industriellen für diese „Außerachtlassung" verantwortlich zu machen? Oder die Politiker? Oder die Bankiers? Kaum! In den meisten Fällen war das Problem einfach nicht so schlimm oder die weniger anstößige Technik nicht so gut, daß die Gesellschaft (z. B. die Konsumenten) gewillt gewesen wäre, für eine weniger störende Technologie auch einen höheren Preis zu zahlen.

Daß man sich des Abfalls mehr oder weniger sorglos entledigte, falls dies nicht durch Gesetz oder Konventionen besonders geregelt wurde, war zu allen Zeiten ein gängiges Verhalten des Menschen. Die Gesellschaft muß daher ihre Standards nach ihren Wünschen festsetzen und darf sich sonst nichts mehr erlauben und auch nicht mehr erwarten. Falls die USA in dieser Hinsicht vor Mitte der sechziger jahre etwas nachlässig waren, so holen sie die verlorene Zeit jetzt auf. Sehr viel wurde schon erreicht, und mit ein oder zwei Ausnahmen verschlechtert sich die Lage nicht mehr. Die alternativen Technologien werden besser, der Wohlstand ist höher und die Maßstäbe steigen ständig. Die neuen Technologien werden dazu verwendet, um den neuen Standards, die gesetzt wurden und werden, gerecht zu werden.

In etwa weiteren zwanzig Jahren werden zwar noch nicht alle Probleme gelöst sein, man wird aber dennoch sehr viel erreicht haben. Die Aussichten für die Zukunft werden günstig sein, und die jetzt so lautstarke Umweltschutzbewegung wird wahrscheinlich an Intensität verlieren. Zu diesem Zeitpunkt werden neue Vorgangsweisen zur Routine geworden sein, wozu auch solche gehören, die die Aufmerksamkeit der akademischen Welt auf weitere mögliche neue Bedrohungen durch die entstehenden superindustriellen Projekte lenken. Es ist dies eine relativ neue Entwicklung, die aber sicherlich zu einer permanenten Einrichtung werden wird. Die Technologie wird die ihr zustehende Rolle als Diener der Menschen und nicht als ihr Herr einnehmen – eine

Rolle, die eine wohlhabende und technologisch fähige Gesellschaft sowohl fordern als auch erfüllen kann.

Nachdem wir die groben Umrisse einer weltweit entstehenden superindustriellen Wirtschaft beschrieben haben, wenden wir uns nun einer detaillierteren Diskussion spezifischer Aussichten und Probleme zu, die, wie wir glauben, in Begleitung der superindustriellen Wirtschaft auftauchen werden. Zuerst wollen wir die möglichen Vor- und Nachteile der neuen Technologie untersuchen, die ein integraler Teil einer superindustriellen Wirtschaft sind. Dann werden wir unsere Aufmerksamkeit Energieproblemen zuwenden und anschließend drei verschiedene, aber signifikante Aspekte der im Entstehen begriffenen superindustriellen Wirtschaft durchdiskutieren: dazu gehören die transnationalen Gesellschaften, das entstehende Handels- und Investmentgebiet des pazifischen Raumes, und der weltweite Einfluß des Tourismus.

Neue Technologie

Bezüglich der langfristigen Zukunftsaussichten sind wir angesichts des technologischen Fortschritts ebenso optimistisch wie besorgt. Obwohl die aufgewandten Geldmittel wahrscheinlich etwas geringer werden, so schreitet die angewandte Technologie doch in einer großen Zahl von Labors mit weiterhin unfaßbarem Tempo voran, wobei oft Methoden angewandt werden, die nur teilweise erprobt sind. Wenn auch die meisten dieser neuen Technologien zum Guten gereichen, so sind doch einige von ihnen auch bedrohlich.

Bis zur Erfindung der Atombombe hätte man nur schwerlich eine so bedrohliche Technologie finden können, daß die meisten Menschen das Gefühl gehabt hätten, ihre schlechten Seiten würden die guten auf einfache und direkte Weise überspielen: daß mehr Leute getötet, verletzt oder in ihrer Gesundheit schwer geschädigt würden, als andere davon profitieren. Hierbei schließen wir die subtilen, philosophischen, psychologischen und kulturellen Schäden nicht mit ein, die Technologie und Wissenschaft verursachen können. Wissenschaftler wie Kopernikus, Freud, Pawlow, Einstein und die Schöpfer der Quantenmechanik und Marx beeinflußten alle die Psyche und das Bild, das der Mensch von sich selbst hat. In mancher Hinsicht hob die Technologie den Menschen auf die Stufe von Prometheus, Faust oder selbst eines Gottes; in anderer Hinsicht aber stürzte sie den Menschen als das Ebenbild Gottes, das im Zentrum der Schöpfung steht, hinab zu einer vorprogrammierten, chemisch und physikalisch bestimmten Maschine, die sich in einem unbedeutenden Winkel des Universums befindet.

Mit ihren einfachen, direkten Methoden, Tod und Zerstörung zu bringen, und in ihren wirklich völlig neuen Möglichkeiten, die Kontrolle über die eigene Schöpfung zu verlieren, stellt die Kernenergie das erste „Geschenk" aus Pandoras Büchse dar. Anders aber als im Mythos der Pandora dürfen wir die Hoffnung nicht in der verschlossenen Büchse zurücklassen. Wir müssen die positiven gegen die negativen Aspekte abwiegen.

Tafel 5.2 gibt ein Dutzend Technologien an, die sich innerhalb der nächsten zwei bis drei Jahrzehnte zu einem ganz ungewöhnlichen Grad entwickeln könnten. An allen von ihnen wird derzeit gearbeitet, und einige davon wird es in allernächster Zukunft schon geben.

In Tafel 5.3 zeigen wir das Tempo bei der Entwicklung raumfahrtorientierter Technologien, wobei wir zugleich ein Bild des ungeheuren Wachstums der Gebiete höchstentwickelter Technologien geben. Wir würden zu weit abweichen, wollten wir über alle in den Tafeln 5.2 und 5.3 angegebenen Punkte ausführlich referieren. Es soll genügen, wenn wir darauf hinweisen, daß all diese sich schnell entwickelnden Technologien aufregende, positive Ergebnisse für die nächste Zukunft erwarten lassen.

Energiefragen

Wie steht es nun mit der Energie, die die superindustrielle Gesellschaft benötigen wird?[4] Wissenschaftler und Techniker sind sich darin einig, daß bei einem ausreichenden Forschungs- und Entwicklungsaufwand noch vor dem Jahr 2000 etliche neue Technologien zur Verfügung stehen werden, die die Welt mit fast unbegrenzten Mengen wirtschaftlicher und reiner Energie aus erneuerbaren oder unerschöpflichen Quellen versorgen könnten. Die technologisch fortgeschritteneren Länder wären imstande, um das Jahr 2025 herum den Großteil ihres Energiebedarfs aus diesen Ressourcen zu decken. Einige dieser Quellen könnten auch schon vielen Entwicklungsländern zur Verfügung stehen. Außerdem werden uns die konventionellen und gegenwärtig unkonventionellen fossilen Brennstoffe für weitere Jahrhunderte erhalten bleiben. Trifft man daher die richtigen Entscheidungen, so haben unsere Enkelkinder voraussichtlich unter keiner Energiekrise zu

Tafel 5.2
Sich rasch entwickelnde Technologien

1. Neue und in großem Überfluß vorhandene Quellen gasförmiger und flüssiger Brennstoffe.
2. Andere unerschöpfliche und relativ billige Energiequellen.
3. ,,Umweltbelastungsfreie" Industrien und Transportsysteme[a]
4. Auffinden und Gewinnen von mineralischen Rohstoffen.
5. Konventionelle Landwirtschaft, unkonventionelle Landwirtschaft und künstliche Nahrungsmittel.
6. Fortschritte im Werkstoffbereich bei Fasern, Schäumen, Verbundstoffen, keramischen Stoffen, Kristallen, polymeren Stoffen und Klebstoffen.
7. Befähigung und Mittel zur Mensch-Maschine-Kommunikation.

A. Hardware im Jahr 2000:	*(Verbesserungsfaktor)*
● Rechengeschwindigkeit	$10-10^3$
● Speicherkapazität	10^5-10^{10}
● Zuverlässigkeit	10^3-?
● Informationsübertragungsquote	10^3-10^5

B. Software im Jahr 2000:	*(Verbesserungsfaktor)*
● Datenverdichtung	2-1000
● Programmierproduktivität	10-100
● Kommunikation in gesprochener Sprache	?
● Automatische Programmierung	?

8. Automation: Verbesserte Maschinen
   Fernbedienungseinrichtungen
   Roboter
   Intelligente Roboter
9. Biotechnik und genetische Technik in Landwirtschaft und Viehzucht[b]
10. Andere ,,Bio"-Wissenschaften (wie z.B. Biophysik, Biochemie).
11. Ultrasensible Sensoren zur Anwendung in Satelliten und anderen Bereichen.
12. Anderes ,,exponentielles" Wachstum bei kommerziellen Weltraumunternehmungen.

---

[a] Es gibt keine Technik, die absolut frei von Umweltbelastungen wäre, die meisten Menschen werden aber die genannten Techniken als faktisch umweltbelastungsfrei ansehen.

[b] Wir lassen hier die Anwendungsmöglichkeiten auf den Menschen bewußt aus, da eine Vielzahl dieser Möglichkeiten Aspekte besitzen, die von vielen Menschen, eingeschlossen mich selbst, als Bedrohung empfunden werden.

Tafel 5.3 Beispiele für den Fortschritt in der Weltraumtechnologie

System	*1960*	*1975*	*1990*	*2000*
1. Raumfähre: Nutzlastkapazität (kg)	10	100.000	$0{,}5 \times 10^6$ (wiederverwendbar)	10^6 (wiederverwendbar)
2. Nachrichtensatellit (Kanäle)	15 (Niedrige Umlaufbahn)	15.000 (Synchron)	100.000 (Synchron)	10^6 (Synchron)
3. Informationsübertragung (Mars-Erde) Bits/Sekunde	8	10^5	10^7	10^9
4. Manntage/Weltraummission	0.1	250	10^5	5×10^5
5. Auflösungsvermögen (km)	5 (niedrige Umlaufbahn)	0,1 (niedrige Umlaufbahn)	0.05 (erdsynchrone Umlaufbahn)	0.02 (erdsynchrone Umlaufbahn)
6. Datenspeicherung	15 Seiten (0.5 Megabits)	2.000 Bücher (20 Gigabits) (300 Seiten je Buch)	1/2 Kongreßbücherei (8.000 Gigabits)	10 Kongreß-büchereien[a)]
7. Energiespeicherung (KWh/kg)	0,04	80	1.600	2.400
8. Aktive Schaltelemente/cm^3	0,25	7.000	3×10^7	10^9-10^{11}
9. Computer-Rechengeschwindigkeit im Weltraum (Operationen/Sekunde)	$0{,}002 \times 10^6$	$0{,}5 \times 10^6$	30×10^6	100-1.000×10^6
10. Transportkosten in die Erdumlaufbahn (US-Dollar/kg)	20.000	500	50-100	20-60
11. Positionsfehler (Meter)	1.000	50	0,1	0,02
12. Fehlerquote (Megabits)	10^{-2}	10^{-4}	10^{-6}	10^{-7}-10^{-9}

Quelle: William Brown und Herman Kahn: *Long-Term Prospects for Development in Space (A Scenario Approach),* HI-2638-RR (Croton-on-Hudson, N.Y.: 1977), S. 75

a) Die „Library of Congress", die Kongreß- und Nationalbibliothek in Washington D.C., ist die größte Bibliothek der USA mit einem Gesamtbestand von derzeit rund 75 Millionen Bänden. Anm. d. Ü leiden. Sollten sich dazu noch die FKN schnell auf die neuen Energietechnologien umstellen, so würden sie damit den Druck von den traditionellen Brennstoffen nehmen, und es würde dann mehr „natürliches" Öl und Gas für die weniger entwickelten Nationen zur Verfügung stehen. Natürlich bleiben noch viele Fragen bezüglich der Langzeiteffekte verschiedener Energietechnologien auf die Umwelt offen, im Moment scheinen sie uns aber nicht mit irgendwelchen unvermeidlichen oder unmittelbaren Gefahren zu konfrontieren. Gelänge es uns, zumindest teilweise noch im frühen 21. Jahrhundert auf nichtfossile Energiequellen umzusteigen, so würden sich die Möglichkeiten solcher Gefahren überdies weiter verringern. Eine verstärkte Verwendung unserer fossilen Brennstoffquellen innerhalb der nächsten 25 Jahre käme daher weder einer Beraubung der Armen oder unserer Enkelkinder gleich, noch würden wir damit die Welt gefährden – vorausgesetzt, wir beginnen sofort mit den entsprechenden langfristigen Programmen.

Eines dieser Langzeitprojekte, das als Absicherung gegen die vielen Unsicherheiten und als Verhandlungsgegenstand gleichermaßen nützlich sein könnte, ist das in den Vereinigten Staaten ins Auge gefaßte 200-Milliarden-Dollar-Projekt zur Erzeugung von synthetischem Brennstoff.[5] Einer der Gründe dafür, daß diese Absicherung wünschenswert erscheint, ist nicht zuletzt darin zu sehen, daß die Kosten des durch dieses Programm erzeugten Brennstoffes, berücksichtigt man die Auswirkungen der Inflation in der normalen Kalkulation, statt mit den üblicherweise angenommenen 15 bis 30 US-Dollar pro Barrel nur mit 8 bis 16 Dollar zu Buche schlagen werden.

Es könnte allerdings eine Reihe günstiger Ereignisse eintreten, die uns veranlassen würden, das in Erwägung gezogene Programm zur Erzeugung synthetischer Brennstoffe noch auf die eine oder andere Weise abzuändern. So gesehen wäre es auch unverantwortlich, unsere Gesellschaft unwiderruflich mit den Kosten von 200 Milliarden Dollar für so ein Programm zu belasten. Einige der vielen Möglichkeiten für eine solche günstige Entwicklung sind folgende:

1. „Unerwarteter" Erfolg bei der *Energiekonservierung* entweder durch erhöhten Wirkungsgrad (durch verbesserte Arbeitsweise oder Konstruktion) oder durch Sparmaßnahmen (d. h. Konsumverzicht), wobei diese Möglichkeiten in erster Linie durch höhere Preise und gesetzliche Maßnahmen

durchzusetzen wären und erst in zweiter Linie durch entsprechende Appelle.

2. Unerwarteter Erfolg bei der *konventionellen Gewinnung von Erdgas und Erdöl* (d. h. Glück, unterstützt durch veränderte Preiserwartungen, eine verbesserte Technologie und raschere sowie vernünftigere, reglementierende Maßnahmen).
3. *Technologische Durchbrüche* bei der Auffindung und Förderung von konventionellem Erdöl und Erdgas (z. B. bei den analytischen und technischen Mitteln der Exploration, Förderung und Verarbeitung).
4. *Eine erfolgreiche und beschleunigte weltweite Entwicklung* vieler bekannter Energiequellen: die Kohlenwasserstoff-Vorkommen von Alaska, Schweröle und Teersande in Venezuela und Kanada, eine erweiterte Produktion in vielen Nicht-OPEC-Ländern der dritten Welt, schnell anwachsende Brennstoffexporte der Sowjetunion und/oder Chinas und eine allgemeine Hinwendung Europas und Japans zu einer verstärkten Anwendung von Kohle und Kernkraft.
5. Viele *Veränderungen in den Praktiken der OPEC* (einschließlich von Vereinbarungen zwischen den USA und Saudi-Arabien, vielleicht eine darauffolgende „Beilegung" des arabisch-israelischen Konflikts) – oder bloß eine größere und verläßlichere saudi-arabische Produktion.
6. *Unerwartet frühe Nutzung langfristiger Technologien:* so z. B. die sogenannten GEOSOLFUS-Quellen*, Ersatz oder überraschende Verbesserungen beim Verbrennungskraftmotor, verschiedene Fortschritte, wie z. B. der Wanlass-Motor, neue Technologien zur Verwendung sauber verbrennender, billiger Kohle in kleinen Einheiten, Kraftmaschinen mit sehr hohem Wirkungsgrad (wie z. B. der MHD-Generator**) usw.

* Das Initialwort GEOSOLFUS nimmt Bezug auf die wichtigsten „externen" oder erneuerbaren Energiequellen: *geo*thermische, *so*lare und *Fus*ionsenergie. Fortgeschrittene Fusions- (Kernspaltung-) Reaktoren (oder die Fähigkeit, Uran auf wirtschaftliche Weise aus armen Erzen oder aus Meerwasser zu gewinnen) können ebenfalls als unerschöpflich angesehen werden. Der Begriff *solar* schließt alle indirekten Nutzungsmöglichkeiten der Sonnenenergie ein: Windkraft, Biokonversion, Nutzung des Temperaturgradienten des Meeres usw.).

** = magnetohydrodynamischer Generator. Hierbei handelt es sich um einen thermoelektrischen Generator, der eine direkte Umwandlung von Wärmeenergie in elektrische Energie ermöglicht. (A. d. Ü.)

7. Konkurrierende, konventionelle *Brennstoffe aus unkonventionellen Quellen:* 1. Erdgas – a) aus Zonen hohen Lagerstättendrucks der Golfküste (USA), b) aus Kohlelagerstätten, c) aus Formationen schwer durchlässiger Sande in den Rocky Mountains, d) aus Devonschiefern und anderen Schiefern im Osten der USA. 2. Erdöl – a) durch verbesserte tertiäre Gewinnungsmethoden und b) aus der Tiefsee (aus Fördertiefen unterhalb von 300 Metern).
8. *Unkonventionelle Erzeugung* – z. B. In-situ-Techniken zur Extraktion von Öl und aus den festen, fossilen Brennstoffen: Durchbrüche bei der Herstellung von synthetischen Brennstoffen aus beliebigen Quellen.
9. *Neuartige und/oder gegensätzliche institutionelle und technologische Entwicklungen oder Innovationen* (eine allgemeine Übereinstimmung zugunsten der Kernenergie, eine Rückkehr zur freien Marktwirtschaft, die Entwicklung billiger Verfahren zur Nutzung von Kohlenwasserstoff-Hydraten, künstliche Photosynthese zur billigen Wasserstofferzeugung usw.).
10. Ein „natürlicher“ (nicht mit der Energie in Zusammenhang stehender) *Rückgang des Wirtschaftswachstums* oder das Entstehen einer erfolgreichen Bewegung in Richtung „weicher“ Technologien oder einer freiwilligen Einfachheit.

Jede dieser Möglichkeiten vermag das Bild der Energieversorgung potentiell auf eine sehr unterschiedliche Weise zu zeichnen. Sollten entsprechende Programme aufgenommen werden, so kann man vernünftigerweise annehmen, daß jede dieser zehn Gruppen bis zum Jahre 1990 eine Chance von 1 : 10 und bis zum Jahr 2000 zumindest eine solche von 1 : 5 hat, als eine bedeutende Alternative in Erscheinung zu treten. Falls dem so ist, so erscheint es zwar plausibel, jede einzelne Möglichkeit für sich zu beachten, niemals aber könnten wir es uns leisten, sie als Gruppe zu ignorieren. Die Chance, daß bis zum Jahre 1990 keine von ihnen vorhanden ist, beträgt 1 : 3, dieselbe Chance für das Jahr 2000 lautet nur mehr 1 : 10. Blicken wir vom günstigen Aussichtspunkt des Jahres 2000 zurück, so ist es immer diese Art von Ereignissen, die sich dann als entscheidend für die Energieversorgung der Menschheit herausstellt. Nichtsdestoweniger drängt sich für ein *sicheres* Programm der Schluß auf, daß dazu die Betonung einer mittelfristigen Gewaltlösung wichtig ist, um das drückende Problem der übermäßigen Energieimporte in den Griff zu bekommen: nämlich die

Schaffung einer großangelegten Industrie zur Erzeugung von synthetischen Brennstoffen, die anfänglich auf Basis der gegenwärtigen, zum größten Teil noch aus dem Zweiten Weltkrieg stammenden Technologie errichtet werden sollte. Im Laufe der folgenden Jahre jedoch könnten dann die Vermehrung von Wissen und Erfahrung bei dieser „konventionellen" Produktion von synthetischen Brennstoffen oder von den genannten zehn Möglichkeiten herrührende Entwicklungen zu einer bedeutsamen Änderung des „Gewaltprogramms" oder sonst eines Programms führen. Diese Vorgangsweise müßte man öfters neu bewerten, um alle inzwischen stattfindenden, günstigen Entwicklungen zu berücksichtigen, und ebenso sollte man sie gegen ungünstige Entwicklungen abschirmen.*

Die transnationalen Konzerne**

Einer der Hauptgründe für die Dynamik der *Deuxième Belle Epoque* lag in der völlig unerwarteten Ausbreitung und dem ungeheuren Wachstum der „transnationalen Konzerne" (TNK). Die TNK spielten in vielen weltpolitischen Angelegenheiten bereits eine wichtige Rolle, bevor noch die Leute aus den akademischen und den Mediengemeinschaften überhaupt bemerkt hatten, was da im Gange war. Heute gibt es eine Fülle von Büchern, Studien und Diskussionen über die transnationalen Konzerne. Wir selbst werden uns nur auf einige wenige Beobachtungen beschränken.

Zuerst einmal glauben wir nicht, daß das Wachstum dieser Konzerne an seinem Ende angelangt ist, obwohl die amerikanischen TNK unserer Meinung nach nicht mehr jene überragend dominante Rolle spielen werden, die sie während der *Deuxième Belle Epoque* innehatten eine Rolle, die sie mit anderen Konzer-

* Man arbeitet gerade an den Möglichkeiten 1, 2, 7 und 10, so daß eine durch Druck auf die Versorgungskapazitäten in den späten achtziger Jahren verursachte Brennstoffkrise relativ unwahrscheinlich scheint. Das viel wahrscheinlichere Szenarium für eine solche Krise ist sicherlich das Aufkommen eines übermäßigen Optimismus, der eine Einstellung aller teuren Programme bewirkt und der auf diese Weise in eine sich selbst erfüllende Prophezeiung mündet.

** Wir halten uns hier an die von den Vereinten Nationen verwendete Bezeichnung „transnational" und nicht „multinational". Diese letztere Bezeichnung verwenden wir nur dann, wenn wir multinational in bezug auf Eigentumsverhältnisse, Betrieb oder Management meinen, während transnational einfach bedeutet, daß ein Konzern seine Tätigkeit auch über die nationalen Grenzen hinweg ausdehnt.

nen aus der atlantisch-protestantischen Kulturgemeinschaft teilten. In der *Deuxième Belle Epoque* war ein ungewöhnlich hoher Prozentsatz an dynamischen TNK vor allem in der Europäischen Wirtschaftsgemeinschaft, aber auch weltweit amerikanischen, englischen, holländischen oder schwedischen Ursprungs. Es waren diese Konzerne und nicht die westdeutschen, französischen, belgischen oder italienischen, die die Vorteile, die sich aus der Schaffung der Europäischen Wirtschaftsgemeinschaft ergaben, nützten. Erst jetzt beginnen auch diese Konzerne ihre transnationalen Aktivitäten auszudehnen.

Noch bedeutender ist das Wachstum der japanischen transnationalen Firmen dieser Art und in jüngster Zeit das der südkoreanischen Handelskompanien. Dazu kommen auch noch staatliche oder private TNK aus Venezuela, Brasilien, dem Iran, Kanada, Saudi-Arabien, Hongkong, Taiwan und Singapur, die in einem zunehmenden Maße weltweit präsent sind. Wenn wir daher im folgenden über das Wachstum der transnationalen Konzerne sprechen, so sollte klargestellt sein, daß die ehemals starke Monopolstellung der Konzerne aus den atlantisch-protestantischen Kulturgebieten mit Erfolg gebrochen wird, ohne daß wir damit ihre noch immer wesentliche Rolle herabmindern wollen. Dies ist aber auch einer der Gründe, warum die TNK so schnell weiter wachsen werden.

Zusätzliche Gründe für das Wachstum der TNK sind:

1. Ein weiter anhaltender Weltfriede, relative politische Stabilität und ein weltweites Wirtschaftswachstum (selbst wenn es näher bei vier als bei fünf Prozent liegen wird). In der entwickelten Welt wird es jedoch nicht nur zu einem verlangsamten Wirtschaftswachstum kommen, sondern in diesen Ländern wird das Wachstum der TNK noch stärker als das der Wirtschaft gebremst werden. Dies wird zu einem verstärkten Interesse an den Entwicklungsländern führen sowie zum rapiden Wachstum einiger Aktivitäten schon bestehender TNK und auch zu neuen Konkurrenten.
2. Es kann zu einem verstärkten Protektionismus kommen, der die TNK in Zukunft veranlassen könnte, sich noch mehr über die nationalen Grenzen hinweg auszudehnen als in der Vergangenheit.
3. In der Vergangenheit wurden die TNK – häufig zu Unrecht – beschuldigt, sie würden ihre Fabriken außerhalb ihres Heimatlandes errichten, um die billigen Arbeitskräfte auszunützen

und dann ihre Waren in die Ursprungsländer oder in andere Gebiete mit einem hohen Preisniveau rückzuexportieren. In Zukunft wird diese Praxis allerdings von steigender Bedeutung sein und der Welt als Ganzes sehr zugute kommen, auch wenn es einige spezielle Industrien des Heimatlandes treffen mag – oder auch nicht. Dies ist einer der Gründe dafür, warum wir ein Anhalten der hohen Wachstumsraten in den Staaten mit Mittel-Einkommen erwarten. Die TNK werden ihnen bei der Vergrößerung ihres BSP zu Exportzwecken behilflich sein.

4. Zunehmende Bedeutung der Skalenerträge, von sehr großen Kapitalmengen, eines fähigen Mangements, von technologischen Weiterentwicklungen und von gekonntem Marketing. Wie wir weiter unten noch herausstreichen werden, sind das nur einige wenige aus einer großen Zahl von Aufgaben, für die die transnationalen Konzerne geradezu ideal geeignet sind.
5. Ein ständiges Sinken der Transport- und Kommunikationskosten.
6. Impulse aus der laufenden Investitionstätigkeit und der praktischen Erfahrung. Eine ganze Anzahl von Konzernen weiß heute, wie man weltweit operiert, und hält ständig Ausschau nach solchen Gelegenheiten. Viele andere Konzerne möchten es diesen nachmachen. Und wiederum gilt, daß sich die besten Möglichkeiten dafür in den Staaten mit Mittel-Einkommen bieten und daß sich dort auch das meiste tun wird.
7. Es wird zu keinen überzeugenden oder wirkungsvollen Interventionen seitens politischer Autoritäten kommen – obwohl weitverbreitete und starke Kritik geübt werden wird. In vielen Teilen der Welt aber, vor allem in Lateinamerika, im Mittelmeerraum und in Südostasien, nimmt die Toleranz gegenüber den transnationalen Konzernen in den praktischen Bereichen zu, und man bringt dort ihren Leistungen heute mehr Verständnis entgegen als noch vor ein paar Jahren. Es erscheint daher nicht unwahrscheinlich, daß die transnationalen Konzerne zumindest auf den zehn Gebieten, die in Tafel 5.4 angeführt sind, wichtige Beiträge leisten werden.

Die in den siebziger Jahren ausgebrochene Kontroverse über die von Lockheed und anderen internationalen Unternehmen angeblich oder wirklich bezahlten Schmiergelder heizte die Kritik an wie schon lange nicht zuvor. Kritiken dieser Art sind nicht neu und haben ihren Ursprung häufig in den frühen Tagen der industriellen Revolution, wo sie gegen das kapitalistische System und das freie

Tafel 5.4
Die Hauptbereiche, in denen die „Transnationalen Konzerne" zu einem dominierenden Faktor werden könnten

1. Aufbringen, Investieren und Neuverteilen von Kapital
2. Aufbau und Management von Organisationen
3. Innovation, Einführung, Perfektion und Transfer von Technologie
4. Verteilung, Wartung, Marketing und Verkauf (einschließlich Finanzierung)
5. Ausstattung lokaler Eliten (als auch solcher im Heimatland) mit passenden – vielleicht sogar idealen – Karrierechancen
6. Aus- und Weiterbildung von Arbeitern und Angestellten (und Eliten)
7. In vielen Bereichen und in nicht allzu ferner Zukunft die Funktion als Hauptquelle der lokalen Spartätigkeit und von Steuereinnahmen sowie als Lieferant von Fachkräften (d.h. von Graduierten) aller Arten für die lokale Wirtschaft (einschließlich die zukünftige lokale Konkurrenz der transnationalen Konzerne).
8. Ermöglichung der Schaffung vertikaler Organisationen oder Einrichtungen, die eine problemlose, verläßliche und wirksame Güterbewegung zwischen den einzelnen Produktionsstufen sicherstellen. Obwohl solche Organisationen in vielen Fällen eine Abkehr vom klassischen freien Markt bedeuten, sind sie dennoch ein sehr wirkungsvolles und brauchbares Instrument einer stabilen und wachsenden Produktion.
9. Diese vertikalen Organisationen stellen überdies ein wirksames Instrument zur weiteren Ausschöpfung der wechselseitigen Vorteile sowohl der Menschen als auch des jeweiligen Gebietes dar. Sie können buchstäblich „alles in einer Hand" zusammenfassen, während sie selbst dann alle noch fehlenden Elemente beisteuern.
10. Schließlich stellen sie fast von selbst noch sowohl einen Markt als auch einen Mechanismus für Satellitendienstleistungsbetriebe und -industrien bereit, die die bodenständige lokale Entwicklung weitaus wirksamer fördern können, als das die meisten Hilfsprogramme vermögen.

Unternehmertum gerichtet waren. Aber selbst damals waren das keine neuen Erscheinungen, sondern nur eine Fortsetzung von Praktiken, die es schon immer gegeben hatte. Heute sind nur die ethischen Maßstäbe in allen Systemen höher.

Fast alle Länder der Welt sind bereit, die Unternehmungen der TNK dann anzuerkennen, wenn damit eindeutig ein Transfer hochentwickelter Technologie in das jeweilige Land verbunden ist. In Kapitel 7 werden wir näher auf die Unterscheidung zwischen Technologietransfer, worunter wir die Fähigkeit verstehen, hochentwickelte Dinge zu produzieren, und dem Transfer des Technologiegebrauchs eingehen. Letzterer dürfte um vieles wichtiger, wenn auch nicht so spektakulär wie der Technologietransfer sein. Im Falle des Transfers von Technologiegebrauch dürften die TNK keine so wesentliche Rolle spielen, obwohl sie auch hier immer noch wichtig sind.

Eine einseitige Konzentration auf den Erwerb der Fähigkeit, im eigenen Lande nach Möglichkeit alles vom Stahl bis zum Lastwagen oder selbst Arzneimittel und Computer herzustellen, hat zu zahllosen Ankäufen ganzer Fabriken geführt, die jetzt nicht richtig arbeiten, oder international nicht konkurrenzfähig sind, ja deren Produkte oft nicht einmal auf dem inlandsgeschützten Markt abgesetzt werden können. Versucht man aber zu erkennen, welchen Einfluß diese Güter auf das Land wirklich haben, so wird man in vielen Fällen sehen, daß es ihr *Gebrauch* und nicht die Tatsache ist, daß sie in dem betreffenden Land hergestellt worden sind, der den wesentlichsten Beitrag zur Entwicklung dieses Landes abgibt.

Aus einer Reihe von Gründen ist es jedoch angenehmer, sie im eigenen Land herzustellen. Auch hier wiederum können die TNK sehr nützlich sein. Sie sind im allgemeinen um vieles besser in der Lage, die Kosten des betreffenden Marktes abzuschätzen, als es das Land selbst könnte. Und da sie ihr eigenes Geld oder auch nur die Zeit und die Aufmerksamkeit ihrer Manager investieren, so werden sie Fehlschläge nach Möglichkeit vermeiden. Auch TNK machen Fehler, aber doch wesentlich seltener als politisch motivierte Regierungsbeamte. Der transnationale Konzern muß dafür sorgen, daß die Fabrik auch arbeitet, und indem er das sicherstellt, bietet er dem Gastland, gleichsam als Nebeneffekt, weitere Vorteile. Der Konzern muß z. B. mehr tun, als bloß die Fabrik errichten: er muß darauf achten, daß die Einrichtung bereitgestellt und richtig verwendet wird; er muß moderne Buchführungs- und Marketingsysteme einführen; häufig müssen die Konsumenten oder die Kunden im Gebrauch der hergestellten Güter erst unterwiesen werden. Dazu ist es manchmal auch notwendig, erst einmal technisches Personal einschließlich Wissenschaftler in das Land zu entsenden; mittel- und langfristig verlangt es die Schulung heimischen Personals oder die Bereitstellung von Schulungsmöglichkeiten für diese Leute.

Es kommt hier zu einem umgekehrten „Brain-Drain“, d. h. zu einer Abwanderung von Wissenschaftlern, Ingenieuren und allgemein hochqualifizierten Experten aus den entwickelten Staaten in die weniger entwickelten Länder. Hunderttausende solcher Leute wurden solcherart aus den hochentwickelten Nationen in die unterentwickelte Welt „exportiert", um dort ihre Fähigkeiten zum Wohle dieser Staaten an Orten und in Funktionen einzusetzen, wo sie besonders zum Aufschwung beitragen konnten. Ihr Einfluß ist sicher um viele Größenordnungen höher einzuschätzen als der von Unternehmungen, wie etwa dem Peace-Corps. Im Urteil vieler Menschen schneiden solche Aktivitäten sowie auch die Leute, die für die TNK arbeiten, moralisch natürlich nicht so gut ab, da ihre Anstrengungen dem Profit und nicht altruistischen Zwecken gelten. Wir würden aber die Behauptung wagen, daß es die Resultate sind, die zählen, und nicht so sehr die Absicht. Außerdem erhält natürlich auch die gute Arbeit, die unter schwierigen Umständen vollbracht wird, ihre gebührende moralische Anerkennung. Ein Teil des psychologischen und sozialen Entgelts einer solchen Arbeit kommt auch aus dem Bewußtsein, einem wenig entwickelten Land bei seiner Industrialisierung geholfen zu haben.

Das wahrscheinliche Entstehen eines Handels- und Investitionsgebietes im pazifischen Raum

Die Diskussion im ersten Teil ließ erkennen, wie aufregend die letzten zwei oder drei Jahrzehnte waren und wie verschiedene Variablen in diesem Zeitraum entweder ihren Höhepunkt erreichten oder ihn demnächst erreichen werden, vielleicht für den Rest der Geschichte. Wir erwarten noch einen anderen faszinierenden Wandel. Das dynamische Zentrum der westlichen Kultur, das so lange im Mittelmeerraum lag, sich später in den Nordwesten Europas und über den Nordatlantik verlagerte, ist nun im Begriff, sich in den pazifischen Raum zu bewegen (und hat dies zum Teil auch schon getan). Unter dem pazifischen Raum verstehen wir nicht bloß die Länder, die an den Pazifischen Ozean grenzen, sondern es sind dies die Mitgliedsländer eines sogenannten Handels- und Investitionsgebietes.* Der Pazifik, der einst eine große Bar-

* Ein Handels- und Investitionsgebiet ist als eine Gruppe von Ländern definiert, die die Hälfte ihres Außenhandelsvolumens an andere Mitglieder der Gruppe senden und die auch die Hälfte ihres Importes wieder von Mitgliedern der Gruppe beziehen. Ebenso wird die Hälfte der Auslandsinvestitionen innerhalb der Gruppe getätigt, und gleichzeitig kommt die Hälfte der Fremdinvestitionen im eigenen Land wieder aus Mitgliedsstaaten der Gruppe. Es ist das fast eine Wirtschaftgemeinschaft für sich allein.

riere darstellte, wird jetzt der Welt größte Verbindung. Es kommt billiger, Autos von Tokio als von Detroit nach Los Angeles zu transportieren. Außerdem erlauben es die neuen Kommunikations- und Computertechnologien, auf eine sehr weitgestreute, auseinandergezogene Art und Weise zu operieren. Schließlich machen noch die Langstrecken- und Überschallverkehrsflugzeuge, speziell wenn sie mit Schlafmöglichkeiten versehen sind, das Reisen über diese Distanzen recht angenehm.

Wir nehmen an, daß sich Anfang der achtziger Jahre die an den Pazifik grenzenden oder an diesem Gebiet interessierten Länder zu einem pazifischen Handels- und Investitionsgebiet (HIG) zusammenfinden werden. Die tragenden Säulen dieses Gebildes werden die vier hochentwickelten Staaten Japan, Kanada, Australien und die USA sein. Die interessantesten werden Brasilien, Mexiko und jene Staaten sein, die – wie wir es nennen – den kleineren neokonfuzianischen Kulturen angehören.** Es werden das richtiggehende „Workshops" sein, superdynamische Gebiete, wo wirklich etwas geschieht.

Wir erwarten, daß die Wachstumsraten dieser Wirtschaftsgemeinschaft (ausgenommen die USA, Kanada und Australien) deutlich über fünf Prozent liegen werden. Die USA, Kanada und Australien, die in den frühen achtziger Jahren kaum über ein Wachstum von mehr als vier Prozent hinauskommen werden, können diese Bilanz verschlechtern. Auch das Wachstum Japans wird sich verringern, wird aber immer noch über fünf Prozent liegen. Das Entscheidende aber ist, daß es in zwei dynamischen Gebieten zu einem sehr starken Wirtschaftswachstum kommen wird: nämlich in Mexiko sowie in Brasilien und Venezuela, vielleicht auch noch in Argentinien und Chile; dazukommen dann auch noch die neokonfuzianischen Kulturen.

Die Frage ist noch, wie gut Indonesien abschneiden wird. Es ist zu hoffen, daß dies jene neukonfuzianische Kultur sein wird, die wirklich große Fortschritte zu verzeichnen haben wird. (Auch Thailand ist eine solche Kultur, die nach unseren Annahmen einen starken Aufschwung nehmen wird. Die wirtschaftliche Dynamik

**Wir treffen diese Unterscheidung, um sie von den großen neokonfuzianischen Kulturen Japans und Chinas zu unterscheiden. Zu den kleineren neokonfuzianischen Kulturen gehören Südkorea, Taiwan, Hongkong, Singapur und in einem geringeren Grad Malaysia, Thailand und die Philippinen (geringer deswegen, weil die chinesischen Minderheiten in diesen Ländern prozentual abnehmen; in Thailand wurden sie zu einem großen Teil assimiliert).

wird hier allerdings von einer mehr oder weniger assimilierten chinesischen Minderheit getragen, obwohl kein Zweifel besteht, daß auch die Thais selbst daran teilnehmen und später die eigentliche Show liefern werden.) Für die Indonesier wäre es aller Voraussicht nach am besten, sie würden den Talenten ihrer chinesischen Minderheiten wesentlich mehr Spielraum geben, als sie das in der letzten Zeit taten. Wir könnten uns vorstellen, daß sich auch die Filipinos diesem Aufschwung anschließen, weil sie ähnlich den Chinesen einen Hang für Erziehungsfragen zu haben scheinen. Vielleicht noch wichtiger dafür ist, daß sie bei ihrem gegenwärtig offensichtlich guten Management – zumindest was Wirtschaftsfragen anlangt – bleiben.

Das Zentrum des großen Handels- und Investitionsgebietes Westeuropa und Nordafrika dürfte sich aus dem nordwestlichen Europa in den Mittelmeerraum verlagern, vor allem zu den Staaten am Nordrand des Mittelmeeres. (In vieler Hinsicht gleicht das dem sogenannten „Sunbelt-Shift“ in den Vereinigten Staaten, d. h. der Verlagerung in den Sonnengürtel, und ebenso wie dort sind damit mehr als nur bloß klimatische Unterschiede verbunden.) Der Mittlere Osten könnte vielleicht zu beiden Handels- und Investitionsgebieten gehören oder auch zu keinem – der mit dem Erdöl verbundene Handel und alle dazugehörigen Wirtschafts- und Investitionsfragen stören unsere Kategorisierung ein wenig. Das HIG des Mittelmeerraumes erscheint uns nicht ganz so dynamisch wie das des pazifischen Raumes, es sollte aber immer noch auf Wachstumsraten, die zwischen vier und fünf Prozent liegen, kommen, was auch noch sehr hoch ist, sieht man einmal von jenen der *Deuxième Belle Epoque* ab.

Es ist dies typisch eine jener Situationen, in denen nichts so erfolgreich ist wie der Erfolg – allerdings nur, solange es nicht zu übermäßigen Spekulationen und Übertreibungen kommt (was natürlich leicht der Fall sein kann). Der Unterschied ist hier ähnlich wie zwischen einer Feuersbrunst und einem Feuersturm. Kommt es bei einer Feuersbrunst zu einer Vereinigung mehrerer kleiner Brände und wird das Verhältnis der Fläche zum Umfang größer, so schreitet das Feuer wirkungsvoller fort und kann unter Umständen mit großer Intensität lange anhalten. Bei einem Feuersturm schafft sich das Feuer hingegen seine eigene Umwelt, indem es sich durch das Ansaugen großer Luftmengen „selbst ernährt“, was dazu führt, daß alles und jedes sehr schnell und unter großer Hitze verbrennt, ohne daß der Brand allerdings lange anhält.

Eine Analogie mit dem pazifischen Raum läßt sich herstellen, wenn man sich den Bau eines Touristenhotels vorstellt. Entweder wirft das Hotel einen erklecklichen Profit wegen des unerwarteten, zusätzlichen Geschäftsverkehrs ab, oder der Bau eines Hotels für Geschäftsleute wird außergewöhnlich profitabel, weil der Tourismus ein zusätzliches Einkommen ermöglicht. Diese Art von Wechselwirkung kommt immer wieder und bei allen möglichen Investitionen vor. Das ist natürlich gesund und trägt zur Erhaltung des Wachstums bei. Die Analogie mit dem Feuersturm wäre dann gegeben, wenn das Hotel nur anfänglich ein sehr gutes Geschäft ist, weil seine Bewohner dort logieren, um die Fertigstellung ihrer eigenen Appartements abzuwarten. Dies kann natürlich nur zum Zusammenbruch des Aufschwungs führen.

Gastarbeiter und „Marginal Input Organizations"

Eines der gegenwärtigen Hauptprobleme, das sich bis zum Ende des Jahrhunderts noch verstärken wird, ist ein Mangel an Arbeitskräften für niedrig entlohnte Berufe in der entwickelten Welt und ein sehr großer Arbeitskräfteüberschuß in vielen Teilen der dritten Welt. Je erfolgreicher die hochentwickelten Länder wirtschaftlich sein werden, um so drückender wird dieses Problem für sie werden, und je wohlhabender eine Gesellschaft wird, um so weniger sind ihre Mitglieder an niedrigen, schmutzigen, mühseligen, simplen oder lästigen Arbeiten interessiert. In der dritten Welt aber gibt es viele Leute, die für die Chance, an eine solche Arbeit heranzukommen, ihr Leben riskieren würden, und das noch dazu für weniger Geld, als in den hochentwickelten Ländern dafür schon geboten wird. Eine ähnliche Entwicklung könnte sich demnächst auch in vielen Staaten mit Mittel-Einkommen anbahnen. Insgesamt gesehen nehmen diese Gastarbeiter der einheimischen Bevölkerung keine Arbeitsplätze weg. Eher fördern sie die Schaffung anderer Arbeitsplätze, wenn sie die am unteren Ende eines Industriebereiches liegenden auffüllen und so eine Reihe von Berufen mittleren und hohen Niveaus unterstützen. Auch ermöglichen sie die Ausführung von Bauprojekten oder anderen Unternehmungen (die ohne sie prohibitiv kostspielig wären) und die ihrerseits wieder Arbeitsplätze für die Wohlstandsgesellschaft schaffen. Sie verrichten außerdem Arbeiten, die sonst niemand tun würde.

Hand in Hand mit einem solchen Mangel an Arbeitskräften in den niedrig bezahlten Berufen kann eine allgemein hohe Arbeitslosigkeit gehen. Vor etwa 15 Jahren schrieben mein Ko-Autor und ich in einem Buch, daß es um das Jahr 2000 in den USA eine Arbeitslosenrate zwischen 10 und 20 Prozent geben könnte, und zwar nicht, weil das System versagt hätte, sondern weil es so erfolgreich ist.[6] Man könnte diese Art der Arbeitslosigkeit als temporäre Arbeitslosigkeit bezeichnen, wobei die Arbeitslosen sich selbst gar nicht als solche bezeichnen würden: sie befinden sich gerade zwischen zwei Jobs, sind Leute, die sich „umsehen".

Für die fortschrittlichen kapitalistischen Nationen gibt es insgesamt vier oder fünf Möglichkeiten, mit diesem Problem zurechtzukommen. Das Naheliegendste ist, Arbeitskräfte von auswärts in das Land zu holen, oder, was fast auf dasselbe hinausläuft, die Unternehmer und Geschäftsleute in den wohlhabenden, kapitalistischen Ländern vergeben Hilfs- und Zulieferarbeiten, die im eigenen Land nicht mehr wirtschaftlich genug durchgeführt werden können, an das Ausland oder errichten dort Zweigniederlassungen – alles das sind typische Vorgangsweisen transnationaler Konzerne. Ihre Produkte werden dann wieder rückimportiert. In den USA geschieht dies z. B. im Falle der sogenannten „Grenzindustrien" von Mexiko, wobei die Fabriken sich irgendwo in Mexiko befinden, ihre Rohmaterialien und Vorprodukte von den USA empfangen, diese verarbeiten und die fertigen Produkte wieder in die USA zurückschicken. Für diese verarbeiteten, rückimportierten Exporte muß der Zoll bloß für den in Mexiko hinzugekommenen Wertzuwachs bezahlt werden. Im großen und ganzen war das bis jetzt die Hauptstrategie der USA und Japans. Die USA vergeben Arbeiten an Südkorea, Taiwan, nach Lateinamerika und an andere Länder, dasselbe machen die Japaner mit Südkorea und Taiwan. Die Japaner exportieren zusätzlich noch sogenannte „Marginal Input Organizations", die mit gebrauchter Ausrüstung unter japanischen Eigentumsverhältnissen und mit japanischem Management operieren.[7] Manchmal wird dies auch zusammen mit Angehörigen des jeweiligen Gaststaates als Gemeinschaftsunternehmen durchgeführt.

Man kann, wie das in Westeuropa häufig geschieht, die Gastarbeiter auch in das eigene Land holen und sie hier mehr oder weniger wie die eigenen Bürger behandeln. Manchmal werden sie aber nur für die Zeit, für die man sie benötigt, importiert, wie das etwa die Schweizer mit den italienischen Gastarbeitern tun, oder sie finden etwa für ganz spezielle Aufgaben Verwendung und müssen dann wieder nach Hause. Dies geschieht mit den südkoreanischen Bauarbeitern, die im Mittleren Osten tätig sind.

Für die Welt wäre es unserer Meinung nach am besten, würde man sich allgemein der dritten Methode zuwenden, um mit diesen Problemen fertig zu werden. Wir sind zwar nicht unter allen Umständen gegen die ersten beiden Möglichkeiten, glauben aber doch, daß für die meisten Länder die dritte Methode unzweifelhaft die beste ist. Es ist uns ganz klar, daß es wegen der „gedungenen Arbeitskraft" zu Kritik kommen wird. Für eine solche Kritik gibt es aber keinen stichhaltigen Grund, denn häufig verstehen die Kritiker einfach nicht, was hier wirklich vor sich geht. So ist z. B. bekannt, daß mexikanische Einwanderer über den Rio Grande schwimmen oder zu Fuß durch die Wüste wandern und ihr Leben riskieren, um in den Vereinigten Staaten einen Job zu bekommen. Darauf wird meist entgegnet, man sollte sie hindern, dies zu tun, weil sie ja anschließend ausgenützt würden. Tatsächlich mögen sie nach den Maßstäben der USA schlecht behandelt werden, aber offensichtlich ziehen sie dies immer noch dem zehnfach geringeren Verdienst in ihrer Heimat Mexiko vor, auch wenn die Arbeit mühsam ist. Wir sind der Meinung, daß sie dabei aber die richtige Wahl getroffen haben. Es können alle möglichen Gründe dafür sprechen, daß die USA keine mexikanischen Einwanderer dieser Art haben wollen, aber die Amerikaner selbst sollten nicht so heuchlerisch sein und behaupten, es geschähe nur zum Wohle der Mexikaner, sie an der Einwanderung zu hindern. Sicher können das die Mexikaner selbst besser beurteilen als die Amerikaner.

Der Einfluß des Welttourismus

Der Ausdruck *Tourist* wurde im Laufe der Zeit verschieden definiert. Wir schließen uns hier wieder der UNO an, die in ihre Definition des Touristen alle jene Leute einbezieht, die in Geschäftsangelegenheiten, aus familiären Gründen, in diversen Missionen oder zu Treffen unterwegs sind, ebenso wie solche, die nur zu ihrem Vergnügen und aus Bildungsgründen reisen. Der Terminus der UNO ist daher fast mit dem *Reisenden* synonym und schließt eben jede Art des Reisens ein, das sich außerhalb militärischer und verwandter Absichten abspielt.

Der Tourismus weist einige Charakteristika auf, die ihm in wirtschaftlicher Hinsicht eine besondere Rolle zukommen lassen. Während fast der ganzen *Deuxième Belle Epoque* stieg in den meisten Ländern das Einkommen aus dem Tourismus stärker als das Bruttoinlandsprodukt. Dazu kommt noch, daß die „Tourismusindustrien" zwar sehr arbeitsintensiv sind, aber nur relativ wenig hochqualifiziertes Personal benötigen. Sie konnten daher sehr schnell wachsen und viele Arbeitsplätze für relativ ungeschulte Arbeitskräfte schaffen, die ja den Großteil des Arbeitsmarktreservoirs bilden.

Um den Tourismus in die richtige wirtschaftliche Perspektive zu rücken, seien folgende Zahlen genannt: wir schätzen, daß im Jahre 1978 fünf Prozent des Bruttoweltproduktes (oder über 400 Milliarden Dollar) für den In- und Auslandstourismus ausgegeben wurden. Das ist viel mehr, als weltweit für die Rüstung ausgegeben wird, und wächst mit Raten, die doppelt so hoch sind wie die für die Rüstung. Wenn auch nur weniger als 20 Prozent des Touristendollars international ausgegeben werden, so war und ist doch der Tourismus eine der bedeutendsten Wachstumsindustrien mit weltweitem wirtschaftlichem Einfluß.

Geschichtlich gesehen ist der Tourismus in diesen Ausmaßen ein Phänomen der *Deuxième Belle Epoque*, er dürfte aber auch während der *Epoque de Malaise* spektakulär weiterwachsen. Geformt wurde er durch die Entwicklung der schnellen Massentransportmittel sowie durch die starke Zunahme des „frei verfügbaren" Einkommens und der Freizeit für viele Leute in allen Teilen der Welt. In vergangenen Zeiten beschränkte sich das Reisen weitgehend auf den Handel, auf religiöse Pilgerfahrten und auf militärische Unternehmungen. Das Reisen um des Vergnügens willen war größtenteils eine Angelegenheit der Reichen. Heutzutage können praktisch alle Bürger der westlichen Nationen und schon sehr viele Menschen aus den Entwicklungsländern Reisen unternehmen und tun das auch. Man nimmt z. B. an, daß 1978 rund 25 Millionen Amerikaner eine Überseereise unternommen und dabei 10 bis 15 Milliarden Dollar ausgegeben haben. Umgekehrt dürften die Vereinigten Staaten von mehr als 20 Millionen Menschen aus dem Ausland besucht worden sein, die in den USA wahrscheinlich fast zehn Milliarden Dollar dafür aufwendeten – oder vielleicht noch mehr, wenn der Verfall des Dollars entsprechend berücksichtigt wird. Diese Zahlen werden, so erwartet man, wenigstens für einige Zeit noch um jährlich zehn Prozent steigen, so daß der Tourismus bis gegen Ende des Jahrhunderts auf etwa das Fünffache des heutigen Umfangs ansteigen könnte. Die Weltbank rechnet zwar mit nur einem eineinhalb- bis zweifach stärkeren Anstieg des Tourismus gegenüber dem Weltprodukt, wobei sich aber durchaus herausstellen könnte, daß diese Schätzung zu niedrig war. Wie dem auch sei, der Tourismus wird zu einer Industrie von immer stärkerer Bedeutung und im Hinblick auf Geldumsatz sogar der wahrscheinlich wichtigste Weltexport werden (wobei er sogar das Erdölgeschäft überholen könnte). In vielen Ländern wird er sich außerdem zur wichtigsten Heimindustrie entwickeln.

Es ist nicht leicht festzustellen, wieviel Geld für Reisen und Touristik direkt und indirekt ausgegeben wird. Einige offensichtliche Faktoren, wie Reisekosten, Hotel, Essen und Freizeitbeschäftigungen, können kontrolliert werden, aber selbst hier ist es oft schwierig, genaue Zahlen zu ermitteln. Ausgaben für Kleidung, Sportausrüstung und neue Autos, die für diesen Zweck gekauft werden, oder alte, die dafür hergerichtet werden, sind noch viel schwerer zu schätzen. In jedem Fall aber dürften die mit dem Tourismus im Zusammenhang stehenden Gesamtausgaben sicherlich höher liegen, als es die darüber veröffentlichten Zahlen vermuten lassen. Für die USA etwa nimmt man an, daß der Tourismus sieben Prozent des Bruttosozialproduktes ausmacht (womit er dort zum drittgrößten Industriezweig wird) und daß er als Exportgeschäft (d. h. im Hinblick auf das von ausländischen Besuchern in den USA ausgegebene Geld) an vierter Stelle rangiert. In vielen anderen Staaten spielt der Tourismus eine noch wesentlich wichtigere Rolle. So stellt er z. B. in Spanien die Hauptindustrie dar. Bis zum Jahr 2000 wird der Tourismus die größte Industriemacht der Erde geworden sein und in vielen Gebieten einen ganz entscheidenden Einfluß ausüben, was vor allem für die dritte Welt zutreffen wird, die heute aus dem Tourismus noch recht wenig Geld bezieht.

Bis vor kurzem wurde der Tourismus *per se* in vielen Ländern nicht als echte Industrie betrachtet. Die verschiedenen mit dem Tourismus verbundenen Unternehmungen neigten dazu, sich selbst als einzigartig auf ihrem Gebiet zu betrachten, und kamen nicht auf die Idee, daß sie auch mit Aktivitäten in Zusammenhang stehen könnten, die sich von ihren eigenen sehr unterscheiden. So sahen sie etwa Fluggesellschaften, Autovermietungen, Busunternehmen und Eisenbahnlinien als Unternehmen an, die dazu da sind, um Personen und Dinge zu transportieren. Die Hotel- und Motelbetriebe betrachteten sich als Beherbergungsbetriebe, Restaurants und Imbißlokale verstanden sich als Verköstigungsunternehmen. Nur dort, wo die Interessen des einen sich auch auf ein anderes Gebiet ausdehnten (wenn z. B. Fluggesellschaften auch Hotels betrieben), kam es zu einer gewissen Verknüpfung der Einzelindustrien, die insgesamt jene Industrie darstellen, die wir heute als Tourismus bezeichnen.

Diese Situation ändert sich jetzt zunehmend schneller. Die einzelnen Teilindustrien beginnen ihre Rolle in dem größeren Zusammenhang zu erkennen, und es kommt zwischen ihnen zu mehr Informationsaustausch. Fast überall bauen die diversen Mitglieder der Tourismusindustrie heute auf Kooperation und Gemeinschaftsplanung, und es wird angenommen, daß sich dieser Trend in Zukunft noch verstärkt. Solch kollektive Anstrengungen mögen den Tourismus noch angenehmer und attraktiver gestalten und das Wachstum dieser Industrie über die gegenwärtigen Erwartungen hinaus verstärken. Vor allem für viele der Mittel-Einkommen-Staaten und der armen Länder kann das sehr entscheidend werden.

Weitere Faktoren, die zu einem Anwachsen des Tourismus führen könnten, wären etwa: Diskont-Angebote, eine Ausbreitung der Reiseagenturen über die ganze Welt, eine verstärkte Verwendung des Autos als beliebtestes Reisemittel, verringerte Kommunikationskosten und eine verstärkte Integration des Systems, eine verbesserte Zugänglichkeit zu Daten betreffs Übernachtungsmöglichkeiten, Reisebedingungen, Essen usw., Mittel gegen gängige Reisebeschwerden, wie Durchfall u. ä. Jedenfalls weist alles darauf hin, daß der Tourismus auch in absehbarer Zukunft weiter zunehmen wird.

Einer der Faktoren, die einem weiteren Wachstum des Tourismus auf längere Sicht hin begrenzend im Wege stehen könnten, wäre die Bevölkerungszahl. Wenn die Bevölkerung auch weiter wächst, so tut sie dies doch mit abnehmenden Raten. Ebenso wie die Verschiebung der Alterstruktur nach oben, wird das Langzeitwirkungen auf den Tourismus haben, muß ihn aber nicht unbedingt hemmen. Eine weitere Begrenzungsgefahr könnte sich durch Übervölkerung ergeben. Mehr als alles andere birgt dieser Faktor Gefahren für die entsprechende Entwicklung neuer touristischer Gebiete in sich. Irgendwann wird dann auch bei den prozentuellen Zuwachsraten des Tourismus ein Wendepunkt erreicht werden, ab dem sich das Wachstum verlangsamen wird. Viele Leute glauben, daß dieser Wendepunkt schon gekommen ist. Wir sind hier allerdings anderer Meinung.

Wir erwarten vielmehr, daß das weitere Ansteigen des frei verfügbaren Einkommens und der Freizeit sowie die Preiswürdigkeit und der zunehmende Komfort von Reisen und Kommunikationsmöglichkeiten die Effekte des langsameren Bevölkerungswachstums mehr als ausgleichen sollten. Alle diese „Verbesserungen" im Gefolge des Wirtschaftswachstums werden es einer immer größeren Zahl von Menschen ermöglichen, Reisen zu unternehmen.

Größere weltpolitische Ereignisse, wie etwa Kriege oder eine weltweite Depression, würden die Szene natürlich drastisch verändern. Abgesehen von solchen drastischen Ereignissen, könnten auch andere Entwicklungen das ansonsten zu erwartende Wachstum des Tourismus bremsen. So sind etwa Aktionen wie jene der brasilianischen Regierung, die 1976 jedem Bürger, der ins Ausland reisen wollte, eine Kaution von 1200 Dollar abverlangte, dem Tourismus sicherlich nicht gerade förderlich. Eine andere beliebte Regierungstaktik ist es, die Geldsummen, die man in das Ausland mitnehmen darf, drastisch zu beschränken. Ermüdende oder unfreundliche Grenzformalitäten tragen ebenfalls kaum dazu bei, Touristen anzulocken, und örtliche Feindseligkeiten können nachhaltig negative Auswirkungen auf den Tourismus haben.

Der große Vorteil des Tourismus besteht darin, daß er fast als Austauschmechanismus wirken kann – entweder über die nationalen Grenzen hinweg oder auch innerhalb des jeweiligen eigenen Landes. Er ist sowohl arbeitsintensiv als auch mit unqualifizierten Arbeitskräften zufriedenstellend abzuwickeln. Wir erwarten daher, daß die Tourismusindustrie in den entstehenden superindustriellen Wirtschaften eine bedeutende Rolle spielen wird.

Malaise und institutionelle Probleme

Die Weltwirtschaft besteht wie auch jede nationale Wirtschaft aus wenigstens drei deutlich unterscheidbaren Komponenten: der Produktion, dem Konsum und den Institutionen.

Zur Produktionskomponente gehört die Fähigkeit, die vorhandene Technologie zu nützen; weiter zählen dazu das Kapital, die schon bestehenden Produktionsanlagen und die Ressourcen und Arbeitskräfte (einschließlich des Managements), um die Produktion aufrechtzuerhalten und auszudehnen. Die Produktionskomponente der Weltwirtschaft dürfte sich in einem ausgezeichneten Zustand befinden. Jene Leute, die sich wegen eventueller grundlegender Rohstoffmängel oder auch nur wegen befürchteter unvermeidlicher Auswirkungen der Umweltverschmutzung Sorgen machen, sind, was die gegenwärtig aktuelle Frage betrifft, sicherlich im Unrecht.

Die Konsumkomponente konzentriert sich auf die Frage, ob es für die produzierten Güter einen Markt gibt: Können sie verkauft werden? Das ist nicht so sehr eine Frage der Bedürfnisse oder auch nur der Wünsche der Leute als vielmehr eine der Nachfrage. Diese beinhaltet sowohl die Bereitschaft als auch die Fähigkeit, für ein Produkt zu bezahlen. Der Verkauf der Produkte kann finanziert werden. Fehlanpassungen zwischen Angebot und Nachfrage werden manchmal auch als Strukturprobleme bezeichnet. Beispiele bieten gegenwärtig die zu starke Abhängigkeit vom Öl und die weltweiten Überkapazitäten bei der Stahlerzeugung. Keines dieser Probleme ist so ernsthaft, wie das oft hingestellt wird, noch wäre es so besonders schwierig, mit ihnen zurechtzukommen, befände sich die dritte Komponente – die Institutionen – in einem besseren Zustand.

Die Effizienz einer Wirtschaft und auch der Weltwirtschaft hängt von ihren Institutionen ab. Sind die legistischen, die finanzorientierten, wirtschaftlichen, sozialen, kulturellen, politischen und anderen Institutionen einer Gesellschaft in der Lage, die Produktionskapazitäten dieser Gesellschaft auf die Wünsche der Konsumenten abzustimmen? Ist die allgemeine Atmosphäre und das Milieu dem Sparwillen und den Investitionen zuträglich? Wie tiefreichend sind Motivation und Hingabe der Wirtschaftstreibenden, Arbeiter und Konsumenten? Sind die Entscheidungsträger auf dem staatlichen und dem privaten Sektor kompetent und fähig? Im Moment sind diese und andere Fragen im besten Falle unterschiedlich und, wenigstens für die wohlhabenden Staaten, erstaunlich oft negativ zu beantworten.

Wirtschaftsinstitutionen sind zwar ein klassisches Studienobjekt, sie wurden aber gerade in den letzten Jahren relativ stark vernachlässigt. Es fehlt jede Art von echter, umfassender Theorie, dennoch gibt es einige brauchbare Perspektiven, wie das folgende Beispiel zeigen soll. Fast jede Gesellschaft, die ein schnelles Wirtschaftswachstum erlebte, war in dieser Zeit durch eine gewisse Nüchternheit in Kleidung und Auftreten der Geschäftsleute charakterisiert. Dies war so bei den Engländern, Holländern, Amerikanern und Japanern, und es gilt auch heute von den Südkoreanern und den Taiwanesen. Solch ein symbolisches Verhalten kann ein Zeichen von Engagement sein, wird den Sinn für Zusammengehörigkeit stärken und sogar eine Stützung der protestantischen und der neokonfuzianischen Ethik darstellen. Ökonometrische Modelle ignorieren sehr oft diese Art von Erkenntnissen oder „Daten“, obwohl die Unterhöhlung oder auch die Stärkung solcher Verhaltensweisen mehr Konsequenzen haben kann als jene Daten, die für gewöhnlich in den Computermodellen verwendet werden.

Wir werden an die Fragen bezüglich der Institutionen in einer praxisbezogenen Weise herangehen und unsere Aufmerksamkeit auf gegenwärtige und jüngst vergangene Ereignisse konzentrieren. Ohne uns jetzt direkt auf die mehr spekulativen Ausführungen des ersten Teils dieses Buches beziehen zu wollen, behaupten wir dennoch, daß einige der wichtigeren Wirtschaftsinstitutionen in der Welt (zumindest aber jene in den wohlhabenden kapitalistischen Nationen) während des Jahrzehnts von 1965 bis 1975 „zerstört" wurden. Das Vertrauen in die Währung und in die Instrumente der Finanzwirtschaft wurde allgemein tiefgreifend unterminiert, die Inflation institutionalisiert, und viele Dinge, die einst mit großer Leichtigkeit von der Hand gingen, werden heute nur unter großen Schwierigkeiten, wenn überhaupt, erledigt. Aber vielleicht am bedeutendsten ist, daß es zu einer Aushöhlung traditioneller Werte und Einstellungen kam.

Die institutionalisierte Inflation ist das vielleicht offensichtlichste Zeichen für das Fehlverhalten des Systems. Der Verlust an Respekt für diverse Institutionen und das Fehlen wirkungsvoller Führungskräfte, die in der Lage wären, konstruktive, ideologische Motivationen zu vermitteln, und die das Vertrauen in das System restaurieren würden, sind die weniger offensichtlichen Zeichen. Ein Teil des Problems entsteht durch die Rolle, die heute die Eliten einnehmen. Im Normalfall besteht diese Rolle darin, daß die Eliten für andere Mitglieder der Geselschaft und für einige ihrer Untergruppen Führungsaufgaben übernehmen, ihnen moralischen Halt und kreative Ideen bieten, während andere die Aufgabe der Kritik und kritischer Analysen übernehmen. Ersteres Rollenbild war in letzter Zeit kaum zu bemerken.

Eine ganze Klasse wichtiger Überlegungen, die normalerweise in Wirtschaftsanalysen nicht berücksichtigt werden, betrifft die vielen subtilen Arten, wie sehr das Vertrauen (oder das fehlende Vertrauen) in den Wert des Geldes (die „Geldillusion") eine Wirtschaftsgemeinschaft beeinflussen kann. Während des Zweiten Weltkrieges z. B. fand die deutsche Regierung heraus, daß die deutschen Arbeiter auch nicht für mehr Geld dazu gebracht werden konnten, größere Opfer zu bringen. Es war dies mehr oder minder auf die schlechten Erfahrungen aus der Zeit mit der steigenden Inflation nach dem Ersten Weltkrieg zurückzuführen. Statt dessen mußte man sie mit sofortigen materiellen Gegenleistungen motivieren, was wiederum zu einer „Kanonen- und Butterwirtschaft" führte. Auf der anderen Seite fanden sich die amerikanischen Arbeiter durchaus bereit, „papierene Versprechungen", die ihnen für ihre Arbeit während des Krieges Nachkriegsgüter zusicherten, entgegenzunehmen. Ein guter Teil der hohen Löhne und Gehälter, während des Krieges in den USA ausgezahlt, wurde für einen späteren Gebrauch gespart, da die kollektive Erinnerung der Amerikaner dahin ging, daß Kriegen Depressionen folgen, Zeiten also, in denen Geld sehr wertvoll ist.

Das Vertrauen in eine einigermaßen wertbeständige Währung einer Nation ist von ganz entscheidender Bedeutung für das reibungslose Funktionieren der Wirtschaft. Dies gilt sowohl vom Standpunkt einer objektiven Risiko-, Gewinn- und Verlustkalkulation wie auch vom psychologisch bedingten Verhalten des einzelnen und der Gesellschaft. Normalerweise tauchen aber derartige Überlegungen kaum in irgendwelchen Bilanzen auf.

Zusätzlich zu ihrer Funktion als Tausch- und Wertaufbewahrungsmittel dient eine Währung auch als Maßeinheit. Jemand, der ein physikalisches Labor betreibt, in dem sich die Temperatur dauernd schnell verändert, wird seine Meßinstrumente wahrscheinlich entsprechend korrigieren. Irgend etwas Ähnliches muß man auch mit dem Geld machen, wenn wir die Auswirkungen der Inflation korrigieren und die vielen Zahlen, die wir dauernd sammeln, verstehen wollen oder wenn die diversen finanziellen Vereinbarungen und Instrumente ordnungsgemäß funktionieren sollen. Unglücklicherweise beeinflußt, anders als in einem Physiklabor, die Art und Weise, wie die Korrektur vorgenommen wird, auch den Wirtschaftsablauf. Kalkulationen und Verträge werden häufig auf eine sehr irreführende und ein falsches Bild vermittelnde Weise korrigiert. Außerdem passiert es auch, daß Korrekturen, die in den frühen Phasen einer Inflation noch recht zufriedenstellend funktionieren, beim Fortschreiten der Inflation immer unzuverlässiger und sogar antiproduktiv werden können.

Ganz besonders beunruhigend ist es, daß so viele Wirtschaftsfachleute die negativen Auswirkungen einer institutionalisierten Inflation für viele Länder unter den gegenwärtigen Umständen unterschätzen. Zum Teil rührt dies daher, daß sie der Meinung sind, die Korrekturen seien mehr oder weniger schon durch die gegenwärtig hohen Zinsfüße, durch indexgeschützte Verträge und durch verschiedene neue Impulse, wie achtrozentige Lohnerhöhungen und zweiprozentige Produktivitätserhöhungen, erfolgt. Sie glauben, daß dies in eine vorhersehbare sechsprozentige Inflationsrate münden würde, und die Gesamtwirkung somit einer etwa zweiprozentigen Lohnerhöhung ohne Inflation entspräche. Wir sind da anderer Meinung, wollen aber den Großteil der weiteren diesbezüglichen Diskussion in den nächsten Abschnitt dieses Kapitels verlegen.

Die ungeheuren Vorteile einer freien Marktwirtschaft basieren auf der Voraussetzung, daß die Kalkulationen des freien Marktes sinnvoll sind. Ist das einmal nicht der Fall, sind sie also schwerwiegend verzerrt, so funktioniert die freie Marktwirtschaft einfach nicht mehr einwandfrei. Das allein kann schon zu Bedingungen führen, auf die unsere Definition der *Malaise* zutrifft. Die Wirtschaft ist eine so integraler Bestandteil unserer Gesellschaft, und wenn sie einmal schlecht funktioniert, weil ihre grundlegenden Mechanismen durch einen willkürlichen, unvorhersehbaren und unsicheren Prozeß zu unerwarteten Gewinnen und Verlusten und anderen Unzukömmlichkeiten geführt haben, dann dürfen wir nicht erwarten, daß das restliche System gut funktionieren wird.

Die Malaise der USA

Eine Gruppe auf dem Weg bergab neigt zu Ressentiments und stellt häufig neidische Vergleiche an, was ihren Zustand nur noch mehr verschlechtert. In mancher Hinsicht ist dies den USA passiert, wenn auch vielleicht mit geringeren Auswirkungen, als es bei anderen Ländern gegeben hätte, die einen ähnlichen internationalen Niedergang erlebt haben. Zum Ende des Zweiten Weltkrieges wurden 50 Prozent des gesamten Weltbruttoproduktes allein in den USA erzeugt. Der in Europa und Asien einsetzende Erholungsprozeß änderte diese abnorme Situation aber sehr schnell. Zur Zeit stellen die USA etwa 25 Prozent des Weltbruttoproduktes; gegen Ende dieses Jahrhunderts werden es unserer Schätzung nach rund 20 Prozent sein. In mancher Hinsicht ist dies ein deutlicher Abstieg, der erst schnell erfolgte, sich nun aber verlangsamt.

Ein Teil dieses Niederganges war unvermeidlich, und ein weiterer Teil hängt mit dem relativ schlechten Abschneiden der amerikanischen Wirtschaft zusammen. In den Graphiken 5.1 und 5.2 (sowie 5.3) werden dieser relative Abstieg und einige Aspekte des schlechten wirtschaftlichen Abschneidens illustriert. Die Bilder zeigen, daß die an sich schon nicht sehr günstigen Produktivitätszuwächse der USA in den späten sechziger Jahren auch für etwa ein weiteres Jahrzehnt recht mäßig blieben und daß seit Mitte der sechziger Jahre die tatsächliche Produktivität auf dem privaten, nichtlandwirtschaftlichen Sektor unter den Trend von 1950 fiel. All dies läuft auf die Feststellung hinaus, daß die Wirtschaft der Vereinigten Staaten nicht mehr das ist, was sie einmal war. Einige

Graphik 5.1
Reales Bruttosozialprodukt je Beschäftigtem in sechs Ländern 1950 – 1974 (als ein Bruchteil der USA)

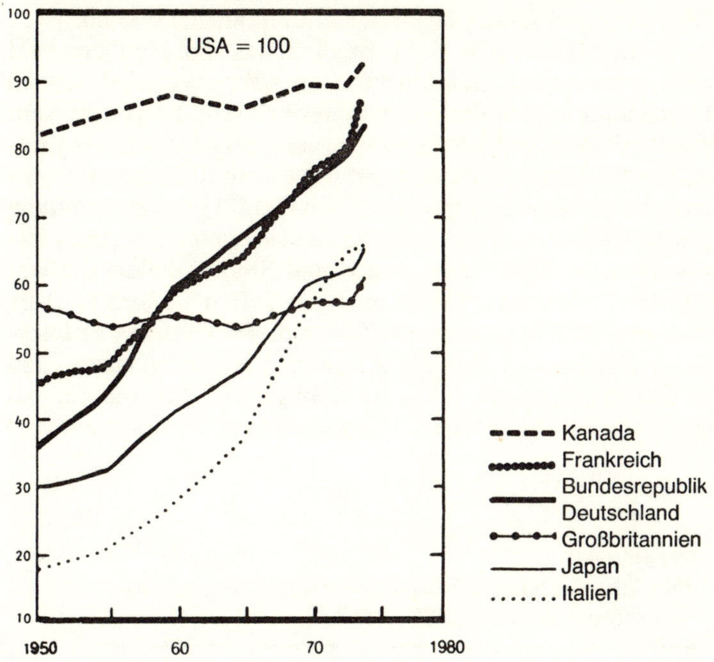

Amerikaner könnte das recht deprimieren. Aber selbst wenn die Amerikaner durch diese Entwicklung auch ein wenig von ihrem Stolz, Amerikaner zu sein, einbüßten, so ist dieser Rückgang doch kein schwerwiegender Verlust.

Ein weiterer Faktor, der zur Malaise der USA beiträgt, ist der schwere Schock, den ihr Selbstvertrauen durch den Vietnamkrieg erlitt. Wir glauben, daß viele Ereignisse dieses Krieges fehlinterpretiert und mißverstanden wurden. Welche Interpretation man ihnen jedoch auch geben mag, dieser Krieg war ein schwerer Schlag für das Ansehen, die Moral, den Stolz und das Selbstvertrauen der USA.

Es gibt da auch einen sich – nicht ganz zu Unrecht – hartnäckig haltenden Mythos, daß die USA einst der römischen Republik glichen, daß sie tugendsam, würdig, voll des Selbstvertrauens, genügsam, hart, einfach und puritanisch waren, aber jetzt, wie der steile Verfall des Dollars zeigt, dekadent werden. Viele Amerikaner scheinen von Natur aus zu makrohistorischen Anschauungen zu neigen und die Idee von der dekadent werdenden Gesellschaft, vom Aufstieg und Untergang der Kulturen anzuerkennen.

Daß es die Malaise gibt, dafür ist allein das hier gegebene Bild schon ein guter Beweis. Wir möchten die Aufmerksamkeit jedoch auch noch auf einige weitere inneramerikanische Fragen lenken, wobei wir mit dem Problem des Vertrauensverlustes in die Institutionen der Vereinigten Staaten und mit einem Phänomen beginnen wollen, das man als Trend zu einem Gefühl der Entfremdung und Hilflosigkeit bezeichnen könnte, das sich unter den Amerikanern breitmacht. Eine Reihe von Harris-Studien liefert die wesentlichsten Daten dazu. (Siehe auch die Tafeln 5.5 und 5.6.) Es gibt hier zwei Möglichkeiten, die Daten dieser Umfrage zu interpretieren. Die eine ist, daß die Antworten erkennen lassen, daß irgend etwas mit den Amerikanern nicht stimmt. Die andere, daß sie eigentlich (und vielleicht richtigerweise) auf die Frage antwor-

Graphik 5.2
Jährliche Raten des Produktivitätszuwachses in der Fertigungsindustrie, 1967 – 1977

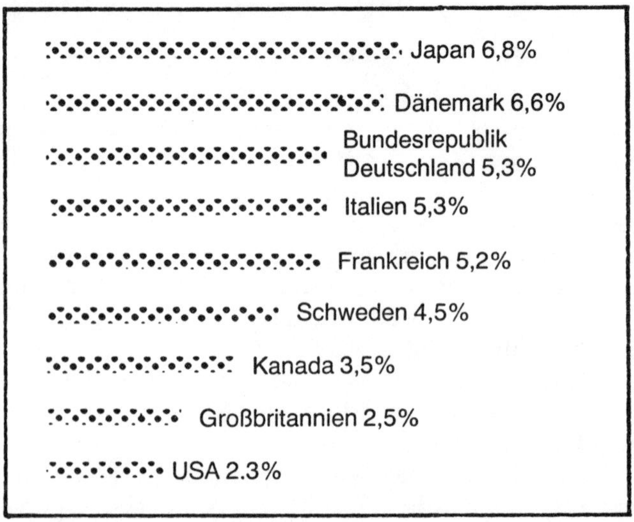

Quelle: Bureau of Labor Statistics, erschienen in *Newsweek,* 29. Mai 1978, S. 79.

Graphik 5.3
Produktivität in der privaten nichtlandwirtschaftlichen Wirtschaft

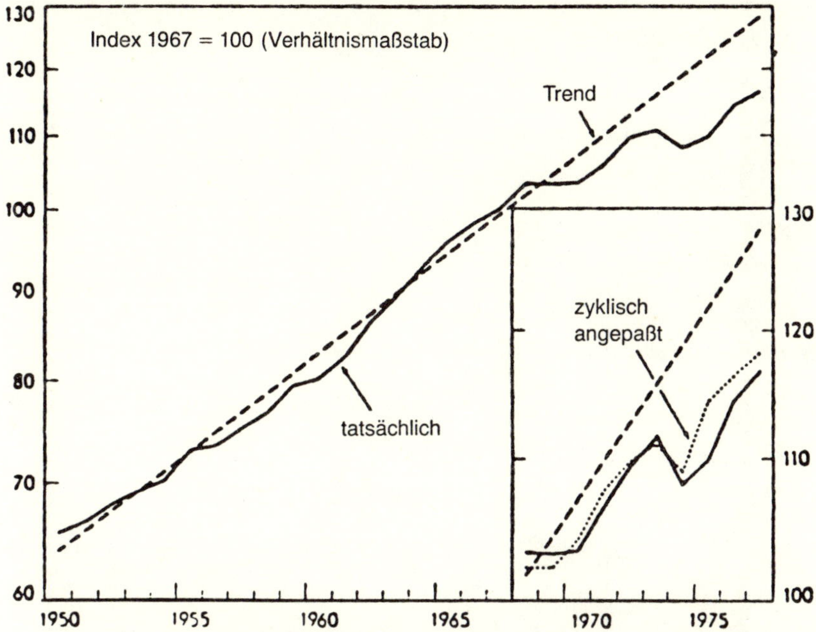

Anmerkung: Die zyklische Anpassung basiert auf einer Regression der Produktivität bezüglich der gegenwärtigen und phasenverschobenen Arbeitslosenrate von 1950–1968.
Quelle: Department of Labor and Council of Economic Advisers.

ten: „Was stimmt mit ihrer Führungsrolle nicht?" Wir glauben, daß beide Interpretationsmöglichkeiten sinnvoll sind. Vertrauen und Bewunderung haben häufig mit den tatsächlichen Leistungen wenig zu tun. Wenn sich daher die amerikanischen Spitzenpolitiker tatsächlich schlecht benahmen und dafür die entsprechende Rechnung präsentiert bekamen, so kann das immer noch ebenso Zufall wie Ursache und Wirkung sein. Wir sind der Meinung, daß das Ergebnis zum Teil Ursache und zum Teil Wirkung der Malaise ist. Ob nun die Amerikaner wirklich verstanden, was geschah – die Untersuchungsergebnisse jedenfalls lassen erkennen, daß sie das, was passierte, recht gut beurteilen können, und wir werden auch versuchen, dies zu belegen.

Tafel 5.5
Vertrauensschwund in der amerikanischen Bevölkerung während des letzten Jahrzehnts – Trend bei den Gefühlen der Entfremdung und Machtlosigkeit

Übereinstimmung mit der Feststellung	*1966*	*1968*	*1972*	*1974*	*1976*	*1977 Jan.*	*1977 Nov.*	*Veränderung 1966-1976*	*Veränderung von 1976 bis Nov. 1977*
Die Reichen werden reicher und die Armen ärmer	45%	54%	68%	79%	77%	78%	77%	+32%	0%
Was Du denkst, ist überhaupt nicht mehr wichtig	37	42	53	60	64	57	61	+24	−3
Die Leute, die das Land regieren, kümmern sich nicht wirklich darum, was mit Dir passiert	26	36	50	63	61	55	60	+34	−1
Man fühlt sich bezüglich der Dinge, die um einen herum passieren, richtig übergangen	9	12	25	32	42	39	35	+26	−7
Das durchschnittliche Gefühl ist Entfremdung und Machtlosigkeit k.A. (= keine Antwort)	29	36	49	59	61	k.A.	k.A.	k.A.	k.A.

Quelle: Louis Harris, *The Harris Survey*, January 5, 1978

Tafel 5.6
Vertrauensschwund der amerikanischen Bevölkerung während des letzten Jahrzehnts – Trend des Vertrauens in die Führung der Schlüsselinstitutionen der USA

Großes Vertrauen	*1966*	*1972*	*1973*	*1974*	*1976*	*Veränderung 1966*	*– 1976*	*Veränderung 1976-1977*
Große Unernehmen	55%	27%	29%	21%	16%	−32%	23	+ 7
Streitkräfte	62	35	40	33	23	−31	31	+ 8
Medizin	72	48	57	50	42	−17	55	+13
Höhere Schulen	61	33	44	40	31	−20	41	+10
Fernseh-Nachrichten	25	17	41	31	28	+ 5	30	+ 2
Religion	41	30	36	32	24	− 7	34	+10
Oberster Gerichtshof	51	28	33	40	22	−20	31	+ 9
Presse	29	18	30	25	20	−10	19	− 1
Anwaltskanzleien	–	–	24	18	12	–	16	+ 4
Gewerkschaft	22	15	20	18	10	− 7	15	+ 5
Kongreß	42	21	29	18	9	−27	15	+ 6
Regierung	41	27	19	28	11	−18	23	+12

Quelle: Louis Harris, *The Harris Survey*, January 5, 1978

Kriminalität und mißverstandene „Mittel-Amerika"-Fragen

Durch Graphik 5.4 werden offizielle Daten über die Situation der USA näher erläutert. Wir beginnen mit der Kriminalität, betrachten aber lediglich die Zahlen über Mordfälle, da alle anderen Vergehen zu sehr Anlaß für Kontroversen geben können. Graphik 5.4 läßt nun erkennen, daß die Quote der Mordfälle in den dreißiger Jahren bis zur Mitte der Großen Depression ständig anstieg und dann ebenso ständig bis zum Eintritt der USA in den Zweiten Weltkrieg fiel. Während des Krieges kam es (was nicht erstaunlich ist) zu einem Höhepunkt, dem dann wieder ein Abfall folgte. Die bemerkenswerteste Tatsache nach dem Zweiten Weltkrieg ist, daß fast jede Großstadt der entwickelten Welt und die meisten Städte in den weniger entwickelten Ländern relativ sicher wurden. Einige Hafenstädte hatten zwar immer noch unsichere Viertel, im allgemeinen konnte man sich jedoch überall auf der Welt bei Tag und Nacht recht sicher in den Städten bewegen.

Das erste Land, in dem hier eine Änderung eintrat, waren die USA. Der Aufschwung, den die Kriminalität damals nahm, wurde von dem bedeutenden amerikanischen Politwissenschaftler James Q. Wilson treffend beschrieben:

> „Am Beginn des Jahrzehnts der sechziger Jahre begann für dieses Land die längste Periode anhaltender Prosperität seit dem Zweiten Weltkrieg. Eine ganze Reihe von Programmen, die der Jugend, den Armen und den Unterprivilegierten galten, wurden in Angriff genommen. Und obwohl diese Programme primär nicht erstellt wurden, um die Kriminalität zu reduzieren, so standen sie doch mit politischen Maßnahmen, die ein über die Kriminalität besorgter Bürger am Beginn dieses Jahrzehnts vorgeschlagen hätte, durchaus im Einklang – ja übertrafen diese, was den finanziellen Umfang betraf, ganz bedeutend. Dennoch – die Kriminalität schnellte in die Höhe. Sie nahm nicht nur ein wenig zu; sie stieg schneller und zu höheren Zahlen als jemals zuvor seit den dreißiger Jahren und in manchen Bereichen zu den höchsten Werten, die man je in diesem Jahrhundert festgestellt hatte. Die Stimmung des Vertrauens und der Zufriedenheit, mit der das Jahrzehnt begonnen wurde, war vernichtet!"[8]

Wilson bezieht sich hier nur auf die Kriminalität, aber ähnliches passierte auf fast jedem Sektor des amerikanischen Lebens. Um Wilson noch einmal zu zitieren: „Das alles begann um 1963. Dies war das Jahr, in dem, um es ein wenig zu dramatisieren, das Jahrzehnt auseinanderzufallen begann."[9]

Um 1965 kam das Schlagwort von „Law and Order" auf. Die angesehenen Medien jedoch (wie etwa die *New York Times, The Washington Post, Time, Newsweek, The Atlantic Monthly, Harper's, The New York Review* usw.) verwendeten noch fünf Jahre

Graphik 5.4
Das System der Strafgerichtsbarkeit in den USA

Die nachstehenden Diagramme zeigen, daß der gewaltige Anstieg der Kriminalität keine Illusion ist. Das ist richtig, obwohl man in einigen Kreisen der oberen Mittelklasse in den sechziger Jahren zu der Ansicht neigte, daß Gesetz und Ordnung eher Schlüsselwörter für Gefühle gegenüber den Schwarzen als Ausdruck einer echten Anteilnahme an einem realen und dringenden Problem seien.

Gewaltverbrechensquote in den USA: 1933 – 1976.

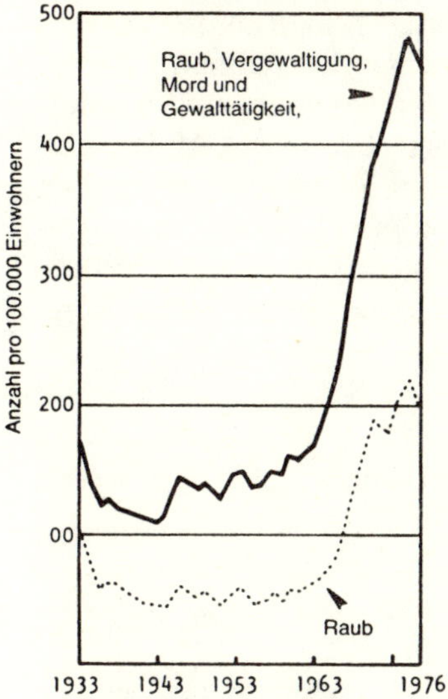

Das städtische Ermordungsrisiko

Bezogen auf die gegenwärtigen Mordquoten hat ein zufällig ausgewähltes Baby, das in einer amerikanischen Großstadt zur Welt kommt, beinahe eine Chance von 2 Prozent, durch Mord zu Tode zu kommen; bei männlichen Babys beträgt diese Ziffer 3 Prozent.

Umwelt	*Todesrisiko im Kampf oder durch Mord*
Amerikanischer Soldat im ersten Weltkrieg	1,1% (Kampf)
Amerikanischer Soldat im Zweiten Weltkrieg	1,8% (Kampf)
Amerikanischer Soldat im Vietnamkrieg	0,5% (Kampf)
Männlicher städtischer Einwohner, 1972 geboren	3,0% (Mord)

Mordquote in den USA

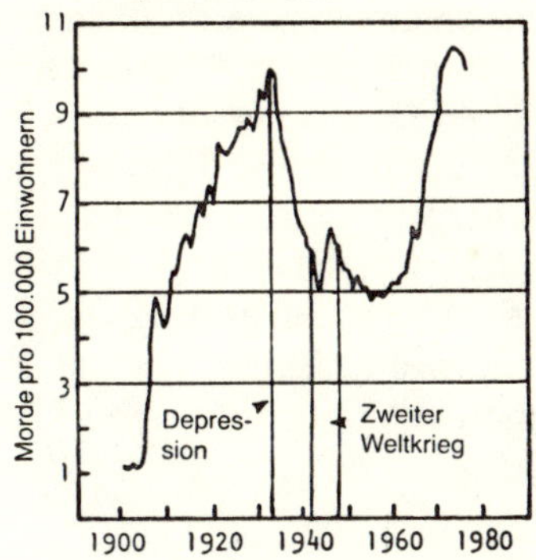

Mit Rauschgift in Zusammenhang stehende Todesfälle in New York City 1951–1976

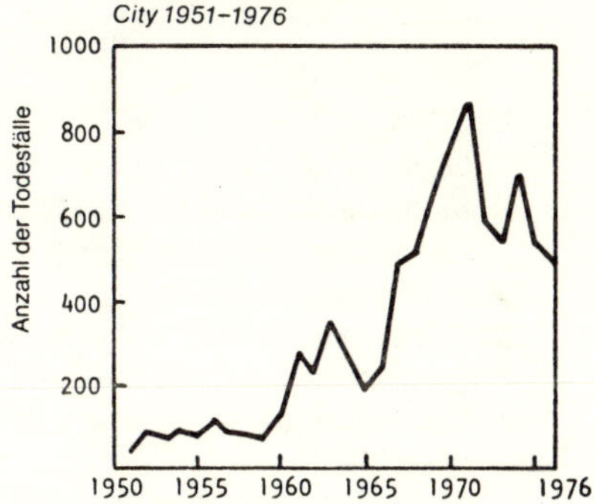

Quelle: New York City Department of Health.

nach 1965 – außer sie brachten gelegentlich einmal einen Artikel eines meist neokonservativen Gastautors – diesen Slogan, so, als ob er ein Deckname für eine gegen die Farbigen gerichtete Einstellung wäre, nicht aber eine echte Besorgnis über die zunehmende Kriminalität. Dieser Zusammenhang traf aber fast nicht zu. Keiner der Demagogen, die wir ausfindig machen konnten, hat diesen Slogan tatsächlich jemals als Decknamen für eine rassistische Gesinnung verwendet. Auch viele Schwarze aus den Städten im Norden der USA stellten „Law and Order" an die erste Stelle jener Fragen, die ihnen für ihr Leben wichtig schienen. Die so nachgewiesene Voreingenommenheit der Zeitungen und Zeitschriften ist ein typisches Beispiel für das, was man als die Voreingenommenheit der liberalen Neuen Klasse bezeichnen könnte. Viele Leute der Mittelklasse und aus der Arbeiterschaft wurden solcherart durch die ständige Mißinterpretation ihrer Gefühle sehr verärgert. Es ist dies mit ein Grund für ihre Animosität gegenüber den „Aktentaschen tragenden Dummköpfen".

„Law and Order" ist nur eine von insgesamt zwölf „Mittel-Amerika"-Fragen (Tafel 5.7), die durch die von den Eliten kon-

Tafel 5.7
Mißverstandene „mittelamerikanische" Fragen

1. Recht und Ordnung
2. „Busing"[a)]
3. Grundeinstellungen gegenüber Schwarzen
4. Gesetze und andere Fragen, die den Besitz und den Gebrauch von Schußwaffen betreffen
5. Pornographie
6. Sexualerziehung an öffentlichen Schulen
7. Revolte gegen das Schulgeld
8. Einstellungen gegenüber der Fahne, der Religion, Wortgefechten, usw.
9. Einstellungen gegenüber gewalttätigem Protest und partizipatorischer Demokratie
10. Heuchelei
11. Schmiergelder gegen Korruption
12. Meinungsumschwung zuungunsten der Schwarzen

[a)] Im Rahmen der Rassenintegrationspolitik im amerikanischen Bildungswesen werden weiße und schwarze Schüler mittels Schulbussen in andere Schulbezirke gebracht und gemeinsam unterrichtet (Anm. d. Ü.).

Graphik 5.5
Gesamtausgaben pro Schüler bezogen auf den durchschnittlichen täglichen Besuch öffentlicher Schulen 1929 – 1930 bis 1976 – 1977 (konstante Dollarwerte 1976 – 1977)

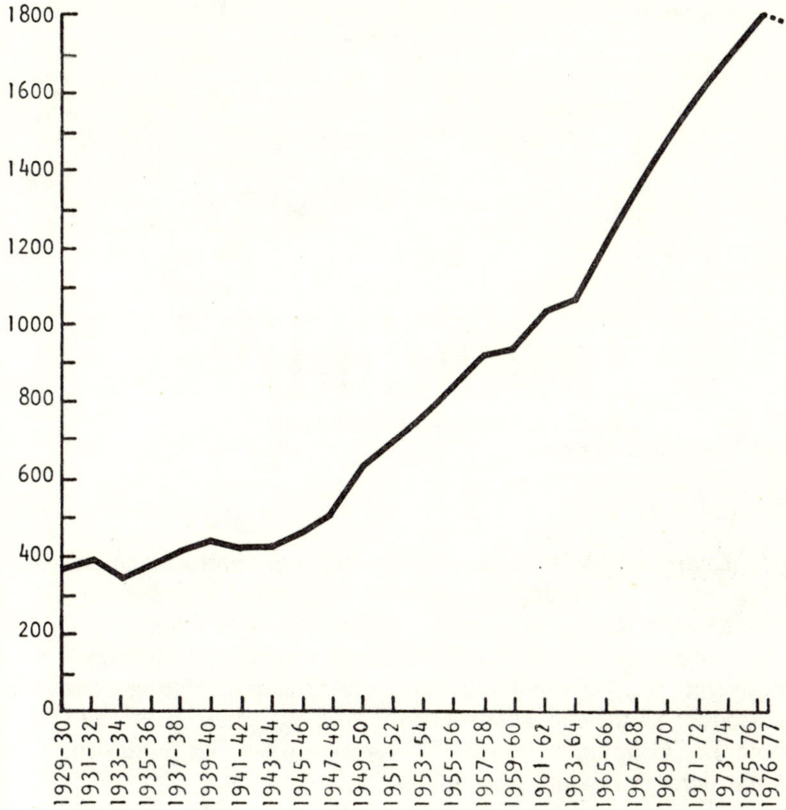

Anmerkung: Die Zahlen für 1976 – 77 sind geschätzt. Quelle: U. S. Department of Health, Education and Welfare: *Digest of Educational Statistics: 1977–1978.*

trollierten Medien konstant in voreingenommener Weise dargestellt wurden, auch wenn die meisten Amerikaner auf diese Fragen sehr vernünftig reagierten. „Law and Order" war kein Codewort für negerfeindliche Gefühle, sondern tatsächlich ein eher besorgter Alarmruf als Folge einer ungeheuer angewachsenen Kriminalität.

Graphik 5.6
Mittlere Schul-Eignungsprüfung. Bewertungen für alle Kandidaten.

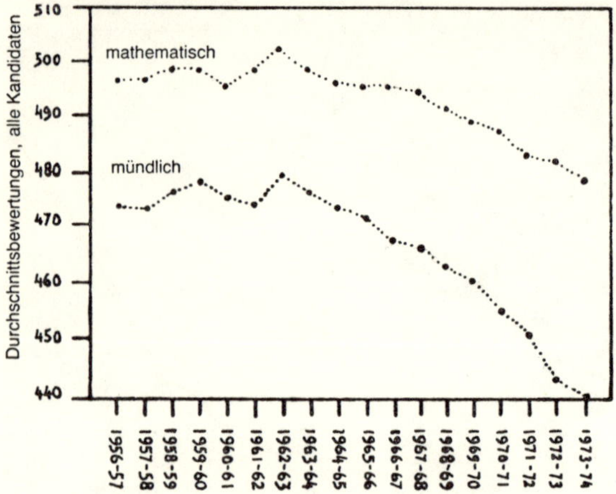

Quelle: College Entrance Examination Board, New York.

Während dieser Zeit wachsenden Wohlstandes und zunehmender Nachlässigkeit verdoppelte sich die Zahl der städtischen Bediensteten, die Kosten tendierten zu einer Verdreifachung, und die Leistung sank auf die Hälfte. Das galt sowohl für das Erziehungswesen wie für die Feuerwehr, die Straßenreinigung oder jede andere städtische Dienstleistung, die man hier beurteilen könnte. Die Graphiken 5.5 und 5.6 vermitteln ein Gefühl davon, was mit dem amerikanischen Schulsystem geschah.

Ideologische Fragen

Wir wollen uns noch einigen ideologischen Fragen zuwenden, die für einen breiteren Bevölkerungsquerschnitt der USA von besonderem Interesse sind. Tafel 5.8 zeigt uns eine Reihe von psychischen Belastungen, die vielen Menschen in fast allen wohlhabenden Ländern zu schaffen machen. Die modernen Gesellschaftsformen ermutigen nicht gerade eine tiefgreifende Verwurzelung des Menschen oder jenes Gefühl der Sicherheit, das sich die Leute eigentlich wünschen. Ein weiteres Problem, das besonders in der Weltanschauung der Neuen Klasse deutlich zutage tritt, das aber jeden betrifft, ist eine allgemeine Verzagtheit und negative Reak-

Tafel 5.8
Einige seelische Spannungen

Suche nach dem „Sinn und Zweck des Lebens" („Existenzangst")
Die Menschen leben in zunehmendem Maße ohne tröstende Rituale, gesicherte Wertsysteme oder erfüllenden Unternehmungsgeist und Tatendrang.

Übertriebene Freiheit von moralischen Beschränkungen und Bedenken
Ein übergroßer Mangel an gesellschaftlicher Struktur und eine verstärkte Realitätsüberprüfung verleiten zu Illusionen, launischem Verhalten, zerstörerischen Experimenten mit alternativen Lebensstilen, usw.

Entwurzeltsein
Eine beispiellose gesellschaftliche und physische Mobilität und eine ebenso beispiellose Schwäche der familiären, kulturellen, sozialen und ökonomischen Bindungen.

Fehlen sozialmoralischer Leitideen
Ein Großteil der modernen Arbeit und auch der täglichen Tätigkeiten erscheinen fragmentarisch, einfalls- und bedeutungslos, erlauben keine verantwortliche, individuelle Beziehung zum Ergebnis oder andere anhaltende Befriedigungen.

Gefühl der Schwäche
Das System erscheint oft hinsichtlich seiner Möglichkeiten und Stärke unbegrenzt, doch vielen vielen Individuen vermitteln die Zentren und Leitideen dieser Stärke den Eindruck hoffnungsloser Rückständigkeit – zumindest so lange sie die eingefahrenen Wege beschreiten.

Verlust der Selbstbeherrschung
Furcht vor Atomkrieg, ziviler Gewalttätigkeit, Aushöhlung von Normen, verstärktem Auftreten anarchistischer Verhaltensweisen und nihilistischer Gefühle, andere umstürzlerische Veränderungen – sogar der technische Fortschritt scheint nicht mehr länger sehr nutzbringend zu sein – eine weitere Reaktion gegen die rationalistischen Werte der modernen Wissenschaft und Technologie: gegen ökonomische und administrative Bürokratien; und gegen die organisierte Hierarchie, Ordnung und Tradition.

Zunehmend in Frage gestelltes Selbstbild
Eine Auswirkung moderner Technologien und Theorien, Kopernikus, Darwin, Freud, Pawlow, Skinner, und die universelle Betrachtung des Menschen als einer kybernetischen Maschine oder eines Automaten.

Überall gegenwärtiges Schuldgefühl
Unrealistische Erwartungen und daraus folgende Frustrationen, Desillusionierung und Entfremdung, verminderte Toleranz seitens der Intellektuellen und oberen Klassen ganz allgemein für das Vorhan-

densein „irrationaler", „unhaltbarer" und „ungerechter" Ungleichheiten – in vielen Nationen zusätzlich erschwert durch „Schuldkomplexe" und Anti-antilinks-Ideologien der oberen und oberen Mittelklassen.

Übertreiben gesellschaftlicher Mißerfolge

Solche Fragen wie rassische Diskriminierung und rassistische Praktiken, anhaltende Armut, korrupte Angestellte und Korruption im Geschäftsleben, gefährliche Nahrungsmittelzusätze, Umweltverschmutzung, städtische Probleme verschiedener Art usw. stehen in einem grellen und dramatischen Rampenlicht. Dieses Rampenlicht verursacht eine Überbetonung und Verzerrung dieser Fragen.

---

tion gegenüber weiterem Wachstum und dem Fortschritt. Die Leute fürchten sich vor der modernen Technologie und ihren potentiell destruktiven Produkten – angefangen von den durch einen Computer programmierten Gefühlen bis zu den Kernwaffen. Dazu kommt auch, bedenkt man den in unserem System üblichen Hang zur „Gleichmacherei", eine immer stärker werdende Intoleranz gegenüber den immer noch bestehenden „irrationalen", unvertretbaren und ungerechten Ungleichheiten, die besonders unter den Intellektuellen der oberen Mittelklassen, bis zu einem gewissen Grad aber auch bei allen anderen zu bemerken ist.

Ein weiteres Problem der amerikanischen Gesellschaft ist die grelle und übertriebene Ausleuchtung verschiedener gesellschaftlicher Fehler und Mißerfolge. Selbst wenn die zur Debatte stehenden Fragen nicht trivial sind (häufig sind sie das aber), so werden sie dadurch ins Ungeheure vergrößert, und als Folge davon erscheint die Gesellschaft als Ganzes korrupt, unhaltbar, selbstsüchtig und so weiter. Stärker denn je zuvor greifen die Schlagzeilen der Zeitungen die Säulen des amerikanischen Establishments an – die großen Konzerne, die Bürokraten Washingtons, die Regierung –, so daß es fast unmöglich ist, noch irgendeinen Funken Respekt für das System aufzubringen.

Das sind nur einige wenige der vielen Fragen, die heute die Amerikaner belasten. Die einzelnen Probleme unterscheiden sich in ihrer Intensität und Dauer, alle zusammen aber vermitteln den Amerikanern ein Gefühl der Verletzlichkeit ihrer selbst, ihrer Gesellschaft und ihrer Institutionen. Das Ergebnis ist Malaise.

Eine weitere Quelle der US-Malaise, die wir schon einmal kurz besprachen, ist die außerordentliche Unfähigkeit, mit der sogenannten Energiekrise fertig zu werden – eine Unfähigkeit, die solche Ausmaße erreicht, daß sie Anlaß zu grundlegenden Fragen bezüglich des gesamten Systems geben könnte, wäre die Situation nicht atypisch. Ungeachtet des bestehenden „Regierungsprogramms" ist es praktisch unmöglich, seitens der Regierung der USA irgendeine Opferbereitschaft zu erkennen, den Gebrauch oder die Bereitstellung von Energie zu verbessern. In den USA ist ein wohlbekannter Witz im Umlauf, der besagt, daß die Energiepolitik der Vereinigten Staaten die Verwendung von Kohle fördert (da das Land sehr reich an Kohlevorkommen ist), allerdings mit zwei Einschränkungen – sie darf nicht abgebaut werden und sollte nicht verbrannt werden. Traurigerweise ist dies eine zutreffende Beschreibung dessen, was tatsächlich passiert.

Die europäische Malaise

Wenn die europäische Malaise auch nicht so spektakulär wie die der USA verläuft, so sitzt sie wahrscheinlich viel tiefer und ist von fundamentalerer Art. Ausgenommen auf wirtschaftlichem Gebiet haben sich die Europäer nie wirklich von den Auswirkungen des Zweiten Weltkrieges erholt. Selbst in den siebziger Jahren noch war die Grundstimmung der Europäer: „So weit sind wir schon gegangen, jetzt haben wir aber irgendwie unseren Weg verloren. Wohin sollen wir in Zukunft gehen?" Die europäischen Gesellschaften wirkten zerbrechlich, und es schien fast nicht möglich, irgendeinen Gesellschaftsbereich zu einem auch nur geringen Opfer zu bewegen, ohne damit eine Protestbewegung heraufzubeschwören. Die vor allem in Italien, Westdeutschland und auch in anderen Ländern herrschende allgemeine Furcht vor Terrorismus verstärkte diese Gefühle noch. Häufig genug unwillig, sich auch ohne die Hilfe der amerikanischen Führung mit Problemen in Situationen herumzuschlagen, in denen sie ohne weiteres selbständig hätten zu Rande kommen können, beschwerten sich die Europäer auch noch lauthals über eben diese Führung.

Was den prozentuellen Anteil des Bruttosozialproduktes anbelangt, der durch öffentliche Hände läuft, übertreffen die europäischen Staaten die USA und Japan bei weitem. Dies ist ein weiterer Tatbestand, der zur europäischen Malaise beiträgt, und außerdem ein gutes Beispiel dafür, was wir „die Armut des Überflusses" nennen. Man stelle sich ein relativ armes Land vor, dessen Bürger mehr Straßen, mehr Spitäler, mehr Schulen, mehr Geld für den Umweltschutz und so weiter verlangen. In fast allen Fällen wird die Antwort des Staates einfach und überzeugend ausfallen: „Wir haben das Geld dafür nicht." Während der letzten ein oder zwei Jahrzehnte war diese Antwort jedoch in den meisten modernen Industriestaaten einfach unglaubwürdig, und das mit Recht – vor allem dann, wenn die Regierung bereit war, „jetzt zu borgen und später zurückzuzahlen". Die Antragsteller konnten dann zu Recht behaupten, daß es genügend Geld gäbe, um ihre dringenden Forderungen zu erfüllen, ja, daß genug da wäre, um praktisch die Begehren aller nur halbwegs bedeutender Gruppen zu erfüllen. Es gibt jedoch niemals genügend Geld, um alle Forderungen sofort zu erfüllen; jedes Jahresbudget muß immer auf ein „vernünftiges Maß", wie immer das auch aussehen mag, zurechtgeschnitten werden. Die Regierung muß sich auf den Standpunkt stellen, daß „Prioritäten gesetzt werden müssen. Während der nächsten ein oder zwei Jahrzehnte werden wir viele dieser Dinge erledigen. Verschiedene Forderungen müssen aber zurückgestellt werden und warten. Einige Programme kommen früher daran, andere später."*

Unter den gegenwärtigen politischen Umständen reagieren

* Für uns ist die Theorie von der „Armut des Überflusses" sehr nützlich, denn mit ihrer Hilfe können wir eine Reihe von Phänomenen illustrieren. Dazu gehört zuallererst die Vorstellung, die Leute aus der oberen Mittelklasse und einige Oberklassen-Eliten würden Gefahr laufen, immer schlechter zu leben, je reicher die übrigen Einwohner des Landes werden. Man merkt das z. B. am Verschwinden diverser Serviceleistungen, das Nichtvorhandensein von Dienstmädchen und ähnlichem. Zweitens beginnen sich die Leute aus den mittleren und unteren Schichten mit den oberen Klassen um die Strände, die Straßen und ähnliches zu streiten, da jedermann ein Auto besitzt. Auch in die guten Schulen drängen die Kinder dieser Leute jetzt. Alles läuft darauf hinaus, daß die unteren Bevölkerungsschichten die oberen in die „Vermassung" drängen, manchmal physisch – wie in Verkehrsstauungen, die, unabhängig welcher Klasse man angehört, zeitweise unvermeidlich sind, wenn man mit dem Auto unterwegs sein möchte – und manchmal auch nur symbolisch. Drittens verschwindet im Wohlfahrtsstaat der ganze Begriff der Wohlhabenheit. Hier handelt es sich nicht mehr um eine Frage auf Leben und Tod. Es gibt heute auf der Welt so viele freie Dienstleistungen, so viel Unterstützung und ähnliche Dinge, daß die früher einmal üblichen Extreme von Arm und Reich einfach nicht mehr existieren. Schließlich gehört hierher auch noch das Problem der *Neureichen* und der Verantwortungslosigkeit. Die *Neureichen* wissen nicht, was sie sich leisten können. Sie sind es nicht gewohnt, Geld auszugeben. Auch fehlt es einem erst in letzter Zeit zu Wohlstand gekommenen Land an einem gewissen Maß an Verantwortlichkeit, wenn es zu der Theorie neigt, daß Geldausgeben gut für das Land sei. Hier verwenden wir den Begriff der „Armut des Überflusses", um uns auf das zuletzt angeführte Phänomen zu beziehen, wo es aber zutreffend erscheint, wenden wir es auch auf die übrigen Fälle an.

viele Gruppen auf diese Antwort des „ja, aber nicht jetzt" zorniger, als würden sie einfach abgewiesen werden. Jeder ist einsichtig und verständnisvoll, wenn die Ressourcen wirklich knapp sind. Ganz etwas anderes ist es aber, wenn gesagt wird, „du hast dich hinter anderen einzureihen und zu warten", oder wenn „willkürliche" Begrenzungen (und dem feindlich Gesinnten erscheinen alle solche Einschränkungen als willkürlich) für den zu leihenden Betrag festgesetzt werden. Prioritätsfragen dieser Art gehören zu den schwierigsten und widerspenstigsten, will man sie vernünftig analysieren. Noch schwieriger aber ist es wahrscheinlich, die Leute zu einer Anerkennung einer solchen Analyse zu bewegen, was zum Teil daran liegt, daß auch in ihr unweigerlich einige willkürliche oder zumindest zweifelhafte Elemente enthalten sind.

Das Problem der „Armut des Überflusses" ist heute in vieler Hinsicht dominant geworden. Es steht natürlich in Wechselbeziehung mit der sogenannten „Revolution der steigenden Berechtigungen". Die Leute fühlen sich moralisch berechtigt, mehr Dienstleistungen, mehr Subventionen oder auch mehr direkte Unterstützungszahlungen vom Staat zu fordern. Die Vertreter dieser Praxis halten die Ausdehnung solcher Programme in zunehmendem Maße für etwas absolut Positives – ja fast für einen Testfall der Modernität und des moralischen Wertes eines Landes. (In Kapitel 8 werden wir aufzeigen, wie unfair es von den gegenwärtigen Überflußländern ist, die armen Nationen dafür zu kritisieren, daß sie nicht mehr Mittel in die öffentlichen, sozialen Wohlfahrtsprogramme stecken, wie dies wohlhabende Länder auf der korrespondierenden Entwicklungsstufe getan hatten.) Aber selbst wenn sich ein wohlhabendes Land heute ein hohes Maß an sozialen Errungenschaften leisten kann, so ist das doch nie soviel, wie tatsächlich gefordert wird. Außerdem wird es seitens der Steuerzahler und Unternehmer zu immer stärkeren Widerständen gegenüber einer solchen Überweisung staatlicher Ressourcen kommen.

Die Situation wird überdies durch übermäßig ängstliche (ja puritanische) Finanz-Konservative noch weiter verschlimmert, die ja schon immer behauptet haben, praktisch jeder spezielle „Luxus" sei überflüssig, aber auch, daß das Land oder die jeweilige Gemeinschaft schon – oder demnächst – über ihre Verhältnisse und in der drohenden Gefahr eines Bankrotts leben. Sie erreichen damit meist nur, ihre eigene Sache in Mißkredit zu bringen und die Fragen nur noch mehr zu verwirren. Andere wiederum glauben darauf hinweisen zu müssen, daß das Einkommen, und zwar wieder fast unabhängig vom Ausgabenrahmen, nicht nur schon beträchtlich ist, sondern in Zukunft auch noch wachsen wird. Sie sagen, daß es daher nur vernünftig und recht ist, diese Ressourcen zumindest für die vordringlichsten Aufgaben zu nützen, und vielleicht auch, daß man das Volkseinkommen gleichmäßiger verteilen sollte. In den meisten Ländern werden Keynessche Argumente herangezogen, wenn es um den Beweis geht, daß Neuverteilung oder Ausgaben für die wirtschaftliche und finanzielle Gesundheit der Volkswirtschaft notwendig sind. Wir hingegen sind überzeugt, daß diese Argumente für eine Periode der Stagflation und der zu erwartenden Inflation nicht zutreffend sind.

Es ist ziemlich schwierig, in so einer Situation eine Inflation zu verhindern, die durch „Armut des Überflusses" gekennzeichnet ist. Hat daher ein Land nicht gerade die Leiden einer Inflation erlitten, oder erwarten wenigstens die meisten Leute keine, sind aber gewisse inflationäre Tendenzen vorhanden, so wird sich die Regierung der heftigen Versuchung ausgesetzt sehen, die Geldzufuhr zu erhöhen, und sie wird die Inflation lieber zu einer ständigen Einrichtung machen, als auch nur die geringfügigste Erhöhung der Arbeitslosenrate und einen Bankrott oder gar verringerte Löhne und Gewinne in Kauf zu nehmen.

Ein weiterer Faktor, der zur europäischen Malaise beiträgt, sind die Lohn- und Gehaltserhöhungen während der jüngsten Inflation, wie Graphik 5.7 illustriert. Fast jedes europäische Land machte damit deprimierende Erfahrungen. Einzig in Frankreich ging mit einigen Lohnerhöhungen auch eine Erhöhung der Produktion einher. Langfristig müssen Erhöhungen beim Stundenlohn natürlich in direktem Zusammenhang mit der Produktivität gesehen werden. Mit der teilweisen Ausnahme Frankreichs aber sind die aus den Graphiken ersichtlichen Zunahmen auf die Kaufkrafterhöhung der Arbeiterschaft zurückzuführen. Die entsprechenden Gesellschaften waren nicht in der Lage, die Kosten während einer Periode niedrig zu halten, in der das unbedingt notwendig gewesen wäre, wobei man das Gefühl hatte, daß man dann die Arbeitskräfte nicht unter Kontrolle hätte halten können. Heute ist das nicht mehr so sehr der Fall; in der Zeit aber, wo dieses Gefühl vorherrschte, trug es zu der düsteren Weltuntergangsatmosphäre mit bei.

Jener Teil der europäischen Stagflation, der für die Stagnation verantwortlich ist, illustriert recht gut Jay Forresters Behauptung, daß die Kondratieff-Zyklen das Resultat einer übermäßigen Expansion in der Kapitalgüterindustrie seien, auch wenn man dazu neigt, alle Schuld der OPEC zuzuschieben. Die europäischen Wirtschaften sind außerdem dazu gezwungen, noch größere Belastungen durch Sozialversicherung und Wohlfahrtsausgaben auf sich zu nehmen, als dies in den USA der Fall ist. Zusätzlich sind sie noch an gesetzliche Bestimmungen gekettet, die es ihnen fast unmöglich machen, Löhne und Gehälter unter Kontrolle zu halten.

Ganz allgemein hat man den Eindruck, Europa werde bei seinen hohen Kosten und starren Schemata bleiben und die niedrigen Wachstumsraten ganz einfach akzeptieren. Viele Europäer sind der Meinung, daß niedrige Wachstumsraten politisch einfach nicht vertretbar wären; daß es vielmehr politisch unbedingt notwendig wäre, die Arbeitslosigkeit drastisch zu verringern. Wenn dem wirklich so ist, so befinden wir uns, d. h. die Europäer, in ernsthaften Schwierigkeiten, denn es erscheint unwahrscheinlich, daß uns das in nennenswertem Ausmaß gelingen wird. Andererseits schätzen wir, daß es zu weit weniger politischen Unruhen kommen wird, als man das befürchtet. Zwar könnte ein Mangel an interessanten und anregenden Möglichkeiten für die Jugend sehr wohl zu verstärktem Terrorismus führen, der auch ernsthafte Krisen auslösen könnte. Es erscheint aber nicht sehr wahrscheinlich, daß dies die Gesellschaft zu einer drastisch verstärkten autoritären Haltung zwingen wird. Abgesehen von diesen Terroraktivitäten ist es eher unwahrscheinlich, daß es zu einer entsprechend größeren politische Unruhe kommen könnte, die außergewöhnlich radikale oder extremistische Aktionen und Programme entstehen ließe.

Nimmt man an, das oben Gesagte stimmte, so entsprechen die grundlegenden Aussichten den Forresterschen Vorstellungen: solange die Überkapazitäten nicht abgebaut sind, wird es bei der Stagnation bleiben. Die Prognose geht aber eher in Richtung auf eine Fortdauer der Malaise als auf eine Erosion bis hinunter zu einer *Deuxième Mauvaise Epoque*.

All dies wird durch die psychologischen Effekte des langen Aufschwungs noch kompliziert, was vor allem für die Jugend gilt. Wir würden behaupten, daß die wachsende Malaise und Entfremdung der oberen Mittelklasse in Verbindung mit diversen Einstellungen gegen ein weiteres Wachstum schließlich zu einem stärkeren Unbehagen führen wird, als das beim Problem der Arbeitslosigkeit der Fall ist. Tatsächlich ist einer der Gründe für die Stagflation das Auftauchen der diversen Bewegungen gegen ein weiteres Wirtschaftswachstum und gegen die technologische Entwicklung. Beides sind äußerst wichtige und komplexe The-

Graphik 5.7
Verbraucherpreise und Stundenlöhne in wichtigen Industrieländern.

Prozentuelle Veränderung gegenüber dem Vorjahr.

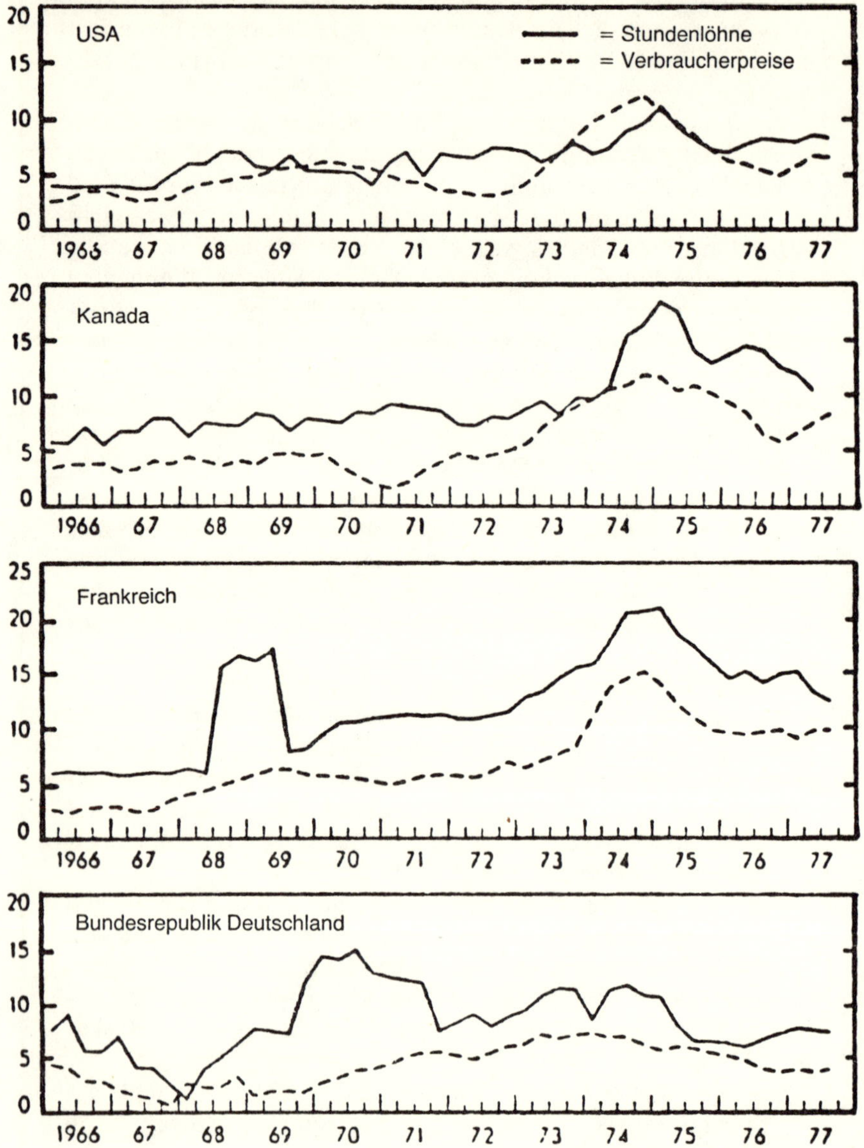

Quelle: OECD

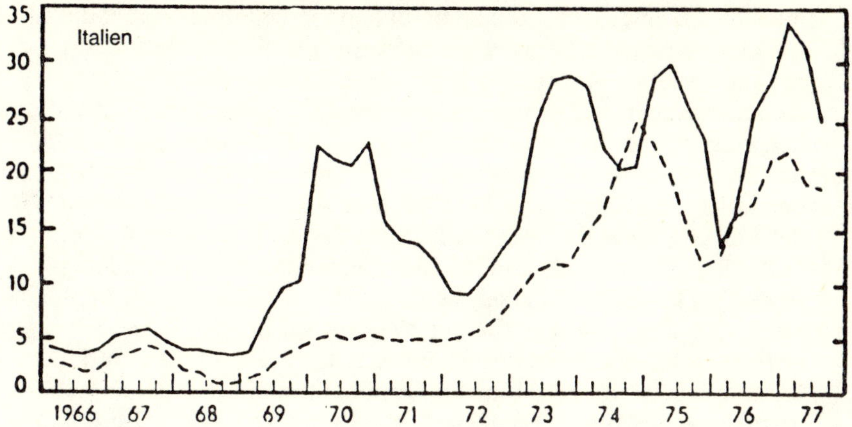
Italien
35
30
25
20
15
10
5
0
1966
67
68
69
70
71
72
73
74
75
76
77

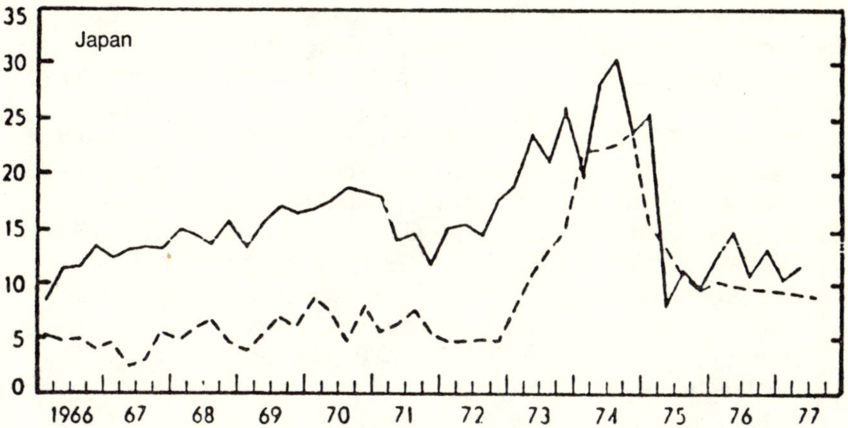
Japan
35
30
25
20
15
10
5
0
1966
67
68
69
70
71
72
73
74
75
76
77

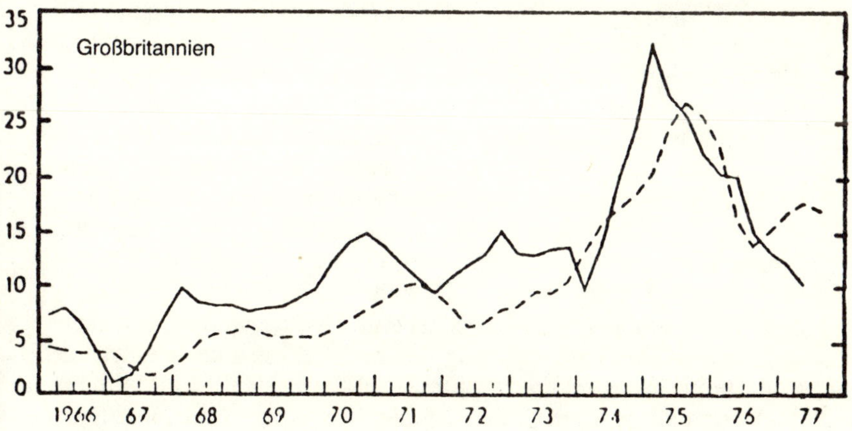
Großbritannien
35
30
25
20
15
10
5
0
1966
67
68
69
70
71
72
73
74
75
76
77

men, die zu einem Großteil all den Phänomenen unterliegen, die wir hier behandeln. Selbst wenn man Europa als den Geburtsort der industriellen Revolution und als die Quelle vieler moderner technologischer und wissenschaftlicher Errungenschaften ansehen muß, so war doch die Einstellung vieler Europäer gegenüber der Industrialisierung immer um vieles ambivalenter, als dies bei den jüngeren Mächten wie den USA, der Sowjetunion oder Japan der Fall ist. Viele Europäer mißtrauen der amerikanischen oder russischen Technologie und fürchten sie. Sie möchten zwar häufig an diesem Prozeß voll teilnehmen, sind aber gleichzeitig der Meinung, daß dies nicht der richtige Weg für sie ist.

Europa ist eine recht komplizierte Angelegenheit. Die in der Liste auf Seite 82 angeführten Opponenten eines Wirtschaftswachstums und des technologischen Fortschritts sind für Europa um vieles typischer als für die meisten anderen Teile der Erde. Hier finden diese Bewegungen überraschenderweise große Unterstützung. Es kann das noch zu wesentlich ernsthafteren Problemen führen, als selbst die meisten Experten für möglich halten. Auf jeden Fall erscheint es sehr wahrscheinlich, daß diese Haltung noch zu vielen antiproduktiven – oder doch recht kostspieligen – Aktivitäten und gesetzgeberischen Maßnahmen führen kann. Vielleicht wird das nicht so ausgedehnt und extrem wie in den USA vor sich gehen (wo das System dadurch lahmgelegt zu werden droht), aber es könnten doch kostenverringernde und die Wirkung erhöhende Maßnahmen erschwert werden. Beides wäre aber wichtig, um die europäischen Wirtschaften aus der Periode der Stagflation herauszuführen.

Ein für die europäische Szene ebenfalls sehr störender Faktor ist das sich stets wiederholende Drama der Neufestsetzung des Ölpreises durch die OPEC. Unter den Europäern greift allerdings die Erkenntnis Raum, daß die OPEC, zumindest was ihre tagtäglichen Aktionen betrifft, doch stark an die Bedingungen von Angebot und Nachfrage gebunden ist. Dazu kommt auch noch die Einsicht, daß das OPEC-Kartell mehr die Funktion einer Preisführerschaft ausübt oder doch mehr eine lose Kartellsituation als ein festes Monopol darstellt, dessen Politik es wäre, sein gesamtes Nettoeinkommen um jeden Preis zu maximieren. Da jedoch praktisch jede ernst zu nehmende Studie für Mitte der achtziger Jahre (vielleicht zu Unrecht) eine Ölverknappung und eine voraussichtliche Verdoppelung der realen Preise vorhersagt, so sind Befürchtungen über weitere zukünftige OPEC-Aktionen doch recht ausgeprägt. Sollte sich dieses weithin anerkannte Szenarium als richtig erweisen, so würde die finanzielle Macht der Saudis über die Welt als Ganzes, speziell aber über Europa, ungeheuer zunehmen.

Große Unsicherheit herrscht in Europa auch über die eigenen politischen Führungskräfte. Gegenwärtig gibt es in Europa keinen besonders hervorragenden Politiker, der in der Lage wäre, für Europa als Ganzes oder auch nur für sein eigenes Land zu sprechen. Wird auch die gegenwärtige Diskussion um das Fehlen einer solchen legitimen politischen Führungskraft in Europa etwas überbewertet – denn bis zu einem gewissen Grad ist es ganz normal, daß es bei einem demokratischen Prozeß, so wie er in den europäischen Ländern gehandhabt wird, in relativ kurzen Zeitabständen zu Neuwahlen kommt –, so ist es doch recht ungewöhnlich, daß es derzeit überhaupt keinen solchen hervorragenden Staatsmann gibt. Definieren wir einen großen Staatsmann als eine Person, die bezüglich wichtiger Fragen willens ist, um des Prinzips wegen oder auf Grund von Langzeitüberlegungen politische Verluste in Kauf zu nehmen, so sind solche Staatsmänner tatsächlich recht dünn gesät.

Die Malaise im Osten: die UdSSR und der Ostblock

Auch in der Sowjetunion und in den Ländern des Ostblocks sind die Symptome der Malaise zu bemerken. Wenn sie sich auch von jenen des Westens unterscheiden, so sind sie doch gleich allgegenwärtig und von wachsender Bedeutung. In der UdSSR machen sich diese Symptome in einem verlangsamten Wirtschaftswachstum, durch soziale und kulturelle Probleme sowie durch eine Reihe von Schwierigkeiten bemerkbar, die mit der internationalen Situation zusammenhängen.

Geschichtlich gesehen war die Sowjetunion – motiviert vor allem durch das Bedürfnis, militärisch schlagkräftig zu werden – mit Hilfe einer Strategie beschleunigter Industrialisierung, die sich auf die erzwungene Mobilisierung von Kapital und Arbeitskräften gründete, in der Lage, ein sehr schnelles Wirtschaftswachstum zu erzielen. Nun scheint es jedoch, als ob das Ende dieser Strategie gekommen sei, was praktisch zu einer unvermeidlichen Verlangsamung der wirtschaftlichen Zuwachsraten führt.

Das erwartete, verlangsamte Wirtschaftswachstum wird eine Folge mehrerer Faktoren sein. Zunächst wird der gegenwärtig herrschende Trend zu jährlich langsameren Zuwachsraten der Produktivität im Grunde genommen schon durch die geplanten

Reduktionen bei den Faktoreinsätzen einschließlich des Kapitals garantiert, wobei letzteres seit Stalins Zeiten der Hauptfaktor der zunehmenden Produktivität war.[10] Zusätzlich zu der abnehmenden Produktivität gibt es aber noch weitere zwei wichtige Trends, die ebenfalls zur Verlangsamung der sowjetischen Wirtschaft beitragen könnten. Der eine besteht in einer geringeren Zunahme des Arbeitsmarktpotentials; der andere ist in der immer stärker spürbaren Verknappung billiger Rohstoffe zu sehen, wozu möglicherweise auch die Versorgung mit Energie gehört. Betrachten wir zuerst das Arbeitsmarktproblem.

Durch den kriegsbedingten Ausfall heiratsfähiger Männer und den industrialisierungsbedingten Trend zu kleineren Familien begannen die Geburtenraten der UdSSR während der fünfziger Jahre zu fallen, und dieser Trend hörte seither nicht mehr auf. Dieser Abfall wird von einer Erschöpfung des Reservoirs, aus dem sich traditionellerweise die Landarbeiter rekrutieren, begleitet. Da in die Produktion von landwirtschaftlichen Maschinen keine größeren Investitionen getätigt werden, erscheint es unwahrscheinlich, daß die Sowjetunion mit weniger als den derzeit benötigten rund 25 Prozent der Gesamtarbeitskräfte für die Landwirtschaft das Auslangen finden kann, wobei die heute in der Landwirtschaft Tätigen sich immer mehr aus älteren, ungelernten Arbeitern zusammensetzen.

Ebenso ernst für das zukünftige sowjetische Wirtschaftswachstum ist eine zunehmende Verknappung billiger Rohstoffe, vor allem von Energie. Das Wirtschaftswachstum der UdSSR beruhte bis heute auf der leichten Zugänglichkeit billiger Kohlenwasserstoffe, die vor allem in der Ural-Wolga-Region gefunden wurden, sich daher geographisch in einer für die russischen Industriekombinate sehr günstigen Lage befanden. Diese Erdöl- und Erdgasfelder wurden ausgebeutet, ohne viel auf Fragen der Konservierung Rücksicht zu nehmen, die die Lebensdauer der Vorräte verlängert und zu einer Maximierung der Langzeiterträge beigetragen hätte.

Bei der Erdölgewinnung bestand die am häufigsten angewandte Methode darin, daß man Wasser in das Vorkommen einpumpte; eine Technik, die zu hohen Anfangsausbeuten führt, die aber auch die Erdölreservoirs ruiniert und die letztlich ausbeutbare Rohölmenge verringert. 1976 kam es zum erstenmal seit dem Zweiten Weltkrieg zu einem Abfall bei den jährlichen Zuwachsraten der sowjetischen Erdölproduktion. Die Sowjetunion verfügt zwar über sehr große Energiereserven, hat aber bei der Prospektierung und Ausbeutung neuer Erdölquellen und beim Transport von Kohle und Gas doch beträchtliche wirtschaftliche und technologische Probleme. Es kann daher durchaus sein, daß die UdSSR zur Aufrechterhaltung des gegenwärtigen Produktionsumfangs von Energie – ganz abgesehen von den geplanten Erhöhungen – Zuteilungen von Investitionskapital und Arbeitskräften vornehmen müßte, die weit jenseits des projektierten Rahmens liegen.

Auf der anderen Seite betragen die offiziell geschätzten Reserven an sowjetischem Erdgas derzeit rund 40 Billionen Kubikmeter – das entspricht dem Energieäquivalent jener 170 Milliarden Barrel Rohöl, auf die heute die Reserven Saudi-Arabiens geschätzt werden. Es ist kaum anzunehmen, daß die Sowjets diese Reserven nicht adäquat ausbeuten werden. Nach unserer Schätzung wird ihre Erdgasproduktion um jährlich sechs Prozent wachsen, was mehr als genug ist, um die verringerte Erdölproduktion auszugleichen, wenn man voraussetzt, daß sie auch hier gute Arbeit leisten.

Ernsthafte Schwierigkeiten scheinen die Sowjets beim Bau qualitativ entsprechender Pipelines zu haben. Da sie über den entsprechenden Stahl und die technischen Fähigkeiten verfügen, muß es sich dabei hauptsächlich um ein Qualitätsproblem handeln. Sollte es aber unbedingt notwendig werden, so nehmen wir an, daß sie in der Lage sein werden, auch das zu bewältigen – jedoch ist das noch keineswegs gesichert.

Schon ist die Sowjetpresse voll kritischer Artikel über die abnehmenden Produktionsmengen, und fast täglich gibt es neue Schätzungen für die steigenden Kosten der Kohlenwasserstoffe. Da der Energiekonsum der UdSSR historisch gesehen etwa mit denselben Raten wuchs wie ihre Wirtschaft, und da die Sowjetunion bezüglich der Energiekonservierung wahrscheinlich noch unflexibler als der Westen ist, werden die führenden Politiker der Sowjetunion ernsthafte Opfer bringen müssen, um genügend Energie zu produzieren, zu transportieren oder auch zu importieren, je nachdem, was zur Aufrechterhaltung und für ein weiteres Wachstum der Wirtschaft notwendig ist.

Ein weiterer Faktor, der den zukünftigen Kurs des sowjetischen Wirtschaftswachstums signifikant beeinflussen und die Symptome der gegenwärtigen Malaise vertiefen könnte, ist die verstärkte und unbefriedigte Nachfrage der Konsumenten. Eine erhöhte industrielle Entwicklung und der Kontakt mit anderen Gesellschaften des Massenkonsums wird die Erwartungen der sowjetischen Konsumenten weiter steigen lassen. Bemerkenswerterweise hat es die Sowjetunion bisher immer verstanden, die Spirale steigender Erwartungen für Konsumgüter zu vermeiden, und war in der Lage, den wirtschaftlich erarbeiteten Mehrwert immer in die Militär- und Schwerindustrie zu investieren. Die Notwendigkeit jedoch, westliche Technologie und die dazugehörigen Fähigkeiten zu importieren, und die relativ weite Öffnung während der Entspannung brachten den Sowjetmenschen ein erhöhtes Bewußtsein für Konsumerwartungen. Die jüngste Vergangenheit der Ostblockländer Europas könnte sehr leicht die Zukunft der Sowjetunion charakterisieren. Sollte das der Fall sein, so wird sich die Sowjetunion nicht nur auf eine Revolution der steigenden Erwartungen einzustellen haben, sondern möglicherweise auch auf ihre Version der Jugendrevolution, der Kulturrevolution und der sexuellen Revolution. Dazu kommt noch, daß eine verstärkte autoritäre und repressive Haltung des Regimes, um die sowjetische Bevölkerung von der westlichen „Dekadenz" zu isolieren, wahrscheinlich zu einer Intensivierung der Malaise führen wird, selbst wenn diese Haltung von der Mehrheit des Volkes unterstützt werden sollte.

Ein wichtiger sozialer Faktor ist die Zersplitterung, die sich aus der wirtschaftlichen Modernisierung in den fortschrittlicheren Gesellschaften Osteuropas ergab. Wie in allen Gesellschaften so wurden auch hier durch das Wirtschaftswachstum der Stand und die geistige Differenziertheit der Arbeiterklasse erhöht; die Verbürokratisierung der kommunistischen Parteien ließ die Bindung zur Arbeiterschaft schwächer werden. Als Folge davon gibt es nun eine Arbeiterklasse, in der Selbstbewußtsein und die Fähigkeit, ihre Wünsche gegenüber der offiziellen Hierarchie zu formulieren, wachsen. Der Kommunismus sowjetischer Prägung wird sich ironischerweise schließlich vor eine Konfrontation zwischen den politischen Autoritäten des sowjetkommunistischen Systems und dem unaufhaltsamen Aufstieg einer selbstbewußten Arbeiterklasse gestellt sehen.

Schließlich trägt auch noch eine Reihe internationaler Probleme zur Malaise der UdSSR bei. Dazu gehören: 1. die Krise der sowjetischen Hegemonieansprüche in Osteuropa, die dort in zunehmendem Maße als illegitim betrachtet werden; 2. die Unabhängigkeit und Feindseligkeit der chinesischen Kommunisten; 3. der Aufstieg der Eurokommunisten, deren immer erfolgreicher, offener und pluralistischer, vor allem aber immer unabhängiger werdende Parteiorganisationen sehr attraktiv auf die Osteuropäer wirken und der zu allmählichen Allianzen zwischen den kommunistischen Parteien Ost- und Westeuropas führt; 4. die fortdauernde Unfähigkeit, ihren Erzrivalen, die USA – trotz zeitweiliger oder begrenzter Erfolge –, aus den vielen Gebieten der Welt zu verdrängen, wo sie sich bemühte, den Einfluß der USA zu bekämpfen; und schließlich 5. das zunehmend stärker werdende Gefühl, daß die sowjetische Form des Kommunismus nicht der zukünftigen Entwicklung entspricht.

Zusammenfassung

In diesem Abschnitt über die Malaise versuchten wir zu beweisen, daß aus einigermaßen unterschiedlichen Gründen sowohl die wohlhabenden kapitalistischen Nationen wie auch die wohlhabenden kommunistischen Länder mit einer Reihe ernsthafter Probleme konfrontiert werden. Wir haben uns nicht darauf eingelassen, jedes Land einzeln durchzubesprechen, würden aber behaupten, daß die Probleme bemerkenswert konsistent sind, selbst wenn die Gründe und Symptome von Land zu Land variieren. Wir wollen deswegen nicht metaphysisch werden und sagen, daß eine solche Koinzidenz tiefere Gründe haben muß. Es genügt darauf hinzuweisen, daß es nach 25 guten Jahren auch einige schlechte geben muß. Während dieser 25 Jahre entwickelten sich alle möglichen Arten von schlechten Gewohnheiten, und außerdem funktionieren nach einer solch langen Zeitspanne die alten Mechanismen eben nicht mehr. Neue sind notwendig geworden, aber diese neuen Mechanismen sind bis jetzt noch nicht entwickelt worden.

Sehr einleuchtend erscheint die Behauptung, daß die Reichen während der nächsten 25 Jahre nicht so viele Vorteile haben werden wie in der Zeit von 1948 bis 1973. Wie Kapitel 7 dann näher erläutern wird, dürfte diese Behauptung für die Mittel-Einkommen-Staaten nicht zutreffen. Es stimmt zwar, daß diese Staaten mit ihrem Wirtschaftswachstum in der Vergangenheit von der Prosperität der reichen Nationen abhingen, inzwischen jedoch sind sie in dieser Hinsicht viel selbständiger geworden und können sich mehr auf ihre eigenen Ressourcen verlassen. Wenn sie ihre Exporte auch in die reichen Länder schicken müssen, so ist doch der Impuls, der hinter der Hauptlinie ihres Exportwillens steht, so groß, daß, gleichgültig was für Schwierigkeiten auch auftauchen mögen, sie in der Lage sein werden, damit zurecht zu kommen. Sie werden besser sein, wenn es weniger Schwierigkeiten gibt, und es wird nicht so gut gehen, wenn sich die Schwierigkeiten häufen; aber es ist dies eben nur eine Frage des „besser" oder „schlechter", nicht aber eine auf Leben und Tod. Bis zu einem gewissen Grad gilt all dies auch für die armen Nationen, nur ist bei ihnen die Flexibilität, die Geschicklichkeit, sind die Fähigkeiten, der

Drive und ihre Aggressivität nicht so ausgebildet oder nicht so stark wie bei vielen Staaten mit Mittel-Einkommen. Das herrschende Milieu und die allgemeine Atmosphäre werden daher bei ihnen mehr Einfluß ausüben können als in den Mittel-Einkommen-Staaten. Für die armen Länder wird es auch mehr eine Frage des Seins oder Nicht-Seins sein. All dies werden wir näher noch in Kapitel 7 besprechen.

Inflation

Wir haben schon früher darauf hingewiesen, daß das vielleicht wichtigste Einzelsymptom der gegenwärtigen Malaise (und ebenso vielleicht auch ein wesentlicher Grund für sie) die Stagflation oder doch wenigstens die anhaltende Inflation ist. Die Malaise würde durch eine Kontrolle der Inflation noch nicht verschwinden, sicherlich aber würde sie für viele Gruppen stark an Wirkung und eine Reihe anderer Aspekte der Malaise an Bedeutung verlieren. Wir haben hier den klassischen Fall eines Teufelskreises: viele institutionelle Probleme, die Mitgrund sind für die Malaise, intensivieren und perpetuieren die Inflation, die ihrerseits wieder die institutionellen Probleme und die Malaise verstärkt.

Die gegenwärtig äußerst komplexe Inflation wird nun schon seit mehr als einem Jahrzehnt auf breiter Basis diskutiert. Bei unseren Ausführungen über die Kondratieff-Theorie stellten wir fest, daß die Preise vor dem Zweiten Weltkrieg in langen Zyklen auf und ab schwankten. Nach dem Zweiten Weltkrieg jedoch erfolgte keine Deflation, so wie dies nach allen anderen Kriegen der Fall gewesen war. Die wohlhabenden kapitalistischen Nationen gewöhnten sich während der fünfziger Jahre an eine schwache Inflation, die jedoch auf diesem niedrigen Niveau nicht stehenblieb. Während der sechziger Jahre, als die Inflationsraten zu steigen begannen und der Dollarüberhang beunruhigende Ausmaße annahm, begann man allmählich allgemein zu erkennen, daß etwas recht Bedrohliches im Gange war.

Die Auswirkungen einer Inflation können sehr verschieden ausfallen, wobei das von dem erwarteten Ausmaß, von der Schnelligkeit der Reaktion – selbst wenn man sie nicht vorhersah – und von der Art der Maßnahmen, die entweder auf Grund der Erwartung oder der aktuellen Situation ergriffen werden, abhängen wird. Kommt sie unerwartet und die „Geldillusion“ wird weiter aufrechterhalten (der Glaube, daß Geld einen relativ festen

Wert besitzt), so wird es Gruppierungen geben, die nicht darauf bestehen werden, daß sofortige Kompensationsmaßnahmen zum Ausgleich der höheren Preise ergriffen werden. (Vielleicht auch, weil sie nicht genügend Macht besitzen oder nicht genügend militant sind.) Wenn dies der Fall ist, so kommt es zu einem enormen Transfer von Reichtum von den Gläubigern zu den Schuldnern und von der Privatwirtschaft zu staatlichen Stellen. Hat man die Inflation relativ richtig vorhergesehen, so kann dieser Transfer in beide Richtungen erfolgen, da es nicht feststand, wie hoch die Inflationsrate ausfallen würde. Wer dann dabei gewinnt und wer verliert, wird auch von einer Reihe anderer Faktoren abhängen, wie etwa von den Auswirkungen steuerlicher Maßnahmen. Wird schließlich die Inflation überschätzt, so wird das System dadurch für eine Inflationsexplosion nur noch anfälliger. Diese Situation tendiert aber auch zu einem umgekehrten Einkommenstransfer, wie er oben bei einer Unterschätzung angegeben wurde.

Die Inflation bewirkt jedoch mehr als einen bloßen Einkommenstransfer. Sie erhöht die Risiken; erzeugt Störungen; setzt die Wirksamkeit des Systems herab; unterhöhlt Moral, Integrität und Disziplin und zerstört Vertrauen und Glauben. Die Art und Weise, in der Inflationserwartung und Inflationskorrekturen in das System eingebaut werden, bestimmen Art und Größe der Verluste, die speziellen Muster des Transfers von Reichtum, die Unterhöhlung von Wertansichten und die Zerstörung von Einstellungen.

Die Auswirkungen eines lang andauernden Inflationsanstiegs lassen die Frage nach der Empfindlichkeit einer Wirtschaft gegenüber externen Schocks aufkommen. Dabei scheint es, als ob höhere Inflationsraten diese Empfindlichkeit verstärken würden. Es dürfte klar sein, daß solche Schocks dramatische Auswirkungen auf alle Wirtschaften während der frühen siebziger Jahre hatten. Wird eine Inflation erwartet, d. h. rechnet man damit, so übt das einen viel stärkeren Einfluß aus, als die meisten Wirtschaftswissenschaftler wahrhaben wollen, obwohl sich die meisten von ihnen heute darüber einig sind, daß der Inflationsausbruch zu Beginn der siebziger Jahre dazu geführt hat, daß man weiterhin mit einer Inflation rechnet. Es ist unwahrscheinlich, daß sich diese Erwartungen ändern, solange es nicht zu einigen größeren Veränderungen in der gesamten sozioökonomischen Struktur kommt. Die Erwartung langsam steigender Inflationsraten wurde seit Ende des Zweiten Weltkriegs zu einem immer festeren Bestandteil des Grundgerüstes unserer Gesellschaft. Inflationäre Erwartungen sind ein wesentlicher Bestandteil des gesamten Fragenkomplexes, sie zu beseitigen, wird eine nicht gerade leichte Aufgabe sein.

Diese Bemerkungen übergingen absichtlich die großen Unterschiede in den Inflationsraten einzelner Industriestaaten. Die Bundesrepublik Deutschland und Japan z. B. waren in der Lage, die Inflation weitgehend unter Kontrolle zu halten, und dies wahrscheinlich mit geringeren Kosten, als das ihre Kritiker schätzen. Sie bieten brauchbare Beispiele für das, was man gegen sie tun kann.

Kapitel 6
Zweieinhalb Helden der Wirtschaftsentwicklung: Südkorea, Taiwan und Japan

Südkorea, Taiwan und Japan sind ausgezeichnete Beispiele für die speziellen Beziehungen zwischen den neokonfuzianischen Kulturen und dem schnellen Entstehen einer superindustriellen Weltwirtschaft. Trotz schwieriger Anfangsbedingungen haben alle drei Staaten die *Deuxième Belle Epoque* erfolgreich für sich genutzt. Bis jetzt haben sich die beiden erstgenannten Länder auch mit Erfolg – ja sogar hervorragend – an die Bedingungen der *Epoque de Malaise* angepaßt. Japan war mäßig erfolgreich, wird derzeit aber von diversen institutionellen Problemen heimgesucht und leidet am Verlust fähiger Führungskräfte. Südkorea und Taiwan sind auch gute Beispiele für unsere Annahme, daß die Staaten mit Mittel-Einkommen, speziell aber die neuen Industriestaaten, weiterhin schnell wachsen werden.

Die Leistungen aller drei werden heute schon fast als selbstverständlich hingenommen. Nur zu häufig wird dabei vergessen, daß man sie lange Zeit für hoffnungslose Fälle hielt und der Meinung war, ihr Wohlergehen sei allein von der anhaltenden Prosperität der Überflußländer abhängig. Die in den drei Ländern herrschende hohe Moral, Hingabe und die unternehmerischen und wirtschaftlichen Fähigkeiten der beiden erstgenannten bilden einen wirkungsvollen und deutlichen Kontrast zu dem, was in den meisten hochentwickelten kapitalistischen Nationen einschließlich Japans geschieht.

Eine der eindruckvollsten Errungenschaften aller drei Länder ist, daß ihr rapides Wachstum von einer zunehmend gleichmäßiger werdenden Einkommensverteilung begleitet wurde, eine Leistung, von der viele Ökonomen vorher annahmen, sie sei in einem nichtkommunistischen Entwicklungsland nicht möglich. Fast alle ihre Bevölkerungsteile trugen das Ihre zum nationalen Erfolg bei und hatten auch an den Gewinnen Anteil. Unzweifelhaft sind diese drei Staaten als „Helden“ der Wirtschaftsentwicklung anzusehen. Im Prinzip haben sie sich aber lediglich durch gutes Management und harte Arbeit in weniger als einem Jahrzehnt aus tiefster Armut auf ein mittleres Einkommensniveau emporgezogen.

Südkorea und Taiwan verdienen es auch deshalb hervorgehoben zu werden, um damit einen kleinen Ausgleich für die an ihnen geübte Kritik zu bieten.

Diese beiden Nationen befinden sich nun in einer Position, aus der heraus es ihnen innerhalb eines Jahrzehnts gelingen sollte, zu voll entwickelten Industriewirtschaften zu werden. Zusammen mit einigen anderen Mittel-Einkommen-Staaten müßten sie demnächst zu „Vollmitgliedern" der wohlhabenden Staatengruppe aufsteigen. Sie werden nach den frühen Startern, den heutigen Industrienationen, die ersten wenigen Länder sein, denen dieser Übergang wieder gelungen ist. So gesehen illustrieren Südkorea und Taiwan den Großen Übergang sehr deutlich.

Obwohl allgemein anerkannt wird, daß Taiwan und Südkorea in den frühen Phasen ihres Aufschwungs, speziell in den sechziger und frühen siebziger Jahren, spektakulär gut vorangekommen sind, so ist weniger gut bekannt, wie hervorragend sie sich in dem schwierigen Rezessionsmilieu der letzten fünf Jahre geschlagen haben. Beide gehören zu den rohstoffarmen Ländern mit exportorientierten Wirtschaften, und beide wurden durch ein Weltwirtschaftsklima unter besonders starken Druck gesetzt, in dem die Rohstoffpreise in die Höhe schnellten und der Handel stark zurückging. Die während dieser Zeit erbrachten Leistungen sind daher noch großartiger, als das die in Tafel 6.1 angegebenen Zahlen vermuten ließen. So wie die übrige Welt wurden auch Japan, Südkorea und Taiwan durch die weltweite Inflation hart getroffen. In Japan und auf Taiwan entglitt sie der Kontrolle, worauf die Regierungen beider Staaten zu äußerst strengen und unpopulären Maßnahmen griffen, mit denen es schließlich auch gelang, die Inflation wieder einzudämmen, allerdings gingen dadurch auch ihre Wachstumsraten vorschnell zurück. Beide Staaten nahmen aber diese Nachteile als die einzige Möglichkeit in Kauf, die Inflation wieder in den Griff zu bekommen. Auch ich bin der Meinung, daß ihre diesbezüglichen Analysen und Werturteile richtig waren.

Südkorea nahm die Kosten höherer Inflationsraten auf sich, um das Tempo des Wirtschaftswachstums weiter zu halten, und es gelang auch, durch eine 25prozentige Währungsabwertung das Exportwachstum aufrechtzuerhalten. Rückblickend kann gesagt werden, daß die Südkoreaner „spielten" (d. h. sie gingen ein wohlüberlegtes, kalkuliertes Riiko ein), wobei sie annahmen, daß sich die Rezession nicht sehr viel mehr vertiefen oder in die Länge ziehen würde. Wäre das der Fall gewesen, so hätte es den Südkoreanern tatsächlich sehr schlimm ergehen können. Ihnen gelang es

Tafel 6.1 Wirtschaftliches Wachstum und Inflationsraten: Südkorea, Taiwan und Japan[a)]

		Japan		*Südkorea*		*Taiwan*	
		Reales Wachstum	*Inflation*	*Reales Wachstum*	*Inflation*	*Reales Wachstum*	*Inflation*
	1963	10,5	7,8	8,8	19,7	8,5	3,2
	1964	13,1	3,7	8,6	27,8	11,4	10,6
	1965	5,1	6,7	6,0	15,0	10,4	7,2
Noch	1966	9,8	4,9	12,0	11,8	7,8	9,0
„La Deuxième	1967	12,9	4,1	7,2	11,1	10,4	10,7
Belle Epoque"	1968	13,4	5,3	12,8	11,1	8,9	7,9
	1969	10,7	5,3	15,2	10,0	8,6	5,1
	1970	10,9	7,6	8,6	12,8	10,8	3,9
	1971	7,4	6,2	9,8	12,1	11,7	2,8
	1972	9,1	4,4	7,3	11,9	12,0	3,0
	1973	9,8	11,8	16,4	3,1	11,9	8,2
	1974	−1,3	24,3	8,3	23,8	0,6	47,5
L'Epoque	1975	2,5	11,9	8,8	26,3	2,4	5,2
de	1976	6,0	9,3	15,3	15,4	11,5	2,5
Malaise	1977	5,1	8,1	10,3	10,1	8,1	6,3
	1978[b)]	5 bis 7	5 bis 7	14 bis 15	10 bis 12	10 bis 11	6 bis 7

[a)] IMF, International Financial Statistics, Mai 1976, Mai 1977 und April 1978. Die Wachstums- und Inflationsraten wurden durch das New York Representative Office zur Verfügung gestellt.

[b)] Schätzungen, die auf amtlichen Projektionen in Korea und Taiwan nach dem ersten Quartal 1978 beruhen. Anfänglich lauteten die offiziellen Schätzungen für Korea 10 bis 11 % und 11 %, und für Taiwan 8,8 %, 5,4 %.

Anmerkung: Die japanischen Voraussagen basieren auf Projektionen verschiedener Institutionen, über die berichtet wird in *Management Japan*, Vol. 11, No. 1 (Spring 1978), S. 25.

auch, durch ein schnelles und aggressives Eindringen in neue Gebiete, vor allem in ausländische Großbauprojekte des Mittleren Ostens, das rapide Wirtschaftswachstum fortzusetzen. Sie zeigten damit ihre „Flexibilität", die einen besonders eindrucksvollen Aspekt ihrer Wirtschaft darstellt. Auch betrieben sie eine genügend vorsichtige Finanz- und Währungspolitik, um ein explosionsartiges Anschwellen der Inflation zu verhindern – und dies, obwohl durch die überseeischen Einkünfte der Geldzufluß und die Güternachfrage stark aufgebläht wurden. Als Folge davon kamen die Südkoreaner in den Jahren 1974 und 1975 auf einen Wachstumszuwachs von durchschnittlich 8,5 Prozent und auf 13 Prozent in den drei darauffolgenden Jahren.

Ob es nun die Südkoreaner oder die Taiwanesen und Japaner waren, die den besseren Weg verfolgten, ist eine müßige Frage. Was wichtig dabei war, ist vielmehr, daß sie sich alle drei in einem äußerst schwierigen, wirtschaftlichen Klima hervorragend schlugen, was vor allem auf ein gutes Management zurückzuführen ist. Hätten es die Südkoreaner für richtig oder notwendig erachtet, ihre Inflationsraten auf Kosten ihres Wirtschaftswachstums stärker einzudämmen, so hätten sie das sicherlich getan. Die Entscheidung, es nicht zu tun, war das Ergebnis einer bewußten Wahl und nicht eine Folge politischer Ängste oder Schwächen. Die hohen Wachstumsraten dieser beiden neuen Industriestaaten während der letzten paar Jahre resultierten aus der Bereitschaft, entschieden zu handeln, die Verluste möglichst gering zu halten und sich – mehr als alle anderen – den sich schnell verändernden Verhältnissen richtig anzupassen. Wäre irgendeines dieser drei Länder einer Politik des „weitermachen wie bisher" *(business as usual)* gefolgt, so wäre das Ergebnis fast mit Sicherheit katastrophal gewesen. Grob gesehen haben die Japaner genau das getan. Wir wollen aber zuerst Südkorea und Taiwan näher besprechen, bevor wir auf die Reaktion der Japaner detaillierter eingehen.

Südkorea und Taiwan

Als Beispiele für wirtschaftliche Entwicklung verdienen Südkorea und Taiwan aus drei verschiedenen Blickwinkeln Beachtung.

Als erstes muß festgestellt werden, daß ihre Erfahrungen nur zu deutlich dahin tendieren, die Schlüsselfaktoren einer Wirtschaftsentwicklung hervorzuheben, wozu ein ausgeglichenes Verhältnis zwischen den politischen und den nichtpolitischen, zwischen alten und neuen Hilfsquellen ebenso gehört wie der Vorzug menschlicher gegenüber materieller Ressourcen. Trotz anfänglich schwierigster politischer und wirtschaftlicher Umstände erzielten beide ohne größere natürliche Rohstoffquellen, ohne viel eigenes Anfangskapital oder hochentwickelte Technologie ein schnelles Wirtschaftswachstum. Im speziellen kann ihr Erfolg auf kulturelle Faktoren, die eine Wirtschaftsentwicklung favorisieren, auf ein exzellentes Management der Wirtschaft, auf das günstige internatinale und technologische Klima während der *Deuxième Belle Epoque*, auf ausländische Wirtschaftshilfe und, ganz einfach, auf harte Arbeit und Hingabe zurückgeführt werden.

Weiterhin stellen diese beiden Wirtschaften Prototypen für andere Entwicklungsstaaten dar. Die gängige Literatur über die Wirtschaftsentwicklung scheint sich häufig lediglich mit den Problemen und Fehlern der Entwicklungsstaaten zu befassen. Man kann aus Mißerfolgen und Schwierigkeiten viel lernen, noch mehr Nutzen aber kann man aus dem Studium des Erfolgs ziehen, der ja auf die erreichbaren Möglichkeiten hinweist. Wir kommen daher immer mehr zu der Ansicht, daß diese beiden Länder auch den Überflußstaaten einige wichtige Lektionen erteilen könnten.

Bei diesen beiden Wirtschaften (und jener Japans vor dem Ölschock) besteht eine gewisse Analogie zum Carnotschen Kreisprozeß aus der Technik – ein thermodynamischer Prozeß von höchstem Wirkungsgrad, der erkennen läßt, was ein vollkommener Motor leisten könnte. Die Ingenieure vergleichen andere Kreisprozesse mit ihm, um zu sehen, wieviel man theoretisch noch verbessern könnte. In diesem Sinne könnte man behaupten, daß Südkorea, Taiwan und Japan vor der Ölkrise wirtschaftlich und technologisch so effizient waren, wie man das von einem Entwicklungsland vernünftigerweise nur verlangen kann. Daß heißt allerdings nicht, daß alles, was sie tun oder taten, ohne Makel war, daß man alle Aspekte ihrer Gesellschaft nachahmen sollte oder daß es anderen Entwicklungsstaaten möglich wäre, sie einfach zu kopieren. Wir sind aber der Meinung, daß alle drei Wirtschaften eine Reihe nützlicher Lehrbeispiele abgeben. Im wesentlichen sind Südkorea und Taiwan nämlich typisch für andere Entwicklungsländer. (Doch gibt es auch Unterschiede. Ich habe schon darauf hingewiesen, daß sich die neokonfuzianischen Kulturen gewisser Vorteile im Hinblick auf andere Kulturen erfreuen können und daß Südkorea und Taiwan unter starken äußeren Zwängen standen, die es ihnen nicht erlaubten, Fehler zu begehen.)

Ein dritter Grund diesen Ländern ein spezielles Interesse entgegenzubringen, besteht darin, daß man durch die ungeheure Schnelligkeit ihrer Entwicklung den Entwicklungsprozeß selbst gewissermaßen vergrößert erkennen kann, wodurch viele seiner Charakteristika, die normalerweise im Laufe der Dinge untergehen, stärker hervorgehoben werden. So wie der Zeitrafferfilm, der den Ablauf des Wachstums einer Pflanze beschleunigt wiedergibt, läßt ein schnelleres Wachstum viele Eigenschaften des Wachstumsprozesses erkennen, die dem Beobachter ansonsten entgehen würden. Vor 25 Jahren noch besaßen alle drei Länder das sehr arme Wirtschaftssystem traditioneller Agrarkulturen (selbst die Japaner waren damals noch vorwiegend landwirtschaftlich orientiert). Heute gehören Südkorea und Taiwan zu den Übergangswirtschaften, die demnächst als „überwiegend entwickelt" neu zu klassifizieren sind, und Japan wird innerhalb der nächsten fünf oder zehn Jahre die USA im Pro-Kopf-Einkommen überholen. In weiteren 25 Jahren sollten sowohl Südkorea als auch Taiwan zu den Ländern mit Massenkonsum gehören. Wozu Japan 100 Jahre brauchte – und andere Nationen 200 Jahre –, das werden Südkorea und Taiwan wahrscheinlich in 50 Jahren erreichen. Sie verleihen damit der 400jährigen Übergangsperiode, von der wir erwarten, daß sie zu einer neuen, postindustriellen Weltordnung führen wird, weitere dramatische Aspekte und Glanzlichter.

Die Entwicklungserfahrungen aller drei Länder zeigen, wie wichtig es für sie war, sich gleich am Anfang auf ein umfassendes Wirtschaftswachstum zu konzentrieren, anstatt sich auf die Entwicklungsstrategie einer Umverteilung des Einkommens zu verlassen.* Die Anfänge ihres Wirtschaftswachstums waren besonders eindrucksvoll, da sie schon recht frühzeitig und fast als Nebenprodukt eine gleichmäßigere Einkommensverteilung und mehr Wohlstand mit sich brachten, als man sie in den meisten anderen Ländern antreffen kann. Nur einige sozialistische Staaten haben eine noch gleichmäßigere Verteilung des Einkommens erzielt, allerdings unter größeren wirtschaftlichen und menschlichen Opfern.

Jedem der drei Länder gelang es, den Wohlstand und Lebensstandard aller Bevölkerungsschichten eindrucksvoll anzuheben.

* Japan und Taiwan und in einem etwas geringeren Grad auch Südkorea bilden hier natürlich eine gewisse Ausnahme, da sie recht umfangreiche Programme zu einer Neuverteilung von Grund und Boden hatten und spezielle zur Förderung der Bauern entwickelten. (Südkorea besitzt solche Programme erst seit der Einführung des *Saemaul*-Programms zur Entwicklung der Landwirtschaft im Jahre 1970.)

Bei den Japanern hat man das zwar allgemein zur Kenntnis genommen (obwohl sich heute viele Japaner finanziell hart bedrängt sehen), nicht aber so bei Südkorea und Taiwan. Eine grundsätzliche Erklärung über die Lage Taiwans wurde in prägnanter und zutreffender Form in einer neueren Studie der Weltbank abgegeben:

„Die Bilanz der Wirtschaft Taiwans zwischen 1950 und 1970 beweist die Koexistenz hoher und steigender Wachstumsraten mit einer allmählichen Beseitigung der Arbeitslosigkeit und mit einer deutlichen Verbesserung der Größenverteilung der Einkommen. Taiwan mag somit eine der wenigen Ausnahmen von den düsteren Erkenntnissen Kuznets und Adelmans sein, die auf Grund von Zeitreihen-Untersuchungen und Kreuzauswertungen allgemein das Vorherrschen einer U-förmigen Beziehung zwischen Wirtschaftswachstum und Einkommensverteilung über die Zeit fanden. Taiwan zeigt somit die Möglichkeit auf, daß es auch in anderen Ländern nicht unbedingt, selbst kurzfristig nicht, zu einem Konflikt zwischen Wachstum und Einkommensverteilung kommen muß. Die allgemein beobachtete U-förmige Beziehung darf daher nicht als von Natur aus unvermeidlich angesehen werden, sondern unterliegt der Kontrolle des Menschen."*

Dieselben Eigenschaften wurden auch von Südkorea festgestellt:

„Man kann in der Wirtschaftsgeschichte Südkoreas nach dem Zweiten Weltkrieg einen Entwicklungsprozeß beobachten, durch den nicht nur die Gruppen mit hohem und mittlerem Einkommen profitierten, sondern durch den auch der Wohlstand der ärmsten Mitglieder der Gesellschaft beträchtlich angehoben wurde. Diese Entwicklung zeigt drei deutlich unterschiedliche Phasen. In der ersten, die von 1945 bis 1952 dauerte, wurden die Vermögenswerte des Landes neu verteilt, es erfolgten aber keine wesentlichen dynamischen Änderungen; in der zweiten Phase kam es dann zu einer neuerlichen Verteilung, sie dauerte von 1953 bis 1963. Als dritte begann ab 1964 eine Phase der Neuverteilung, verbunden mit einer Realisation der Vermögenswerte, die immer noch andauert."

* Hollis Chenery et al., *Redistribution with Growth.* Wenn auch der letzte Satz weitgehend richtig ist, so sind die ungewöhnlichen Leistungen Taiwans und Südkoreas unserer Meinung nach auf die besondere Tatsache zurückzuführen, daß beide neokonfuzianische und recht homogene Kulturen besitzen. Dazu kommt noch eine äußere politische Umgebung, die keine Fehler verzeiht und die das Ihre zur Etablierung guter Regierungen zur Verpflichtung zum Wirtschaftswachstum und zu einem guten Management beitrug – oder diese Dinge erzwang, um überleben zu können. Beide Länder verfügten aber auch über ungewöhnlich gute und vielseitige Arbeitskräfte.

Die Wirtschaftsentwicklung Südkoreas und Taiwans als typisches wie auch atypisches Beispiel

Seit so vielen Jahren leisten diese drei Länder nun schon so Hervorragendes, daß ihre Leistungen heute entweder häufig als gegeben hingenommen oder für so außergewöhnlich angesehen werden, daß sie als Leistungen *sui generis* empfunden werden – eine Tautologie insofern, als die Leistung eines jeden Landes für sich genommen einzigartig ist. In jenem Sinne aber, in dem die durch sie repräsentierte neokonfuzianische Kultur *heute* für ein Wirtschaftswachstum deutlich besser geeignet sein dürfte als jede andere, ist es nicht sehr wahrscheinlich, daß ihr Erfolg von vielen anderen Nationen so einfach nachvollzogen werden könnte. Daraus kann aber nicht abgeleitet werden, daß sie außergewöhnlicher als viele andere Länder wären, einschließlich jener, die oft als Modellfälle für die Entwicklung oder Modernisierung herangezogen werden. Ganz im Gegenteil, Südkorea und Taiwan sind in vieler Hinsicht sehr typisch – viel typischer jedenfalls als Japan. Von unserer Warte aus besitzen sie den zusätzlichen Vorteil, daß sie durch ihre atypischen Merkmale einige Mythen über falsch verstandene oder in die Irre führende Aspekte des Entwicklungsprozesses richtig illustrieren.

Gemessen an der Aufmerksamkeit, die sie in der Literatur über Wirtschaftsentwicklung (speziell als Modellfälle) genießen, sind China und Indien die beiden wichtigsten Länder. Bedeutend sowohl von ihrer Bevölkerungszahl (wobei China die Hälfte der Bevölkerung aller Mittel-Einkommen-Staaten stellt und Indien zwei Drittel der „aufstrebend armen Nationen") als auch von den riesigen Ausmaßen ihrer Fläche her, verdienen China und Indien aus diesen Gründen unzweifelhaft eine besondere und vertiefte Aufmerksamkeit. Allerdings ist nicht einzusehen, warum diese beiden kontinentgroßen Staaten zutreffende Beispiele für andere Entwicklungsstaaten sein sollten. Sie sind ungewöhnlich – ungewöhnlicher vielleicht als die außergewöhnlich erfolgreichen Stadtstaaten von Singapur und Hongkong. In Indien z B. gibt es sechzehn offizielle Landessprachen und weitere rund siebzig größere Sprachen oder Dialekte. In China hat praktisch jede Provinz ihren eigenen Dialekt, wenn auch die Schrift überall die gleiche ist. In beiden Ländern herrscht eine Vielfalt an rassischen und kulturellen Unterschieden, wobei sie aber zugleich auf Grund ihrer geographischen und demographischen Größe Marktbedingungen für Skalenerträge bieten, die weit außerhalb der Reichweite für die überwältigende Mehrzahl der übrigen Entwicklungsländer liegen.

Vergleicht man frühere und heutige Erfahrungen mit der Wirtschaftsentwicklung, so stößt man auf grundlegende Einschränkungen. Die Entwicklungsländer der Vergangenheit (die heutigen hochentwickelten Staaten) waren vor 50 oder 100 Jahren größtenteils bedeutende oder beherrschende Mächte. Mit Ausnahme Japans gehörten sie alle dem Westen an und repräsentierten die technologisch fortgeschrittensten und militärisch stärksten Nationen ihrer Zeit. Zu Beginn dieses Jahrhunderts hatten sie den Großteil der restlichen Welt unter sich aufgeteilt. Die Modernisierung und Industrialisierung ihrer heimischen Wirtschaft stand im direkten Zusammenhang mit der Ausdehnung ihrer Kolonialreiche, Territorialansprüche und Einflußsphären, um solcherart den entsprechenden Nachschub und die Märkte für ihre Produkte sicherzustellen. Sie wurden von dem Verlangen nach nationaler Macht und nationalem Prestige geleitet; zu ihren Mitteln gehörten militärische Eroberungen und das Bilden von Kolonialreichen als wesentliche Ergänzung ihrer Wirtschaftsentwicklung und des normalen Handels.

Im Gegensatz dazu gibt es heute über 100 Entwicklungsländer. Mit Ausnahme Chinas, Indiens und vielleicht noch Brasiliens und Indonesiens kann man kein Entwicklungsland als eine große oder auch nur potentiell große Macht bezeichnen. Größtenteils handelt es sich um völlig neue Nationen, die häufig künstlich aus den sich auflösenden Kolonialreichen in der Zeit nach dem Zweiten Weltkrieg geschaffen wurden. Ihre Regierungen sind nur zu oft „starke Männer“ oder Militär-Juntas, die keine oder nur eine indirekte Beziehung zu den traditionellen Quellen der legitimen Macht besitzen. Es sind quasidemokratische oder autoritäre Regime, übermäßig darum besorgt, ihre Rechtmäßigkeit glaubhaft zu machen, und häufig von diversen Staatsstreichen heimgesucht. Außerhalb der kommunistischen Einflußsphäre sind diese Staaten weder an „ungleiche Verträge“ gebunden, noch binden sie andere damit. Technologisch gesehen sind ihre Wirtschaften, verglichen mit den entwickelten Ländern, sehr rückständig Unähnlich ihren Vorgängern, sind sie kleine, neue Staaten, die in einer Welt den Anschluß zu finden suchen, die militärisch, politisch, technologisch und wirtschaftlich immer noch von den traditionellen Mächten beherrscht wird.

Von vielleicht ebensolcher Bedeutung sind die ungeheuren Veränderungen, die sich innerhalb der letzten 25 Jahre in der Weltwirtschaft ereigneten. Einem Staat, der in den späten siebziger oder frühen achtziger Jahren zu industrialisieren begann bzw. beginnt, stehen Möglichkeiten zur Verfügung, die es vor fünfzig Jahren einfach noch nicht gab. Erst einmal hat sich der Umfang der Weltwirtschaft dramatisch vergrößert. Die zur Verfügung stehenden Kapitalmengen, das Ausmaß der Nachfrage und neue technologische Erkenntnisse ermöglichen heute auch in den Entwicklungsgebieten die Durchführung von Projekten, die früher nur in den hochentwickelten Staaten möglich gewesen wären. Zweitens werden heute immer mehr Produktionsbetriebe, die dereinst nur auf die hochentwickelten Staaten beschränkt waren, aus wirtschaftlichen Gründen in zunehmendem Maße in die Entwicklungsländer verlegt. „Neue" Industrien, wie z. B. die Elektronik, bieten neue Möglichkeiten gleichermaßen für die Entwicklungsländer wie für die schon entwickelten Nationen. Des weiteren wurden neue Institutionen und neue Kapitalquellen geschaffen (Auslandshilfen, Zuschüsse, Kredite, die Weltbank, regionale und lokale Entwicklungsbanken und die heute noch wichtigeren Wirtschaftsbanken, die multinationalen Konzerne sowie die Märkte für den Singapur- und den Euro-Dollar). Zusammenfassend muß daher gesagt werden, daß ein neuer Staat, der mit seiner Entwicklung in den späten siebziger oder den frühen achtziger Jahren beginnt, dies in einer Welt tut, die sich so rasch verändert und die sich bereits so sehr von der Welt der Vergangenheit unterscheidet, daß man die Lehren der alten, heute entwickelten Nationen kaum als einen zutreffenden und hinreichenden Leitfaden durch die vor uns liegenden Probleme ansehen darf.

In diesem Zusammenhang können die jüngsten Erfahrungen Südkoreas und Taiwans als relativ typisch angesehen werden. Beide sind kleine Staaten, die nach dem Zweiten Weltkrieg aus früheren Kolonien entstanden sind. Die Bevölkerung Taiwans betrug damals sechs Millionen Menschen (heute rund 16 Millionen) und die Südkoreas rund 20 Millionen (heute etwa 34 Millionen). Beide sind in Rasse und Kultur nichtwestlich und gehörten eher zu Japan als zu einer westlichen Macht. Sie waren daher als Kolonien vielleicht noch am wenigsten dem direkten Einfluß der westlichen Kultur ausgesetzt. Als ehemalige Kolonien besaßen sie noch einen Rest an Infrastruktur aus dieser Zeit, aber dafür waren ihre Wirtschaften völlig an Japan gebunden (wohin neun Prozent ihrer Exporte gingen). Auf eine Selbstverwaltung waren sie praktisch überhaupt nicht vorbereitet, wenn es auch der Umstände halber Taiwan zu einer Regierung kam, die sich aus hochgebildeten und erfahrenen Eliten vom Festland zusammensetzte. Beide

Staaten waren nur landwirtschaftlich ausgerichtet, so daß die Exporte fast zur Gänze aus Primärgütern bestanden. Die Besitzverhältnisse entsprachen dem traditionellen Feudalsystem von Pachtbauern und abwesenden Gutsherren. Das Pro-Kopf-Einkommen betrug ein paar hundert Dollar, und es bestand wenig Aussicht für eine Kapitalbildung. Nur zu verständlich also, daß zu Ende des Krieges beide Länder als hoffnungslose Fälle galten. Niemand dachte ernsthaft daran, daß sie sich mit eigener Kraft zu bemerkenswert lebensfähigen Wirtschaften entwickeln könnten.

Zumindest im Licht der heute gängigen Ansichten über die Entwicklungsländer würden die eben genannten Merkmale der beiden Länder die offensichtliche Hoffnungslosigkeit ihrer Situation nur noch deutlicher unterstreichen. Gemessen an der übrigen Welt waren sie schon damals dicht bevölkert und sahen sich sowohl erdrückenden Einwanderungsproblemen wie auch einem sehr starken Bevölkerungswachstum gegenüber; heute ist Taiwan das dichtest besiedelte Land der Welt und Südkorea das drittdichteste. Keines von beiden verfügte über irgendwie nennenswerte Rohstoffquellen. Beide hatten Wirtschaften, die sich am Existenzminimum bewegten, mußten während des Zweiten Weltkriegs beträchtliche Zerstörungen in Kauf nehmen und wurden brutal in die Unabhängigkeit gestoßen, gefolgt von beträchtlichen Komplikationen.

Verstärkt wurden ihre Probleme noch durch einen großen Zustrom von Flüchtlingen – und für Südkorea durch die Verwicklung in einen verheerenden Krieg. Vor 1945 wurde der gesamte Export beider Länder ausschließlich durch repatriierte Japaner abgewickelt. Nach 1945 brach der Export praktisch zusammen. Die plötzliche Entlassung in die Unabhängigkeit schloß eine geordnete Übergangsperiode aus. Und als Taiwan zu einem Überbleibsel der Republik China wurde, wurden seine sowieso sehr begrenzten Ressourcen sofort für die Militärunternehmungen von Tschiang Kai-schek verwendet.

Nach der Niederlage auf dem Festland flohen rund zwei Millionen Chinesen aus dem Mutterland nach Taiwan, wobei sie die Einwohnerzahl auf acht Millionen anschwellen ließen, es kam zu schwerwiegenden Spannungen mit den einheimischen Taiwanesen. Man mußte sich damals ernsthaft Sorgen machen, daß es zwischen den beiden Gruppen unter Umständen zu einem offenen Konflikt kommen könnte. 1947 kam es dann auch zu schweren Unruhen. Die Aussichten, daß es einmal zu einer integrierten taiwanesischen Gesellschaft kommen könnte, die in der Lage wäre, eine erfolgreiche Wirtschaftsentwicklung zu betreiben, waren äußerst gering. Die Industrie Taiwans war während des Krieges zerstört worden, und seine begrenzte Wirtschaft versuchte nun unter schweren Spannungen den Verlust der vorher erwähnten Exportanstrengungen der Japaner aufzufangen. Taiwan besaß auch nur wenige Ressourcen, um mit dem gewaltigen Einwandererstrom fertig zu werden.

Südkoreas Leistungen sind vielleicht noch eindrucksvoller. Als die japanische Herrschaft zu einem abrupten Ende kam, betrug seine Bevölkerung 16 Millionen. Innerhalb eines Jahres schwoll diese Zahl um 21 Prozent an, als die koreanischen Zwangsarbeiter aus dem Ausland repatriiert wurden und die Flüchtlinge aus dem Norden in den Süden strömten. Gleichzeitig verließen rund 700000 japanische Zivilisten und rund 70000 japanische Beamte das Land, womit dem Staat und der Wirtschaft jede Möglichkeit für eine kontinuierliche Weiterentwicklung oder Vorbereitung auf die Selbstverwaltung genommen wurde. Die Teilung Koreas, die erste übrigens seit 1200 Jahren, war selbst schon ein traumatisches Ereignis. Sie entzog dem Süden den Zugang zu den reichen Kohlelagern, die eine bedeutende Quelle des südkoreanischen Reichtums waren; praktisch wurden dadurch die gesamte Schwerindustrie und fast die gesamte Stromerzeugung lahmgelegt. Die industrielle Nachkriegsproduktion fiel auf 15 Prozent des Wertes, den sie noch 1944 hatte.

Die amerikanische Besatzungsmacht konnte für das Land offensichtlich nicht mehr tun, als eine ordnungsgemäße Abwicklung der Rückführung von Überseeflüchtlingen und der Repatriierung der Japaner zu ermöglichen. Sie boten den Koreanern, die nach 35 Jahren der Besetzung zum erstenmal wieder versuchten, eine eigene Verwaltung aufzubauen, nur wenig finanzielle oder verwaltungstechnische Hilfe. Nach der Befreiung wurden die ehemals japanischen Fabriken den amerikanischen Militärs übergeben, die aber nur schlecht auf die Überführung dieser industriellen Vermögenswerte in koreanische Hände vorbereitet waren. Außerdem waren viele Anlagen durch Vandalismus und schlechte Wartung in einem jämmerlichen Zustand.

Kaum hatte aber Südkorea begonnen, wieder auf eigenen Füßen zu stehen, wurde es durch einen weiteren Krieg fast völlig zerstört. 1950 wurden die Nordkoreaner erst wieder hinter den 38. Breitegrad zurückgedrängt, nachdem sie sich schon durch die ganze Halbinsel hindurchgekämpft hatten. Seoul wurde fast völlig zerstört und wechselte viermal die Besatzer. Fast eine Million Zivilisten und schätzungsweise 320000 Soldaten Südkoreas wurden getötet. Die Zerstörung von Eigentum im geschätzten Wert von rund zwei Milliarden Dollar vernichtete fast die gesamte Infrastruktur des Landes. Nach dem Koreakrieg mußte Südkorea wieder ganz von vorne anfangen. Zusätzlich sah es sich noch mit schweren Verteidigungsbürden belastet und mit einer echten Bedrohung von außen, die bis auf den heutigen Tag andauert. Hätten sich diese beiden Länder nicht weiterentwickelt, so hätten sie eine Überfülle von überzeugenden Gründen zur Hand, um ihren fehlenden Fortschritt zu „erklären". Was jedoch einer Erklärung bedarf, ist die Frage: „Wie gelang ihnen das?"

Wege zum Wirtschaftswachstum
Wie schafften es diese beiden anscheinend hilflosen Länder, die nur relativ wenige natürliche Hilfsquellen besaßen, sich in solch kurzer Zeit aus eigener Kraft zu zwei der erfolgreichsten Wirtschaften der Welt emporzuarbeiten? Sicherlich spielten einige besondere Faktoren, speziell die ungewöhnlich hohen amerikanischen Auslandshilfen und Militärausgaben, eine Schlüsselrolle. Dennoch war diese Rolle sicher viel weniger bedeutend als die von den jeweiligen Regierungen verfolgte Politik und unwägbare kulturelle Faktoren.[2] Rückblickend muß man ihre Schwierigkeiten sogar als Vorteile ansehen. Die anhaltende Bedrohung jedes der beiden Länder trug wesentlich zu gemeinsamen, internen Anstrengungen bei und rechtfertigte die Opfer, die der Unabhängigkeit und Wirtschaftsentwicklung gebracht werden mußten. Es ist das nicht das erstemal, daß in der Geschichte solche Umstände von Bedeutung waren. Das Bewußtsein, daß das Überleben der ganzen Nation auf dem Spiel stand, wird als die Hauptmotivation für die schnelle und außergewöhnlich erfolgreiche Entwicklung Japans in der frühen Meiji-Periode angesehen. Ähnliches galt auch für die Sowjetunion und bis zu einem gewissen Grad für die übrigen hochentwickelten kapitalistischen Staaten. In der Zeit nach dem Zweiten Weltkrieg jedoch war eine solche Motivation etwas höchst Ungewöhnliches.

Kulturelle Vorteile genau zu bestimmen, ist sehr schwierig, wir sind jedoch der Meinung, daß sie für den Erfolg von zentraler Bedeutung sind. Beide Länder besitzen eine homogene Bevölkerung, die sich, jede auf ihre Weise, eine neokonfuzianische Kultur teilen. Trotz der anfänglichen Konflikte zwischen den eingeborenen Taiwanesen und den vom Festland zugewanderten Chinesen und trotz der Unterschiede in der gesprochenen Sprache teilen doch alle Taiwanesen dieselbe Schrift und dasselbe kulturelle Erbe. Die Republik China auf Taiwan hat immer darauf bestanden und darauf hingewiesen, die einzige legitime Schutzmacht der verehrten, traditionellen Kultur Chinas zu sein. Das genügte, um die ganze Bevölkerung zusammenzuhalten.

Zu behaupten, die Kultur Chinas hätte sich schon immer sehr gut für eine Industrialisierung geeignet, wäre eine zu arge Simplifizierung des Sachverhalts. Anfänglich war ja China einer Industrialisierung in jeder Hinsicht feindlich gesinnt. Was zum Erfolg ihrer Wirtschaftsentwicklung ganz besonders beitrug, ist die Tatsache, daß es den Chinesen, ähnlich wie den Japanern, gelang, das Alte mit dem Neuen zu assimilieren. Die Spannungen, die sich aus dem Kontakt mit der äußeren Welt ergaben und die Schwierigkeiten des Krieges sowie der neugewonnenen Unabhängigkeit zerstörten zwar gewisse spezifische Merkmale der traditionellen Kultur, ohne aber diese selbst zu vernichten.*

China widersetzte sich anhaltend dem Einfluß des Westens und beugte sich ihm nur unter Druck. Japan, das anfänglich die Portugiesen und das Christentum ins Land ließ, schloß sich unter dem Tokugawa-Shogunat für eine Periode von 250 Jahren völlig ab, bis auch es gezwungen war – um nicht unterzugehen – eine Modernisierung zu akzeptieren. Korea wurde bekannt als das „Einsiedler-Königreich", da es versuchte, seine alte Kultur vor der Modernisierung zu schützen. Die traditionelle, konfuzianische Kultur Chinas war in allen ihren verschiedenen Ausbildungen und in variierendem Maße einer Modernisierung und den durch den Westen verursachten Änderungen der Denkgewohnheiten gegenüber feindlich eingestellt.

China und ganz besonders aber Korea widersetzten sich der Modernisierung viel mehr als Japan. Geschichtlich gesehen war Japan von außen kommenden Ideen, nicht jedoch fremden, immer

* Im konfuzianischen China z. B. war der Gelehrte die angesehenste Person der Gesellschaft, ihm folgte der landbesitzende Bauer in der Hierarchie und bildete das Rückgrat der Gesellschaft; der nächste war der Handwerker, und auf der untersten Stufe befanden sich die Geschäfts- und Kaufleute. Auch heute noch erfreut sich der Gelehrte eines hohen Prestiges, dafür stieg das Ansehen des Geschäftsmannes auf ein Niveau, das sich mit dem der Beamten im konfuzianischen China vergleichen läßt. Große Geschäftsorganisationen sind eng an die offiziellen Stellen gebunden und unterscheiden sich in diesen dualistischen Wirtschaften ganz deutlich von den kleinen Kaufleuten. Sowohl in Südkorea als auch auf Taiwan, im ersteren Land jedoch mehr als im zweiten, besitzen selbst kleinere Kaufleute, sofern sie nur halbwegs erfolgreich sind, einen relativ hohen Status.

viel zugänglicher als China. Selbst während der offiziell verhängten und 250 Jahre dauernden Isolation waren die meisten japanischen Intellektuellen bereit, viele der durchsickernden Ideen anzunehmen – wozu vor allem technologische gehörten. In den Jahren unmittelbar vor und nach der Restauration der Meiji waren die gebildeten Schichten Japans für neue Ideen allgemein sehr aufnahmefähig. Viele Japaner wollten sogar noch weitergehen; der erste in Washington akkreditierte Botschafter z. B. schlug allen Ernstes mit Nachdruck Mischehen zwischen Japanern und Weißen vor, ein Vorschlag, der für Korea ganz unvorstellbar gewesen wäre. Sowohl in Japan wie auch in Korea symbolisierten Mischehen eine völlige „Ent-Japanisierung" bzw. „Ent-Koreanisierung" und Anerkennung einer neuen Zivilisation; in China hingegen symbolisierten sie die Absorption des Fremden in die überlegene Kultur Chinas.

Zwei Punkte sind es, die wir im Zusammenhang mit diesen kulturellen Fragen besonders hervorheben wollen. Erstens, daß viele Aspekte der traditionellen Kultur, die in Südkorea und auf Taiwan überlebten, um ihrer selbst willen beibehalten wurden, und das nicht vielleicht deswegen, weil sie der Wirtschaftsentwicklung unmittelbar förderlich gewesen wären. Im Gegenteil, einige der einer Entwicklung eher hinderlichen Aspekte wurden dennoch und bewußt beibehalten; es ist keineswegs richtig, daß irgendeines der beiden Länder rücksichtslos alles geopfert hätte, was der Wirtschaftsentwicklung im Wege gestanden wäre. Zweitens widerstanden viele Aspekte der traditionellen Kultur, wie etwa die Mythologie und der Sinn für die Wahrung des Erbes, einfach der Ausrottung.

Doch wurden viele Elemente der traditionellen konfuzianischen Kultur, die einer Modernisierung eventuell hinderlich im Wege gestanden wären, seit dem Ende der japanischen Kolonialherrschaft sowohl in Südkorea als auch auf Taiwan weitgehend abgebaut. Bald nach Erreichen der Unabhängigkeit erlaubten es die Zustände in beiden Ländern daher, radikale Veränderungen bei den Besitzverhältnissen an Grund und Boden und im Geschäftswesen sowie bei den Führungseliten vorzunehmen. In Korea war der Großteil des produktiven Grund und Bodens im Besitz von Japanern gewesen; nach Erlangung der Unabhängigkeit konnte der Boden in koreanischen Besitz über- und gleichzeitig eine Landreform durchgeführt werden. Auch setzten die amerikanischen Besatzungsbehörden Druckmittel ein, die möglicherweise entscheidend waren.

Die japanische Besetzung Koreas hatte die Glaubwürdigkeit des koreanischen Königtums stark schwinden lassen und machte daher eine Rückkehr zu den traditionellen Regierungsformen praktisch unmöglich. Dazu kam noch, daß die Japaner den niedrigen Adel gegenüber dem alten Establishment bevorzugt behandelten, vor allem die professionellen Bürokraten, wodurch ein Klima geschaffen wurde, das einer aufwärts strebenden Mobilität, wenigstens was den Mittelstand betrifft, sehr zuträglich war. Einen ganz besonderen Einfluß gewannen die koreanischen Christen (damals etwa 3,5 Prozent der Bevölkerung) und die Intellektuellen, die ihre Bildung während der Besetzung in überseeischen Exilländern erworben hatten.

Ähnlich waren auch die Verhältnisse auf Taiwan. Der Rückzug der Japaner aus Taiwan und der plötzliche Einfluß einer „fremden" Führung aus dem Mutterland waren Faktoren, die – im Gegensatz zu anderen neuen Staaten – eine Landreform sehr erleichterten. Für das Wirtschaftswachstum brachte diese Reform einen ungeheuren Anfangsimpuls. Die Einrichtung kleiner Landwirtschaften und das Ablösen der Pachtbauern zugunsten von besitzenden Bauern hatte sich schon wiederholt als bedeutender Faktor zur Stimulierung der landwirtschaftlichen Entwicklung während der frühen Stadien einer Modernisierung erwiesen, vorausgesetzt, es wurde entsprechend kompetent durchgeführt. (Der Einfluß der Landreform im Iran z. B. war fast ebenso einschneidend, hinterließ aber bei den Mullahs und anderen Traditionalisten ein viel größeres Erbe an Verbitterung.)

Im Vergleich dazu ist eine Kollektivierung anstatt einer Landreform äußerst unwirksam. In praktisch allen Ländern, wo das versucht wurde, stieß die Kollektivierung auf den heftigen Widerstand der kleinen, selbständigen Bauern. Länder, die unter Umständen eine wirkungsvolle Landreform hätten durchführen können, taten das oft nur auf Grund des von ihnen bevorzugten, sozialistischen Gedankenguts nicht, was sowohl für sozialistische Länder als auch für westliche und „verwestlichte" Intellektuelle gilt.

In der in den letzten beiden Jahrzehnten erschienenen Literatur zum Thema Wirtschaftsentwicklung wurde die Landreform primär häufig als ein Mittel zur Neuverteilung der bestehenden Vermögenswerte angesehen. Wir vertreten hier die Ansicht, daß eine Landreform viel mehr als das bewirken kann. Sie kann auch die Unterstützung eines freien Unternehmertums darstellen und somit ein Mittel sein, den Massen einen Anreiz für eine Aufwärtsmobilität zu geben und einen Weg aufzuzeigen, wie man zu dem politisch stabilsten System gelangt – nämlich zu jenem, das sich auf das Vertrauen einer großen Zahl von unabhängigen Freibauern gründet. Da eine Verbesserung der Landwirtschaft in den meisten Wirtschaften das Rückgrat der Wirtschaftsentwicklung und Modernisierung darstellt, so ist das vielleicht noch wichtiger als das kleine, freie Unternehmertum – als das, was wir als „Marginal Input Organizations“ bezeichnen. Im Prinzip spielen beide die gleiche Rolle. Will man erfolgreich Landwirtschaft betreiben, so verlangt das Unternehmergeist, moderne Technologie und Investitionen. Da die Landwirtschaft ein Geschäft ist, so ist es nicht verwunderlich, daß die landwirtschaftliche Produktivität in Südkorea und auf Taiwan so außerordentlich viel größer ist, als im kommunistischen Mutterland China und in Nordkorea.

Wie alle sehr zerstörerischen Kriege, riß auch der Koreakrieg alte Schranken nieder und führte zu einer Aufwärtsmobilität und zu einer Neuverteilung der Einkommen. Dies allein garantierte natürlich noch in keiner Weise, daß Südkorea gut vorankommen würde oder daß dadurch auf irgendeine Weise die unglaublichen Leiden und Zerstörungen, die durch den Krieg verursacht wurden, kompensiert würden. Vielmehr beraubte der Krieg Südkorea seiner wichtigsten physischen Vermögenswerte und schuf rund fünf Millionen Flüchtlinge. Seiner Beendigung folgte eine galoppierende Inflation, die für die Zeit von 1953 bis 1957 auf 500 Prozent geschätzt wurde. Zum erstenmal in seiner Geschichte wurde das Militär zum wichtigsten Faktor in der Gesellschaft Südkoreas. Der Krieg zerschlug aber auch die alte Ordnung und bot Leuten aus allen Teilen der Gesellschaft neue Möglichkeiten.

Der frühe wirtschaftliche Erholungsprozeß der ersten Nachkriegszeit verlief zwar nicht annähernd so eindrucksvoll wie das spektakuläre Wachstum, das mit dem *Coup* begann, der 1961 Präsident Park an die Macht brachte, dennoch aber war er immer noch eindrucksvoll genug. Zwischen 1953 und 1958 stieg die industrielle Produktion jährlich um 14 Prozent, und der Gesamtanstieg des BSP während dieser Zeit betrug 5,5 Prozent. Damals jedoch verlief Koreas Wirtschaft noch ziemlich planlos, und die politische Führung war korrupt. Das Unbehagen jener, die nicht an der Macht waren, wuchs, und die Massen lebten weiterhin ein verzweifelt armes Leben. Zwar hielten diverse Hilfslieferungen die Menschen am Leben, doch die großen Getreideimporte wirkten nicht gerade stimulierend auf die Verbesserung der koreanischen Landwirtschaft. Die Wirtschaft Südkoreas war deutlich noch nicht in die Aufbruchsphase einer Aufwärtsentwicklung eingetreten. Statt dessen hatte man den Eindruck, daß sie noch für Jahrzehnte ausweglos auf die Hilfe der USA angewiesen sein würde. Der dramatische Umschwung in der Wirtschaftsentwicklung trat erst knapp nach der Machtergreifung Präsident Parks ein.

Der wirtschaftliche Aufbruch Südkoreas

Die meisten politischen Sondermaßnahmen, die das Park-Regime gleich zu Anfang setzte, waren nicht besonders erfolgreich. Dennoch wurde ein sofortiges und dramatisches Ansteigen des Wirtschaftswachstums registriert. Unserer Meinung nach war das ein Resultat der politischen Stabilität und eines dem Wirtschaftswachstum förderlichen Klimas. Park hatte die Militärs fest unter Kontrolle, und das Militär hatte zu dieser Zeit ein Monopol auf die politische Macht in Südkorea. Im Gegensatz dazu hatte Syngman Rhee diese Schlüsselgruppe niemals im Griff, und die Kontrolle, die er dennoch besaß, entglitt ihm noch knapp vor Ende seiner Amtszeit. Aus den ersten Ankündigungen des Staatsstreichs stammt auch der Slogan des Park-Regimes: „Zuerst die Wirtschaftsentwicklung." Und die harten politischen Maßnahmen, die kurz nach dem Umsturz ergriffen wurden, erhöhten trotz zwischenzeitlicher Rückschläge nur die Glaubwürdigkeit dieses Slogans.

Eine der wichtigsten Aufgaben zielte auf eine Unterstützung der Bauern. Innerhalb des ersten Jahres wurden die niederverzinsten landwirtschaftlichen Kredite auf den dreißigfachen Umfang gesteigert, der vor 1961 üblich war, und der Staat übernahm dabei einen beträchtlichen Teil der Zinsenlast. Gleichzeitig verhängte die Regierung über viele große Geschäftemacher aus der Rhee-Ära hohe Geldbußen, um die aus korrupten Praktiken gewonnenen hohen Gewinne aufzulösen und sie einer produktiven Industrieentwicklung zuzuführen. Zusätzlich dazu wurde 1962 noch eine drastische Währungsreform verkündet, und politische Demonstrationen sowie ähnliche Aktivitäten, die dem Wirtschaftswachstum hinderlich im Wege standen, wurden unterbunden.

Alle diese Maßnahmen fanden unter Verhältnissen statt, in denen die Militärs und die Studenten, die zu jener Zeit (so wie auch heute wieder) das Militär als das Werkzeug der Reform ansahen, eine Allianz bildeten. Als jedoch die Inflation und andere wirtschaftliche Schwierigkeiten anhielten, verloren die Militärs zwar einiges an Glaubwürdigkeit, konnten sich aber ihren Ruf erhalten, letztlich doch diejenigen zu sein, die die Dinge erledigten. Aus dieser Perspektive gesehen dürften die politische Stabilität und der feste Wille, eine entschlossene Politik zu verfolgen, wichtiger gewesen sein als die getroffenen Maßnahmen selbst.

Das Regime war unbelastet von politischen Dogmen oder Ideologien und bereit, aus seinen Fehlern zu lernen. Anfänglich die schon bestehende wirtschaftliche Praxis der Importunterstützung weiter aufrechterhaltend, wechselte es jedoch bald zu einer nach außen gerichteten Politik zur Förderung der Exportbemühungen. Es sollte sich herausstellen, daß dies die wichtigste Einzelmaßnahme war. Sowohl Taiwan als auch Südkorea gelten heute als klassische Beispiele für ein erfolgreich exportorientiertes oder nach außen gerichtetes Wirtschaftswachstum. 1964 wurden in Südkorea die entscheidenden wirtschaftspolitischen Maßnahmen getroffen: Schaffung zusätzlicher Anreize für Exporteure durch Vorzugsanleihen, Herabsetzung der Einkommenssteuer, Befreiungen von indirekten Steuern und eine Abwertung des Won um fast 50 Prozent.[3] Anfang 1965 ging Korea auf flexible Wechselkurse über.

Obwohl die wirtschaftlichen Maßnahmen im Mittelpunkt standen, möchten wir doch auch noch jene Aspekte dieser Strategie der nach außen gerichteten Orientierung besonders hervorheben, die man nicht als unmittelbare wirtschaftliche Maßnahmen bezeichnen kann. Ihnen wurde zwar weniger Aufmerksamkeit geschenkt, doch glauben wir, daß sie ebenso bedeutend waren. Eine davon war die Anerkennung Japans im Jahre 1964, womit enge Handelsbeziehungen zwischen diesen beiden Ländern ermöglicht wurden.

Dieser Schritt erforderte beachtlichen Mut und wurde von vielen koreanischen Intellektuellen auch heftig kritisiert. Das Regime von Syngman Rhee hatte ja bewußt das antijapanische Sentiment als eines der wesentlichsten Mittel zur Erzielung eines einheitlichen Nationalbewußtseins eingesetzt, das in seiner Bedeutung nur noch von der militärischen Bedrohung durch Nordkorea übertroffen wurde. Hatte Japan während seiner Kolonialherrschaft beachtliche Investitionen in Korea getätigt und Praktiken eingeführt, die viel zur Wirtschaftsentwicklung beigetragen haben, so übte es doch auch ein ziemlich brutales Regime aus. In den dreißiger Jahren versuchte Japan sogar, Korea und Taiwan völlig dem japanischen Staat einzugliedern, allerdings wären dann die Einwohner dieser beiden Länder nur Bürger zweiter Klasse gewesen.

In Korea war daher die Abneigung gegen Japan vor allem unter den gebildeten Eliten tief verwurzelt, von denen ja viele vor der Unabhängigkeit im Exil lebten. Diese Eliten bildeten in der Ära vor Park das Rückgrat der südkoreanischen Regierung und der etablierten Geschäftswelt. Die Entscheidung von Präsident Park, Japan anzuerkennen und damit die Spannungen und das schlechte Klima zwischen den beiden Nachbarstaaten abzubauen, war äußerst weitsichtig. Er erkannte, daß Japan mittel- und langfristig zum wichtigsten Handelspartner Südkoreas werden würde. In gewissem Sinne betrieb er damit eine „Anti-Anti-Kolonialpolitik". (In Kapitel 7 werden wir darauf zu sprechen kommen, daß auch die Elfenbeinküste eine Anti-Anti-Kolonialpolitik betrieb.)

Ein weiterer Faktor, der das Seine zum Wachstum beitrug, war die Tatsache, daß sich die staatlichen Stellen nicht so sehr darum bemühten, eigene Industrien aufzubauen, oder sich Sorgen wegen ausländischer Besitzverhältnisse zu machen (direkte Investitionen von ausländischer Seite kamen praktisch nicht vor), sondern daß sie sich nach außen wandten, um zu sehen, was Korea auf diesem Gebiet selbst tun könne, womit sie der grundlegenden Strategie Japans während der Meiji-Periode folgten. Ein wichtiger Schritt in diese Richtung war z. B. 1964 die Gründung der staatlich unterstützten Gesellschaft zur Förderung des koreanischen Handels, der „Korea Trade Promotion Corporation" oder kurz KOTRA. Die Statuten von KOTRA zielten auf die Förderung der koreanischen Exporte in das Ausland und auf die Durchführung von Marktforschungen, um herauszufinden, in welchen Industrien und Geschäften sich die Koreaner engagieren sollten.

Für den südkoreanischen Export kam 1963 der Wendepunkt. Die bis dahin übliche Politik der Förderung von Importen hatte zur Entwicklung von Fertigungsindustrien geführt, um der südkoreanischen Bevölkerung den Erwerb von Konsumgütern zu ermöglichen. Als jedoch in den späten fünfziger Jahren die Auslandshilfe nicht mehr so reichlich floß, ließ auch die Nachfrage nach, und die Hersteller standen mit weitgehend ungenützten Produktionskapazitäten da. 1963 wandten sie sich daher dem Überseegeschäft (vor allem Textilwaren) zu, worauf die Exporte von weniger als zehn Millionen Dollar sprunghaft auf rund 40 Millionen anstiegen. Gleichzeitig hob die Regierung die Restriktionen für den Import von Halbfabrikaten auf, womit es den Erzeugern ermöglicht wurde, ihre Auslandsgewinne für neue Investitionen zu nützen. Mit staatlicher Förderung breitete sich das Wachstum rasch aus.

Die Wirtschaft Südkoreas reagierte primär auf eine dynamische Weise, d. h. man hielt aktiv und aggressiv nach Möglichkeiten Ausschau, bei denen Südkorea international vergleichsweise konkurrenzfähig war bzw. Vorteile aufweisen konnte. So gesehen kann ihre Strategie als eine Form des flexiblen Wachstums beschrieben werden, das in der Lage war, rasch und wirkungsvoll auf Änderungen des Weltwirtschaftsklimas zu reagieren. Die treibende Kraft hinter dieser Strategie waren Unternehmungen, die man als Superwachstumswirtschaften bezeichnen könnte. Noch vor zehn Jahren bestanden diese Industrien gar nicht, sind aber heute in der Lage, um 50 oder 100 Prozent oder mehr noch pro Jahr zu expandieren, da sie auf Gebieten tätig sind, auf denen das Land deutliche Konkurrenzvorteile aufweist.

Das vielleicht eindruckvollste Einzelbeispiel dieser Flexibilität wurde durch die jüngst erfolgte spektakuläre Expansion des Übersee-Baugeschäftes gesetzt. Südkorea begann mit dem Export von Dienstleistungen für das Baugewerbe im Jahre 1967; in diesem Jahr betrug der Wert dieser Dienstleistungen elf Millionen Dollar. Mit Beginn der Ölkrise setzte Südkorea (unter den Entwicklungsländern der drittgrößte Ölimporteur) seine rasch zunehmende Leistungsfähigkeit und seine beachtlichen Erfahrungen bei Auslandsaufträgen so ein, daß es beim Versuch, sein gewaltiges Defizit gegenüber der OPEC auszugleichen, direkt in den Mittleren Osten ging. In der Folge verdoppelten sich 1974 die Bauexporte und erreichten 1975 ein Gesamtvolumen von mehr als 800 Millionen Dollar, was mehr als 50 Prozent über dem ursprünglichen, sowieso schon unglaublich hoch gesteckten Ziel lag. Die Geschäfte Südkoras im Mittleren Osten auf Basis abgeschlossener Lieferverträge stiegen von 88 Millionen Dollar im Jahre 1974 auf etwa 733 Millionen Dollar für 1975, was mehr als 90 Prozent der Gesamtabschlüsse im Ausland darstellte. Was die Periode von Januar bis August 1976 angeht, so erreichten diese Abschlüsse im Mittleren Osten eine Summe von vielleicht 1,5 Milliarden Dollar.[4] Seit dieser Zeit haben sie sich mehr als verdoppelt.

Die südkoreanischen Bauexporte beschränken sich aber keineswegs nur auf dieses Gebiet. Südkoreas Baufirmen arbeiten oder planen auch ausgedehnt in Südostasien, in der pazifischen Region, in Afrika und in Lateinamerika. Diese Baufirmen arbeiten ebenso wie andere Superwachstumsindustrien in Südkorea im wesentlichen als transnationale Konzerne und in Konkurrenz mit Firmen aus den höchstentwickelten Staaten.

Einige brauchbare Strategien und Taktiken Südkoreas und Taiwans

Die Strategie der Flexibilität beginnt mit der Konzentration auf das Marketing, wobei neue Gelegenheiten gesucht werden, bei denen die vergleichsweisen Vorteile genützt werden können. Diese Strategie verdient es, von anderen Entwicklungsländern näher studiert zu werden, denen es meist an dieser wichtigen Einsicht mangelt und vielleicht an den entscheidenden Fähigkeiten ebenso. Taiwan ist mit dem internationalen Markt wahrscheinlich noch enger verknüpft als Südkorea; sein internationaler Handel (d. i. die Summe seiner Importe und Exporte) übertrifft sein Bruttosozialprodukt. Wenn sich diese beiden Länder auch ganz besonders gut für die Entwicklung dieser „Flexibilität" geeignet haben mögen, so haben Südkorea und Taiwan in der Praxis doch viele Maßnahmen und organisatorische Modelle nur von anderen übernommen, etwas, das jedes Land tun kann. KOTRA z. B. wurde im wesentlichen JETRO in Japan nachgebildet. Im Prinzip scheint kein Grund vorzuliegen, warum sich nicht auch andere Länder diesem Beispiel in einer entsprechenden Form anschließen könnten.

KOTRA ist nur eine von den vielen staatlich geförderten Organisationen, die dazu gedacht sind, die heimischen Erzeuger zu fördern. Andere Organisationen umfassen die Produktionszentren Südkoreas bzw. Taiwans und dienen sowohl als Überwachungsorgane als auch als Hilfe, wobei sie bewußt versuchen, die Qualität der inländischen Erzeugung zu verbessern. Südkorea und Taiwan richteten sich (ebenso wie Singapur) nach dem japanischen Modell aus. Als Beispiele sind sie aber von größerem Wert als Japan selbst, da beide zum Unterschied von Japan erst nach dem Zweiten Weltkrieg in die Startphasen ihres Wachstums eintraten und weil beide kleine Länder sind, die über keine nennenswerten heimischen Märkte verfügen.

In allen Entwicklungsstaaten einschließlich Südkoreas und Taiwans, stellt das Wirtschaftswachstum primär einen Aufholprozeß dar und ist damit keine Pioniertat mehr. Die meisten sollten daher anfangs ihre Aufmerksamkeit nicht auf den Versuch richten, gleich eine ausgewogene Wirtschaft aufzubauen oder eine komplette Industriestruktur in verkleinertem Maßstab aufzuziehen, sondern diese Aufmerksamkeit sollte sich dem Export zuwenden. In dieser Hinsicht unterscheidet sich ihre Entwicklung ganz wesentlich von der Japans, dessen Aufholprozeß sich seit Beginn der

Meiji-Ära vor allem auf die internen Märkte konzentrierte. Die Entwicklung international konkurrenzfähiger Industrien ist aber für Südkorea und Taiwan ganz wesentlich, viel wichtiger, als das für Japan in der Vergangenheit war und jetzt in der Gegenwart ist.

Dramatische Veränderungen im internationalen Transport- und Kommunikationswesen ermöglichten eine unmittelbare Einschaltung in die internationale Wirtschaft. Im Gegensatz zu Japan, das vor einem Jahrhundert eine Handvoll staatlicher Beobachter ins Ausland schickte, um dort Beobachtungen und Erfahrungen zu sammeln, operierten Südkorea und Taiwan auf sehr dezentralisierte Weise. Ihre wesentlichsten Kommunikationen erfolgten über selbstmotivierte und eigenständige Privatleute, mit einer breiten Streuung an Interessen und Herkunft. Die Superwachstum-Industrien dieser Länder wurden daher im großen und ganzen vom Staat nicht gesponsert, vorbestimmt oder kontrolliert. Der Staat sorgte vielmehr für die entsprechende Information, für Schutz, für den finanziellen Anreiz und ein stabiles, allgemein günstiges Investitionsklima. Neben den traditionellen Monopolen behielt der Staat seinen Einfluß auch noch über jene Industrien, die für das Wachstum letztlich zwar sehr wichtig waren, für private Investoren aber zuwenig Profit abwarfen, als daß sie ihr Geld dafür riskiert hätten. Dazu gehören einige der Schwer- und chemischen Industrien, die in diesen Ländern nicht privatwirtschaftlich betrieben werden. Sowohl in Südkorea wie auch auf Taiwan erwartete man daher von diesen „frühen Industrien" keine Deviseneinkünfte, sondern daß sie auf lange Sicht das notwendige Material, wie etwa Stahl, liefern können. In dem Maße, wie diese Industrien Gewinn abzuwerfen beginnen, werden sie auch allmählich dem privaten Sektor zugänglich gemacht (so hat Südkorea etwa erst unlängst fünfzig im Staatsbesitz befindliche Industrien für private Investoren geöffnet).

National geschaffene Industrien

Die Erfahrungen Südkoreas und Taiwans unterstützen unsere Behauptung von Kapitel 5, daß die Fähigkeiten der Bourgeoisie bei der Schaffung einer Industriegesellschaft seit den Zeiten Marx' nicht geringer geworden sind. Allerdings ist das keine Frage des staatlichen oder privaten Besitzes oder des klassischen Konflikts zwischen Sozialismus und Kapitalismus; eher eine Frage von Ineffizienz und Effizienz. Die Beispiele, die wir oben zitierten, sind staatlich gegründete Organisationen, die sich so verhalten, als wären sie Privatfirmen. Das ist nicht nur ein Charakteristikum Südkoreas oder Taiwans, sondern gilt auch für eine Reihe anderer Entwicklungsländer, zu denen auch Singapur gehört. Diese Organisationen sind, so gesehen, direkt mit öffentlichen Betrieben vergleichbar, wie sie in den frühen Tagen der Meiji-Zeit in Japan geschaffen wurden, und in manchen Belangen ähneln sie sogar solchen in anderen hochentwickelten Staaten einschließlich der USA. Wie gut sie sich machen (man kann hier z. B. brasilianische oder malaysische oder indonesische staatliche, aber „kapitalistische“ Unternehmungen mit etwa indischen, algerischen oder ghanesischen Betrieben sozialistischer Prägung vergleichen bzw. einander gegenüberstellen), scheint zumindest in einem ebenso unmittelbaren Zusammenhang damit zu stehen, bis zu welchem Grad sie als Privatunternehmen geführt werden, wie mit der Abhängigkeit von irgendwelchen sozialen oder kulturellen Faktoren.

Das Pohang-Stahlwerk z. B. ist ein reines Staatsunternehmen, das Südkoreas ersten Versuch in der modernen Stahlproduktion darstellt. Ursprünglich wurde es für eine Jahreskapazität von einer Million Tonnen ausgelegt. Es gelang dem Werk, schon im ersten Jahr positiv abzuschließen, obwohl man allgemein der Meinung war, daß ein modernes, integriertes Stahlwerk mit einer solchen Kapazität nach internationalen Erfahrungswerten unter der Rentabilitätsgrenze liegen müsse. (Man muß allerdings zugeben, daß es von den 1973 erfolgten Erhöhungen des Stahlpreises profitierte.) Pohang hatte seither seine Produktion auf 2,5 Millionen Tonnen pro Jahr erhöht und richtete sich auf eine weitere Verdoppelung für das Jahr 1979 ein. Diese Produktionsausweitung wurde zwar schon von der Regierung genehmigt, um den Vertragsabschluß bewarben sich aber private Firmen (vor allem Hyundai) ebenso wie Pohang selbst.

Pohang illustrierte sehr schön das Prinzip, wie ein staatliches Unternehmen unter ganz ähnlichen Bedingungen wie eine private Firma geführt werden kann. Es besitzt zwar spezielle Garantien in finanzieller Hinsicht, und sein Anfangskapital wird vom Staat zur Verfügung gestellt, verfehlt es aber den Erfolg, so wird nicht nur sein Management sofort ausgetauscht, sondern gegebenenfalls wird auch das Mandat zur Geschäftsführung einem Privatunternehmen mit besseren Vorschlägen oder Leistungen übertragen. Eine solche Vorgangsweise – die ebenso auf Taiwan anzutreffen ist (z. B. die „China Petroleum Corporation“ oder die „China Shipbuilding Corporation“), im größerem Ausmaß auch noch in Brasilien und in geringerem Maße in den übrigen Entwicklungsländern – steht im scharfen Gegensatz zu den verstaatlichten Industrien in den hochentwickelten Ländern, wie z. B. in England, wo die Ineffizienz der Betriebe auf Grund von politischen Zwängen und mangels eines wettbewerbsorientierten Klimas ja bekannt ist. Selbst in den hochentwickelten Ländern, wo man sich eine solche Ineffizienz „leisten“ kann, wird der Ruf nach einer Verbesserung der Situation laut. Ein Beispiel dafür ist das von Frankreichs Premierminister Barre in den späten siebziger Jahren vorgeschlagene Programm, die verstaatlichten Industrien Frankreichs auf eine international konkurrenzfähige Basis zu stellen.

Eines der wesentlichsten Charakteristika der in Südkorea und auf Taiwan national geschaffenen Industrien, das sie scharf von jenen der entwickelten Welt unterscheidet, besteht darin, daß sie aus dem Nichts geschaffen wurden, während ähnliche Industrien in den entwickelten Staaten meist aus alten, sich auf dem absteigenden Ast befindlichen Privatunternehmen zusammengefügt wurden. Die nationalen Industrien Südkoreas und Taiwans zeigen daher eher einen Trend *zum* Privatunternehmen, im Gegensatz zu den letztgenannten, die *von* den Privatunternehmen zur Verstaatlichung tendieren. Vereinfachend könnte man beide als sozialistische Unternehmen beschreiben, in der Wirklichkeit unterscheiden sie sich allerdings himmelhoch voneinander.

Seit den frühen Nachkriegstagen empfahlen internationale Entwicklungsfachleute die Schaffung von Kapitalmärkten durch die Umwandlung staatlich gegründeter Unternehmen in private Einheiten durch den Verkauf der staatlichen Eigentumsrechte, um so sowohl den Wirkungsgrad dieser Betriebe zu erhöhen als auch den lokalen Privatbesitz zu fördern. Eines der besten Beispiele hierfür liefert heute die „Retser Engineering Company“ (RSEA) auf Taiwan, die 1956 von der Regierung der Republik China auf Taiwan gegründet wurde. Ins Leben gerufen von der Berufshilfeorganisation (Vocational Assistance Commission) und ursprünglich zum sinnvollen Berufseinsatz von gedienten Soldaten gedacht, widmete diese Gesellschaft erst einmal ihre ganze Aufmerksamkeit diversen Wohlfahrtsprogrammen, die von der medizinischen bis zur berufsbildenden Betreuung reichten. Die erste Aufgabe, die RSEA übertragen wurde, war der Bau der Autobahn quer über den nördlichen und sehr gebirgigen Teil der Insel Taiwan. Man begann mit 22 alten Baumaschinen, einem Kapital von 300000 Dollar und 3000 ungeschulten Arbeitskräften.

Nach zwei Jahrzehnten hatte sich diese Gesellschaft zu Taiwans größtem Bauunternehmen entwickelt. Als solches beschäftigt sie heute 12000 Mitarbeiter (von denen mehr als 1400 Ingenieure sind), benützt mehr als 7000 moderne Maschinen und hat einen Umsatz von gut über einer Milliarde Dollar. In dem Maße, wie RSEA wuchs und vielseitiger wurde, wurde die Gesellschaft auch immer internationaler und leistete Pionierarbeit für Taiwans Überseeprojekte. Sie war an allen der „zehn größeren Projekte Taiwans" beteiligt und wird dies auch bei den „zwölf neuen größeren Projekten" sein, die dazu ausersehen sind, erstere als Ziele zu ersetzen, ebenso wie sie auch an internationalen Unternehmungen, hier vor allem im Mittleren Osten, mitarbeiten wird. RSEA ist zwar immer noch ein „wohlfahrtsorientiertes" Unternehmen, das aber inzwischen einen so guten Ruf bekommen hat, daß es bei den Einstellungsansuchen, die sowohl von entlassenen Militärs wie auch von Zivilbewerbern kommen, sehr selektiv vorgehen kann. Diese Gesellschaft ist ein Spiegelbild des Landes. Sie verfügt über eine aufwärtsgerichtete Mobilität, und derzeit wird durch den Verkauf der Hälfte aller Aktien an private Investoren die Umwandlung in eine völlig private, multinationale Gesellschaft vorbereitet.

Bei der Diskussion der Entwicklungserfahrungen Taiwans, Südkoreas und Japans haben wir bisher absichtlich vermieden, das Wort „Modell" zu gebrauchen, womit hervorgehoben werden soll, daß die Wirtschaft eines jeden einzelnen Landes für sich einzigartig ist. In der diesbezüglichen Literatur wird der Ausdruck *Entwicklungsmodell* über Gebühr strapaziert, und dadurch wird nur die Tendenz ermutigt, zu stark zu verallgemeinern und sich nur auf die allgemeinen strategischen Vorgangsweisen zu konzentrieren, statt sich mit gleicher Sorgfalt den entscheidenden Details und der Frage zuzuwenden, wie man an die Arbeit herangehen soll. Nicht, daß es unwichtig wäre, konkrete und inspirierende Vorstellungen davon zu haben, was einige Länder geleistet haben und wie sie diese Leistungen zustande brachten, aber nicht immer sind diese Bilder auch für eine andere lokale Situation zutreffend. Eine Betonung von „allgemeinen Modellen" lenkt häufig die Aufmerksamkeit von der Notwendigkeit ab, allgemeine Konzepte den örtlichen Gegebenheiten anzupassen. Und das kann natürlich unter Umständen den Unterschied zwischen Erfolg und Mißerfolg ausmachen.

Anstatt hier ein ausgewogenes Bild der südkoreanischen oder auch der taiwanesischen Entwicklungserfahrungen zeichnen zu wollen, stellen wir lieber nur einige spezifische Detailaspekte ihrer Entwicklung vor, die unsere Argumente stützen sollen. Wir glauben auch, daß Erfahrungen ganz allgemein weitergegeben werden können und sie es daher wert sind, als Arbeitsgrundlagen für die umfassenden Modelle, die von den Entscheidungsträgern in den Entwicklungsländern verwendet werden, näher untersucht zu werden. Den örtlichen Umständen entsprechend angepaßt, könnten einige dieser Konzepte die Grundlage für zukünftige Entwicklungsstrategien abgeben.

Auf Gebieten wie z. B. der Landreform und der nationalen Planung gibt es eine sehr ausführliche Literatur über Industrieparks und den *Saemaul*, jedoch findet man wenig über Wirtschaftsentwicklung. Es scheint das eine nur geringe romantische Anziehungskraft zu besitzen und ist für die professionellen Ökonomen und Planer höchstens am Rande von Interesse.

Auf der anderen Seite haben wir aber herausgefunden, daß gerade an den spezifischen und praxisorientierten Programmen die Entwicklungsbehörden am meisten interessiert sind. Beamte aus einer Reihe von Ländern sind gerade dabei, sie auf informeller Basis zu studieren, wobei das aber mehr hinter vorgehaltener Hand als in öffentlichen Diskussionen geschieht. Diese geringe Beachtung ist bedauerlich, denn solche Ideen können für viele Länder, die sie noch nicht kennen, von beachtlicher praktischer Bedeutung sein. Wir sind der Meinung, daß sich gerade eine „umfassende Industriepark-Entwicklung" sowohl für die Entwicklungsländer wie auch für viele hochentwickelte Staaten als eine der bedeutendsten neuen Taktiken der Industrialisierung erweisen könnte, die innerhalb der letzten zwei Jahrzehnte entstanden sind.

Die „Industriepark-Strategie" für die Wirtschaftsentwicklung

Grundstücke für Industriezwecke zu reservieren und damit sogenannte Industrieparks zu schaffen, ist eine seit vielen Jahren geübte Praxis. Innerhalb des letzten Jahrzehnts wurden sie vor allem von Singapur, Taiwan und Südkorea in einem so hohen Maße verfeinert, daß diese Parks selbst als eine grundlegende Strategie zur Industrialisierung angesehen werden können. Werden sie richtig betrieben, so ist es für fremde oder heimische Unternehmer ein leichtes, ein neues Unternehmen aufzubauen und zu betreiben – oder ein altes auszuweiten – und dabei nur ein Minimum an Unannehmlichkeiten wie Bewilligungsverfahren, kulturelle Schwierigkeiten und ähnliches auf sich nehmen zu müssen. Auf Taiwan und in Südkorea wurden Industrieparks auch mit ausgedehnten Entwicklungsschemata kombiniert, die alle Aspekte einer urbanen oder regionalen Entwicklung einschließen und die darauf ausgerichtet sind, spezielle Bedürfnisse zu befriedigen. Sie wurden inzwischen zu zentralen Elementen der nationalen und regionalen Planung.

Für die Wirtschaftsentwicklung bietet die Industriepark-Strategie entscheidende Vorteile, und zwar ebenso in langsam wie in schnell wachsenden Wirtschaften, zu denen Südkorea, Taiwan und Singapur gehören. Durch die Vereinfachung bürokratischer Prozeduren und durch die geordnete Dezentralisierung vieler für eine Industrialisierung notwendiger Voraussetzungen vermindert diese Strategie das Risiko, daß Engpässe das Wachstum unterbrechen oder verlangsamen.

Der erste und berühmteste Industriepark ist Jurong Town in Singapur. Das Projekt wurde 1961 begonnen, als die „Jurong Town Corporation" von der Regierung gegründet wurde und daraufhin Fabrikgelände und Infrastruktur entwickelte, wozu auch Häfen, Warenhäuser, Wasser- und Elektrizitätsversorgung, Straßen- und Eisenbahnverbindungen wie auch Wohngelegenheiten, Schulen, Sozial- und Freizeiteinrichtungen gehören (einschließlich eines riesigen japanischen Gartens und eines Achtzehn-Loch-Golfplatzes). Die „Town" ist in jeder Hinsicht eine Stadt für sich, in Phasen geplant und gebaut. Die erste Ausbaustufe wurde 1968 vollendet und war rund 1450 ha groß; seither wurde sie auf 5100 ha erweitert und umfaßt derzeit 600 Fabriken mit den dazugehörigen Wohn- und Einkaufsmöglichkeiten, Ämtern, Schulen und Freizeitanlagen für 75000 Arbeiter und ihre Familien. In den Jurong-Komplex wurde Land für die Schwerindustrie, die Leichtindustrie und für spezielle Industrieaktivitäten bereitgestellt. Die Jurong Town Corporation hat inzwischen ihre Unternehmungen ausgeweitet, so daß heute z. B. auch zwei Freihandelszonen dazugehören. Zusammen mit dem Amt für Wohnbauentwicklung (Housing Development Board) und der Hafenbehörde (Singapur Port Authority) wurde sie so zu einer der Schlüsselorganisationen zur Planung und Durchführung.

Die Freihandelszone („Export Prozessing Zone" – EPZ) könnte bei dieser Art von Planung für sich wieder zu einem Schlüsselelement werden. Ihr erklärtes Ziel ist, Anreiz für die Fremdinvestitionen zu bieten, die ausschießlich für den Export gedacht sind. Obwohl in Europa Freihandelszonen schon seit 1950 bestehen, so stammt doch die Idee, sie als umfassenden Industriepark zu entwickeln, aus Taiwan. Die Regierung der Republik China auf Taiwan erließ 1965 ein Gesetz, das zur Gründung von EPZs führte; die erste davon wurde 1966 in Kaohsiung eingerichtet. Das ursprünglich 68 ha große Gebiet war für 120 Gesellschaften gedacht, war aber schnell aufgefüllt. Heute arbeiten dort mehr als 160 Betriebe.

Der Erfolg dieser ersten Anstrengung führte zur Entwicklung zweier weiterer Freihandelszonen, von denen die eine rund 18 km nördlich von Kaohsiung bei Nantze liegt und die andere auf Taichung. Im September 1975 arbeiteten in diesen drei EPZs mehr als 260 Betriebe, die über 62000 Leute beschäftigten. Die Gesamtkapitalausstattung erreichte 160 Millionen Dollar. Davon sind rund 105 Millionen Dollar reine Auslandsinvestitionen, 16 Millionen stammen von chinesischen Überseeinvestoren und rund 29 Millionen aus Gemeinschaftsunternehmen; der Rest setzt sich aus ortsansässigen Firmen zusammen. Der Gesamtwert an Exporten aus diesen Zonen betrug mehr als 500 Millionen Dollar oder rund zehn Prozent der Gesamtexporte Taiwans.

Taiwan spielte bei der Hilfestellung für andere Länder, die ihre eigenen EPZs einrichten wollten, eine ganz entscheidende Rolle. Südkorea, die Philippinen und Mauritius entwickelten z. B. ihre Zonen, nachdem sie die Funktion jener auf Taiwan studiert hatten. Taiwanesische Funktionäre gingen nach Liberia, Thailand, Indonesien, Senegal, nach Kostarika, Jordanien und in andere Länder, um dort bei der Erstellung von Projektstudien behilflich zu sein.

Eine Freihandelszone wird typischerweise von einer staatlichen Entwicklungsfirma eingerichtet. Diese Firma kauft eine bestimmte Menge Land, die von 24 ha in Taichung (auf Taiwan) über 240 ha für Masan (Südkorea) bis zu 680 ha für Mareveles auf den Philippinen reichen kann. Der Import von Kapitalausstattung und Rohmaterialien ist zollfrei, und alle Produkte oder ein festgelegter hoher Prozentsatz der Produktion (der z. B. für die malaysischen Zonen 90 Prozent beträgt) müssen wieder exportiert werden. Es werden dabei normalerweise arbeitsintensive Leichtindustrien bevorzugt. Das Land wird meist auf lange Zeiträume (oft 60 bis 90 Jahre) gepachtet. Die Investoren können entweder ihre eigenen Betriebe errichten, oder sie können sie vorfabriziert mieten oder auch kaufen. Die Behörden der Freihandelszone entwikkeln den Großteil der nötigen Infrastruktur einschließlich der Wohngelegenheiten, Banken und medizinischen Einrichtungen und stellen auch die benötigten Arbeitskräfte zur Verfügung. In Südkorea z. B. wurden spezielle Einrichtungen, z. B. Verpflegungsstellen, für Ausländer geschaffen.

Südkorea und Taiwan haben ihre Industriepark-Konzepte weit über die EPZs hinaus entwickelt. Die südkoreanischen Industrieparks lassen sich vor allem in weitere drei Kategorien einteilen. An der Spitze stehen die Industriegebiete für den Export, wobei ein beachtlicher Teil der Güter (bis zu 30 Prozent) auf dem heimischen Markt verkauft werden kann. Fünf dieser Gebiete befinden sich im Einzugsgebiet von Seoul, und dort arbeiten über 200 Firmen. An zweiter Stelle stehen einige Industriegebiete, die von Ulsan an der Küste (rund 2600 ha für Schwerindustrie) bis Gumi im Inneren reichen (48 ha, die speziell für die Elektronikindustrie eingerichtet sind) und die dazu gedacht sind, den Aufbau der notwendigen Infrastruktur zu unterstützen (wozu z. B. die Versorgung mit Energie, Wasser, aber auch mit Arbeitskräften gehört). Drittens gibt es örtliche Industriareale, die sich an elf verschiedenen Plätzen über das ganze Land verstreut befinden. In ihrer Größenordnung reichen sie von 40 ha bis zu 400 ha und sind vor allem zur Ankurbelung der regionalen Industrialisierung als Teil des ländlichen Gesamtentwicklungsprogramms (das *Saemaul*-Programm) gedacht. Außerdem sollen die Industrieareale von den örtlichen Arbeitskräften Gebrauch machen, wenn diese arbeitslos oder unterbeschäftigt sind, damit sie nicht unbeabsichtigt den Urbanisierungsprozeß verlangsamen.

Der vielleicht wichtigste Einzelfaktor bei der Errichtung eines Industrieparks ist die rechtzeitige Beschaffung von Grund und Boden, solange eben noch die Preise vernünftig und stabil sind. In Japan z. B. stiegen die Bodenpreise um jährlich 15 Prozent, bis 1971 der Tanaka-Plan bekannt wurde; ab diesem Zeitpunkt begannen sie um 30 Prozent und mehr pro Jahr zu steigen, bis schließlich strenge Gesetze über Transaktionen mit Grund und Boden die Aufschließung neuer Grundstücke drastisch und vielleicht sogar gefährlich eindämmten. In Südkorea wäre die Situation vielleicht noch um vieles schlimmer, gäbe es nicht ein sehr sorgfältig ausgedachtes und überlegtes Programm. 1972 z. B. verdreifachten sich ohne steuerliche Kontrolle die Grundstückspreise in sechs der größeren Städte. Zwischen Oktober 1972 und Juli 1973 lag aber der durchschnittliche Preisanstieg in den Städten nur mehr bei 13 Prozent (verglichen mit den 41,2 Prozent Preissteigerungen in ländlichen und anderen Gebieten, wo die Steuer nach dem Gesetz zur Kontrolle von Grundstücksspekulationen nicht eingehoben wird).

Die Vorteile, die mit der Entwicklungsstrategie von Industrieparks erzielt werden können, mögen dazu führen, daß sie noch eine wichtige Rolle bei der zukünftigen, weltweiten Wirtschaftsentwicklung spielen werden. Im speziellen könnten sie dazu beitragen, eines der wichtigsten Probleme der vergangenen zwei Jahrzehnte zu erleichtern. Es ist das die zunehmende Verknappung an ungelernten, niedrig bezahlten Arbeitskräften in den hochentwickelten Ländern und ein gleichzeitig ansteigender Arbeitskräfteüberschuß in den Entwicklungsländern. Diese Situation, die sich während der vergangenen Rezessionsjahre ein wenig entspannte, unseren Analysen nach aber einem Langzeittrend folgt, führte zu hohen Arbeitslosen- und Unterbeschäftigtenraten, was vor allem für die armen und sehr armen Nationen zutrifft, wo die Geburtenraten immer noch hoch sind.

Mit der bemerkenswerten Ausnahme von Japan, das sich erst jetzt langsam mit einem ernsthaften Arbeitskräftemangel konfrontiert sieht, lösten die hochentwickelten Länder dieses Problem vor allem mit dem Import von Arbeitskräften, was entweder innerhalb dieser Länder geschehen konnte oder indem die Arbeitskräfte aus den weniger entwickelten Ländern kamen. Größere Abwanderungen fanden z. B. während des letzten Jahrzehnts aus den ländlichen Südstaaten der USA und aus New England in den hochindustrialisierten Osten und mittleren Westen Amerikas statt, während gleichzeitig arbeitsintensive Industrien in den Süden verlegt wurden. Zur selben Zeit kamen etwa acht oder neun Millionen Menschen illegal und rund 300000 legal in die USA. Ähnlich wanderten schätzungsweise acht bis zehn Millionen Gastarbeiter aus den ärmeren Teilen Europas und Nordafrikas, wie etwa aus Griechenland, Jugoslawien, der Türkei und Algerien, in den hochindustrialisierten Nordwesten. Ebenso fanden regionale Wanderungen (z. B. aus Süd- nach Norditalien) statt.

Diese hier aufgezeigte Entwicklung wird wahrscheinlich weiter anhalten, vielleicht sogar in beschleunigtem Maß, wenn die Kluft zwischen den Einkommen weiter zunimmt, die Geburtenraten in den ärmeren Ländern weiterhin hoch bleiben, die regionalen Unterschiede innerhalb der hochentwickelten Länder zurückgehen und neue Staaten in die Gemeinschaft der hochentwickelten Länder aufgenommen werden. Möglicherweise werden die Probleme im Zusammenhang mit Fremdarbeitern in den Gastländern noch größer, oder es gerät diese Entwicklung doch unter harte internationale Kritik.

Wir glauben, daß die Entwicklungsstrategie der Industrieparks und die EPZs im speziellen eine wichtige Rolle bei dem neuerlichen Versuch spielen werden, die Arbeit zu den vorhandenen Arbeitskräften zu bringen anstatt umgekehrt. Innerhalb von fünfzehn oder zwanzig Jahren könnten in den EPZs viel mehr Arbeiter beschäftigt sein, als es Fremdarbeiter in den hochentwickelten Staaten gibt. Für ein Land wie Japan z. B., das besonders unwillig ist, Gastarbeiter in einem größeren Ausmaß in das Land zu holen, könnten größere Investitionen in Unternehmen, die in EPZs liegen und deren Arbeitskosten gering sind, eine brauchbare Methode sein, ihren Mangel an billigen Arbeitskräften zu umgehen, und tatsächlich scheint das auch ein gangbarer Weg zu sein.

Natürlich kann es auch sein, daß es nicht dazu kommt. Sollten sich die Entwicklungsstaaten dazu entschließen, die Möglichkeiten der EPZs nicht zu nützen oder sie zwar aufzubauen, jedoch die Regeln dafür abzuändern oder auch das Geschäft zu verstaatlichen, so könnten die Industrieparks recht begrenzt bleiben. Wir erwarten jedoch, daß, je mehr Länder solche Zonen errichten, es für jedes andere Land immer schwieriger werden wird, zurückzustehen oder sich zurückzuziehen. Die Kosten, die es verursachen würde, die erfolgreiche Beschäftigung von Arbeitskräften in Hunderten von Fabriken aufzugeben oder auch nur aufs Spiel zu setzen, hätten drastische Folgen für das Gastland.

Die Landreform auf Taiwan

Die von der Regierung Taiwans geförderte Landreform gehört zu den erfolgreichsten Reformen dieser Art, die je durchgeführt wurden. Und obwohl die Anfangserfolge Südkoreas ebenfalls recht eindrucksvoll waren, so wurden dort doch die Programme zur Entwicklung der Landwirtschaft vernachlässigt, und dieser Wirtschaftssektor blieb arg zurück, bis er plötzlich einen neuen Anstoß durch das im nächsten Abschnitt beschriebene Programm erfuhr. Auf Taiwan wie auch in Südkorea, Japan und anderen Ländern, die eine erfolgreiche Landreform durchführten, erfolgte zuerst ein größerer Bruch, der die Macht der traditionellen Grundbesitzer unterminierte. Taiwans „Boden-dem-Bauern-Programm" wurde oft als das erfolgreichste der Welt bezeichnet und auch zusammen mit dem „taiwanesischen Wirtschaftswunder" noch bis vor einem Jahrzehnt als solches angekündigt. Man muß hier aber hinzufügen, daß der Erfolg Taiwans (ebenso wie der Südkoreas und Japans) zu einem ganz wesentlichen Teil eine Folge der fehlenden politischen Opposition durch größere Gutsbesitzer war. So gesehen scheint der Erfolg der Landreform im Iran – unter dem Regime des Schah Reza Pahlewi – zwar begrenzt, aber doch weitaus größer oder „heroischer" zu sein, weil es dort eben eine sehr heftige Opposition der sehr einflußreichen Großgrundbesitzer gegeben hat. Auch auf Taiwan fehlte die Gegnerschaft von Großgrundbesitzern, weil die politische Macht ausschließlich bei den vom Festland übergesetzten Kuomintang-Chinesen Tschiang Kaischeks lag, die natürlich keine Güter auf der Insel besaßen.

Während der Kriegsjahre wurde Taiwans ländliche Infrastruktur aus natürlichen Gründen und auf Grund von Vernachlässigung zerstört. Die kultivierte Fläche verringete sich in der Zeit von 1937 bis 1946 um 30 Prozent. Nachdem 1949 mehr als zwei Millionen Chinesen auf die Insel kamen, gab es, um der herrschenden Lebensmittelknappheit Herr zu werden, kaum einen anderen Ausweg, als die Landwirtschaft wieder zu beleben. Außerdem war nach dem Abzug der Japaner auch noch größerer Landbesitz frei geworden, der nun für eine Neuverteilung zur Verfügung stand. Das Hauptanbauprodukt Taiwans ist Reis, der arbeitsintensiv ist und auch auf kleinen Flächen wirtschaftlich angebaut werden kann (im Gegensatz zu Plantagen oder dem Getreideanbau), so daß eine Parzellierung in kleine Teile ökonomisch sinnvoll war. Schließlich waren erste Reformprogramme und landwirtschaftliche Modernisierungsprogramme auf Taiwan schon von den Japanern durchgeführt worden (ebenso wie in Südkorea), so daß die einheimischen Bauern viel besser als die „traditionellen" Bauern vieler Entwicklungsländer darauf vorbereitet waren, ihren eigenen Grund und Boden zu bestellen.

Nachdem wir jetzt klargestellt haben, daß andere Länder kaum direkt vergleichbare Programme durchführen können, wählen wir Taiwans Landreformprogramm deswegen aus, weil wir glauben, daß es einige grundlegende und einer Verallgemeinerung zugängliche Tatsachen recht deutlich illustriert. Taiwans Landreform wurde in drei Stufen durchgeführt:

1. 1949 wurde die Pacht, die die Bauern zu entrichten hatten, auf 37,5 Prozent gegenüber den früheren 50 Prozent oder gar 70 Prozent unter den Japanern reduziert.
2. 1951 gab die Regierung öffentliches Land, das vorher unter japanischem Besitz stand, an Pachtbauern frei, die es auf Kredit kaufen konnten – der in zwanzig halbjährlichen Raten zurückgezahlt werden konnte –, zu einem Preis, der etwa dem Zweieinhalbfachen eines Jahresertrags der Ernte entsprach.
3. 1953 begann die Regierung mit einem „Boden-dem-Bauern" Programm (mehr oder minder gleichzeitig mit dem ersten Vier-Jahres-Wirtschaftsplan), unter dem der private Landbesitz entweder auf drei Hektar nassen Bodens (für den Reisan-

bau) oder sechs Hektar trockenen Landes beschränkt wurde. Die Regierung kaufte von den Großgrundbesitzern Land und verkaufte es unter den oben genannten Bedingungen an die Pachtbauern. Den Gutsbesitzern wurden umgekehrt 70 Prozent des Preises in Schuldverschreibungen für Güter (Reis und Süßkartoffeln) ausgefolgt, zahlbar wieder in zwanzig halbjährlichen Raten mit vierprozentiger Verzinsung; der Rest wurde durch Aktien staatlich geführter Unternehmen bezahlt.

Als Folge dieses Programms kauften fast 200 000 Bauern vordem staatliches Land, und 300 000 Bauern erwarben den Grund, den sie vorher gepachtet hatten. Rund 90 Prozent der kultivierten Fläche wurden jetzt von Bauern bebaut, die dieses Land auch besaßen. Einige begleitende Maßnahmen zu der Landreform dienten der Erhöhung des landwirtschaftlichen Ertrages und zielten auf den Gewinn von Devisen ab. Im Zusammenhang mit dem amerikanischen Hilfsprogramm unter der „Joint Commission for Rural Reconstruction" leistete man den Bauern massive technische und finanzielle Hilfe auf vielen Gebieten – Pflanzenanbau, Forstwirtschaft, Fischerei, Bewässerung –, die sich in verschiedenen Dienstleistungen wie Kreditgewährung, Kooperationsprogrammen und Gesundheitsdiensten niederschlug. Wenn auch die Hilfe der USA mit dem Jahr 1965 endete, so spielte die „Joint Commission" doch weiterhin eine Schlüsselrolle bei der Weitergabe von Information an die Bauern, bei der Koordinierung von örtlichen und internationalen Programmen und bei der Durchführung beachtlicher Forschungsprogramme. Die Kommission, die eine amerikanisch-taiwanesische Gemeinschaftsorganisation ist, erfreut sich einer bemerkenswerten Unabhängigkeit von bürokratischen Stellen und war daher auf Gebieten und auf eine Art und Weise wirksam, wie das einem Landwirtschaftsministerium nur schwer möglich wäre. Sie war z. B. in der Lage, die offizielle Politik zu umgehen und den Bauern als unmittelbarer internationaler Informationskanal zu dienen. In diesem Sinne kann es als Modellprogramm zur Integration der Landwirtschaftspolitik eines Entwicklungslandes mit internationalen Hilfsprogrammen angesehen werden, indem es den Fundus an Wissen und Technologie erweitert.

Zusätzlich führte die taiwanesische Regierung dann auch noch Programme zur Reduzierung der Auswirkungen der Inflation für die Bauern ein. In den frühen Tagen der Landreform z. B. installierte der Staat ein „Reis- und Düngemittel-Tauschsystem", das die Bauern vom Reispreis auf dem Weltmarkt unabhängig machte, während der Staat zu großen Reisvorräten kam, die dazu benützt werden konnten, die Nahrungsmittelpreise sogar ohne Staatsmonopol stabil zu halten. Seit damals stieg die Landwirtschaftsproduktion ständig an, was vor allem einer verbesserten Technologie und der größeren Vielfalt zuzuschreiben ist. Und obwohl die bebaute Fläche kaum zunahm (seit 1950 um etwa vier Prozent) und die Zahl der in der Landwirtschaft Beschäftigten innerhalb der letzten zwei Jahrzehnte auch nur relativ schwach anstieg, da die zusätzlichen Arbeitskräfte im rasch wachsenden Industriesektor gebraucht wurden, so gab es dennoch über die ganze Periode hinweg ein gleichmäßig hohes Wachstum des Produktionsausstoßes, das im Zeitraum von 1951 bis 1960 bei 4,7 Prozent und zwischen 1961 und 1970 bei 4,2 Prozent lag. Die zunehmend stärkere Verwendung von chemischen Düngemitteln war, wie man annehmen kann, ein sehr wesentlicher Faktor. Die größte Veränderung stellte jedoch die rapide Zunahme bei der Viehzucht dar, die in der Nachkriegszeit über neun Prozent im Jahresdurchschnitt ausmachte. Diese Entwicklung spiegelt einerseits die eindrucksvollen Schulungsprogramme für die Bauern wider und andererseits den Anreiz, die Investitionen zu erhöhen.

Bedenkt man das rasche Bevölkerungswachstum, das niedrige Anfangsniveau bei Einkommen und Schulung (wenn auch nicht niedrig im Vergleich mit anderen Entwicklungsländern) und die Tatsache, daß das meiste davon vor den größeren Errungenschaften der „Grünen Revolution" erfolgte, so muß man die taiwanesische Landreform als ein einzigartig eindrucksvolles Ergebnis betrachten. Das weiter unten beschriebene *Saemaul*-Programm führte zwar zu vielleicht noch dramatischeren Ergebnissen, war aber nicht eindrucksvoller. Die Geschwindigkeit, mit der der Wandel auf dem landwirtschaftlichen Sektor Südkoreas erfolgte, entspricht den plötzlichen Zwischenspurts des Wirtschaftswachstums in einem Land, das soeben durch eine Rezession ging – es ist ein Aufholphänomen. Die Landwirtschaft Südkoreas wartete nur auf eine neue Chance; und als sie kam, machte der landwirtschaftliche Sektor einen Sprung, der erkennen ließ, daß hier ein latentes Potential nur darauf gewartet hatte, in Gang gesetzt zu werden.

Gesegnet mit einem guten Boden und mit einem gemäßigt günstigen Klima, waren die taiwanesischen Bauern in der Lage, Dreifach- und manchmal auch Vierfachernten in einer zunehmend vielfältiger werdenden Landwirtschaft einzubringen. Als Folge fiel der Wert der Reisproduktion von der Hälfte des Gesamtwertes der Vorkriegszeit auf ein Drittel in den späten sechziger Jahren; Zuckerrohr und andere spezielle Anbaugüter sanken von einem Viertel auf ein Zehntel, und die Obst- und Gemüseproduktion stieg um sechs Prozent. Ohne wesentliche Erhöhung der Gesamtanbaufläche war Taiwan in der Lage, seine Gesamtlandwirtschaftsproduktion 1974 um das 1,6fache gegenüber dem Wert von 1950 bis 1952 zu steigern und seine Reisproduktion von 11,5 Tonnen pro Hektar im Jahre 1950 auf 19 Tonnen pro Hektar für 1970 anzuheben.

Taiwans Erfolge illustrieren auch die Bedeutung der Landwirtschaft für die Wirtschaftsentwicklung, auch wenn die Industrieproduktion Vorrang genoß. Interessanterweise ergeben sich auf Taiwan neue Probleme für die Landwirtschaft aus dem Problem des begrenzten Grundbesitzes. Es erscheint unwahrscheinlich, daß noch eine bemerkenswerte Produktionssteigerung pro Arbeitskraft möglich ist, solange die durchschnittliche Fläche der landwirtschaftlichen Betriebe nicht wesentlich größer wird. Mit anderen Worten, Taiwan ist über seine Landreform hinausgewachsen und muß nun darauf hinarbeiten, daß die Bauern ihren Grundbesitz vergrößern oder in Genossenschaften zusammenarbeiten. Wollte man dieselbe Situation auf andere Länder übertragen, so sollte man sich darauf einstellen, dieses Problem über eine vorgeplante, phasenweise Landreform zu lösen, die zuerst das System Grundbesitzer – Pachtbauer aufbricht und damit am Anfang zu kleinen Bauernhöfen führt. Später werden diese kleinen Besitztümer dann allmählich zu großflächigen, modernen und hochtechnisierten „Geschäftsbetrieben“ umgewandelt.

Taiwan liefert ein hervorragendes Beispiel dafür, wie ein straffes Landreformprogramm, ohne viel Unannehmlichkeiten zu verursachen, durchgezogen werden kann. Man kann diese Vorgangsweise unmittelbar mit den vielen massiven und normalerweise demonstrativen Reformen in den kommunistischen Staaten vergleichen. Ganz abgesehen von humanitären Überlegungen, entblößen solche Maßnahmen ein Land seiner fähigsten Bauern. Das Endresultat sind Kollektivfarmen, die den Beweis schuldig bleiben, auch nur annähernd so produktiv zu sein wie private Landwirtschaftsunternehmen. Taiwans Erfahrungen können darauf hinweisen, daß das „Boden-dem-Bauern“-Programm zumindest mittelfristig ein ungewöhnlich erfolgreicher Weg zur Erhöhung der landwirtschaftlichen Produktion sein kann, während gleichzeitig das bäuerliche Einkommen steigt und die Landbevölkerung damit in die Wirtschaft des Massenkonsums mit einbezogen wird. Außerdem illustriert das Beispiel Taiwan, daß, ebenso wie im industriellen Sektor, der Erfolg auch im landwirtschaftlichen Bereich von der Entwicklung bewußt konkurrenzfähiger Produkte und von der Hinwendung zu modernen Techniken und Methoden abhängt.

Südkoreas Saemaul-Bewegung

Die südkoreanische *Saemaul*-Bewegung (oder auch „Neue Gemeinschaftsbewegung") bietet einen interessanten Kontrast zu den landwirtschaftlichen Förderungsanstrengungen Taiwans. Bis vor kurzem schenkte Südkorea der Landwirtschaft viel weniger Aufmerksamkeit als Taiwan. Nachdem 1970 erkannt worden war, daß etwas zur Stimulierung dieses relativ stagnierenden Sektors getan werden mußte (der aber immer noch ein durchschnittliches Jahreswachstum von fünf Prozent vorweisen konnte), beschloß die Regierung Südkoreas das *Saemaul*-Programm und begann es im folgenden Jahr auf einem sehr gemäßigten Niveau. Das Interessanteste daran ist, daß es ebensosehr ein Programm zur „geistigen Revitalisierung" wie ein Wirtschaftsprogramm ist. Es ist ein Programm, das die ganze Nation betrifft, alle Südkoreaner mit einschließt, die Städter ebenso wie das Landvolk, die Reichen wie die Armen. Einem gebildeten Europäer (oder einem westlich erzogenen Koreaner) mag die nach dem Muster einer „Motivationskampagne" aufgezogene Vorgangsweise als bloß propagandistischer Trick erscheinen, und sie wurde daher anfänglich auch nicht beachtet, oder man machte sich als außenstehender Beobachter über sie lustig. Die spektakulären Erfolge jedoch an freiwilliger Mitarbeit und Initiative ließen erkennen, daß die Koreaner selbst anders darüber dachten. (Ebenso wie Besucher aus anderen Entwicklungsländern. Die Malaysier zumindest – deren *Bumiputra*-Bewegung *Saemaul* vielleicht noch am ehesten gleicht – haben es sehr sorgfältig studiert.) Von unserem Blickwinkel aus ist es aber gerade aus den Gründen, um derentwillen es kritisiert wird, so besonders interessant und eindrucksvoll. Wir sehen darin einen den Anstrengungen der Rotchinesen vergleichbaren Versuch, aus dem traditionellen Bauern oder städtischen Arbeiter einen „neuen Menschen" oder im koreanischen Fall zumindest einen „modernen Menschen" zu schaffen. Anstatt dies aber mit Zwang und Drohungen zu versuchen, wird es dadurch erreicht, daß man die Leute davon überzeugt, welche Vorteile es bringt, sich zu ändern. Ferner werden ihnen die Werkzeuge und das Wissen, das sie dafür benötigen, zur Verfügung gestellt und so die Menschen ermutigt, den Übergang aus eigener Initiative zu wagen.

Der Schlüssel zum Erfolg des *Saemaul*-Programms lag nach unserer Überzeugung bei der Betonung der Selbsthilfe, was im Kontrast zu den vielen ländlichen „Schenkungs"-Reformprogrammen der Regierungen (wie z. B. in Mexiko) steht, die ein Mißerfolg waren. Auch die Einführung erfolgte in brillant gekonnter Weise. Im wesentlichen begann die Regierung mit der Kategorisierung der rund 34000 Dörfer Südkoreas und wählte daraus erst einmal jene 8000 aus, von denen sie annahm, daß bei ihnen das Programm *höchst*wahrscheinlich ein Erfolg sein würde. Hier setzte auch die frühe Kritik an, da es ja ganz offensichtlich war, daß diese 8000 die geringste Herausforderung darstellten und die Hilfe am wenigsten benötigten. Gerade das aber war der springende Punkt – das Geheimnis, wie man die Mitarbeit auch der skeptischeren oder weniger ambitionierten Dörfer gewinnen konnte: indem man nämlich das Funktionieren des Programms demonstrierte.

Das Programm begann auf einem sehr bescheidenen Niveau. Den ersten Zieldörfern wurden je 335 Säcke Zement unter der Bedingung angeboten, daß sie zur Verbesserung von Gemeinschaftseinrichtungen verwendet würden (z. B. zur Errichtung oder zum Ausbau von Trinkwasseranlagen, öffentlichen Waschplätzen, gemeinschaftlichen Kompostplätzen usw.). Verständlich, daß diese noch nie dagewesene Großzügigkeit der Zentralregierung mit Argwohn aufgenommen und in einigen Fällen strikt abgelehnt wurde. Die Kosten für den Staat beliefen sich auf acht Millionen Dollar, der Wert der damit fertiggestellten Projekte wurde auf 25 Millionen geschätzt. Nicht überwältigend viel, aber sehr erfolgreich. 1972 nahmen mehr als 16000 Dörfer an der Aktion teil, und der Staat stellte um rund 42 Millionen Dollar Material und finanzielle Hilfe bereit, was Projekte im Wert von mehr als 200 Millionen Dollar entstehen ließ, die Einrichtungen der Infrastruktur ebenso wie neue Verdienstmöglichkeiten umfaßten, wobei ein großer Teil der staatlichen Beiträge an die örtlichen Investitionen (d. h. Unterstützungszahlungen) und alles zusammen an die örtlichen Arbeitsinvestitionen gebunden wurde. Der Erfolg des *Saemaul*-Programms muß zu einem großen Teil auch dem wirkungsvollen Programm zur Ausbildung von Führungskräften zugeschrieben werden. Jedes der teilnehmenden Dörfer sandte einen Repräsentanten in eines der nationalen Schulungszentren (es gibt ein zentrales Zentrum und zehn regionale Zentren dieser Art), um über das Programm informiert zu werden. Das idealistische Klima und die starke Einsatzbegeisterung, die die Teilnehmer dort erlebten, könnte mit jenem eines Peace-Corps-Trainingslagers verglichen werden, wo man die Leute, denen geholfen werden soll, wie die eigenen Freunde oder die eigene Familie betrachtet. Das führte auch zu einem neuen Gemeinschaftsbewußtsein. Und obwohl dieses Beispiel ein Modellfall ist, so ist es doch keineswegs ein Einzelfall oder übertrieben. Tausend ähnliche Fälle beweisen einen Grad an Veränderung, der genauso groß ist wie nur irgendeiner, der durch eine sozialistische Revolution in einem vergleichbaren Zeitraum verursacht wurde.

1974 wurde mit der Entscheidung, das *Saemaul*-Programm über das ganze Land auszudehnen, ein weiterer großer Schritt gemacht. In den Stadtgebieten gab es zwar kein spezielles Gemeinschaftsbewußtsein, und die Resultate waren offensichtlich unterschiedlich; die Ausweitung war aber keineswegs ein Fehlschlag, sondern führte bereits zu zählbaren Erfolgen. Einer der umstrittensten Aspekte des erweiterten Programms war die Entscheidung, jeden Koreaner vom Präsidenten abwärts darin einzuschließen. Jeder südkoreanische Bürger mußte mehrere Wochen im Jahr an einem Unterweisungsprogramm teilnehmen. Wie vorauszusehen, war diese Entscheidung bei den wohlhabenderen und gebildeten Koreanern nicht gerade sehr populär. Außerdem waren Zyniker der Meinung, es gäbe da ein Übermaß an politischer Propaganda und an Eigenlob der Regierung. Solche Kritik blieb natürlich nicht unbemerkt und konnte unliebsame Folgen für den Kritiker haben.

War das nun eine Verletzung der Menschenrechte des Bürgers oder eine Mißachtung der politischen Freiheit durch die Partei (oder den starken Mann), die gerade an der Macht waren? Viele Liberale der Neuen Klasse würden diese Frage bejahen, während sie gleichzeitig jede Menge an Entschuldigungen für die Exzesse in den sozialistischen Ländern finden, die um viele Größenordnungen darüber liegen. Unserer Meinung nach handelt es sich hier aber weder um Verletzung noch um Mißachtung. Im Prinzip unterscheidet sich diese Vorgangsweise nämlich nicht von dem Verlangen vieler Länder, ihre jungen Männer für ein oder zwei Jahre einen Militärdienst oder in manchen Fällen eine Alternativleistung absolvieren zu lassen. Und wir würden auch behaupten, daß die Tatsache, daß es auch für die „besseren Leute“ Pflicht ist, daran teilzunehmen, nur eine konstruktive Betonung des Prinzips ist, daß vor dem Recht alle gleich sind.

Die nachweislichen Erfolge des *Saemaul*-Programms sind so überwältigend, daß man als aufgeschlossener Mensch schon das Haar in der Suppe suchen muß, um Kritik anbringen zu können. Daher zogen es die Kritiker auch vor, dieses Programm zu ignorieren. Soweit uns bekannt, gab es in keiner angesehenen Zeitschrift der Massenmedien längere Artikel darüber, wenngleich sie „angeblichen" politischen Mißbräuchen beachtliche Aufmerksamkeit und Raum widmeten, sich jedoch vergleichbaren sozialistischen Plänen recht gewogen zeigten. Teilweise liegt der Grund für dieses geringe Interesse auch bei der Regierung Südkoreas selbst, die es vermeidet, die internationale Aufmerksamkeit auf das Programm zu lenken, und darauf hinweist, daß es sich hier um ein ausschließlich koreanisches Vorhaben handle, das von einem Fremden niemals richtig eingeschätzt oder gewürdigt werden könne (was an sich schon Argwohn erregt). Der Hauptgrund ist aber darin zu suchen, daß der typische, hochgebildete Besucher aus dem Ausland einfach nicht versteht, was die gesetzten und beobachtbaren Maßnahmen bedeuten. Wirtschaftliche Entwicklung und die heroischen Errungenschaften dieser Leute sind einfach nicht geeignet, westliche Beobachter sehr zu beeindrucken.

Einige der institutionellen Probleme Japans[5]

Wir wollen uns nun der gegenwärtigen Situation Japans zuwenden. Wir behaupten, daß Japan ein besonders aktuelles Beispiel für ein Land ist, das unter ernsthaften institutionellen Problemen zu leiden hat. Die einer Lösung harrenden inneren Probleme Japans sind groß. Die Japaner benötigen dringend Lösungen für Fragen wie Transport, Wohnungen, Infrastruktur, Freizeiteinrichtungen, Umweltschutz, Abgaskontrollen usw. Dabei verfügen sie über große Überkapazitäten in der Produktion, die zur Lösung dieser Probleme eingesetzt werden könnten. Ebenso sind sie in der Lage, die notwendigen Programme zu finanzieren, und sowohl als Gesellschaft als auch als einzelner Privatmann geneigt, für diese Finanzierung aufzukommen (zum Teil aus der Kapazität eines weiteren Wirtschaftswachstums). Und dennoch scheinen sie nicht fähig zu sein, dieses Programm auch auf die Beine zu stellen. Ihre Institutionen arbeiten nicht so gut, wie sie das sollten. Dies ist auch der Grund dafür, warum wir, wenigstens vorläufig, ein wenig traurig, Japan nur als „halben Helden" der Wirtschaftsentwicklung bezeichnen.

Von den Japanern nimmt man im allgemeinen nicht an, daß sie diese Art von institutionellen Problemen hätten. Im Gegenteil, Japan wird normalerweise als jene Gesellschaft hingestellt, der es im Laufe der Geschichte ganz außergewöhnlich gut gelungen ist, gezielte Gemeinschaftsunternehmen durchzuführen und gemeinschaftliche Ziele zu erreichen. Fraglos war Japan das beste Beispiel für das Wirtschaftswachstum während der *Deuxième Belle Epoque*. Sein BSP wuchs in dieser Zeit um das Zehnfache in Realwerten, was zweieinhalbmal höher war als der Weltdurchschnitt. Seit 1973 wächst die Wirtschaft Japans langsamer, aber immer noch mit Raten, die mindestens so hoch oder höher als die eines jeden andern hochentwickelten, kapitalistischen Staates sind.

Dennoch verlief Japans Erholungsprozeß bis jetzt eher schleppend. Das Vertrauen Japans in eine echt und anhaltende Genesung von der Rezession der Jahre 1974 und 1975 und in seine Zukunftsaussichten ist konstant schwach. Die Wirtschaft kämpft mit wirklich kritischen Problemen; anhaltende Überkapazitäten, geringe heimische Nachfrage, relativ hohe Arbeitslosen- und Unterbeschäftigtenzahl, der Zwang für manche Industrien, um fast jeden Preis exportieren zu müssen, wachsende Kritik und Warnungen aus dem Ausland und die ständig steigende Notwendigkeit für massive Umstrukturierungen in der Industrie. Der sich über Japan ausbreitende Vertrauensmangel hat jedoch viel tiefer liegende Gründe, als es diese Faktoren allein rechtfertigen würden. Es ist so, daß die Wirtschaftsmoral Japans heute niedriger ist als jemals seit dem Ende des Zweiten Weltkriegs. Das scheint einer der Gründe dafür zu sein, daß die Japaner nicht aus sich heraus in der Lage sind, eine befriedigende Lösung ihrer Probleme zu finden oder auch nur zu entwerfen.

Anstatt sich mit einem kreativen und offenen Blick der Zukunft zuzuwenden, erlebt Japan heute eine deutliche Desillusionierung und einen starken Rückschwung des Pendels gegen ein weiteres Wirtschaftswachstums. Es ist auch ein Verlust an gesellschaftlicher Sinngebung und Zwecksetzung zu erkennen. Japan hat sein einziges und wichtigstes Ziel, dem es für mehr als 100 Jahre nacheiferte, mehr oder minder erreicht: es hat zum Westen auf genügend vielen Gebieten so weit aufgeschlossen, daß dieses Ziel sich nicht mehr als herausragende Zukunftsvision eignet. Ohne ein Modell, dem es folgen könnte, und ohne eigene Absichten treibt das Land nun nicht nur wirtschaftlich, sondern auch sozial, politisch und kulturell ein wenig planlos dahin.

Erfolg – im Stile Japans

Der Untertitel jenes Buches, auf dem die vorliegende Diskussion beruht, lautet *Triumph und Enttäuschung des wirtschaftlichen Erfolgs* und ist Thema heftiger Diskussionen in Japan. Seit dem Zweiten Weltkrieg hat Japan mehr Wert auf die wirtschaftlichen Aspekte seiner Gesellschaft gelegt als irgendeine andere größere Macht einschließlich der Bundesrepublik Deutschland. Ja, es war sogar so, daß der Japaner der Nachkriegszeit das Wirtschaftswachstum zu einer Religion machte, die bis in die späten sechziger Jahre sowohl populär wie auch erfolgreich war. Ihre Stärke wurde noch durch eine echte Vorliebe für die Benefizien des Wirtschaftswachstums erhöht. Als man jedoch begann, diese Dinge für selbstverständlich hinzunehmen, wurden plötzlich die Kosten und Probleme hervorgehoben, und es wurde möglich, daß man das ganze Konzept des Wachstums selbst von einer Reihe von Standpunkten aus angreifen konnte – aus wirtschaftlicher, physischer, psychologischer, ästhetischer und selbst aus moralischer Sicht.

Die Enttäuschung über das Wirtschaftswachstum dehnte sich überraschend schnell über die gesamte Gesellschaft Japans aus und erreichte bemerkenswerte Ausmaße. In den späten sechziger und den frühen siebziger Jahren wurden Anti-Wachstum-Einstellungen und Überlegungen in vielen Überflußländern Mode. Am deutlichsten und wirkungsvollsten kamen diese Ansichten jedoch in Japan zum Ausdruck. Im Mai 1970 startete Japans auflagestärkste Tageszeitung *Asahi* die Kampagne *„kutabre BSP“* („Nieder mit dem BSP“) die die herrschende Stimmung sowohl widerspiegelte als sie auch noch weiter anheizte. Der „Ölschock“ von 1973 – es waren die Japaner, die diesen Ausdruck in die internationale Debatte einführten – schien die Anti-Wachstum-Haltung, daß ein weiteres Wachstum nicht möglich und auch nicht wünschenswert sei, noch zu bestärken.

Es kam auch zu einer Reaktion gegen das übermäßige Vertrauen der frühen siebziger Jahre, als die Japaner im Hinblick auf ihre Zukunft zum erstenmal seit dem Zweiten Weltkrieg (und vielleicht zum erstenmal seit der Restauration der Meiji) ein Gefühl der Sicherheit und des Schutzes verspürten. Sie hatten begonnen, weite Reisen zu unternehmen und Geld für sich selbst auszugeben. Da stürzte plötzlich das Dach über ihrem Kopf zusammen – oder zumindest schien es ihnen so. Zum Teil waren viele Japaner der Überzeugung, sie seien auf eine undurchsichtige Weise in eine allzu starke Vertrauensseligkeit gelockt worden. Mehr oder weniger legten sie einen stillen Eid des „niemals wieder...“ ab. Es folgte eine Periode von fünf Jahren, während der es uns, abgesehen von zwei oder drei Ausnahmen, nicht gelang, irgendeinen etwas erfahrenen japanischen Gelehrten, Geschäftsmann oder höheren Regierungsbeamten zu finden, der bereit gewesen wäre, öffentlich und mit Überzeugung für das Wirtschaftswachstum einzutreten. Das unterschied sie sehr deutlich vom Westen, wo es selbst auf dem Höhepunkt der Anti-Wachstum-Bewegung viele beredte und überzeugende Verteidiger eines weiteren Wachstums gab. Als jedoch die dem „Ölschock" folgende Malaise kein Ende nehmen wollte, begannen die Eliten und die Öffentlichkeit Japans die Anti-Wachstum-Einstellungen einer neuerlichen Überprüfung zu unterziehen.

Selbst zu der Zeit, in der dies geschrieben wird, ist es noch schwierig, in Japan jene enthusiastische oder hingebungsvolle Verteidigungsbereitschaft für das Wirtschaftswachstum zu finden, die in westlichen Geschäftskreisen, Intellektuellen- und Politikerzirkeln nicht unüblich ist. Die Herausstreichung der Effekte, die die breite Anti-Wachstum-Diskussion bewirkten, soll jedoch nicht von den wahren Quellen der Malaise ablenken. Sie sind in den Problemen zu suchen, die derzeit die japanische Wirtschaft heimsuchen, in dem weitverbreiteten Gefühl, dem Schicksal preisgegeben zu sein, und in der Notwendigkeit, die Wirtschaft umstrukturieren zu müssen, um den langfristigen Trends auf dem Arbeitsmarktsektor und auf den Absatzmärkten Rechnung zu tragen.

Diese Bedenken bezüglich der Wirtschaft – sowohl kurz- wie auch langfristig – und die Erkenntnis eines allgemeinen Sinn- und Zielverlustes beschränken sich nicht nur auf die Japaner selbst. Sogar ein so nüchterner und abgebrühter Außenseiter wie Peter Drucker bemerkte kürzlich: „Es war das erstemal seit zwanzig Jahren, daß ich Japan ohne das vollste Vertrauen in seine Zukunft verließ."[6]

Die Grenzen des „Geschäft wie üblich"

Bedenkt man, wie weitverbreitet diese Überzeugungen sind, so könnten wir richtigerweise annehmen, daß ein solcher Mangel an Vertrauen zumindest auf einigen Wirtschaftssektoren und von einigen Gesichtspunkten der japanischen Gesellschaft her gesehen gerechtfertigt ist. Dies vorausgesetzt, ist dann irgendeine Art wirtschaftsweiter Malaise unvermeidlich? Und wenn sie unvermeidlich ist, ist sie dann nur vorübergehend, oder wird sie lange genug anhalten oder genügend tiefgreifend sein, um die mittel-

und langfristigen Aussichten des Landes negativ zu beeinflussen? Wir glauben, daß die Antwort auf beide Fragen „nein“ ist, geben aber zu, daß ein solcher allgemeiner Vertrauensverlust und eine so geringe Moral sehr gut zu einer Reihe von selbsterfüllenden Prophezeiungen führen mag, die ihrerseits wieder zu einer Anzahl versäumter Gelegenheiten beitragen könnten. Die gegenwärtige Situation ist auch voll von krisenträchtigen Elementen, und eine Fortsetzung inadäquater politischer Maßnahmen könnte zu einer Katastrophe führen. Ob es nun dazu kommt oder nicht, bei einer Fortsetzung der gegenwärtigen Politik wird es zu recht unerfreulichen, negativen Konsequenzen kommen. Tafel 6.2 zählt einige der wahrscheinlichen Ergebnisse einer Fortsetzung des „üblichen Geschäftemachens“ auf.

In den hochentwickelten kapitalistischen Nationen entstanden viele Bedenken bezüglich des Wachstums der japanischen Exporte und in jüngster Zeit wegen der ungeheuren Handelsbilanzüberschüsse Japans. Aus unserem Blickwinkel stellt sich das Problem in vieler Hinsicht aber noch schlimmer dar, als es die Diskussionen schon vermuten lassen, zumindest wenn man die üblichen Annahmen trifft. Bei den meisten japanischen Fertigungsbetrieben ist das Verhältnis von Verbindlichkeiten zu Eigenkapital sehr hoch, daher ist auch der fixe Kapital- und Zinsendienst hoch, gleichgültig, ob die Betriebe nun voll oder nur zum Teil ausgelastet sind. Wegen des Systems der Anstellung auf Lebenszeit sind auch die Lohnkosten größtenteils Fixkosten, also unabhängig davon, ob der Betrieb nun arbeitet oder nicht. Da die meisten Fabriken hochmodern sind, gibt es kaum eine Möglichkeit, sie abzureißen oder stillzulegen. Unter diesen Umständen ist der Erzeuger gezwungen, fast um jeden Preis zu produzieren und zu verkaufen – im Effekt also Dumping zu betreiben. Trotz des gegenwärtigen Exportwachstums arbeiten die meisten japanischen Betriebe noch immer mit nur 80 Prozent Kapazitätsauslastung. Dabei scheint es sich außerdem um echte Überkapazitäten zu handeln, denn im Vergleich zu anderen Ländern produziert die japanische Industrie normalerweise mit einer fast hundertprozentigen Auslastung der Betriebe. Wird ein japanischer Hersteller aus dem Markt hinausgedrängt, so muß er anderen Märkten um so mehr Aufmerksamkeit schenken. Werden Exportbeschränkungen erlassen, so steht der japanische Hersteller unter starkem Zwang, diese Bestimmungen zu umgehen.

Unter den gegenwärtigen Umständen ziehen es die japanischen Produzenten gewöhnlich vor, auf dem heimischen Markt zu ver-

Tafel 6.2
Die Folgewirkungen eines Wirtschaftens nach dem Prinzip „es bleibt alles beim alten"

A. *Wirtschaftliche Folgewirkungen im Inland*
   1. Langsamer Abbau der Überkapazitäten
   2. Relativ geringer Konjunkturoptimismus (und relativ geringe Gewinne)
   3. Unzureichende Kapitalinvestitionen
   4. Gleichbleibende oder schwach abnehmende Arbeitslosigkeit und Unterbeschäftigung
   5. Geringe Zuversicht der Verbraucher und eine schwache Besserung der Ausgabensituation
   6. Anhaltend hohe Defizite der Regierung

B. *Internationale Folgewirkungen*
   1. Anhaltender Druck auf den Export
   2. Kursanstieg des Yen
   3. Zunehmend krisenanfällige äußere Zwänge

C. *Andere Folgewirkungen im Inland*
   1. Unzureichende Infrastruktur (für die nächsten zehn bis zwanzig Jahre)
   2. Unzureichender Wohnungsbau (für die nächsten zehn bis zwanzig Jahre)
   3. Verzögerungen bei der „Beherrschung" der Umweltverschmutzung, usw.
   4. Druck auf die teure Wohlstandsorientierung
   5. Allmählich zunehmende Fremdenfeindlichkeit
   6. Unwirksame Gegenmaßnahmen gegen den Lokalismus (z.B. mehr Kontroversen nach der Art der Besetzung des Narita-Flughafens bei Tokyo)

---

kaufen, da sie hier im allgemeinen höhere Preise als im Export erzielen können. Aber ebenfalls auf Grund der gegenwärtigen Umstände ist der heimische Markt einfach nicht groß genug. Außerdem erscheint es nicht sehr wahrscheinlich, daß es beim Konsumenten oder Unternehmer zu einer Wiederbelebung der Ausgabefreudigkeit kommen könnte, da sich der Vertrauensmangel, der diese Ausgabensteigerung verhindert, auf relativ hartnäckige und anhaltende Bedingungen zu gründen scheint. Unter diesen Umständen werden Ankurbelungsmaßnahmen nach dem Keynesschen Vorbild einfach nicht funktionieren. Selbst wenn der

Staat mehr Geld ausgibt, mögen zwar etwas mehr Güter verkauft werden, wahrscheinlich werden aber nur wenige Leute, wenn überhaupt, neu eingestellt, und damit wird ein nur geringer Bedarf nach Kapazitätsausweitung geschaffen. Es wird dies daher kaum zu einem Multiplikatoreffekt beitragen. All das führt zu einem stark erhöhten Interesse am Exportgeschäft. Wegen des Kursanstiegs des Yen wird das Exportgeschäft jedoch immer weniger profitabel.

Muß Japan zwar entsprechend viel exportieren, um die importierten Rohmaterialien zu bezahlen, so ist ein hohes Exportniveau für die japanische Wirtschaft als Ganzes jedoch keine Frage auf Leben und Tod. Für einzelne Firmen hingegen kann das ein äußerst dringliches Problem werden, so daß sie natürlich darum kämpfen, ihre Exportmärkte so lange als möglich zu halten. Obwohl die Exporte zur Bezahlung der notwendigen Importe mehr als ausreichen, halten noch sehr viele der führenden Geschäftsleute und Politiker am traditionellen japanischen Standpunkt fest, daß der Export sakrosankt sei, weil Japan so viele seiner Rohstoffe einführen müsse. Diese Ansicht hat ihre Wurzeln in fundamentaleren Ängsten, die über ein Jahrhundert zurückreichen und die Japaner befürchten lassen, sie könnten entweder von Fremden überwältigt oder von lebenswichtigen Nachschubgütern und Rohstoffen abgeschnitten werden. Selbst heute sehen noch immer viele Japaner ihren Erfolg als im Grunde genommen illusorisch an. Sie haben kein Vertrauen, daß das normale Funktionieren des Welthandelssystems sie mit den benötigten Rohmaterialien versorgen wird – selbst wenn sie das Geld dafür haben oder die Voraussetzungen mitbringen, es von anderen geborgt zu bekommen. Paradoxerweise führt ihre übertriebene Ängstlichkeit zu einer Politik, die genau jenes Handelssystem zerstören könnte, von dem sie so abhängig sind.

Trotz eines schrumpfenden oder sich nur sehr langsam ausdehnenden Weltmarktes machten die Japaner so intensive Exportanstrengungen, daß es im Ausland zu einer wachsenden Opposition kam. Diese Opposition beginnt inzwischen so heftig und erbittert zu werden, daß sie allein schon eine Bedrohung für das internationale Handelssystem darstellt. Bei vielen Menschen in Europa und den USA existiert noch ein Erbe an Feindseligkeit und Furcht gegenüber dem Japaner, wozu noch das stärker werdende Gefühl kommt, die Japaner hätten zwar mehr als irgend jemand vom internationalen Handelssystem profitiert, zu seiner reibungslosen Funktion aber nur wenig beigetragen. Negative oder feindselige

Gefühle gibt es aber auch bei den Japanern selbst, wenn auch aus ganz anderen Gründen. So sind sie der Meinung, den Westen zuerst erfolgreich in seinem eigenen Spiel geschlagen zu haben, dieser aber jetzt versuche, die Spielregeln zu ändern. Die Japaner sind davon fest überzeugt, daß ihr Erfolg auf harte Arbeit, auf Sparwillen und die Bereitschaft, hohe Summen zu investieren, zurückzuführen ist und darauf, daß sie klug, hingebungsvoll, kreativ und risikofreudig sind. Sie fühlen sich daher zum Erfolg berechtigt, glauben aber, daß der Westen versucht, sie mit Gewalt und unfairer Taktik in die Knie zu zwingen.

Aber selbst unter der Voraussetzung, sich untadelig verhalten zu haben, würde Japan auf Grund des durchschlagenden Erfolges und der Intensität seiner Handelsoffensive von den anderen Ländern immer noch große Animosität und Eifersucht entgegengebracht werden. Viele Japaner haben aber erkannt, daß Animosität, Furcht und Eifersucht normale Begleiterscheinungen des Erfolges sind. Auch war ihnen klar, daß viele dieser negativen Einstellungen durch unnötig provokante und ärgerliche japanische Geschäftspraktiken entstanden oder verstärkt wurden. Aber selbst diese Japaner haben häufig das Gefühl, daß ihr Land ungerecht behandelt wird.

Es besteht keine Aussicht, daß Japan, nur um Europa oder den USA einen Gefallen zu erweisen, politischen Selbstmord begehen wird. Das seinerzeitige, inzwischen allerdings stark gemilderte Verlangen der USA, Japans Fleischindustrie solle demnächst verschwinden oder den japanischen Bauern ein Preiszusammenbruch bei Landwirtschaftsprodukten aufgezwungen werden, oder andere drastische Anpassungsmaßnahmen mitten in einer Rezession erscheinen den Japanern gleichbedeutend mit politischem Selbstmord wie auch als äußerst gewalttätig und zerstörerisch für wichtige soziale Gruppen in Japan. Solche Forderungen zeigten nur deutlich auf, wie unvernünftig die Vereinigten Staaten sein können. Tatsächlich schienen die Forderungen der USA, ob gerechtfertigt oder nicht, manchmal sogar spektakulär unvernünftig zu sein. So verlangten sie von Japan, seine Wirtschaft solle um sieben bis acht Prozent pro Jahr wachsen. Viele Japaner wären nur zu glücklich gewesen, dem zu folgen, hätten sie nur gewußt, wie das zu bewerkstelligen sei, ohne eine unakzeptable Inflation oder größere Defizite heraufzubeschwören oder auch nur zu riskieren. Aber selbst wenn sie es nun versucht hätten, so wäre es unter Umständen doch nicht dazu gekommen, denn die Inflation zusammen mit dem Defizit hätte das Vertrauen der Geschäftsleute ebenso wie das der Konsumenten zu sehr geschwächt. Außerdem waren viele der Meinung, falls sie ein Ansteigen der Inflation riskierten, würde der daraus resultierende Rückschlag die Wachstumsraten noch weiter drücken. Der Japaner betrachtet es auch als scheinheilig, wenn die USA von sich behaupten, ihr Handelsbilanzdefizit nur deswegen aufrechtzuerhalten, um der übrigen Welt damit zu helfen. (Soweit mir bekannt ist, gab es praktisch niemanden, der dieses Ansinnen ernst nahm.) Dennoch brachten die Amerikaner theoretisch nur zu oft zum Ausdruck, daß sie selbst die Guten seien, die couragiert ihren Teil erfüllten, während die bösen Japaner absichtlich vor ihrer Verantwortung zurückschreckten. (Nach der Meinung des Großteils der übrigen Welt halten die USA ihr riesiges Handelsbilanzdefizit nur aus Verknöcherung und Eigenliebe aufrecht, ohne daß dies in einem Zusammenhang mit irgendwelchen Weltinteressen stünde – und falls sie solchen Interessen dennoch nachkämen, so wäre das rein zufälliger Natur.)

Die japanische Presse begann zu fragen: „Was würden wohl die USA davon halten, kämen die Japaner zu ihnen und verlangten von ihnen, ihre Wirtschaft hätte um sieben Prozent pro Jahr zu wachsen, um die Arbeitslosigkeit ihrer farbigen Bevölkerung zu beseitigen und um der übrigen Welt zu helfen?“ Ein derartiges Verlangen wäre natürlich unglaublich dumm, aber sicherlich wäre es nicht dümmer als so manches Ansinnen, das die Amerikaner öffentlich und in demütigender Weise zu machen schienen. Schließlich stellten die Japaner fest, daß die Deutschen die Ansinnen der Amerikaner klar und deutlich ablehnten – und die USA diese Ablehnung lammfromm akzeptierten. Warum sollten sie schlechter behandelt werden als die Deutschen? Hier muß es irgendeinen „rassistischen“ Zusammenhang geben. Dieses Gefühl, daß die Politik der Vereinigten Staaten mehr oder minder „rassistisch“ beeinflußt sei, wurde noch durch die anscheinend unerklärliche und weithin publizierte Entscheidung verstärkt, den Japanern nichts von dem Ölüberschuß aus Alaska zu verkaufen, wobei die Amerikaner ja Öl aus dem Mittleren Osten zur Versorgung ihrer Ostküste erhalten hätten. Statt dessen wird nun ein Teil dieses Öls mit beträchtlichen Kosten rund um Südamerika zur Ostküste geschifft. Außerdem hat der Ölüberschuß an der Westküste eine Herabsetzung der Fördertätigkeit in Kalifornien und Alaska zur Folge, was zu Verknappungen auf dem nationalen und internationalen Markt führen kann. Niemandem, der im Ölgeschäft tätig ist, leuchtete diese Entscheidung ein, und dennoch blieb das 1979 die Politik der USA.

Trotz des sehr starken Drucks, den die USA auf Japan ausübten, gab es im Rahmen der üblichen politischen Möglichkeiten einfach nichts, das Japan hätte tun können und das die Situation in kurzer Zeit wesentlich verändert hätte – außer Japan hätte sich dazu entschlossen, über Nacht die Fleisch- und Reisindustrien bankrott gehen zu lassen und die Textil-, Spielzeug-, Schuh- und anderen Industrien schwer zu schädigen. War es unvernünftig, daß sich Japan – mitten in einer Rezession – weigerte, das zu tun? Außerdem kam noch hinzu, daß die Leute, die in den gefährdeten Industrien arbeiteten, größtenteils Wähler der herrschenden Liberal-Demokratischen-Partei (LDP) waren; und die LDP besaß einfach einen zu knappen Vorsprung, um die Stimmen dieser Wähler riskieren zu können.

Die USA setzten Japan hauptsächlich aus einem Gefühl der Verärgerung, Erbitterung und auch aus Rachsucht unter Druck. Insbesondere waren die amerikanischen Vertragspartner der Meinung, falls sie die Japaner nicht ein „wenig bluten" ließen, würde der Kongreß so unwillig werden, daß es zu einer übertrieben protektionistischen Gesetzgebung kommen könnte. Es war daher aus rein innenpolitischen Gründen wichtig, die Japaner demonstrativ etwas leiden zu lassen. Viele Japaner verstanden dies auch, es trug aber nicht dazu bei, daß sie sich besser fühlten.

Ein gemäßigter Vorschlag – unser Yonzenso-Plan

Aus der Sicht der Praxis schien sich die Situation Anfang 1979 eher zu verschlechtern denn zu bessern. Wir glauben, daß es eine relativ einfache und fast auf der Hand liegende Lösung gibt. Das Bemerkenswerteste an dieser Lösung ist die Erkenntnis, daß die Japaner einst sehr gut in der Lage waren, die Situation in den Griff zu bekommen, was aber heute anscheinend nicht mehr der Fall ist. Früher wußten die japanischen Wirtschaftsstrategen, daß der Impetus des japanischen Wachstums etwa alle zehn Jahre neu überdacht werden mußte, was auch aus der Graphik 6.1 hervorgeht. Wäre man mit dieser Praxis termingerecht fortgefahren, so hätte sich Japan aller Voraussicht nach nicht von dem in Graphik 6.2 als „optimal" bezeichneten Wachstumspfad entfernt. Die punktierte Linie im selben Bild gibt den tatsächlichen Wachstumsverlauf Japans seit den späten sechziger Jahren wieder, die ausgezogene Linie hingegen ist jener Weg, den die Wirtschaft hätte nehmen können und sollen. Diese Kurve würde nicht ständig steigende oder auch nur gleichbleibend hohe Wachtumsraten bedeuten; tatsächlich handelt es sich hier (wie die Graphik zeigt) um fal-

Graphik 6.1
Fünf Stadien des japanischen Wirtschaftswachstums nach dem Zweiten Weltkrieg

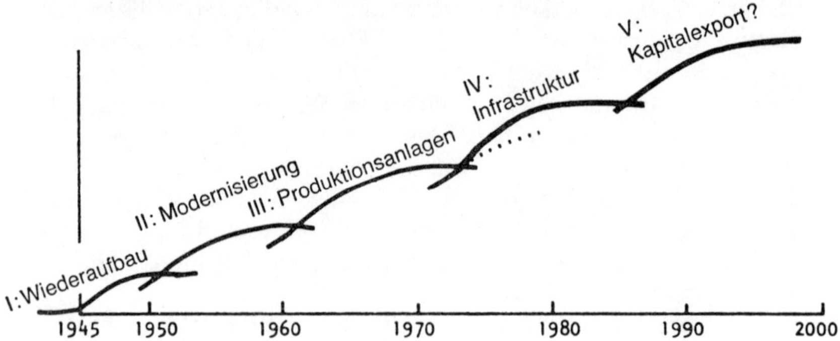

I:	II:	III.:	IV:	V:
Wiederaufbau	Modernisierung der Wirtschaft und Gesellschaft, arbeitsintensive Exporte, Koreakrieg, Verstädterung, Landwirtschaft.	Hochproduktive Anlagen, dauerhafte Konsumgüter, Exporte von Technologie mittlerer und hoher Komplexität.	Infrastruktur und Umwelt, hochkomplexe Technologie, Überfluß, Kapitalakkumulation.	postindustrielle Gesellschaft, Kapitalexporte? niedriges Wachstum?

lende Raten. Das heißt, daß sich Japans Wachstumsraten gegen Ende des Jahrhunderts jenen der übrigen hochentwickelten kapitalistischen Länder angepaßt hätten.

Unglücklicherweise folgt die tatsächliche Investitionspolitik seit den späten sechziger Jahren weiterhin dem Weg der Bevorzugung hochproduktiver Anlagen und einer entsprechenden Infrastruktur (trotz gegenteiliger Ankündigungen staatlichseits und trotz schöner Pläne auf dem Papier). Wie wir oben schon bemerkten, führt dies in vielen Betrieben zu so großen Überschußkapazitäten, daß die Unternehmer weder zu Erweiterungs- noch zu Ersatzinvestitionen angeregt werden. Gleichzeitig geraten sie unter den immer stärker werdenden Zwang, zu produzieren, auch wenn es für die Produkte keinen vernünftigen heimischen oder fremden Markt gibt.

Eine der möglichen Alternativen dazu könnte die Annahme des

Graphik 6.2
Ein illustratives Wachstumsmodell

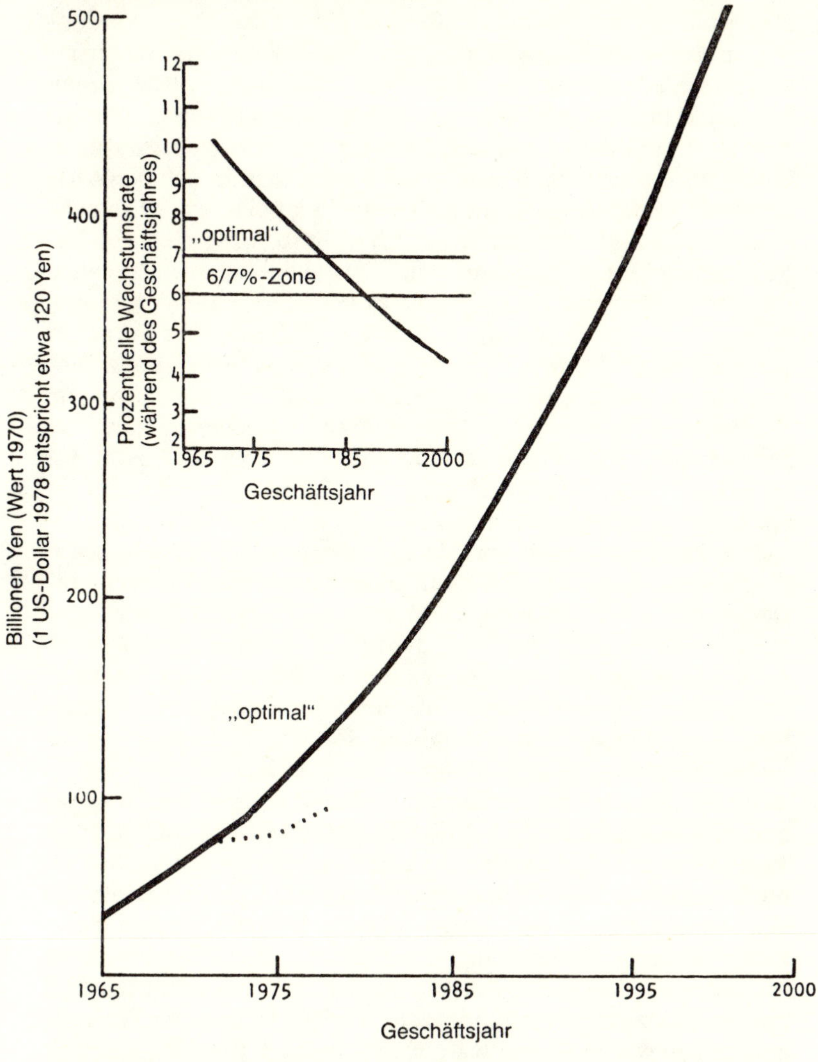

Yonzenso-Programms sein, wie wir es in unserem 1979 erschienenen Buch *The Japanese Challenge* (Die japanische Herausforderung) genannt haben.*

* Die Bezeichnung *Yonzenso* nimmt Bezug auf die japanische Bezeichnung *Sanzenso,* eine Abkürzung des offiziellen Titels für den „Dritten nationalen umfassenden Plan" (*San* bedeutet drei und *Yon* vier).

In dieses Konzept haben wir ein umfassendes Programm zur Entwicklung der Infrastruktur eingeschlossen, das den realen Reichtum des Landes innerhalb etwa eines Jahrzehntes verdoppeln und die Investitionstätigkeit der Unternehmer in einem frühzeitigen Stadium anregen soll. Das Programm würde genau formuliert und erklärt werden, so daß sich die meisten Unternehmer ein Urteil darüber bilden könnten, wie ihre gegenwärtigen Überkapazitäten schnell abzubauen wären. Würde sich die Wirtschaft allerdings weigern, diese Gelegenheit beim Schopf zu pakken, so wäre das Programm sicherlich nicht so erfolgreich. Ein hohes Maß an Überkapazitäten würde bestehenbleiben, wenn auch für eine viel kürzere Zeit, als gäbe es kein *Yonzenso*-Programm.

Das *Yonzenso*-Programm umfaßt eine differenzierte Form der wirtschaftlichen Umstrukturierung, die sich auf einen umfassenden Plan gründet, der eine anfängliche Aufholphase mit einem *durchnittlich* hohen jährlichen Wachstum (vielleicht zehn bis zwölf Prozent) für vielleicht fünf Jahre vorsieht und dann anschließend ein stabiles Wachstum von fünf bis sieben Prozent für ein weiteres Jahrzehnt einplant.

Ein *Yonzenso*-Japan erweckt eine anregende, aber sehr realistische und glaubwürdige Vision, in der neue Infrastrukturen entstehen, in der versucht wird, die Wachstumsraten des Landes zeitweise durch Nutzung von Überkapazitäten ansteigen zu lassen, wo die Importe dazu dienen, zu erwartende Engpässe zu umgehen und so den Inflationsdruck zu mindern, und in der alle Maßnahmen durch entsprechende politische, legistische, soziale und öffentliche Informationsprogramme durchgeführt werden, die so ausgelegt sind, daß sie der ganzen Idee eine dramatische Note geben. Sollte sich dieser Plan als erfolgreich erweisen, so würde sich Japan mehr um Verknappungen und Engpässe sorgen müssen als um Überkapazitäten. In der gegenwärtigen Depressionsphase der Wirtschaft wäre es jedoch leicht, jedes auch immer benötigte Gut zu importieren, um damit den durch einen „Boom“ verursachten Verknappungen und Engpässen auszuweichen, womit auch jedem „boom-induzierten“, inflationären Druck viel von seiner Wirkung genommen würde. Japan wäre wahrscheinlich durchaus geneigt, seine Importe zu erhöhen, um solchen Verknappungen auszuweichen; und unter Umständen wird es das auch tun müssen. Eine kurze Skizzierung eines solchen *Yonzenso*-Programms wird in Tafel 6.3 wiedergegeben.

Japan als der Archetyp einer fortschrittlichen kapitalistischen Nation

Es wäre sicherlich für viele Länder von Vorteil, könnte sich Japan entschießen, die Ideen des Großen Übergangs, des Entstehens der postindustriellen Gesellschaft und der Nutzung von Wohlstand und Technologie zur Schaffung eines besseren Lebens für praktisch jedermann anzunehmen und zu fördern. Viele mehr spezifische Aspekte des *Yonzenso*-Programms wären allerdings nur in Japan zu verwirklichen. Denn obwohl auch in Europa viele Überkapazitäten vorhanden sind, ist es dort auch so, daß es keine wesentlichen unbefriedigten Bedürfnisse und somit eine genügend hohe Nachfrage gibt, um die Gesellschaft als Ganzes (oder genügend viele Einzelpersonen) zu veranlassen, Kosten und Opfer auf sich zu nehmen und Programme zu finanzieren, um diese Bedürfnisse zu befriedigen. Auch wären die europäischen Gesellschaften nicht bereit, eine größere Inflation allein der Erfüllung dieser Bedürfnisse wegen zu riskieren.

Die USA leiden in vieler Hinsicht unter mehr unbefriedigten Bedürfnissen als die Europäer, aber auch ihre Inflationsprobleme sind größer als die Europas. Ausgenommen in einigen wenigen Industriezweigen verfügen die USA darüber hinaus über keine nennenswerten Überkapazitäten. Nach unserer Überzeugung gibt es in den USA, soweit das den Konjunkturzyklus betrifft, bereits Vollbeschäftigung, und eine neue Inflationswelle ist wahrscheinlicher als keine. Die unterentwickelten Länder haben natürlich viele und große Bedürfnisse, sie verfügen aber einfach weder über die nötige Finanzkraft, um sie zu finanzieren, noch über die potentiellen Fähigkeiten, um die Wirtschaft rascher vorantreiben zu können, als sie es derzeit tun. Und selbst dort, wo sie im Prinzip in der Lage wären, sind die für sie am besten passenden Programme mit Reformen verknüpft, die sich doch sehr von denen des *Yonzenso*-Programms unterscheiden.

Viele Probleme, mit denen die Japaner konfrontiert werden, sind dieselben, die auch andere entwickelte Länder zu bekämpfen haben. Im Falle Japans sind aber die Ereignisse so sehr vergrößert, daß sie eine Menge neuer Informationen bieten – ähnlich wie das bei dem bereits erwähnten Film über ein langsam verlaufendes Ereignis der Fall ist, der beschleunigt abgespielt wird. Man nehme als Beispiel einige der Fragen der Umstrukturierung. An erster und wichtigster Stelle steht der Einfluß erhöhter Produktivität und vermehrten Wohlstands. In dem Maße, wie die fortschrittlichen kapitalistischen Nationen wohlhabender und produktiver werden

Tafel 6.3
Das Yonzenso-Programm (beinhaltet sowohl ein Bündel von Zielen und Taktiken als auch die strategischen Mittel, diese Ziele zu erreichen)

Ziele
Ein Ziel ist, Japan im Hinblick auf das Wohlergehen der Konsumenten und die Inlandskaufkraft des Yen zu einem noch viel reicheren Land zu machen. Ein anderes Ziel ist die Initiierung eines langfristigen Programmes der „Heirat zwischen der Maschine und Garten." Ein drittes Ziel betrifft die Schaffung entsprechender nationaler Transport- und Kommunikationssysteme.

Taktiken:
Eine taktische Maßnahme zur Erreichung dieser Ziele ist eine zeitweise Erhöhung der Wachstumsrate in einem Kontext, der eine selbsterfüllende Prophezeiung bewirkt, die Unternehmer zu Investitionen veranlaßt und dabei diese Investitionen sich in einem Maße rentieren läßt, als sie eine neue (reale) Nachfrage befriedigen. Eine andere Taktik besteht in der Schaffung von Möglichkeiten für bequeme und preislich einigermaßen günstige Wohnungen (und andere Annehmlichkeiten für den Verbraucher) und in der Herstellung des notwendigen Vertrauens der Verbraucherschaft, um diese Möglichkeiten auch entsprechend nutzen zu können.

Elemente des Programmes:
1. Ein Zehn-Jahres-Programm von Infrastrukturinvestitionen über die laufenden Pläne hinaus. Ankurbelung des Programmes durch etwa 5 Billionen Yen (25 Milliarden US-Dollar zum Kurswert von 200 Yen/US-$) pro Jahr für zumindest 3 Jahre. Diese Ankurbelung allein ist jedoch nicht der Schlüssel zum Programm, dies ist vielmehr die Athmosphäre, in der diese Ankurbelung vor sich geht.
2. Verpflichtung der Regierung zu einem minimalen Ausgabenrahmen für etwa drei Jahre – ein beispielloser Schritt, der helfen wird, Vertrauen zu erwecken.
3. Gleichzeitig eine gleichermaßen umfassende Verpflichtung der Regierung zu flankierenden Maßnahmen der Inflationsbekämpfung, z.B. Importförderung zur Vermeidung von Engpässen und Verhinderung von Preisanstiegen; ebenso sollen unterstützende Steuererhöhungen Übertreibungen nach dem Start des Programmes vermeiden helfen.
4. Eine Liste von Projekten, aber mit Spielraum für lokale Initiative auf Basis entsprechend angepaßter Mittel.
5. Persönliche Verpflichtung des Premierministers, des Kabinetts und höherer Staatsbeamter zu einem Programm der „nationalen Zielsetzung".

6. Eine weite Verbreitung der Vorstellung, daß Technologie und Wohlstand anfänglich dazu genutzt werden können, einen hohen Lebensstandard zu schaffen, um schließlich eine befriedigende post-industrielle Gesellschaft hervorzubringen.
7. Andere Taktiken und Strategien, um Anreize und Verpflichtungen zu schaffen.

– und für Japan gilt dies noch mehr als für andere Länder –, sind die Unternehmen gezwungen, ihren Angestellten und Arbeitern höhere Löhne zu zahlen. Schließlich wird ein Punkt erreicht, an dem es ökonomisch nicht mehr sinnvoll wäre, diese hochbezahlten Arbeitskräfte zur Produktion von Gütern mit nur geringer Wertschöpfung einzusetzen. In vielen Ländern ist es noch möglich, die Arbeitsplätze für hochbezahlte Arbeitskräfte und das dazugehörige Management zu erhalten, indem billige Arbeitskräfte aus dem Ausland importiert werden, um die Produktion mit geringer Wertschöpfung durchzuführen. In Japan tut man das höchst unwillig, und auch in anderen Ländern nimmt die Bereitschaft dazu ab. Beispiele solcher Produkte mit geringer Wertschöpfung sind billige Textilien, Schuhe, Spielwaren und Unterhaltungselektronik. Japans Probleme in dieser Hinsicht sind deswegen größer, weil es eine homogene Bevölkerung besitzt. Sobald auch nur einige wenige bis dahin niedrig bezahlte Arbeiter mehr Lohn bekommen, erhalten praktisch alle Arbeiter dieser Kategorie mehr bezahlt. Dieser Prozeß wird daher nicht wie z. B. in den USA in die Breite gezogen, wo das wegen vieler Minoritätsgruppen und anderer Benachteiligter möglich ist, die nicht nur eine relativ geringe Produktivität aufweisen und niedrige Löhne bekommen, sondern auch in ihren Verwendungsfähigkeiten und ihrer Arbeitsneigung stark schwanken.

Anpassungen an das steigende Produktions- und Lohnniveau sind ein natürlicher Prozeß, der aber selbst in sehr guten Zeiten schmerzhaft sein kann. Sind die Zeiten jedoch schlecht und die Wirtschaftslage ist unruhig, so können Konkurse und Geschäftsschließungen einen Schneeballeffekt auslösen. Weiter haben die entlassenen Arbeiter viel größere Schwierigkeiten, neue Arbeitsplätze zu finden, und auch für das freiwerdende Kapital ist es nicht einfach, neue Verwendungs- oder Investitionsmöglichkeiten zu finden. Schließlich gibt es dann noch die – gerade während solcher Perioden – verbreitete Ansicht, daß die Fremden, die für sich vergleichsweise vorteilhafte Bedingungen verlangen, dies nur deswegen tun, um damit einen Vorwand zu haben, die Last der Rezession im eigenen Land auf ein anderes abschieben zu können: man nennt das eine Politik des Leitungsbilanzüberschusses. Desgleichen läuft eine Politik, die Währung eines Landes künstlich – sagen wir um zehn Prozent – niedrig zu halten, auf dasselbe hinaus wie eine zehnprozentige Zollerhöhung für Importe und eine zehnprozentige Stützung der Exporte.

All dies wird außerdem noch durch den Konkurrenzdruck der sich rasch entwickelnden und ausdehnenden Wirtschaften der neuen Industriestaaten erschwert. Selbst wenn in den fortschrittlichen kapitalistischen Nationen Wohlstand und Produktivität nicht gestiegen wären, so hätten ihnen die neuen Industriestaaten dennoch die Auslandsmärkte weggenommen und auf die Inlandsmärkte großen Druck ausgeübt. Unter den gegenwärtigen Umständen ist der deutlich empfundene Druck natürlich um vieles schmerzhafter und schwerwiegender. Dieser Schmerz vermindert aber die Notwendigkeit zur Umstrukturierung in keiner Weise. Jedenfalls erscheint es sehr wahrscheinlich, daß sich diese neuen Industriestaaten – sowie andere Mittel-Einkommen-Staaten und selbst einige der armen Länder – weiterhin gleich schnell oder noch schneller entwickeln werden. Außerdem werden sie den fortschrittlichen Staaten in immer spezielleren Industriebereichen Konkurrenz machen. Wenn das auch insgesamt gesehen für beide Seiten von Vorteil sein wird, so werden doch manche dieser speziellen Industrien noch höchst schmerzhafte Erfahrungen in Kauf nehmen müssen. Ein weiterer Prozeß, der eine Umstrukturierung sowohl in Japan als auch in anderen fortschrittlichen kapitalistischen Nationen äußerst dringlich machen wird – und wieder wird das für Japan mehr noch als für alle anderen gelten –, ist das steigende Bildungsniveau. In Japan wird es offensichtlich dazu kommen, daß die überwiegende Mehrzahl der Absolventen allgemeinbildender höherer Schulen anschließend eine Hochschule besuchen wird.

Unserer Meinung nach werden die Japaner diese Probleme dadurch lösen, daß sie die Mittelbeschaffung im Ausland, Überseeinvestitionen und einen gewaltigen Ausbau der tertiären und quartären Sektoren für den Eigen- wie den Fremdbedarf betonen und forcieren werden. Schon lange sagten wir aber voraus, daß es auf dem Bausektor zu speziellen Problemen kommen würde, da man den Ausbau der Infrastruktur und die Errichtung von Gebäuden nicht über das Ausland abwickeln kann. Wir schlugen daher vor, die Japaner sollten ähnlich wie die Staaten am Persischen Golf vorgehen und auf diesem Sektor zeitweise Fremdarbeiter beschäftigen, die nach Projektabschluß wieder nach Hause geschickt werden können.

Die Notwendigkeit, die oben erwähnten Umstrukturierungen vorzunehmen, ist einer der Gründe dafür, daß sich die Japaner wirtschaftlich nach außen wenden werden müssen, vielleicht werden sie sogar gezwungen sein, dies auch auf sozialem und politischem Gebiet zu tun. Es scheint uns das am leichtesten und vielleicht auch die einzig mögliche Weise zu sein, auf die sich Japan weiterhin einen sehr hohen Lebensstandard mit genügend Arbeitsplätzen – sowohl im eigenen Land wie auch im Ausland – für seine hochgebildete Bevölkerung wird leisten können.

Eine weitere weitreichende Umstrukturierung, die wohl für alle fortschrittlichen kapitalistischen Nationen von Bedeutung sein wird, ganz speziell aber für Japan, ergibt sich aus der sich verändernden Altersstruktur der Bevölkerung. Diesen demographischen Veränderungen und den damit verbundenen Problemen wurde zwar schon viel Aufmerksamkeit gewidmet, aber bisher wurden nur wenige überzeugende Lösungsvorschläge präsentiert. Sicher werden sich diese Probleme auf die eine oder andere Weise von selbst lösen, und sie werden wichtige Änderungen verursachen, es ist aber noch nicht so richtig klar, daß andere als nur die auf der Hand liegenden, vorbeugenden Maßnahmen getroffen werden müssen. Es wäre für Japan, wo sowohl die Kosten für das Bauen als auch für Dienstleistungspersonal ziemlich sicher sehr hoch sein werden, gut vorstellbar, daß viele ältere und wohlhabende Japaner wenigstens einen Teil des Jahres im Ausland verbringen, wo sie dann für weniger Geld luxuriös leben und diese Wohnmöglichkeiten außerdem – um die Kosten niedrig zu halten – mit Verwandten zeitlich teilen könnten. Diese Frage der sich verändernden Altersstruktur wird in Japan wegen der dortigen Gepflogenheit der lebenslangen Anstellung noch weiter kompliziert; wahrscheinlich aber wurden die sich daraus ergebenden Schwierigkeiten übertrieben. Die altersbedingten Einkommensunterschiede der Angestellten und Arbeiter sind nämlich (anders als bei den unterschiedlichen Fähigkeiten und Erfahrungen) nicht so hoch, wie man das häufig annimmt.

In allen anderen fortschrittlichen kapitalistischen Nationen kommt es mehr oder weniger zu ganz ähnlichen Auswirkungen und Veränderungen. Daher sollten auch alle diese Länder mehr Wert auf fortschrittliches Können und eine ebensolche Technologie, auf qualifizierte fachliche und andere hochbezahlte Tätigkeiten, auf die Herstellung von Produkten mit einer hohen Wertschöpfung und den Import von gering bezahlten, ungelernten Arbeitskräften bzw. den Import der Produkte solcher Arbeit legen. Das Paradoxon der „Armut des Überflusses“ betrifft Japan in ganz ähnlicher Weise wie die anderen fortschrittlichen kapitalistischen Nationen.

Eine verwirrte und verwirrende Diskussion
Die verringerte Leistungsfähigkeit Japans beim Umgang mit verschiedenen Problemen entstammt zum Teil seinem Erfolg (was ja auch für viele andere fortschrittliche kapitalistische Staaten gilt). Einiges davon war unvermeidlich. Die Japaner waren jedoch so erfolgreich, daß sie nun unvorsichtig werden. So achteten sie bis jetzt nur darauf, fortgesetzt hohe Handelsüberschüsse herauszuwirtschaften, ohne dafür aber einen ernst zu nehmenden Ausgleich zu leisten. Im allgemeinen muß man sagen, daß sie sich heute viel weniger Sorgen machen als früher, ob sie Fehler begehen oder nicht. Einer dieser heutigen Fehler besteht darin, daß sie – eigentlich ohne Widerspruch – so viele Gewohnheiten und Einstellungen beibehalten, die ihnen zwar ein Jahrhundert lang sehr hilfreich waren, die aber jetzt, wo das Land wohlhabend geworden ist, nicht mehr passend sind. So sind die Handelsbilanzüberschüsse die Folge sowohl einer traditionellen Einstellung, die besagt, daß Exportüberschüsse für das Gedeihen des Landes wesentlich wären, als auch der neueren Haltung, die davon ausgeht, die dadurch verursachten Probleme würden schon entweder durch die USA oder sonstwen gelöst werden.

In Wirklichkeit stehen den Japanern aber andere Wahlmöglichkeiten offen. Anstatt zu versuchen, durch Importbeschränkungen ein Sicherheitspolster aufzubauen (ob dies nun durch die offizielle Politik unterstützt wird oder ob es Gewohnheit und Usancen sind, die sich auch noch nach Änderung der offiziellen Politik halten), sollte Japan dieses Ziel besser durch erhöhte Exportquoten anstreben, wodurch auch die Exportchancen anderer Länder verbessert würden, die dann ihrerseits wieder eher in der Lage wären, den Japanern ihre Produkte abzukaufen. Würde Japan seine Importe steigern, so hätte niemand etwas gegen verstärkte japanische Exporte. Sollte Japan außerdem einmal aus irgendeinem Grund gezwungen sein, bei seinen Exporten zurückzustecken und daher auch bei seinen Importen Einschränkungen vorzunehmen, so könnte dies dann leicht durch eine Drosselung der Einfuhr von Luxusgütern, aber bei gleichzeitiger Aufrechterhaltung wesentlicher Importe bewerkstelligt werden. Für ein Land, das so reich ist wie Japan, führen verstärkte Importe zu einer Risikominderung. Japan und seine Handelspartner würden dabei besser leben, gedeihen und sich einen größeren Sicherheitsspielraum gegenüber widrigen Ereignissen einhandeln.

Worunter Japan derzeit am meisten leidet, ist das Nichtvorhandensein einer ernsthaften Diskussion, die dazu angetan wäre, all diese Fragen zu klären. Dabei liegt das Problem nicht darin, daß die Japaner selbst nicht wüßten, worin ihre Schwierigkeiten bestehen; darüber sind sie sich meist völlig im klaren. In den meisten Fällen sehen sie aber keine Lösungsmöglichkeiten. Sie hätten z. B. gerne bessere Wohn- und Transportmöglichkeiten, wissen aber nicht, wie sie dies erreichen sollen; sie gelangen vielmehr zu dem Schluß, daß es offenbar keine Lösung dafür gibt. In einigen Fällen haben sie die Ursache ihrer Probleme auch mißverstanden. Wir würden indes sagen, daß die Crux ihrer Misere das Fehlen von Visionen, Konzepten und Vorstellungen über ihre Zukunft ist – ein Rahmen also, in dem Prioritäten und andere politische Vorstellungen formuliert und diskutiert werden können. In solch einem umfassenden Zusammenhang würden sich unterschiedliche Programme vielleicht eher gegenseitig unterstützen, anstatt gegeneinander in Widerspruch zu geraten und lediglich Verwirrung zu stiften.

Es ist für die Japaner wie auch für andere wichtig, für die Weltwirtschaft die richtige Perspektive zu gewinnen; zu erkennen, daß die Ressourcen der Erde nicht bis an die Grenze der Erschöpfung ausgebeutet worden sind, daß Luftverschmutzung und Umweltprobleme zur Zufriedenheit der meisten Menschen gelöst werden können und daß Technologie sowie Wohlstand mehr oder weniger wünschenswert sind und man sich an beiden noch mehr erfreuen kann, wenn man die sich daraus ergebenden Möglichkeiten voll ausschöpft. Wenn die Zukunft auch immer von Unsicherheit und bis zu einem gewissen Grad auch von Gefahr gekennzeichnet ist, so kommen doch viele Gefahren der heutigen Zeit weniger aus der Debatte über die Grenzen des Wachstums als vielmehr aus den klassischen Fragen einer Bedrohung – den Gefahren eines Krieges, des Abfalls in Dekadenz, den Möglichkeiten von Naturkatastrophen sowie aus der Drohung, von der Konkurrenz verdrängt, übertroffen oder erdrückt zu werden. Diese Gefahrenquellen zu unterschätzen, jene aber, die sich aus der Debatte um die Grenzen des Wachstums ergeben, zu überschätzen, bedeutet schon eine

Gefahr an und für sich. Es ist daher ein wesentlicher Bestandteil des Verständnisses der wirklich entscheidenden Fragen über die japanische Wirtschaft, daß man einmal feststellt, welches die unzutreffenden Fragen sind. Diese Vorgangsweise ist für Japan wahrscheinlich von noch größerer Bedeutung als für andere Länder, denn hier war die diesbezügliche Diskussion ganz besonders verworren und verzerrt.

Eine zähe Gesellschaft

Japan hat sich während der letzten 25 Jahre so sehr verändert, daß viele Beobachter der Meinung sind, daß diese unglaublich schnellen Wandlungen selbst schon ein größeres Problem darstellen. Sie fragen: „Wie ist es möglich, daß sich eine Gesellschaft solch rapiden Veränderungen so schnell anpassen kann?" Aus unserer Sicht heraus hat sich die japanische Gesellschaft diesem raschen Wandel aber relativ gut angeglichen und ist an sich in der Lage, dies auch weiterhin zuwege zu bringen. Betrachtet man die niedrige Kriminalitätsrate der Städte und die relative politische Stabilität, so ist kaum einzusehen, warum sich die Leute über das hohe Maß an Veränderungen *per se* so viele Sorgen machen. Ganz offensichtlich hat Japan große Probleme. Wir meinen damit aber nicht jene, die bei oberflächlicher Betrachtung den Eindruck eines brodelnden Hexenkessels entstehen lassen, ein Bild, das leicht durch Ereignisse entstehen könnte wie die Entführungsaffären der Roten Garden, die Studentenangriffe auf den Flugplatz von Narita oder die vielen (und in der Regel geordneten) politischen Demonstrationen rund um die Regierungsgebäude in der Innenstadt von Tokio. Vorkommnisse dieser Art sind ein Symptom der Unrast, sind aber in keiner Weise ein Hinweis darauf, daß es eine Unzahl explosiver Probleme gibt. Tatsächlich hat Japan weniger solche Probleme als viele andere Länder. Mit jenen Problemen, die man unter dem Begriff des „Zukunftsschocks" zusammenfassen könnte, wird Japan im großen und ganzen recht gut fertig. Wir können uns daher nicht der Meinung vieler anerkannter Beobachter anschließen, Japan sei gegenüber stärkerer Druckausübung ganz besonders anfällig.

Schnelle Veränderungen bringen natürlich Streßsituationen mit sich. Die bemerkenswerte Stabilität des Nachkriegsjapans resultiert aber aus den bindenden Kräften und aus der Stärke seiner institutionellen Einrichtungen, die es ihm ermöglichten, erfolgreich mit den durch den raschen Wandel hervorgerufenen Problemen fertig zu werden. Nach unserem Eindruck stimmt die Behauptung einfach nicht, das heutige Japan könnte leicht zusammenbrechen, auseinanderfallen oder einer pathologischen Zerstörung anheimfallen. Japan sieht sich, wie gesagt, ernsthaften Problemen gegenüber, aber die Existenz solcher Probleme bedeutet noch nicht, daß die gesamte japanische Nation „zerbrechlich" ist und auseinanderzufallen droht, sollte man sie nicht vorsichtig genug behandeln.[7]

Gelingt es Japan aber tatsächlich ein Programm zur Unterstützung all seiner Bürger auf die Beine zu stellen, um den Veränderungen auf ganz ähnliche Weise, wie wir das oben zusammengefaßt haben, entgegenzutreten, so könnte das einen gewaltigen Unterschied gegenüber den kurzfristigen Zukunftsaussichten der übrigen Welt darstellen. Statt weiterhin einen Handelsüberschuß von 20 Milliarden Dollar zu haben, könnte sich dieser Überschuß dem Wert Null nähern und für kurze Zeit vielleicht sogar negativ werden. Japan würde das aber nicht schaden. Wahrscheinlich würden dann sowohl die Importe wie auch die Exporte steigen, allerdings die Importe mehr als die Exporte, denn unter diesen Umständen gäbe es den Exporten Japans gegenüber weniger Opposition. Japan besitzt jedoch auf manchen Gebieten so hohe Überkapazitäten, daß dort die Exporte gleich hoch oder noch höher werden könnten. Für die japanische Wirtschaft wäre es jedoch wichtig, keine weiteren Überkapazitäten aufzubauen, die nicht mehr gehalten werden könnten, wenn das Grundprogramm einmal seinen Höhepunkt erreicht hat. Anstatt z. B. weitere Zementfabriken zu bauen, wäre es dann besser, Japan würde Zement importieren. Ein Anstieg der japanischen Wachstumsraten von sieben auf zwölf Prozent zusätzlich einer Stimulierung der übrigen Wirtschaft aufgrund der erhöhten japanischen Importe (und bis zu einem gewissen Grad auch wegen ihrer Exporte) könnte die durchschnittliche Wachstumsrate der ganzen Welt um fast ein Prozent ansteigen lassen. Das wiederum könnte eine zumindest zeitweilige Rückkehr zu einer Situation ermöglichen, die der *Deuxième Belle Epoque* sehr nahe käme.[8]

Probleme und Aussichten für Helden

Unser Vergleich der wirtschaftlichen Entwicklung solcher Länder wie Südkorea, Taiwan, Singapur und Hongkong – und vielleicht auch schon bald wieder Japan – mit einem „Carnotschen Kreisprozeß" war eine gewisse Übertreibung, denn selbst in diesen Ländern verläuft das Wachstum nicht ohne Schwierigkeiten.

Seoul z. B. ist zu monströser Größe angeschwollen – nach der Zählung von 1975 leben allein in dieser Stadt sieben Millionen Menschen bei einer Gesamtbevölkerung Südkoreas von 35 Millionen –, und als Folge davon wurde die Gesellschaftsordnung sehr gestört. Auf Taiwan ist dieses Problem wahrscheinlich nicht so ernst wie in Südkorea, aber auch dort muß der entsprechende Preis für das Schwinden der traditionellen Kultur und ihren Ersatz durch die Moderne gezahlt werden. Vom Nationalcharakter her ist die Jugend beider Länder fest entschlossen, ihren eigenen Erfolgsweg zu gehen. Und was die Annehmlichkeiten des Lebens betrifft, so steht außer Frage, daß heute in beiden Ländern die meisten Menschen in fast allen Belangen um vieles besser leben. In dieser Hinsicht bedeutet der Verlust des Alten, wenn auch manchmal bedauert, keine Härte. Viele Südkoreaner und Taiwanesen ziehen die mit Abgasen erfüllte Luft ihrer jeweiligen Hauptstädte der vielgerühmten stallduftgeschwängerten Atmosphäre eines Bauernhofes bei weitem vor.

So wie die Dinge liegen, wird weder in Südkorea noch auf Taiwan jene Art von Problemen entstehen, die sich aus dem „Mißerfolg des Erfolges“ ergeben, wie das etwa in Japan der Fall ist. Beides sind kleine Länder mit Problemen bezüglich ihrer nationalen Sicherheit, und sie werden kaum die Meinung oder das Gefühl haben, die Entwicklung der Wirtschaft wäre ein Fehler gewesen. Auch sind sie tatsächlich vom Export abhängig, was für die Japaner nicht gilt. Das bedeutet, daß sie beweglich bleiben müssen; sie können es sich nicht leisten, ihre Zeit zu vertrödeln. Und schließlich sind beide keine so exponierten Inselstaaten wie Japan. Sie sind vielmehr nach außen orientiert und (was vor allem für die Südkoreaner gilt) bringen kosmopolitich und global orientierte Geschäftsleute hervor.

Das heißt nun auch wieder nicht, daß sie überhaupt nicht in Schwierigkeiten kommen könnten. 1978 zeigten sich die Südkoreaner so selbstsicher, daß man befürchten mußte, sie würden zu selbstsicher. Ihr Vertrauen gründete sich auf das wirklich ungewöhnlich hohe Wirtschaftswachstum von mehr als zehn Prozent in einer Zeit, in der die übrige Welt durch eine Rezession hindurchging. Taiwan wiegt sich da weniger in Sicherheit, und hier ist die Gefahr einer Übertreibung auch viel geringer. Auf Taiwan könnten allerdings andere Probleme entstehen, die insofern recht ernst werden könnten, da dort der Staat wahrscheinlich zu sehr daran gewöhnt ist, in die Wirtschaft einzugreifen, mehr als das gegenwärtig auch notwendig ist. Bis zu einem gewissen Grad tendieren diese Interventionen dazu, den Privatindustrien frühzeitig die Möglichkeiten zur Ausführung jener Programme zu entziehen, die auch der Staat selbst durchführt. Wir würden dafür plädieren, daß das Beste, was die Regierung Taiwans heute für seine Wirtschaft tun kann, eine Lockerung der Kontrolle und eine erhöhte Offenheit wäre und daß sie dem *Big Business* und einer großangelegten Landwirtschaft eine Entwicklungschance einräumt oder beides sogar ermutigt. Viele würden dies allerdings für einen Bruch mit den drei Grundprinzipien von Sun Yat-Sen* halten, andererseits aber scheint eine solche Entwicklung unvermeidlich zu sein, will Taiwan sein volles Potential erreichen.

Ob nun diese drei von uns durchdiskutierten Wirtschaften so gut, wie wir das von ihnen glauben, abschneiden oder nicht, in jedem Fall ist allen drei ein bedeutender Durchbruch gelungen. Die Japaner haben ein Maß an Wohlstand und technologischem Hochstand erreicht, das sie sowohl gegenüber schlechtem Management als auch für Unglücksfälle – wenigstens noch für einige Zeit – fast unverletzlich macht. Die Südkoreaner und die Taiwanesen sind bei der Entwicklung von Technologie und hoher Produktivität weit genug gekommen, so daß ein zunehmender Teil ihres Wachstums relativ autonom sein kann. Beide besitzen jedoch eine so große Flexibilität, daß es für sie, selbst unter schwierigen Bedingungen, noch gut weitergehen würde. Dazu gehört vor allem, daß die in vielen Ländern zunehmenden Bedenken, die Chinesen des Mutterlandes könnten sich auf den Export konkurrierender Produkte verlegen und ihnen damit ihre Märkte streitig machen, für die Südkoreaner und Taiwanesen kein so großes Problem darstellen. Aber selbst wenn das Mutterland diese Exporte entwickelt – was noch fraglich ist –, so dürften die beiden Länder, was den qualitativen und technologischen Standard betrifft, doch ihre Nasen vorne haben. Allen drei Ländern werden höchstens deswegen Probleme ins Haus stehen, weil sie mit ihrer eigenen Entwicklung andere Länder zu einer schnelleren, längst fälligen Korrektur ihrer eigenen strukturellen Probleme zwingen. Insgesamt gesprochen, muß man sagen, Südkorea, Taiwan und Japan haben es geschafft.

* Die „drei Prinzipien des Volkes" von Sun Yat-Sen sind Nationalismus (die Befreiung Chinas von den Fremden), Demokratie (die Regierung durch und für das Volk) und Lebensunterhalt (wirtschaftliche Sicherheit für alle Menschen). Unterschiedlich von seinen Nachfolgern interpretiert, stellen diese Prinzipien heute ein zentrales Element in der Ideologie der Regierung der Republik China auf Taiwan dar.

Kapitel 7
Noch einiges über die reichen, die Mittel-Einkommen-Länder und die armen Staaten

Das Wachstum der fortschrittlichen kapitalistischen Nationen (FKN) im 20. Jahrhundert

Wir behaupten in Kapitel 4, daß es über die gegenwärtig anhaltende, weltweite Wirtschaftsmalaise in den wohlhabenden kapitalistischen Nationen vier Ansichten im Zusammenhang mit einer kondratieffschen Interpretationsversion gibt. Die Rostow-Kondratieff-Variante stützt sich auf die Annahme der relativen Unterentwicklung der Gebrauchsgüterproduktion auf Grund einer lang anhaltenden Periode relativ niedriger Preise (im Vergleich zu hergestellten Gütern) und nimmt an, daß es bis zu einem Ausgleich ein paar Jahrzehnte dauern wird. In der Forrester-Kondratieff-Interpretation hingegen kommt es wegen des langen Aufschwungs der *Deuxième Belle Epoque* zu großen Überkapazitäten in der Investitionsgüterindustrie, da sie in dieser Zeit sowohl für ihre eigene Expansion als auch für die Ausweitung der Produktion langlebiger Güter Sorge zu tragen hatte. In dem Moment aber, wo dieses Expansionsstreben nachläßt, kommt es nicht einmal mehr zu einem Erneuerungsbedarf, da ein Großteil der Anlagen und Einrichtungen sowieso neu ist.

Die Probleme der FKN werden durch das Wachstum von Konkurrenzkapazitäten in den Mittel-Einkommen-Ländern und z. T. selbst in den armen Staaten noch verschärft. Die Schumpeter-Kondratieff-Version betont, daß jeder langen Periode, in der die vorhandene Technologie voll ausgenutzt wurde, eine Zeit der Konsolidierung und Neuentdeckungen folgen muß. Für die FKN nun sind, ausgenommen Entwicklungen auf dem Sektor der Mini- und Mikrocomputer, der Raumfahrt sowie des Kommunikationswesens, keine neuen Technologien in Sicht. Was jedoch die Mittel-Einkommen-Staaten betrifft, so sind es gerade die ihnen offenstehenden Möglichkeiten, ein ungeheures Reservoir an neuer Technologie zum Einsatz zu bringen, die einen langen Aufschwung von zwei bis drei Jahrzehnten wahrscheinlich machen.

Schließlich gibt es noch die – von uns so bezeichnete – institutionelle Kondratieff-Perspektive, die vor allem dann sehr an Glaubwürdigkeit gewinnt, wenn man sie auf die letzten ein oder zwei Aufschwünge anwendet. Erst in den sehr weltlichen Kulturen der Gegenwart sind nämlich einige zusätzliche Verhaltenskonsequenzen aufgetaucht, die in den vergangenen, heroischen, religiösen und disziplinierten Kulturen nicht in signifikanter Weise zu verspüren waren. Die institutionelle Kondratieff-Position behauptet nun, daß eine ausgedehnte Periode der Prosperität gegen Ende des langfristigen komplexen Trends für die Disziplin, Struktur, Sitten und Moral sowie für den persönlichen als auch den Nationalcharakter katastrophale Wirkung haben kann – zumindest soweit die Produktivität und das Wirtschaftswachstum davon betroffen sind.

Welche Einstellung man auch immer diesen interpretativen Ansichten über Langzeittrends oder -zyklen entgegenbringen mag, die Daten über das Wirtschaftswachstum des letzten Jahrhunderts sind in jedem Fall interessant und verdienen es, daß man ihnen ein wenig Aufmerksamkeit und Kommentar schenkt. Wir gaben eine Darstellung der aggregierten Daten oder des Wachstums des Bruttoinlandproduktes der USA in Tafel 4.2 des vierten Kapitels. In den zehn Kurven der Graphiken 7.1, 7.2, 7.3, und 7.4 zeigen wir nun ein Bild des Wachstums des Bruttoproduktes von zehn verschiedenen fortschrittlichen kapitalistischen Nationen, wobei die meisten dieser Kurven von 1860 bis 1977 reichen und wir uns auf Material von A. Maddison stützten.[1] (Die Zahlen für die letzten beiden Jahre fügten wir den seinen hinzu.) Der Übersichtlichkeit halber markierten wir auch in jeder der Kurven die Perioden, in die wir die ersten hundert Jahre unterteilten. Wir werden diese Kurven nun in ganz ähnlicher Weise durchdiskutieren, wie wir das schon in Kapitel 1 getan haben. Gibt es irgendwelche speziellen Trends, die beim Betrachten dieser Kurven auffallen? Gibt es eindeutige und offensichtliche Erklärungen dafür? Wir sind uns im klaren darüber, daß eine solche Vorgangsweise irreführend sein kann, solange man nicht über eine plausible Erklärung für die Entstehung dieser Trends verfügt, und selbst dann kann man noch fehlgehen. Dennoch wollen wir an diese Fragen vorläufig einmal mit dem „gesunden Menschenverstand" herangehen und ihn erst später durch mehr analytisches Material ersetzen.

Wir weisen darauf hin, daß es in jeder der Graphiken ein, zwei oder drei gerade Linien gibt. Diese Linien zeigen, daß – allgemein gesprochen – die Kurven, deren Durchschnitt sie angeben, sich in fast allen Fällen eng an die Linien schmiegen. Jede der Graphiken gibt auch die durchschnittliche Steigung der Geraden an, so daß der Leser die entsprechenden Wachstumsraten für die jeweiligen Perioden daraus ablesen kann.

Es wird manchmal argumentiert, man könne die anhaltenden Kräfte, die für die wissenschaftlichen und technologischen Aspekte des komplexen Trends verantwortlich sind, daran erkennen, daß – extrapoliert man die Wachstumsraten der *Première Belle Epoque* – die FKN sich in den sechziger Jahren vom „Wachstumsverlust" der *Mauvaise Epoque* wieder erholt haben. Peter Drucker hat mehrfach darauf hingewiesen, daß der Grund hierfür sei, daß nach wie vor dieselben technologischen und wirtschaftlichen Kräfte von Bedeutung seien.[2] Wir nun behaupten, daß das zwar für die Länder des atlantisch-protestantischen Kulturgebietes einigermaßen zutrifft, es aber für andere Gruppen schon weniger gilt. Auch dürfte der gesamte Prozeß in einigen Ländern von der Entwicklung neuer Produktionskräfte abhängig sein, in anderen hingegen von den langfristig zu Ende gehenden Kräften, die wir schon besprochen haben. Alle Länder sehen sich aber den veränderten Bedingungen im Zusammenhang mit der bevorstehenden *Epoque de Malaise* konfrontiert.

Wir wollen mit Großbritannien beginnen, das mehr als jedes andere Land zum Beginn der industriellen Revolution beigetragen hat. Das Bemerkenswerte an diesem Land ist die ihm eigene langanhaltende Konstanz der Wachstumsraten. Linie 1 versucht dabei nicht die Werte von 115 Jahren möglichst gut auszugleichen (d. h., sie stellt keine lineare Regression dar), sondern sie verläuft nach Möglichkeit tangential entlang der Spitzenwerte oder schneidet sie knapp ab, womit eine wesentlich bessere Vorstellung von dem grundlegenden, dynamischen Wachstumsverhalten des Landes erreicht wird. Ihre Steigerung beträgt 2,1 Prozent und gleicht sich zwischen 1860 und 1940 der Kurve außerordentlich gut an. Zwischen dem heutigen Produktionsniveau und der Trendlinie kam es jedoch zu einer „Bruttosozialprodukt-Lücke". So gesehen hatte sich Großbritannien erst gegen Ende der *Deuxième Belle Epoque* von einer wirtschaftlichen Malaise erholt, die offensichtlich schon knapp nach dem Ersten Weltkrieg begonnen hatte und deren Erholungsprozeß erst nach dem Ende des Zweiten Weltkriegs einsetzte. Die Kurve überstieg auch trotz der Stimulation durch die *Deuxième Belle Epoque* niemals den 115jährigen Langzeittrend, wie das bei anderen Ländern der Fall war. Es wäre nicht überraschend, würde sich Großbritanniens Wachstumsrate bei unter drei Prozent einpendeln. Das Lohnniveau Englands beträgt andererseits jetzt nur noch die Hälfte der auf dem Kontinent üblichen Werte, so daß es den englischen Unternehmen nicht schwerfallen sollte, konkurrenzfähig zu werden. Für viele amerikanische Tochterfirmen ist dies auch zutreffend, unglücklicherweise gilt es aber nur für wenige britische Betriebe.

Das Wachstumsverhalten Großbritanniens war für die Länder des atlantisch-protestantischen Kulturgebietes nicht atypisch. Graphik 7.1 gibt auch Schwedens Wachstumskurven wieder. Dieses Land zeigt bemerkenswert konstante Wachstumsraten über die gesamte Periode, viel gleichmäßiger als die Großbritanniens, was vielleicht daran liegt, daß Schweden während der *Mauvaise Epoque* viel besser verwaltet wurde, wodurch die Wirtschaft nicht so schwer in Mitleidenschaft gezogen war und der Erholungsprozeß nicht so steil verlaufen mußte.

Und obwohl die Daten für die Schweiz, deren Wachstumskurve ebenfalls in Graphik 7.1. wiedergegeben wird, nicht so vollständig sind, so kann doch ähnliches für sie gelten. Anders als Schweden durchschritt die Schweiz allerdings während der *Mauvaise Epoque* ausgedehnte Perioden geringen Wachstums. Man ist versucht zu behaupten, daß sie in der *Deuxième Belle Epoque* deswegen so steile Anstiege verzeichnete, weil sie einen größeren Aufholbedarf als Schweden hatte. Stimmt das, so befinden sich Schweden und vielleicht auch die anderen fortschrittlichen kapitalistischen Nationen in der *Epoque de Malaise* oder doch wenigstens in einer Periode der Konsolidierung. Heute jedoch dürften sich die Schweden, berücksichtigt man unsere Beurteilung ihrer derzeitigen Wirtschaftspolitik, Einstellung und Strukturprobleme, in einer wesentlich schlechteren Position befinden. Andererseits kann man auch wieder annehmen, daß die Schweiz mit einem auch nur einigermaßen guten Management diese Periode diesmal recht gut überstehen wird (so wie die *Mauvaise Epoque* für Schweden nicht so schlecht ausfiel).

Diese Graphiken führen zu der Hypothese, daß jeder Wirtschaft eine Art Basiswachstumsrate zukommt, und falls sie so wie England einmal zurückbleibt, der Aufholprozeß dann um so schneller ist. Bleibt sie hingegen wie im Falle Schwedens weniger stark zurück, so kommt es zu einem viel geringeren Aufholprozeß und somit auch nicht zu so stark erhöhten Wachstumsraten. Wir wollen dies nun keinesfalls als Theorem hinstellen, doch aber als eine Schlußfolgerung, der zumindest einige Gültigkeit zukommt,

Graphik 7.1
Gesamtproduktion Großbritanniens, Schwedens und der Schweiz (1913 = 100)

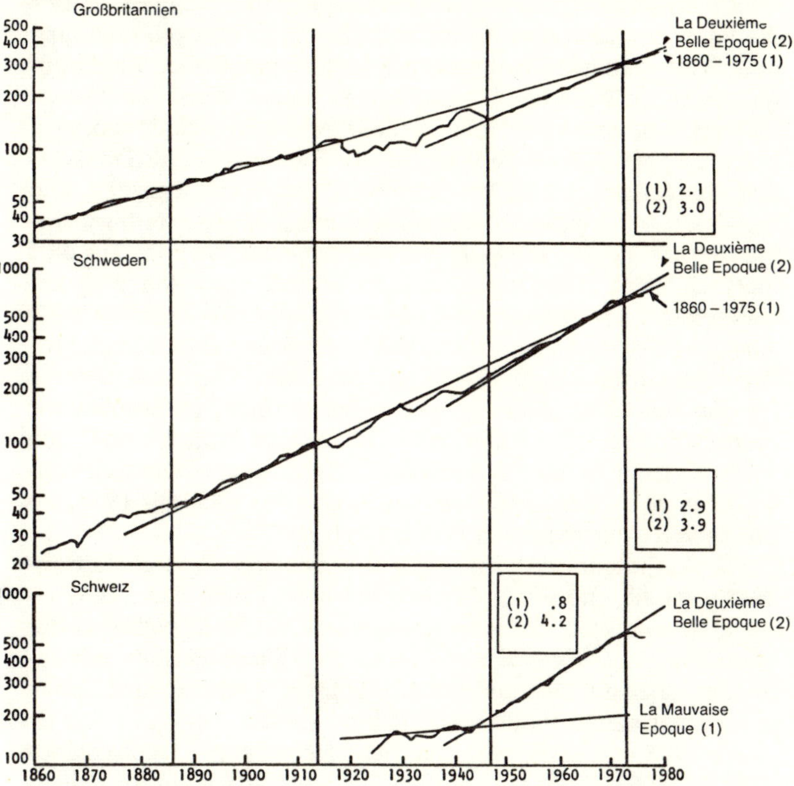

wenn wir auch nicht annehmen, daß sie universelle Gültigkeit besitzt. Jedenfalls trifft dieser Schluß nur für die Länder der atlantisch-protestantischen Kultursphäre zu und vielleicht noch für die Schweiz. Die katholischen Länder starteten viel später, und man hat nun den Eindruck, daß sie, nachdem sie einmal in Schwung gekommen sind, die protestantischen Länder im BSP pro Kopf überholen könnten. Einer der Gründe für eine Entwicklung dieser Art ist, daß das Wirtschaftswachstum, wenn diese Länder erst einmal damit begonnen haben, so schnell voranschreitet, daß sie nicht genügend Zeit haben, sich in ihrem Nationalcharakter so zu verändern, daß sie sich dem neugewonnenen Reichtum adäquat anpassen würden. Es kommt daher nicht zu einer so starken Wertaushöhlung wie bei den protestantischen Ländern. Vielleicht liegt es einfach nur daran, daß die katholisch geprägte Kultur für eine solche Erosion der Werte von Haus aus nicht so anfällig ist, da hier die Familie und andere Gemeinschafts-Einrichtungen eine größere Widerstandskraft aufweisen. (Noch einmal wollen wir darauf hinweisen, daß wir diese Ansichten in keiner Weise als Thesen vortragen, sondern als bloße Annahme und Spekulationen.)

In Graphik 7.2 werden die für die Bundesrepublik Deutschland, für Italien und für Frankreich gültigen Kurven gezeigt. Die Bundesrepublik weist drei Trendlinien auf. Die erste stellt wie immer den Trend der *Première Belle Epoque* dar. Von ihr aus darf man schließen, daß Deutschland zu seinem normalen Weg zurückgekehrt ist. Wieder zeigt die Trendlinie der *Première Belle Epoque* (ob Zufall oder nicht), welche Richtung das Land im großen und ganzen eingeschlagen hat. Statt eine Durchschnittslinie für die *Deuxième Belle Epoque* einzuzeichnen, unterteilen wir diese Periode in zwei Unterabschnitte: in eine Aufholperiode von 1949 bis 1956, in der das BSP Deutschlands einen Durchschnittswert von elf Prozent erreichte, und in eine von 1956 bis 1978, wo dieser Wert nur mehr 4,6 Prozent beträgt.

Die Aufholperiode wird häufig das „deutsche Wirtschaftswunder" genannt, und es war das erste aus einer Reihe weiterer Wirtschaftswunder, die die Aufmerksamkeit der Welt während der *Deuxième Belle Epoque* auf sich zogen. (Diese Periode sah zumindest noch ein Dutzend weiterer Erfolge, zu denen auch Japan und die elf neuen Industriestaaten gehören.)

Ab 1955 verlief die wirtschaftliche Entwicklung Deutschlands nicht ganz so gut, wie das die meisten Leute offensichtlich annehmen. Deutschland wird z. B. von Italien übertroffen, das seinerseits wieder von Frankreich geschlagen wird. Wir sind schon lange der Meinung, daß sich die beiden letztgenannten Länder unter Voraussetzungen, die nicht unvernünftig erscheinen, wirklich gut entwickeln könnten. Wir halten diese Meinung aufrecht, obwohl in beiden Fällen diese nicht unwahrscheinlichen Annahmen mit vielen Vorbehalten verbunden sind, bedingt durch die wohlbekannten politischen, administrativen und anderen nationalen Charakteristika der Franzosen und Italiener. Im speziellen neigen beide Länder dazu, den einmal errungenen Erfolg wieder fahren zu lassen. Die Italiener gaben sich in den späten siebziger Jahren dazu jedenfalls alle Mühe. Das heißt nun nicht, daß sich nicht beide Länder in den frühen Stadien der *Epoque de Malaise* gut ge-

Graphik 7.2
Gesamtproduktion der Bundesrepublik Deutschland, Italiens und Frankreichs

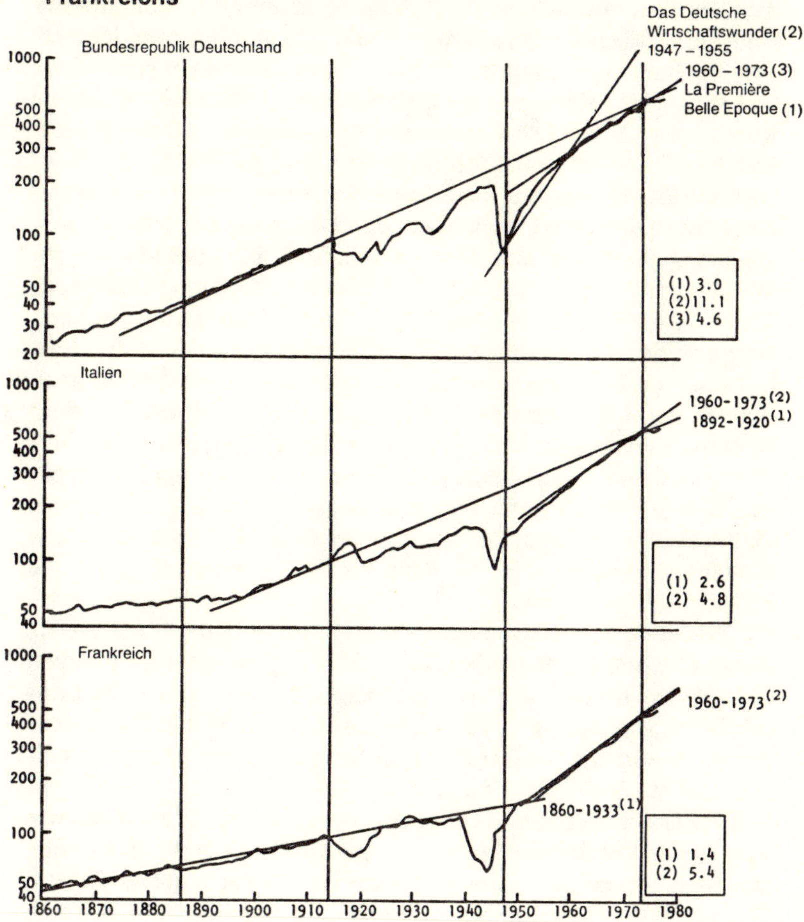

schlagen hätten. Sie waren wenigstens ebenso gut, wenn nicht besser als die meisten anderen fortschrittlichen kapitalistischen Nationen – selbst in solchen Belangen wie dem Energiesparen. In beiden Gesellschaften – vor allem in der italienischen – gibt es jedoch ein gewisses Moment der Unverantwortlichkeit, das darauf schließen läßt, daß es zu wirklich ernsthaften Problemen kommen könnte.

Das moderne Italien hat ein wenig Ähnlichkeit mit zwei anderen Ländern des „italienischen Typs", die zu einer bestimmten Zeit sehr gut vorankamen und dann zusammenbrachen. Um die Jahrhundertwende waren Uruguay und Argentinien zwei der vielversprechendsten Länder der Welt. Eine gebräuchliche Redewendung war: „Reich wie ein argentinischer Millionär"; Uruguay wurde die „Schweiz" Lateinamerikas genannt. Obwohl viele Gründe, die heute auch für Italien zutreffen, schließlich zum Kollaps führten, können wir für Argentinien aber einige herausheben: Es gehören dazu die Unfähigkeit, den Übergang zu einem unpersönlichen Gemeinschaftsstaat zu schaffen, Feindseligkeiten innerhalb der Gesellschaft und die kulturelle Betonung von Familienbeziehungen und des Feudalwesens. Im Falle Uruguays kann man anführen, daß es die viel zu frühe und viel zu intensive Einführung des Wohlfahrtsstaates war. Alle diese Übel treffen auch für das heutige Italien zu, wenn auch nicht annähernd in dem Maße, wie das bei den beiden frühen Erfolgen Lateinamerikas der Fall war. Diese Eigenschaften könnten aber immer noch stark genug sein, um eine rasche Wirtschaftsentwicklung Italiens auch in Zukunft zu verhindern. Sie könnten im Gegenteil sogar zu einem Kollaps führen. Ich sage das nicht voraus, sondern stelle nur die Möglichkeit dazu fest.

Ohne unsere Analysen überbewerten zu wollen, offerieren wir hier jetzt doch folgende plausible Erklärung für die augenfälligen Differenzen bei den Wachstumsmustern, die sich für die vier Länder Japan, Deutschland, Frankreich und Italien feststellen lassen. Italien, Japan und die Bundesrepublik Deutschland waren autoritäre Mächte, die nahezu zerstört worden waren, nach dem Kriegsende aber einen neuen Aufstieg erlebten. Sowohl Deutschland wie auch Japan konnten in der *Première Belle Epoque* auf recht hohe Wachstumsraten verweisen, erlitten im Zweiten Weltkrieg ein Debakel und erholten sich anschließend in einem Tempo, daß sich deutlich vom „Normalfall" unterschied. Dazu kommt, daß die Grundströmungen ihrer Wachstumsraten um vieles höher waren – und blieben – als in früheren Perioden. Wir bringen das mit einem grundlegenden Wandel der Gesellschaftsformen dieser Staaten in Verbindung, was vor allem für Japan, ansonsten aber auch für die übrigen Länder gilt (ausgenommen Frankreich, das nicht autoritär war), die sich von autoritären Militärstaaten zu weniger strengen, demokratischen und stark geschäftsorientierten Gesell schaften entwickelt haben. Japan und die Bundesrepublik Deutschland sind immer noch sehr disziplinierte Gesellschaften,

Graphik 7.3
Gesamtproduktion Japans und Australiens (1913 = 100)

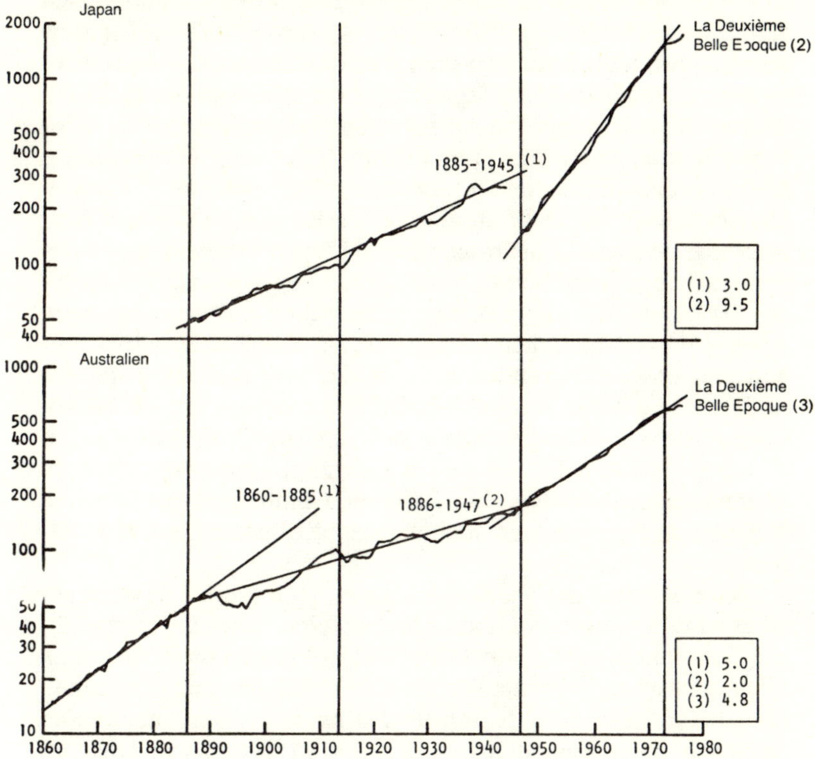

in denen sich aber die Regierungen in einem erstaunlich hohen Grad aus und für aufgeklärte Geschäftsleute zusammen- bzw. einsetzen oder doch von Menschen gebildet werden, die zutiefst an dem wirtschaftlichen Erfolg interessiert sind (als Beispiel seien die bundesdeutschen Gewerkschaften genannt). Es darf uns nicht verwundern, daß es in einer Gesellschaft zu schnellem Wachstum kommt, in der die Menschen mit einem einfühlsamen Regierungsapparat zusammenarbeiten und dessen Führungsanspruch anerkennen, in der die Autoritäten respektiert werden und geschäftliche sowie privatwirtschaftliche Orientierungen maßgebend sind; Gesellschaften, wo es noch eine breit fundierte Wirtschaft gibt, die ihre Gewinne durch ein hohes Niveau der Entwicklung und nicht durch Restriktionen anstrebt.

Auch in Italien und Frankreich – in Ländern also, die wir im Hinblick auf ihre Aussichten in der Regel eher „romanisch“ nennen würden – findet man einen fast gleich starken Wandel nach dem Zweiten Weltkrieg. Ihre Wirtschaftsentwicklung verlief zwar ziemlich gut, jedoch sind wir vom Anhalten dieses Zustands nicht so überzeugt wie im Falle Japans oder der Bundesrepublik. Nach dem anfänglich so rapiden Aufschwung verlangsamten sich selbst Deutschlands Wachstumsraten so sehr, daß es beim Wachstum des BSP während der letzten 15 Jahre von Frankreich um 20 Prozent übertroffen wurde. Die Langzeitmuster des wirtschaftlichen Aufschwungs werden für die romanischen Länder zwar ein langsameres Wachstum aufweisen, es wird aber immer noch stärker als jenes der Länder des atlantischprotestantischen Kulturraumes sein. Auch in den romanischen Ländern traten einige jener verwirrenden und desorientierenden Effekte der langen Prosperitätsperiode auf, die wir in Kapitel 4 beschrieben haben, als wir die sozio-politischen Auswirkungen des langen Aufschwungs im säkularen Stadium des komplexen Langzeittrends besprachen. In diesen Ländern scheinen aber Religion, Familie und Tradition die Ausbildung einer eigenen, hippieartigen Kultur verhindert zu haben.

Das Wachstum der Vereinigten Staaten (Graphik 7.4) weist gegenüber den meisten anderen Ländern eine etwas unterschiedliche Entwicklung auf. Von 1880 bis 1929 hatten die USA einen mehr oder weniger kontinuierlich hohen Aufschwung genommen (d. h. bis 15 Jahre nach Beginn der *Mauvaise Epoque*), auch wenn es zwischen den Perioden von 1880 bis 1895 und von 1895 bis 1929 einen deutlichen Unterschied gab. Ob nun die hohen Wachstumsraten während der ersten Jahre der *Mauvaise Epoque* eine Folge davon waren, daß die USA von den Zerstörungen des Ersten Weltkrieges verschont blieben, ob sie auf die Steuersenkung unter der Harding-Administration zurückzuführen sind oder auf andere Ursachen, dies ist und wird auch noch weiterhin Gegenstand ausgedehnter Diskussionen und Kontroversen sein. Die Große Depression – die Weltwirtschaftskrise – traf aber dann die Vereinigten Staaten schwer. Gelang es ihnen auch, ab 1938 ein gleichmäßiges Wachstum aufrechtzuerhalten, so erholten sie sich doch von dem in der Rezession erlittenen Verlust ihres wirtschaftlichen Schwunges bis zum Höhepunkt des Zweiten Weltkrieges niemals wirklich und erreichten auch dann kaum den Produktionsstand, der sich aus einer Extrapolation der Wachstumskurven aus der *Première Belle Epoque* ergeben hätte (ja selbst der extra-

Graphik 7.4
Gesamtproduktion Kanadas und der Vereinigten Staaten (1913 = 100)

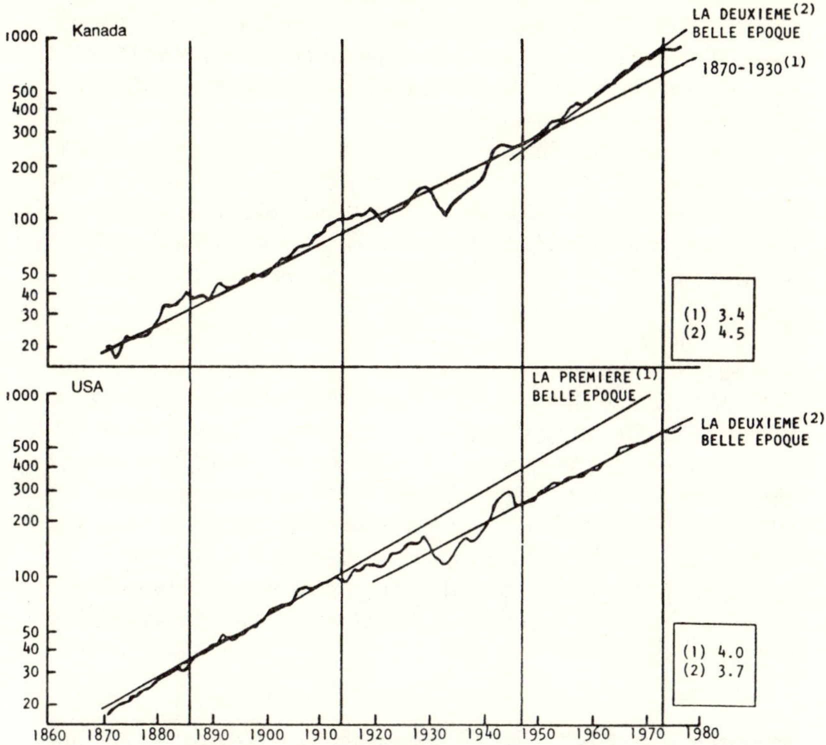

Anmerkung: Die Ziffern im Kasten geben die Wachstumsrate (als Prozentsätze) der numerierten geneigten Geraden für jedes Land an.
Quelle: A. Maddison, *Phases of Capitalist Development*, „Banca Nazionale del Lavoro Quarterly Review", Juni 1977.

polierte Wert aus der Zeit von 1880 bis 1929 wurde nicht erreicht.) Die Leistungen der USA während der *Deuxième Belle Epoque* sind nicht schlecht, aber auch sie können sich eindeutig nicht dem Trend anschließen, der sich aus der langen Periode von 1880 bis 1929 ergab.

Ausgenommen die vielen schweren Fehler, begangen im Verlauf einiger der intensivsten und mißlungensten staatlichen Anstrengungen, die uns im Westen bekannt sind, zur Lösung verschiedener Probleme (soweit Energie-, Umwelt-, Ökologie-, Gesundheits-, Sicherheits- und ähnliche Fragen davon betroffen sind), erscheinen den meisten Beobachtern einschließlich uns selbst die USA heute wesentlich besser dazustehen, als die meisten europäischen FKN. Sie leiden allerdings auch unter vielen Problemen, wie wir sie bei der Besprechung der institutionellen Kondratieff-Pespektive behandelt haben.

Die Beurteilung sollte vielleicht etwas differenzierter ausfallen. Wir wissen, daß es in den USA innerhalb von zwei Jahren, von 1976 bis 1978, gelang, fünf Millionen Arbeitsplätze neu zu schaffen; das ist zwar sehr eindrucksvoll, geht aber auch Hand in Hand mit einem verringerten Produktionszuwachs. Auch scheint es wahrscheinlich, daß der gegenwärtige Widerstand in den USA gegen überhöhte Steuern, gegen eine zu starke staatliche Einmischung und Verschwendung und gegen den übermäßigen Einfluß der Neuen Klasse einige wichtige konstruktive Ergebnisse zeitigen könnte. Aus dem Resultat des oben Gesagten, kommen wir zu der Annahme, daß der Weg der USA in der *Epoque de Malaise* relativ glatt verlaufen wird. Es hängt das jedoch von dem gegenwärtig stattfindenden „Backlash" gegen jenes Phänomen ab, das wir vorher die schleichende Stagnation nannten, sowie gegen die neuen Kosten und Risiken, d. h. also davon, ob dieses Rückschwingen des Pendels einen ernsthaften und wirksamen Einfluß gewinnen kann.

Warum die FKN ihr Wirtschaftswachstum verlangsamen sollten, nicht aber die Mittel-Einkommen-Staaten (vor allem nicht die neuen Industriestaaten)

Wir werfen nun einen genaueren Blick auf die Ereignisse der *Deuxième Epoque* und wollen begründen, warum wir in unseren vorsichtig optimistischen Szenarien behaupten, daß 1. die Wachstumsraten der Überflußländer in Zukunft wesentlich geringer sein werden; 2. aber jene der Mittel-Einkommen-Länder auf dem bisherigen Niveau bleiben oder zumindest sich weder bedeutend erhöhen noch verringern werden; und daß 3. ganz Ähnliches für die armen Länder gilt, ausgenommen, daß unter Umständen einige sehr arme Länder auf den Zug aufspringen können (wenn auch unser vorsichtig optimistisches Szenarium, gemessen an den meisten anderen Erwartungen bezüglich der sehr Armen, recht optimistisch ist).

Das außergewöhnlich schnelle Wachstum der wohlhabenden kapitalistischen Nationen, das sie in der Periode von 1948 bis 1973 erlebten, hat Gründe, die für diese Länder nicht mehr zutreffen, die nun aber für die Mittel-Einkommen-Staaten und die armen Länder auch während der *Epoque de Malaise* von Bedeutung werden dürften.

Auf Grund des Einflusses von Skalenerträgen stimulierte ein schnelles Wachsen der Märkte die Produktivität in eindrucksvoller Weise und zu einer Zeit, da sich das Wachstum der Märkte und die Entwicklung neuer Technologien gegenseitig verstärkten. Der Hauptteil des vergrößerten Marktvolumens stammt bei den meisten FKN aus einem Aufholphänomen im Gefolge des Zweiten Weltkrieges und der Großen Depression, das die Verluste dieser Zeit kompensieren half. Gleichermaßen bedeutend waren dramatische Steigerungen bei den Bevölkerungszahlen, beim heimischen Pro-Kopf-Einkommen und bei der Anwendung neuer Technologien und verwandter Neuerungen. Die erhöhte Nachfrage aus der übrigen Welt machte im Vergleich zum Zuwachs des Inlandsbedarfs nur einen Bruchteil aus. Von keinem dieser stimulierenden Einflüsse ist anzunehmen, daß er sich bei den FKN in nächster Zeit noch einmal (wenn überhaupt jemals) in diesem Ausmaß bemerkbar machen wird. Etwas ganz Ähnliches hingegen könnte für die Mittel-Einkommen-Staaten Geltung erlangen.

Das Wachstum wurde auch durch den Abbau zwischenstaatlicher Handelsbarrieren und durch die Schaffung multinationaler Handels- und Zahlungsinstitutionen verstärkt, die dazu gedacht waren, Kredite zu geben und die Bewegung von Zahlungsmitteln, Gütern und Dienstleistungen zu erleichtern. Die wohlhabenden Länder könnten in dieser Richtung noch ein ganzes Stück weiter gehen, die meisten der heutigen Reformversuche zielen aber auf das Verhindern einer mißbräuchlichen Verwendung des Systems und eines Rückgangs des Welthandels ab. Es gibt zwar noch viele Verbesserungmöglichkeiten bei den Beziehungen zwischen den Wohlhabenden und anderen Gruppen sowie bei den Handelsbeziehungen unter diesen anderen Gruppen selbst, es ist aber unwahrscheinlich, daß dies ebenso starke Auswirkungen haben wird, wie das bei den wohlhabenden Staaten vor 1973 der Fall war.

Interessante Entwicklungen aber beginnen sich zwischen den Mittel-Einkommen-Staaten sowie zwischen diesen und den armen Nationen abzuzeichnen. Obgleich es wegen der starken Verschuldung der dritten Welt viele Bedenken gegeben hat, scheint dennoch wahrscheinlich, daß es unter der Voraussetzung weiterhin günstiger Aussichten für die dritte Welt zu einem ständigen und zunehmenden Fluß privaten Kapitals in die kreditwürdigen Länder dieser Regionen kommen wird, und zwar in einem Ausmaß, das alle gegenwärtigen und vergangenen wirtschaftlichen Hilfsprogramme weit in den Schatten stellen wird (mit Ausnahme vielleicht nur der unmittelbar nach dem Zweiten Weltkrieg erstellten und des Marshallplans). Dieser Kapitalzufluß aus dem Ausland wird sehr wahrscheinlich auch noch durch erhöhte Sparraten in denselben Ländern ergänzt, so daß wir daher nicht annehmen, daß es zu irgendwelchen ernsthaften Finanzproblemen kommen könnte, die ihr zukünftiges Wachstum beeinträchtigen würden. Im Gegenteil, in vieler Hinsicht werden sie bei der Kapitalbeschaffung weit weniger Probleme haben als die heute hochentwickelten Länder in ihren entsprechenden Wachstumsperioden.

Wir wollen nicht behaupten, daß die Banken, die diese Darlehen vergeben werden, im Sinne eines vorsichtigen Kaufmanns handeln; wir behaupten nur, daß es vom Standpunkt der Wirtschaftsentwicklung aus betrachtet eine gute Sache ist, daß sie das tun. Das Risiko, das die Banken dabei eingehen, ist nicht allzu groß; es gibt zwar eine kleine Wahrscheinlichkeit, daß sie dabei ernsthaften Schaden erleiden könnten, aber eine große Chance, daß sie bei diesem Geschäft gut aussteigen.

Einer der wesentlichsten Gründe für das in jüngster Vergangenheit erfolgte Wachstum der FKN waren die Vorteile, die Europa und Japan aus der, wie es die OECD nennt, technologischen und Management-Lücke, die zwischen den USA und Europa klaffte, ziehen konnten. Dies schuf eine Reihe von guten Gelegenheiten zur Erhöhung der Produktivität, indem Wissen und moderne Geräte von den USA nach Europa kamen. Weiter wurde die Produktivität auch durch ein verbessertes Management angehoben, was häufig über den Weg von Niederlassungen amerikanischer transnationaler Konzerne oder über Gemeinschaftsunternehmen in Europa geschah. Diese Art von Überhang im Bereiche der Technologie und des Managements bestand schon immer. Berücksichtigt man dann noch die Bereitschaft und auch die Fähigkeit Europas und Japans, die neuen Technologien und Managementtechniken aufzunehmen, wozu noch die rasche Ausdehnung der Weltmärkte und der relativ freie internationale Austausch von Gütern und Kapital kam, so ist es nicht erstaunlich, daß die geschaffenen Möglichkeiten auch noch verstärkt wurden und zur vollen Blüte gelangten.

Genau diese Situation findet man nun unter den Mittel-Einkommen-Staaten und – wenn auch in einem viel geringeren Grad – bei einigen der armen Länder in ihren Beziehungen zu allen FKN – und nicht nur zu den USA. Das BSP der kapitalistischen Mittel-Einkommen-Staaten beträgt derzeit rund eine Billion Dollar, d. h. es ist fast so groß wie das der FKN im Jahre 1948. Wenn man dann noch in Betracht zieht, daß sie die FKN als Außenhandelsmarkt ebenfalls noch zur Verfügung haben, so ist ihr gesamter effektiver Markt in vieler Hinsicht noch größer. Der Umfang und die Raten ihres derzeitigen Wachstums lassen annehmen, daß die Mittel-Einkommen-Staaten, die die Technik des Wirtschaftswachstums voll aufgegriffen haben, nun recht gut ihre eigene *Belle Epoque* haben könnten, während sie dabei sind, die Lücke zwischen sich und den FKN zu schließen. Andererseits hat sich die Technologie- und Management-Lücke zwischen Europa und Japan auf der einen Seite und den USA auf der anderen weitgehend geschlossen. Es gibt keine Anzeichen dafür, daß Europa die USA überholen könnte, Japan mag das gelingen.

Viele Produktionszuwächse in den FKN resultieren aus einer Abwanderung von Arbeitskräften in produktivere Zweige. Die Arbeitskräfteabwanderung aus der Landwirtschaft führte zu einer erhöhten Produktion in Frankreich, Deutschland, Italien und Japan; Abwanderungen aus nichtbäuerlichen Einzelunternehmen zu unselbständiger Arbeit waren in Frankreich, Italien, Holland und Norwegen von Bedeutung. Wenn sich solche Verlagerungen in den FKN auch noch fortsetzen könnten, so sind von dieser Seite her doch nur noch geringe Produktivitätszuwächse möglich. Hingegen sind dieselben Möglichkeiten in den Mittel-Einkommen-Staaten und den armen Staaten größer, als sie das in den heutigen Überflußländern jemals waren. Dieser Prozeß hat auch in den neuen Industriestaaten schon begonnen und einige Schwungkraft entwickelt. Von vielen Ländern der dritten Welt erwarten wir, daß dies der Hauptmotor ihres Wachstums sein wird. Während es in Frankreich, Italien und Japan immer noch Raum für Arbeitskräfteverschiebungen aus dem landwirtschaftlichen und dem privaten, selbständigen Sektor gibt, so ist es unwahrscheinlich, daß dies zum Wachstum ihrer Länder auch nur halb soviel beisteuert wie in der Vergangenheit. In den USA, in England, Kanada und Deutschland trägt jede weitere Abwanderung aus der Landwirtschaft wahrscheinlich überhaupt nichts mehr zum Wachstum bei.

Das Wirtschaftswachstum wurde auch noch durch eine ganz ungewöhnlich starke Nachfrage nach langlebigen Gebrauchsgütern angespornt. Zum Teil war das eine Folge des Nachholbedarfs nach der Großen Depression und dem Zweiten Weltkrieg, wozu noch die Verflechtung des Wachstums mit dem Phänomen Auto kam, des weiteren die Zunahme der Bevölkerung und die vielen neuen Produkte, die zu Beginn der *Deuxième Belle Epoque* entwickelt oder vervollkommnet wurden. Während nun die FKN das Ende dieser Phase erleben, treten die Mittel-Einkommen-Staaten gerade erst in sie ein.

Wenn auch viele dieser Produkte schon längere Zeite existieren, so werden sie den meisten Konsumenten doch erst jetzt zugänglich gemacht. Und diese Konsumenten werden schon bald über höhere Einkommen und Kundenkredite verfügen. In beschränkter Form beginnen in vielen der genannten Länder schon jetzt etwa Spar- und Kreditinstitute auf den Plan zu treten. Die Verfügbarkeit von Krediten und neuen Produkten wird die Nachfrage erhöhen und damit die Möglichkeiten eines Produktivitätswachstums fördern.

In den Überflußländern könnten solche neue Produkte wie weiterentwickelte Kommunikationsgeräte (Autotelefone, Bildtelefone, sehr große Fernsehschirme, Videobandsysteme, Heimcomputer und andere elektronische Apparate) sowie eine Reihe weiterer neuer Technologien eine lebhafte Nachfrage auslösen, die ein gemäßigtes Wachstum zur Folge haben mag; es ist aber unwahrscheinlich, daß dies sehr große Ausmaße erreichen wird. Selbst wo der potentielle Markt groß ist, wird die technologische Entwicklung die Kosten erfolgreich senken. (Das jetzt schon hohe Einkommensniveau macht heute teure Artikel erschwinglich.) Die Folge davon ist, daß die Nachfrage keine sehr großen Auswirkungen auf das nationale Wachstum hat. Wieder gilt, daß in den Mittel-Einkommen-Staaten die Aussicht auf all diese Dinge bedeutet, daß alle Einkommensklassen am Kauf dieser für sie interessanten und nützlichen Dinge sehr interessiert sind und daß dieses Interesse wahrscheinlich noch lange anhalten wird. All dies trägt zu einer erhöhten Motivation des Sparwillens und zur Anhebung der Einkommen bei, Dinge, die bis jetzt in den Ländern der dritten Welt ein ernsthaftes Problem darstellen.

Eine der wesentlichen Kräfte hinter dem schnellen Produktivitätsanstieg der FKN war das hohe Maß an Kapitalinvestitionen. Graphik 7.5 illustriert, daß jene Industriestaaten, die das höchste Wachstum bei Anlagen und Ausrüstungen pro Angestellten zu verzeichnen hatten, auch zum höchsten Zuwachs bei der Produktion pro Beschäftigten tendierten. Dies spiegelt nicht nur die unmittelbaren Effekte wider, die der Einsatz von mehr Kapital pro

Graphik 7.5
Wachstumsrate des Aktienkapitals pro Beschäftigtem und der Produktion pro Beschäftigtem. Zehn Industrieländer, 1963 – 1974.

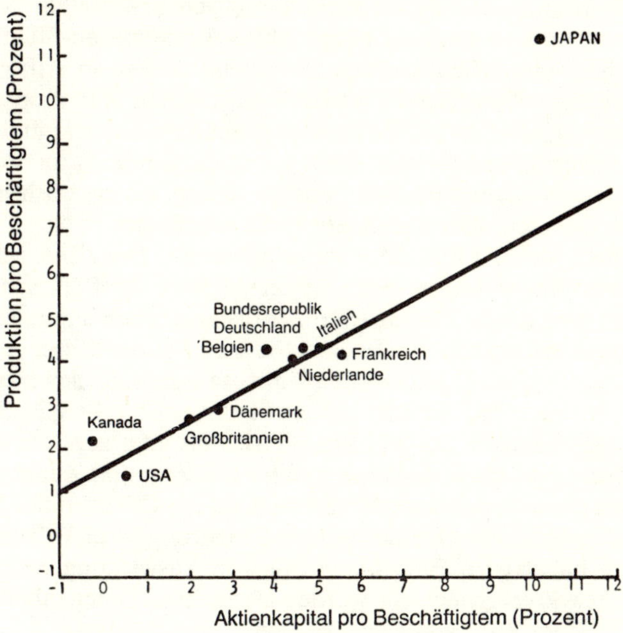

Quelle: John P. Stein und Allen Lee, *Productivity Growth in Industrial Countries at the Sectoral Level 1963–1974.* R–2203–CIEP, The Rand Corporation, Juli 1977, Tafel S. 1

Arbeitskraft auf die Produktivität hat, sondern auch die größeren Verbesserungen bei der Technologie, die Einführung neuer Maschinen, neuer Anlagen und die Änderung der Produktion.

Wir erwarten, daß die Effekte erhöhten Kapitaleinsatzes pro Arbeiter in den Mittel-Einkommen-Staaten und den armen Ländern noch größer sein werden. In den wohlhabenden Ländern wird die Wirkung neuer Investitionen durch die Außerbetriebstellung der veralteten Ausrüstung zum Teil wieder neutralisiert. In den Ländern der dritten Welt aber haben Investitionen die Tendenz, Ansporn zur Errichtung neuer Anlagen und zum Einsatz neuer Ausrüstungen zu sein, wobei ein viel geringerer Teil aller bisherigen Anlagen und Einrichtungen außer Dienst gestellt wird. Außerdem müssen die armen Länder nicht erst – wie die FKN – nach und nach durch alle Stadien der technologischen Entwicklung hindurchgehen. Häufig werden sie die modernsten Technologien mit ihren hohen Produktionszuwächsen unmittelbar zum Einsatz bringen können. Und einige Mittel-Einkommen-Staaten verfügen über ein Arbeitskräftepotential, das an sich so effizient ist wie nur irgendeines, und eine neue Ausrüstung läßt Produktionswerte pro Arbeiter zu, die fast das gleiche Niveau wie in den FKN erreichen können – was einen enormen Zuwachs im Vergleich zu jenem Niveau darstellt, das sie hatten, als sie noch mit veralteten Geräten oder überhaupt nicht arbeiteten.

Wenn auch viele Kräfte, die schon während der *Deuxième Belle Epoque* am Werke waren, auch weiterhin noch Einfluß haben werden, so wird dieser Einfluß für die fortschrittlichen kapitalistischen Nationen doch nicht mehr derselbe sein. Für die Mittel-Einkommen-Staaten hingegen werden sie, vorausgesetzt, das internationale Klima verschlechtert sich nicht allzusehr, sehr günstige Auswirkungen zeigen. Die Märkte, die sich bis jetzt gebildet haben, sind schon so groß, daß eine weitere Öffnung und Zunahme kaum noch einen nennenswerten Einfluß auf die Chancen der Industrienationen, dadurch eine weitere Steigerung ihrer Effizienz zu erzielen, haben wird. Eine der wichtigeren Auswirkungen einer weiteren Marktvergrößerung werden vermehrte Gelegenheiten für eine größere Zahl von Ländern sein.

Wo stehen die USA?

Die USA sind derzeit außer Tritt geraten. Während der letzten Hälfte der *Deuxième Belle Epoque* stimmten die fortschrittlichen kapitalistischen Nationen in der zeitlichen Abfolge vieler größerer Wachstumsschritte weitgehend überein. In der Zeit von 1948 bis 1973 machten sie alle zusammen Fortschritte. Während der frühen und mittleren Abschnitte dieser Periode wurde eine Expansion in einem Staat häufig durch eine Rezession in einem anderen wieder ausgeglichen. In den späteren Abschnitten der Epoche erlebten diese Länder synchrone Konjunkturzyklen, die zu einer Intensivierung der späteren Expansionen und Rezessionen beitrugen. Glücklicherweise sieht es nun so aus, als ob sich diese synchronen Zyklen wieder aufgehört hätten. Die OECD versuchte zwar noch für eine Weile, sie wieder in Gleichschritt zu bringen, in dem sie auf mehreren Gipfelkonferenzen die sogenannte „Lokomotiv-Theorie“ verfocht. Nach dieser Theorie sollten die Bundesrepublik und Japan ihre Volkswirtschaften zu einer viel rascheren Expansion zwingen, als es die jeweiligen Regierungen zu riskieren gewillt waren – da sie natürlich davor zurückschreckten, damit eine erneute Inflation und andere antiproduktive Effekte auszulösen –, um mit den USA wieder phasengleich zu werden und so den anderen Ländern der Erde zu helfen.

In den USA nahm der Produktivitätszuwachs nach 1968 deutlich ab, während in allen anderen größeren Industriestaaten die Produktivität in den frühen siebziger Jahren stark stieg, um nach 1973 plötzlich abzufallen. Paradoxerweise kann man den rascheren Erholungsprozeß der USA in direkten Zusammenhang mit dem verringerten Produktivitätszuwachs bringen. Demnach sind die USA frühzeitig in eine Periode der Malaise eingetreten und haben sich schon wieder auf dem Wege der Erholung befunden, als die anderen Länder erst eine ähnliche Malaise-Periode begonnen haben. Insbesondere hatten aber die USA nicht so riesige Überkapazitäten aufzuweisen wie fast alle anderen FKN, was einfach daran lag, daß sie während der späten sechziger Jahre nicht in der Lage waren, ihre Kapitalbasis so schnell wie diese Staaten zu vergrößern. Das hatte seinen Grund nicht etwa darin, daß die USA die gewitztere Regierung oder die smarteren Geschäftsleute gehabt hätten, sondern weil die Kapitalinvestitionen ganz überraschend zurückgingen. Die genauen Ursache-Wirkung-Zusammenhänge für den Rückgang der Investitionstätigkeit sind zwar umstritten, dennoch sind wir uns ziemlich sicher, daß eine Reihe von staatlichen Maßnahmen dazugehören – und zwar sowohl Unterlassungen (die Weigerung, das Steuersystem den Auswirkungen der Inflation anzugleichen) als auch Taten (die Erlassung vieler bestandener Vorschriften und das aktive Eingreifen der Durchführungsbehörden).

Die wahrscheinlich bedeutendste Einzelursache für die Verlangsamung des Wachstums in den USA seit Mitte der sechziger Jahre sind die schleppenden Kapitalinvestitionen – wobei das wiederum ebenso Ursache wie Wirkung darstellt. Die Folge waren eine weniger fortschrittliche Technik, weniger Ausrüstung pro Arbeitskraft und ein allgemeiner Rückgang beim Einsatz neuester Technologien. Das Kapital-pro-Arbeiter stieg deswegen nicht mehr so schnell wie ehedem, weil die Wirtschaft, konfrontiert mit ungewöhnlich hohen Risiken und keinen entsprechend großen Gewinnaussichten, nicht gewillt war, nicht rückgängig zu machende Verpflichtungen einzugehen (siehe Graphik 7.5).

Die Verlangsamung des Produktivitätswachstums ist wahrscheinlich ebensosehr eine Wirkung wie auch eine Ursache der Malaise. Zwischen 1965 und 1975 war das soziale Klima der USA von Meinungsverschiedenheiten über den Vietnamkrieg, von Rassenunruhen, Vertrauensverlust in die Institutionen und einem wachsenden Gefühl der Hilflosigkeit und Entfremdung gekennzeichnet. Außerdem entwickelten sich die Vierzehn Neuen Schwerpunkte so schnell und mit einer solchen Intensität, daß die sozialpsychologischen Auswirkungen der „Grenzen-des-Wachstums"-Bewegung einen Großteil der staatlichen Bürokratie zumindest zeitweise durchdrangen, ja dominierten. Bestimmungen über Umweltschutz, Ökologie und Gesundheit sind ganz besonders krasse Beispiele dafür, es gibt aber auch noch viele andere.

Ein wichtiger Faktor, der in den USA und Kanada eine viel größere Rolle als in anderen Ländern spielte, war der sehr hohe Arbeitskräftezuwachs Mitte der sechziger Jahre, als sich immer mehr Frauen in den Arbeitsprozeß eingliederten und die Kinder des „Baby-Booms" in das berufsfähige Alter kamen (siehe Tafel 7.1).

Tafel 7.1
Anteilsquote berufstätiger Frauen im Alter von 25 bis 64 Jahren an der Gesamtbeschäftigtenzahl, 1960-1974

Land	*1960/1961*	*1965*	*1970*	*1974/1975*
Kanada	30,1%	–	38,4%	44,4%
USA	40,4	45,0%	48,0	58,6
Belgien	26,5	–	30,6	33,0
Dänemark	35,2	40,0	50,4	63,0
Finnland	54,8	–	59,2	65,8
Frankreich	42,0	43,0	47,0	–
BRD Deutschland	43,7	45,8	45,9	–
Niederlande	16,1	–	17,9	18,9
Schweden	34,7	–	59,4	68,4
Großbritannien	41,5	–	49,3	52,5

Quelle: Paul Mc Cracken, et al., *Towards Full Employment and Price Stability*, Paris: OECD, Juni 1977, Tafel A-12. Der Leser sei auf den niedrigen Anteil berufstätiger Frauen in den Niederlanden hingewiesen. In diesem Land genießen Frauen, die umsichtig und sachkundig den Haushalt führen, große Bewunderung und Respekt. Es ist das ein weiteres Beispiel für einen kulturellen Faktor, der – zumindest eine bestimmte Zeit hindurch – wichtiger ist, als grundlegende wirtschaftliche Trends.

Tafel 7.2
Durchschnittliche jährliche Rate des Wechsels der Beschäftigung, 1963-1974

Belgien	0,5%
Kanada	3,0
Dänemark	1,1
Frankreich	0,9
BRD Deutschland	–0,1
Italien	–0,4
Japan	1,2
Niederlande	0,7
Großbritannien	0,0
USA	2,2

Quelle: John P. Stein und Allen Lee, *Productivity Growth in Industrial Countries at the Sectoral Level, 1963-1974*, R-2203-CIEP (The Rand Corporation, Juli 1977)

Wenn das Ansteigen der Frauenarbeit auch OECD-weit in Erscheinung trat, so waren die Veränderungen in den USA und in Kanada doch besonders rapide und wurden auch nicht durch andere Veränderungen der Beschäftigtenzahl ausgeglichen. Das Wachstum der Angestelltenzahl ging in der Folge in den USA daher viel schneller vonstatten als in den übrigen größeren Staaten der OECD (Tafel 7.2). In den USA kamen in der zweijährigen Periode von 1976 bis 1978 fünf Millionen Arbeitsplätze neu zum System hinzu – eine noch nie dagewesene Zunahme. Kanada hatte während der fünfziger Jahre ebenfalls hohe Geburtenraten zu verzeichnen, und auch dort stieg die Zahl der weiblichen Beschäftigten sehr schnell. In Kanada kam es daher zu einem starken Anstieg der Beschäftigtenzahlen.

Da das Wachstum der Beschäftigtenzahl in den USA so hoch war, reflektiert die verlangsamte Zunahme von Kapital pro Arbeitskraft nicht eine tatsächlich verringerte Investitionstätigkeit, sondern vielmehr die Tatsache, daß die Kapitalinvestitionen nicht gleich schnell wachsen konnten. Dieser Wandel ist daher Zeichen einer Verlagerung zu einem erhöhten Arbeitskräfteeinsatz gegenüber dem Kapitaleinsatz, eine Verlagerung, die für den außergewöhnlich hohen Beschäftigtenzuwachs in den USA während der Rezession von 1975 bis 1978 verantwortlich ist. Der Anstieg bei der Nachfrage nach Arbeitskräften scheint eine direkte Folge der

Bedingungen zu sein, die einen erhöhten Beschäftigtenstand relativ weniger riskant und kostspielig erscheinen lassen als einen erhöhten Kapitaleinsatz. Die Steigerung bei den Energiekosten war eine solche Bedingung; Kostenerhöhungen durch Umweltschutz, Gesundheitsfürsorge und Sicherheitsbedingungen waren weitere. (Beide tendieren dazu, die Kosten bei den kapitalintensiven Produktionsmethoden stärker steigen zu lassen als bei den arbeitsintensiven.)

Als Folge der steuerlichen Behandlung von inflationsbedingten Scheingewinnen traten auch unverhältnismäßige Auswirkungen auf das Kapital auf. Scheinsteigerungen bei den Zinssätzen, Dividenden und Gewinnen, die alle nur den Kaufkraftverlust kompensierten, wurden steuerrechtlich als echte Einkommenssteigerungen eingestuft. Die Abschreibungsbeträge wurden nach den Anschaffungs- anstatt nach den Wiederbeschaffungskosten berechnet, und Kapitalgewinne, die durch die Inflation entstanden, wurden als echte Gewinne behandelt. Diese erhöhten Steuerbelastungen hatten vor allem in einem Steuersystem, dessen Steuereinnahmen sich vornehmlich auf Kapitaleinkommen stützen, einen sehr störenden Einfluß auf die Kapitalkosten relativ zu den Arbeitskosten. Auch tendierte das steigende Arbeitskräfteangebot selbst dazu, die relativen Arbeitskosten niedrig zu halten. Und schließlich gab es jene rechtlich geschützte Sicherheit des Arbeitsplatzes nur in einem relativ geringen Ausmaß, so wie sie in den FKN Europas und in vielen weniger entwickelten Ländern häufig anzutreffen ist und die es für die Arbeitgeber so riskant macht, neue Arbeitskräfte einzustellen.

Das Wachstum des Arbeitskräfteangebotes ging in den USA so rasch vonstatten, daß es den Produktivitätsverlust, der daher rührte, daß die Kapitalinvestitionen nicht mit der steigenden Beschäftigung Schritt halten konnten, zudeckte. Während die Wachstumsraten des BSP pro Arbeitskraft in der Zeit von 1947 bis 1973 um 1,4 Prozent pro Jahr zurückgingen, nahm die Wachstumsrate des Gesamtbruttosozialproduktes um nur 0,7 Prozent ab. In dem Maße, in dem die Arbeit das Kapital substituierte, erfolgte die Zunahme der Beschäftigtenzahl eher auf Kosten des Wachstums des BSP pro Arbeiter. Während ein Wachstum der Beschäftigtenzahl normalerweise ein Stimulans für die Nachfrage ist, so trat dieser Effekt hier nicht in Erscheinung, weil der Anstieg beim Pro-Kopf-Einkommen auf Grund des geringeren Produktivitätszuwachses klein blieb.

Das Wachstum der Beschäftigtenzahl pro Kopf wird in den

Tafel 7.3
Produktivität der USA

	Durchschnittliche jährliche Veränderungsrate		
	1947-1966	*1966-1973*	*Differenz*
Bruttosozialprodukt	4,0%	3,3%	– ,7%
Beschäftigung	1,3	2,1	+ ,8
Bruttosozialprodukt pro Beschäftigtem	2,6	1,2	–1,4

Quelle: United States Council of Economic Advisors, *Annual Report*, Washington D.C., 27. Jänner 1978, Appendix A, verschiedene Tafeln.

USA im Laufe der achtziger Jahre nachlassen, die Auswirkungen der raschen Zunahme weiblicher Arbeitskräfte werden hingegen durch das ganze Jahrzehnt spürbar sein. Die Frauen bleiben nun länger im Arbeitsverhältnis, sammeln mehr Erfahrung und können und werden noch weiter vom Schwinden der Barrieren gegen die Frauenarbeit profitieren. Die von den Frauen entwickelten Fähigkeiten und die Verbesserungen, die sich aus dem Einsatz von Frauen im Arbeitsprozeß ergeben, werden während der achtziger Jahre wesentlich zur Produktivität der Vereinigten Staaten beitragen und zum Teil wieder jene wachstumsvermindernden Effekte ausgleichen, die ansonsten aus der Situation auf dem Arbeitsmarkt entstünden.

Im kleineren Ausmaß könnten sich ähnliche Dinge in vielen anderen Industriestaaten abspielen, die Bedingungen aber, die zu einem geringeren Kapitaleinsatz führten, werden wahrscheinlich aufrechtbleiben und die Investitionstätigkeit weiterhin eindämmen. Unsere Erwartungen für das Wachstum der US-Produktion ähneln mehr der Periode von 1966 bis 1973 als den vorangegangenen Jahren.

Das Welthandelssystem

Allgemein gesprochen sollte der Handel zwischen zwei Ländern auf lange Sicht immer beiden zum Vorteil gereichen. Jedes Land sollte die Dinge, bei denen es vergleichsweise Vorteile hat, produzieren und exportieren und jene Artikel importieren, die das andere Land unter Bedingungen herstellen kann, die vergleichsweise für dieses wieder von Vorteil sind. Wir erwähnen dies nur deswegen, weil heute so viele Diskussionen mit den Begriffen von Krieg oder Nullsummenspielen operieren (d. h. mit Beziehungen, in denen der Gewinn der einen Seite automatisch einen Verlust für die andere Seite bedeutet) – wie z. B. Handelsoffensiven und positive Handelsbilanzen. Ein großer Teil der umfangreichen Literatur, die es über diese Dinge gibt, geht von einer langfristigen Gleichgewichtssituation aus. Die umfassende und rasche Einführung von außen kommender Handelsgüter kann aber – wenigstens eine Zeitlang – dieses Gleichgewicht sehr stark beeinträchtigen. Zusätzlich dazu kommt noch eine Reihe weiterer Vorbehalte für das Argument des einfachen, freien Marktes hinzu, auf die wir hier nicht weiter eingehen wollen. Wir wollen jedoch herausstreichen, daß die sich ausweitenden Handelsbeziehungen zwischen den einzelnen Nationen dann ein Land schwer treffen können, wenn ihm ein anderes Land seine Kunden wegnimmt. Ein Beispiel wäre der Export von Sojabohnen aus den USA, der diesen große Devisenbeträge einbringt. Verdrängen die Brasilianer die USA jedoch aus diesem Exportmarkt, so gewinnen diese nichts von einer Ausweitung des Welthandels mit Sojabohnen (obwohl die Welt davon profitieren könnte). Ähnliches könnte auch für die Schweden gelten, wenn ihnen die Brasilianer ihren Stahlmarkt streitig machen. Es mag zum Teil für die Städte London und New York zutreffen, sollte der Finanzmarkt Singapurs noch weiterwachsen und ihnen damit einen Teil des Geschäftes im pazifischen Raum wegnehmen. In all diesen Fällen, in denen sich im Vergleich die Vorteile im Laufe der Zeit verschieben, kann eine Handelsausweitung das weniger konkurrenzfähige Land treffen, sie wird aber weiterhin jene Länder unterstützen, die bei den jeweiligen Handelswaren konkurrenzfähig bleiben. Es kann sehr gut sein, daß das Wachstum der neuen Industriestaaten im Durchschnitt zwar fast allen zugute kommt, ihre Konkurrenz aber jene FKN treffen wird, die sich den neuen Bedingungen nicht rechtzeitig anpassen.

Gerade weil der Nutzen aus dem Handel so groß sein kann, wurde der Rückgang des Welthandels während der *Mauvaise Epoque* in der Weltwirtschaft so besonders schmerzlich verspürt. In labilen Zeiten – etwa im Falle einer Depression oder einer chronischen Stagflation – könnten einige Gruppen von Leuten, speziell solche, die ihren Lebensunterhalt in mit Importen konkurrierenden Industrien verdienen, diese Konkurrenz in besseren Zeiten aber passiv hinnehmen, die Aufmerksamkeit der Öffentlichkeit und der gesetzgebenden Stellen vom Nutzen auf die Kosten des Handels lenken (z. B. auf den Verlust von Arbeitsplätzen). In diesem Falle droht Protektionismus. Die sogenannte protektionistische Politik des Leistungsbilanzüberschusses während der Großen Depression spiegelte auf tragische Weise den sich von positiv zu negativ vollziehenden Wandel der Ansichten über das Außenhandelsgeschäft wider. Die Folge war ein Abbremsen des Welthandels auf rund die Hälfte des Wertes, den er vor der Depression aufwies (Verhältnis zum Bruttoinlandsprodukt der USA).

In jenem Maße, in dem der Welthandel zum Wachstum beiträgt (und er hat seinen Anteil an der Weltproduktion vergrößert), kann er in unserem vorsichtig optimistischen Szenarium zu einer verstärkten Verzögerung bzw. zu stabilen Verhältnissen des Wachstums in den FKN führen, ohne dabei das rasche und anhaltende Wachstum der meisten Mittel-Einkommen- und armen Staaten zu beeinträchtigen. Der Großteil des Handels spielt sich zwischen den FKN ab. Sollte es aber als Folge eines lang anhaltenden Wachstumsrückganges zu einem erhöhten Protektionismus in den FKN kommen, so wird ein abnehmender oder stagnierender Welthandel die Verlangsamung des Wachstums noch unterstützen – ein nicht unwesentlicher Effekt, berücksichtigt man die gegenwärtige Freiheit der Weltwirtschaft. Geht man daher vom Präzedenzfall der Großen Depression und der zunehmend protektionistischer werdenden Wirtschaftsgesinnung in den FKN aus, so erscheint es recht plausibel, daß das verlangsamte Wachstum des Welthandels und des BSP sich gegenseitig verstärken und damit das Wirtschaftswachstum der FKN weiter bremsen wird. Erst in jüngster Zeit erreichten die Industrienationen wieder jenen Höhepunkt im Verhältnis des Welthandels zum BSP, den sie vor dem Ersten Weltkrieg hatten. Die Aggressivität der Mittel-Einkommen-Staaten und einiger armer Länder aber – und ihre immer stärker werdenden vergleichsweisen Vorteile (die unten diskutiert werden) – versetzen sie in die Lage, sie voll auszunützen.

Der Handel in der entstehenden superindustriellen Weltwirtschaft

Hier wollen wir vor allem drei Gruppen von Ländern besprechen: die fortschrittlichen kapitalistischen Nationen, die neuen Industriestaaten und die armen Länder. Die übrigen Mittel-Einkommen-Staaten haben Charakteristika, die zwischen den neuen Industriestaaten und den armen Ländern liegen. Mehr oder weniger

Tafel 7.4
Bereiche, in denen die armen Länder tendenziell eine günstige Ausgangsposition besitzen

1. Tourismus, Zweitwohnungen, Pensionistenwohnsitze
2. Arbeitskräfteexport
3. Billige Konsumelektronik
4. Billige Schuhe und Kleider
5. Billige Fahrräder und Spielzeuge
6. Viele Gebrauchsartikel
7. Viele Ersatzteile
8. Billige Sportartikel
9. Souvenirs und Nippsachen
10. Andere nationale Ressourcen
11. Einige illegale Aktivitäten
12. Esotherische Aktivitäten (z.B. Zuzug von Archäologen, Angehörigen des Friedenskorps, Missionare, internationale Beamte und Kommissionen, Entwicklungsexperten, usw.)
13. Und eine allmähliche (und manchmal schnelle) Bewegung in die Bereiche, die derzeit von den Mittel-Einkommen-Ländern genutzt werden.

verfügen diese drei Gruppen vergleichsweise über Vorteile, wie sie aus den Tafeln 7.4, 7.5 und 7.6 hervorgehen.

Wenn diese Listen auch nichts Aufregendes enthalten, so vermittelt ihr Studium vielleicht doch ein Gefühl für die wahrscheinlichen Strömungen, die bis zum Ende dieses Jahrhunderts noch von Bedeutung sein mögen. Die großen Weltmärkte werden natürlich nach wie vor die FKN darstellen. Sie werden jedoch infolge ihres zu hohen Preisniveaus hinausgedrängt werden. In vielen Fällen werden sie dabei nicht wirtschaftlichen Überlegungen den Vorrang geben, sondern es vorziehen, diese Aktivitäten zu stützen oder Schutzmaßnahmen für sie zu ergreifen, anstatt sie durch andere ersetzen zu lassen. Zu solchen Schutzmaßnahmen kann auch die Hoffnung beitragen, damit strukturelle Neuanpassungen umgehen oder verhindern zu können, die in einer Periode geringerer Wirtschaftsaktivitäten auf Grund von Überkapazitäten, wie sie im speziellen Europa und Japan aufzuweisen scheinen, notwendig wären. Tatsächlich scheinen sich ja die USA weg von der Betonung kapitalintensiver Strukturen hin zu arbeitensintensiven zu bewegen.

Tafel 7.5
Bereiche, in denen die neuen Industrieländer tendenziell eine günstige Ausgangsposition besitzen

1. In Massenproduktion hergestellte Qualitätskonsumelektronik
2. Konventionelle Schiffe (inklusive übergroße Schiffe)
3. Kommerzstahl, andere Grundmetalle
4. Teile von Kraftfahrzeugen (sehr bald die Kraftfahrzeuge selbst).
5. Einige Petrochemikalien
6. Textilien mittlerer Preislage aus natürlichen und synthetischen Fasern)
7. Viele Maschinenwerkzeuge, teure, aber konventionelle Werkzeuge und Spritzgußteile, usw.
8. Einfache Motoren, Maschinen, Generatoren
9. Fahrräder, Spielsachen, Golfkarren, Motorroller und Motorräder mittlerer Qualität
10. billige Schuhe, gewöhnliche, in Massenproduktion hergestellte Kleider
11. Schreibmaschinen, einfache Büromaschinen, einige moderne Kleinrechner
12. Nähmaschinen, Porzellanwaren, Silber, Kochgeschirr, viele andere Haushaltsgeräte
13. Einfache optische Geräte und bestimmte optische Präzisionsgeräte, einige Qualitätskameras (in Lizenz)
14. Illegale Aktivitäten: Patent- und Urheberrechtsverletzungen, billige Kopien populärer Produkte, usw.
15. Und alle Punkte, die auf der Liste der armen Länder stehen.

Diese paradoxe Situation wird nur unzureichend verstanden. In jenem Maße aber, in dem entweder die Rostow-Kondratieff- oder die Forrester-Kondratieff-Interpretation für Westeuropa und Japan Gültigkeit erlangen, werden sich diese beiden Regionen einem enormen Druck ausgesetzt sehen, sich nicht der vollen Wucht der notwendigen Neuanpassungen auszusetzen, sondern stärker als sonst zu protektionistischen Maßnahmen zu greifen. In dieser Situation stellt die Furcht, wieder zu Maßnahmen zu greifen, wie etwa dem Smoot-Hawley-Zolltarif im speziellen und einer großangelegten Politik des Leistungsbilanzüberschusses im allgemeinen, das wichtigste Stabilisierungselement dar.

Es ist allgemein bekannt, daß sich die meisten Länder derzeit einer „Salami-Taktik" befleißigen – sie verstärken ihre protektio-

Tafel 7.6
Bereiche, in denen die fortschrittlichen kapitalistischen Nationen tendenziell eine günstige Ausgangsposition besitzen

---

1. Dienstleistungen – von und für Menschen und Organisationen (z.B. technisches und unternehmerisches Können und Fachwissen, Systemgestaltung und Systembedienung, usw.).
2. Investition (in den Besitz und die Aufbringung von Kapital und in die Taktik und Strategie der Kapitalnutzung).
3. Andere Wissensindustrien (und mit Wissen in Zusammenhang stehende Industrien, wie etwa Verlagswesen, Schulung, usw.).
4. Fortschrittliche Technologie (z.B. Großflugzeuge, Großcomputer, Komplexelektronik, Kernkraft, Bauwerke, und andere wissenschaftlich-technologische Ausrüstungen hoher Qualität).
5. In vielen Fällen die fortschrittliche Landwirtschaft (z.B. Molkereierzeugnisse in Dänemark und Neuseeland, Getreide, Weizen, Sojabohnen, Geflügel in den USA, usw.).
6. In vielen Fällen Rohstoffe (z.B. Uran, Holz in Kanada; Kohle in den USA, usw.).
7. Spezialisierte, patentierte und oder auserlesene oder modische Konsumprodukte (z.B. Haute Couture, Wein, Parfum, Käse in Frankreich, Kinderkleider, alkoholfreie Getränke, Bourbon und Baumwolldrillich in den USA; Scotch und Wollkleidung in Großbritannien; kalifornische und italienische Sportkleidung, usw.)[a]
8. Bestimmte Schwerindustrien, Petrochemikalien, Spezialstähle, besonders solche, die kapital- und technologieintensiv sind – oder die dazu gemacht werden können.
9. Vielleicht Berufe im Großbauwesen, Ölexploration, Prospektierung, computergestützte Analyse in den vorgenannten Bereichen, usw.
10. Pop- und Massenkultur und -unterhaltung
11. Eine lange aber abnehmende Tradition von Einstellungen und Motivationen, die dem Wirtschaftswachstum ebenso wie den unternehmerischen Umweltbedingungen förderlich sind, stabile und gerechte Gesetze, relativ aufrichtige und leistungsfähige Regierungen, usw.
12. Die relativ großen Märkte der fortschrittlich kapitalistischen Länder haben es diesen Ländern ermöglicht, neue Produkte früher zu entwickeln und kostenmäßige Wettbewerbsvorteile langer Produktionsabläufe zu erreichen.

---

[a] In den neuen Industrieländern gibt es aber eine sehr umfangreiche Lizenz- (oder „Mehrwert"-) Produktion – so werden z.B. 50 Prozent der USA-Freizeitkleidung in Industriebetrieben produziert, die auf der mexikanischen Seite des Grenzgebietes zwischen den USA und Mexiko (der „border") liegen (diese Betriebe brauchen keine Steuer auf den exportierten Gesamtwert an die USA abzuführen, sondern versteuern nur den auf die aus den USA bezogenen Materialien erwirtschafteten Mehrwert). Rollei-Kameras und Computer von Texas Instruments werden jetzt in Singapur erzeugt, Kleinrechner von Hewlett-Packard in Malaysia, usw.

nistischen Maßnahmen jeweils nur um eine dünne Scheibe. Man hofft dabei, daß keine der einzelnen Scheiben heftige Gegenmaßnahmen provoziert oder das System aus dem Gleichgewicht bringt, daß aber gleichzeitig doch der Druck von innen, der nach viel weitreichenderen Maßnahmen verlangt, genügend abgebaut wird. Diese Hoffnungen könnten sich erfüllen. Wächst nämlich die Salami als Ganzes und sind die einzelnen Scheiben dünn genug, so mag die Situation grundsätzlich stabil bleiben – stabiler vielleicht, als gäbe es überhaupt keine Schnitte und der Druck, große Schnitte in Form einer extrem protektionistischen Politik zu machen, überwältigend wird.

Heute sind die Interessen der neuen Industriestaaten im speziellen und der Mittel-Einkommen-Staaten im allgemeinen nicht mehr dieselben wie die der armen Länder. Erstere sind an schnell wachsenden Märkten, an einer raschen Zunahme des Handelsvolumens im eigenen Bereich und mit den FKN sowie am leichten Zugang zu ausreichenden Wirtschaftskrediten interessiert. All dies läßt ein großes Interesse am Besitz und an der Beibehaltung der Spielregeln vermuten (d. h. zum Beispiel an der Unterstützung und Ermunterung von Geschäftspartnern, Kreditgebern und Investoren). Die neuen Industriestaaten und die Mittel-Einkommen-Staaten sind nicht länger mehr an einmaligen Gewinnen interessiert, die durch eine Verstaatlichung oder ein Verändern der Regeln erzielt werden, sondern eher an einem kontinuierlichen Prozeß, der sie in naher Zukunft mit größerer Wahrscheinlichkeit zu beachtlichem Wohlstand führen wird.

Die armen Länder haben, insgesamt gesehen, nicht das kurzfristige Ziel, mit dem System zusammenzuarbeiten, hingegen tun das mehr und mehr die aufstrebenden armen Länder. So erkennt z. B. Indien, das zwar häufig als Sprachrohr der armen Länder aufzutreten versucht, daß seine eigenen Interessen in einer Förderung und Einhaltung der Regeln liegen. Auf einer jüngst unternommenen Reise nach Indien war ich erstaunt zu sehen, bis zu welchem Grad sich Vertreter offizieller indischer Stellen der Unterschiede zwischen ihren eigenen nationalen Interessen und denen vieler anderer armer Länder bewußt waren. Indien verfügt im Moment über einen Devisenüberschuß von vier Milliarden Dollar, Rekordrücklagen an Getreide und über sich rasch ausdehnende Exporte gewerblicher Produkte.

Während viele offizielle Vertreter klar erkannt haben, daß sich ihre Interessen gewandelt haben, ist die Umsetzung dieses Verständnisses in die Praxis glücklicherweise noch recht unvollständig. Man wird sich nun immer mehr dessen bewußt, daß dieser Billionen-Dollar-Markt, den die Mittel-Einkommen-Staaten, vor allem aber die kapitalistischen Mittel-Einkommen-Länder, darstellen, von ungeheurer Bedeutung für die FKN ist. Es ist daher äußerst wichtig für sie, diesen Markt nicht zu ruinieren. Mehr als ein Drittel der Exporte von Ländern wie Japan oder den USA gehen heute in die kapitalistischen Mittel-Einkommen-Staaten, die nicht zu den großen OPEC-Importeuren gehören. Es ist ein Markt, der schneller wächst als jeder andere, ausgenommen einige dieser großen OPEC-Importeure.*

Wir verwendeten für die kapitalistischen Mittel-Einkommen-Länder keine eigene Kategorie, sondern führten lediglich die vergleichsweisen Vorteile der neuen Industriestaaten an; diese liegt bei standardisierten, preiswerten Industriegütern, bei denen diese Länder infolge geringerer Kosten und relativ produktiver Arbeitskräfte eine ausgesprochen günstige Ausgangsposition besitzen. So wie die neuen Industriestaaten ihren Lebensstandard und die Qualität ihrer Produkte erhöhen, könnten auch viele der übrigen Mittel-Einkommen-Staaten zum einen oder anderen Zeitpunkt mit ihnen in Konkurrenz treten. Die Mittel-Einkommen-Staaten besitzen Charakteristika sowohl der armen Länder als auch der neuen Industriestaaten. Tatsächlich kann man in allen neuen Industriestaaten immer noch eine Konzentration vieler Aktivitäten auf Bereiche feststellen, in denen die armen Länder nach unserer Meinung einen Vorteil haben.

* Premierminister Lee Kuan Yu von Singapur brachte diesen Standpunkt in seiner Rede vom Oktober 1978 vor der Konferenz der Internationalen Handelskammer in Orlando, Florida, sehr schön zum Ausdruck: „Es ist eine Ironie, daß sich gerade dann, wenn den Führern der Entwicklungsländer die Wahrheit klar wird, die neuen Modelle für das Wirtschaftswachstum – Südkorea, Taiwan, Hongkong, Singapur und weitere zwei Länder in Lateinamerika – der Gefahr des Protektionismus in den Industriestaaten ausgesetzt sehen. Von hohen Inflations- und Arbeitslosenraten geplagt, für die seit der Ölkrise keine befriedigenden Lösungen gefunden wurden, kann ich einen gewissen Verlust an Nerven bei einigen führenden Köpfen in Politik, Wirtschaft und Akademikerkreisen des Westens feststellen. Ihr Vertrauen in die Funktion der freien Marktwirtschaft wurde erschüttert... Die Crux des Problems liegt darin, ob sich die Führer sowohl der Industrienationen als auch der Entwicklungsländer intellektuell und auch emotionell darauf eingestellt haben, daß dies eine einzige Welt ist, in der jeder von jedem abhängt."

Die Rolle der „Kluft“: NIEO gegen NIEK

1974 nahm die Vollversammlung der UNO die Deklaration über die „Neue Internationale Wirtschaftsordnung“ (New International Economic Order oder kurz NIEO) an. Die Präambel der NIEO-Deklaration lautet: „Die Kluft zwischen den entwickelten und den Entwicklungsstaaten wird weiterhin größer.“ Das Verlangen der NIEO nach einer internationalen Neuverteilung des Wohlstandes ruht auf dieser Behauptung und muß weitgehend ohne Widerspruch hingenommen werden.

Wir sind der Meinung, daß das angesichts der Tatsachen erstaunlich ist. Falls die NIEO und ähnliche Fragen (z. B. der Nord-Süd-Disput) weiterhin wie bisher die Diskussionen über Entwicklung dominieren, so werden die Wirkungen von harmloser Irreführung bis zu antiproduktiven Effekten reichen. Wir wollen nun einige stichhaltige Gründe dafür anführen, warum die Vorstellungen von der „Kluft“ mißverstanden werden, und besprechen, wie die Kluft bei den weiteren Entwicklungsmaßnahmen produktiv genützt werden kann.

Der wahrscheinlich wichtigste Motor der Wirtschaftsentwicklung war die Kluft. Einfach dargestellt kann man sagen, daß eine Reihe von Zivilisationen auf der Erde erschienen, zur Blüte gelangten und dann wieder dahinschwanden. Viele dieser Zivilisationen wären in einer guten Ausgangsposition gewesen, eine industrielle Revolution durchzuführen, keine aber vollzog sie tatsächlich. Heute ist jede Kultur dieser Erde auf dem Weg zur Industrialisierung, entweder als Teil oder als Ganzes, und zwar aus einem einfachen Grund: der Westen zeigte ihnen, wie man es machen muß, und stellte in vielen Fällen die nötigen Mittel und Beispiele zur Verfügung.

Die fortschrittlichen Länder der Erde, ob sie nun westlich sind oder nicht, spielen diese Rolle noch immer. Tafel 7.7 zeigt nun, wie die Kluft den Handel unterstützt.[3] Im besonderen tragen die FKN ganz wesentlich zu dem bei, was wir das Neue Internationale Entwicklungsklima – oder NIEK – nennen. Wir glauben, daß NIEK ein um vieles gültigeres und wichtigeres Konzept ist als NIEO, das wir hauptsächlich als eine Gelegenheit zu rhetorischen Übungen ansehen. Wir achten zwar die ernsten und aufrichtigen Leute, die versuchen, das Leben ihrer Landsleute und anderer zu verbessern, wir sind aber über jene verärgert und verachten sie, deren Bemühungen die schlimmsten Formen der Heuchelei, Demagogie und des Verwirrungstiftens darstellen.

Tafel 7.7
Warum und wie die „Kluft“ helfen kann (d.h. das „Neue Internationale Entwicklungsklima“)

1. Ein lange dauernder Anstieg im Umfang der Wirtschaftstätigkeiten und des Bruttoweltproduktes
   A. Nachfrage nach Ressourcen
   B. Expandierende Märkte für „einfache Technologien“ oder arbeitsintensive Produzenten
   C. Anderer Arbeitskräftebedarf
   D. Tourismus – Beispiel Spanien
   E. Verfügbarkeit von Kapital
   F. Import „umweltverschmutzender“ Industrien
   G. Transnationale Konzerne – mehr, größer und sachkundiger
   H. Eine außerordentlich komplexe und flexible Weltwirtschaft

2. Kulturübertragung und Schwungkraft der wirtschaftlichen Entwicklung
   A. Beispiele und Erfolge vermehren sich
   B. Insitutionen werden gegründet und gewinnen an Leistungsfähigkeit
   C. Die bestehende Infrastruktur wächst
   D. Verbesserte Transport- und Kommunikationsmöglichkeiten
   E. Lernkurven

3. Erhöhte Produktivität und technologische Leistungsfähigkeit
   A. Neue Industrien und Technologien
   B. Viele übertragbare Technologien – Fast alle aus der Perspektive des Anwenders, ebenso viele aus der Perspektive des Produzenten
   C. Das vorher gesagte schließt ein: (1) Ausbildung, (2) Landwirtschaft, (3) Medizin und (4) Unterhaltung

4. Von relativer Abhängigkeit zu relativer Unabhängigkeit
   A. Ausnutzung vieler Alternativen von Punkt 3
   B. Importsubsitution
   C. Interne Ausbildung, Schulung und Forschung
   D. Wechselnde Modelle der Auslandshilfe und Entwicklungsinstitutionen
   E. Andere „Einbürgerungen“ vieler Aktivitäten

5. Relative äußere Stabilität und Freiheit von Angriffen und Eroberungen.

Eine der schädlichen Motivationen, die hinter der Deklaration der NIEO auch heute noch stehen, ist der nur zu oft offen vorgetragene und weithin akzeptierte Glaube, die Armut der vielen sei direkt durch die Ausbeutung von wenigen verursacht worden. Ein solcher Glaube ist nur Ausdruck einer tief verwurzelten, kindischen Ansicht über Schuld (mein Problem ist dein Fehler) und weicht damit dem wahren Sachverhalt nur aus oder schiebt die Beantwortung der Frage, was zu tun sei, hinaus. Selbst wenn wir die Voraussetzung der Schuld anerkennen und „Wiedergutmachung" durch eine Neuverteilung des Wohlstandes üben wollen, so gibt es doch immer mehr Beweise dafür, daß die bloße Hilfe auf lange Sicht nicht das geleistet hat, was sich die Welt von ihr in den dreißig Jahren erhofft hat, die seit Erstellung des Vier-Punkte-Programms von Präsident Truman vergangen sind. Auch noch so große Übertragungen von Wohlstand werden daher das zukünftige Wachstum, den technologischen Fortschritt oder die Prosperität der dritten Welt wahrscheinlich nicht sicherstellen können. Bauer und Yamey haben das sehr treffend ausgedrückt:

> „Wirtschaftlicher Erfolg und Fortschritt hängen primär von günstigen Faktoren im eigenen Land ab, zu denen auch staatliche Maßnahmen gehören. Nirgends aber kann das Bestehen solch günstiger Faktoren als selbstverständliche Voraussetzung angesehen werden, und tatsächlich sind sie ja vereinzelt in vielen Staaten der dritten Welt nicht anzutreffen. Wenn auch eine Umschichtung des Wohlstandes die Einkommensdifferenzen zwischen dem Westen und der dritten Welt reduzieren würde, so geschähe das vor allem durch eine Reduktion der Einkommen im Westen, nicht aber durch eine Erhöhung der Produktivität und damit eine *dauerhafte* Einkommenserhöhung in der dritten Welt."[4]

Genau das ist aber der springende Punkt. Geben wir uns mit Heftpflaster oder kosmetischen Lösungen zufrieden, oder wollen wir die schwierige Aufgabe auf uns nehmen und uns den Realitäten im Zusammenhang mit der Schaffung dauerhafter höherer Einkommen durch erhöhte Produktivität und mehr Arbeitsplätze stellen? Das Klischee „Menschen, die helfen, helfen sich selbst" ist schon banal geworden und häufig eine Beschönigung des Ausdrucks für die simple, alte Neuverteilungshilfe. Dennoch ist die ursprüngliche Bedeutung dieses Satzes immer noch in bemerkenswerter Deutlichkeit und Klarheit gültig. Die Leute müssen es letztendlich *selbst tun*, genauso wie Kinder, die gehen lernen, es nur erlernen werden, wenn sie selbst gehen. Genauso aber wie es für Erwachsene Möglichkeiten gibt, Kindern beizustehen, so können und müssen sich auch Nationen gegenseitig auf eine Weise beistehen, die tatsächlich konstruktiv ist und sich nicht nur mit rhetorischen, ideologischen oder emotionellen Phrasen zufriedengibt.

Zuerst einmal behaupten wir, daß die gegenwärtige Kluft der Ideologie neu überdacht werden muß. Dieses Überdenken trifft sich unserer Meinung nach auch gut mit dem Konzept des „Neuen Internationalen Entwicklungsklimas“. NIEK läßt erkennen, daß das Aufrechterhalten des Wachstums und gesicherte Einkommen für alle Nationen wünschenswert sind – sowohl für die sogenannten Reichen als auch für die sogenannten Armen. Die Kluft wird daher so lange keine produktive Rolle spielen, solange sie dazu benützt wird, die Entfernung zwischen diesen beiden Gruppierungen in bösartigen Ausdrücken zu markieren. Eine passendere Rolle für die Kluft stellt ihre Konzeption als Ansporn für ein weiteres Wachstum dar und nicht als ein Symptom für Krankheit und Ungleichheit. Insbesonders ist es eindeutig falsch, sich die dritte Welt als aus „Habenichts“-Ländern bestehend vorzustellen, deren Interessen homogen und im Gegensatz zu den „besitzenden“ Ländern stehen. Die Anerkennung des Erfolges, den die neuen Industriestaaten im besondern und die Mittel-Einkommen-Länder im allgemeinen, ja selbst viele der aufstrebend Armen erzielen konnten, und eine Analyse ihres Erfolges beim wirtschaftlichen Wachstum würden als Ansporn zum Wachstum viel produktiver sein als Tiraden und Lamentos.

Die übliche Beschreibung der Weltwirtschaft als eine „Drei-Welten-Wirtschaft“ ist für die meisten Zwecke völlig unzutreffend. Wirft man alle Mittel-Einkommen-Staaten und alle armen Länder in einen Topf, so ist das ein Zeichen dafür, daß man das Entstehen einer echten Mittelklasse nicht zur Kenntnis genommen hat. Gerade diese Gruppe aber ist es, in der heute die größte Dynamik zu finden ist; sie wächst mit etwa der doppelten Rate der FKN. Sie erreicht fast ein Fünftel des Bruttosozialproduktes der fortschrittlichen kapitalistischen Nationen, ihr jährlicher Zuwachs aber beträgt mehr als ein Drittel jenes der FKN. Sehr bald schon wird diese jährliche Zunahme größer sein als die der USA. Aus eben diesen und auch aus anderen Gründen wird das gesamte Konzept einer einfachen Kluft immer schneller völlig sinnlos. Die gleichmäßige Kurve der Einkommensverteilung, der Produktivität, Technologie und der Verwendung von hochentwikkelter Technologie sowie von kapitalintensiven Industrien reicht nun von den extrem armen Ländern, wie Bangladesch, bis zu den sehr reichen, aber trägen Wirtschaften der Schweiz oder Schwedens. Am hohen Ende der Kurve sind auch die Vierzehn Neuen Schwerpunkte von überproportionaler Bedeutung. Das weist darauf hin, daß sich der Schwerpunkt dieser Verteilung schnell zum wohlhabenden Ende des Spektrums verlagern und die Kurve immer mehr eine Gestalt annehmen wird, deren Mittel nahe den oberen zwei oder drei Zehntel zu liegen kommt. In diesem Sinne kann man sagen, daß sich die Kluft schließt. Trotzdem ist das Interesse am Konzept der „Kluft" heute größer denn je.

Trotz des vielen Geredes um die „Kluft" wird man sich heute der relativen Verbesserungen in großen Teilen der dritten Welt immer bewußter. Einen nützlichen klaren und beredten Ausdruck dieses neuen Verständnisses findet man in dem 1977 erschienenen Bericht des Weltbankpräsidenten Robert McNamara. Man möge uns vielleicht verzeihen, daß wir diesen im Jahre 1977 vertretenen Standpunkt jenem gegenüberstellen, den er im Februar 1970 auf einer Konferenz vertrat, die von der University of Columbia veranstaltet wurde, um sich über die Ergebnisse des ersten Entwicklungsjahrzehnt schlüssig zu werden:

> „Im ersten Entwicklungsjahrzehnt wurde das primäre Entwicklungsziel, nämlich ein jährliches fünfprozentiges Wachstum des BSP, erreicht. Es war das ein wesentlicher Erfolg. Diese fünfprozentige Steigerungsrate übertrifft die durchschnittlichen Wachstumsraten der hochentwickelten Länder, die sie in den frühen Stadien ihres Fortschrittes im vergangenen Jahrhundert erzielen konnten. Diese relativ hohen Wachstumsraten beim BSP brachten jedoch keinen befriedigenden Erfolg bei der Entwicklung. In den Entwicklungsländern der Erde gilt am Ende dieses Jahrzehnts:
>
> - Unterernährung ist üblich...
> - die Rate der Kindersterblichkeit ist hoch...
> - die Lebenserwartung ist gering...
> - das Analphabetentum ist weitverbreitet...
> - die Arbeitslosigkeit ist auf bestimmte Gebiete begrenzt und nimmt zu...
> - die Neuverteilung der Einkommen und des Wohlstandes ist äußerst einseitig...
> - die Kluft zwischen den Pro-Kopf-Einkommen der reichen Nationen weitet sich eher, als daß sie enger würde, was sowohl relativ als auch absolut gilt. An seinen extremen Enden beträgt diese Kluft bereits mehr als 3000 Dollar. Gegenwärtige Prognosen lassen vermuten, daß sie sich bis zum Ende des Jahrhunderts ohne weiteres noch auf 9000 Dollar ausdehnen könnte. Für das Jahr 2000 wird das Pro-Kopf-Einkommen der USA auf rund 10000 Dollar geschätzt, jenes von Brasilien auf 500 Dollar und das von Indien auf 200 Dollar.

Um wieviel schlechter diese Zustände am Ende des Jahrzehnts sind, als sie es zu Beginn waren, ist schwer festzustellen. Für die meisten von ihnen fehlen uns auch noch heute befriedigende Indikatoren und Daten. Die Folge davon ist, daß der Plan, diese Bedingungen verbessern zu wollen, ohne solche Maßstäbe oder

Indikatoren zur Verfügung zu haben, dem Versuch gleicht, eine Preisstabilisierung zu planen, ohne über Preisindizes zu verfügen. Es ist eine unmögliche Aufgabe."[5]

Es ist darauf hinzuweisen, daß die von McNamara in dieser Rede aufgezählten Probleme auch noch im Jahre 2000 Schwierigkeiten bereiten werden. Wie erfolgreich die Wirtschaftsentwicklung auch immer verlaufen wird, für ein Fünftel bis ein Viertel der Weltbevölkerung werden die von ihm aufgezählten Charakteristika immer noch zutreffen. Die Unterernährung wird zwar wahrscheinlich nicht mehr so arge Ausmaße haben und die Sterblichkeit um vieles geringer, die Lebenserwartung um vieles höher sein, das Analphabetentum wird nicht mehr ganz so verbreitet sein usw. Jeder aber, der nachweisen will, daß diese Probleme immer noch bestehen werden, findet für seine Argumente eine gute Basis.

Die Rede setzt mit dem Hinweis fort, daß praktisch von jedem wesentlichen Gesichtspunkt her das erste Entwicklungsjahrzehnt ein Fehlschlag war. McNamara wies dabei auch auf so offensichtliche Dinge hin, wie daß die armen und die weniger erfolgreichen Länder nicht so gut abschnitten wie die erfolgreicheren. Indem er das tat und ohne daß er das selbst bemerkt hätte, stellte er jedoch klar, daß dieses Jahrzehnt um vieles erfolgreicher verlief, als das die meisten Leute glaubten. So erklärte er z. B., daß die sehr armen Länder nicht so gut vorankamen wie die Überflußstaaten und daß der Anstieg ihrer Pro-Kopf-Einkommen geringer war. Dies zeigt aber auch, daß die Behauptung nicht richtig war, daß die Reichen reicher und die Armen ärmer werden; was stimmte, war, daß die Armen langsamer reicher wurden als die Reichen. Des weiteren wies er nicht auf das Entstehen der so außergewöhnlich erfolgreichen neuen Industriestaaten hin oder auch nur darauf, daß die Mittel-Einkommen-Staaten im allgemeinen begannen, besser voranzukommen – obwohl beides ganz offensichtlich war.

Es kann schwierig sein, die eigene Moral und Hingabe aufrechtzuerhalten, so lange man nicht weiß, wie gut man vorankommt. Wenn in einer Situation, in der die Armen auf 200 Dollar pro Kopf kommen und die Reichen auf 3000 Dollar, was einer Kluft von 2800 Dollar entspricht, sich diese beiden Einkommenszahlen verdreifachen, nämlich für die Armen auf 600 und die Reichen auf 9000 Dollar, ist es wichtig, sich darüber klar zu sein, daß dann die Armen nicht schlechter daran sind, nur weil sich die Kluft auf 8400 Dollar erhöht hat. Vielmehr sind sie dreimal besser daran als vorher. Die Veränderungen im Lebensstandard der Armen werden qualitativer Natur und um vieles dramatischer sein als die bloß quantitativen und am Rande verlaufenden Änderungen im Lebensstandard der Reichen. Generell gesehen, scheinen das die Armen auch zu erkennen, nur die Reichen tun das nicht.

Immer mehr wird es zu einer Situation kommen, die jener in den USA während der Großen Depression gleicht, als Präsident Roosevelt darauf hinwies, ein Drittel der Bevölkerung sei schlecht ernährt, lebe in miserablen Wohnverhältnissen und habe kaum etwas zum Anziehen. In der heutigen Welt sind das eher 50 Prozent, aber so wie der eine Prozentsatz gefallen ist, so wird es auch dieser tun, und die Bedeutung von Arm wird sich ändern. Das ist alles, was wir für die nächsten zwei bis drei Jahrzehnte erwarten dürfen. Wir sollten nicht den gleichen Fehler wie Robert Kennedy begehen, der bei einem Besuch in Rio de Janeiro bemerkte, die *Favelas* (d. s. die aus Hütten bestehenden Vorstädte von Rio de Janeiro und São Paulo) seien schlimmer als die Slums von Kalkutta. Tatsächlich beherbergten zu dieser Zeit die *Favelas* von Rio des Janeiro einige der stärksten nach oben strebenden Gruppen Lateinamerikas. Wenn auch die Löhne pro beschäftigten Arbeiter gering waren, so besaß doch jede Familie zwei oder drei arbeitende Mitglieder. Sie hatten zwei oder dreimal, vielleicht auch öfter in der Woche Fleisch. Als das Fernsehen eingeführt wurde, waren sie in der Lage, sich Apparate zu kaufen usw. Andererseits gingen zur gleichen Zeit die Menschen in die Slums von Kalkutta, um zu sterben. Sie waren am Ende des Weges angelangt.

Es ist ungeheuer wichtig, Erfolg und Mißerfolg nicht miteinander zu verwechseln; gleichermaßen wichtig ist es, die eigenen Probleme nicht als jene der Armen hinzustellen. Robert Kennedy gehörte da nicht zu den ärgsten Übeltätern; wir zitieren seinen Standpunkt hier nur deswegen, weil er so dramatisch, so falsch und so leicht von jemanden vertreten werden kann, der aus einem reichen Land kommt.

Noch einiges über die Mittel-Einkommen-Staaten (einschließlich einiger neuer Industriestaaten)

Die Volksrepublik China

Wir beginnen mit der Volksrepublik China, dem größten der Mittel-Einkommen-Länder. Hier hat sich die gegenwärtige politische Führung entschlossen, rasch zu modernisieren, neue und offensichtlich auch praktische Ziele vorzugeben. Peking will sich dem internationalen System finanziell, wirtschaftlich und auch politisch anschließen. Seit 1978 ereigneten sich in China viele aufregende Dinge. Es schien, als wollten sich die Chinesen nicht mehr an die beiden maoistischen Slogans „Ideologie und Produktion, aber Ideologie kommt vor Produktion“ und „Rot und fachkundig, aber rot kommt vor fachkundig“ halten. Immer mehr kristallisiert sich die realistische Möglichkeit heraus, daß sie den alten Konzepten der Unabhängigkeit und Autarkie den Rücken kehren und einen Weg einschlagen, der jenem Südkoreas und Japans ähnlich ist. Besonders wahrscheinlich ist, daß China um 1990 einen Schuldenstand von mehr als 100 Milliarden Dollar angesammelt haben und zu einem Hauptexportland aufgestiegen sein wird.

Es ist interessant, aufzuzeigen, welche Auswirkungen es haben könnte, falls sich China entschließt, auf einem solchen Weg zu bleiben. Wir beginnen mit einigen optimistischen Zahlen und treffen ebensolche Annahmen, die jedoch alle recht plausibel erscheinen. Aus einer Extrapolation und Modifikation der Angaben der Weltbank schließen wir, daß China im Jahr 1978 900 Millionen Einwohner zählte, ein Pro-Kopf-Einkommen von 500 Dollar aufwies und ein Bruttosozialprodukt im Gesamtwert von rund 450 Millionen Dollar auswies. Wir nehmen zwei mögliche Sets von Zahlen für die Wachstumsraten an und geben die Resultate in Tafel 7.8 wieder, wobei wir noch eine gemäßigt optimistische und eine optimistische Kategorie einführen.

Für den Zeitraum von 1978 bis 1990 nehmen wir beim Bevölkerungswachstum durchschnittliche Raten von 1,2 und 1,5 Prozent an, die dann bis zum Jahr 2000, wie in Tafel 7.8 angegeben, fallen. Die meisten Beobachter schließen sich diesen Werten an, obwohl einige der Meinung sind, sie seien zu niedrig. Vom BSP pro Kopf nehmen wir an, daß es in Zukunft zwischen 5,5 und 6,5 Prozent wächst. Wenn diese Zahlen auch hoch zu sein scheinen, so entspricht erstere doch mehr oder weniger dem Wert, von dem die Weltbank annimmt, daß er Chinas Wachstumsraten von 1970 bis 1976 repräsentiert. Auf Grund der gegenwärtigen Reformen nehmen wir an, daß diese Wachstumsrate um rund 20 Prozent ansteigen wird. Wir erwarten auch einen leichten Abfall dieser Werte in der Zeit von 1990 bis 2000 – tatsächlich könnte die Änderung aber auch in die andere Richtung erfolgen.

Es ist klar, daß China unter der Annahme dieser mäßig optimistischen Werte zum Ende des Jahrhunderts eine sehr große und ziemlich moderne Nation sein wird. Aber auch dann wird es noch China sein.

Tafel 7.8
Einige grundlegende chinesische Indizes

A. Gemäßigt Optimistisch

Variabel	*1978*	*Jährliche Wachstumsrate %*	*Jahr 1990*	*Jährliche Wachstumsrate %*	*2000*
Bevölkerung (Millionen)	900	1,5	1080	1,2	1200
Bruttosozialprodukt pro Kopf (1978 in US-Dollar)	500	5,5	950	5,0	1550
Bruttosozialprodukt (Milliarden US-$)	450	7,1	1025	6,3	1880

B. Optimistisch

Variabel	*1978*	*Jährliche Wachstumsrate %*	*Jahr 1990*	*Jährliche Wachstumsrate %*	*2000*
Bevölkerung (Millionen)	900	1,2	1040	1,0	1150
Bruttosozialprodukt pro Kopf (1978 in US-Dollar)	500	6,5	1065	1,0	1910
Bruttosozialprodukt (Milliarden US-$)	450	7,8	1110	7,1	2200

Brasilien

Brasilien ist das größte Land Lateinamerikas, und es wird immer wahrscheinlicher, daß Brasilien eine der großen Nationen der westlichen Hemisphäre und der Welt werden wird. Die Frage ist bloß, ob es dazu 25 oder 100 Jahre brauchen wird. Diese Voraussage erinnert uns an den wohlbekannten Witz, den man sich in Brasilien zu erzählen pflegte: „Unser Land hat eine große Zukunft und wird sie immer haben." Es gibt einen neueren, der lautet: „Unser Land wächst über Nacht, während die Regierung schläft. Die große Tugend der gegenwärtigen Regierung ist, daß sie sehr viel schläft." Beide Witze sind allerdings heute nicht mehr zutreffend.

Brasilien hat bedeutende regionale Probleme. Süd- und Südostbrasilien gehören wahrscheinlich zu den dynamischsten Gebieten der Erde. Wir erwarten mit großer Sicherheit, daß diese Regionen gegen Ende des Jahrhunderts einen niedrigen bis mittleren europäischen Lebensstandard erreicht haben werden. Nordostbrasilien allerdings wird eher Süd- denn Norditalien gleichen, wobei die Möglichkeit besteht, daß diese Region unter noch größeren Schwierigkeiten als Süditalien zu leiden haben wird. Wir glauben nicht, daß Außenstehende das Recht haben, den Brasilianern Vorwürfe zu machen, wenn sie dieses Problem nicht lösen können; noch haben sie das Recht von ihnen zu verlangen, sie sollten ihre politische oder wirtschaftliche Zukunft dieses schwierigen Problems wegen aufs Spiel setzen – obwohl das genau das ist, was viele Außenstehende von den Brasilianern verlangen. Brasilien hat eine große Zukunft vor sich, und ich persönlich bin sehr erfreut, daß sie selbst die recht deprimierende Vorhersage für ihre Zukunft widerlegen, die wir in unserem Buch *Ihr werdet es erleben* aufstellten.[6]

Sicherlich kommt es in Brasilien in großem Umfang zu Verletzungen der Menschenrechte, und es gibt brutale Übergriffe der Polizei. Das wurde aber nicht erst durch die nach 1965 installierten Regierungen eingeführt, sondern charakterisiert Brasilien schon seit vielen Generationen. Nicht, daß die Brasilianer besonders grausame Leute wären; das genaue Gegenteil trifft vielmehr zu. Trotz zahlreicher Ausnahmen ist die Kultur Brasiliens im Grunde sanft, anziehend, freundlich, emphatisch und *simpático*. Sehr wahrscheinlich aber würde sie als volle Demokratie mit echten parlamentarischen Aufgaben nicht gut funktionieren – wenigstens nicht innerhalb der nächsten Zukunft. Das heißt nun nicht, daß es in Brasilien niemals zu einer Demokratie kommen wird oder daß es dort nicht mehr Gesetz, Schutz und bürgerliche Rechte als heutzutage geben wird. Die derzeit an der Macht befindliche Regierung hat versprochen, die volle parlamentarische

Ordnung in einigen Jahren wieder einzusetzen. Es würde mich freuen, wäre es so, aber es überraschte mich nicht, käme es anders. Wie es jedoch nun einmal so ist mit den Regierungen dieser Welt, ganz zu schweigen von denen der dritten Welt – die Brasiliens ist, wenn schon etwas, so weit über dem Durchschnitt der übrigen. Ganz sicher aber liegt sie über dem Durchschnitt der übrigen lateinamerikanischen Regierungen – zumindest wenn man sie aus dem Blickwinkel der westeuropäischen und nordamerikanischen Staaten betrachtet.

Das soll nun keine Entschuldigung für bestimmte Exzesse der brasilianischen Regierung sein, sondern Anlaß, den guten Dingen, die sie geleistet hat, Beifall zu zollen, während man fortfahren sollte, einige der schlechten zu publizieren und zu verurteilen. Das brasilianische Wirtschaftswunder wurde so lange von der allgemeinen Presse Nordamerikas übersehen, bis einige Luftverschmutzungsprobleme wirklich ernst wurden. Dann aber waren die wesentlichsten Punkte, die behandelt wurden, die Probleme der Luftverschmutzung, der Schutz des Amazonasgebietes und die Schwierigkeiten, mit denen die eingeborenen Indianer zu kämpfen hatten. Häufig wird auch darauf hingewiesen, daß die Minimallöhne nicht mit der verheerenden Inflation Schritt hielten, es wird aber praktisch niemals erwähnt, daß eine Längsschnittanalyse dieser Löhne ergäbe, daß nur wenige Arbeiter sehr lange bei diesen Minimallöhnen stehenbleiben. Die meisten von ihnen steigen sehr schnell auf. Die Minimallöhne werden nämlich meist von solchen Leuten bezogen, die entweder gerade erst in den Arbeitsprozeß eingetreten sind oder bedauerliche Probleme haben, so daß sie am generellen Aufwärtstrend nicht teilhaben können (was vor allem für die Älteren, die Schwachen oder andere gilt, die selbst, wenn sie arbeiten, nicht auf den Minimallohn kämen). Für die meisten jedoch, die zu den Minimallöhnen arbeiten, bedeutet dies dennoch einen steilen Anstieg ihres bisherigen Einkommens – d. h. im Vergleich zu dem Einkommen, das sie in anderen Teilen Brasiliens bekamen, oder zur Arbeitslosigkeit und Unterbeschäftigung.

Mexiko

Mexiko ist der nächste große Erfolg Lateinamerikas. Trotz einiger schlechter Prognosen aus jüngster Vergangenheit glauben viele, daß es zum Rivalen Brasiliens werden könnte. Nach unserer Meinung ist eine große Zukunft Mexikos viel wahrscheinlicher, als daß es nicht dazu kommen wird. Für die Länder Mittelamerikas gilt Mexiko bereits als der „Koloß im Norden" (womit es die USA in dieser zweifelhaften Rolle abgelöst hat).

Während der vergangenen paar Jahre gaben viele besorgte und intelligente Beobachter ihren pessimistischen Gefühlen bezüglich der Zukunft Mexikos Ausdruck. Sie fragten sich, wie ein Land mit so großen wirtschaftlichen und sozialen Problemen wie Mexiko mit der offensichtlich näher kommenden Bevölkerungskrise zurechtkommen könne. 1978 betrug die Einwohnerzahl Mexikos 65 Millionen; im Jahre 2000 hat sich diese Zahl wahrscheinlich mehr als verdoppelt. Wir glauben aber, daß mehr Grund zu Optimismus denn zu Pessimismus besteht. Trotz der jüngst durch kurzfristige wirtschaftliche Rückgänge aufgetretenen Probleme erwarten wir, daß Mexiko in den kommenden Jahren zu einer bedeutenden Macht werden wird, ja vielleicht zur bedeutendsten in Lateinamerika, indem es diese Vormachtstellung den Rivalen Brasilien und Argentinien abringt. Heute schon ist das Pro-Kopf-Einkommen von Mexiko um 60 Prozent höher als das Brasiliens.

Mexikos Probleme der siebziger Jahre sind die stärker werdenden Schattenseiten des Erfolges. Die Schlagzeilen werden von den vielen Konflikten mit den USA, wie illegaler Einwanderung, Geldentwertung und Schmuggelaffären über die Grenze, gefüllt. Wenn das auch nicht unbedingt vorübergehende Erscheinungen sind, so sind es doch relativ leicht zu behandelnde Probleme; sie haben zwischen Ländern mit gemeinsamen Grenzen immer schon bestanden und werden auch weiterhin bestehenbleiben.

Die Wirtschaft Mexikos wuchs seit 1950 mit einer realen jährlichen Rate von sechs Prozent. Es war eine der Wirtschaften mit den stabilsten hohen Wachstumsraten unter den Entwicklungsländern. Dieses Wachstum führte zu einem dramatischen Nebeneffekt; dem durchschnittlichen Mexikaner geht es heute viel besser als seinen Eltern oder Großeltern. In Tafel 7,9 zeigen wir den nationalen Armutsindex seit 1910.

Wir sehen die Zukunft Mexikos deshalb so optimistisch, weil die folgenden Faktoren für das vergangene und auch das zukünftige Wirtschaftswachstum verantwortlich sind:

1. *Der demographische Übergang.* Die Geburtenraten Mexikos sind jetzt recht hoch und erreichten 1974 38 Geburten pro 1000 Einwohner. Die meisten anderen lateinamerikanischen Länder verzeichneten jedoch einen starken Geburtenrück-

Tafel 7.9
Prozentsatz der Bevölkerung Mexikos mit Merkmalen der Armut

Jahr	*Prozentsatz*
1910	56,9
1921	53,1
1930	50,0
1940	46,6
1950	39,4
1960	33,1
1970	24,8

Quelle: James W. Wilkie, *The Mexican Revolution: Federal Expenditure and Social Changes Since 1910* (2. Aufl., Berkeley: University of California Press, 1970).

gang, und man darf für Mexiko etwas Ähnliches erwarten. Mexiko besitzt derzeit eines der umfassendsten Programme zur Familienplanung,und seine Auswirkungen sowie die der verstärkten Urbanisierung des erhöhten Wohlstands und einer zunehmenden Verweltlichung sollten sich schon in nächster Zukunft bemerkbar machen.

2. *Zugang zu Kapital, Märkten und Technologie.* Die Tatsache, daß die USA und Mexiko Nachbarn sind, wird unglücklicherweise häufig von der problematischen Seite her betont. Die meisten Auswirkungen dieser Lage sind jedoch positiv. Die USA sind die größte Wirtschaftsmacht der Erde, und das kann dem Wachstum Mexikos nur förderlich sein – es war daher auch in der Vergangenheit eine der wesentlichsten treibenden Kräfte. Über 60 Prozent des mexikanischen Handels und 75 Prozent der direkten Investitionen kommen aus den USA. Viele Einzelbeispiele könnten diesen Sachverhalt untermauern. Eines der besten ist die Entwicklung einer großräumigen landwirtschaftlichen Industrie in den Küstengebieten des mexikanischen Bundesstaates Sonora. Diese Region gehört heute zum führenden Weizenproduzenten in Mexiko und wurde vor allem mit amerikanischem Kapital aufgebaut. In dreißig Jahren wuchs die kultivierte Fläche von 20000 ha auf über 120000 ha.
3. *Import von exportorientierter Industrie.* Die Wanderung arbeitsintensiver Industrien zu den Grenzregionen findet schon seit beachtlich langer Zeit statt. In Nogales, Sonora, werden

rund 10000 Menschen in etwa 40 Fabriken beschäftig. In der Nähe von Douglas arbeiten 7500 Mexikaner in 17 Werken. Alles in allem werden 80000 Mexikaner in fast 500 Fabriken in der gemeinsamen amerikanisch-mexikanischen Grenzzone beschäftigt. Über die Hälfte der in den USA getragenen Freizeithosen und -jacken werden nun in dem Gebiet von Juarez und El Paso hergestellt. Der Trend, das Rohmaterial zu den Arbeitskräften zur Weiterverarbeitung und Montage zu schikken, wird sich in den kommenden Jahren wahrscheinlich noch verstärken. Kommt es allerdings in den USA zu einer Rezession, so werden diese Betriebe natürlich besonders hart getroffen werden. Die zunehmende gegenseitige Abhängigkeit der beiden Staaten ist daher nicht ganz ohne Risiko für Mexiko.
Tourismus. In den vergangenen Jahren ging der Touristenstrom aus den USA nach Mexiko etwas zurück. Wir erwarten, daß sich das wieder ändern wird, vor allem weil die europäischen Ferienziele für die Amerikaner immer teurer werden. Man sollte jedenfalls zur Kenntnis nehmen, daß der Tourismus für Mexiko noch eine stark wachsende Industrie ist. Nach manchem Vergleichsstandard wird es immer noch von relativ wenigen Touristen besucht. Während Spanien z. B. jährlich 35 Millionen Touristen anzieht, sind es in Mexiko nur 3,5 Millionen. Das ist für ein Land, das so nahe an einem Markt von fast 250 Millionen wohlhabenden Amerikanern liegt, eine sehr kleine Zahl.
In engem Zusammenhang mit diesem Entwicklungssektor steht die wahrscheinliche Ausweitung amerikanischen, kanadischen und selbst japanischen Besitzes von Ferienwohnungen in Mexiko. Trotz einiger juristischer Komplikationen erwarten wir, daß dies ein Wachstumsgebiet sein wird. Die wunderschöne Küste Sonoras besitzt sicherlich einiges Entwicklungspotential in dieser Richtung.
Öl und Gas. Neue Erdöl- und Gasfunde haben sich als viel größer herausgestellt, als das irgend jemand noch vor wenigen Jahren erwartet hätte. Anfang 1978 wurde von 16 Milliarden Barrel „nachgewiesener“ und von 100 bis 200 Milliarden Barrel „wahrscheinlich zu erwartender“ Vorkommen gesprochen, wozu noch die entsprechenden Mengen an Erdgas kämen. Dabei ist ein Großteil Mexikos bezüglich Erdöl und Erdgasvorkommen noch gar nicht erkundet. Man hat selbst in solchen Gebieten wie in der Baja, wo man neue Funde stark vermutet, noch gar nicht wirklich intensiv prospektiert.

Es wird oft gesagt, daß die Olfunde Mexikos Entwicklungsprobleme nicht lösen werden. Das ist richtig, andererseits ist es auch nicht sehr wahrscheinlich, daß sie die Entwicklung sehr stören werden. Was aber bewirkt werden wird, ist, daß Mexiko bei einem auch nur halbwegs kompetenten Management eine Wachstumsrate von sieben Prozent oder mehr pro Jahr in Realpreisen haben wird. Das bedeutet eine Reihe von Auswirkungen. Als erstes wird es nicht nur in den Ölgebieten, sondern auch im übrigen Land wegen der Ausweitung der Infrastruktur zu mehr Arbeitsplätzen kommen. Die gegenwärtigen Pläne verlangen den Bau einer Pipeline, die die Felder von Chiapas und Cameche mit dem schon bestehenden Pipelinenetz von Monterey verbinden soll. Dies wird wahrscheinlich den Einsatz von amerikanischem Kapital, Material und amerikanischer Technologie verlangen. Schon in den frühen achtziger Jahren wird ein großer Teil des mexikanischen Erdöls und Erdgases in den amerikanischen „Sonnengürtel" fließen. Eine weitere wichtige Konsequenz wird das Wiederaufblühen einer an Umfang zunehmenden Grenzindustrie sein. Wenn sich der Peso stabilisiert, dürfen die mexikanischen Grenzstädte mit der steigenden Nachfrage nach amerikanischen Gütern und Leistungen auf eine verstärkte Prosperität rechnen.

Noch einiges über die armen Länder

Wir wollen nun einige Probleme der armen Länder diskutieren und überlegen, was getan werden kann, um ihnen zu helfen, bzw. was ihnen schaden würde. Unsere Betrachtungen werden sich auf die Elfenbeinküste, Indien, Bangladesch und Haiti als ein Beispiel für Erfolg, eines für „aufstrebend" und zwei als Beispiele für Mißerfolg beschränken. Im Rahmen dieses Buches sind wir leider nicht in der Lage, ihnen so viel Raum und Sorgfalt zu widmen, wie sie es verdient hätten. Wir glauben aber, daß die nachfolgenden, relativ einfachen Beobachtungen im wesentlichen richtig sind. Einige Bemerkungen gründen sich auf ernst zu nehmende Studien und den entsprechenden Hintergrund, andere aber sind von meinem persönlichen Urteil und dem von Leuten, denen ich diesbezüglich vertraue, abhängig und basieren nicht so sehr auf harte, dokumentierte Fakten. Ich bin hierbei mehr noch als sonst darauf vorbereitet, mögliche Irrtümer bei einigen meiner Interpretationen zugeben zu müssen. In jedem Falle aber, ob ich nun unrecht habe oder nicht, möchte ich mich schon im vorhinein für jede Art von Bemerkung entschuldigen, die Leute aus den betroffenen Ländern vor den Kopf stoßen sollte.

Die Elfenbeinküste

Der wirtschaftliche Fortschritt der Elfenbeinküste wurde weitgehend durch den Export landwirtschaftlicher Güter bewerkstelligt. In bemerkenswertem Gegensatz zu den Erfahrungen vieler anderer unterentwickelter Länder gestattet die Regierung, daß die Exporterträge bis zu den kleinsten Bauern hin durchsickern, so daß es schon an der Basis zu einer wirtschaftlichen Initiative und zu einer Integration in den Hauptstrom der nationalen Wirtschaft kommt. In vielen anderen Ländern verwenden die jeweiligen Regierungen diese Erträge für „dringlichere" staatliche Zwecke und Projekte – zum großen Nachteil der Landwirtschaft und der wirtschaftlichen Aussichten des entsprechenden Landes im allgemeinen.

Ich bin der Meinung, daß das Beispiel Elfenbeinküste sehr gut zeigt, wieviel erreicht werden kann, wenn ein Land über eine einfühlsame Führungsgarnitur verfügt. Ich behaupte nicht, daß man die Elfenbeinküste mehr als irgendein anderes Land sklavisch kopieren sollte – oder könnte – oder daß es nicht auch dort ernste Unzulänglichkeiten gäbe. Ich möchte aber herausstreichen, daß die Elfenbeinküste nur über wenige Ressourcen verfügt und daß ihre einheimische Bevölkerung eine der niedrigsten Anteilsquoten am Arbeitsmarkt in der Welt aufweist, daß sie aber eine sehr fähige Regierung besitzt. Präsident Houphouet-Boigny setzt französische Berater frei innerhalb des Regierungsapparates ein. Sowohl auf den obersten wie auf den mittleren, manchmal sogar auf den unteren Ebenen steht den Beamten ein französischer Kollege zur Seite, der im Hintergrund arbeitet und der der tatsächliche Leiter des Büros ist, während der Beamte des Landes vor allem nach außen hin die Verbindung gewährleistet und so etwas wie ein Lehrling ist. In anderen Fällen führt tatsächlich der eingeborene Beamte das Büro, und der französische Kollege ist lediglich Berater oder Assistent.

Die staatlichen Stellen der Elfenbeinküste gestatten bis jetzt auch eine fast unbeschränkte Einwanderung aus den benachbarten schwarzafrikanischen Staaten (rund eine Million Einwanderer bei einer Eigenbevölkerung von sieben Millionen repräsentieren ein Viertel der Arbeitskräfte). Das bedeutet, daß Projekte, die ansonsten nicht wirkungsvoll erledigt werden könnten – wenn überhaupt –, auch tatsächlich fertiggestellt werden.

Für gewöhnlich könnte man erwarten, daß eine Bürokratie, die sich so weitgehend auf ausländische Berater verläßt, die Bevölkerung ausnützen würde. Für die Elfenbeinküste dürfte das nicht zutreffen. Zum Teil, weil sie über erstklassige ausländische Beamte verfügt, zu denen auch junge Franzosen gehören, die auf diese Weise ihren Militärdienst absolvieren. All das könnte man auch als ein Beispiel für Neokolonialismus anführen, der sich auf Frankreichs Schutzherrschaft gründet. Es besteht aber kein ernsthafter Grund für eine Opposition gegenüber dieser Art aufgeklärtem Eigeninteresse Frankreichs. Fast mit Sicherheit bedeutet das, daß sich die Elfenbeinküste um vieles schneller auf eine echte Unabhängigkeit zubewegt, als würden diese Bande stark geschwächt werden und seine Bürger wären ganz auf sich allein gestellt. Wären sie gezwungen, sich mehr auf sich selbst zu verlassen, so könnte es durchaus sein, daß sie, langfristig gesehen, besser daran wären. Allerdings sieht es nicht so aus, als würde das Land dies sobald tun. Es würde uns nicht überraschen, daß eine Periode der Vormundschaft und des Wachstums notwendig ist, ehe die Elfenbeinküste zu einer erfolgreichen Selbständigkeit gelangt. Viele andere erfreuliche Dinge geschehen noch. So gewinnen seine Bürger Erfahrung, Geschick und technische Fähigkeiten, ja sogar einen gewissen Wohlstand – alles Qualitäten, auf die sie sich in Zukunft verlassen können. Sie übernehmen auch schon Verantwortung von den Franzosen selbst – eine Entwicklung, die erwartet wurde. Das alles kann dazu beitragen, die Wachstumsraten aufrechtzuerhalten.

Zusammenfassend kann gesagt werden, daß eine effiziente, relativ ehrbare Bürokratie und Regierung über eine Entwicklungsstrategie verfügt, die den natürlichen wirtschaftlichen Gegebenheiten und der Stärke der Gesellschaft (d. i. die Landwirtschaft) entgegenkommt und die eine realistische Politik der allmählichen Annährung an die Selbständigkeit und Afrikanisierung betreibt. Es war diese Politik, der es gelang, die Elfenbeinküste aus einer der am meisten vernachlässigten französischen Kolonien zu einem der wirtschaftlich fortgeschrittensten Staaten Westafrikas zu machen.

Indien

In unseren vorsichtig optimistischen und gemäßigt optimistischen Szenarien nehmen wir an, daß die sehr armen Staaten und die aufstrebend armen Länder in naher Zukunft mit einem vier- bzw. fünfprozentigen Wachstum auf einer mehr oder weniger gesicherten Basis rechnen können. Beides sind zwar optimistische, aber nicht übermäßig optimistische Annahmen. Die aufstrebend armen Länder werden am besten, wie wir schon angemerkt haben, von Indien repräsentiert (das insgesamt zwei Drittel der Bevölkerung aller aufstrebend armen Länder beherbergt). Wir glauben, daß eine Wachstumsrate von fünf Prozent oder auch mehr im Falle Indien für jedes optimistische Szenarium eine vernünftige Annahme ist.

Die Hindernisse auf dem Weg zu solchen Wachstumsraten sind beachtlich: Indien hat die Last einer ungeheuren Menschenkonzentration zu tragen – eine Bevölkerung von derzeit rund 650 Millionen. Bei einem Anhalten der gegenwärtigen Geburtenrate wird sich diese Zahl in dreieinhalb Jahrzehnten verdoppelt haben, und wir sind bezüglich der Aussichten, das Bevölkerungsproblem innerhalb der vorhersehbaren Zukunft unter Kontrolle zu bekommen, nicht optimistisch. 40 Prozent der Menschen müssen mit weniger als dem Existenzminimum leben, und 25 Prozent sind arbeitslos. Dazu kommen auf dem Weg zum wirtschaftlichen Fortschritt noch anscheinend unüberwindliche innere Hindernisse, von denen die geographische, ethnische und sprachliche Aufsplitterung des Landes die bedeutendsten sind. Fünfzehn Sprachen frustrieren die Kommunikation zwischen den einzelnen indischen Teilstaaten, religiöse Konflikte wie auch die Kasteneinteilung stehen der Ausbreitung und Beweglichkeit eines gemeinsamen Denkens, der Disziplin und Einheit der Absichten zum sozialen und wirtschaftlichen Fortschritt im Wege, und der Großteil der Bevölkerung ist über die Reichweite von Wort und Schrift hinaus verstreut. Diese und andere Gründe könnten gegen ein fünfprozentiges Wachstum angeführt werden, wie wir es in unserem optimistischen Szenarium für Indien annehmen.

Ich mißachte oder unterschätze diese Hindernisse in keiner Weise. Gleichzeitg stelle ich aber Zeichen eines erneuten Anlaufs zu wirtschaftlichem und gesellschaftlichem Fortschritt fest. Die Dinge werden besser: die Lebenserwartung ist innerhalb der letzten drei Jahrzehnte um 60 Prozent gestiegen; vor allem im Transportwesen hat Indien (es besitzt das zweitgrößte Eisenbahnnetz der Welt) eine Infrastruktur entwickelt, und die Elektrifizierung macht rasche Fortschritte. Dies alles wird sicherlich die progressiveren Einflüsse und Modelle der städtischen Ballungsräume mit sich bringen. Der Anteil der des Lesens und Schreibens kundigen Menschen stieg in 30 Jahren von 12 auf mehr als 30 Prozent. Von kritischer Bedeutung vielleicht ist es, daß die demokratischen

Einrichtungen Indiens intakt geblieben sind. 1976 stiegen die Devisenreserven auf drei Milliarden Dollar, und die Getreidereserven erreichten 200 Millionen Tonnen. Zusammen mit einigen guten Erntejahren von 1975 bis 1978 zeigte Indien eine deutliche Verbesserung seiner Landwirtschaft. Die Grüne Revolution beschränkt sich nicht mehr nur auf den Pandschab und Utar Pradesch. Alle Ochsenkarren sind nun mit Kugellagern ausgestattet, und viele haben Gummiräder. Solche Dinge mögen ausländischen Besuchern als nichts Besonderes vorkommen, für die indischen Bauern sind sie aber von größter Wichtigkeit. Auch auf lange Sicht gesehen ist das Wirtschaftsbild Indiens nicht ohne Hoffnung: es besteht eine nicht unbeträchtliche Basis an natürlichen Ressourcen (große landwirtschaftliche Kapazitäten, Minerallager und Fischerei); es gibt einen soliden Industriesektor (Indien ist heute die zehntgrößte Industrienation); eine sich ausdehnende Kommunikations-, Elektrizitäts- und Transportinfrastruktur, auf der weiter aufgebaut werden kann; sowie eine demokratische Struktur auf politischer Ebene, die in der Lage ist, der Wirtschaft jene Führungskräfte und Ideen zu liefern, die den Erfolg bringen werden.

Obwohl dies gar nicht als eine vollständige Darstellung unseres Falles angesehen werden sollte, so weisen doch schon diese wenigen Punkte darauf hin, daß es alles in allem durchaus Gründe für unseren Optimismus bezüglich des fünfprozentigen Wachstumsszenarium gibt. Man kann wahrscheinlich sagen, daß sich 60 Prozent Indiens in irgendeiner Form in der Startphase befinden, während die restlichen 40 Prozent etwa das sind, was sie immer waren, oder in einigen Fällen etwas schlechter.

Bangladesch

Bangladesch wird häufig als ein hoffnungsloser Fall angesehen. Ich bin der Meinung, daß dieser Ausdruck sowohl beleidigend als auch unzutreffend ist, selbst wenn Bangladesch in jüngster Zeit fast so viele Probleme hat, wie sie ein Land nur haben kann. Am bedrohlichsten ist sein Bevölkerungswachstum von mehr als drei Prozent jährlich, das dazu geführt hat, daß Bangladesch heute große Mengen an Getreide importieren muß, obwohl es einst auf diesem Sektor eine positive Exportbilanz aufweisen konnte. Auf einem Quadratkilometer leben 900 Menschen, somit ist es eines der dichtest besiedelten Länder (die überwältigende Zahl der Menschen lebt außerhalb der städtischen Zentren). Die Landwirtschaft Bangladeschs, die unter ungenügender Bewässerung leidet, hat einen der geringsten Hektarerträge der Welt. Es war weitgehend die Auslandshilfe, die verhinderte, daß das Land wirtschaftlich zusammenbrach. Seit seiner Unabhängigkeit leidet es unter Nahrungsmittelmangel, der durch die rapide zunehmende Bevölkerung, durch politische Unruhen, Flutkatastrophen und Wirbelstürme verursacht wurde.

Einige dieser Probleme könnte Bangladesch nun überwunden haben. Es kam zu positiven Entwicklungen, wovon vor allem die Landwirtschaftserträge und die politische Ruhe zu nennen wären. Auf Grund von Rekordernten konnten Massenhungersnöte verhindert und die Einfuhr von Nahrungsmittel reduziert werden, was wiederum der Regierung Zeit gab, sich zu stabilisieren, die lähmende Ineffizienz und Korruption zu bekämpfen und der Geburtenkontrolle höchsten Vorrang zu geben. Ein gewisser Erfolg auf diesen Gebieten würde es dem Land gestatten, sein landwirtschaftliches Potential besser zu nutzen. Die Hälfte der 8,8 Millionen Hektar, die derzeit bebaut werden, eignen sich für Zweifach- oder gar Dreifachernten, obwohl momentan wegen unzureichender Bewässerung nur eine Ernte pro Jahr eingebracht werden kann. Man schätzt, daß eine bloß zwanzigprozentige Ertragssteigerung bei den Ernten Bangladesch in seiner Getreideversorgung wieder autark werden und lebenswichtige Exportgewinne in das Land fließen ließe. Die FAO (die „United Nations Food and Agricultural Organization") erwartet, daß Bangladesch innerhalb von fünf Jahren bei der Nahrungsmittelversorgung selbständig werden könne. Meine Kollegen und ich schätzten für das Fiskaljahr 1978 eine sehr hohe Wachstumsrate von etwa acht Prozent. Bei einer Bevölkerungszunahme von drei Prozent würde das Pro-Kopf-Einkommen dann natürlich um fünf Prozent steigen. Selbst wenn dies nicht glückt, so kam Bangladesch doch deutlich besser voran als in den vergangenen Jahren, in denen es ja eine negative Wachstumsrate gab. Diese hohe Wachstumsrate ist allerdings ein Zeichen eines Aufholprozesses und wäre nicht aufrechtzuerhalten. Aber sie ist doch ein Hinweis auf die guten Preise, die für Jute und Reis erzielt wurden, und ein besseres Management der Wirtschaft sowie ein Merkmal einer erhöhten Investitionstätigkeit und einiger Verbesserungen in der Landwirtschaft.

Was aber heute für Bangladesch am wichtigsten ist, das ist die Tatsache, daß die Regierung relativ stabil und hinsichtlich wirtschaftlicher Fragen und Nutzung der vorhandenen Ressourcen relativ einsichtig sein dürfte. Gelingt es, diesen Trend aufrechtzuerhalten und das Vertrauen des Landes weiter zu stärken, so glaube ich, daß man mit weiteren Auslandsinvestitionen und auch mit einer verstärkten Auslandshilfe rechnen darf, da dann die entsprechenden Stellen das Gefühl haben werden, daß dieses Geld auch richtig verwendet wird. Für dieses von Sorgen geplagte Land ist es schwierig, Vorhersagen zu treffen, ich glaube aber nicht, daß es übertrieben optimistisch ist, wenn man für eine mindestens vierprozentige Wachstumsrate eintritt. Ich möchte dabei jenen Abbitte leisten, die ihrerseits wieder der Meinung sind, daß ich zu pessimistisch sei. Sie könnten durchaus recht haben.

Haiti

Haiti ist ein viel deprimierenderes Beispiel. Die Menschen leben in bedauernswerter Armut: ihr jährliches Einkommen beträgt 70 Dollar; die städtische Arbeitslosenrate 60 Prozent; 90 Prozent sind Analphabeten; die Lebenserwartung liegt bei 33 Jahren. Fast ein Vierteljahrhundert hindurch litt das Land unter einer der despotischsten Regierungen des 20. Jahrhunderts, nämlich jener von François Duvalier und seinen Terrorkommandos, den *Tonton macoutes*. Während seines Regimes litt Haiti nicht nur unter einer äußerst repressiven und habgierigen Herrschaft, sondern es stagnierte auch wirtschaftlich. Als Duvalier 1971 starb, übernahmen sein Sohn Jean-Claude Duvalier und ein Regentschaftsrat die Regierungsgeschäfte. Obwohl immer noch sehr viele Leute – uns eingeschlossen – das neue Regime heftig kritisieren, so stellt es doch gegenüber dem vorhergehenden eine deutliche Verbesserung auf politischem und wirtschaftlichem Gebiet dar. Man darf sich zumindest zu der Bemerkung ermutigt fühlen, daß es für die Armen Haitis zu gewissen Verbesserungen gekommen ist.

Im Moment stellt Haiti das ärmste und dichtest besiedelte Land der westlichen Hemisphäre dar; unter der neuen Regierung kam es allerdings zu einem gemäßigten wirtschaftlichen Fortschritt. Das gegenwärtige Regime – obgleich immer noch streng autoritär, aber nicht mehr so totalitär wie das vorangegangene – war in der Lage, jene politische Stabilität zu gewährleisten, die für die Anziehungskraft auf Fremdkapital und den Tourismus von so großer Bedeutung und außerdem Voraussetzung für eine Auslandshilfe ist. Trotz der weltweiten Wirtschaftskrise Mitte der siebziger Jahre konnte das BSP Haitis beachtlich verbessert werden, verstärkte sich der Tourismus und nahmen die Auslandsinvestitionen zu; mehr als 150 Gesellschaften haben schon auf Haiti Zweigniederlassungen errichtet. Das Land hat es nämlich mit Hilfe seiner billigen Arbeitskräfte verstanden, ausländische Investitionen auf dem Fertigungssektor anzuziehen. Es exportiert auch legale und illegale Arbeitskräfte in großer Zahl nach anderen Inseln der Karibik und in weitere Gebiete der westlichen Hemisphäre. (Allein die Bahamas senden pro Jahr etwa 40000 illegale Einwanderer nach Haiti zurück.) Irgendwann wird es aber auch in diesen Ländern zu einem entsprechenden Arbeitskräftemangel kommen, so daß die Haitianer dann recht willkommen sein werden. Das wiederum sollte einen kräftigen Anstieg bei den Wachstumsraten erzwingen – ähnlich wie das in Südeuropa und großen Teilen Nordafrikas der Fall war.

Ich würde behaupten, daß die Kluft zwischen den Armen und den Reichen selbst in Ländern wie Haiti schließlich doch als Motor für die Wirtschaftsentwicklung arbeiten wird. Auf lange Sicht gesehen werden sich auch diese Länder wirtschaftlich und politisch nach und nach ebenfalls recht gut entwickeln, was zumindest im Vergleich mit ihrer geschichtlichen Vergangenheit gelten sollte. Von sehr vielen Menschen wird ihr Lebensstandard allerdings immer noch als unerträglich niedrig angesehen werden. Mit etwas Unglück und noch mehr schlechtem Management dürfte Haiti äußerst katastrophenanfällig sein.

Schlußfolgerung

Ich glaube, mit den vorstehenden Argumenten überzeugend dargelegt zu haben, daß die Welt tatsächlich in eine neue Ära eintritt, in der die wohlhabenden Nationen und die armen Länder reicher werden, in der aber die Mittel-Einkommen-Staaten um vieles schneller reich werden als die Reichen oder die Armen. Im speziellen werden die kapitalistischen Mittel-Einkommen-Staaten mit rund einer Milliarde Menschen und mit einem Bruttosozialprodukt von einer Billion Dollar das weitere Wachstum der Überfluß-Staaten sowohl bremsen als auch weiterhin fördern. Letzteres werden sie dadurch tun, daß sie den hochgebildeten Leuten der FKN Investitions-, Handels- und Berufsmöglichkeiten bieten werden, sollten diese Schwierigkeiten haben, entsprechende Stellen in ihren Heimatländern zu finden. Bis zu dem Ausmaß, in dem die kapitalistischen Mittel-Einkommen-Staaten den FKN Kunden wegnehmen, werden sie Probleme verursachen. Selbst wenn sie ursprünglich im Inland hergestellte Güter exportieren und dabei beiden Seiten die Möglichkeit bieten, die Früche der vergleichsweisen Vorteile zu ernten, so könnten sie damit doch etwas mehr an „kreativer Zerstörung“ verursachen, als den FKN lieb wäre.

Diese Situation könnte sich vor allem in einer Rezessionsperiode ergeben. Jedoch auch ohne Rezession haben wir den Eindruck, als ob sich Westeuropa den nötigen Anstrengungen zäh widersetzen würde. Folglich muß ernsthaft die Möglichkeit eines zunehmenden Protektionismus in Betracht gezogen werden, jedoch glauben wir nicht, daß es zu Extremen kommen wird. Die traurigen Erfahrungen der Großen Depression sind dazu noch zu frisch im Gedächtnis, entweder durch eigene Erfahrung oder aus zweiter Hand.

Von einem Zusammenbruch des Systems jetzt einmal abgesehen, ist es sehr wahrscheinlich, daß es zu Ende des Jahrhunderts zu einem deutlichen Absinken in Ausmaß und Charakter der Armut gekommen sein wird, legt man dazu die Maßstäbe an, die man dafür bis zur Mitte des Jahrhunderts verwendete. Gegen Ende des Jahrhunderts werden die USA und Japan innerhalb ihrer eigenen Grenzen zusammen mehr als ein Drittel des Weltbruttoproduktes produzieren – was bis weit in das 21. Jahrhundert so bleiben wird. Solange Japan und die Vereinigten Staaten zusammenarbeiten, werden sie die Weltwirtschaft nicht dominieren, es wird sich aber eine gewisse Vormachtstellung einstellen, die von großem Nutzen sein könnte. Die richtigen politischen und wirtschaftlichen Maßnahmen vorausgesetzt, könnten die Japaner die Führungsrolle im Welthandel und bei der weltweiten Investitionstätigkeit von den Amerikanern übernehmen.

Selbst wenn die *Epoque de Malaise* für die Überflußländer recht real werden kann, so würden wir insgesamt doch meinen, daß sie andererseits – auch für die FKN – nicht gar so unbequem werden muß. Gemessen an beliebigen anderen historischen Maßstäben – ausgenommen die *Deuxième Belle Epoque* – könnte man die Epoche sogar als eine weitere *Belle Epoque* einreihen. Ebenso könnte diese Epoche aber auch von zunehmenden Spannungen und Belastungen gekennzeichnet sein, die sich in drastischen und gewaltigen Auseinandersetzungen und Veränderungen niederschlagen. Obwohl das Hudson-Institut etwa ein Drittel seiner Forschungszeit den Aussichten für solche Konfrontationen widmet, sind das Fragen, auf die wir uns in diesem Buch nicht konzentrieren und die daher übergangen werden. Die vorgebrachten Schlußfolgerungen strahlen daher mehr Optimismus aus, als das bei einer umfassenderen Vorgangsweise der Fall wäre.

Vorbehalte, Einschränkungen und Zweifel außer acht lassend, sind wir zuversichtlich, daß, von der engen wirtschaftlichen, finanziellen und technologischen Perspektive her betrachtet, die Zukunft gut aussieht. Immer vorausgesetzt, das Management ist nicht ganz schlecht, es kommt zu keinen größeren Unglücksfällen, und das Glück läßt uns nicht ganz im Stich, sollten die nächsten zwei, drei Jahrzehnte für den Großteil der Welt gut, wenn schon nicht großartig sein – und für viele doch auch großartig. Betrachtet man die institutionellen Probleme, so sieht die Zukunft nicht ganz so rosig aus. Wiederum jedoch muß man sagen – ausgenommen glücklose Zustände und schlechtes Management –, daß die auf uns zukommenden Jahrzehnte eine allgemeine Verbesserung des Lebensstandards und andere gute Aussichten für viele Unterprivilegierte bringen sollten, seien das nun Menschen oder Staaten. Selbst wenn das Jahrhundert nicht in Glanz und Gloria enden wird, so wird es andererseits doch auch nicht so schlecht zu Ende gehen.

Kapitel 8
Empfehlungen, Beobachtungen und abschließende Polemiken*

Wäre diese Welt eine bessere, dies zumindest ein besseres Buch oder ich vielleicht auch nur ein besserer Autor, so würde ich nun mit der traditionellen, akademischen Floskel und unter dem üblichen gelehrten Trommelwirbel abtreten: mit einer bündigen Rekapitulation der wichtigsten Fragen und Probleme – und einer erhebenden Schlußrede. Solch ein Schlußkapitel ist natürlich nicht möglich. Wir selbst, meine Kollegen und ich, sind oft genug selbst durch die gegenwärtigen Trends verwirrt, obwohl wir in vielen Fällen (vielleicht in mehr, als unsere Leser als vernünftig ansehen) der Meinung sind, daß unsere Vorschläge und Empfehlungen trotz unseres unvollständigen Verständnisses vernünftig sind. Aber selbst wenn wir glauben, wir verstünden die Strömungen bis zu einer gewissen Tiefe und bis in bestimmte Details, so sind wir uns doch oft nicht im klaren darüber, was, wenn überhaupt etwas, man damit anfangen soll.

Das Ergebnis somit ist ein Schlußkapitel, das jene Punkte, von deren Nützlichkeit ich überzeugt bin, *der Reihe nach* vorstellt, das aber nicht das letzte Wort in der Angelegenheit oder eine vollständige Behandlung davon bietet. Einige meiner Kommentare sind, offen zugegeben, recht spekulativ, da ich überzeugt bin, daß es viele Fragen gibt, die nach einer systematischeren und tiefer gehenden Diskussion verlangen, als sie hier geboten wird. Sollten meine Spekulationen Inhalt und Form der gegenwärtigen Debatten erweitern und bereichern, so bin ich schon höchst zufrieden.

Dieses Kapitel ist in drei breite Themenbereiche unterteilt: Modernisierung und Planung, kulturelle und politische Einflüsse auf das Wirtschaftswachstum und die Futurologie und die Zukunft

* *Polemik* verstehen wir hier so, daß wir einen Standpunkt nachdrücklich und intensiv vertreten und dabei hoffen, Tiraden und ideologische Banalitäten zu vermeiden. Dieses Kapitel versucht einige der wichtigen „Lektionen", die man der gesamten Diskussion entnehmen kann, zusammenzufassen bzw. zum Abschluß zu bringen.

der Wirtschaftsentwicklung. Der Abschnitt über die Modernisierung und Planung enthält Beobachtungen über die Modernisierung als Wertvorstellung, den Begriff der Modernisierung, die unsichtbare Hand des Marktes, Planung in Japan, Südkorea und auf Taiwan und politische Einflüsse auf Wirtschaftsentscheidungen. Der freier gestaltete Abschnitt über die kulturellen und politischen Einflüsse auf das Wirtschaftswachstum gibt meine Ansichten über die Notwendigkeit hoher Moral und Hingabe in den Entwicklungsländern wieder (und wie dieser Notwendigkeit nicht entsprochen wird), die Bedeutung einer „guten" Kultur und eines „guten" Managements, Entwicklung und politische Stabilität, Armut und moralische Imperative die Auswirkungen der liberalen Neuen Klasse auf die Wirtschaftsentwicklung (Südkorea und Taiwan als Beispiele für Mißbrauch) und Umwelt und Ökologie. Die dritte Gruppe, „Futurologie und Zukunft der Wirtschaftsentwicklung", schildert schließlich einige Anwendungsmöglichkeiten für Szenarien und Zukunftsbilder, präsentiert eine bürgerliche (industrielle), wachstumsorientierte Ideologie, die sich auf die Futurologie gründet, und gibt eine Zusammenfassung einiger der Gesichtspunkte, die zu diesem Buch geführt haben.

Modernisierung und Planung

Modernisierung als Wertvorstellung

In akademischen wie in Kreisen der Neuen Klasse hat eine breite Diskussion über die bevorzugte Bedeutung des Begriffes *Modernisierung* eingesetzt. Einige der grundlegenden Ansichten und Meinungen über Modernisierung, so wie sie traditionell dargestellt wurden, werden angegriffen. Einige Kritiker betonen die Notwendigkeit, verschiedene neue Charakteristika, wie etwa Hilfe für niedrige Einkommensgruppen oder die Achtung vor Bürger- und Menschenrechten als Teil der Bedeutung – oder zumindest unter die Ziele – der Modernisierung, mit einzuschließen. Andere greifen die klassischen Ziele überhaupt an – dazu gehören z. B. die „Klein-ist-schön-", die „Anti-Wachstum", die „Beschränkung-auf-freiwillige-Einfachheit-" und „Freude-Liebe-Spontanität"-Bewegungen. In einigen Gruppen einschließlich gewisser Terroristengruppen oder Gruppen der Gegenkultur hat die Anfeindung praktisch nihilistische Züge. Sie wünschen die Tilgung aller Spuren der teuflischen, bourgeoisen und kapitalistischen Hölle und nehmen an, daß daraufhin irgend etwas Gutes schon von selbst entstehen wird.

Selbst wenn wir uns nur auf die klassischen Ziele der Modernisierung beschränken, so gibt es immer noch viele Straßen, die dorthin führen, und viele Berge, unter denen man wählen kann. Den richtigen Berg und die passende Straße zu wählen, kann sehr schwierig werden, glücklicherweise ist aber die Gesellschaft häufig in der Lage, die Wahl einzuschränken oder Kompromisse zu schließen. In gewissen Ländern wird z. B. ein starkes Lippenbekenntnis zur freien Marktwirtschaft abgelegt, in der Praxis aber gibt es sehr viel Raum für außergewöhnliche Situationen. Viele dieser Gesellschaften schließen wahrscheinlich zu leicht und zu schnell Kompromisse. Auch das Gegenteil gilt: viele sozialistische Systeme werden auf kapitalistische Weise geführt, und einige sind einem Staatskapitalismus näher als dem Sozialismus, wobei der Staat die Arbeiter genauso ausbeutet, wie das irgendein kapitalistisches System nur jemals getan hat.

In dieser verworrenen Situation ist es wichtig, über objektive Maßstäbe der Leistungsfähigkeit zu verfügen oder doch wenigstens über tatsächliche Kriterien, die als Ersatz für objektive Maßstäbe herangezogen werden können und die in ihrer Unvoreingenommenheit wieder gutmachen, was sie an Exaktheit zu wünschen übriglassen. Wir glauben, daß das BSP und das Pro-Kopf-BSP in dieser Beziehung oft sehr nützlich sind, wenn man sich auch nirgends völlig auf sie allein verlassen kann; auch sind diese beiden Kriterien nicht zu allen Zeiten und bei allen Gelegenheiten auch nur mäßig befriedigend. Für die meisten Länder fanden wir aber, daß man sie zumindest in der zweiten Hälfte des 20. Jahrhunderts als brauchbare Maßstäbe heranziehen kann – eine Brauchbarkeit, die sich ebensosehr aus zufälligen Faktoren ergibt wie aus allgemeinen Prinzipien.

Die Bedeutung und Relevanz der Begriffe des BSP und des BSP pro Kopf kamen erst in jüngster Vergangenheit wieder unter Beschuß, und zwar zum Teil deswegen, weil diese Begriffe in der Zeit unmittelbar nach dem Zweiten Weltkrieg mißbräuchlich angewendet wurden, um die Überbetonung moderner Sektoren und einer kurzfristigen Anwendung zu rechtfertigen. Der Angriff ist auch eine Folge verschiedener überempfindlicher Reaktionen: auf die ausgeprägten politischen Schwierigkeiten, denen sich viele Länder gegenübersahen; auf die plötzliche „Erkenntnis", daß in den meisten Staaten die Entwicklung in ihren Anfangsstadien und für einige Zeit danach zu größeren Ungleichheiten bei den Einkommen führt; und auf die weitere Erkenntnis, daß es noch vieler Jahrzehnte bedürfen wird, um die absolute Armut zu beseitigen. Mit dem Auftauchen der neoliberalen und der humanistischen, linken Philosophen, Schriftsteller und Entwicklungsprofessionisten aus der Neuen Klasse verstärkte sich der Angriff auf das BSP/Kopf-Kriterium noch beachtlich.

Feindschaft gegenüber dem Begriff des BSP und der BSP/Kopf kann sich aus einer ignoranten, partisanenhaften oder emotionellen Einstellung gegenüber dem Kapitalismus oder aus Sympathie mit verschiedenen „Dem-Wachstum-Grenzen-Setzen"-Konzepten ergeben. Selbst unter ernsthaften Fachleuten kommt es zur übertriebenen Bedachtnahme auf zugegebene Schwächen und Probleme des BSP-Begriffes, einer Bedachtnahme, die manchmal mit sentimentalen, romantischen oder exzessiv utopischen Erwartungen über die Wirtschaftsentwicklung in Zusammenhang steht.

Zusätzlich zu den Angriffen, die aus Richtung der „Klein-ist-schön"-, von einigen der „Anti-Wachstum"- und anderen ideologischen Bewegungen kommen, gibt es auch noch technische Einwände gegen den üblichen Gebrauch des BSP-pro-Kopf-Begriffes. Das trifft in vielen Fällen dort zu, wo man sich auf den Begriff der „grundlegenden menschlichen Bedürfnisse" bezieht. Die meisten Leute, die das tun, werden auf eine diesbezügliche Frage zugeben, daß das BSP menschlichen Bedürfnissen entgegenkommt, es wird dann aber weiter argumentiert, daß es noch weitere, dringlichere menschliche Bedürfnisse gibt, die durch die normalen Entwicklungshilfeprogramme nicht erfüllt werden, wozu vor allem die Nöte derjenigen gehören, die sich auf der untersten Ebene der Gesellschaft befinden. Einige dieser Vorkämpfer vertreten den sehr einleuchtenden Standpunkt, daß Möglichkeiten zur wirtschaftlichen Entwicklung einfach übersehen werden. Andere vertreten die ebenso vernünftige Ansicht (solange sie dabei nicht in Extreme verfallen), daß man durchaus bereit sein sollte, die Rate der Wirtschaftsentwicklung herunterzusetzen, um dafür das Maß an Gerechtigkeit und Gleichheit in der Gesellschaft zu erhöhen – indem man sich z. B. mehr auf die unmittelbaren Bedürfnisse der untersten Einkommensklassen konzentriert, ob dies dem Land nun insgesamt hilft oder ob die Armen selbst dadurch in die Lage versetzt werden, sich schneller hinaufzuarbeiten oder auch nicht. Diese Position ist sowohl vom Praktischen als auch vom Prinzip her durchaus vernünftig, birgt aber die Gefahr, daß dadurch wichtige Programme für die Zukunft gefährdet werden.

Auch ein damit verwandter Begriff – der „Durchsickerungseffekt“ – wurde heftig angegriffen. Ja, man kann sagen, daß es der Vertrauensmangel in diesen Mechanismus ist, der den Hauptgrund für die gegenwärtige Betonung der „Erfüllung menschlicher Bedürfnisse“ bildet. Der Begriff des „Durchsickerns“ ist aber sicherlich in dem Sinne gültig, daß mit dem Reicherwerden der obersten Schichten der Gesellschaft fast immer auch ein Teil des erhöhten Einkommens zu den Ärmeren durchsickert. In allen relativ wohlhabenden und homogenen Gesellschaften, die uns bekannt sind, gelangt dieser Sickereffekt unter modernen Bedingungen sehr nahe an den Boden heran. Dies gilt allerdings schon viel weniger für die weniger homogenen Gesellschaften, in denen das zusätzliche Einkommen den Boden der Gesellschaft – wenn überhaupt – erst in einem sehr späten Stadium des Entwicklungsprozesses erreicht. Diese Schwierigkeit war ein Charakteristikum vieler Länder. Zu den Beispielen dafür gehören die in den USA selbst nach dem Bürgerkrieg noch bestehenden Nord-Süd-Unterschiede und die noch viel größeren Unterschiede zwischen Nord- und Süditalien. Ähnliche Probleme werden auch für große Teile der dritten Welt charakteristisch sein. Nur wenig kann dagegen getan werden, außer daß man vielleicht versucht, die schlimmsten Erscheinungen etwas zu mildern, und selbst das wird schwierig sein. Dies ist natürlich Teil unserer neokulturistischen Anschauung, die unserer Meinung nach durch die vorliegenden Daten und auch durch die Theorie völlig gerechtfertigt erscheint. Es rechtfertigt allerdings nicht Untätigkeit und Indifferenz. Man muß tun, wozu immer man in der Lage ist. Man muß aber auch einsehen, daß man im Falle eines nur geringen Erfolges nicht enttäuscht sein soll oder gar nichts mehr tut, was vor allem dann der Fall sein wird, wenn die Programme mehr nach emotionellen oder politischen Kriterien ausgerichtet waren und nicht sosehr nach der höchsten Kostenrentabilität, der praktischen Anwendbarkeit oder Durchführbarkeit.

Woanders in der Welt, etwa bei einem Drittel der Bevölkerung Brasiliens oder Indiens und bei etwa einem Viertel der Mexikaner, haben die Menschen den Erfolg der Modernisierung kaum zu spüren bekommen. Zwei Drittel bis drei Viertel *haben* jedoch davon profitiert – und die Chance dafür wird auch für die anderen immer größer. Wenn andererseits Einkommensgleichheit als das entscheidende Kriterium herangezogen wird, was unserer Meinung nach nicht korrekt ist, so haben die Gruppen auf der untersten Ebene der Gesellschaft tatsächlich verloren. Ihr Einkommen muß dabei im Vergleich mit ihrem früheren Lebensstandard (einige wenige ausgenommen) nicht unbedingt geringer geworden sein, es ist aber insofern relativ gesunken, als das Einkommen der anderen gestiegen ist. Diese Situation ist fast unvermeidlich. Ist ein bestimmtes Gebiet eines Landes mit besonderen Talenten, Hilfsquellen oder Glück gesegnet, so wird es schneller vorankommen als der Rest dieses Landes; es wird auch zu Ungleichheiten beitragen, wenn bedeutende kulturelle Unterschiede zwischen verschiedenen Gruppen innerhalb eines Landes bestehen. Es ist unvernünftig zu behaupten, ein wirtschaftlicher Prozeß besitze nur deswegen fatale Mängel, weil einige Leute schneller vorankommen als andere oder weil einige dabei verlieren oder keine Fortschritte erzielen, während andere gewinnen.

Irgendwann einmal wird jedes höhere Einkommen bis zum Grund durchsickern, und der Wohlstand der reicheren Gebiete wird die ärmeren mit sich ziehen. Dieser Effekt wurde in allen Überflußländern beobachtet, auch wenn die Ungleichheiten selbst über längere Zeiträume hinweg nicht verschwinden und es so aussieht, als ob in vielen armen Ländern die Leute, die sich am weitesten unten befinden, dort noch sehr lange bleiben würden. Wenigstens in einigen Fällen dürfte es aber möglich sein, durch entsprechende Maßnahmen und eine „angepaßte Technologie" einiges für die Ärmsten zu tun. In der Praxis stellt sich doch häufig heraus, daß die jeweiligen Maßnahmen, die man durchzuführen versucht, in Wirklichkeit antiproduktiv sind und berichtigt gehörten.

Das ist von Wichtigkeit, weil die Probleme der Armut in der Welt immer weniger eine Frage zwischen einzelnen Nationen sind, sondern sich innerhalb der einzelnen Staaten abspielen. Selbst heute noch gibt es unter den zwei Milliarden Menschen, die in den Mittel-Einkommen-Staaten leben, fast ebenso viele arme Leute wie in den armen Nationen mit ihren insgesammt 1,25 Milliarden Einwohnern. Das sollte jedoch nicht unsere Ansicht von dem Erfolg trüben, dessen sich die Mittel-Einkommen-Staaten erfreuen.

Wir sind überzeugt davon, daß es falsch, wenn nicht gar unmoralisch wäre, würde man die anfänglichen Aussichten einer glücklicheren oder talentierten Minorität – und die nachfolgenden Aussichten einer größeren Mehrheit – nur deswegen gefährden, weil man eine relativ egalitäre Einkommensverteilung aufrechterhalten möchte, oder weil man schon bestehende Einkommensverhältnisse daran hindern wollte, sich noch weiter zu verzerren. Noch ungerechtfertigter wäre es, schon bestehende Ungleichheiten in einer ansonsten statischen Gesellschaft allein mit der Begründung aufrechtzuerhalten, daß jede Art von Korrektur die alten Ungleichheiten nicht schnell beseitigen, sondern nur neue erzeugen würde.

Die Menschen in den entwickelten Staaten neigen dazu, die Zunahme der Gefühle von Neid und Feindschaft, die sich in den Entwicklungsländern als Folge einer weniger gleichmäßigen Einkommensverteilung auf Grund einer unterschiedlichen Wirtschaftsentwicklung ergeben, stark zu übertreiben. In einigen Ländern hassen und beneiden die Armen die Reichen, in anderen Ländern trifft dies viel weniger zu. Uns ist kein Land bekannt, in dem diese Gefühle durch die Breite der Kluft, die Reiche und Arme trennt, besonders beeinflußt würden, obwohl sie von neu entstehenden Unterschieden sehr wohl berührt oder auch erzeugt werden können. Unter den nichtkommunistischen Ländern sind es nur die relativ reichen, wie etwa Schweden oder Dänemark, in denen der Egalitarismus als politische Frage von dominanter Bedeutung in Erscheinung tritt.

Die Menschen neigen stark dazu, äußerst unbefriedigt oder verärgert zu sein, wenn sie nicht erfolgreich sind oder wenn sie durch andere verdrängt werden. Das gleiche gilt, wenn sie feststellen müssen, daß sozioökonomisch ursprünglich Gleichgestellte in ihre Einkommensverhältnisse aufsteigen, während sie selbst zurückbleiben; das ist vor allem dann der Fall, wenn sie von ihren Nachbarn, Freunden oder Verwandten überflügelt werden. Viel weniger Neid empfinden sie, wenn sie von Leuten, die geographisch, sozial oder kulturell weit entfernt sind, übertroffen werden. Ländliche Gebiete gewinnen während der Modernisierung häufig weniger als städtische. Dieses Charakteristikum, das man in vielen modernisierenden Kulturen antreffen kann, sollte jedoch deutlich von der absichtlichen Inanspruchnahme ländlicher Gebiete unterschieden werden. Bauern mögen unter Umständen auf Fremde oder ihre eigenen Landsleute aus der Stadt schlecht zu sprechen sein, weil sie ihnen reich und raffgierig erscheinen, sie ärgern sich aber nicht darüber, daß die Stadt schneller modernisiert wird als das Land. Auch sind sie nicht der Meinung, daß sie um der Modernisierung willen ausgenützt werden – solange das nicht offensichtlich geschieht (was häufig der Fall ist).

Dieser Beanspruchungsprozeß war typisch für einige sozialistische Länder. Die UdSSR z. B. modernisierte, indem sie den nötigen wirtschaftlichen Mehrbedarf von den Kollektiven zwangsweise „einbrachte“. Zu einer ähnlichen Ausbeutung ländlicher

Gebiete, um den Städten zu helfen, kommt es häufig in Ländern, die wirtschaftlich schlecht vorankommen. So werden z. B. die Preise für Nahrungsmittel künstlich niedrig gehalten, damit sich die städtischen Gebiete politisch ruhig verhalten, was schwer zu Lasten der bäuerlichen Gebiete geht. Dieses Vorgehen wurde deshalb auch manchmal „der hohe Preis für niedrige Preise" genannt. Eine staatliche Kontrolle der Exportmärkte führt fast unausweichlich zu einer Ausnützung des landwirtschaftlichen Sektors. Auch können die steuerlichen Belastungen und Staatsausgaben ungleich verteilt sein.

Nur wenige demokratische oder autoritäre (nicht totalitäre) Länder bringen es fertig, sich schnell zu entwickeln, bevor sich noch die Landwirtschaft in einem guten Zustand befindet. In den meisten entwickelten oder nichttotalitären, sich entwickelnden Gesellschaften werden daher die notwendigen Überschüsse und die entsprechenden Arbeitskräfte erst durch einen Erfolg auf dem landwirtschaftlichen Sektor erzielt bzw. mobilisiert und dann dazu verwendet, den Rest des Landes zu modernisieren. Jedenfalls geht einer erfolgreichen Industrialisierung normalerweise ein geglücktes Wirtschaftsprogramm voraus, das den meisten Bewohnern ländlicher Gegenden zugute kommt, selbst wenn es dabei zu einem gewissen „Arbeitskräfteüberschuß" kommt und die Städte vielleicht noch reicher macht. Dies galt für Großbritannien, die USA, Japan und bis zu einem gewissen Grad für Taiwan. Es gibt Ausnahmen – vor allem unter den rohstoffreichen Ländern –, aber selbst sie sind kaum jemals in der Lage, lediglich auf Grund ihrer Ressourcen zu industrialisieren. Es scheint heute so, daß dies einigen der ölproduzierenden Länder gelingen könnte, aber auch hier ist das letzte Wort noch nicht gesprochen.

Anderen Ländern, die in der Lage waren zu industrialisieren, ohne zuerst die Landwirtschaft in Ordnung gebracht zu haben, gelang dies zum Teil deswegen, weil es heute verschiedene Möglichkeiten gibt. Spanien, Griechenland und die Türkei wußten sich dadurch zu helfen, daß sie Touristen ins Land holten und ihre eigenen Landsleute als Gastarbeiter ins Ausland schickten. Diese beiden Faktoren haben häufig so viel Geld hereingebracht, als dies das Öl für die meisten OPEC-Länder tat. Außerdem sind sowohl Tourismus als auch Gastarbeiterexporte arbeitsintensiv, und daher werden viele Leute auf produktive Art in diesen Prozeß eingegliedert.

Viele neokonfuzianische Länder, die bei ihren Entwicklungsanstrengungen so erfolgreich waren, bewiesen das auch auf ihrem landwirtschaftlichen Sektor, was auf jeden Fall in dem Sinne gültig ist, daß das Einkommen der Stadtarbeiter und das des Landarbeiters in etwa dasselbe ist. Das chinesische Mutterland wird für das Erreichen dieses Zieles sehr bewundert, die Japaner, Südkoreaner und Taiwanesen haben sich aber diesbezüglich wenigstens ebensogut, wenn nicht sogar besser geschlagen, und das mit weitaus geringeren wirtschaftlichen und menschlichen Kosten. (Dieser Vergleich ist nicht dazu gedacht, die zugegebenermaßen großartige Leistung der Rotchinesen zu schmälern, sondern soll sie nur in den richtigen Blickwinkel rücken.)

Der Begriff der Modernisierung

Einige Male schon haben wir Modernisierung als die Umwandlung einer Gesellschaft von dem vorindustriellen in den postindustriellen Zustand definiert – eine Umwandlung, die praktisch alle Aspekte einer Gesellschaft und Kultur betrifft. In gewisser Hinsicht ist dies eine leichte Zirkeldefinition, da ja die beiden Ausdrücke „vorindustriell" und „postindustriell" ausdrücken, daß es sich um einen „nichtindustriellen" Zustand handelt. Außerdem wird dadurch Industrialisierung mit Modernisierung gleichgesetzt. Nach unserer Auffassung ist aber die Industrialisierung oder deren Äquivalent nur einer von etlichen weiteren integralen Teilen des Modernisierungsprozesses. Als etwa Commodore Perry Japan zwang, seine Häfen zu öffnen, fand er eine Gesellschaft vor, die zwar schon ein großes Stück Weges in Richtung Modernisierung gegangen war, die aber überhaupt noch keinen Schritt in Richtung auf eine Industrialisierung getan hatte. Da die Japaner trotzdem schon viele Charakteristika einer modernen Gesellschaft besaßen, konnte ihr Land sehr schnell und relativ leicht industrialisieren. Schon bevor Perry ankam, war Japan ein starkes Staatsgebilde, besaß es eine hochentwickelte Geschäftsstruktur (einschließlich Warenmärkten), einen ziemlich hohen Bildungsstand und andere moderne Eigenschaften.

Ähnliches gilt für einige ressourcenreiche Länder. Besitz und Ausbau von Ressourcen setzen nicht unbedingt sehr viel Industrialisierung voraus, sie können aber Einkommen, Bildung und Infrastruktur fördern – und diese hinwiederum können wesentliche Schritte auf dem Weg zur Industrialisierung sein. Man kann sich heute durchaus eine moderne Gesellschaft vorstellen, die weitestgehend von den Erträgen aus Beteiligungen lebt, die sich aus der Ausbeutung ihrer Ressourcen ergeben, ohne sich dabei viel mit einer Industrialisierung abzugeben. Keines der OPEC-Länder hat sich bis jetzt allerdings offiziell zu einer solchen Strategie entschlossen.

Die Bedeutung und die Merkmale der Modernisierung ändern sich zweifellos je nach Zeit, Ort und anderen Bedingungen. Auf ähnliche Weise werden sich wahrscheinlich auch die postindustriellen Gesellschaften radikal von den heutigen unterscheiden. Tatsächlich war ja der erste Schritt zum postindustriellen Stadium die industrielle Revolution. Es war dies ein „westliches" Phänomen, wenn es auch etliches aus anderen Kulturen bezog – die Technologie von den Chinesen, die Null aus Indien, die Mathematik von den Arabern und so weiter. Trotzdem war keine andere Kultur in der Lage zu industrialisieren, selbst wenn die Bedingungen dafür günstig waren. Die besondere Gruppierung der notwendigen Faktoren, die Voraussetzung für die industrielle Revolution waren, ist spezifisch westlich. Als Folge davon galten „Verwestlichung" und „Modernisierung" lange Zeit als Synonyme. Heute jedoch ist dauerhaftes Wirtschaftswachstum ein Charakteristikum aller bedeutenderen Kulturgebiete und der meisten Nationen. Der Große Übergang wurde in seinen Dimensionen wirklich global.

Immer noch bedingt eine Modernisierung auch eine Industrialisierung (zumindest in einigen Stadien), es ist aber nicht länger mehr zulässig, sie als „Verwestlichung" zu beschreiben. Nach wie vor ist es nützlich, die Modernisierung mit einer noch nie dagewesenen Zunahme menschlichen Wissens auf technologischen Gebieten und einer Kontrolle über die innere und äußere Umwelt in Verbindung zu bringen. Von dieser Perspektive aus wird die Modernisierung allerdings im allgemeinen nicht unbedingt immer als vorteilhaft beurteilt. Sollte diese Entwicklung aber zu einer malthusianischen Katastrophe führen (zu einem verheerenden Zusammenbruch der Weltwirtschaft auf Grund einer Übervölkerung der Erde, wegen mangelnder Rohstoffe oder zu schwerer Umweltschäden), wie das einige Leute für wahrscheinlich, wenn nicht gar unvermeidlich halten, so wäre eine positive Bedeutung des Wortes *Modernisierung* natürlich unangebracht (was auch für den Fall eines sehr zerstörerischen, thermonuklearen Krieges oder anderer mißbräuchlicher und katastrophaler Einsätze der modernen Technologie zutreffen würde). Auch wenn sich eine Modernisierung von einem rein technokratischen oder wirtschaftlichen Gesichtspunkt aus als erfolgreich erwiese, dabei aber zugleich die „innere Umwelt" oder wertvolle menschliche Wertanschauungen zerstört würden, so wären wahrscheinlich sehr viele Menschen der

Meinung, daß diese Kosten zu hoch sind. Allerdings hätten wir es auch dann immer noch mit Modernisierung zu tun.

Die Beurteilung der Modernisierung ist – selbst in dem sehr weiten Sinne von „mehr oder weniger" modern – wegen der vielen davon betroffenen Dimensionen und der dazugehörigen ungreifbaren kulturellen Werte und Faktoren schwierig. In den USA und in Westeuropa sind ehrgeizige Versuche zur Aufstellung sozialer Indikatoren für den Fortschritt im Gange. Im wesentlichen versuchen diese Studien zu klären, ob der materielle Fortschritt auch zu vermehrtem menschlichem Glück und verstärkter Erfüllung führt oder ob er einfach nur „menschliche Bedürfnisse erfüllt". Ausgenommen die elementarste Ebene dieser Begriffe (Gesundheit, längeres Leben, Bildung usw.) ist es nicht sehr wahrscheinlich, daß dieser Versuch erfolgreich sein wird, da es nur wenig Übereinstimmung gibt, was brauchbare Indikatoren für Glück sind oder wie dieses zu messen sei. Es besteht nicht einmal Übereinstimmung darüber, was Glück ist, noch läßt sich irgendein offenkundiger Bezug zwischen Glück und Wohlstand oder Technologie oder irgendeiner anderen vernünftigen Definition von Modernisierung herstellen. Ganz im Gegenteil, die größten Philosophen und religiösen Führer der Erde sind grundsätzlich darin einig, daß Reichtum, materieller Besitz und technologischer Fortschritt keine wesentlichen Voraussetzungen für menschliches Glück darstellen.

Der Begriff der Erfüllung bringt vielleicht noch komplexere und ungewissere Fragen ins Spiel als jene nach dem Glück; es ist aber zu bezweifeln, ob eine dieser Fragen für eine Diskussion über das Wirtschaftswachstum überhaupt relevant ist. Wir selbst neigen zu einer Übereinstimmung mit dem folgenden Argument von W. Arthur Lewis:

> „Wir wissen nicht, welchen Zweck das Leben hat, wäre es aber Glück, so hätte die Evolution schon vor langer Zeit haltmachen können, da es keinen Grund dafür gibt, anzunehmen, der Mensch wäre glücklicher als ein Schwein oder als ein Fisch. Was den Menschen vom Schwein unterscheidet, ist, daß er eine größere Kontrolle über seine Umwelt ausüben kann, nicht, daß er glücklicher ist. Und auf Grund dieser Prüfmethode erscheint ein Wirtschaftswachstum äußerst erstrebenswert."[1]

Wir sind der festen Überzeugung, daß eine vermehrte Kontrolle der Umwelt (die zu vermehrtem Glück führen mag oder auch nicht) ein guter Indikator für den Grad der Modernisierung ist. Ebenso glauben wir, daß sie sehr erstrebenswert ist. Wirtschaftlicher Wohlstand und technologischer Fortschritt sind für eine Modernisierung wesentlich. Sie haben – wenigstens bis jetzt – dazu geführt, den alltäglichen Jammer und die tagtägliche Not zu vermindern, haben geholfen, mögliche Katastrophen zu vermeiden oder in ihren Wirkungen gering zu halten, und trugen zur Befriedigung einer Reihe menschlicher Bedürfnisse bei. Man kann nicht behaupten, Wohlstand und Technologie hätten immer zum menschlichen Wohlergehen Beitrag geleistet. Der Versuch, sie zu erlangen, ist mit großen kulturellen und menschlichen Kosten und Risiken verbunden. Ihr Besitz allein kann zu großem Unglück, zu Leiden und selbst zu Katastrophen führen. Wir sind aber der Meinung, daß einer der wesentlichsten Gründe für den Erwerb von Wohlstand und Technologie in ihrem Potential zur Erzielung einer größeren Sicherheit und vermehrter Handlungsfreiheit zu sehen ist – in ihren Fähigkeiten also, mehr und bessere Auswahlmöglichkeiten zu bieten. Wohlstand und Technologie können zum Durchhaltevermögen und zur Widerstandsfähigkeit einer Gesellschaft beitragen, indem sie deren Fähigkeit vergrößern, Katastrophen zu überleben und Probleme zu lösen. Bis vor kurzem noch war es gerade diese Orientierung auf das Überleben, die das wichtigste Ziel und Charakteristikum einer Modernisierung war.

Der Westen hat es nicht notwendig, seine Industrialisierung zu bereuen, selbst wenn sie gelegentlich zu Aggressionen führte oder solche ermöglichte. Fast alle erfolgreichen Gesellschaften waren zu der einen oder anderen Zeit aggressiv. Nach dem Zweiten Weltkrieg aber gab der Westen die Aggression mehr oder weniger auf. Die Industrialisierung wird häufig als Prozeß für sich oder wegen einiger ihr angeblich inhärenten Eigenschaften verteufelt, zu denen die marxistische Entfremdung der Person, die ästhetische „Verplastifizierung" materieller Güter und die „Lebensqualität" gehören oder die „imperialistische" Art und Weise, in der die Industrialisierung in die Entwicklungsländer getragen wird.

Die Kritiker der Industrialisierung sind bisher nicht willens gewesen, solche offensichtliche Erfolge wie Taiwan, Südkorea, Brasilien, Mexiko, Venezuela, die Elfenbeinküste, Spanien und Griechenland anzuerkennen Auch viele andere Länder könnten Erfolgsgeschichten erzählen. So sind im allgemeinen die ostasiatischen Kulturen entsprechend unseren Kriterien einer Modernisierung erfolgreich, obwohl sie, mit Ausnahme Japans, vor dem Zweiten Weltkrieg diesbezüglich völlige Versager waren. Berücksichtigt man die wachsende Dominanz von Anti-Wachstum-Gefühlen während der vergangenen Jahre, so ist es wichtig, darauf hinzuweisen, daß man vom Studium der Erfolge der einen mindestens ebensoviel lernen kann wie von den Mißerfolgen anderer.

Im 20. Jahrhundert ist es vernünftig und auch für viele Zwecke und für praktisch alle Länder zutreffend, die Diskussion über die Modernisierung auf den wirtschaftlichen Wohlstand und den technologischen Fortschritt zu beschränken. Sicher heißt das nicht, dabei die Bedeutung anderer Faktoren und Eigenschaften, die die „innere und die äußere Umwelt" der Menschen und Institutionen bestimmen, außer acht zu lassen. So sind kulturelle Faktoren, die den einzelnen und die soziale Motivation beeinflussen, von zentraler Bedeutung (Einstellung gegenüber der Arbeit, familiäre Beziehungen, geschäftliche und staatliche Praktiken, Loyalität gegenüber Organisationen und Disziplin). Bei ihrer Beurteilung und in dem Verständnis ihrer Auswirkungen bei der kulturellen Anpassung an die Modernisierung werden diese Faktoren jedoch am besten daran gemessen, wieviel sie zum Wirtschaftswachstum und zum technologischen Fortschritt beitragen.

Probleme der Verteilung, der Qualität und des Maßstabes vermindern zwar den Wert solcher Indizes wie BSP und BSP pro Kopf, negieren ihn aber nicht. Es mag scheinen, als ob jeder Versuch, in der Praxis nur eine einzige Zahl zur Einordnung der einzelnen Länder zu verwenden, solch drastische Vereinfachungen und Verzerrungen herbeiführen würde, daß das Ergebnis unbrauchbar ist. Bei der Anwendung stellt sich aber dann heraus, daß dies nicht zutrifft. Im Prinzip können die meisten Nationen auf eine numerische Fortschrittsskala gesetzt werden, indem man einfach das BSP/Kopf als Index sowohl des wirtschaftlichen Wohlstandes als auch des technologischen Fortschrittes verwendet. In einem etwas geringeren, aber immer noch brauchbaren Maß bieten Vergleiche zwischen den BSP und den BSP/Kopf interessante Abschätzungsmöglichkeiten für die „Distanz" zwischen zwei Ländern. Dieses relative Maß kann nicht nur als Vergleichsmaßstab zwischen den Nationen herangezogen werden, sondern auch dazu benützt werden, den Fortschritt einer bestimmten Nation im Laufe der Zeit zu verfolgen.

Das BSP/Kopf ist heutzutage wahrscheinlich ein besserer Indikator, als es das vor 100 Jahren gewesen wäre oder es in 50 Jahren in irgendeiner überwiegend postindustriellen Gesellschaft sein wird. Ergibt sich der Großteil des BSP einer postindustriellen Gesellschaft aus Dienstleistungen und verdient jedermann seinen Lebensunterhalt dadurch, daß er „die Wäsche des anderen wäscht", oder durch einen vergleichbaren Prozeß, so könnte es schwierig werden, den Begriff des BSP und des Pro-Kopf-BSP im gleichen Sinne wie heute zu verwenden. Wir wollen hier aber den Wert dieser Maßeinheit zur Bestimmung des Wohlstandes oder der Modernität einer Gesellschaft auch nicht überbewerten; er ist ganz offensichtlich weit davon entfernt, vollkommen zu sein. Es ließe sich jede Menge Anomalien dafür aufzählen, angefangen von den Slums New Yorks bis zu den ungeheuren Unterschieden zwischen den Nordostprovinzen Brasiliens und seinen emporwachsenden Städten São Paulo und Rio de Janeiro. Dennoch aber sind dies eben Anomalien und nicht die Norm.

Die unsichtbare Hand des Marktes

In der nichtsozialistischen Welt ist die Einführung von Marktkonzepten und -mechanismen, wie etwa die Verwendung von Geld, Preise und unpersönliche, finanziell motivierte Tauschgeschäfte und ähnliche Aktivitäten, ein wichtiger Aspekt der Modernisierung. Viele primitive Gemeinschaften haben wenig oder keine Vorstellung von einem rein wirtschaftlichen Austausch. Sie neigen dazu, diese Tauschgeschäfte – ob das nun Geschenke oder Arbeiten sind – als integrale Teile einer hierarchischen, familiären oder selbst feudalen Ordnung zu sehen. Einzelne mögen Geschenke verteilen, ohne irgendwelche unmittelbaren Gegenleistungen zu erwarten. An westlichen Konzepten orientierte Beobachter würden die Handlungen dieser Geschenkegeber als Schaffung von Kreditmöglichkeiten einstufen (oder gar als Gewährung eines Darlehens oder Leisten einer Einzahlung). Benötigen die Schenker ihrerseits später etwas, so werden ihnen die Beschenkten freudig ein „Gegengeschenk" von dem, was sie benötigen, geben – wobei das Retourgeschenk mit dem erhaltenen wenigstens vergleichbar sein wird. Würde mann all die Transaktionen dieser Art über längere Zeit hinweg verfolgen, so würden die „Rückgeschenke" wahrscheinlich im Durchschnitt ganz ähnlich einzustufen sein, als wären sie kommerzielle Handels- und Vertragsaktivitäten gewesen – zumindest gilt dies dann, wenn man einige Korrekturen für die dazugehörigen Verhältnisse anbringt.

Stillschweigende Übereinkünfte mögen ebenfalls in der Verkleidung von Geschenken erfolgen. Nach einer gewissen Zeit kann es dann zu einem echten Vertragsabschluß kommen, das Grundkonzept des „ich gebe dir ein Geschenk, weil ich dich mag (oder weil ich dir auf Grund unserer Beziehungen verpflichtet bin)" bleibt jedoch erhalten. „Du bist mein Freund (Verbündeter,

Vasall oder Herr). Du wirst mir ein Gegengeschenk machen, weil du mich magst (weil es so Sitte ist oder du dazu verpflichtet bist)." Es wird normalerweise als schlechte Umgangsform eingestuft (je nach den relativen sozialen, ökonomischen Situationen), wenn man nicht Gegengeschenke von zumindest gleichem, wenn schon nicht höherem Wert gibt. Dies unterscheidet sich nicht so sehr von den Gepflogenheiten des Schenkens und der dazugehörigen Beziehungen in den USA oder in Europa, obwohl wir dies normalerweise nicht als marktorientierte oder den gewöhnlichen kommerziellen Transaktionen vergleichbare Handlungen ansehen.

Die Vorstellung, Geschäfte auf unpersönliche Weise mit jemandem abzuwickeln, den man unter Umständen auch gar nie zu Gesicht bekommt, existiert in vielen vorindustriellen Kulturen gar nicht oder nur sehr beschränkt. Die Fähigkeit der modernen Geschäftswelt, weltweit tätig sein zu können, ohne dabei in starke und dauerhafte persönliche, familiäre oder soziale Bindungen eingebunden zu sein, ist ein ungeheurer Vorteil. Das heißt nicht, daß jeder primitive Handel unbedingt nur das ist, was man unmittelbar davon zu Gesicht bekommt, oder daß er sich nur auf ein gegenseitiges Beschenken beschränkt. Letzteres wird unter einfachen Leuten vielmehr dieselben Funktionen und Formen wie die normalen Tauschgeschäfte und der Handel haben – es kann zu einer intensiven und „unpersönlichen" Geschäftsabwicklung kommen. In einem ganz ungewöhnlich hohen Grad jedoch repräsentiert dieser Geschenkaustausch auch mindestens ebensoviel soziale und symbolische Austauschaktivitäten wie der Handel.

Ähnliche Austauschgepflogenheiten sind auch im heutigen Südkorea und Japan üblich, wo die Leute häufig Geschenke machen, ohne deswegen ein sofortiges *quid pro quo* zu erwarten. Geschenke werden ausgetauscht, um eine psychologisch gute Atmosphäre zu erzeugen und aufrechtzuerhalten. Sie werden nicht als Bestechungsversuch oder Schmiergelder angesehen. Spezifische Zahlungen werden nicht für bestimmte Handlungen gemacht, auch wird nicht eine bestimmte Gegenleistung erwartet. Die Koreaner (zu einem geringeren Ausmaß auch die Japaner) sind oft überrascht, wenn Fremde auf solche Geschenke negativ reagieren. Sie sind nicht unbedingt dazu gedacht, den Empfänger in irgendeiner Weise zu beeinflussen, sondern sind eher Ausdruck von Höflichkeit, Sitte, Respekt, Freundschaft oder Bewunderung. (Es gibt auch genügend Bestechungsaffären und Korruption, die Grenzen können aber nicht scharf gezogen werden.)

Auch heute noch existieren in den USA und zu einem noch größeren Ausmaß in Europa umfangreiche Überreste der traditionellen, persönlichen Geschäftsbeziehungen. Ja, es ist davon noch so viel vorhanden, daß die Amerikaner die häufigen Anschuldigungen, sie würden zwischenmenschliche Beziehungen nicht schätzen und in Amerika wäre alles Geschäft, nicht verstehen. Diese Anschuldigung ist jedoch weitgehend gerechtfertigt. Besorgt in den USA jemand seinem unfähigen Schwager einen guten Posten in seiner Organisation, so wird das dort Selbstsucht genannt. Bekommt die Stelle jedoch ein fähiger Fremder, so ist das uneigennützig. Die übrige Welt kehrt diese Beurteilung häufig in ihr Gegenteil um und ist der Meinung, man sei verpflichtet, den unfähigen Schwager anzustellen. Im Gegenteil, je unfähiger der Schwager, um so größer die Verpflichtung – denn wenn ihn nicht der Verwandte anstellt, wer sonst soll ihn dann anstellen? Die Tatsache, daß das dem Geschäft, der Karriere und den Gewinnen abträglich ist, ist sekundär. Andererseits ist die Anstellung eines fähigen Fremden gut für die eigene Karriere oder das Geschäft und wird daher als selbstsüchtiges Verhalten gewertet.

Langfristig erwarten auch wir eine Rückkehr der Welt zu den intimeren „menschlichen“ Beziehungen an Stelle der unpersönlichen „geschäftlichen“ Verbindungen. Kurzfristig aber neigen wir zu der Annahme, daß die amerikanische Form für die Welt wahrscheinlich der bessere Weg ist, da sie den derzeitigen weltweiten Markt in seiner ganzen Effizienz erst ermöglicht. Selbst in inneren Angelegenheiten kann es der Gesellschaft als Ganzes oft mehr zum Wohle gereichen, wenn eine Firma ihre überschüssigen Arbeitskräfte entläßt und sie zwingt, sich eine andere Beschäftigung zu suchen, als daß sie die Lohnkosten für viele Jahre tragen müßte.

Modernisierung und Planwirtschaft kontra freie Marktwirtschaft

Es gibt weder eine Plan- noch eine freie Marktwirtschaft in reiner Form. Auch die freiesten Märkte der Welt werden ohne Leerlauf, Kontrollen und Eingriffe nicht auskommen. Und gleichgültig, wie sehr eine Wirtschaft unter Kontrolle steht, es wird immer zu einer Reihe von ungeplanten, nicht offiziellen, grauen, schwarzen oder illegalen Transaktionen kommen, die auch häufig zu einer reibungsloseren Abwicklung und zu einer erhöhten Flexibilität des Systems führen. (Einer der Gründe dafür, daß wir die übliche Kritik an den fortschrittlichen kapitalistischen Nationen, ihre Märkte seien so geordnet oder sonstwie eingeschränkt, daß das Modell des freien Marktes unzutreffend ist, nicht ernst nehmen, liegt darin, daß unserer Meinung nach das Modell des freien Marktes in vielen sozialistischen Ländern zutreffender ist, als man das gemeinhin erwarten würde.) Wir sind auch der Meinung, daß unter den gegenwärtigen Umständen ein größeres Maß an Freiheit bei der Marktauswahl, der Marktorientierung und den Marktpreisen die Funktion der meisten Wirtschaften verbessern würde, seien das nun nominell sozialistische oder auch freie Märkte. In praktischer Hinsicht glauben wir, daß eine relativ freie Marktwirtschaft auf die grundlegend richtige Annahme gegründet ist, daß Eigeninteressen und persönliches Engagement die wichtigsten Anreize für rationelles und hoch motiviertes Verhalten bilden, falls das kulturell akzeptabel ist.

Dazu kommt, daß bei stärkerer Anwendung der freien Marktkräfte, auch wenn sie nicht hundertprozentig zufriedenstellend arbeiten, der Staat und die Gesellschaft von einem großen Teil der enormen und schwierigen Aufgabe befreit wird, die vielen administrativen und planenden Posten zu schaffen, die in einer Planwirtschaft benötigt werden. Es sind das auch genau jene Fähigkeiten, unter deren Mangel die meisten Entwicklungsländer verzweifelt leiden. Dieser Mangel ist auch eines der wesentlichsten relevanten Argumente für eine Forcierung von Preismechanismen. Wie dem auch sei, viele der sozialistischen Länder bewegen sich heute ebenfalls in Richtung eines größeren Einsatzes der Marktmechanismen und von umfassenden Strategien. Dennoch glauben wir, daß die Wirtschaftsentwicklung Südkoreas und Taiwans nicht sehr viel anders verlaufen wäre, hätte ihre Gesamtplanung aus nichts anderem als nur einem ein wenig detaillierteren „Zukunftsbild" bestanden, einer Liste von Projekten, die auszuführen wären, und der Wahl einer Entwicklungsstrategie (z. B. exportorientiert). Das Zukunftsbild hätte zur Koordinierung beigetragen, hätte gemeinschaftliche Erwartungen aufkommen lassen und brauchbare Planungszusammenhänge geliefert. Projekte müssen natürlich auch im Detail geplant werden, obwohl ein gewisses Maß an „Hindurchwursteln" unvermeidlich und sogar wünschenswert sein wird. Es ist nützlich, zur Illustration von „Zukunftsbildern" spezielle Zahlen zu verwenden, es kann jedoch äußerst gefährlich werden, diese Zahlen wörtlich zu nehmen und sich auf sie zu verlassen. Was für gewöhnlich benötigt wird, ist ein „geplantes Hindurchwursteln" mit ebensoviel Betonung auf dem „Hindurchwursteln" wie auf dem Planen.

Staatliche Pläne zur Entwicklung von gesamtwirtschaftlichen und sozialen Indizes sind oft weniger verläßlich als erfahrene Prognostiker, die einfach die Zukunft nach dem, was sie sehen, vorhersagen und die *a priori* diese Prognosen entsprechend den angekündigten Absichten der Regierung auf die am besten entsprechende Weise modifizieren. In den meisten Ländern wird ein kompetenter Außenseiter mit Zugang zu den meisten erreichbaren Daten bessere Resultate erzielen als der staatliche Bürokrat, dessen Gefühle und politische Karriere in das Problem hineinspielen und für den es oberstes Gebot ist, das Gesicht zu wahren, die Moral zu erhalten oder zu erhöhen, und der sich einer speziellen politischen Redeweise unterwerfen muß. So hat etwa in den USA keiner der Wirtschaftsberater des Weißen Hauses (Council of Economic Advisers) auch nur eine der sechs Rezessionen der Nachkriegszeit vorausgesagt, obwohl viele private Prognosen diesbezüglich recht gut lagen.

Der im nächsten Abschnitt detaillierter behandelte Planungsprozeß in Südkorea, auf Taiwan und in Japan verlief ähnlich. In allen drei dieser Länder wurde bei der umfassenden Planung mehr Bedacht darauf genommen, Richtlinien festzulegen, anstatt Details vorzuschreiben. Dies gibt ein Gefühl für die einzuschlagende Richtung, während es gleichzeitig Flexibilität und ein geplantes Hindurchwursteln gestattet. Das steht im scharfen Gegensatz zu der zentralistischen Planung vieler sozialistischer Staaten und der sozialistisch beeinflußten Planung in anderen Gebieten, wo Ziele und Absichten zu moralischen Fragen gemacht werden – „der Plan muß unter allen Umständen erfüllt werden". Zusätzlich zu der Last dieser moralischen Imperative sind die sozialistischen Wirtschaften noch gezwungen, ihre Ressourcen so aufzuteilen, wie das der Regierungsapparat – der sich aus Politikern, Bürokraten und Technokraten zusammensetzt – wünscht. Die sozialistischen Planer dürfen keine Rücksicht auf populäre und spezielle Interessen nehmen, auch wenn sie auf Arten und Weisen erfolgreich wären, die von dem Plan nicht vorhergesehen wurden. Im Gegenteil, sie könnten zu diesem in Widerspruch geraten. Da gibt es dann keinen Platz für Leute, „die herumgehen und die Dinge erledigen, ohne daß es ihnen erlaubt wäre", um Lewis Laphams treffend gewählte Phrase zu verwenden.

Die sozialistischen Regierungen treffen Entscheidungen auf Grund von zentralistischen Planungen. Um das tun zu können, benötigen sie einen Plan. Unter diesen Umständen ist allerdings ein schlechter Plan immer noch besser als gar keiner, da letztere

Situation zum Chaos führt. Dies ist die Schwachstelle eines jeden Systems, in dem die Gesellschaft schon viele Jahre im voraus ernstlich an die Aufstellung von umfassenden Plänen gehen muß. In den kapitalistischen Wirtschaften hingegen werden jene Teile der Gesellschaft, die erfolgreich sind – ob das nun geplant war oder nicht –, automatisch Ressourcen aus den mehr oder weniger „privaten" Finanz- und Arbeitsmärkten anziehen sowie aus den Betriebsgewinnen und Bruttoerträgen, die von den erfolgreichen Firmen stammen. In den meisten sozialistischen Wirtschaften existiert kein vergleichbarer Prozeß.

Selten nur wird eine klare Unterscheidung zwischen zentralistischer Planung und „flexibler Planung" getroffen (letzteres ist ein etwas eleganterer Ausdruck für „geplantes Hindurchwursteln", obwohl ich persönlich diesen vorziehe). Die flexible Planung gestattet *ad hoc* Reaktionen auf sich verändernde Bedingungen und die wirkungsvolle und schnelle Nutzung eines unvorhergesehenen Erfolges – der sich häufig schon lange vor dem Zeitpunkt eingestellt hat, zu dem die zentralen Behörden und Fachleute auch nur davon gehört haben.

Die modernen Industriewirtschaften sind viel zu komplex, als daß eine wirkungsvolle Planung von der Spitze bis ins letzte Detail möglich wäre. Tatsächlich ist es ja so, daß die Gesellschaft (und manchmal auch Projekte und Organisationen) wachsen. Sie sind nicht wirklich konstruiert. Der Wachstumsprozeß entwickelt eine eigene Dynamik und Richtung, die nicht immer so beeinflußt oder gelenkt werden können, daß der Theoretiker damit zufrieden wäre – oder auch nur der „Fahrer". Starre und umfassende Planungsmethoden führen zu bedenklichen Engpässen, zu extremer Unbeweglichkeit sowie zu künstlichen und uniformierten Entscheidungen. Solche Methoden entmutigen jede persönliche oder private Initiative, reduzieren die Bedeutung kreativer, aber dezentralisierter Sektoren auf ein Minimum und fördern die Wahl falsch gewählter Ziele.

Der zweite Fünfjahresplan Indiens (1955–1960), auch als Mahalonobis-Plan bekannt, ist ein klassisches Beispiel solch einer antiproduktiven, zentralistischen Planung. In Übereinstimmung mit der sozialistischen Denkungsart der damaligen Zeit verlegte er das Schwergewicht der indischen Wachstumsstrategie von einer arbeitsintensiven Produktion im kleinen Maßstab auf den Kapitalgütersektor und die Schwerindustrie. Dieser Wechsel wurde von der Idee getragen, daß ein Wachstum, das auf eine Erhöhung des Beschäftigungsstandes abzielt, lediglich zu größeren Lohnzahlungen führen würde, die ihrerseits wieder die Nachfrage nach Konsumgütern steigern und damit die Ressourcen aus der Produktion von Kapitalgütern abziehen würden. Der Plan unterschätzte daher die Bedeutung der Arbeitsplatzbeschaffung, und, was vielleicht noch wichtiger war, er ließ die Bedeutung der Landwirtschaft außer acht. Insgesamt gesehen verzögerte dieser Plan wahrscheinlich Indiens mögliches Wachstum ganz erheblich.[2]

Das kapitalistische System, das so sehr von der „unsichtbaren Hand des Marktes" abhängig ist, kann die sogenannten „Marginal Input Organizations" (MIO)* wirkungsvoll einsetzen. Von Bedeutung ist dies vor allem in Kulturen, die sich noch in einem relativ vormodernen Zustand befinden. Die Leistungsfähigkeit der MIOs beweist, daß der Kapitalismus weniger Anforderungen an die Administration, die Führungsspitzen, die Entscheidungsbildung und an das Management stellt, als das im sozialistischen System der Fall ist.

Bis zu einem bemerkenswerten Maß müssen sowohl in einem kapitalistischen System des privaten freien Unternehmertums wie auch in einem zentral gelenkten sozialistischen Staat die gleichen Zuteilungsprobleme gelöst werden. Abgesehen von Fragen der Durchsetzungskraft und der Fähigkeit dürfte es nicht viel Unterschied ausmachen, wer die Entscheidungen trifft und die Berechnungen ausführt. Die Antworten werden – wenigstens im Prinzip – häufig dieselben sein. Jedoch zeigt sowohl die Theorie wie auch die Praxis, daß bei einer entsprechenden Struktur und Verwaltung der zugrunde liegenden Wirtschaft ein dezentralisiertes, privatwirtschaftliches System, das von einer fähigen, stark motivierten Regierung geleitet wird, dann einer ebenso fähigen und motivierten, aber zentralistisch organisierten Staatsbürokratie bei weitem vorzuziehen ist, wenn es sich um die Ausführung von Analysen, die Durchführung von Beschlüssen und um die Schaffung bzw. Aufrechterhaltung von wirkungsvollen, elastischen und schnell reagierenden Organisationen handelt. Einer der Gründe dafür

* Wir verwenden hier den Ausdruck „MIO", um uns auf Organisationen zu beziehen, die mit einem Minimum an eingesetzten Arbeitgebern, Arbeitnehmern und Kapital eine beachtliche Menge an Produkten herstellen. Die MIOs reichen von den typischen „vormodernen" Bauern über die „Ausbeuterbetriebe" bis zu allen anderen Organisationen, die keine moderne, hochqualitative Ausrüstung oder adäquates Personal benützen. Bis in die jüngste Vergangenheit kam rund die Hälfte der Produktionsgüter Japans von solchen Organisationen. Auch in den USA spielten sie bis zum Beginn des Zweiten Weltkrieges eine erhebliche Rolle.

liegt darin, daß eine zentralistische Planungsorganisation einen ungeheuren Aufwand an Zeit und anderen Mitteln treiben muß, um das politische und bürokratische Überleben der Organisation und ihrer Funktion sowie deren Verteidigung und Einfluß zu gewährleisten. Im Gegensatz dazu wenden in einem kapitalistischen System die Geschäftsleute (zu denen auch häufig die Manager staatlicher Unternehmen, die auf Gewinnbasis arbeiten, gehören), Vertragspartner, Käufer und Konsumenten wesentlich mehr Zeit für ein intensives Studium spezieller Probleme auf als für die Gesamtplanung. Die Zahl der Planungsstunden ist wahrscheinlich höher, und die Qualität sowie die Intensität der Planung ist natürlich fast automatisch größer. Die Hauptfrage ist nicht „Entweder Planung oder Chaos?", sondern vielmehr: „Wer führt die Planung aus?" Mit welchen Motivationen? Und wie starr oder flexibel geschieht dies alles?

Trotz einer Bilanz, die mehr Fehlschläge als Erfolge aufweist, und trotz der Tatsache, daß dies den meisten Entwicklungsfachleuten, vor allem jenen in internationalen Organisationen wie der Weltbank, durchaus bekannt ist, erfreut sich eine zentralistische Planung immer noch großer Beliebtheit. Der Grund dafür liegt zum Teil in der ungeheuren Begeisterung der frühen Vertreter einer Planwirtschaft, wie etwa Gunnar Myrdal, der den Planungsprozeß richtiggehend romantisierte und idealisierte. Myrdal beschreibt die Planung als Ideologie von ganz überragender Bedeutung, die die „intellektuelle Matrix" der „modernen Ideologie" werden sollte:

> „Die der Wirtschaftsplanung zugrunde liegende Idee besteht darin, daß der Staat eine aktive, ja entscheidende Rolle in der Wirtschaft übernehmen soll: dadurch daß er selbst zum Unternehmer wird, Investitionen tätigt und verschiedene Kontrollfunktionen – Veranlassungen und Restriktionen – über den privaten Sektor ausübt, sollte der Staat die wirtschaftliche Entwicklung initiieren, anspornen und steuern. Diese staatlichen Maßnahmen sollten vernünftig koordiniert werden, wobei diese Koordination in einem umfassenden Plan für eine Reihe von Jahren im voraus explizit niedergelegt werden."[3]

Entsprechend dieser Denkungsart könnte der Plan in einem Entwicklungsland zu einem fast sakrosankten Dokument werden.

Es ist leicht einzusehen, warum die Glorifizierung eines staatlichen Planes für Regierungsbeamte und akademische Berater so reizvoll ist. Er stellt ja einen rationalen, logischen, ja fast „wissenschaftlichen" Entwurf dar, der der zentralen Rolle der Bürokraten und Ökonomen bei dem Entwicklungsprozeß die entsprechende Berechtigung gibt. Er bietet eine rationale Grundlage für kraftvolle Handlungen, verspricht (wenigstens auf dem Papier) meßbare Resultate, liefert eine pseudowissenschaftliche Fassade von Verantwortung und Umsicht und gibt den völlig irreführenden Eindruck von Sauberkeit und Ordnung wieder. Unglücklicherweise gibt es keinerlei Garantien dafür, daß die angestrebten Ziele die richtigen sind, die Verteilung der Ressourcen wirkungsvoll oder die Durchführung praxisgerecht sein wird.

Es wäre wahrscheinlich sinnvoll, würden die Entwicklungsstrategen anfangen, der nationalen Planung weniger Bedeutung beizumessen. Sie sollten darauf hinweisen, daß die nationale Planung zwar wichtig, jedoch nicht wesentlich ist. P. T. Bauer, einer der wenigen profilierten Wirtschaftsfachleute, der die Verlagerung des Schwergewichtes auf die Planung bedauert, hat darauf hingewiesen, daß keines der heute hochentwickelten Länder einschließlich der Sowjetunion während der frühen Entwicklungsstadien nationale Planung betrieb.[4]

Planung in Japan, Südkorea und auf Taiwan

Japan, Südkorea und Taiwan bieten ausgezeichnete Beispiele für erfolgreiche, flexible Planung. Diese Art der Planung eignet sich ganz besonders für Entwicklungsländer, deren Wirtschaftswachstum vor allem einen Aufholprozeß und nicht so sehr eine Pioniertat darstellt. Die Industrien, Infrastrukturen, Technologien und Methoden bestehen schon. Das Problem vieler Entwicklungsstaaten liegt nicht so sehr darin, vorherzusehen, was als nächstes kommen wird, sondern das, was schon besteht, auf die richtige Weise anzuwenden. In dieser Hinsicht ist eine Planung wahrscheinlich für die Entwicklungsländer relevanter als für die schon hochentwickelten Wirtschaftsgefüge, die sich immer noch auf der Erkundung des richtigen Weges zur entstehenden postindustriellen Gesellschaft befinden. Es ist schwierig, für Ziele zu planen, die nicht deutlich umrissen sind und noch viel weniger allgemein akzeptiert oder verstanden werden.

Die Planungsmethoden Japans, Südkoreas und Taiwans können nicht einfach kopiert werden. Ihre Methoden sind Produkte der jeweiligen Kultur, Tradition und der eigenständigen Fähigkeiten eines jeden dieser Länder. Trotzdem sind wir der Meinung, daß sowohl einzelne spezifische Aspekte als auch allgemeine Prinzipien ihrer Erfahrungen weitgehend übernommen und eingesetzt werden können. Die Vorzüglichkeit der südkoreanischen, taiwanesischen (und – bis zu den späten sechziger Jahren – auch der japanischen) Planung verdient es und läßt es auch zutreffend erscheinen, daß man näher auf sie eingeht und ihre Vorgangsweise illustriert. Die Diskussion dieser Beispiele wird uns auch gleich ein paar realistische Details liefern.

Sowohl in Südkorea wie auch auf Taiwan wurde eine moderne Wirtschaftsplanung von Außenseitern (den USA) eingeführt, und sie wurde auch vorwiegend für den Konsum außerhalb des Landes eingesetzt. Es wäre nicht ganz unrichtig zu behaupten, daß die primäre Absicht des ursprünglichen Plans darin bestand, die amerikanischen Berater zu befriedigen. In jüngerer Zeit dienten die Pläne dann mehr zur Untermauerung der Kreditwürdigkeit und als Begründung für potentielle Kreditgeber und Investoren, als daß sie für die interne Entscheidungsfindung noch notwendig gewesen wären.[5] Es ist das eine typische Situation für den Fall, daß ausländische Experten, speziell jene der Weltbank, neuen Nationen bei der Entwicklung nationaler Kredite und finanzieller Hilfen beistehen.

In beiden Ländern trug die Wirtschaftsplanung auch zur Stärkung und Legitimation der Regierung bei, indem diese ihren Bürgern erklärte, was sie beabsichtigte. Bis zu einem gewissen Grad ist dies eine der Schlüsselfunktionen bei Planungsaufgaben in jedem Entwicklungsland. Es ist jedoch wichtig, daß sich im Laufe der Zeit die Ergebnisse auch mit den Versprechungen decken. Gleich wichtig ist es, daß diese die Ergebnisse nicht begrenzen sollten. Japan, Südkorea und Taiwan sind wirtschaftlich regelmäßig besser vorangekommen, als das in ihren Plänen vorgesehen war. Ja, die Regierungen untertrieben manchmal absichtlich die möglichen Resultate, um die Glaubwürdigkeit von Zielen nicht zu verspielen, deren Erreichen ansonsten niemand für möglich gehalten hätte. Häufig genug waren die jeweiligen staatlichen Stellen selbst angenehm davon überrascht, wie sehr die offiziell gesteckten Ziele übertroffen wurden.

Als das sehr schnelle Wachstum dieser Länder während der gesamten sechziger Jahre anhielt, wurde es immer offensichtlicher, daß ein langfristiger Zukunftsausblick notwendig wäre. Den Anfang machte dann Japan mit dem bekannten „Plan zur Verdoppelung der Einkommen", den das Kabinett des Ministerpräsidenten Ikeda ausarbeitete. Er setzte sich eine Verdoppelung von Japans Pro-Kopf-BSP in dem Zeitraum von 1960 bis 1970 zum Ziel. Tatsächlich schnellte das BSP/Kopf dann in diesem Zeitraum um das 2,8fache des realen Wertes (4,5 nominell) in die Höhe. Osamu

Shimomura, der als einer der Mitbegründer des Plans angesehen wird, machte dann einige recht aufschlußreiche Bemerkungen darüber, wie dieses Resultat zustande kam:

„Genaugenommen bezeichnete das Wort ‚Plan', so wie es von der Regierung verwendet wird, nicht etwas, das die Form eines Planes hat. Die frei Wirtschaft hat ihn überholt. Wäre es ein Plan, so müßte jeder Überschuß unter Kontrolle gehalten werden. In den Debatten der Nationalversammlung und den Kommentaren der Zeitungen wird daher immer wieder darauf hingewiesen, daß es doch eigentlich sonderbar ist, daß die Wirtschaft den Plan übertreffen kann. Man argumentiert dort, es sei unverantwortlich, daß Wachstum nicht zu bremsen. Dies aber widerspricht den wesentlichsten Grundsätzen einer freien Wirtschaft.

Während der vergangenen zwanzig Jahre beschrieb die Agentur für Wirtschaftsplanung die Vorgangsweise der Wirtschaft mit dem Wort ‚Planung', und sie scheint dabei nicht den Eindruck gehabt zu haben, daß es sich um einen Widerspruch handelt. Verändern sich die Umstände, so war das freie Unternehmertum immer in der Lage, sich anzupassen. Das ist eben der Mechanismus der freien Wirtschaft. Fragt man sich, was dann die Regierung noch tun könne, so ist zu sagen, daß sie unterstützende Maßnahmen ergreifen kann, wie zum Beispiel die Lebensbedingungen verbessern, Ausarbeitung von öffentlichen Arbeitsprogrammen und andere, ähnliche Maßnahmen treffen kann, um den Bedingungen zu entsprechen. All das sind Dinge, die man ihrer Natur nach nicht ‚Wirtschaftsplanung' nennen würde."[6]

Der Übergang zu einer langfristigen Planung (die man vielleicht besser als „langfristiges Vorausdenken" bezeichnen sollte), ist sehr wichtig. Einige Länder (unter ihnen Malaysia und Indonesien) sind nun dabei, zumindest informelle Richtlinien für zehn Jahre oder mehr auszuarbeiten. 1973 veröffentlichte die Regierung Taiwans einen Umriß der nationalen Ziele für 1990; zur selben Zeit gab Südkorea eine umfassende Reihe von Zielen, die bis 1981 verwirklicht werden sollten, bekannt. Als Futurologen sind wir der Meinung, daß eine Konzentration auf die langfristige Zukunft, um die Dinge zu durchdenken, gerade das richtige ist; richtig für eine Vorgangsweise, die man auch als „romantische" oder „literarische" Planung bezeichnen könnte und in der man eben Zukunftsbilder (einschließlich quantitativer) entwirft. Die langfristigen Pläne eines Landes sollten auch ein Bild dessen einschließen, was ein Wirtschaftswachstum für den zukünftigen Lebensstandard bedeuten und welche Verbesserungen es für die Lebensqualität des durchschnittlichen Bürgers bringen würde.

Die Regierungsabteilungen Taiwans und Südkoreas, die mit der nationalen Wirtschaftsplanung befaßt sind, beschäftigen sich mit makroökonomischen Faktoren und Fragen der Integration. Im wesentlichen entwirft jedes Ministerium seinen eigenen detaillierten Plan. Die nationalen Pläne werden vom Grunde her entworfen; sie sind letztlich eine Zusammenfassung vieler verschiedener Pläne, die ständig revidiert werden. Der nationale „Plan“ liefert dann Aussichten, ohne dabei Beschränkungen aufzuerlegen.

Sowohl die Regierung Südkoreas als auch die Taiwans konzentrieren sich auf jene Projekte, die nach den höchsten Regierungsausgaben verlangen, d. h. vor allem auf Aufgaben der Infrastruktur, die die Entwicklung des privaten Sektors fördern. Der Plan vermittelt dem privaten Unternehmer und Geschäftsmann daher eine Vorstellung davon, wo während der nächsten Jahre neue Eisenbahnen oder Dämme gebaut werden sollen oder wo man elektrifizieren möchte. Das Wichtigste bei der ganzen Angelegenheit ist, daß den Leuten ein übersichtliches, verständliches und flexibles Programmpaket vorgelegt wird, das ein bestimmtes Ziel betont. Da die Projekte groß und deutlich wahrnehmbar sind, lassen sie sich leicht glorifizieren.

Wir sind ganz fest davon überzeugt, daß man den Entwicklungsprozeß glorifizieren soll. Speziell Südkorea hat das mit seinen für 1990 angesetzten Zielen getan. So ist es z. B. nützlich, Erfolge mit der Widmung von Fabriken, Straßen und Schulen zu feiern. Eine umfassende Planung rechtfertigt auch nationale Feiern, wie etwa einen Nationalfeiertag – zu dem Ansprachen des Präsidenten und Festspielaufführungen gehören –, um die Vollendung eines wichtigen Projektes anzuzeigen.

In den jüngst vergangenen Jahren haben vor allem die Japaner diesen Aspekt der Planung stark vernachlässigt. Der letzte diesbezügliche Versuch war vielleicht der „Umfassende Nationale Entwicklungsplan“ (Comprehensive National Development Plan) von 1967.[7] Das wesentlichste Unterscheidungsmerkmal dieses Planes (im Gegensatz zu Japans umfassenden Wirtschaftsplänen) war, daß er die gesamte Nation – die Gesellschaft wie auch die Wirtschaft – als eine Einheit behandelte. In ihm wurden auch kulturelle und soziale Ziele gesetzt, wobei er sich aber primär immer noch auf die Entwicklung der physischen Infrastruktur – Straßen, Eisenbahnen, Pipelines, Häfen und Kommunikationssysteme – konzentrierte, die für das kontinuierliche Wirtschaftswachstum der nächsten Jahrzehnte benötigt wurden. Unglücklicherweise kam es bei diesem Plan und seiner Verwirklichung durch den früheren Ministerpräsidenten Tanaka zur großen Desillusion. Heute werden Japans umfassende Pläne eher als erzieherische und inspirative Literatur aufgefaßt, die nicht einmal sehr ernst genommen werden müssen.

Dar Einfluß der Politik auf Wirtschaftsentscheidungen

Eine der Schwierigkeiten einer zentralistisch geregelten Wirtschaft betrifft die politische Natur vieler wirtschaftlicher Entscheidungen. So fordert etwa der Staat eine Gruppe von Leuten auf, von einem bestimmen Rohstoff wenig zu verwenden, verlangt aber von anderen Leuten, sehr viel weniger zu gebrauchen. Die politisch Orientierten werden zu argumentieren versuchen, daß sie die von ihnen geforderten Anpassungen nicht vornehmen wollen. Die politisch weniger oder nicht Engagierten werden der Regierung die „Tyrannei" oder die „politischen Entscheidungen" übelnehmen und versuchen, die Bestimmmungen zu umgehen. Solche politische Diskussionen – oder auch Revolten gegen derartige Diskussionen – können äußerst abträglich und antiproduktiv sein. Der freie Markt hat den großen Vorteil, sich selbst zu stärken. Jene, die wirtschaftliche Macht besitzen, geben für gewöhnlich den wirtschaftlichen Überlegungen das Hauptgewicht und verfügen auch über die entsprechenden Ressourcen, um die Entscheidungen, die auf Grund dieser Überlegungen getroffen wurden, durchsetzen zu können.

In sozialistischen oder sonstwie staatlich kontrollierten Wirtschaften trifft man ein solches Verhalten nicht an. Vom Standpunkt des Akteurs aus gesehen gibt es in diesen Fällen normalerweise keine echte Vergleichsmöglichkeit für den besten Weg, etwas zu tun, sondern es gibt nur die Meinung eines weit entfernten staatlichen Büros, das entscheidet, was das Beste für das Land, die herrschende Partei oder die davon betroffenen Bürokraten ist. Diese bürokratischen Entscheidungen gründen sich normalerweise auf beschränkte Kenntnis und Anteilnahme, auf die Vorurteile der Entscheidungsträger sowie auf die politische und wirtschaftliche Macht der jeweiligen Adressaten der Entscheidungen.

Vor vielen Jahren schrieb ich einmal: „Ich habe viele Konferenzen von Regierungsberatern besucht, in denen Entscheidungen über die Verwendung von Hunderten von Millionen Dollar getroffen oder empfohlen wurden. In den meisten Fällen wandten viele der Anwesenden, vielleicht sogar alle, für solch eine Entscheidung weniger Zeit und Mühe auf, als sie das für den Kauf eines neuen Anzugs getan hätten. Und nur sehr wenige von ihnen waren gut gekleidet."[8] Die Aufmerksamkeit, die man verschiedenen Entscheidungen zukommen läßt, verhält sich wahrscheinlich proportional zu den persönlichen Konsequenzen, die sich daraus für denjenigen ergeben, der die Entscheidung fällt.

Wenn auch die zentralistischen Planer eine umfassende Übersicht besitzen, die dem individuellen Planer fehlt, so haben doch Privatpersonen und -organisationen eine Vielzahl von rein lokalen und persönlichen Ansichten, die wenigstens ebenso wichtig sind wie das spezielle Wissen und die besonderen Ansichten des Beamten. Es sollte für die zentralistischen Planer einer der Grundsätze sein, sich soviel als möglich auf die Intelligenz und das Verständnis des einzelnen zu verlassen, den die Sache persönlich betrifft und der weiß, was für ihn am besten ist. Was aber, wenn diese einzelnen eigensinnig, ignorant, dumm oder unwissend bezüglich dessen sind, was für sie am besten ist? Auch Planer, die fähig und erfahren wirken, können eigensinnig, ignorant, dumm oder unwissend hinsichtlich dessen sein, was gut für die anderen ist – und sie können auch der „gelehrten Unfähigkeit" gegenüber anfälliger sein.

In der realen Welt widersprechen komplexe Verhältnisse manchmal dieses elementaren Begriffen der Planung und wirtschaftlichen Entscheidungsbildung. Trotzdem sind diese Begriffe in der Regel genügend zutreffend, um sie in der Praxis anzuwenden – und um die Last des Beweises für das Gegenteil auf jene abzuwälzen, die sie verletzen würden. Wir betonen diese einfachen Ideen hier deswegen so, weil einige unserer Leser vielleicht allzusehr elegant vorgetragenen ideologischen Polemiken ausgesetzt waren, die aber die fundamentale Logik der praktischen Erfahrung außer acht lassen. Es gibt kein System, das perfekt arbeiten würde. Jedoch sollten wir normalerweise bereit sein, insofern Fehler zu riskieren, als wir es dem einzelnen gestatten, seine persönlichen Beurteilungen bei der Verfolgung der eigenen Interessen walten zu lassen. Wir kennen zwar viele Gegenbeispiele, doch kommen diese Ausnahmen weder annährend so häufig vor, noch sind sie so wichtig, wie das die meisten Anwälte einer zentralistischen Planung glauben. Natürlich sollte man dort, wo es sinnvoll und nützlich ist, auch die „professionelle" Analyse und Information zulassen.

Unserer Meinung nach wird ein Markt wahrscheinlich dann relativ wirkungsvoll und reibungslos funktionieren, wenn er frei genug ist, durch die Preise nützliche Informationen auszutauschen und diese Informationen durch Entscheidungen zu nutzen, die von stark motivierten und erfahrenen Leuten (zumindest an der Grenze) getroffen wurden. Dieses Konzept wurde jedoch durch eine Flut von Anti-Wachstum-, Anti-Busineß-, Anti-Mittelklassen-Ansichten und anderen elitären Einstellungen verdunkelt.

Den Mitgliedern der Neuen Klasse fehlt die praktische Erfahrung, deren eine gute Planung heute so sehr bedarf.

Der Einfluß der „unsichtbaren Hand des Marktes", der sich in der Struktur der Preise und der Entscheidungen verschiedener, persönlich engagierter Individuen und Gruppen niederschlägt, führt zu befriedigenderen Ergebnissen, als dies normalerweise durch zentralistisch gelenkte Wirtschaften erreicht werden kann. Der Markt muß nicht einmal sehr frei und der einzelne nicht einmal sehr gut informiert sein, daß diese Anwendung von Preisen und preismotivierenden Aktionen nicht ganz ausgezeichnet funktionieren würde – was im allgemeinen sowie mittelfristig und vielleicht auch langfristig zutrifft.

Der Markt ist flexibel, effektiv und wirksam, wenn es um realistische Anpassungen geht. Ein staatlicher Planer, der zu entscheiden hätte, wo am besten Korrekturen anzubringen wären, besäße einfach nicht die Informationen oder die Berechnungsmöglichkeiten – selbst mit den heutigen Rechenkapazitäten nicht –, um das so schnell zu erledigen, wie es die Marktkräfte tun. Kommt es daher etwa bei Kupfer zu einer Verknappung oder zu einer erhöhten Nachfrage, so erfährt jeder Verbraucher von Kupfer über Nacht durch den Markt, daß Kupfer um ein weniges rarer (d. h. teurer) geworden ist und man daher etwas ökonomischer damit umgehen sollte. Der Markt liefert den Verbrauchern präzise und brauchbare Informationen, um wieviel sparsamer sie sein sollen, ohne daß dazu irgendwelche politischen Einflüsse notwendig wären oder ein persönliches Engagement damit verbunden wäre. Die Signale erfolgen schnell, verläßlich, unzweideutig und unbestreitbar. Der Preis ist, was es kostet.

Grundlegende und allgemeine Prinzipien werden nicht dadurch zerstört, daß sie nicht immer und in jedem Einzelfall präzise und universell gelten. Es wird das auch gar nicht von ihnen erwartet. Ihre Funktion ist es, allgemeine Richtlinien und Ansichten über die Welt zu vermitteln. Das Gesetz von Angebot und Nachfrage muß nicht die strenge Gültigkeit der ersten beiden Hauptsätze der Thermodynamik haben, es drückt aber immer noch die sehr starken Tendenzen aus, die in fast allen Gesellschaften bestehen, vor allem in jenen, die irgendeine Art von Marktorientiertheit aufweisen. Der Begriff des *homo oeconomicus** mag als Beschrei-

* Mit *homo oeconomicus* (lat. = ökonomischer Mensch) wird das Modell eines nach wirtschaftlichen Prinzipien handelnden Menschen bezeichnet, das den Analysen der klassischen Wirtschaftstheorie zugrunde liegt. (A. d. Ü.)

bung der menschlichen Persönlichkeit unglaublich oberflächlich sein, er ist aber dennoch eine brauchbare Abstraktion für das Verständnis der meisten modernisierenden Länder oder eignet sich als Zielvorstellung für die weniger erfolgreich modernisierenden Länder.

Das heißt aber nicht, daß eine Modernisierung unbedingt erfolgreich sein muß, wenn jeder Mensch tatsächlich ein *homo oeconomicus* wäre. Tatsächlich glauben wir eher das Gegenteil und stimmen mit dem Historiker Christopher Dawnson und mit späteren Bemerkungen von Alexander Solschenizyn überein, daß ein Großteil der modernen Gesellschaft nur deswegen relativ gut funktioniert, weil sie immer noch im Besitz einer Reihe von Tugenden und Qualitäten ist, die sie aus dem Mittelalter übernommen hat.[9] In dem Maße, wie diese Tugenden und Qualitäten verschwinden (mehr oder weniger entlang der Entwicklung des komplexen Trends), wird sich ein spürbarer Mangel an essentiellen sozialen Bindungen bemerkbar machen.

In einer Gesellschaft, in der die grundlegenden menschlichen Beziehungen immer noch durch mehr oder weniger traditionelle Mittel geregelt werden, können sich die zusätzlichen Aktivitäten, die sich aus der Stimulierung und der Modifikation wirtschaftlicher Überlegungen ähnlicher Art ergeben, wie sie durch das abstrakte Modell des *homo oeconomicus* beschrieben werden, als außergewöhnlich brauchbar bei Analysen, in der Politik und in der Praxis erweisen. Man sollte die landläufigen Weisheiten, nur deswegen, weil sie landläufig sind oder weil sie von Realitäten Kenntnis nehmen, die manchen unangenehm sind, nicht verächtlich machen.

Kulturelle Einflüsse auf die Wirtschaftsentwicklung

Über die Notwendigkeit einer hohen Moral und Hingabe in den Entwicklungsländern – und wie man dieser Notwendigkeit nicht entspricht

Wir haben schon darauf hingewiesen, daß sich die Wirtschaftstreibenden, die Führungsspitzen der entsprechenden Regierungen und die Kaderleute fast jeden Landes, in dem es zu einer raschen

Wirtschaftsentwicklung gekommen ist, durch ein eindrucksvolles Maß an Hingabe und Einheit bei ihren Absichten auszeichnen. Dies galt ebenso in Holland und England des 18. Jahrhunderts, wie es heute für Japan, Südkorea und Taiwan zutrifft. Diese Haltungen, die in solch anscheinend trivialen Dingen wie der Nüchternheit im Verhalten und in der Kleidung zum Ausdruck kommen, können sowohl in den sozialistischen wie auch in den kapitalistischen Ländern von größerer Bedeutung sein als materielle Ressourcen und technische Hilfen.

Sind die Ressourcen im Überfluß vorhanden, so ist es nicht schwer, eindrucksvolle und sichtbare Veränderungen im physischen Erscheinungsbild eines Entwicklungslandes zu erzielen: neue Straßen, Dämme, Wolkenkratzer, Fernsprecheinrichtungen, Flugplätze, moderne Fabriken und so weiter. Solche Aktivitäten sind nicht nur ihrer selbst wegen nützlich, sondern sie werden zu einer der Entwicklung förderlichen Atmosphäre beitragen. Wird das jedoch überbetont, nicht wirkungsvoll oder fähig genug ausgeführt, so kann es auch schmerzlich werden. Eine solche unpassende Überbetonung mag zu gegenreformistischen Strömungen von Traditionalisten, zu Verschwendung oder zu einer übermäßigen Inflation führen. Einfach nur Möglichkeiten zur Teilnahme am Modernisierungsprozeß zu schaffen und zu demonstrieren, daß etwas passiert, ist zwar wichtig, aber ungenügend und kann antiproduktiv wirken. Die Leute müssen dazu gebracht werden, diese Dinge und ihren Nutzen zu *wollen,* und sie müssen die Motivation mitbringen, die benötigt wird, um Hingabe und Anstrengung aufrechtzuerhalten. Diese Anstrengung selbst sollte wirtschaftlich produktiv und sich selbst erhaltend sein oder doch wenigstens die Grundlage für wirtschaftlich produktive und sich selbst erhaltende Aktivitäten abgeben. Frühzeitige Versuche armer Länder, sich in ultramoderne Aktivitäten einzulassen, weil sie von dem Wunsch beseelt sind, einen modernen Eindruck zu erwecken, haben meist keinen Erfolg. Es ist das häufig das, was wir Kapitel 3. eine talismanische (magische) oder semitalismanische Synthese genannt haben, und das muß nicht unbedingt rational oder nützlich sein.

Eindrucksvolle Projekte wie vierspurige Autobahnen und moderne Flugzeuge für die nationale Luftfahrtgesellschaft können die Betonung auf die falschen Symbole verlegen. Sie bieten den Eliten dieses Landes gute Jobs und werden von diesen auch bewundert und benützt, die meisten Entwicklungsländer benötigen aber viel dringender einfache Straßen von den Farmen zu den

Dörfern und zweitrangige Autostraßen von den Dörfern zu den Städten. Eines der Probleme, das bei vielen Regierungen auftritt, besteht darin, daß sie diese öffentlichen Güter und Einrichtungen fördern, die die Regierenden und deren Freunde sich wünschen, und nicht jene, die den allgemeinen Wünschen und Bedürfnissen entsprechen.

Joseph Schumpeter hat darauf hingewiesen, daß es politisch um vieles leichter ist, „die sozialistische Sache zu verkaufen" als den Kapitalismus, und dies trotz der offensichtlichen Überlegenheit des Kapitalismus für die meisten Entwicklungsstaaten – zumindest bis jetzt. In der Realität ist es keineswegs leichter, dem Durchschnittsbürger Einheit und Hingabe schmackhaft zu machen. Das gelingt für gewöhnlich nur bei den politisierten Eliten und jungen Idealisten. Wirksame Einheit und Hingabe wird sich eher auf Grund von nützlichen Wirtschaftstätigkeiten ergeben, d. h., wenn die betroffenen Leute oder die jeweilige Gemeinschaft die Einrichtungen selbst besitzen, verwalten und auch selbst davon den Nutzen haben, als wenn sie für eine staatlich verwaltete und im Staatsbesitz befindliche Organisation arbeiten, von ihrer Arbeit unmittelbar nicht viel haben und ihnen statt dessen gesagt wird, der Staat hätte profitiert. Propagandisten, Ideologen und Intellektuelle finden die sozialistische Terminologie und die sozialistischen Argumente im allgemeinen anziehender, gleichgültig ob die Leute, die davon betroffen sind, von der Entwicklung nun tatsächlich profitieren oder auch nur das Gefühl haben, sie könnten profitieren, oder ob das alles nicht zutrifft. Das kann zu echter Verwirrung führen.

Ein schlagendes Bespiel ereignete sich in Indien. Während der Krise von 1975 bis 1977 kam Indien wirtschaftlich gut voran.[10] Die oberen 60 Prozent der Bevölkerung stiegen relativ schnell; die restlichen 40 Prozent jedoch, die sich auf dem Boden der Gesellschaft befanden, verharrten in ihrem Zustand oder verloren sogar noch etwas. Der durchschnittliche Fortschritt erfolgte schnell und wurde weitgehend, wenn nicht allgemein, mitgemacht. Viele indische Sozialisten bzw. viele wohlfahrtsorientierte Inder (speziell, so meinten viele Beobachter, die Wohlhabenden mit guten Jobs) fanden es schwierig, eine derartige Situation zu rechtfertigen. Diese Leute waren der Meinung, selbst kurzfristig sollte man die Entwicklung an Hand des Vorankommens der unteren 40 Prozent der Bevölkerung einschätzen. Während man diese Haltung in Frage stellen kann, so ist doch ihre rhetorische Wirksamkeit klar.

Viele dieser Leute leisteten wertvolle Arbeit und halfen Indien bei seiner Modernisierung, der offizielle Standpunkt jedoch war sozialistisch. Und einer der großen Vorteile des Sozialismus gegenüber dem Kapitalismus liegt in seiner rhetorischen und argumentativen Anziehungskraft und nicht sosehr in der Wirkung seiner Taten. Es erscheint einfach zu selbstsüchtig, wenn jemand, der viel von dem System profitiert hat, dann sagt: „Meine Arbeit hat *ebenfalls* zur Verbesserung des Landes als Ganzes beigetragen." Im sozialistischen System, in der jeder unmittelbar für das allgemeine Wohl arbeiten sollte, wird meist die Tatsache übersehen, daß die Eliten der meisten sozialistischen Staaten der dritten Welt ungewöhnlich gut entlohnt werden. Irgendein scharfsichtiger und kluger Gelehrter hat einmal bemerkt: „Die Länder, die sich der Freiheit verschrieben haben, haben für die Gleichheit mehr getan, als diejenigen, die sich zur Gleichheit bekennen, für Freiheit oder Gleichheit getan haben."

Der Kapitalismus sollte von den nicht soviel vom System profitierenden Intellektuellen ebenso wie von den Wirtschaftstreibenden verteidigt werden. Die Wirtschaftstreibenden aber vor allem sollten in diesem ideologischen Kampf eine noch größere Rolle spielen als bisher. Es mag zwar ein wenig zu einfach sein, zu behaupten, falls die Unternehmer und Geschäftsleute nicht ihre eigenen Interessen verteidigen, es niemand anderer für sie tun wird, trotzdem ist diese Bemerkung aber immer noch zutreffend. Die Unternehmer sollten nur nicht von sich selbst behaupten, sie handelten völlig altruistisch. Nichts verärgert viele Leute mehr als eine Bildanzeige in irgendeinem populären Magazin, die Treibstofffirma XY würde zu den entferntesten Winkeln der Erde gehen, um für sie Öl zu finden. Das ist zwar richtig, aber irreführend. Statt dessen sollte die Firma sagen: „Unser Geschäft bringt uns in die entferntesten Gegenden, und das kommt Ihnen und uns zugute." Viele Unternehmer mögen zwar genauso altruistisch sein wie andere Leute auch, übertreiben aber werden sie diese Einstellung nicht. Selbst Adam Smith, ein Bewunderer des Unternehmertums, bemerkte einmal, wenn sich zwei Geschäftsleute treffen, und sei es auch nur im gesellschaftlichen Rahmen, so würden sie die Tendenz zeigen, ein Komplott zur Beschränkung des Handels zu schmieden.

Für die Menschen ist es wichtig, daß sie an „das System" glauben, es bewundern und respektieren, selbst wenn sie damit nicht völlig zufrieden sind. Sie sollten spüren, daß die Dinge, die geschehen, gut sind und daß man sich nicht verkauft, wenn man sich diesem System widmet. Soll es zu einer wirklich lebensfähigen

Veränderung kommen, die überzeugend, durchschlagend, geordnet und dauerhaft sein soll, so muß der Großteil der Bevölkerung eines Landes „darin engagiert" sein. Es ist dazu nicht notwendig, daß jedermann den Entwicklungsprozeß auch versteht, die Mehrheit muß aber einige der oft unangenehmen Nebeneffekte einer Wirtschaftsentwicklung akzeptieren. Diese Art der Kenntnisnahme und des Verständnisses geschieht normalerweise bald nach dem Start, wenn die positiven Resultate allgemein sichtbar werden – oder wenn sich das Land einer klaren und gegenwärtigen Gefahr gegenübersieht.

Es gibt eine den Kern der Sache treffende Anekdote über zwei Juden in Israel, der eine jemenitischer, der andere europäischer Abstammung. Der Jemenite sagt zu dem Europäer: „Ich mag deine europäische Kultur nicht, und ich habe nicht die Absicht, sie anzunehmen. Du hast kein Recht, sie mir aufzuzwingen. Das zu tun, wäre kulturelle Aggression." Darauf meint der europäische Jude: „Wir sind von 100 Millionen Arabern umgeben." Der jemenitische Jude denkt daraufhin 30 Sekunden nach und fragt: „Wo ist die Schule für Elektrotechnik?"

Eine der wirklich ernsthaften Schwierigkeiten, unter denen viele der Entwicklungsstaaten heute leiden, ist, daß sie keiner klaren und eindeutigen Gefahr entgegentreten müssen. Wenn es auch immer noch erstrebenswert ist, zu den entwickelten Nationen zu gehören, auch wenn es keine offensichtlichen Gefahren gibt, die zu überwinden wären, so ist es doch für die idealistische Jugend der oberen Mittelklasse schwer, das zu glauben, wenn sie unter einem konstanten propagandistischen Beschuß steht, der gegen den Entwicklungsprozeß im eigenen Land gerichtet ist. Besonders wichtig wird dieses Problem dann, wenn die jungen Leute, die ihre Bildung außerhalb des eigenen Landes erhalten, dort dann feststellen müssen, daß die Regierung ihres Heimatlandes aus dem einen oder anderen Grund von diversen Gruppen in der jeweiligen Schule oder dem jeweiligen Land, in dem sie sich aufhalten, mit schwerwiegender Kritik überhäuft wird.

Zumindest anfänglich wird der Entwicklungsprozeß oft von relativ kleinen Gruppen getragen, und wenigstens sie sollten von ihrer Aufgabe überzeugt sein. Häufig ist das eine notwendige Voraussetzung für eine allgemeinere nationale Vorgangsweise. Solche Pioniergruppen werden normalerweise durch persönliche Gewinne mindestens ebenso motiviert sein wie vom öffentlichen Interesse. Es ist wichtig, daß sich diese beiden Bereiche weitgehend überschneiden –, und zu wissen, daß sie sich überschneiden –

selbst wenn die Gruppe, die durch den persönlichen Gewinn motiviert wird, kaum weniger interessiert an dieser Tatsache sein könnte.

In der modernen Welt wird dieser Prozeß immer schwieriger, da so viele Nachrichten, die aus der hochentwickelten Welt kommen, irreführend, antiproduktiv und selbstzerstörerisch sein können, häufig gerade für jene Eliten, die die Führungsrolle übernehmen sollten – d. h. für jene, die aus den Mittel- und den Oberklassen stammen. Diese Nachrichten verwirren, verdunkeln und blockieren häufig jene Botschaften, die die mit der Entwicklung beauftragten Behörden verständlich zu machen versuchen sollten. Mehr als alles andere beleuchten diese negativen Signale die Notwendigkeit eines bewußt durchdachten und sorgfältig ausgeführten Erziehungs-, Informations- und Schulungsprozesses, wie wir ihn weiter unten vorschlagen werden.

Wir wollen damit nicht behaupten, die Leute wären verpflichtet, überall die Entscheidungen und Taktiken ihrer jeweiligen Führungskräfte zu unterstützen; ganz im Gegenteil. Es ist oft sehr konstruktiv, frei und offen über diese Fragen zu diskutieren, weniger konstruktiv ist es nur, einen Wust von Propaganda, die die Moral und Hingabe untergräbt, über sich ergehen zu lassen. Dazu kommt noch, daß die gegenwärtige Tendenz bei den Eliten der hochentwickelten Länder, in die unterentwickelten Länder die falschen Botschaften zu senden, mindestens ebensooft Sache einer selbstsüchtigen Propaganda wie das Resultat ernsthafter Diskussionen und Gedanken ist. Da die persönliche und gemeinschaftliche Bereitschaft zur Modernisierung in vielen Gebieten der Erde immer noch eine sehr zarte Pflanze ist (wenn sie überhaupt besteht), so wird alles, was diese Bereitschaft schwächt, in Zukunft für die davon betroffenen Leute außerordentlich antiproduktiv wirken.

Ganz besonders aber verachten wir die Aktivitäten jener selbsternannten Missionare, die von den in der Modernisierungsphase befindlichen Ländern verlangen, sie mögen zu ihrem angeblich edlen Zustand der Unschuld und Unwissenheit zurückkehren. Unter diesen Missionaren gibt es auch viele Außenseiter, die gerne wichtige Projekte zur Wirtschaftsentwicklung verhindern möchten, um damit die Umwelt „zu schützen". In der Realität besitzen die meisten Entwicklungsstaaten jede Menge an Umwelt, sind aber äußerst knapp in Sachen Wirtschaftsentwicklung. In vielen Fällen treffen diese Länder „passende" Vorsorgemaßnahmen, um die Auswirkungen auf die Umwelt auf einem Minimum zu halten. (Die Anführungszeichen sollen darauf hinweisen, daß das Wort „passend" die wirtschaftlichen Notwendigkeiten voll berücksichtigt.) Auch wenn Außenseiter eine wichtige Rolle bei dem Bewußtmachungsprozeß jener Leute für ihre Umwelt spielen können, so werden doch übermäßiger Eifer und Selbstgefälligkeit sehr zerstörerisch wirken und – wie wir zu behaupten wagen – nur zu oft absichtlich und gefühllos erfolgen.

Die Literatur über Entwicklung enthält wenigstens drei wichtige antiproduktive – oder zumindest problemerzeugende – Ansichten. Zuerst ist da der Traditionalist, der, in Reinhard Bendix' Ausdrucksweise, „den Verlust der Harmonie unter den Menschen fürchtet". Die Leute fürchten den Verlust der traditionellen Quellen von Sinn und Zweck zu Recht, den Verlust des Bekannten und Bequemen, von Ansehen und Macht, von religiösen, ethischen und ästhetischen Werten. Zum Teil entsteht diese Ansicht als Folge einer Schutzreaktion gegen eine zweite Gruppe von Begriffen – daß die Entwicklung „mit dem Gewissen brechen" und völlig neue Persönlichkeiten und Gesellschaften hervorbringen sollte. Manchmal wird das als eine getreue Imitation des früheuropäischen Entwicklungsprozesses angesehen und manchmal als etwas der Idee von der „Schaffung eines neuen Menschen" im maoistischen China Ähnliches. Die dritte Gruppe von Ansichten nimmt an, daß der postindustrielle Zustand – oder sein Äquivalent – mehr oder weniger schon erreicht ist. Einige dieser Variationen des „Klein-ist-schön", und des „Dem Wachstum-Grenzen-Setzen"-Themas sind der Meinung, daß die traditionelle Industrialisierung ein Fehler war, andere wollen bloß „Schluß machen" oder weniger Umstände auf sich nehmen. Diese drei Richtungen können als „übermäßig traditionell", als *tabula rasa* und als „vorweggenommen postindustriell" bezeichnet werden. Unserer Ansicht nach sind sie alle irreführend, irrelevant oder gegenproduktiv. Eine Gesellschaft, die modernisiert, sollte so weit als möglich auf ihren alten Traditionen aufbauen, zugleich aber willens sein, viele der alten Ansichten zu modifizieren oder aufzugeben.

Das mittelfristige Ziel sollten erhöhter Wohlstand und technologische Fähigkeiten sein. Langfristig könnte eine postindustrielle Gesellschaft der einen oder anderen Form angestrebt werden. Von letzterem glauben wir, daß es innerhalb eines oder zweier Jahrhunderte von praktisch allen Gesellschaften und Kulturen erreicht werden kann, nicht jedoch in ein oder zwei Jahrzehnten. Wir meinen auch, daß „es viele Berge gibt, die in den Himmel ragen" (das postindustrielle Ziel), und viele Straßen jeden Berg hinaufführen. Es muß nicht nur ein passender Berg gefunden werden, sondern auch eine Straße gewählt werden, die nicht auf Maulwurfshügel führt, im Vorgebirge steckenbleibt oder andere Sackgassen bildet. Und es muß eine gewisse Übereinstimmung und Absicht über den zu wählenden Berg und die zu benützende Straße gefunden werden. Zwei Gründe dafür, daß man soviel als möglich auf dem Alten aufbauen sollte, sind, daß es damit viel leichter fällt, diese Einheit und Absicht herzustellen, und daß man dadurch die Feindschaft der Traditionalisten vermindert.

Wir stimmen mit der Haltung des 1973 veröffentlichten UNESCO-Berichtes überein, wonach die Entwicklungsnationen den Notwendigkeiten der Modernisierung entsprechend ihre eigenen Formen der Bildung und Erziehung finden, nützen und adaptieren sollten. Wenige der früheren Berichte erkannten die Bedeutung des Rückhaltes der eigenen Vergangenheit einer Nation als eines integralen Bestandteiles für einen Zukunftsentwurf. Glücklicherweise weiß man heute, daß es bessere Wege zu einer Modernisierung gibt als die sklavische Imitation des Westens – oder auch Japans, Chinas oder der Sowjetunion. Niemand bezweifelt, daß der Westen eine exemplarische Entwicklung aufweist; dasselbe gilt für Südkorea, Taiwan, Singapur, Brasilien und Mexiko. Keines dieser Beispiele sollte jedoch sklavisch imitiert und ebensowenig vollkommen abgelehnt werden.

In den Begriff der „alten Gesellschaftsform" schließen wir nicht nur die jüngere, sondern auch die ferne Vergangenheit ein. Es kann nützlich sein, darauf hinzuweisen, daß die eigenen Landsleute in alten Zeiten ganz außergewöhnliche Qualitäten besaßen – zumindest in dem Ausmaß, in dem es die Geschichte erlaubt, solche Hinweise zu machen. Ein bestimmtes Charisma ist sehr häufig mit Persönlichkeiten aus längst vergangenen Zeiten verbunden. Kann ein Land diese Menschen als beispielhaft hinstellen, so wird es das sicher gerne tun. Es wird vielleicht sogar gewisse Elemente, die in der jüngeren Vergangenheit „vergessen" wurden, „auferstehen" lassen.* Dieser Prozeß muß natürlich selektiv und angleichend erfolgen – und sollte auch nicht dazu mißbraucht werden, zuviel Aufmerksamkeit und Mühe auf romantische oder überholte historische Begriffe zu verwenden.

* So wurde zum Beispiel darauf hingewiesen, daß die Perser ihre Geschichte tatsächlich vergessen hatten und sie ihnen erst als Ergebnis der Forschungsarbeit westlicher Historiker und Schriftsteller wieder bewußt wurde. Der Schah des Iran betonte diese fünftausendjährige Geschichte Persiens besonders, unglücklicherweise übernahm er sich dabei aber. So rief er unter den religiösen Traditio-

Diese Denkungsart läuft natürlich dem oberflächlichen, kosmopolitischen Trend eines Großteils der heutigen Diskussionen entgegen. Eine Betonung des eigenen nationalen und ethnischen Hintergrundes ist eine allgemeine Tugend und sollte sich nicht nur auf Minoritäten innerhalb der westlichen Staaten beschränken. Wir erwarten, daß viele Länder früher oder später Broschüren und diversen anderen Lesestoff auflegen werden, der beitragen sollte, Ideologien und weltanschauliche Systeme und Wertvorstellungen aufzubauen, die in der Lage sind, den staatlichen Autoritäten und verschiedenen Eliten – und auch einer Reihe von Leuten aus der übrigen Bevölkerung – der Länder der dritten Welt das nötige Selbstvertrauen für einen Eintritt in einen offenen und realistischen Dialog mit dem Rest der Welt zu geben. Solch ein Material könnte auch dazu verwendet werden, die Gründe für bestimmte Handlungsweisen bei internen Diskussionen von einheimischen Gruppen zu erklären.

Für den Großteil der vergangenen 200 Jahre funktionierte das amerikanische System im Sinne amerikanischer Werte ganz hervorragend. Für die Amerikaner war es nicht notwendig, daß sie sich die Vorteile ihres Systems explizit bewußt gemacht hätten, denn es war für praktisch jeden ganz offensichtlich, daß es gut funktionierte. Als Folge davon sind die Amerikaner im allgemeinen nicht in der Lage, ihr System gegen Kritiken von außen zu verteidigen. Man kann daher die Fähigkeit der meisten sowjetischen Offiziellen, ihr System besser zu verteidigen als die Amerikaner das ihre, als einen Hinweis darauf auffassen, daß das sowjetische System Schwächen hat. Ein patriotischer Sowjetbürger hat, wenn er nicht gerade ein geschulter Diskutierer und Dialektiker ist, echte Schwierigkeiten im Ausland in dieser Beziehung.

Trotz der *Epoque de Malaise* kommen die meisten Mittel-Einkommen-Staaten und einige arme Nationen recht gut voran, was zum Teil an glücklichen Umständen, zum Teil an einem relativ guten Management der Wirtschaft und durch die Regierungen liegt. Wir bezweifeln aber, daß viele Bürger aus den Ländern der dritten Welt in der Lage wären, die Vorteile ihres gegenwärtigen Systems gegenüber anderen Alternativen herauszustreichen, wenn auch

nen große Opposition hervor, als er vom islamischen Kalender zu einem Kalender überging, der auf der alten persischen Zeitrechnung basierte. Das Resultat war ein unnötiger Ärger im täglichen Leben der Moslems. Allgemein wurde von der Revolution im Westen nicht erkannt, wie sehr die innere Opposition gegen den Schah auf der Opposition der Mullas beruhte und auf traditionelle mohammedanische Verhaltensweisen zurückging.

viele, wenn man sie dazu drängte, die eine oder andere sehr zutreffende Antwort geben könnten. Kurz, es besteht keine unbedingte Notwendigkeit zur Schaffung esoterischer oder neuer Ideen, um die Politik der erfolgreicheren Entwicklungsländer zu rechtfertigen; diese Rechtfertigung steckt allein schon in den harten Fakten des gegenwärtigen Wachstums. Das Problem ist vielmehr, ein Forum zu schaffen, in dem die internen und externen Debatten durchgeführt werden können und das diese Argumente an die Öffentlichkeit tragen sollte, wo sie dann von jedermann aufgenommen und verstanden werden können. Dies ist natürlich auch eines der Ziele dieses Buches. Eines der erstaunlichen Charakteristika der modernen Welt ist die Notwendigkeit, für eine Verteidigung des im allgemeinen konstruktiven Charakters der Regierungen vieler der gegenwärtig erfolgreichen Mittel-Einkommen-Länder sorgen zu müssen, und zwar insbesondere für eine Verteidigung gegenüber ihren wahrscheinlichen Alternativen.

Die Bedeutung einer „guten" Kultur und eines „guten" Managements*

Einige Leser könnten den Eindruck erhalten, daß unser allgemeiner Kulturismus und solche Phrasen wie „atlantisch-protestantisches Kulturgebiet" nicht nur ungerechtfertigte Verallgemeinerungen beinhalten, sondern auch noch einige unheilvolle Geisteshaltungen zutage treten lassen, unter Umständen sogar

* Die Anführungszeichen sollen den Leser darauf hinweisen, daß sich unsere Kriterien für „gut" und „schlecht" lediglich danach richten, ob etwas den Entwicklungsprozeß fördert oder ob es ihn hindert; damit ist also kein absoluter Maßstab verbunden. Aber selbst diese Kriterien machen die Beurteilung, ob eine Kultur gut oder schlecht ist, von Zeit und Ort abhängig. Es gab eine Zeit, da hätte man fast alle Kulturen des Mittelmeerraumes und die Kultur der Chinesen als „gut" beurteilt, die Kultur Nordwesteuropas hingegen als „schlecht". Für lange Zeit jedoch lief daraufhin die Strömung in die entgegengesetzte Richtung, während sich heute der Ferne Osten – und in geringerem Ausmaß auch Südeuropa – wieder auf dem aufsteigenden Ast zu befinden scheinen. Und dann war da natürlich noch die 1500 Jahre dauernde Epoche, in der die Europäer Indien für das reichste Gebiet der Erde hielten. Ein Großteil der Schuld an der gegenwärtig traurigen Lage Indiens kann der Bevölkerungsexplosion zugeschoben werden, die unter der britischen Herrschaft begann, sich bis in die Nachkriegszeit fortsetzte und eine Folge davon ist, daß Hungersnöte und Kriege unter Kontrolle gehalten wurden und nicht mehr jene dezimierende Rolle spielen wie einst.

eine Art von Kryptorassismus. Andere Leser wieder könnten vielleicht noch mehr von der immer gegenwärtigen Idee verärgert worden sein, Kultur und Nationalcharakter seien häufig von ganz entscheidender Bedeutung für die Wirtschaftsentwicklung. Wir haben aber auch viele Bemerkungen über die Bedeutung einer guten Führung und eines guten Managements gemacht.

Wir sind allerdings davon überzeugt, daß das Weltklima für eine Entwicklung immer noch so günstig ist, daß jedes Land, das sich einer entsprechenden Führung oder eines Managements erfreut, in der Lage sein sollte, sich recht rasch zu entwickeln, wenn es Zugang zu der modernen Welt bekommen kann. Das sollte dann immer möglich sein, solange nicht der kulturelle Hintergrund selbst das Entstehen eines „guten" Managements oder einer „guten" Führung verhindert. Wir sind auch überzeugt, daß die weltweiten technologischen und wirtschaftlichen Strömungen es den meisten Ländern erleichtern werden, ihre jeweiligen Aktiva zu nützen und ihre Schwächen erträglicher zu gestalten. Selbst wenn es schwerwiegende kulturelle oder andere Handikaps geben sollte, so könnte es doch andererseits immer leichter werden, sie zu überwinden – solange nicht unkluge politische Maßnahmen oder Nebeneffekte der weniger erfreulichen Aspekte des neuen Entwicklungsklimas die Probleme entweder noch verschärfen oder Lösungen sonstwie erschweren.

Die Erfahrungen der USA können als typisch für einige Aspekte dieses Konzepts gelten. Welle auf Welle von Einwanderungsgruppen kamen in das Land und befanden sich vorerst auf der untersten Ebene der Gesellschaft, arbeiteten sich hinauf und wurden dann durch nachkommende Wellen ersetzt. Wenn es auch unter den Farbigen Amerikas einige harte Kerne von armen Gruppen gibt, so kann man doch etwa die Hälfte der schwarzen Bevölkerung Amerikas der unteren Mittelklasse oder der Mittelklasse zurechnen, und etwa von einem weiteren Sechstel kann man sagen, daß es relativ gut gestellt ist. Die meisten Schwarzen stehen heute deutlich über der Armutsgrenze; sie halten sich selbst für Leute der Mittelklasse und werden auch von ihren Nachbarn als solche angesehen. (Jeder Amerikaner, der einer regelmäßigen Arbeit nachgeht, wird normalerweise eher als zur Mittelklasse gehörig betrachtet, als daß man ihn in seiner Einstellung und seinem Lebensstil der Arbeiterklasse zurechnet.) Außerdem sind heute weniger als die Hälfte der Armen der USA Schwarze. Obwohl unter den Familien mit einer Frau als Oberhaupt Armut weitverbreitet ist, verdienen doch die farbigen Frauen insgesamt genausoviel wie ihre weißen Geschlechtsgenossinnen mit derselben Bildung. Und obwohl die Puertorikaner sowie die US-Mexikaner durch die jüngste Rezession schwer getroffen wurden, so reagieren sie doch genauso wie die traditionellen Einwanderergruppen schnell auf wirtschaftliche Chancen. In den USA ist Armut heute meist mit Alter und Krankheit verbunden, mit einer freiwillig nur sporadischen Beschäftigung, mit einem Rückzug aus dem System, mit irgendwelchen pathologischen oder speziellen Umständen oder mit einer extremen Isolation. Innerhalb eines Jahrhunderts sollten ähnliche Verhältnisse für die Welt als Ganzes gelten; bis zu einem erstaunlichen Grad gilt es heute schon für die reifen Wirtschaften.

Eine weitere Analogie kann mit neueren Trends in den USA gezogen werden. Die USA befinden sich gegenwärtig in der Mitte eines rapiden Rollentausches zwischen dem Nordosten ihres Landes einerseits und dem Süden bzw. dem Südosten andererseits. Vor dem Zweiten Weltkrieg war der Nordosten traditionell das technologisch fortgeschrittene, dynamische, industrialisierende und rasch wachsende Gebiet; der Süden verhielt sich eher lethargisch. Seit dem Krieg aber haben sich diese beiden Rollen grundlegend gewandelt. Der Norden wuchs seither nur mehr um 2,5 Prozent pro Jahr, der Süden jedoch um jährlich fünf Prozent. Es wird das häufig als der „Sunbelt-Shift", die Verlagerung in den Sonnengürtel, bezeichnet, aber diese Ausdrucksweise ist nur zum Teil richtig. An erster und wichtigster Stelle wäre zu sagen, daß es zwar zu großen Wanderungen von Menschen, aber kaum zu einer Wanderung der Industrien kommt. Es ist eher so, daß die neuen Industriegründungen in den USA zum überwältigenden Teil im Süden und Südosten erfolgen, was bis zu einem gewissen Grad auch an der Verfügbarkeit von relativ hart arbeitenden und einsatzfreudigen Arbeitskräften liegt. Dazu gehören eben auch Gebiete wie Alabama und Mississippi, an die man aber kaum denken wird, wenn man normalerweise vom „Sunbelt" (d. h. von ferienorientierten Gebieten) spricht.

Das Weiterbestehen der traditionellen amerikanischen Werte scheint dabei eine genauso wichtige Rolle zu spielen wie das Klima. Wir glauben, daß die Subkulturen des Südens und bis zu einem Grad auch die des Südwestens, die man einst für relativ feindlich gegenüber einer Industrialisierung hielt, heute in dieser Hinsicht den Subkulturen des Nordostens der Vereinigten Staaten bei weitem überlegen sind. Diesen Standpunkt kann man auch dann noch aufrechterhalten, wenn man die zusätzlichen Probleme des Nordens mit seinen alternden Städten und den Auswirkungen des Autos, die ein Leben und eine Entwicklung in den freien Gebieten des Südens und Südwestens viel leichter machen, voll berücksichtigt.

Etwas ganz Ähnliches passiert auch weltweit, wo die heutigen Überflußländer die Rolle des Nordostens der USA und die Mittel-Einkommen-Staaten jene des Südens und Südostens spielen.

Entwicklung und politische Stabilität

Unter den Studenten der Wirtschaftsentwicklung, bei den Anthropologen und Soziologen war es ein Klischee, daß schnelle Wirtschaftsentwicklung zu Unruhen, inneren Kämpfen, Verlust der Ordnung und Revolution führt. Eine Wirtschaftsentwicklung zerstört nicht nur die alten Bindungen, die die Leute zusammenhielten, sondern vernichtet auch die regionalen, gesellschaftlichen und anderen Verhältnisse und Beziehungen. In einer Situation des rapiden Wandels von Ansehen, Einkommen und Macht bedeutet es eine große Überraschung, wenn auch nur ein Minimum an Stabilität weiterbestand.

Heute jedoch mag die Schnelligkeit der Wirtschaftsentwicklung ebensoviel Stabilität wie Instabilität hervorrufen. In einem sich rapide entwickelnden Land sehen die Leute, daß dieser Prozeß funktioniert und man sich von ihm kurz- und mittelfristig sehr viel erwarten kann. Sie begreifen, daß trotz einer gegenteiligen Propaganda alle (oder doch zumindest die meisten) davon profitieren. Und von den Kosten, die der Bruch mit dem Alten und die sich verändernden Beziehungen zwischen den einzelnen Gruppen verursachten, wurde ein großer Teil bereits bezahlt.

Auf Taiwan ist diese Situation ganz deutlich zu sehen. Würde Taiwan dem traditionellen Modus des langsamen Wirtschaftswachstums folgen, so würde wahrscheinlich eine ganze Armee von chinesischen Pöstchenjägern mittelmäßig gut leben und ansonsten die einheimische Konkurrenz unterdrücken. Die homogene Kultur jedoch und die phantastischen Wachstumsraten gestatteten eine vernünftig gleichmäßige Einkommensverteilung. Für jeden gibt es genügend gute Gelegenheiten, und es kann jeder aufsteigen. Eine Konkurrenz um die besten Posten ist natürlich unvermeidlich, sie ist jedoch lange nicht so destruktiv, als man dies im Falle eines langsameren Wirtschaftswachstums annehmen müßte.

Einige Gruppen, die etwas verlieren oder nur wenig gewinnen, werden mit den neuen Bedingungen vielleicht nicht so zufrieden sein. In Ländern wie Brasilien, Mexiko, Italien, Indien und Malaysien, wo die untersten 20 bis 40 Prozent kaum etwas dazugewinnen, obwohl das bei den oberen 60 bis 80 Prozent sehr wohl der Fall ist, kommt die größte Unzufriedenheit nicht aus den unteren Schichten der Gesellschaft, sondern von jenen, die ehedem relativ hoch oben waren, nun aber übergangen oder in ihrem Status, in ihrer Macht oder ihrem Wohlstand eingeschränkt wurden. Ein Wandel in diese Richtung kann zu der schlimmsten Frustration, Opposition und Feindschaft führen.

In Südkorea zum Beispiel rekrutierten sich die heftigsten Opponenten des Park-Regimes aus den Christen und der alteingesessenen, gebildeten Klasse der Mandarine. Erstere repräsentieren die alte modernisierende Elite, die dem Leben gegenüber eine fundamentalistische, religiöse Einstellung einnimmt, wobei beides heute abgelehnt wird. Auch der Status, die Privilegien, die Macht und das Einkommen der früheren gebildeten Klasse der Mandarine (häufig mit einer in Japan erworbenen Bildung) wurden schwer erschüttert. Anstatt den Entwicklungsprozeß zu bekämpfen (der der eigentliche Grund ihrer Unzufriedenheit ist), konzentrieren sie sich auf ein akzeptableres Ziel – auf die echten oder auch nur scheinbaren Fehler der „herrschenden Partei“ (eine Wendung, wie sie häufig in der Presse Südkoreas verwendet wird).

In Indien ist das Potential für eine Demokratie um vieles größer als in den meisten anderen Entwicklungsländern. Indien selbst ist so vielfältig, daß man sich nur schwer vorstellen kann, daß ein System, das weder relativ demokratisch noch totalitär ist, dort funktionieren könnte. Dennoch beschränkt sich eine nennenswerte Teilnahme am Sozialsystem als Ganzem nach wie vor auf die schmale Schicht der Eliten aus den Mittelschichten und der oberen Mittelklasse. Viele Inder standen gewissen Exzessen bei der Kampagne zur Geburtenkontrolle feindlich gegenüber. Während die Regierung Indira Ghandis vor 1977 in Sachen Wirtschaft während der Notsituation recht gute Arbeit leistete, so verhielt sie sich vom Standpunkt der Menschenrechte und elementarsten Rücksichtnahmen auf die Privatsphäre recht rücksichtslos. Die Demokratie hat natürlich ebenso ihre Schatten- wie auch ihre Lichtseiten. Die Geschichte der letzten 200 Jahre aber läßt darauf schließen, daß sie nur in jenen Gebieten, die wir die atlantisch-protestantische Kultursphäre genannt haben, also in Nordwesteuropa, Nordamerika, Australien, Neuseeland und natürlich in der Schweiz, relativ gut funktioniert hat – Gebiete, in denen Parteigeist, Konfrontation und widerstreitende Interessen gemeinsame Anstrengungen und eine grundsätzliche Übereinstimmung nicht ausschlossen.

Ein wesentlicher Unterschied in bezug auf politische Freiheiten zwischen totalitären Staaten rechter und solchen linker Prägung besteht in der Aufgeschlossenheit der rechtsorientierten gegenüber einer internationalen Kritik sowohl im Inneren als auch von außen. Über eine halbe Million Touristen besuchen jedes Jahr Taiwan und Südkorea, und Tausende von ausländischen Geschäftsleuten und Regierungsbeamten haben dort ihren Wohnsitz. Unter diesen Umständen kann der Staat seine Bürger nicht von der Außenwelt abschirmen. Dieser Unterschied ist für die Aufrechterhaltung und die Stärke der elementarsten Menschenrechte und häufig auch der bürgerlichen Rechte von außerordentlicher Bedeutung.

Länder, die durch internationale Finanz, Investitionstätigkeit, durch Auslandshilfe und den Tourismus an die übrige Welt gebunden sind, sind gegenüber äußeren Einflüssen und Zwängen verletzlich. Werden diese Zwänge unbillig, so bleibt diesen Ländern unter Umständen keine andere Wahl, als die Rechte ihrer Intellektuellen innerhalb der eigenen Grenzen einzuschränken, da diese ansonsten trachten würden, die Aufmerksamkeit der Weltöffentlichkeit auf sich zu lenken – häufig nur, um damit ihre eigenen Machtansprüche oder finanziellen Interessen wenigstens ebenso zu fördern, wie Rechte für alle zu erlangen. Seriöse Führer solcher Länder würden die Einschränkungen wahrscheinlich lokkern, fühlen sich aber durch den von außen kommenden Druck daran gehindert.

In den Entwicklungsländern reicht das Problem mit den Intellektuellen viel weiter als nur bis in die Presse oder zu den politischen Oppositionsparteien. Es ist auch keineswegs nur auf die neokonfuzianischen Gebiete beschränkt. Die intellektuellen Eliten, vor allem Universitätsprofessoren und Studenten, waren immer eine der Hauptquellen für Unruhe und gehören zu den wichtigsten Pressure groups, die für Veränderungen, seien sie nun zum Guten oder zum Schlechten, eintreten. Studentenunruhen brachten in Südkorea das Regime Syngman Rhees zu Fall, und auch bei vielen anderen Umstürzen oder Umsturzversuchen spielten Studenten eine Schlüsselrolle.

Die Rolle, die die Intellektuellen in den Studentenunruhen spielen, die eine Veränderung zum Ziel haben, war für die Ausdehnung der persönlichen Freiheit und zur Förderung einer Modernisierung sehr oft recht konstruktiv. Häufig aber zeigte es sich auch, daß ihre Forderungen undurchführbar waren. Selten nur werden nach der Beendigung der Unruhen dann Studenten, Professoren oder andere Intellektuelle auch politische Führungspersönlichkeiten. Viel eher ist es so, daß diese Rollen dann Leute der Praxis übernehmen und die Akademiker für ihre eigenen Zwecke ausnutzen. Das Endresultat ist häufig eine größere Einschränkung der Freiheit, als sie vorher bestand. Und was noch wichtiger ist, Studenten haben keine größere moralische Autorität als andere Leute; sie befinden sich lediglich in einer exponierteren Position und sind leichter zu mobilisieren.

Über die Armut und die moralischen Imperative

Wir glauben, daß die hochentwickelten Länder überall auf dieser Erde die moralische Verpflichtung haben, den Armen dieser Welt beizustehen, in halbwegs vernünftige Verhältnisse zu gelangen (wenigstens bis zu jenem Status, den wir „Mittel-Einkommen" genannt haben – weder reich noch arm). Wir glauben aber nicht, daß die Welt einem besonders starken moralischen Imperativ ausgesetzt ist, die „Lücken", also die großen Unterschiede bei den Durchschnittseinkommen, zwischen den einzelnen Ländern zu verkleinern. Wahrscheinlich ist es wünschenswert, dies zu tun, allerdings nur als relativ nachrangiges Ziel. Wir sehen die Armut als ein Übel an, das so bald als möglich verringert und womöglich sogar ausgemerzt gehört. Auf keinem Gebiet aber nehmen wir auch eine nur annähernd so strenge moralische Haltung zur Erzielung eines relativen Wohlstandes ein, außer es hilft dies, die absolute Armut zu reduzieren. Die Beseitigung von Ungleichheiten sehen wir als die unbedeutendste der moralischen Forderungen an, wenn das überhaupt eine moralische Forderung ist.

Unglücklicherweise besitzen wir für den Grad von Armut nicht drei verschiedene Worte – sagen wir, $Armut_1$, $Armut_2$ und $Armut_3$. $Armut_1$ wäre ein extremer Mangel an materiellen Gütern; $Armut_2$ jener psychologische Mangel, den jene spüren, die zwar einen relativ guten Zugang zu materiellen Gütern haben, aber weniger Begünstigungen besitzen als ihre Nachbarn; und $Armut_3$ jene Art von Armut, von der die sehr wohlhabenden Leute meinen, daß sie Leute mit geringem Einkommen verspüren sollten, auch wenn das nicht der Fall ist. So wird etwa in den USA eine Familie von vier Personen mit einem Jahreseinkommen von unter 5000 Dollar offiziell als „arm" eingestuft, obwohl ein solches Einkommen dieser Familie in anderen Teilen der Welt mit Sicherheit einen Platz in der Mittelklasse oder sogar der oberen Mittelklasse sichern würde. Ja, es ist so, daß 1978 viele Familien in New York ein Einkommen von rund 10000 Dollar pro Jahr in Form von Dienstleistungen und Geldzuwendungen durch öffentliche Unterstützung und Wohlfahrtsämter erhielten.

Alle drei Abstufungen von „Armut“ mögen ihre Berechtigung und ihren Nutzen haben, die beiden letzteren jedoch unterscheiden sich sehr deutlich von jener verzweifelten Armut in materiellen Dingen, auf die wir uns normalerweise beziehen, wenn wir in diesem Buch von Armut sprechen – d. h. von Armut_1.

Das Problem von Armut und Reichtum ist ziemlich komplex. Jede einzelne der mehr als 150 Nationen der Welt weist eine mehr oder weniger ungleiche Einkommensverteilung auf. Dazu kommt, daß das Durchschnittseinkommen zwischen den Nationen noch sehr unterschiedlich ist. Und was ebenso wichtig ist, die Leute reagieren auf diese Einkommensunterschiede auch ganz unterschiedlich. Ein Pro-Kopf-Einkommen von 300 Dollar hat im Jahr 1980 in den USA etwas ganz anderes bedeutet als das gleiche Einkommen 1960 in Kolumbien in einem der beiden Chinas oder in Japan oder Südkorea zu jenem Zeitpunkt ihrer Entwicklung, als das gerade ihr Pro-Kopf-Einkommen war. Die Unterschiede, die Zeit und Kultur ausmachen, sind enorm; dasselbe gilt von Familien und Einzelpersonen.*

Der Einfluß der liberalen Neuen Klasse auf die Wirtschaftsentwicklung: Südkorea und Taiwan als Beispiele für Mißbrauch

Hätte sich der wirtschaftliche Erfolg Südkoreas oder Taiwans vor 50 oder 100 Jahren abgespielt, so wären diese beiden Länder von den entwickelten Nationen mit Hochachtung betrachtet worden, man hätte ihre Leistungen als fast übermenschlich betrachtet, wert

* In der Originalversion von vielen Tafeln dieses Buches wurde das Wort „relativ“ in Parenthese als Teil der Klassifikation von arm, Mittel-Einkommen oder wohlhabend gesetzt, um so den Leser daran zu erinnern, daß es selbst in den armen Ländern Leute und Gruppen gibt, die reich sind, und daß es in den wohlhabenden Ländern viele Menschen gibt, die sogar in absoluter Hinsicht arm sind. Wir entschlossen uns, diesen Hinweis nicht zu wiederholen, sondern verlassen uns darauf, daß der Leser beim Gebrauch der verschiedenen Verallgemeinerungen und Kategorien mit uns insofern kooperiert, als er sich bewußt ist, daß diese Einteilung teilweise genauso irreführend wie brauchbare Orientierungshilfen sein können; sie sollten immer als im Sinne von „im großen und ganzen“ relativ zu anderen Gruppierungen aufgefaßt werden.

der höchsten Anerkennung durch alle zivilisierten Menschen. Selbst vor zehn oder fünfzehn Jahren, als man inner- und außerhalb Japans von seiner Wirtschaftsentwicklung allgemein nur als von einem „Wunder“ sprach, wurde den damals schon beachtlichen Errungenschaften Taiwans weltweit wesentlich weniger Beachtung geschenkt. Seit dieser Zeit erfuhren diese Länder, ausgenommen in Wirtschafts- und Handelskreisen, trotz immer eindrucksvoller werdenden Leistungen relativ wenig internationale Anerkennung.

Beide werden heute mehr oder weniger als Paria-Staaten angesehen, die für Kritik sowohl von seiten der hochentwickelten kapitalistischen Nationen als auch von seiten der sozialistischen Staaten und der sozialistisch orientierten Entwicklungsnationen herhalten müssen. Diese politische Kritik ist höchst unfair. Sie ist nicht nur Zeichen einer doppelten Moral, sondern übersieht auch den wirtschaftlichen wie den gleichermaßen deutlichen politischen Erfolg. Verglichen mit den meisten anderen Staaten, die sich in einer ähnlichen Position befinden, sind die beiden Staaten geradezu Modellfälle für Meinungsfreiheit, politische Toleranz und Gesetzestreue. Eine derartige internationale Kritik beschränkt sich keineswegs nur auf diese beiden Länder (obwohl es sehr wohl die am ungerechtesten behandelten sein könnten), sondern richtet sich mehr oder weniger gegen alle „rechtsorientierten“ autoritären Regierungen der dritten Welt, von denen sehr viele ausgezeichnete Beispiele für ein schnelles und erfolgreiches Wirtschaftswachstum abgeben. Diese Kritik stört das Verständnis des Entwicklungsprozesses und schafft ein antiproduktives Klima. Es legt sowohl den Ländern, die einen hervorragenden Aufholprozeß absolvieren, wie auch jenen unnötige zusätzliche Belastungen auf, die die ersteren andernfalls bewundern und vielleicht nachahmen würden, indem sie ihre eigenen Anstrengungen erhöhen.

Es gibt für diese Verlagerung der internationalen Meinung mehrere Gründe. Der vielleicht wichtigste Grund entstammt der neueren Opposition gegen das Wachstum. Die Anti-Wachstum-Bewegung hat es nicht nur schwieriger gemacht, realistische und wirkungsvolle Maßnahmen in den hochentwickelten Ländern selbst zu erkennen und durchzuführen, sondern sie verwirrte auch die Situation in den Entwicklungsstaaten, wo noch hinzukommt, daß die Moral im Lande ernsthaft untergraben wird und die Unterstützung von außen ebenfalls nachläßt. In der hochentwickelten Welt ist es vielleicht nicht notwendig, eine hohe Moral zu besitzen, zum mindesten nicht, um wirtschaftliche Ziele zu erreichen. Im

Gegenteil, ein blindes Verfolgen rein wirtschaftlicher Ziele, nur um ein „Wachstum um des Wachstums willen“ zu erreichen, wäre für die hochentwickelten Länder, in denen die Neuen Schwerpunkte ernst genommen werden müssen, weder angebracht noch wünschenswert. Die Neuen Schwerpunkte sind jedoch für die Entwicklungsstaaten nicht die entscheidenden Probleme. Der Aufholprozeß, oder doch das Bemühen, einen akzeptablen Standard zu erreichen, hat bei ihnen allererste Priorität. Jedoch dominieren die hochentwickelten Länder die internationale Debatte, und so schwappte die zunehmende Opposition gegen das Wirtschaftswachstum auch unweigerlich in die Entwicklungsländer über.

Es gibt Anzeichen für den Beginn von entsprechenden Differenzierungen in diesen Diskussionen, dennoch sind sie immer noch schwerwiegend desorientiert. Bis jetzt gibt es jedenfalls noch kein Zeichen dafür, daß den Erfolgen auch eine allgemeine und weitverbreitete Aufmerksamkeit zukommen würde.

Die doppelte Moral ist ein ganz besonderes Phänomen, dem zusammen mit der Anti-Wachstum-Bewegung ein Großteil der Verantwortlichkeit für die derzeitige Situation zukommt. Südkorea und Taiwan sind hier besonders passende Beispiele, da sie unmittelbar mit ihren kommunistischen Gegenstücken verglichen werden können. Die Massenmedien der sogenannten „freien Welt“ (die man aber besser als die nichttotalitäre Welt – oder vielleicht auch als die „demokratisch und autoritäre“ Welt bezeichnen sollte) richten ihre Kritik gegen den „Mißbrauch von Macht und die Verletzung der Menschenrechte“, die vor allem von Präsident Park Chung Hee begangen worden sein sollen, während der Zustand Nordkoreas unter Kim Il Sung, der mit Ausnahme Kambodschas drückender als in jedem anderen kommunistischen Staat ist, mit keinem Wort erwähnt wird. Die große Mehrheit dieser Kritik gibt sich nur wenig Illusionen darüber hin, was in Nord- respektive Südkorea passiert. Warum handeln sie dann so, wie sie das tun?

Es gibt dafür mehrere Gründe. Zuerst einmal ist da die natürliche Tendenz gegenüber Freunden, Verbündeten und sich selbst kritischer zu sein als gegenüber seinen Gegnern. Das kann dann gesund sein, wenn man sich genau bewußt ist, daß man mit zweierlei Maß mißt. Mißbräuche sind leichter aufzuzeigen, und für ein Regime, das nicht gerade totalitär ist, werden Proteste vor allem dann größere Wirkung zeigen, wenn es vom guten Willen seiner Kritiker, seiner eigenen Bürger und anderer abhängig ist. Diskussionen über internen Machtmißbrauch und Einschränkungen der persönlichen Freiheit können, selbst wenn sie sehr übertrieben werden, für ein Land wie Amerika konstruktiv wirken. Manchmal aber werden die Anschuldigungen so heftig, daß die Leute vergessen, daß unter Annahme jedes halbwegs vernünftigen politischen Maßstabes etwa die USA immer noch eine der freiesten Gesellschaftsformen der Geschichte sind, was ja durch die Möglichkeit der Kritik selbst bestens dokumentiert wird.

Ein anderes Argument geht davon aus, daß zwar im Falle der kommunistischen Staaten nichts unternommen werden könne, daß aber in jenen Ländern, in denen die Vereinigten Staaten durch Militär- oder Wirtschaftshilfe gewisse Druckmittel in der Hand haben, doch eine gewisse Verantwortung zur Ermutigung oder selbst zur Erzwingung von „annehmbaren Verhaltensnormen“ bestehe. Die unverhüllte Anwendung solcher Druckmittel kann jedoch leicht als eine zynische Form imperialistischer Einschüchterung angesehen werden, da sie vor allem gegen jene eingesetzt wird, die sich nicht wehren können. Vorkämpfer der liberalen Neuen Klasse in der atlantisch-protestantischen Kultursphäre, die nach irgendeiner Sache suchen, für die sie „kämpfen“ können, neigen dazu, starrsinnig auf jene Druck auszuüben, die nicht zurückschlagen können. Sie suchen nach psychologisch befriedigenden Anliegen, die weder die Entspannung noch irgendwelche andere erstrebenswerte Ziele stören dürfen. Sie sind der Meinung, daß in Südkorea und auf Taiwan ein Eintreten für das, was sie für die Menschenrechte halten, positive Auswirkungen auf die gesamte Weltlage hat, und nehmen dabei keine Rücksicht darauf, ob das nicht auf der anderen Seite durch irgendwelche speziellen Erschwernisse oder negative Konsequenzen wieder zunichte gemacht wird – oder zumindest solche negative Folgen zeitigt, die auch ihnen nicht gleichgültig sein sollten.

Viele dieser Kritiker sind voll der guten Absichten und sehr idealistisch, trotzdem würden sie kaum Schuldgefühle empfinden, würde der politische Druck, den sie ausüben, der Wirtschaftsentwicklung im eigenen oder im kritisierten Land schaden oder dadurch die Feinde des einen oder anderen gefördert werden. Dazu kommt noch, daß viele von ihnen zwar nicht prokommunistisch, aber doch sehr anti-antikommunistisch eingestellt sind; d. h. sie stehen Angriffen auf kommunistische Exzesse oder Grausamkeiten mit einem gewissen Zynismus gegenüber; sie nehmen an, daß solche Angriffe automatisch eine Haltung des „kalten Krieges“, wie sie vor allem durch die Übergriffe der McCarthy-Ära vorexerziert wurden, reflektieren. Diese Skeptiker neigen zu der Annahme, alle „Bewunderer“ der wirtschaftlichen Errungenschaften Südkoreas oder Taiwans seien entweder dogmatische Antikommunisten oder einfältige BSP-Verehrer.

Gleichzeitig damit entwickelte sich in vielen Intellektuellenkreisen des Westens eine Haltung, derzufolge es einfach als schlechtes Benehmen gilt, wenn man die Errungenschaften und Vorteile des „Big Business“, des „Geschäftemachens“, des freien Unternehmertums oder des kapitalistischen Systems an irgendeinem Ort der Welt lobt, wozu natürlich auch Taiwan und Südkorea gehören. Zur selben Zeit war es aber durchaus in Ordnung, in glühenden Ausdrücken von den „heroischen Anstrengungen“ des kommunistischen China zu sprechen. Und das trotz der Tatsache, daß in der Volksrepublik China die totale Mißachtung der Menschenrechte – für die dieselben Leute ansonsten so energisch kämpften – dem System inhärent war. Ganz zu schweigen davon, daß gar nicht der Versuch gemacht wurde, irgendeinen Vergleich über den relativen Erfolg der wirtschaftlichen Systeme anzustellen.

Wir geben gerne zu, daß in dem Versuch, einen „neuen Menschen“ zu schaffen, etwas Ehrfurchterregendes und Bewundernswertes liegt. Daß dieses Unternehmen aber natürlich mit kostbaren Rechten des Menschen brutal, rücksichtslos und zerstörerisch umgeht (wie etwa mit dem Recht auf Individualität und Persönlichkeit), wird entweder einfach übersehen oder als ein natürliches Charakteristikum des maoistischen Kommunismus hingenommen; obwohl außer Frage steht, daß diese Haltung als verwerflich und abscheulich verurteilt gehört. Der „Maoismus“ war einer Religion vergleichbar, und eine Religion wird kaum deswegen verurteilt, weil sie ihre eigenen starren Lehren befolgt, es sei denn, sie wären wirklich abscheuerregend, wie etwa Kannibalismus, Hexenverbrennung oder Inzest. Die vielleicht folgenschwersten Konsequenzen solcher Einstellungen sind der Verlust von Moral, Glaube und Hingabe sowie der Bewunderung für unsere eigenen Wirtschaftsinstitutionen und die Kultur, in der sie sich entwickelten und in der sie bestehen. Viele Leute z. B., die die Produktion von heroischer Kunst in Amerika als lächerlich einstufen würden, bewundern auf chinesischen Plakaten die drei Meter großen Arbeiter, die auf sieben Meter hohen Traktoren sitzen.

Es scheint, als ob bestimmte emotionelle, politische und psychologische Bedürfnisse des westlichen Intellektuellen durch die wenn auch entfernte Teilnahme an einer scheinbar ungeheuer disziplinierten, homogenen, monolithischen und einheitlichen Bewegung befriedigt würden. Eric Hofer hat solche Leute, die an derartigen Bewegungen teilnehmen, als die „wahren Gläubigen" bezeichnet. Diese unkritischen Bewunderer des Maoismus oder unkritischen Gegner fast jeder rechtsorientierten Regierung, vor allem, wenn sie auch noch wirtschaftlich erfolgreich ist, sind andererseits nirgendwo sonst „wahre Gläubige"; ihr persönliches Leben verläuft häufig seicht, und es fehlt ihm ebensooft echter Sinn wie wahre Absicht, Richtung und Erfolg. Um diese Mängel zu kompensieren, akklamieren sie Bewegungen, die diese Eigenschaften aufweisen und die daher einige wichtige psychologische Bedürfnisse, wenn auch nur stellvertretend, erfüllen können. Oder sie ziehen ihren intellektuellen Reiz oder die jeweils gegenseitige Unterstützung aus der Anerkennung fast jeder Art von Bewegung, gleichgültig wie modisch sie sein mag. Solch eine Anerkennung und die mit ihr parallel einhergehende Kritik von gerade modischen Angriffspunkten erfordert keinen Mut oder kein ernsthaftes Studium.

Sowohl die Bewunderung wie auch die Kritik sind zum Teil bloße Mache, selbst wenn sie in der Gruppen- oder Einzelpsyche tiefe Wurzeln haben können. Einen ähnlichen Einfluß auf viele außenstehende Beobachter und Besucher haben auch das Nazi-Regime, das stalinistische Rußland und das faschistische Italien gehabt; dort ereignete sich etwas, es wurde Geschichte gemacht. (Lincoln Steffen erklärte z. B. nach einem Besuch in der Sowjetunion: „Ich habe die Zukunft gesehen und sie funktioniert!") Das Gefühl, Teil der „Zukunftsströmung" zu sein, zieht unweigerlich viele Mitläufer an. Bis zu einem bemerkenswerten Grad fühlen sich viele Besucher aus demokratischen Ländern, die in der eigenen Gesellschaft allem Undemokratischen oder Aufrührerischen extrem intolerant gegenüberstehen, sehr stark von der Disziplin und der Entschlossenheit eines Faschismus oder Bolschewismus angezogen. Japanische Besucher der Volksrepublik China bemerken manchmal: „Wir haben vieles in Rotchina gesehen, das zu kritisieren wäre, aber die Chinesen haben wenigstens schmale, harte, entschlossene Gesichter."

Und schließlich kommt noch als Wichtigstes die kommunistische Idee des „jedem entsprechend seinen Fähigkeiten, jedem entsprechend seinen Bedürfnissen" hinzu, die eine tiefe Anziehungskraft, wenn auch nur als Ideal, ausübt. Wir dürfen nicht vergessen, daß die meisten Gesellschaftsformen einem Individualismus und Egoismus – vor allem in Form persönlicher Selbstsucht – als dem grundlegenden Motor der Gesellschaft feindlich gegenüberstanden. Für gewöhnlich wurden diese Eigenschaften als eine Bedrohung und als schädlich für die soziale Zusammenarbeit und Harmonie angesehen. In fast allen Religionen würde das kommunistische Ideal als Moralprinzip Adam Smith' „unsichtbarer Hand des Marktes" mit seiner Betonung auf individuellen Eigeninteressen und wirtschaftlicher Gegenleistung als den wesentlichsten Motivationen bei weitem vorgezogen.

Wie wir das schon im ersten Teil dieses Buches besprochen haben, gibt es für den Vertrauensverlust in die inneren Werte unserer Wirtschaftsinstitutionen und in den Wert eines Wirtschaftswachstums viele Gründe. Ob man mit den vielen Kritiken, die in allen hochentwickelten kapitalistischen Nationen zu hören sind, nun einverstanden ist oder nicht, sie haben auf jeden Fall zu einer außergewöhnlich ungerechten Beurteilung und Kritik an Ländern wie Südkorea und Taiwan geführt. Beiden Ländern wurde jedes Lob und jede Anerkennung für ihre humanitären Leistungen vorenthalten. In einem sehr armen Land kann das Wirtschaftswachstum das grundlegendste aller Rechte und die fundamentalste Freiheit erfüllen – nämlich das Recht zu leben und die Freiheit von Hunger und quälender Armut.

In einer sehr schnell wachsenden Wirtschaft, wie jener Südkoreas oder Taiwans, sind die Veränderungen greifbar und sichtbar. Sie sind um vieles eindrucksvoller – qualitativ wie auch quantitativ – als die in der Volksrepublik China, wie unterschiedlich auch die Größenordnungen sein mögen. Sowohl in Südkorea wie auch auf Taiwan ist die Lebenserwartung heute um die Hälfte höher als noch vor zwei Jahrzehnten: Die Kinder sind im allgemeinen größer als ihre Eltern; und fast jedermann hat an der Vielzahl der Produkte und der Vorteile, die die moderne Wissenschaft und Technologie bieten können, Anteil. Und dank der außergewöhnlich gleichmäßigen Einkommensverteilung sind heute selbst die ärmsten Familien besser ernährt, gebildeter, gesünder, besser untergebracht und in der Lage, mehr materiellen Besitz zu erwerben und ein freieres Leben zu führen, als, mit Ausnahme einer Handvoll privilegierter Familien, alle ihre Landsleute vor noch einer Generation.

Wir wollen damit nicht behaupten, man könne am Lebensstil Südkoreas oder Taiwans keine Kritik üben. Einige ihrer Mißstände können legitimerweise als ernsthaft betrachtet werden. Die Vorzüge ihres wirtschaftlichen Fortschritts sind deswegen jedoch in keiner Weise geringer – und es ist eine Unverschämtheit seitens der Bürger von Überflußländern, sich darüber als Richter aufzuspielen und diese Errungenschaften zu verunglimpfen oder sie auch nur als selbstverständlich zu übersehen. Die Erweiterung von „Leben, Freiheit und der Suche nach Glück“ wurde durch die Erhöhung des Pro-Kopf-Einkommens von ein paar 100 Dollar auf etwa 1000 Dollar in Südkorea und auf 1200 Dollar auf Taiwan sehr gefördert. Trägt man den schwerwiegenden Sicherheitsfragen Rechnung, denen sich beide Länder gegenübersehen und die einige autoritäre Maßnahmen notwendig machen, so muß gesagt werden, daß ein eindrucksvolles Maß an politischer und persönlicher Freiheit in beiden Ländern beibehalten werden konnte. Es ist äußerst unfair, daß die Weltpresse diese Realitäten so wenig zur Kenntnis nimmt.

Umwelt und Ökologie

Sowohl aus praktischen Gründen wie auch um konzeptiver Klarheit willen ist es wichtig, zwischen zwei Arten von zunehmenden Umweltbelastungen zu unterscheiden. Einmal sind sie eine Folge des vergrößerten Umfanges vieler Unternehmungen. Je größer diese sind, um so höher ist die Wahrscheinlichkeit, daß sie die Umwelt merkbar beeinflussen. Im allgemeinen ist es verständlich, daß die Amerikaner vor dem Zweiten Weltkrieg dazu neigten, den Einfluß ihrer Aktivitäten auf die Umwelt zu übersehen. Der Einfluß war relativ gering und die Umwelt sehr groß. Die superindustrielle Gesellschaft hat jedoch schon begonnen, und damit wird der Einfluß größerer Projekte auf die soziale und physische Umwelt sehr stark und offensichtlich. Unter diesen Umständen sollten die Auswirkungen auch explizit in den Planungsprozeß mit einbezogen werden. Dazu kommt, daß das Gesetz der zunehmenden Erträge seine Auswirkungen auf bestimmte Überlebenselemente der vorindustriellen Umwelt und Ökologie durch deren Verschwinden zu zeigen beginnt. Die verbleibenden Elemente werden daher wahrscheinlich um so höher geschätzt und verlangen fast mit Sicherheit nach mehr Schutz.

Aber auch das Gesetz der abnehmenden Erträge zeigt seine Wirkung. In dem Maß, in dem wir reicher werden bzw. die Umwelt mehr verschmutzen, werden unsere Anforderungen an die Bedingungen des Umweltschutzes höher. Mehr und mehr muß für den Umweltschutz ausgegeben werden, und ein immer höheres Maß an Korrekturen für die Umweltschäden wird notwendig. Bis vor kurzem entwickelte sich die Geschichte der Technologie so, daß daraus keine höheren Kosten erwuchsen. Verbesserungen auf dem Gebiete der Technologie und der Managementtechniken haben bis jetzt den Effekt der abnehmenden Erträge für größere Anstrengungen mehr als ausgeglichen, was manchmal auch als Ricardo-Effekt bezeichnet wird. Heute allerdings passiert etwas ganz anderes. Die Anforderungen, die man an die Umwelt stellt, sind heute um vieles höher als ehedem. Trotzdem sind die Fragen der abnehmenden Erträge nicht so schwerwiegend, wenn nur die höheren Standards sinnvoll sind.

Diese höheren Standards können dann völlig unvernünftig werden, wenn man sie fordert, nachdem die Investitionen schon getätigt sind und die diversen Pläne schon in Stahl und Beton feste Gestalt angenommen haben. So verlangen etwa die derzeitigen Gesetze der USA, daß ab 1985 keine Wasserverschmutzung mehr durch offene Quellen erfolgen darf – eine völlig unmögliche Forderung. Der „Sierra Club"* war durchaus gewillt, die Förderung von zehn bis zwanzig Milliarden Barrel Rohöl aus der Prudhoe Bay in einem Wert von 50 bis 200 Milliarden Dollar zu blockieren und den USA diese Quellen vorzuenthalten (wozu wahrscheinlich noch weitere Quellen im Laufe der weiteren Erdölerkundung von Alaska kämen). Der Klub beharrte selbst dann noch auf diesem Standpunkt, als es klar wurde, daß das in Frage stehende Erdöl von entscheidender Bedeutung für die USA werden könnte.

Wir haben schon von jenem dem US-Kongreß vorgelegten Gesetzesentwurf gesprochen, der rund ein Drittel Alaskas als Naturparks der einen oder anderen Art vorsieht. Der Großteil dieser Gebiete wäre dann ohne Einwilligung des Kongresses keiner weiteren Entwicklung mehr zugänglich. Die USA können sich eine solche Vorgangsweise wahrscheinlich erlauben, selbst wenn dadurch Ressourcen im Wert von vielen hundert Milliarden Doller für immer dem Zugriff entzogen werden. Es muß jedoch klarstellen, daß sich nur sehr wenige, wenn überhaupt irgendwelche Entwicklungsnationen eine solche Vorgangsweise leisten könnten.

Es gibt zwei Arten der Umweltverschmutzung: Bei der ersten Art spielen etwa gefährliche Schwermetalle eine wesentliche Rolle, damit sollte wohl jedes Land vorsichtig umgehen. Die andere Art von Umweltverschmutzung wird durch unreine Luft, durch nicht absolut sauberes Wasser und nicht absolut ungestörte, ästhetische Landschaft repräsentiert. Wir wissen einfach nicht, wie gesundheitsschädlich normal verschmutzte Luft und normal ver-

* Anm. d. Übers.: eine bundesweite Organisation zum Schutz der Umwelt in den USA, die sehr einflußreich ist.

unreinigtes Wasser sind, aber wir wissen mit verhältnismäßig großer Sicherheit, daß besonders dann, wenn diese Verschmutzungswerte sehr hoch sind, die Sterblichkeitsrate sehr anfälliger Leute erhöht wird. Es wäre aber schwierig zu zeigen, daß diese Art der Verschmutzung die durchschnittliche Lebenserwartung um mehr als ein oder zwei Monate herabsetzt. Extreme Armut dagegen verkürzt die Lebenserwartung um Werte, die sich zwischen 20 und 40 Jahren bewegen. Allein schon von diesem Gesichtspunkt her ist es keine Frage, was die meisten Leute vorziehen würden. Sie werden sich den erhöhten Wohlstand und Überfluß wünschen, den ihnen die Industrialisierung bietet, selbst wenn dies zeitweise auf Kosten der reinen Luft und eines nicht ganz so reinen Wassers geht.

Einige Male haben Mitglieder der brasilianischen Regierung Erklärungen abgegeben, in denen sie die übrige Welt sinngemäß aufforderten: „Bitte, schickt uns eure Umweltverschmutzung." Das hieß nichts anderes als eine Bitte um Investitionen zur Gründung von Industrien, mochten diese auch eine Belastung der Umwelt bedeuten, wenn sie nur den hungernden Menschen Arbeit und Brot gaben. Jedesmal aber wurden die Brasilianer durch empörte Reaktionen ausländischer Umweltschutzgruppen gezwungen, ihre Angebote zurückzuziehen. Das aber allein ist schon unerhört – daß die Reichen den Armen sagen, sie sollten arm bleiben, um nicht die Gefühle der Reichen zu verletzen. Man kann sich nur schwer eine Position mit einer noch geringeren Moral vorstellen.

Entsprechende Anstrengungen zum Schutz der Umwelt sollten nur dann unterstützt werden, wenn Kosten und Nutzen vernünftig gegeneinander abgewogen werden. Es besteht nur wenig Zweifel daran, daß mit der weithin weltweit steigenden Produktivität auch die Sorgen für Umwelt und Ökologie zunehmen werden, und zwar sowohl in sozialer als auch in physischer Hinsicht. Eine solchermaßen erhöhte Rücksichtnahme ist prinzipiell gerechtfertigt, allerdings nur, solange sie nicht den Kontakt mit der Realität und der Vernunft verliert.

Futurologie und die Zukunft der Wirtschaftsentwicklung

Einige Anwendungen von Szenarien und Bildern der Zukunft

Es ist unsere grundlegende These, daß die mittel- und langfristigen Aussichten für eine erfolgreiche Wirtschaftsentwicklung bei allen Nationen, von den allerärmsten bis zu den allerreichsten, um vieles glänzender sind, als man gemeinhin annimmt, und daß die wirkungsvollste Methode, um diese Aussichten noch weiter zu verbessern, darin besteht, daß man sich dieser Tatsache bewußt wird. Es ist uns klar, daß eine Änderung der Weltmeinung sehr schwierig herbeizuführen ist, und wir erwarten auch kaum, daß dieses Buch für sich allein sehr viel Einfluß darauf nehmen wird. Wir hoffen allerdings, daß es Anregung für Studien und Fortschritte sein wird, die in ihrer kumulativen Wirkung vielleicht doch wirksam sein werden. Die Hinweise, die wir weiter unten geben wollen, betreffen Programme, von denen wir annehmen, daß sie eine Diskussion um das Wirtschaftswachstum bieten.

Als erstes würden wir vorschlagen, verschiedene langfristige Szenarien zu entwerfen, um die im wesentlichen negative, pessimistische Einstellung, die sich auf so zweifelhafte Begriffe wie tatsächliche Wachstumsbegrenzungen, die sich erweiternde Einkommenskluft, die Verringerung der Lebensqualität und dergleichen mehr bezieht, durch eine andere zu ersetzen. Wir glauben, daß einzelne Länder oder größere Weltorganisationen, die die Wirtschaftsentwicklung regional oder weltweit sehen, Szenarien konstruieren könnten, die beschreiben, welche Ergebnisse sie realistischerweise in den nächsten 25, 50 oder 100 Jahren erwarten dürfen. Diese Szenarien könnten sich rund um spezifische *Zielvorstellungen* bezüglich einer Verbesserung des Lebensstandards, die leicht festgestellt werden kann, gruppieren. Solche Zielvorstellungen könnten folgende Punkte beinhalten: verbesserter Gesundheitszustand und Beseitigung von Proteinmangelerscheinungen und eine Erhöhung der Lebenserwartung; die Beseitigung von Analphabetentum; mehr Bildung auf allen Ebenen; Verbesserung der Wohnsituation; eine Erhöhung der Anzahl der Haushalte, die elektrifiziert oder mit einem Telefon ausgerüstet sind; Zugang zu modernen Gütern und Dienstleistungen und so weiter. Andere Absichten könnten beinhalten: Möglichkeiten für die Entwicklung eines Gefühls für Inspiration und visionäre Zukunftsbilder; Ermutigung verstärkte Anstrengungen; einen brauchbaren Standpunkt zur Ausarbeitung realistischer Ziele anbieten; und daß man der eigenen Bevölkerung, und hier im speziellen den jeweiligen Intellektuellen und sonstigen Eliten des Landes, erklärt, daß eine Modernisierung von praktisch jedem Land erreicht werden kann, daß dies aber eine Angelegenheit von vielen Jahren, Opfern und harter Arbeit ist.

Für eine Reihe von Menschen bedeutet das Schreiben, Lesen, Überprüfen oder Vorschlagen von Szenarien eine erfreuliche und stimulierende Beschäftigung. Es ist im allgemeinen leicht – wenn man das für empfehlenswert hält –, viele Leute für zumindest einige Stadien dieses Prozesses zu gewinnen. In den meisten Ländern wäre wahrscheinlich eine große Anzahl von Menschen mit einer nur geringfügigen Unterstützung oder Ermutigung durch offizielle Stellen bereit, auf fast jeder Ebene freiwillig an der Erstellung solcher Szenarien teilzunehmen. Die meisten jener Menschen, die sich an der Erforschung solcher Zukunftsbilder nicht beteiligen möchten, müssen dabei auch nicht mitmachen, und es besteht auch keine Notwendigkeit, für daraus sich eventuell ergebende Resultate schwerwiegende organisatorische Maßnahmen zu ergreifen, solange man sich nicht entschließt, einige davon systematisch weiterzuverfolgen.

Eine brauchbare Methode zur Entwicklung solcher Szenarien besteht darin, sich in die Lage eines fiktiven Historikers zu versetzen, der aus dem Jahre 2000 oder auch 2025 auf die Ereignisse der vergangenen 25 oder 50 Jahre zurückblickt. Das ist nicht nur ein bloß dramaturgisches Hilfsmittel, sondern es rückt auch viele Diskussionen in eine Perspektive, die viel objektiver und auch kreativer wirken kann, als konzentrierte man sich von einem heutigen Standpunkt aus auf die Probleme der Gegenwart mit all ihren Befürchtungen, Ängsten, Hoffnungen und politischen Fragen, die normalerweise dazugehören.[11] Dieser fiktive Historiker aus dem Jahr 2025 könnte dann seine Geschichte noch mit einem Szenarium für die nächsten 50 oder 100 Jahre abrunden. Sollte ein Land den Wunsch hegen, derartige Szenarien oder ähnliche Zukunftsbilder auszuwerten, so könnte es damit im Rahmen einer offiziellen oder auch inoffiziellen Konferenz beginnen, auf der die entsprechenden Fragen durchdiskutiert werden. Eine derartige Konferenz sollte entweder nebenbei und ganz unverbindlich stattfinden, oder man könnte sie auch zu einem groß aufgezogenen Ereignis machen, das etwa im Fernsehen direkt übertragen wird.

Auf einer solchen Konferenz wäre es möglich, viele mittel- und langfristige Entwicklungschancen aufzuzeigen und sie sowohl in dramatischer wie auch in informativer Weise auszuarbeiten. Falls erwünscht, könnte über die Konferenzteilnehmer hinaus auch ein wesentlich breiteres Publikum durch die Medien und mittels nachfolgender Publikationen oder Präsentationen erreicht werden. Als Resultat wären diverse brauchbare Unterlagen, wie etwa Bücher, Pamphlete, Filme für Schulen und für Bildungssendungen via TV (wie auch für weitere Verbreitung), illustrierte Wandkarten und Videobänder von den Verhandlungen und Besprechungen, vorstellbar. Ein Teil des Materials könnte schon während der Arbeitssitzungen zustande kommen, ein weiterer Teil erst im Laufe der nachfolgenden Ereignisse. Weitere Informationsprogramme sowie verschiedene unabhängige und halb unabhängige Produktionen könnten durch diese Konferenz oder ihre Begleitaktivitäten angeregt werden.

Auch wäre es Aufgabe dieser Vorschläge, die Diskussion zu entpolitisieren und Fragen der Politik von solchen der Entwicklung zu trennen. Man müßte sich dabei mehr auf die Bedeutung einer Anhebung des BSP und des Pro-Kopf-BSP konzentrieren anstatt auf die globalen Nord-Süd-Fragen oder Fragen einer internen Einkommensverteilung. Die beiden verschiedenen Maßstäbe, die beim Vergleich der kommunistischen mit den nichtkommunistischen Ländern angewendet werden, die verschiedenen Formen, die den verbalen Kritiken an den hochentwickelten Ländern seitens der entwickelten Welt weltweite Aufmerksamkeit verschafften (wie etwa die Vereinigung der blockfreien Staaten oder die Gruppe der Charta 77), und die Terminologie, die bei all diesen Diskussionen verwendet wird (das „Nord-Süd-Problem", die „sich erweiternde Kluft", Neokolonialismus), all das verpolitisiert und verwirrt nur die wahren Fragen und Probleme. Die einzelnen Nationen könnten dem durch die Entwicklung ihrer eigenen Wachstumsszenarien oder Ideologien und durch die Bekanntmachung ihrer langfristigen Vorstellungen über die Zukunft entgegentreten.

Eine solche Vorgangsweise könnte dazu dienen, auf internationalen Konferenzen Argumente vorzubringen, und während die rechts- und linksorientierten Demagogen immer noch damit beschäftigt wären, die Schuld für die Probleme ihres Landes allem möglichen, nur nicht ihrer eigenen Unfähigkeit zuzuschieben, vollziehen andere Länder erfolgreich den Großen Übergang. Im Gegensatz zu jenen, die sich nicht von den Problemen der Kolonialzeit lösen werden, könnten andere politische Führer etwa folgendes sagen: „Ich weiß nicht, wie das mit euch ist, wir aber werden es schaffen. In zehn Jahren werden 70 oder 80 Prozent unserer Landsleute lesen und schreiben können und in elektrifizierten Haushalten leben; und in weiteren zehn oder zwanzig Jahren werden sie sich eines Lebensstandards erfreuen können, der jenem Englands oder Frankreichs nach ihrer Erholung von den Folgen des Zweiten Weltkrieges vergleichbar ist."

Eine andere Möglichkeit zur Erreichung dieses Zieles wäre die Schaffung neuer Organisationen, die die Aufmerksamkeit der Weltöffentlichkeit wieder auf sich ziehen würden. In Kapitel 5 etwa sprachen wir über das mögliche Zustandekommen eines „pazifischen Freihandels- und Investitionsgebietes", dem sowohl entwickelte wie auch Entwicklungsstaaten angehören würden und das die wechselseitigen Vorteile eines anhaltenden Wachstums in dieser am schnellsten wachsenden Region der Erde noch verstärken würde. Eine weitere Möglichkeit wäre die Schaffung einer Organisation der Neuen Industriestaaten (NIS), die sich aus den heutigen Neuen Industriestaaten und anderen rasch wachsenden Mittel-Einkommen-Staaten, die knapp vor der Vollindustrialisierung stehen, zusammensetzen würde. Solch eine Organisation könnte sich zu einer offen für das Wachstum eintretenden Lobby zusammenfinden, der die dynamischsten Länder der Welt angehören würden.

Diese Organisation könnte auch in die OECD eingebunden werden. Die OECD könnte dann für den zu erwartenden Eintritt neuer Mitgliedsstatten Stichtage festlegen. Die Erlangung der Mitgliedschaft in der OECD oder im Klub der NIS könnte so zu einem Symbol für eine erfolgreiche Wirtschaftsentwicklung werden und darauf hinweisen, daß eine hochentwickelte Wirtschaft nicht länger mehr ein Vorrecht des ehemals exklusiven Klubs der großen Westmächte und frühen Beginner ist. Man kann nur hoffen, daß eine derartige Entwicklung die allzusehr vereinfachende Ansicht einer Welt von Reich gegen Arm zu dem konstruktiven Bild einer komplizierten, in gegenseitiger, aber vorteilhafter Abhängigkeit stehenden Wirtschaft wandeln wird. Sie würde nämlich deutlich machen, daß Wirtschaftsentwicklung ein schrittweiser Prozeß ist. Mit dem Entwicklungsbeginn der armen Nationen und ihrem Eintritt in die Übergangsphase werden die heutigen Übergangsstaaten das Stadium voll entwickelter Industrienationen erreichen.

Außerdem sind unsere Vorschläge auch dazu gedacht, den erfolgreicheren der Entwicklungsländer und ihren Leistungen mehr Aufmerksamkeit zukommen zu lassen. Eine Möglichkeit, dies zu erreichen, bestünde in der Einrichtung von internationalen Schulen für Wirtschaftsentwicklung in einigen neuen Industrienationen, die ihren Studenten eine Ahnung davon vermitteln würden, was wirklich alles getan werden kann, und die ihnen auch praktische Ratschläge dafür erteilen könnten, wie es zu tun ist.

Eine bürgerliche (industrielle) wachstumsorientierte Ideologie, die auf der Futurologie aufbaut

Das Zustandekommen der klassischen industrialisierten westlichen Welt wurde häufig mit einer Ideologie in Zusammenhang gebracht, die man als protestantische Ethik bezeichnete, wobei diese den Glauben an die Tugenden harter Arbeit und die Bereitschaft mit einschließt, den materiellen Lohn dieser Arbeit vorläufig zurückzustellen. Mit dem zunehmenden Reichtum des Westens wurde diese Ethik jedoch empfindlich geschwächt, zuerst bei den intellektuellen Eliten, in jüngerer Zeit aber in allen Bevölkerungsschichten. Dieses Phänomen, das vor einem Jahrzehnt als das Ende der Ideologie angekündigt wurde, wird nun zutreffender als der Verlust des Glaubens an diese Ideologie angesehen.

Die späten sechziger Jahre zeigten die Notwendigkeit für einen neuen oder erneuerten Glauben auf. Für viele Amerikaner wurde das Bedürfnis danach durch eine Hinwendung zu traditionell doktrinären, dogmatischen evangelischen Sekten befriedigt, wobei gleichzeitig eine Abwendung vom zunehmend transzendental werdenden Hauptstrom des Protestantismus erfolgte. Andere Bevölkerungsteile fanden Erfüllung in solch gegensätzlichen Erscheinungen wie dem „neuen Jugendkult", einer Rückkehr zu religiösem Enthusiasmus, in verschiedenen mystischen oder magischen Sekten des Ostens, in den allerorts entstehenden militanten Gruppen, die in ethnischer, spiritueller oder psychologischer Form nach Selbstdarstellung suchten, und häufig in den Vierzehn Neuen Schwerpunkten ganz allgemein.

Wir behaupteten, daß die Menschheit demnächst in ein neues Entwicklungsstadium eintreten wird – in die postindustrielle Gesellschaft. Wir glauben, daß der Übergang in dieses Stadium zu ernsthaften Streßsituationen führen wird und daß es sehr wichtig werden kann, ein Gesamtkonzept zu besitzen, um damit das Denken, die Programmherstellung, unterstützende Moralansichten und politische Philosophien zu organisieren sowie um einen Rahmen für die Erstellung und Analyse von Programmen zur Verfügung zu haben. Ein solches Konzept würde auch, dort wo es gerechtfertigt ist, zu einer hohen Moral beitragen, die ihrerseits wieder eine Hilfe bei der Bewältigung jener Probleme sein mag, die man als einen allgemeinen Verlust der Selbstbeherrschung unter den Eliten der oberen Mittelklasse in vielen Teilen der „freien Welt" und der zunehmenden Hinwendung zu den Vierzehn Neuen Schwerpunkten bezeichnen könnte.

Wir sind der Meinung, daß all das zu bewältigen ist, wenn man nur eine vernünftige Vorstellung davon hat, auf welche Weise wir dahin gekommen sind, wo wir heute stehen und wo wir im Jahr 2000 stehen könnten, vor allem, wenn man sich zur Durchführung sinnvoller Programme entschließt. Wir meinen, daß man eine neue Ideologie benötigt, die wir vorerst einmal als die *Ideologie des Jahres 2000* bezeichnen möchten. Wie das bei Ideologien manchmal so ist, so ist auch diese relativ schwach, dennoch kann sie alle unsere Bedürfnisse erfüllen. Tafel 8.1 gibt einen Überblick über Aufgaben und Chrakteristika einer Ideologie. Tafel 8.2 hingegen führt einige der Gründe an, warum eine Ideologie der Wirtschaftsentwicklung, die sich auf die Futurologie gründet, eine Hilfe bei der rationalen Planung einer friedlichen und wohlhabenden Welt der Zukunft sein kann – wie sie dieser Aufgabe vor allem bei der Erstellung erreichbarer Ziele und der Vermeidung unnötiger Konflikte gerecht werden kann.

Viele Leute sind der Meinung, wir würden eine viel eindringlichere oder ernsthaftere Ideologie benötigen, die solche Vorteile mit sich bringen kann wie:

1. disziplinierte und aufopferungsvolle Kader
2. Legitimität und Anziehungskraft
3. Massenbewegung (oder Massenberuhigung)
4. Rekrutierung
5. äußere Verbündete und Sympathisanten und
6. „Zukunfts-Charisma"

Wir behaupten nun, daß das nicht notwendig ist, denn es ist so, daß ausgeprägt starke Ideologien häufig auch viele Nachteile mit sich bringen, zu denen unter anderem folgende zu zählen sind:

1. Verfolgung eigennütziger Absichten durch Fremde
2. extreme Programme

Tafel 8.1
Was ist eine Ideologie?

---

1. Sie mißt bestimmten Werten und Haltungen ein besonderes Gewicht bei.
2. Sie enthält eine Theorie der Vergangenheit, der Gegenwart und der Zukunft (alle ihre Theorien besitzen im allgemeinen emotionell bedingte normative Elemente).
3. Sie ist Begründung, Ansporn und Richtschnur für die Tat
4. und eine Theorie des Erfolges und der Gerechtigkeit (d.h. der hohen Moral).
5. In Summe stellt sie Kontext und Inhalt zur Verfügung für Fragen allgemeingültiger Richtlinien, für die Anwendbarkeit, für die Koordination von Kriterien und Erwartungen und für den Sinn und Zweck des Lebens.
6. Tatsächlich sollte die Ideologie eine Kombination aus Gott, Gold und Ruhm versprechen (oder, wenn man will, aus Ehre, Ruhm und Reichtümern).

---

3. extreme Terroranwendung
4. von Wirrköpfen aufgestellte Theorien
5. eine von Wirrköpfen geführte Regierung
6. übertriebene Aufmerksamkeit für Fremdintervention und Überläufer
7. übermäßige Verschwendung von materiellen und immateriellen Vermögenswerten und Ressourcen

Ausgeprägte Ideologien sind auch um vieles schwieriger hervorzubringen und zu kontrollieren. Ist eine Ideologie einmal angenommen worden und glaubt man an sie, so kann das in Frage stehende Gebiet und die Welt in ihren verschiedenen Teilen auf einen mehr oder weniger vernünftigen Kurs gebracht werden. Die entscheidenden Fragen liegen dann beim Vermeiden von Entgleisungen und Katastrophen und bei der Verbesserung der laufenden Programme. Dies verlangt nach einer vernünftigen, gemäßigten und geschäftsmäßigen Vorgangsweise bei den Entwicklungsprogrammen und nach einer halbwegs hohen Moral, nach Vertrauen und Hingabe.

Wir glauben, daß man solche Ansichten glaubwürdig gestalten kann. Es wird dann vielleicht möglich sein, gegenüber vielen gegenwärtig von den Neomalthusianern und Katastrophengläubigen

Tafel 8.2
Perspektiven (Ideologie) der „Futurologie"

Die Futurologie vermag:

1. das Bevölkerungswachstum, das Wachstum des Bruttosozialproduktes, den Einfluß der durch Forschung und Entwicklung hervorgerufenen kulturellen Veränderungen und andere langfristige und ein zinseszinsmäßiges Wachstum betreffende Fragen in das richtige Verhältnis zueinander zu setzen.
2. die Voraussetzungen für die Erstellung realistischer Kriterien zu schaffen.

Die Futurologie sollte:

3. Elitegruppen anspornen – teilweise, um Beispiele zu setzen.
4. die eigentlich Begünstigten bewegen, zu „warten".
5. die gegenwärtigen Programme und Institutionen vom Stigma einer „überholten Moral" befreien.
6. entfremdete und frustrierte Gruppen zur Mitarbeit gewinnen.
7. die ganze Gesellschaft anspornen.

---

angenommenen Problemen eine ganz unterschiedliche Haltung einzunehmen – sei es nun provisorisch oder sonstwie. Es wird dann auch möglich sein, daß auf dem Gebiet materieller Verbesserungen des Lebensstandards und auch, wie zu hoffen wäre, auf anderen Gebieten ein neuer Aufbruch in Sicht ist.

Die Ideologie des Jahres 2000 berechtigt zu einer solchen Annahme. Sie gibt eine Vorstellung über die Erfolgsaussichten einer solchen Vorgangsweise und darüber, wohin uns der Weg führen kann. Zweifelsohne werden sich die Annahmen dieser Ideologie in wichtigen Details und vielleicht sogar in einigen Grundzügen als nicht zutreffend erweisen, immer noch aber erscheint es sehr wahrscheinlich, daß ihre grundlegende Richtung und ihre wesentlichsten Programme einer menschenwürdigen Anpassung an die materiellen Veränderungen und an das Wachstum förderlich sein werden.

Es unterscheidet sich das sehr von jener Haltung, die durch das folgende Zitat von Robert Heilbroner gekennzeichnet wird: „Die Entwicklung wird in die Hände von Gruppen überzeugter Revolutionäre fallen. Es werden keine sanften Männer sein, die die Tiger der Entwicklung zähmen werden, und es werden auch keine milden politischen oder wirtschaftlichen Systeme sein, die sie vorantreiben und repräsentieren werden.“[12]

Diese Ansicht Heilbroners geht davon aus, daß eine schnelle Entwicklung nur von heftigen Revolutionen und von Eliten vollzogen werden kann, die willens sind, ihretwegen einen relativ großen Teil der Bevölkerung einzukerkern oder auch zu töten, sollte das ihrer Meinung nach nötig sein. Wir hingegen glauben, daß viele Spannungen, die zu Krisensituationen und Unruhen tendieren, abgebaut werden können, ohne dabei den geistigen oder materiellen Fortschritt allzusehr aufs Spiel zu setzen, und daß es möglich sein muß, ein Milieu zu schaffen, das Bewegungen und Institutionen menschlicher Gerechtigkeit und des Fortschrittes unterstützt und fördert. Aus diesem Grunde ist es äußerst wichtig, daß man vielen Gruppen, Ländern und Menschen eine Zukunftsaufgabe präsentiert, die mit friedlichen Mitteln und nicht durch Gewalt und Zerstörung erreicht werden kann. Es kann dabei durchaus notwendig – oder wenigstens doch wünschenswert – werden, sich in vielen Situationen autoritären Methoden, für einige Zeit vielleicht sogar der Gewaltanwendung und Unterdrükkung, zuzuwenden, wobei diese aber in keiner Weise so gravierend ausfallen müssen, wie das Heilbroner annimmt, und in sehr vielen Fällen wird das auch nur vorübergehend notwendig sein.

Wir stellen uns die Ideologie des Jahres 2000 als eine mehr oder weniger westlich kapitalistische Ideologie vor, die durch unsere Vorgangsweise „transideologisch“ wird. Es müßte jedoch möglich sein, sie mit Leichtigkeit jeder Kultur anzupassen. In Tafel 8.1 werden unsere Vorschläge mit einigen Alternativen verglichen.

Die sozialistischen Länder können an diesem Prozeß ebenfalls teilnehmen, ohne daß sie dabei in ernsthafte Konflikte mit den kapitalistischen Ländern geraten müssen, solange sie nur nicht auf dem Konzept der Massenkriegführung und der bewaffneten Konflikte mit dem Westen beharren oder zumindest nicht zulassen, daß solche Ideen die Tagesprogramme dominieren.

Vermittelt man den Menschen ein Gefühl für die Aufgaben der Zukunft, so verstärkt das die Bedeutung, die der Entwicklung gültiger Zukunftsvisionen zukommt. Von kritischer Bedeutung ist dies deswegen, weil die Ansichten von der Zukunft, die die Leute haben, auch wenn sie häufig gar nicht artikuliert werden, ihre Reaktionen auf Fragen der Gegenwart bestimmen. Den Menschen neue Zukunftsvisionen zu vermitteln, hängt von zwei Dingen ab: Erstens ist ein intellektuelles Verständnis der betreffenden Fragen notwendig, das technisch zutreffend, psychologisch relevant und

Tafel 8.3
Vergleich der Futurologie mit alternativen Ideologien

„Futurologische" Ideologie	*Marxistische und verwandte Ideologien*	*Ideologie der „Kluft"*	*Neue Internationale Ordnung*
Kann supermodern erscheinen	Weniger modern als sie früher war	Modern	Super-modern
Säkular (nicht-religiös)	Säkular (anti-religiös)	„Humanistisch" u. väterlich sorgend	Gerechtigkeit und Rachsucht
Ökonomisch u. technologisch	Wissenschaftlich u. technologisch	Gleichmacherisch	Gleichmacherisch
Westlich, kapitalistisch	Anti-westlich, anti-kapitalistisch	Gegen den Reichtum eingestellt	Gegen den Reichtum eingestellt
Zinseszinsen	Revolution und Klassenkampf	Nächstenliebe, Hilfe, Spende, Illusion	Belohnung und gesellschaftliche Stellung
Verwendet Druckmittel, Individualität, Tradition, Hierarchie	Verwendet „echte Gläubige" und straffe Organisationen		Verwendet zur Zeit moderne Gefühle und schöne Reden

dramatisch vorstellbar ist; zweitens muß es zu gemeinsamen, organisierten Anstrengungen kommen, die darauf abzielen, die Menschen zur Annahme und zum Gebrauch der durch Gelehrte, Meinungsbildner und direkt vermittelten neuen Zukunftsvisionen zu veranlassen.

Zusammenfassung

Sollte diesem Buch die überzeugende Darstellung gelungen sein, daß eine Weltwirtschaftsentwicklung *durchführbar* ist, so erwarten wir zugleich, daß dies auch ein Argument für die moralische Bejahung und Erwünschtheit einer solchen Entwicklung darstellt. Mit dem Gebrauch der Worte *moralisch* und *erwünscht* geben wir dem Argument für die Wirtschaftsentwicklung natürlich explizit eine Wendung in Richtung auf Wertfragen. Ich bin der Meinung, daß die Gründe, die für eine weitere Weltwirtschaftsentwicklung sprechen – berücksichtigt man dabei all die wahrscheinlichen menschlichen, ökologischen, umweltbezogenen und materiellen Kosten und Risiken –, fast, wenn nicht völlig überwältigend sind.

Behauptungen in den schon entwickelten Staaten, daß ein weiteres Wirtschaftswachstum schädlich für die Welt sei, werden weitgehend von nur relativ kleinen, esoterischen und Elitegruppen anerkannt, oder sie reflektieren die engen Eigeninteressen der sowieso schon reichen Staaten oder auch nur ihrer schon sehr wohlhabenden Bevölkerungssektoren. Wäre eine weitere Wirtschaftsentwicklung *nicht* durchführbar, so wäre es nicht nur moralisch, sondern auch gar nicht wünschenswert, weiterhin dafür einzutreten. Viele Kritiker eines weiteren Wachstums sind aufrichtig überzeugt davon, daß es sich nicht bewältigen läßt. Ihre moralische und intellektuelle Position wird aber immer schwächer, weil ihre Überzeugungen auf schwachen Argumenten und Analysen beruhen.

Im Gegenteil, sie sind so oberflächlich, daß man annehmen muß, sie seien Beispiele für das, was man eine „Wahlverwandtschaft" nennt, d. h. für ein Verhalten, das es Leuten leicht macht, Annahmen, Charakterisierungen oder Analysen anzunehmen, deren Folgerungen nicht mit ihren eigenen Interessen oder Wertanschauungen in Konflikt geraten – oder stärker noch, wenn ihre Anerkennung diese Eigeninteressen und Wertanschauungen noch bestärkt. Wir behaupten, daß ein Gutteil der derzeitigen Stärke verschiedener Bewegungen gegen ein Wachstum und der selbstherrlichen Überzeugung diverser Anhänger der freiwilligen Einfachheit von ihrer moralischen Überlegenheit sich auf Wahlverwandtschaften mit ihren Argumenten stützt und nicht in objektiven Tatsachen oder Analysen begründet ist. Es ist dies einer der Gründe für die starke Beziehung all dieser Begriffe zu den Mitgliedern der oberen Mittelklasse in den wohlhabenden kapitalistischen Nationen im allgemeinen und zu den Mitgliedern der neoliberalen Neuen Klasse im besonderen. Wir behaupten, daß ein weltweites und schnelles Wirtschaftswachstum sowohl möglich als auch wünschenswert ist, wir glauben auch, daß jede indifferente oder feindliche Haltung gegenüber einer solchen Wirtschaftsentwicklung starrsinnig und, gemessen an jedem judäochristlichen Ethos, sogar unmoralisch ist.

Wir unterscheiden zwischen wohlwollender Indifferenz und wohlwollender Nichtbeachtung. So kann man etwa bezüglich der wirtschaftlichen Entwicklung der sehr armen Länder tief besorgt sein und dennoch in manchen Fällen eine Politik der wohlwollenden Nichtbeachtung verfolgen, da man ganz genau erkennt, daß sie ihren Weg selbst gehen müssen. Eine Einmischung von außen kann hier manchmal antiproduktiv wirken. Aber nicht bei allen armen Ländern geben wir der wohlwollenden Nichtbeachtung den Vorrang; im Gegenteil, für einige Hilfsprogramme treten wir voll und ganz ein. Allerdings wäre es uns lieber, würden bei diesen Programmen die Ziele etwas mehr eingeschränkt, könnte man darauf achten, nicht mehr Unheil als Heil anzurichten, und würde man es vor allem vermeiden, den armen Ländern soziale und politische Konzepte aufzuzwingen, die sie sich weder leisten können noch auch wirklich wollen. Das Ziel der Hilfe ist es ja, den betreffenden Ländern und nicht den diversen Interessen der Reichen zu dienen.

In dieser Zeit der Malaise, die weniger stabil als sonst ist und in der die einzelnen Trends tatsächlich mit einer Wahrscheinlichkeit von 50 zu 50 entweder in die eine oder die andere Richtung gehen können, muß das Argument für ein Anhalten der Weltwirtschaftsentwicklung ein moralisches sein. Die Entscheidung zugunsten einer fortgesetzten Entwicklung sollte nicht nur von jenen Ländern, die an die Spitze streben, getroffen werden, sondern auch von jenen, die sich bereits an der Spitze befinden. Ich bin der Meinung, daß ein Aufrechterhalten der Weltwirtschaftsentwicklung so wichtig ist, daß das sowohl zu einem moralischen Imperativ wie auch zu einem praktischen *Desideratum* wird. Ganz sicherlich ist eine solche Einstellung aber moralischer als die gegenwärtigen Versuche, das Wachstum der Weltwirtschaft an dem heute erreichten Punkt anzuhalten – oder gar für eine Rückentwicklung einzutreten. Das gilt auch dann, wenn man eine solche Rückentwicklung als Teil einer Bewegung zur Beschränkung auf eine freiwillige Einfachheit ansieht oder sie als einen Versuch zum Schutz der Umwelt bezeichnet. Ich habe nichts gegen Leute, die eine bestimmte Wahl für sich selbst treffen, oder gegen vernünftige Versuche, die Umwelt zum Nutzen oder für die Bewunderung der Gesellschaft zu schützen – ich bin aber gegen einen Schutz der Umwelt auf Kosten der übrigen Menschheit.

Ein fortgesetztes Weltwirtschaftswachstum könnte so gut durchführbar sein, daß es sich auch gegen die Opposition der Leute in den USA und in anderen hochentwickelten kapitalistischen Nationen durchsetzen könnte. Zweifelsohne würde es in diesem Falle länger dauern und mehr Kosten verursachen; der ganze Prozeß verläuft aber vor allem in der asiatisch-pazifischen Region wie auch ganz allgemein in den neuen Industriestaaten sehr gut. Die Wahrscheinlichkeit spricht daher mehr für als gegen die Möglichkeit jener Länder, die mit der Wirtschaftsentwicklung weitermachen wollen. Sie werden einen Weg dorthin finden, ob nun die wohlhabenden kapitalistischen Nationen dabei mitmachen wollen oder nicht. Das führt zu der grundlegenden Frage, ob nicht vielmehr die Opposition gegen eine Wirtschaftsentwicklung undurchführbar ist und nicht die Wirtschaftsentwicklung selbst.

Amerikaner und andere Leute aus den wohlhabenden kapitalistischen Ländern mögen im Gefolge des US-Mißerfolges in Vietnam ungewöhnlich deprimiert sein, dies ist aber ihr Problem und nicht das Problem der Länder, die weiterhin für eine Entwicklung sind und sie wünschen.

Der Versuch, die Wirtschaftsentwicklung jetzt aufzuhalten und zu behaupten, die Welt sei schon reich genug, wobei dies eindeutig nicht stimmt, heißt genau jene Haltung zu betonen, die in der westlichen Geschichtsauffassung immer als die unmoralische Position der Konservativen hingestellt wurde. Es gehört zu der Ironie unserer Zeit, daß gerade jene Amerikaner, die von sich selbst behaupten, sie würden für eine Weiterentwicklung der Länder der dritten Welt eintreten, im eigenen Land und auch auswärts mit jener Politik in Verbindung gebracht werden, die gerade den Prozeß zum Halten bringen möchte, von dem sie behaupten, sie wären dafür. Tritt man heutzutage gegen die Wirtschaftsentwicklung auf, so heißt das, dem Fortschritt buchstäblich im Wege zu stehen, und dies noch dazu in einer Weise, die den Grundsätzen der westlichen, judäo-christlichen Traditionen zuwiderläuft.

Jene Nationen, die mit Erfolg am Prozeß der Weltwirtschaftsentwicklung teilnehmen, werden bezüglich der politischen und sozialen Angelegenheiten ihre eigenen Maßstäbe von Gleichheit und Moral entwickeln. Die Opposition des Westens oder der wohlhabenden kapitalistischen Länder gegenüber diesem Prozeß wird diesen Ländern kaum die Sympathie der gerade in Entwicklung befindlichen Länder eintragen. Die politischen und sozialen Einstellungen und Normen, die diese Länder eventuell einmal der übrigen Welt entgegenbringen oder auch auferlegen werden, können dann einen leicht antiwestlichen Anstrich aufweisen. Wenn die Menschen aus den wohlhabenden kapitalistischen Nationen weiterhin die politischen und sozialen Wertanschauungen der übrigen Welt beeinflussen wollen, so werden sie keine andere Wahl haben, als in einer positiveren Weise am Prozeß der Weltwirtschaftsentwicklung teilzunehmen, als sie das in den letzten paar Jahren getan haben.

Es besteht auch die Möglichkeit, daß die Opposition gegenüber einem weiteren Wachstum während der *Epoque de Malaise,* in die die Welt gerade eintritt, noch weiter ansteigt. Wie aber unsere Abhandlung über die langen Zyklen zu zeigen versuchte, ist nichts von unbegrenzter Dauer. Auch die Zeit der *Epoque de Malaise* wird nicht ewig dauern und wird zu irgendeinem Zeitpunkt durch den Aufwärtstrend eines neuen langen Zyklus abgelöst werden. Zweifelsohne wird die Richtung eines solchen neuen langen Zyklus von jenen Ländern geprägt werden, die sich dem Wirtschaftswachstum verschrieben hatten. Es kann sein, daß ihren Ansichten auf Grund der Opposition der heute hochentwickelten Länder kein besonderes Gewicht beigemessen werden wird, um es milde auszudrücken. Andererseits würde eine Teilnahme, um nicht zu sagen eine Förderung der Entwicklung der Weltwirtschaft durch die wohlhabenden kapitalistischen Nationen gleichzeitig bedeuten, daß dies einer Synthese der einzelnen Einstellungen gegenüber politischen und sozialen Fragen unter allen Ländern sehr viel mehr entgegenkommen würde. Ein solches Verhalten stünde nicht nur in Übereinstimmung mit den westlichen Traditionen, sondern würde auch viel eher zu einer einigen und friedlichen Welt beitragen als das Gegenteil.

Anmerkungen

Einleitung

1 Herman Kahn, William Brown und Leon Martel (Wien–München: Verlag Fritz Molden, 1977; Copyright 1976 by Hudson Institute. Titel der amerikanischen Originalausgabe: *The Next 200 Years; A Scenario for America and the World*).
2 *World Food Prospects and Agricultural Potential* von Marylin Chou, David Harmon, Jr., Herman Kahn und Sylvan Wittwer (New York: Praeger, 1977); *Long-Term Prospects for Developments in Space (A Scenario Approach)* von William M. Brown und Herman Kahn, HI-2638-RR, October 30, 1977; *Let There Be Energy: A Balanced Program for Today and Tomorrow* von William M. Brown und Herman Kahn; *Trends in Nuclear Proliferation, 1975–1995: Projections Problems and Policy Options* von Lewis A. Dunn und Herman Kahn, HI-2336/3-RR, May 15, 1976; und *Changing Dimensions of Proliferation Policy, 1975–1995* von Lews A. Dunn, HI–2497/2-RR.
3 *The Japanese Challenge* von Herman Kahn und Thomas Pepper (New York: Thomas Y. Crowell, 1979); *The Future of The U.S. and Its Regions* von Irving Leveson und Jane Newitt, HI-2816-RR, May 1978; *The Future of Brazil,* hrsg. von William H. Overholt (Boulder, Colorado: Westview Press, 1978); und *The Future of Canada* von Marie-Josee Drouin und B. Bruce Biggs (Toronto: McLelland and Stewart, 1978). In Vorbereitung sind Studien über Argentinien, Australien, Brasilien, Quebec und Thailand. Dazu kommt noch Paul Brackens *The Future of Arizona* (Boulder, Colorado: Westview Press, 1979).
4 *Vor uns die guten Jahre – Ein realistisches Modell unserer Zukunft* von Herman Kahn, William Brown und Leon Martel (Wien–München: Verlag Fritz Molden, 1977).

Kapitel 1

1 Dazu gehören die Kernenergie, die Elektronik, Laser, Fluggeräte, Antibiotika, Beobachtungs- und Kommunikationssatelliten, weiterentwickelte Raumfahrzeuge (Spaceshuttle), neue Materialien (z. B. neue Metalle, Kunststoffe und künstliche Fasern), die Mikrobiologie, Pflanzen mit sehr hohen Erträgen, andere Arten genetischer Techniken sowie die wissenschaftliche und technologische Landwirtschaft.
2 Wir verweisen unter anderem auf: Pierre Teilhard de Chardin, *Die Zukunft des Menschen* (Olten und Freiburg im Breisgau: Walter Verlag AG, 1963); Willis Harman, *An Incomplete Guide to the Future* (San Francisco: San Francisco Book Co., 1976); Abraham Maslow, *The Farther Reaches of Human Nature* (New York: Viking Press, 1971); Marshall McLuhan, *The Mechanical Bride; Folklore of Industrial Man,* (London: Routledge and Kegan Paul, 1967); Charles Reich, *The Greening of America* (New York: Bantam, 1971); Jean François Revel, *Without Marx or Jesus: The New American Revolution Has Begun* (Garden City N.Y.: Doubleday, 1971); Jonas Salk, *The Survival of the Wisest* (New York: Harper & Row, 1973); und William Thompson, *Darkness and Scattered Light* (Garden City, N.Y.: Anchor Press, 1978).

3 Für die drei ersten Unterscheidungen zeichnen Colin Clark verantwortlich; die vierte stammt von uns. Siehe auch sein *The Conditions of Economic Progress* (New York: St. Martins Press, 1975) p. 491.
4 Diese Terminologie stammt von Angus Maddison; wir verweisen auf seine „Phases of Capitalistic Developement", *Quarterly Review,* Banca Nationale del Lavorno, Nr. 121, Juni 1977.
5 Karl Marx und Friedrich Engels; das Zitat stammt aus *Die Deutsche Ideologie,* wurde aber aus dem Englischen rückübersetzt.
6 J. M. Keynes, „Economic Possibilities of Our Grandchildren" in: *Essays in Persuasions,* (New York: Norton, 1963).
7 *Kreative Zerstörung (creative destruction)* ist ein von Joseph Schumpeter geprägter Ausdruck, der betont, daß jedes wirtschaftliche Wachstum und jede Innovation, ähnlich wie in der biologischen Welt, eine weitgehende Zerstörung und Beseitigung des Alten bedingen. Siehe sein: *Capitalism, Sozialism and Democracy,* Third Edition (New York: Harper & Row, 1950).
8 Pitirim A. Sorokin, *Social and Cultural Dynamics,* (New York: Bedminster, 1962); Oswald Spengler, *Der Untergang des Abendlandes* (München: C. H. Beck, o. J.); Carrol Quigley, *The Evolution of Civilisations* (New York: Macmillan, 1961); und Arnold *Toynbee, A Study of History* (New York: Oxford University Press, 1946).
9 Arnold J. Toynbee, *Mankind and Mother Earth: A Narrative History of the World* (New York: Oxford University Press, 1976).
10 *The Future of the U.S. and Its Regions* von Irving Leveson and Jane Newitt (Croton-on-Hudson, New York: HI-2816-RR, May 1978).
11 „The Cultural Contradictions of Capitalism" in: Daniel Bell und Irving Kristol (Hrsg.) *Capitalism Today* (New York: Basic Books, 1971).
12 Diese oben wiedergegebenen Ansichten Freuds werden am deutlichsten vielleicht in *Das Unbehagen in der Kultur* ausgesprochen.

Kapitel 2

1 Als Beispiel verweisen wir auf unseren Vergleich in Kapitel 8 mit der Jahresansprache des Weltbankpräsidenten Robert S. McNamara, „1977 Annual Meeting of the Boards of Govenors; Summary Proceedings", pp. 9–35 mit seinen früheren Ansprachen.
2 Wir entschuldigen und bedanken uns zugleich für die Verwendung dieses Ausdrucks bei Edith Elfron, die den Ausdruck *Adversary Triad (die feindliche Triade)* verwendete, um damit jene Wissenschaftler, Neoliberalen und Rechtsanwälte zu bezeichnen, die in vielen der selbstgenannten Bewegungen zum Schutz öffentlicher Interessen eine so wichtige Rolle spielten. Die Ausdrücke „Neue Kreuzritter" und „Säkulare Evangelisten" wurden auch verwendet. Wir besprechen die „Anti-Wachstum-Triade" nochmals in Kapitel 3. Das Hudson-Institut führt eine Forschungsstudie darüber durch.
3 Der Ausdruck *Neue Klasse* wurde von dem bekannten jugoslawischen Schriftsteller Milovan Djilas geschaffen, womit er sich in etwa auf die gleiche Weise auf die „Intelligenzija" der kommunistischen Länder bezieht. In ähnlicher Weise, wie wir hier diesen Ausdruck verwenden, wurde er durch mehrere Leute populär gemacht, vor allem von Irving Kristol. In den Kapiteln 3 und 8 setzen wir uns mit diesem Konzept noch weiter auseinander und wenden es auch an.
4 Sidney Pollard, *The Idea of Progress* (New York: Basic Books, 1968), pp. IX–X.

5 Es war der „Club of Rome“, der die grundlegende Schrift für die Bewegung lieferte: Donella H. und Dennis L. Meadows, Jorgen Randers und William W. Behrens III, *The Limits to Growth* (New York: Universe Books, 1972).

6 Wir diskutieren das Problem der „Kluft“ detaillierter in Kapitel 7 im Zusammenhang mit einer ausführlicheren Analyse der Probleme und Aussichten der reichen, Mittel-Einkommen- und der armen Staaten.

7 *Vor uns die guten Jahre – ein realistisches Modell unserer Zukunft* von Herman Kahn, William Brown und Leon Martel (Wien–München: Verlag Fritz Molden).

8 Louis Harris, „Majority Pessimistic on Reaching Ideal“, *The Harris Survey,* Dec. 25, 1975.

9 Der Verhaltenspsychologe B. F. Skinner schrieb ausführlich über Verhaltensweisen der Zukunft; siehe auch B. F. Skinner, *Beyond Freedom & Dignity* (New York: Knopf, 1971) und *Walden II,* (New York: Macmillan Co., 1948).

Kapitel 3

1 Karl Marx, Friedrich Engels, *Manifest der Kommunistischen Partei,* Progress Verlag, pp. 35–37.

2 Diese Zahlen gründen sich auf eine hohe Schätzung des ICP-Typs. Die Resultate der Phase I des „United Nations International Comparison Project“ (ICP) wurden 1975 in Irving B. Kravis, Zoltan Kenessey, Alan Heston und Robert Summers, *A System of International Comparison of Gross Product and Purchasing Power* (Baltimore & London: The John Hopkins University Press, 1975) veröffentlicht.

3 Max Weber, *Die protestantische Ethik.*

4 Chie Nakane, *Japanese Society* (Berkeley, Calif.: University of California Press, 1970).

5 Die Kollegen sind Edmund Stillman und Wiliam Pfaff. Toynbee übte auf sie wie auch auf den Autor dieses Buches einen starken Einfluß aus. Die Ansichten der Historiker unterscheiden sich natürlich in ihren Interpretationen über das, was passierte und warum es geschah. Diese Kontroversen werden hier aber nicht diskutiert.

6 „The Hellinistic Age“ aus *Great Ages and Ideas of Jewish People* (New York: Random House, 1956). Ähnlich war auch die jahrelange Ablehnung der Modernisierung durch Burma. Bis zu einem gewissen Grad verhielt sich auch Saudi-Arabien so.

7 Aus *Cahier d'un Retour Au Pays Natale,* wie es in Colin Legumes *Pan-Africanism* (New York: Praeger, 1962) zitiert wird.

8 Der Ausdruck wurde von Daniel Bells *The Cultural Contradictions of Capitalism* (New York: Basic Books, 1976) übernommen. Bells Buch konzentriert sich vor allem auf die Nummern 3 und 6 unserer „Neuen Schwerpunkte“. Bell behandelt viele der Fragen, die wir hier nur kurz abhandeln, systematisch und kreativ.

9 Siehe die Tafel in Kapitel 4 über „Neue Kosten und Risiken für die US-Wirtschaft“.

10 Siehe Lynn White, „The Historical Roots of our Ecological Crisis“, *Science Magazine,* March 10, 1967, p. 1203.

11 Thorstein Veblen, *The Theory of the Leisure Class* (New York: Viking Press, 1958).

12 Wir entlehnten und verwendeten noch nicht publiziertes Material des Hud-

son-Institutes, das Bruce-Biggs und Thomas Dichter für eine für 1979 vorgesehene Veröffentlichung zusammentrugen.

13 Aus Leonard Silks Rezension von Mishans Buch *The Economic Growth Debate* (London & Reading, Mass.: George Allen & Unwin, 1977), die in *The New York Times Book Review,* Febr. 5, 1978, S. 12, erschien. Silk, der ein professioneller Kolumnist für die *New York Times* ist, zitiert Mishans Bemerkung unter großer Zustimmung.

14 Für weitere Beispiele solcher gegenproduktiver Aktivitäten und Haltungen verweisen wir auf „Of Mites and Men" von William Tucker, erschienen in: *Harper's Magazine,* Aug. 1978, pp. 43–58.

15 Als Beispiele verweisen wir auf William Tucker, „Environmentalism and the Leisure Class" in: *Harper's,* Dec. 1977, pp. 49–80.

16 In *Let There Be Energy* werden diese Möglichkeiten von William Brown und Herman Kahn näher besprochen (in Vorbereitung).

17 Pitirim Sorokin, *Man and Society in Calamity: The Effects of War, Revolution, Famine, Pestillence Upon Human Mind, Behavior Social Organization and Cultural Life* (New York: Geenwood Press, 1968).

18 David Riesman, Reuel Deny und Nathan Glazer, *The Loneley Crowd* (New Haven: Yale University Press, 1976).

Kapitel 4

1 Niccolo Machiavelli, *Istorie Fiorentine* (1532).

2 In diesem Abschnitt verließen wir uns weitestgehend auf neuere Informationen aus Maddinsons „Phases of Capitalistic Development", *Quarterly Review,* Banca Nationale del Lavoro, Nr. 121, Juni 1977.

3 Peter Drucker, *The Age of Discontinuity* (New York: Harper & Row, 1969).

4 Zu den Begriffen „Gipfel-Krieg" und „Tal-Krieg" vgl. N. D. Kondratieff, „The Long Waves in Economic Life", *The Review of Economics and Statistics* 17, Nr. 6 (Nov. 1935), pp. 105–115.

5 H. Kahn und A. J. Wiener (New York: Macmillan, 1975).

6 H. Kahn und B. Bruce-Biggs (New York: Morrow, 1976).

7 H. Kahn, W. Brown und L. Martel (New York: Morrow, 1976).

8 Für eine etwas ausführlichere Diskussion vgl. H. Kahn und Thomas Pepper, *The Japanese Challenge* (New York: Thomas Y. Cromwell, 1979).

9 Diese Zyklen entsprechen 15- bis 20jährigen Fluktuationen des Wachstums, die normalerweise in Verbindung mit ausgedehnten Perioden baulicher Aktivitäten gekoppelt sind. Entwickelt wurde diese Theorie von Simon Kuznets von der Harvard University. Simon Kuznets, *Capital in the American Economy: Its Formation and Financing* (Princeton, New Jersey: Princeton University Press, 1961).

10 Malcolm Cowley, *Exile's Return* (New York: Viking Press, 1951), pp. 59–60.

11 Arthur B. Laffer, „Unemployment and Taxes", *National Review 29,* Nr. 4 (4. Febr. 1978), pp.48–50.

12 Simon Kuznets, *Capital in the American Economy* (New York: National Bureau of Economic Research, 1961). Richard Esterlin, *Population, Labor Force and Long Swings in Economic Growth* (New York: Columbia University Press, 1968); Richard Esterlin, Michael Wachter und Susan Wachter, „The Passing of the Kuznets Cycle: Is There Life After Death?" Bericht für den jährlichen Kongreß der American Economic Association, 28. Dez. 1977.

13 Nikolai D. Kondratieff, „The Long Waves in Economic Life", in: *The Review of Economics and Statistics* 17, Nr. 6 (Nov. 1935), pp. 105–115.
14 Jay Forrester, „How the Long-Wave Theory May Explain the Sluggishness in Capital Formation", *Financier,* Sept. 1977; Jay Forrester und Nathaniel Mass, „Understanding the Changing Basis for Economic Growth in the Unites States", *U.S. Economic Growth from 1976 to 1986: Prospects, Problems and Patterns, Volume 6, Forecasts for Long Run Economic Growth,* U.S. Congress.
15 J. A. Schumpeter, *Business Cycles* (New York: McGraw-Hill, 1939).

Kapitel 5

1 „Can We Survive Technology?" von John von Neumann, in der Zeitschrift *Fortune,* vom Juni 1955.
2 Herman Kahn und B. Bruce-Biggs, *Angriff auf die Zukunft: Die 70er und die 80er Jahre: So werden wir leben,* (Wien–München: Verlag Fritz Molden, 1972); Herman Kahn, William Brown und Leon Martel unter der Assistenz des Hudson-Institutes, *Vor uns die guten Jahre* (Wien–München: Verlag Fritz Molden, 1976).
3 Vergleiche z. B. *Der stumme Frühling* von Rachel Carson (München: Biederstein-Verlag, Verlag. C. H. Beck). Dieses Buch war mehr ein Roman, als daß es Tatsachen entsprochen hätte, dennoch wurde es wie das Evangelium aufgenommen. Mehr als alles andere scheint dieses Buch die ganze Umweltschutzbewegung ausgelöst zu haben. Ein stummer Frühling von der Art, wie ihn Frau Carson schildert, fand nie statt und hätte wahrscheinlich, selbst unter schlimmen Umständen, niemals als ein ernsthaftes, allgemeines Problem auftreten können – zumindest nicht als Regel. Zwei ausgezeichnete Artikel von William Tucker gliedern Carson und die von ihr inspirierte Bewegung in einen breiteren Zusammenhang: „Environmentalism and Leisure Class", in: *Harper's Magazine,* Dez. 1977; „Of Mites and Men", in: *Harper's Magazine,* Aug. 1978.
4 Bezüglich der Energieprobleme verweisen wir auf eine detaillierte und allgemein verständliche Abhandlung von William Brown und Herman Kahn in *Let There Be Energy,* die sich bei der Drucklegung dieses Buches erst in Vorbereitung befand.
5 Siehe auch William Brown und Herman Kahn, *Suggestions for a Phase-II National Energy Policy* (Croton-on-Hudson, N.Y.: Hudson Institute, HI-2698/2-RR, Nov. 1977).
6 Herman Kahn und Anthony Wiener, *Ihr werdet es erleben* (Wien–München: Verlag Fritz Molden, 1968).
7 Vgl. Kahn, Brown und Martel, *Vor uns die guten Jahre* (Wien–München: Verlag Fritz Molden, 1976).
8 James Q. Wilson, *Thinking About Crime* (New York: Basic Books, 1975).
9 Ibidem.
10 United States Central Intelligence Agency, *Soviet Economic Problems and Prospects* (ER-77-10436U, July 1977).

Kapitel 6

1 Hollis Chenery et al., *Redistribution with Growth* (New York: Oxford University Press, 1975), p. 285.

2 *United States Aid to Taiwan: A Study of Foreign Aid, Self-Help and Development,* von Neil Herman Jacoby (New York: Praeger, 1967).
3 Die zu diesem Zeitpunkt von der Regierung Südkoreas getroffenen, speziellen Maßnahmen sind es wert, näher untersucht zu werden. Eine bündige Präsentation geben David C. Cole und P. N. Lyman in *Korean Development* (Cambridge, Mass.: Harvard University Press, 1971), Kapitel 4, oder bei Wontang Hong und Anne Kruger, *Trade and Development in Korea* (Seoul City, South Korea: Korea Development Institute, 1975).
4 „Muscle Power", in: *Time,* 9. Aug. 1976.
5 Dieser Abschnitt bezieht sich weitgehendst auf *The Japanese Challenge: The Success and Failure of Economic Succes,* ein Buch von Herman Kahn und Thomas Pepper (New York: Thomas Y. Crowell, 1979), das auch auf japanisch unter dem Titel *Soredomo Nihon Wa Seichy Suru: Hikanbyo Dasshutsu so Susume* (Tokio: Simul Press, 1978) veröffentlich worden ist.
6 Peter Drucker, „Japan: The Problems of Success", in: *Foreign Affairs,* Apr. 1978, Bd. 56, Nr. 3, S. 578.
7 Für eine gegensätzliche Ansicht verweisen wir auf Zbigniew Brzezinski, *The Fragile Blossom: Crisis and Change in Japan* (New York: Harper & Row, 1972).
8 Wir verweisen wieder auf H. Kahns und W. Peppers *The Japanese Challenge,* wo eine detailliertere Präsentation unserer Vorschläge und weitere unterstützende Argumente und Beweise vorgebracht werden.

Kapitel 7

1 Angus Maddison, „Phases of Capitalistic Development", in: *Quanterly Review,* Banca Nationale del Lavore, Juni 1977.
2 Peter F. Drucker, *The Age of Discontinuity* (New York: Harper & Row, 1968), Kapitel 1; Drucker behauptet allerdings, daß diese Kontinuität nun am Zerbrechen ist.
3 Viele dieser Argumente werden in dem Buch *Vor uns die guten Jahre,* vor allem in den Kapiteln 8 und 9 behandelt.
4 P. T. Bauer und B. S. Yamey, „Against the New Economic Order", in: *Commentary* 63, Nr. 4 (Apr. 1977).
5 Robert S. McNamara, Columbia University Conference on International Economic Development, 20. Febr. 1977.
6 Herman Kahn und Anthony J. Wiener, *Ihr werdet es erleben* (Wien–München: Verlag Fritz Molden, 1968).

Kapitel 8

1 W. Arthur Lewis, *The Theory of Economic Growth* (Homewood, Illinois: Richard Irwin, 1955).
2 Vgl. *The Economics of Growth,* von John Mellor (Ithaca, N. Y.: Cornell University Press, 1976).
3 Gunnar Myrdal, *Asian Drama* (New York: Patheon & Twentieth Century Fund, 1971).
4 P. T. Bauer, *Dissent on Development* (Cambridge, Mass.: Harvard University Press, 1972).

5 Vergleiche auch David Chamberlin Cole und Princeton N. Lyman, *Korean Development* (Cambridge, Mass.: Harvard University Press, 1971) pp. 203–231; Neil H. Jacoby, *U.S. Aid to Taiwan* (New York: Praeger, 1966).

6 Aus einem Interview mit Osamu Shimomura: „Consistency of Economy Should be Core of Thinking“, *Business Japan,* Aug. 1975.

7 Bezüglich des japanischen Plans vgl.: *Nihon Retto Kizoron,* in Englisch unter dem Titel *Building a New Japan, a Program for Remodeling the Japanese Archipelago* von Kakuei Tanaka. Beide Ausgaben erschienen 1973 bei Simul Press in Tokio.

8 Herman Kahn, *On Thermonuclear War* (Princeton: Princeton University Press, 1961).

9 Christopher Henry Dawson, *The Making of Europe* (New York: Meridan, 1956).

10 Aussage von Frau Indira Gandhi vom 26. Juni 1975. Bezüglich einer Diskussion des indischen Notstandes vgl.: Lloyd Rudolph und Susanne Rudolph, „To the Brink and Back: Representation and the State in India“, in: *Asian Survey* 18 (1978).

11 Bezüglich einer detaillierteren Besprechung über die Verwendung der Futurologie bei der Behandlung dieser und verwandter Fragen verweisen wir auf Herman Kahns „On Studying the Future“ in: *Handbook of Political Science,* Volume 7: *Strategies of Inquiry,* hrsg. von Fred I. Greenstein und Nelson W. Polsby (Reading, Mass.: Addison-Wesley Publishing Company, 1975).

12 Robert L. Heilbroner, *The Great Ascent* (New York: Harper & Row, 1963).